KB273539

이화여자대학교 중앙도서관 소장

고서해제

2

이화여자대학교 한국문화연구원 편

평민사

본서의 발간은 이화여자대학교 한국학특성화기반조성사업의 지원을 받아 수행되었음.

『성현공숙렬기』(聖賢公淑烈記)

고서/고서811.31 성94
筆寫本. [發行地不明] : [發行處不明], [發行年不明].
20卷20冊(全21卷21冊中) : 無界, 9行24字內外 ; 29.0×20.0cm. 한글본임.
表題 : 聖賢公淑烈記.

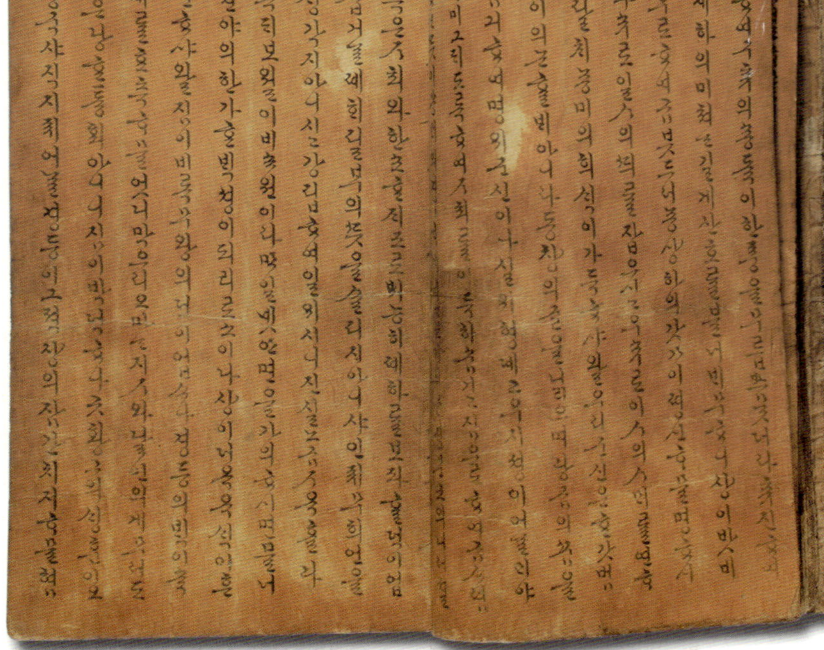

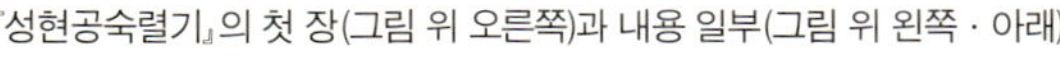

『성현공숙렬기』의 첫 장(그림 위 오른쪽)과 내용 일부(그림 위 왼쪽 · 아래)

『청강소와』(淸江笑咄)

李濟臣 著

고서/고서811.085 청11
筆寫本. [發行地不明]: [發行處不明], [發行年不明].
本文17張 + 白紙5張：四周雙邊 半郭 21.8×16.1cm, 有界, 12行24字,
內向花紋魚尾；30.8×20.2cm.
序：過齋居士識.

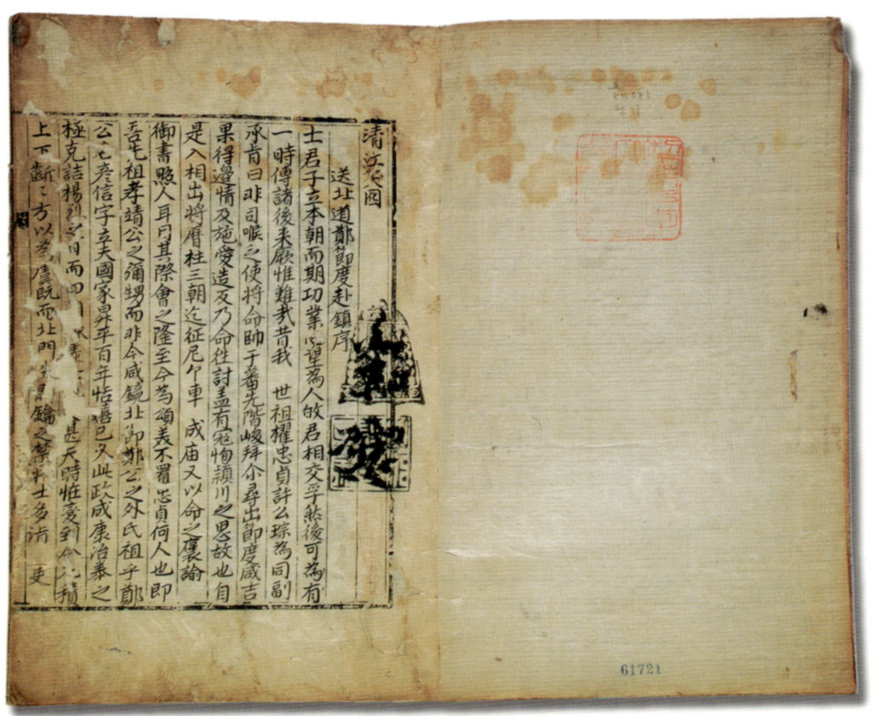

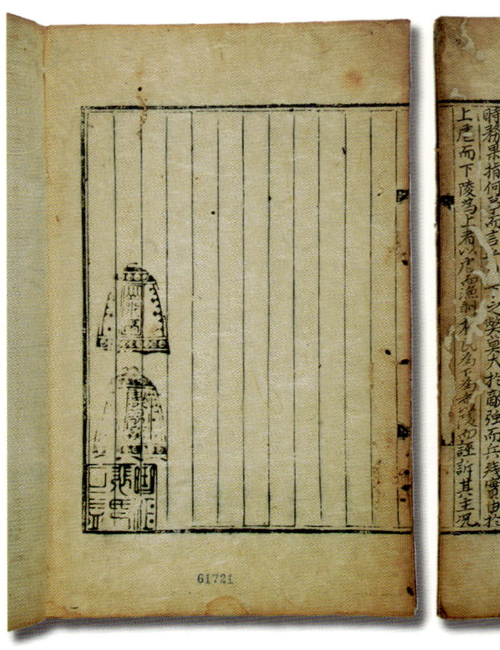

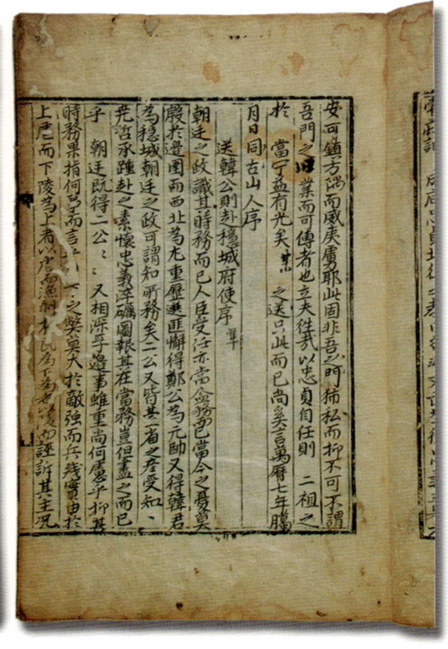

『청강소와』의 첫 장(그림 위)과 마지막 장(그림 아래 왼쪽), 내용 일부(그림 아래 오른쪽)

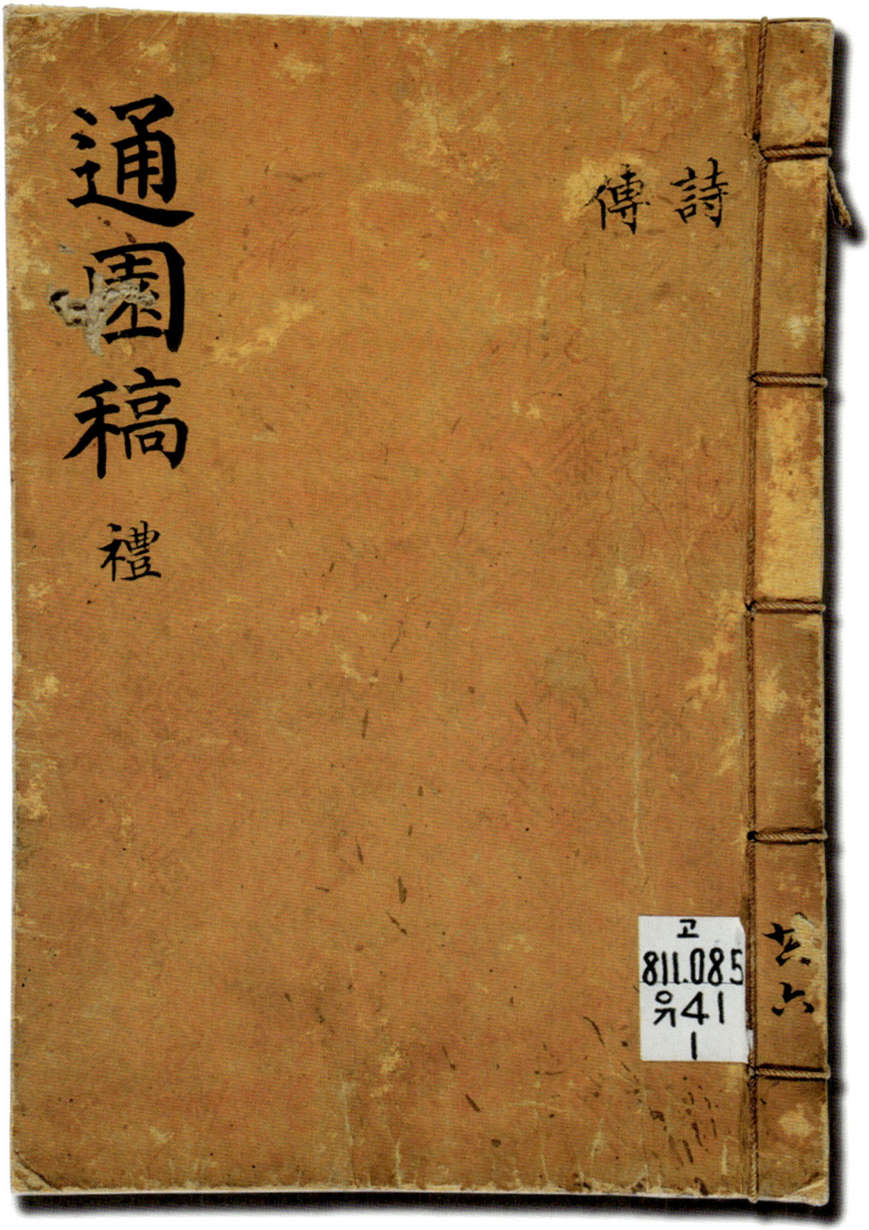

『통원고』(通園稿)

俞晚柱 著

고서/고서811.085 유41
筆寫本. [發行地不明] : [發行處不明], [發行年不明].
9卷 6冊 : 四周單邊 17.2×12.3cm, 有界, 10行20字, 內向花紋魚尾 ; 24.0×16.0cm.
序[1] : 俞漢雋 / 序[2] : 豊墅老人序 / 序[3] : 止軒翁述 / 序[4] : 任魯序.
附錄 : 默菴零稿.

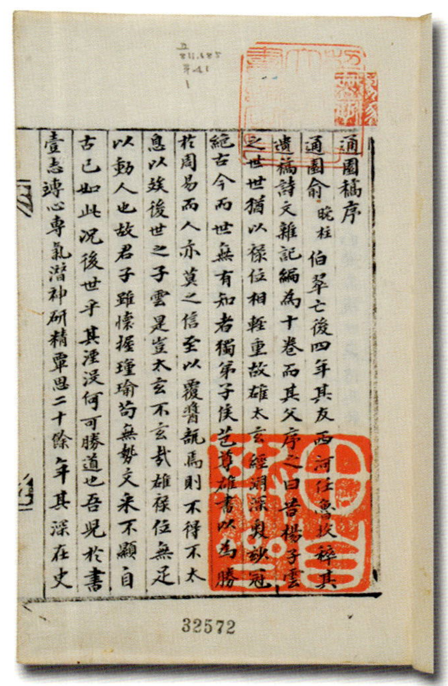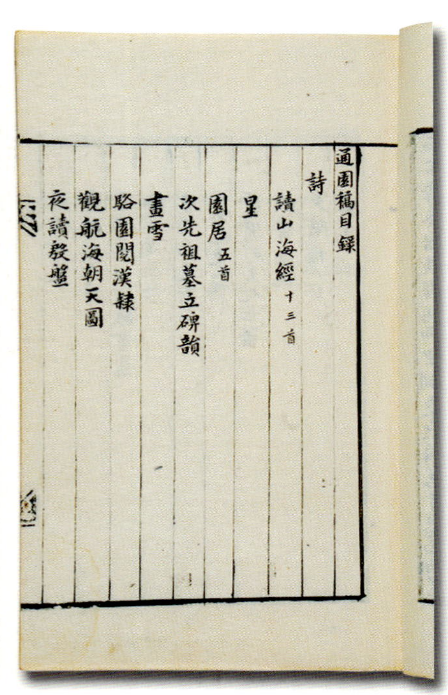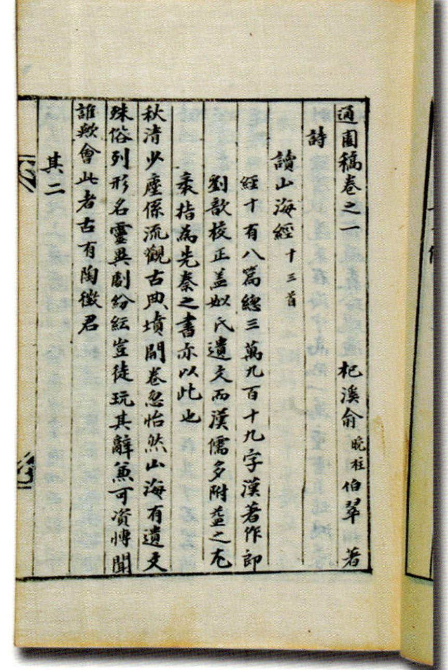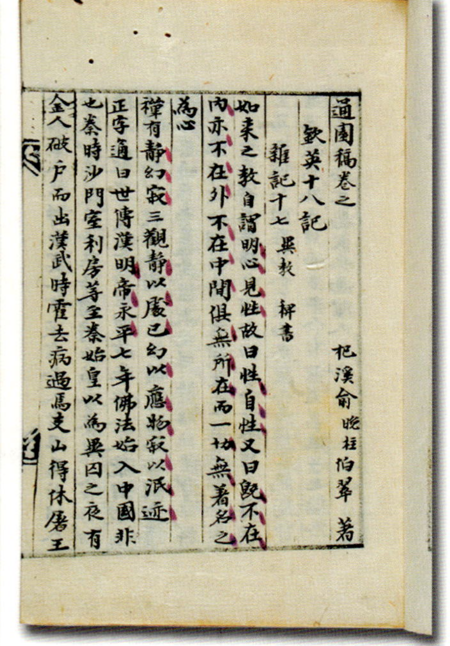

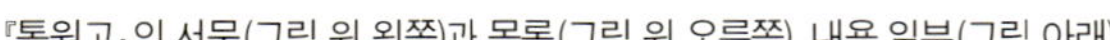

『통원고』의 서문(그림 위 왼쪽)과 목록(그림 위 오른쪽), 내용 일부(그림 아래)

刊 行 辭

　이화여자대학교는 122년의 역사와 함께 한국학 연구의 전통을 발전시켜 왔습니다. 또한 최근에는 한국학특성화사업을 추진하며, 한국학 연구 현황을 조사하고 세계화 시대 한국학 연구의 정체성을 수립하기 위한 노력을 경주해 왔습니다. 이는 한국학이 앞으로 나아갈 방향을 모색하고 한국 문화와 한국학의 세계화를 위한 연구 거점을 마련하는 데에 목적이 있습니다. 더불어 이화의 유능한 인재들로 하여금 한국 문화에 대한 이해와 소양을 갖추고 세계 각국으로 널리 퍼져나가 인류에 기여하도록 하는 글로벌 대학으로서 주도적 역할을 다하기 위한 것입니다.

　한국학에 대한 관심과 연구가 활성화되는 가운데 이화여대 한국학특성화기반조성사업단-한국문화연구원에서 2005년부터 3년간 추진해왔던 본교 소장 고서해제사업의 성과를 간행하게 된 것은 매우 고무적입니다. 현재 이화여대 중앙도서관은 4,300여 종의 18,000여 권에 달하는 고서를 소장하고 있습니다. 이 고서들이 역사서, 문집, 과학서, 지리서, 교과서 등 다양한 분야의 저술들로서 유일본을 비롯한 초간본(初刊本), 선본(善本)들이 포함되어 있다는 사실은 잘 알려져 있습니다. 19세기의 필사본들 역시 공개되어야 할 가치가 큰 자료들로 평가받고 있습니다.

　한국문화연구원에서는 본교 중앙도서관에 소장되어 있는 고서 자료들을 체계적으로 정리함으로써 그 내용과 학술적 가치를 제대로 파악하고 평가할 뿐만 아니라, 학계에 연구 자료로 공개하여 그 학문적 활용도를 높이는 데 기여하고자 하였습니다. 나아가 고서 및 한국학 연구에 대한 학문적 관심을 고취시키고, 한국학 자료의 수집·정리를 통해 우리 문화유산의 보존과 계승이라는 사회적 요구에 적극 부응하고자 하였습니다.

　이제 그 귀한 노력이 『이화여자대학교 중앙도서관 소장 고서해제』 1, 2권으로 결실을 맺게 되어 매우 기쁩니다. 이 해제집은 이화여대 중앙도서관 소장본 중 유일본을 비롯하여 귀중본으로 판단된 고서들만을 엄선하여 해제한 것이기에 더욱 그 의미가 큽니다.

　앞으로 『이화여자대학교 중앙도서관 소장 고서해제』는 본교 소장 고서의 활용을 위한 안내서로서뿐만 아니라, 연구자들에게 한국학 연구의 기초 자료로 널리 활용될 수 있을 것이라고 기대합니다. 더 나아가 본 해제집이 한국학 연구를 진흥시키고 그 다양성을 제공하는 데에도 중요한 몫을 담당할 것이라고 믿습니다.

　3년에 걸친 이 사업에는 많은 분들의 노력과 수고가 있었습니다. 한국문화연구원-한국학특성화기반조성사업단의 단장 정하영 교수는 2005년 본 고서해제사업을 제안하면서 사업의 중추를 세워주었습니다. 아울러 김봉희 전 도서관장님의 적극적인 지원에 의해 고서해제사업이 순조롭게 진행될 수 있었습니다. 이후 지속적으로 사업을 이끌어 주신 한국문화연구원의 역대 원장님들과 도서관장님을 비롯한 관계자 선생님들, 해제 작업의 실무를 담당했던 연구원들, 충실한 해제 원고를 만들기 위해 노력해주신 집필자 여러분, 그리고 교열위원, 자문위원께 모두 깊은 감사의 말씀을 전합니다.

2008년 4월
이화여자대학교 총장
이배용

序　文

　　이화여자대학교 중앙도서관 소장 고서해제사업은 본교 소장 고서를 보다 체계적으로 정리하고, 각 고서의 학술적 특성과 가치를 밝히기 위해 추진되었다. 이는 지난 1981년 이화여대 중앙도서관 소장 고서를 정리하여 『고서목록』을 출간했던 성과를 토대로 시작된 것이다.

　　2005년 하반기부터 본격화된 이화여자대학교 중앙도서관 소장 고서해제사업은 다음과 같은 경과로 진행되었다. 먼저 한국문화연구원–한국학특성화기반조성사업단에서 교내 소장 고서의 현황 조사, 실물 확인, 교외 기관의 동종 고서와의 비교 등 서지적 가치 및 내용에 대한 기초 조사를 진행하였다. 그 다음 단계로 교내외 한학자 및 고서 전문가, 문학·사학·철학 전공자들로 구성된 자문위원들이 전문적인 검토 과정을 거쳐 해제 대상 목록을 작성하였다. 그 중에서 학술적 가치가 높으면서도 해제가 되지 않았거나 기존 해제가 미비한 도서들을 중심으로 해제 대상 고서 110종이 선정되었다. 그 후 선정된 고서에 대해 64분의 해제자가 집필한 후 교열을 거쳐 해제집을 출간하게 되었다.

　　해제집은 통상 대상 고서에 대한 단순한 체제와 내용 소개를 목표로 하는 것이다. 그러나 『이화여자대학교 중앙도서관 소장 고서해제』는 기본적인 해제집의 성격에서 한 걸음 나아가 본교 소장 고서의 고유한 가치와 이본적 특성을 밝히는 것은 물론 해당 자료의 의미와 가치에 대한 학문적 고찰을 담으려고 했다는 면에서 의의를 지닌다.

　　『이화여자대학교 중앙도서관 소장 고서해제』의 발간으로 본교 소장 고서들에 대한 연구가 앞으로 더 활발히 진행될 수 있기를 바란다. 또한 본 해제집이 국학 연구의 기반을 조성하는 데 일조할 수 있게 되기를 바란다. 그동안 해제집 발간을 위해 애쓰신 집필자 여러분과 여러 연구진들에게 감사드린다.

2008년 4월
한국문화연구원 원장
전혜영

凡　　例

1. 편찬 취지(編纂 趣旨)

　본서는 이화여자대학교 내 소장 고서를 체계적으로 정리하고 각 고서의 형태와 내용을 일목요연하게 제시하여 그 가치와 의미를 널리 알리고자 편찬한 것이다. 본서의 이용을 통해 도서의 이용자가 고서 원전을 대하기 전에 우선 그 고서 자료에 대한 기초적인 정보를 얻을 수 있게 함은 물론, 이용자들이 대상 자료의 고유한　가치와 특성을 보다 상세히 알 수 있도록 하였다. 따라서 본서를 통해 일반 이용자들은 필요한 정보를 손쉽게 얻어 다양하게 활용할 수 있으며, 한국학 관련 전문 분야의 연구자들은 학문 연구의 유용한 기초 자료로 쓸 수 있도록 기획하였다.

2. 수록 범위(收錄 範圍)

　본서에 수록된 해제 대상은 이화여자대학교 중앙도서관 및 교내 각 기관에 소장되어 있던 고서 4,300종 중에서 유일본, 희귀본, 초간본, 선본 등 고서로서의 서지적, 내용적 중요성을 함께 갖춘 자료를 우선적인 해제 대상으로 삼았다. 교내외 한학자 및 고서 전문가로 구성된 자문위원들의 심의, 검증 과정을 거쳐 선별된 해제 대상 고서의 범위는 다음 표에 제시된 110종이다.

번호	서명	편·저자	권책사항	비고
1	개자원화전(芥子園畵傳)	왕개(王槪) 찬[古圖], 이어(李漁) 논정	5권 5책, 목판본(중국)	
2	경설궐의(經說闕疑)	함진숭(咸鎭崇)	1권 1책(결질), 필사본	
3	경수당전고(警修堂全藁)	신위(申緯)	16책, 필사본	#
4	계고집성(稽古集成)	이재명(李載命)	12권 12책, 필사본	
5	고금녀범(古今女範)		35장, 필사본	
6	과시정종(科詩正宗)		95장, 필사본	
7	관각잡체(舘閣雜體)		4책, 필사본	
8	괴산정진사전		58장, 필사본	

9	구봉정기		1책(결질), 필사본	
10	구봉집(龜峯集)	송익필(宋翼弼)	11권 5책, 목판본	
11	구운몽(九雲夢) / 구운몽	김만중(金萬重) 언술, 김춘택 한역	6권 3책, 목판본 / 9권 9책 (전10권 10책중), 필사본	*
12	국조명신록(國朝名臣錄)		2권 2책, 필사본	
13	국조시산(國朝詩刪)	허균(許筠)	9권 3책, 필사본	
14	국조오례통편 (國朝五禮通編)	유의양(柳義養) 저, 이지영(李祉永) 교정	서례6권 4책, 12권 8책 (전20권 12책중) 공12책, 필사본	
15	국조오례통편서례 (國朝五禮通編序例)	유의양(柳義養) 저, 이지영(李祉永) 교정	1책 영본(11장), 필사본	
16	금병매고학당비평제일기서 (皐鶴堂批評第一奇書金瓶梅)	장죽파(張竹坡) 편	12책, 목판본(중국)	
17	난계유고(蘭溪遺藁)	박연(朴堧)	5장, 57장, 1장, 금속활자본 (교서관인서체자)	
18	남포집(南圃集)	김만영(金萬英)	16권 6책, 목활자본	
19	내외관안(內外官案)		1책, 필사본	국문과 보관
20	녹범시화(綠帆詩話)	박영보(朴永輔)	6권 2책, 필사본	
21	뇌락서(磊落書)	이덕무(李德懋) 편	4권 2책(전 12권 6책중), 필사본	
22	대기지의(戴記志疑)	홍석주(洪奭周)	5권 5책, 필사본	
23	대동문수(大東文粹)	장지연(張志淵) 편	4, 8, 236면, 신연활자본	
24	대동유한(大東類翰)		3책(1갑), 필사본	
25	도앵행(桃櫻杏)		4권 4책, 필사본	
26	동사(東史)		88장, 필사본	
27	동원십서(東垣十書)	이고(李杲) 외 저	6책(결질), 목판본(일본)	
28	동패낙송(東稗洛誦)	노명흠(盧命欽)	1권 1책(전2권 2책중), 필사본	
29	동한류편(東翰類編)		47책, 필사본	
30	두릉만필(杜陵漫筆)	정각선(鄭覺先) 저, 정극순(鄭克淳) 선	5권 5책, 필사본	
31	마경대전(馬經大全)	유본원(兪本元), 유본형(兪本亨)	49장, 목활자본(훈련도감자)	

32	만국정표(萬國政表)	박문국(博文局) 편찬	4권 4책, 신연활자본	
33	만리계(萬里階)		16장, 49장, 필사본	
34	만물유취(萬物類聚)	안정복(安鼎福) 편	84장, 12장, 12장, 필사본	
35	매화시첩(梅花詩帖)	이황(李滉)	22장, 목판본	
36	몽유편(蒙喩篇)	장혼(張混) 집	2권 1책, 활자본	
37	몽학사요(蒙學史要)	김용묵(金用默) 찬	서4장, 21장, 2장, 목판본	
38	묘법연화경언해 (妙法蓮華經諺解)	구마라습(鳩摩羅什) 한역, 계환(戒環) 요해, 일여(一如) 집주, 간경도감(刊經都監) 언해	1권 1책(결질), 목판본(번각)	
39	무예도보통지언해 (武藝圖譜通志諺解)	정조(正祖) 명찬	2장, 69장, 목판본	
40	무자기재장서목록 (毋自欺齋藏書目錄)	민광식(閔光植)	7책, 필사본	
41	물리소지(物理小識)	방이지(方以智)	1책, 필사본	
42	미산집(米山集)	권영좌(權永佐)	44장, 필사본	
43	박씨전 / 튱녈부인젼		63장, 필사본 / 49장, 필사본	*
44	백석집(百石集)	이정유(李正儒)	4권 4책, 필사본	
45	법규류편(法規類編)		4책(결질), 신연활자본	
46	벽온신방(辟溫神方)	안경창(安景昌) 편, 孝宗 명찬	18장, 33장. 목판본	
47	병학지남(兵學指南)	정조 명편(命編)	5권 1책, 목판본	
48	분애유고(汾厓遺稿)	신정(申晸)	12권 4책, 필사본	
49	사가시문합편 (四家詩文合編)	이황중(李黃中) 외 저	66장, 필사본	
50	사고(私稿)	서호수(徐浩修)	32장, 필사본	
51	사씨남정기 / 사씨남정기 (謝氏南征記)	김만중(金萬重) 저, 김춘택(金春澤) [한문번역]	53장, 필사본 / 2책, 필사본	
52	사안전(史安傳)		82장, 필사본	
53	산원(筭原)	박율(朴繘) 저, 崔錫鼎 교	3권 1책, 목판본	
54	산중일석화(山中一夕話)	이지(李贄) 편, 소소선생 증 정, 합합도인 교열	7권 4책, 신집7권 2책, 공6책, 목판본(중국)	
55	삼한시기(三韓詩紀)	유득공(柳得恭) 평집	18장, 필사본	

56	상호도감의궤 (上號都監儀軌)	상호도감(上號都監) 편	1책(전2책중), 필사본	
57	석란실신정예원삼매 (石蘭室新訂藝苑三昧)	심의평(沈宜平) 편	56장, 필사본	
58	성현공숙렬기		20권 20책 (전21권 21책중), 필사본	
59	소재문(蘇齋文)	옹방강(翁方綱)	1책(결질), 필사본	
60	소현성록		15권 15책, 필사본	국문과 보관
61	시격(詩格)		35장, 필사본	
62	시필(試筆)		3권 3책(4권 4책), 필사본	
63	쌍린기		6권 6책(전10권 10책중), 필사본	
64	아송(雅誦)	주희(朱熹) 저, 정조(正祖) [어정]	8권 2책, 목판본(임진자번각)	
65	아정유고(雅亭遺稿)	이덕무(李德懋)	6권3책(전8권 4책중), 금속활자본(교서관인서체자)	
66	악학궤범(樂學軌範)	성현(成俔) 외 찬	4권 2책(전9권 3책중), 목판본	
67	어록(語錄)	황종림(黃鍾林)	41장, 필사본	
68	어제내훈(御製內訓)	소혜왕후(昭惠王后) 찬	3권 3책, 금속활자본(무신자)	
69	여지도(輿地圖)		14장, 필사본	
70	역조명원척독(歷朝名媛尺牘)	청포수경산방 집	1권 1책(2권 2책), 목활자본(중국)	
71	연암산방집(燕巖山房集)	박지원(朴趾源)	17장, 필사본	
72	영치서집(蘦癡西集)		2권 1책, 필사본	
73	예식(禮式)	이익(李瀷)	36장, 필사본	
74	오서유고(梧墅遺稿)	박영원(朴永元)	12책(전16책중), 필사본	
75	옥련몽(玉蓮夢) / 옥년몽	남영로(南永魯)	2권 2책(결질), 필사본 / 28권 28책, 필사본	*
76	용비어천가(龍飛御天歌)	권제(權踶) 등 명찬	10권 5책, 목판본(번각)	
77	우초신지(虞初新志)	장조(張潮) 편	20권 10책, 목판본(중국)	
78	원촉지		2책(결질), 필사본	
79	유선쌍학록(遊仙雙鶴錄)		7권 7책, 필사본	국문과 보관
80	이례홀기(二禮笏記)	윤동섬(尹東暹) 편	3책, 필사본	

81	이륜행실도(二倫行實圖)	김안국(金安國), 조신(曺伸)	48장, 목판본	
82	이위공문대직해 (李衛公問對直解)	이정(李靖) 저, 유인(劉演) 해(解)	3권 3책, 목활자본	
83	일기(日記) / 일록(日錄)	신귀조(申龜朝)	2책, 필사본 / 25장, 필사본	*
84	일성록(日星錄)	최익현(崔益鉉) 저	5권 2책, 목활자본	
85	자하시초(紫霞詩鈔)	신위(申緯)	29장, 필사본	#
86	장국중전		67장, 필사본	
87	전국책(戰國策)	장유(張維) 정선	83장, 목판본	
88	정관편(井觀篇)	이청(李晴) 찬	8권 3책, 필사본	
89	정로(訂老)	홍석주(洪奭周)	2책, 필사본	
90	정유각문집(貞蕤閣文集)	박제가(朴齊家)	4권 4책, 필사본	
91	죽천조천록(竹泉朝天錄)	이덕형(李德泂)	13장, 필사본	
92	중간노걸대언해 (重刊老乞大諺解)	이수(李洙) 외 편	1권 1책(전2권 2책중), 목판본(重刊)	
93	지암집(止菴集)	김량행(金亮行)	9권 4책, 필사본	
94	진연의궤(進宴儀軌)	진연도감(進宴都監) 편	총목1책, 3권 3책, 공3권 4책, 금속활자본(정리자)	
95	집주한객건연집 (輯註韓客巾衍集)	이덕무(李德懋) 외 저, 유금(柳琴) 초, 박제영(朴齊永) 주	4권 2책, 필사본	
96	창선감의록(倡善感義錄)	조성기(趙聖期)	2권 1책(79장), 필사본	
97	청강소와(淸江笑囮)	이제신(李濟臣)	본문17장+백지5장, 필사본	
98	택당집(澤堂集)	이식(李植)	원집10권 5책, 속집6권 3책, 별집18권 9책, 전34권 17책, 목판본	
99	통원고(通園稿)	유만주(兪晩柱)	9권 6책, 필사본	
100	팔로지장(八路指掌)		접포(摺鋪) 9포(鋪), 필사본	
101	팔자백선(八子百選)	정조(正祖) 어찬	6권 3책, 금속활자본(정유자)	
102	학석집(鶴石集)	익종 찬, 문조[추존] 어제	60장, 필사본	
103	한고(閑藁)	강백년(姜栢年)	본집5책(전11책중), 속집1책, 합6책, 필사본	
104	한위총서(漢魏叢書)	하윤중(何允中) 편	9책(전58책중), 목판본(중국)	

105	해동명환록(海東名宦錄)		4권 4책, 필사본	
106	향음주례홀기고증 (鄕飮酒禮笏記考證)	이준(李埈)	46장, 필사본	
107	호구전		4책, 필사본	
108	홍전시삼선(紅田詩三選)	신위(申緯)	54장, 필사본	#
109	화성성역의궤 (華城城役儀軌)	정조(正祖) 명편	권수1책(전9권 9책중), 목활자본(生生字)	
110	황고수은부군유묵 (皇考睡隱府君遺墨)	홍석보(洪錫輔)	1책(전3책중), 필사본	

* : 동일 내용의 이본으로 묶어 해제 원고 1편으로 작성.

\# : 신위 작품집으로 묶어 해제 원고 1편으로 작성.

3. 해제 지침 기준

1) 본서의 해제 대상 고서인 '이화여자대학교 중앙도서관 소장본'은 줄여서 '이화
   여대 도서관본'으로 지칭한다.

2) 해제의 기본 구성

해제	① 개요	저자, 편찬연대, 해제내용, 권책사항, 판사항, 서·발 사항을 200자 내외로 기재한다.
	② 편·저자	편·저자의 자·호, 본관, 부·모를 소개한 다음 약력을 기술한다.
	③ 편찬 경위	간행·편찬·필사의 연대 및 경위를 밝히고, 서명(書名)에 대해 설명한다.
	④ 구성과 내용	목차와 구성을 기술하고, 주요 내용에 대한 간략한 소개와 설명을 붙인다.
	⑤ 서지적 특성	본교 소장본의 서지적 특이사항을 설명한다.
	⑥ 가치	해제서의 가치와 위상, 연구 현황 또는 전망을 기술한다.
	⑦ 집필자명	해제 집필자명을 본문 끝에 '( )' 안에 표기한다.
	⑧ 색인어	해제서와 관련된 주요 개념어, 인명, 지명 등을 제시한다.
	⑨ 참고문헌	해제서와 관련된 주요 참고문헌을 기재한다.

3) 해제 원고 목차

(1) '1. 개요', '2. 편·저자', '3. 편찬 경위', '4. 구성과 내용', '5. 서지적 특성', '6. 가치 및 평가'로 항목을 구별하였다. 그러나 해제 대상 자료의 성격에 따라 세부 항목은 조금씩 다른 항목으로 기술되기도 하였다.

(2) 해제의 분량은 도서 1종 당 평균 원고지 50매를 기준으로 하였다. 그러나 전적(典籍) 자체의 분량과 가치에 따라 적게는 30~40매에서 많게는 70매까지의 분량으로 조절하였다.

(3) 문장은 한글 표기를 원칙으로 하며 고유명사, 이름, 관직, 지명 등의 한자를 쓸 때에는 '( )' 안에 한자를 병기하는 것을 원칙으로 하였다. 그러나 서지사항 기술 부분은 그 내용을 보다 정확하고 신속하게 인지할 수 있도록 국한문 혼용을 원칙으로 하였다.

(4) 해제원고는 국문학·국어학·철학 등 해당 분야의 전문 연구자에게 의뢰하여 집필되었으며, 작성된 해제원고는 해당 분야의 중견급 이상의 학자 및 원로들로 구성된 교열위원들의 엄격한 교열·감수를 거쳐 수정 보완하였다.

4. 배열

고서의 분류 및 배열 기준은 다음과 같이 이화여대 중앙도서관의 듀이십진분류법(DDC) 분류 기준을 따랐다.

총류(000)   : 컴퓨터·정보학, 문헌정보학, 언론학, 신문학, 출판 등
철학(100)   : 철학, 심리학, 윤리학, 논리학 등
종교(200)   : 종교학, 기독교, 불교 등
사회과학(300) : 정치학, 경제학, 법학, 행정학, 사회복지, 교육학, 무역, 풍속 등
어학(400)   : 한국어, 중국어, 일본어, 영어, 독어, 불어, 스페인어 등
자연과학(500) : 수학, 천문학, 물리학, 화학, 지구과학, 생물학 등

응용과학(600) : 의학, 공학, 농업, 가정과학, 경영학, 화공학, 제조업, 건축공학 등
예술(700)   : 미학, 건축, 조각, 회화, 판화, 사진, 음악, 연극, 무용, 체육 등
문학(800)   : 한국문학, 중국문학, 일본문학, 영미문학, 프랑스문학, 독일문학 등
역사(900)   : 지리·여행, 전기, 역사 등

5. 부호 표기 원칙

1) 한글 표기를 원칙으로 한다. 고유명사나 이름, 관직, 지명, 기타 전문용어는 한자 또는 원어를 '(   )' 안에 표기하고, 반복되어 나올 경우에는 한글로만 표기한다.
　【예】 또 두 벌을 더 모사하여 태인 태산사(泰山祠)에 모시고, 한 벌은 문인 오봉영(吳鳳泳)에게 주었다.

2) 인명은 호와 자를 모두 밝히되 본명을 우선하며 생몰년을 밝힐 수 있는 경우는 '(~)'로 기재한다.
　【예】 화서(華西) 이항로(李恒老 : 1792~1868)의 문인이다.

3) 간사년(刊寫年)이나 기타 연대는 서력 환산 기년으로 기재하고 한국 연호냐 역조 임금의 즉위 기년으로 환산하여 기재해서 '( )'에 넣어 부기한다. 추정 연도는 '[ ]'를 사용한다. 역조명(歷朝名)조차 추정할 수 없는 경우에는 '[간사년미상]'이라고 기술한다.
　【예】 1767년(영조 43)
　　　　[1725~1776년(영조 연간)]

4) 서명에는 '『 』'를 사용한다.

5) 항목, 편명, 작품명에는 '「 」'를 사용한다.

6) 인용, 대화 등을 나타낼 때에는 큰따옴표[" "]를 사용한다.
　【예】 권말 간기에 "順治四年丁亥二月日, 全南道寶城地開興寺開板"이라고 간행 연

도와 간행처가 밝혀져 있고 그 뒤로 시주자의 이름이 열거되어 있다.

7) 강조, 재인용, 대화 안의 대화에는 작은따옴표[‘ ’]를 사용한다.
　【예】 표지에는 서명이 없고, 판심제에 ‘일성록(日星錄)’이라고 되어 있다.

8) 주석, 설명, 또는 제목의 부제나 삽입된 인명은 ‘( )’ 안에 기재한다.
　【예】 墓碣名(並序)
　　　　祭趙松岡(士秀)文

9) 일반적인 것은 「한글 맞춤법 규정」을 따른다.

6. 색인

　부록의 색인은 개념어, 인명(人名), 지명(地名), 서명(書名)의 한글 음순(音順)을 따랐다.

차   례

900 역 사

八〇〇 문학

박씨전 · 충렬부인전

박시젼

筆寫本. ― [發行地不明] : [發行處不明], [發行年不明].
63張 : 無界, 11行23字內外 ; 22.3×20.5cm.

고서/고서811.31 박69

튱녈부인젼

筆寫本. ― [發行地不明] : [發行處不明], [1846(憲宗 12) 또는
1906(光武 10)?].
49張 : 無界, 13-15行20-26字 ; 29.0×26.5cm.
한글본임.
別書名 : 朴氏夫人傳
筆寫記 : 병오이월십오일필셔

고서/고서 811.31 튱24

박시젼 · 튱녈부인젼

1. 개요

　이화여대 도서관본 『박씨젼』과 『튱녈부인젼 권지단』은 『박씨젼』의 이본이다. 『박씨젼』과 『튱녈부인젼 권지단』은 추물인 여성 주인공 박씨가 남편 이시백과 혼인하여 한동안 박대를 당하면서도 뛰어난 재주를 보여주고, 아름다운 모습으로 변하여 부부 간의 금슬을 회복하며, 뛰어난 도술로써 병자호란의 국난을 설욕하는 작품이다. 『박씨젼』의 창작연대는 17세기 후반에서 18세기로, 그 이후에도 계속해서 한글 필사본으로 유통되어 『박씨젼』의 이본만 해도 70여 종이 넘을 정도로 여성 독자들 사이에 널리 읽힌 작품이다.

　『박씨젼』에는 병자호란 당시의 역사적 인물이 작품 속에 등장해 허구화되고 있다. 박씨의 남편인 이시백, 인조대왕, 원두표, 임경업, 김자점, 청나라 태조인 호왕과 용골대 등은 역사에 실존했던 인물로 작품 속에 등장하고, 박씨라는 초월적 능력을 지니고 있는 여성 인물을 허구적으로 재구성하여 민족적 치욕인 병자호란을 다시 문제 삼고 있다. 실제로는 청나라에 의해 패배한 병자호란을 허구적으로는 피화당(避禍堂)의 전투에서 크게 승리하는 것으로 바꾸고, 뒤이어 임경업이 용골대가 이끄는 청나라 군사를 대패시키는 식으로 구성하고 있다. 여기에서 『박씨젼』이 소설 향유층의 정신적 상처를 치유하며 위로하고자 하는 작품임을 알 수 있게 한다. 또한 병자호란의 책임은 김자점과 같은 무능하고 부패한 간신배에게 있다며 이 간신배들을 강도 높게 비판하고 있다.

2. 편 · 저자

　『박씨젼』의 저자는 미상이다.

3. 편찬 경위

　이화여대 도서관본인 『박씨젼』과 『튱녈부인젼』의 필사 경위는 작품의 말미에 첨부되어 있는 논평을 통해 알 수 있다. 『박씨젼』과 『튱녈부인젼』의 논평은 크게 다르지 않다.

　『박씨젼』의 논평에는 작품 전체의 내용을 개략적으로 설명하고 박씨의 후일담을 서술하고 있다. 그 논평은 "츙셩을 심셔 나라을 극진니 셤기며 ᄌ손 ᄉ랑ᄒ기을 인의로 하며 친쳑의 화목ᄒ기르을 예의로 ᄒ며 비복 불이기을 은의로 ᄒ며 수신졔가ᄒ기을 덕힝으로 ᄒ니 이러 하므로 어진 일홈니 장안의 ᄌ〃ᄒ더라"로 되어 있다. 결국 『박씨젼』에서는 이 글을 읽는 독자도 박씨처럼 나라에 충성하고 자식을 사랑하고 친척 간에 화목하고 비복을 은혜롭게 대할 수 있는 마음가짐을 언급하고 있다. 곧 수신제가하고 치국평천하할 것을 강조하고 있는 것이다.

『튱녈부인젼』도 역시 『박씨젼』과 필사 경위는 비슷하다. 『튱녈부인젼』의 논평에도 작품 전체의 내용을 개략적으로 설명하지만 후일담은 없고 곧바로 "세상사가 쳔슈요 일녁으로 못홀지라 훗사람도 박부닌을 효칙ᄒ면 자연 귀이될지라"라고 하며 박씨의 행적을 효칙할 것을 강조하고 있다. 『튱녈부인젼』도 역시 국가에 충성하고 집안을 잘 다스리는 박씨의 행동을 본받자는 교훈을 논평에서 밝히고 있는 것이다.

결국 이화여대 도서관본 『박씨젼』과 『튱녈부인젼』의 필사 경위는 남녀를 막론하고 박씨의 가정 내에서의 어진 행동과 국가를 위해 충성을 다하는 행적을 본받자는 교훈성을 드러내는 것이라고 할 수 있다.

4. 구성과 내용

이화여대 도서관본 『박씨젼』과 『튱녈부인젼』은 전체 구성과 내용이 매우 흡사하다. 이중에서 먼저 『박씨젼』은 표지에는 '박씨젼'으로 되어 있고 본문의 첫장에도 '박시젼'으로 시작하고 있다. 이에 비해 『튱녈부인젼』은 표지에는 『튱녈부인젼 권지단』으로 되어 있고 본문이 시작되기 전에 또 하나의 간지에는 『박씨부인전(朴氏婦人傳)』이라고 적혀 있으며 '병오이월 십오일(丙午二月十五日)'이라는 필사일이 적혀 있다. 본문을 시작하는 제목에는 '튱녈부인젼 권지단'으로 적혀 있다는 점이 『박씨젼』과 다르다.

내용은 『박씨젼』과 『튱녈부인젼』이 인물의 이름이나 삽입되어 있는 가요와 같은 세부적인 부분이 조금 다를 뿐 전체적인 내용은 크게 다르지 않다.

본문의 내용이 끝나고 두 작품 모두에 서술자의 논평이 붙어 있으며 각각 필사년이 60갑자 형식인 '무술 원일(『박씨젼』)'과 '병오 이월(『튱녈부인젼』)'로 표기되어 있다. 특히 『튱녈부인젼』에는 필사자의 이름인 '이송남(李松南)'의 이름도 표기되어 있다. 『박씨젼』에는 필사자의 구체적인 정보는 없으나 '칙쥬논 갈젼 니참판ᄃᆡᆨ이라'로 표기되어 있는 것으로 보아 책주인이 갈젼이라는 동네에 사는 이참판댁임을 알 수 있다. 『튱녈부인젼』은 '병오이월일(丙午二月日) 책주(冊主) 김준석씨(金俊錫氏)'로 되어 있는 것으로 보아 김준석이라는 사람의 것으로 보인다. 또한 『박씨젼』의 본문에는 쪽수가 기록되어 있지 않는 반면에 『튱녈부인젼』에는 두 면을 하나로 묶어서 '일(壹), 이(貳), 삼(參)'식의 갖은자 한자로 본문의 상단에 쪽수를 표기하고 있다는 점이 특이하다.

우선 『박씨젼』의 내용은 다음과 같다.

조선국 세종대왕 즉위 초에 한양성에 사는 이두춘은 위엄과 명망이 뛰어난 재상인데 이두춘에게는 이시백이라는 아들이 있었다. 이시백은 총명하고 영달하여 상공인 이두춘이 매우 사랑하였다. 상공은 옥소 불기와 바둑 두기를 좋아했는데, 하루는 박처사라는 사람이 찾아와 옥소를 불고 바둑을 두면서 지기지우(知己之友)가 된다. 박처사는 이시백을 보고는 자신의 딸과 혼인시킬 것을 청하고 혼인날을 삼월 망간으로 정하고 금강산으로 돌아간다.

혼인날이 다가오자 상공은 아들 시백을 데리고 금강산으로 박처사를 찾아가지만 3일 동안 산 속을 헤매다가 박처사를 만나게 된다. 박처사는 낙락장송 밑에 석탑을 정결히 모은 후 자리를 정하고 성례를 되는 대로 하여 혼인을 올리게 한다. 혼인을 올린 후 주점에서 처음으로 신부의 추비한 얼굴을 본 상공과 시백은 매우 놀란다. 시백은 추비한 박씨를 더욱 미워하게 되고 상공의 꾸지람과 명에 못 이겨 박씨의 방에 들어갔다가는 새벽이면 그대로 나오곤 한다. 박씨는 상공에게 후원에 초당을 지어달라고 하여 이름을 피화당(避禍堂)이라고 짓고는 그곳에서 시비인 계화와 더불어 세월을 보내게 된다.

어느 날 상공이 관직이 일품으로 올라 조복을 입고 임금을 뵈러 가게 되었지만 걸맞는 조복이 없어 걱정하자 박씨가 하루 만에 조복을 지어 집안사람의 놀라움을 자아낸다. 임금도 상공의 조복을 보고 감탄한 후 박씨의 실정을 알게 되어 박씨를 박대하지 말고 백미를 상으로 주며 박씨에게 한 때에 한 말의 양으로 밥을 지어 먹이라고 한다.

또한 박씨는 집안을 부유하게 만들 방법을 상공에게 말하면서 종로에 나가 다섯 냥 하는 비루한 망아지를 300냥의 값을 주고 사오라고 하여 말을 잘 먹이라고 한다. 시간이 흐른 후 중국 칙사가 나오는 길에 이 말을 매어두자 중국 칙사가 3만 냥을 지불하고 이 말을 사가게 되고 상공은 박씨의 신통력에 탄복한다.

나라에서 과거를 실시하자 시백이 과거 시험에 응시하게 된다. 박씨는 꿈에 후원에서 청옥연적을 발견하게 되고 그 연적이 홀연 청룡으로 변하여 여의주를 물고 하늘로 승천하는 것을 보게 된다. 이튿날 과연 꿈에서 보았던 청옥연적을 얻어 시백에게 주려고 하나 시백은 오히려 박씨의 심부름을 온 계화를 매로 때리고 나중에야 청옥연적이 귀한 보물임을 알게 된다. 이에 시백은 박씨에게서 청옥연적을 받아 과거에서 이를 사용하여 장원급제하게 된다.

어느덧 혼인을 한 지 5년이 흐른다. 박처사가 상공의 집으로 찾아와 박씨의 추비한 모습을 아름답게 바꾸는 도술을 가르쳐주며 박씨가 모습을 바꿀 때가 되었음을 말하고 금강산으로 돌아간다. 박씨는 그날 밤에 목욕재계하고 허물을 벗고 절대가인의 모습으로 변한다. 온 가족이 박씨가 아름다운 모습으로 변했다는 사실을 듣고는 신기해 하고 시백은 박씨를 박대하던 일을 사죄한다. 박씨는 시백의 행동을 한바탕 꾸짖고는 부부간의 사랑을 나눈다.

박씨가 아름다운 모습으로 변했다는 소문이 나자 각처의 재상가 부인들이 박씨의 모습을 구경하고 싶어 봄나들이를 하자고 제안한다. 박씨는 재상가 부인들 앞에서 월궁소산인 소화단으로 만든 치마와 용궁소산인 저고리인 빙월단을 소개한 후에 금봉채로 신묘한 재주를 보여주자 많은 부인들이 박씨가 인간 세상의 사람이 아님을 감탄한다.

시백이 평양감사로 제수 받고 백성을 잘 다스리자 다시 병조판서로 승진하게 된다. 갑자년에 명나라가 가달의 난으로 위급하게 되자 왕자견의 추천으로 이시백과 임경업이 청병대장이 되어 가달을 물리치게 된다. 조선으로 돌아와 이시백은 우의정을, 임경업은 부원수를 제수 받게 된다. 호왕(胡王)이 조선의 신인과 임경업을 두려워하여 여자 자객 기홍대를 보내어 박씨를 없애려고 한다. 박씨는 이 사실을 미리 알고 시백에게 기홍대를 피화당으로 보낼 것을 말하고 피화당으로 들어간 기홍대는 박씨의 계책대로 독한 술을 마시고 잠에 떨어져서 박씨를 해치려고 한다. 박씨는 신통술을 부려 기홍대를 무찌르고 본국으로 쫓아낸다. 혼비백산하여 쫓겨온 기홍대는 청나라 조정에 박씨의 능력을 말하자 호왕비가 묘책을 내어 한우와 용골대에게 수많은 정병을 주어 조선을 공격하게 한다.

박씨는 이러한 사실을 알고 시백을 시켜 임경업을 불러 한양을 지키게 하고 호국의 침범에 대비하라고 상소하지만 간신인 김자점 등의 반대로 의견이 받아들여지지 않는다. 마침내 한우와 용골대 등이 남한산성을 에워싸고, 조정에서는 어찌할 바를 모르고 왕비와 세자대군을 인질로 보내기로 하고 화친한다.

장안을 지키고 있던 용골대의 아우 용마대는 피화당으로 들어가 박씨의 시비 계화의 도술에 빠져 목이 잘린 채 피화당 후원 나무 끝에 매달리게 된다. 이 사실을 알게 된 용골대는 동생의 원수를 갚기 위해 피화당으로 가지만 박씨의 도술에 걸려 모든 공격이 제대로 이루어지지 않고 용골대는 박씨에게 사죄하고 용마대의 목만은 돌려달라고 애걸한다. 그러나 박씨는 이를 거절하고 왕비를 풀어줄 것과 의주에서 임경업 장군을 보고 가라고 용골대에게 명령한다. 박씨의 계책으로 임경업 장군은 용골대 일파를 무찔러 분을 풀지만 임금의 항서를 보고 통분하며 호병을 호국으로 돌려보낸다. 임금은 박씨의 의견을 듣지 않은 것을 후회하고 박씨의 활약상을 칭찬하며 정렬부인의 직첩을 내리고 일품녹을 주게 된다.

『튱녈부인젼』의 내용은 위에서 제시한 『박씨젼』과 크게 다르지 않다. 커다란 이야기의 줄기와 세부는 같지만 인물명 또는 사물명에서 몇 가지 부분에서 차이가 있다.

예를 들면 서두의 배경이 『박씨젼』은 '죠선국 세죠디왕 즉위쵸'라면 『튱녈부인젼』은 '죠선국 세종디왕 즉위쵸'로 설정되어 있다. 『박씨젼』에서 상공의 이름이 이두춘이라면 『튱녈부인젼』에서는 이득춘으로 나온다. 또한 『박씨젼』에는 시백과 박씨의 혼인날이 삼월망간으로 명시되어 있지만 『튱녈부인젼』에는 혼인날에 대한 구체적 언급이 없다. 상공이 혼인날이 다가오자 금강산으로 가게 되는데 이때 박처사에게 대접받는 술의 이름도 차이가 있다. 『박씨젼』은 홍순주로 되어있지만 『튱녈부인젼』에서는 송화주로 나온다. 이시백이 과거를 보러 가기 전에 박씨가 꿈속에서 보는 연적의 이름도 다르다. 『박씨젼』의 경우에는 청옥연적인데 반해, 『튱녈부인젼』에는 백옥연적으로 되어 있으며 박씨가 혼인 후에 금강산에 근친가는 시기도 『박씨젼』에는 5년이지만 『튱녈부인젼』은 4년으로 되어 있다. 박씨가 허물을 벗고 아름다운 모습으로 변한 뒤에 여러 재상가 부인들 앞에서 자랑하는 신기한 치마의 이름도 다르다. 『박씨젼』에는 치마는 소화단으로 나타나지만 『튱녈부인젼』에는 화환단으로 불려지고 있다. 이시백이 평양감사로 가서 선정을 베풀자 백성들이 부르는 격양가의 내용도 상당히 다른 편이다.

예를 들어 『박씨젼』이 '조을씨고 니졔논 살니로다'로 시작하고 『튱녈부인젼』에는 '어화둥둥 살리로다'로 시작하여 그 내용에도 차이가 있다. 호국이 조선을 침범하는 시간도 조금씩 다르게 나타나는데, 『박씨젼』에는 '병자년 납월 일일'로 『튱녈부인젼』에는 '병자년 납월 회일'로 되어있다. 또한 조선을 침범하는 호국 장수의 이름도 조금씩 차이가 있다. 『박씨젼』에는 용골대, 한우, 용마대로 표기되어 있지만 『튱녈부인젼』에는 용골대, 한위, 용울대로 불려진다.

이상과 같은 차이점에도 불구하고 서사 구성과 서사의 세부적인 짜임에서는 『박씨젼』과 『튱녈부인젼』은 같은 필사본 계열의 작품으로 묶을 수 있는 작품이라고 할 수 있다.

5. 서지적 특성

『박씨젼』의 서지와 유통 사항을 살펴보면 독특한 점이 발견된다. 우선 『박씨젼』은 한문본은 발견되지 않고 한글본만 존재하며 학계에 알려진 한글본도 방각본 형태의 이본은 발견되지 않았으며 필사본과 활자본만 발견되었다는 사실이다. 그 중에서 필사본은 70편 이상이나 된다고 보고되어 있다.

『박씨젼』의 이본 중에 선본(善本)에 대한 확정은 아직 합의가 이루어지지 않은 상태이지만 필사본 계열의 작품을 최고본이자 선본(善本)으로 추정하고 있는 실정이다. 논자에 따라 최선의 원전을 확정하는 기준이 다른데, 작품 서두의 배경과 이시백의 출생담 중에서 기자정성이 있느냐 없느냐, 작품 전체의 구성 등을 고려하여 각각 다른 작품을 최고본이자 선본(善本)이라고 주장[1]하고 있다. 그러나 앞으로도 필사본 중에서 최고본과 선본(善本)을 찾아야 한다는 점에는 대부분의 연구자들이 동의하고 있다. 70여 종이나 되는 이본들을 경계짓고 계열화하기 위해서는 일정한 기준을 가지고 이본을 비교하고 대조하여야 하며 작품의 서사 단락을 좀 더 세분화해서 유사한 작품끼리 계열화할 필요성이 있다고 판단된다.

이화여대 도서관본 『박씨젼』은 '무술년 원일 초구일에 시셔하녀 이십삼닐의 필셔ᄒ니'로 되어 있는 것으로 보아 필사 시기인 무술년(戊戌年)은 이르면 1838년으로, 늦어도 1898년으로 추정할 수 있다. 『튱녈부인젼』은 '병오 이월 십오일 필셔'했다는 기록이 있으므로 그 필사년은 병오년(丙午年)으로 상한선은 1846년, 하한선은 1906년으로 추정할 수 있다.

앞에서도 언급했듯이 『박씨젼』과 『튱녈부인젼』은 몇 가지 명칭만 다를 뿐 세부적인 서사 내용이 상당히 흡사하다. 그러므로 같은 계열의 필사본이라고 할 수 있다. 다른 『박씨젼』의 이본과 비교해보면 이화여대 도서관본 『박씨젼』과 『튱녈부인젼』과 가장 유사한 계열의 필사

---

1) 김기현의 경우는 이본 14종을 필사본, 활판본, 교주본으로 나누어 살피고 고대본 『박씨젼』(필사본, 1835년 혹은 1895년)을 최고본이자 선본(善本)으로 추정하고 있다. 사재동은 필사본 26종과 활판본 5종에 대하여 그 시대배경과 사건진행을 중심으로 살피고 이 중에서 『박씨젼』(사재동본)을 최선의 원전으로 확정하였다.

본은 1910년에 필사된 『명월부인전』이다.

『명월부인전』은 이시백의 출생담에 기자정성 없이 평범한 출생을 하며 박씨와 이시백의 혼약과 결혼, 불화, 변신, 화합, 국난의 극복, 상급의 필수적인 서사단락이 모두 존재하며 그 세부 내용도 유사하다. 또한 박처사가 이득춘(이두춘)을 찾아와 퉁소 불기와 바둑을 두는 모습의 세부적 묘사나 박씨가 추비한 모습에서 아름다운 자태로 변신하고 나서 이시백을 준엄하게 꾸짖는 모습이 유사하게 묘사되어 있고 박씨의 시비 계화가 재상가 부인들과 박씨의 봄나들이에서 부르는 '청가일곡'도 세 작품 모두 동일하게 나타난다. 이시백이 평양감사가 되어 선정을 베풀자 백성들이 부르는 격양가 또한 다른 이본에는 잘 드러나지 않지만 이들 세 작품에는 각기 내용은 조금씩 다르지만 공통적으로 삽입되어 있다.

다만 『명월부인전』에는 작품 후반부에 나오는 임경업이 용골대의 무리를 크게 격파하는 삽화가 나타나지 않고 있다. 이에 비해 이화여대 도서관본 『박씨젼』과 『튱녈부인젼』에는 임경업이 용골대의 무리를 격파하고 꾸짖는 모습과 임금의 전교가 그대로 인용되고 이를 보고 임경업이 탄식하는 모습이 상세하게 드러나 있다. 그러므로 『박씨젼』과 『튱녈부인젼』은 어떠한 이본보다 임경업의 활약상에 초점을 두고 서술하고 있는 이본이라고 하겠다. 또한 『명월부인전』은 작품 말미에 작품과 관련된 논평이 삽입되어 있는 것이 아니라 필사자가 필사를 끝낸 감회가 첨부되어 있는데 이것은 『박씨젼』의 작품 내용과 긴밀한 관련이 없는 것으로 필사자의 감흥이 기록되어 있다. 이에 비해 『박씨젼』과 『튱녈부인젼』에는 작품과 관련된 전반적인 논평이 첨부되어 있는데 이것은 작품의 교훈과 의미를 되새기게 하고 다시 한번 작품에 대한 평가를 내리는 역할을 한다.

따라서 『박씨젼』과 『튱녈부인젼』은 19세기에서 20세기 초에 필사된 이본으로 두 이본은 상당한 친연성이 있고 박씨의 초월적 행적이 잘 구비되어 있으며, 임경업의 활약상도 상세하게 그려진 이본이다. 전체적으로 볼 때 여러 필사본 중에서 『박씨젼』과 『튱녈부인젼』, 『명월부인전』은 같은 계열의 작품으로 판단된다.

6. 가치

『박씨젼』은 대체적으로 17세기 후반이나 18세기에 창작되어 19세기 이후까지 향유된 작품이다. 특히 한글 필사본으로 존재하는 『박씨젼』은 70여 종이 넘는데, 이 중에서 이화여대 도서관본 『박씨젼』과 『튱녈부인젼』은 19세기에서 20세기 초에 필사된 이본으로 판단된다. 이 두 작품을 최고본(最古本)이거나 최선본(最善本)이라고 단언하지는 못하지만 서사의 짜임에서나 서사의 세부적 측면에서도 상당히 논리적인 이본이다. 작가가 여성인 박씨의 능력과 기개를 잘 드러내고자 하는 의도로 서술하고 있으며 병자호란의 치욕을 설욕하고자 하는 욕망을 잘 형상화하고 있는 이본이라고 말할 수 있다.

『박씨젼』과 『튱녈부인젼』은 두 작품 모두 평범한 이시백의 출생담이 드러난다. 박처사와 상공이 처음 만나서 퉁소를 부는 장면도 정교하게 묘사되고 있다. 또한 이시백과 박씨의 혼인날 금강산으로 들어간 상공과 이시백이 3일 동안 금강산을 헤매는 장면이 길게 묘사되어 있다. 박씨가 상공의 조복을 만들어 처음으로 자신의 재주를 드러내어 임금으로부터 상을 받고, 비루한 말을 삼백 냥에 사서 삼만 냥에 되팔아 시댁의 살림살이를 돕는다는 화소도 있다. 특히 『박씨젼』과 『튱녈부인젼』은 추비한 모습을 변신하여 아름다운 외모를 지니게 된 후 이시백의 그릇된 행동과 사고방식을 엄정하게 꾸짖는 대목과 이에 쩔쩔 매는 이시백의 모습이 선본(善本)계열이라고 지칭되는 고대본[2]보다는 훨씬 길게 나타난다. 여자의 미모만을 중요하게 생각하는 이시백의 태도를 질책하는 박씨의 목소리는 고압적이며 위엄이 있다. 이런 측면에서 이 작품은 다른 이본에 비해 여성의 자기 목소리와 존재 가치를 드러내는 작가의 의식이 잘 녹아 있는 작품이라고 할 수 있다.

또한 이화여대 도서관본 두 작품에는 박씨가 변신 후 여러 재상가 부인들과의 봄놀이에서 신기한 치마저고리와 금봉채로 신이한 행적을 보인 후 흥을 돋우기 위해 계화의 청가일곡이 삽입되어 있다. 그런데 고대본에 삽입된 계화의 청가일곡은 앞뒤 서사의 관련성을 따져볼 때 다소 자연스럽지 않은 면이 있다. 고대본은 계화가 박씨의 변신을 상공에게 아뢰면서 청가일곡을 부르게 되는데 앞부분에서는 박씨의 고진감래를 노래하고 뒷부분에서는 봄날의 흥겨움을 토로하고 있다. 이시백을 피화당으로 데리고 갈 때 삽입되는 또 하나의 청가일곡은 아름다운 달의 모습에 빗대어 곧 아름다운 박씨의 모습을 보게 될 것이라는 흥겨움을 노래하고 있다. 박씨의 추비한 모습이 아름다운 모습으로 변한 것은 기쁜 일이기는 하나 서사 전개상 계화의 청가일곡을 삽입하여 굳이 흥을 돋울 필요는 없다. 추물인 박씨가 아름답게 변했기 때문에 이 소식을 들은 시백은 어서 가서 박씨를 만나고자 하는 마음이 앞서고 있는데 계화의 청가일곡은 이러한 서사 진행을 오히려 지연시키고 있다. 그러므로 계화의 청가일곡의 삽입은 서사 진행상 어색한 면이 있는 것이 사실이다.

오히려 이화여대 도서관본 『박씨젼』과 『튱녈부인젼』에서처럼 변신 후에 나가는 봄나들이에서 인생을 즐기자는 계화의 청가일곡이 삽입되는 것이 서사 전개상 더 논리적이라는 느낌이 든다. 그러므로 고대본보다는 이화여대 도서관본 『박씨젼』과 『튱녈부인젼』은 좀 더 자연스러운 서사의 흐름을 안배하고 있는 이본이라고 할 수 있겠다.

또한 이시백이 평양감사가 되어 평양에서 백성의 질고와 수령의 다스림을 살펴서 바르게 처결하는 대목이 고대본에서는 간략하게 몇 줄의 문장으로 설명되어 있으나 『박씨젼』과 『튱녈부인젼』에는 상세하게 나타나며 평양 백성들이 이시백의 선정(善政)에 대해 격양가를 부르는 부분도 삽입되어 있다.

---

2) 김기현, 「박씨전해제」, 『박씨전·임장군전·배시황전』, 고려대 민족문화연구소, 1995, 136~139쪽.

『박씨젼』과『튱녈부인젼』의 특이한 점은 조선이 청나라에 패배하여 임금이 청나라에 항복하였지만 임경업이 청나라로 돌아가는 용골대의 무리를 크게 격파시킨다는 대목이 상세하게 서사화 되어 있다는 점이다. 피화당에서 박씨가 계화를 시켜 용울대(용마대)와 용골대를 무찌르는 장면은『박씨젼』의 대부분 이본에 공통적으로 발견되는 대목이다. 그러나 용골대가 의주에서 임경업을 만나 한바탕 곤욕을 치르는 대목은『박씨젼』과『튱녈부인젼』에서는 보다 구체적으로 서술되어 있다. 고대본에는 임경업의 활약상이 간단히 서술되어 있고 앞에서 이화여대 도서관본 두 작품과 같은 계열이라고 말한『명월부인젼』에도 이 대목은 고대본처럼 상당히 간략하게 처리되어 있다. 그러나『박씨젼』과『튱녈부인젼』에는 의주에서 용골대를 치기 위해 복병하고 있는 임경업의 모습과 활약상이 상세하게 기술되어 있고, 청나라 군사의 길을 내주라는 임금의 전교도 편지 형식으로 그대로 인용된다. 임경업은 조선이 이 지경이 된 것은 김자점과 같은 소인배가 국권을 좌지우지하였기 때문이라고 안타까워하고 있다. 더불어 오랑캐 장수인 용골대를 꾸짖는 대목이 상세하게 드러나 있다.

이처럼 다른『박씨젼』이본에는 소략하게 처리된 임경업의 활약과 임경업의 탄식이 유독 이화여대 도서관본 두 작품에 길게 삽입되어 있는 이유는 무엇일까?

『박씨젼』과『튱녈부인젼』에 나타나는 임경업의 활약상은 독자에게 통쾌함을 선사했을 것이다. 임경업에게 패배하는 용골대는 이미 피화당에서 박씨에게 큰 패배를 당하고 또 다시 임경업에게 치욕을 당하게 된다. 이것은 임경업의 활약에서 패배로 끝난 병자호란을 허구에서나 승리감을 맛볼 수 있도록 하기 위해서인 것이다. 실제는 패배한 전쟁이지만 박씨의 피화당 전투와 임경업의 의주 전투를 통해 이화여대 도서관본 두 작품은 어떤『박씨젼』이본보다 당대의『박씨젼』을 읽었던 독자에게 대리만족을 주고 있다. 또한 임경업의 탄식과 오랑캐 장수를 꾸짖는 임경업의 말은 일반 백성들의 병자호란에 대한 치욕과 원한을 극명하게 서사화하고 있다. 곧 임경업의 목소리는 일반 백성들의 가슴에 쌓인 억울함과 분노를 드러내는 것이며 이 두 작품은 이러한 일반 백성의 심정을 보다 극명하게 담고 있는 텍스트이다.

이 때문에 다른 이본에 비해 이화여대 도서관본『박씨젼』과『튱녈부인젼』은 병자호란의 패배를 정신적 승리로 적극적으로 바꾸어 표현하고 있으며 일반 백성이 느끼는 병자호란의 분노를 적극적으로 표현하고 있는 이본이다.

(김문희)

[색인어]
박씨젼, 튱녈부인젼, 명월부인젼, 박씨, 이시백, 임경업, 병자호란

[참고문헌]
김기현 역주,『박씨전·임장군전·배시황전』, 고려대 민족문화연구소, 1995.
김대숙,「『박씨전』 연구」,『국어국문학논총』, 여강출판사, 1990.

사재동, 「『박씨전』 형성 과정」, 『장암 지헌영선생 고희기념논총』, 형설출판사, 1980.
손낙범 교주, 『박씨부인전』, 풍학학원, 1956.
신동일, 「이조 전쟁소설 『박씨전』 연구」, 『육사논문집』 6, 육군사관학교, 1968.
이정미, 「『박씨전』의 서지적 고찰」, 고려대 석사학위논문, 1993.

백석집

百石集 / 李正儒 著

筆寫本. — [發行地不明] : [發行處不明], [發行年不明].
[4卷4冊] : 上下單邊 左右雙邊 半郭 19.0×13.9cm, 有界,
10行20字, 上下向黑魚尾 ; 29.0×18.2cm.
表題 : 百石詩集, 百石集
第1-2卷의 表題는 '百石詩集'이고, 第3-4卷의 表題는 '百石
集'임.

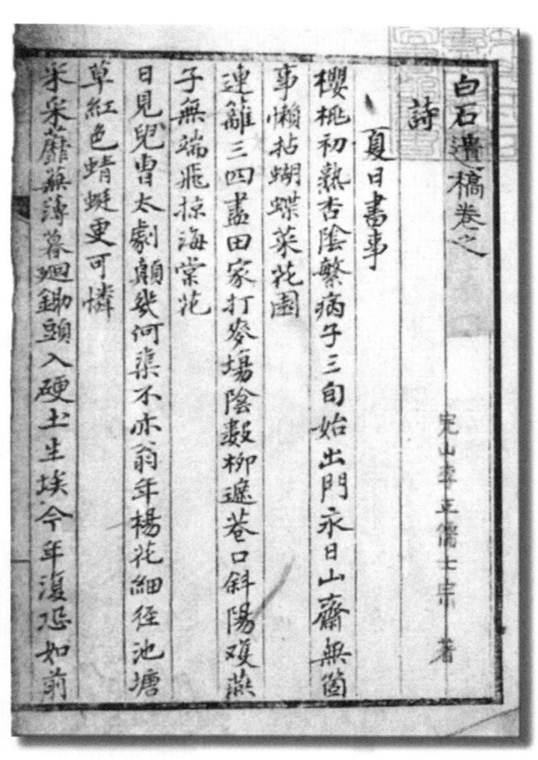

百石集

1. 개요

이 책은 조선 후기 문인 백석(白石) 이정유(李正儒)의 시문집이다. 4책으로 제1, 2, 3책은 시를 수록했고, 제4책은 산문을 수록했다. 시는 모두 731편, 산문은 27편이다. 서문, 발 등이 전혀 없어 편찬 연대, 편찬 경위가 불확실하다. 시는 친구들과 화답한 것, 단양, 경북 지방, 철원, 개성, 평양, 묘향산 등을 유람한 것들이 많다. 산문은 제문이 많으며 그 가운데 이정유보다 먼저 죽은 세 아들에게 주는 제문이 많다.

이정유 시문집으로는 국내 유일본이며 이정유의 또 다른 작품집으로는 칠언율시만 골라 뽑아 놓은 『백석집초』가 규장각에 있다.

2. 편 · 저자

이정유(李正儒)는 자는 사종(士宗), 호는 백석(白石)으로 1743년(영조 19)에 태어나 1812년(순조 12)에 죽었다. 본관은 전주이며, 초명은 홍유(弘儒)이다. 세종과 신빈 김씨(愼嬪 金氏) 사이에 태어난 계양군(桂陽君) 이증(李璔)이 그의 13대조이며 영원군(寧源君) 이예(李澧)는 12대조이다. 아버지는 이양성(李養誠)이다.

경기도 양주 금촌 백석리(白石里)에 살면서 친구들과 어울리기 위해 한양에 자주 올라왔다. 석실서원에서 미호(渼湖) 김원행(金元行)을 사사했고, 김창협 증손인 김이안(金履安), 김창집 증손인 김이도(金履度 : 1750~1813) 등과 친하게 지냈으며, 김원행 사후에도 석실서원에 자주 드나들었다. 일찍이 김이도가 김원행을 석실서원에서 만났을 때 곁에 총명하게 보이는 열대여섯 살 소년 둘이 있었는데 이정유 형제였다고 한다. 석실서원에서 삼연 김창흡의 문집을 교열할 때 자주 오갔고, 『삼연집(三淵集)』 시에 차운한 것으로 보아 『삼연집』 교열에 참여한 것으로 보인다.

1777년(정조 1) 가을 진사과에 합격했으나 벼슬을 받지는 못하고 백석리에서 평생을 보냈다. 시격(詩格)이 높아 명성이 자자했으며 특히 과시체(科詩體)를 잘하였다. 사람들이 태학에 들어가 공부하기를 권했으나 사양했고, 이조(吏曹)의 어떤 이가 능참봉으로 천거하려 하자 화를 내기도 하였다. 효심이 지극하여 추운 겨울에도 동네 개울에서 물고기를 잡아 봉양할 정도였고 서울에 올 때마다 성대중, 박지원 등이 먹을 것, 입을 것들을 주면 부모님 봉양에 썼다고 한다. 결혼은 두 번 한 것으로 보이는데 첫 부인은 진주 유씨(晉州 柳氏)로 1782년(정조 6)에 죽었고 재혼한 부인도 일찍 죽었다. 첫 부인과의 사이에서 아들 원과(元果), 시과(始果), 수과(邃果)를 두었는데 모두 먼저 죽었다. 딸은 유준주(兪準柱)와 결혼했는데 사위 또한 먼저 죽었다.

이정유의 교유관계는 주로 석실서원 사람들, 한양의 사람들로 나눌 수 있다. 석실서원에서 김원행을 사사한 관계로 김창협, 김창흡 후손들과 친했으며 김이안, 김이도, 김희순(金義淳) 등이 대표적이다. 이 밖에 이정인(李廷仁), 유한정(兪漢禎) 등이 있다. 이들은 박지원과도 친했는데 이를 계기로 이정유도 '연암그룹'에 속하는 이들과 친밀한 관계를 맺을 수 있었던 것으로 보인다.

한양에 있던 청성(靑城) 성대중(成大中), 연암(燕巖) 박지원(朴趾源), 사능(士能) 이유인(李惟仁), 경산(京山) 이한진(李漢鎭), 이덕무(李德懋), 박제가(朴齊家) 등이다. 특히 박지원, 성대중과 교류가 잦았던 것으로 보인다. 박지원과의 교유관계는 김원행을 사사했던 사람들을 매개로 형성되기도 했지만 족숙 이재성(李在誠) 덕분인 것으로도 보인다. 이재성은 곧 박지원의 처남이고 박지원이 계동에 집을 마련하자 그곳으로 옮겨 살았다. 이때 이정유는 계동에 자주 놀러 갔다. 그리고 박지원과 그의 친구들이 북산(北山)에서 모임을 가질 때 참석하기도 하였다. 박지원이 죽었을 때에는 만시(輓詩)를 써 주면서 우리나라의 훌륭한 문인이 죽었음을 애달파하기도 했다. 또 성대중이 정조 연간 한양에 살면서 규장각에서 일할 때부터 더욱 친밀해진 것으로 보이며 그 집에서 자주 모여 밤새 시를 지으며 친분을 다지기도 하였다. 여기서 이정유는 서얼 출신 사람들과 많이 어울리게 되었고 재능이 있어도 출세하지 못하는 그들과 정서적 공감대를 형성한 것으로 보인다. 이 밖에 지계(芝溪) 송재도(宋載道), 창애(蒼崖) 유한준(兪漢雋) 등과도 친하였다.

비록 정치에 참여하지는 못했으나 노론계 사람들과 친했으며 학문에 있어서는 김원행을 대표로 하는 낙론계에 속했다. 그래서 당시 호남 유생들이 남당 한원진을 추증하는 과정에서 낙론을 낮추어 평가한 데 대해 불편한 심기를 드러내기도 하였다.

3. 편찬 경위

이화여대 도서관본『백석집』4책에는 서문, 발문이 전혀 없어 현재로서는 편찬 경위를 정확히 알기는 어렵다. 다만 책에 쓰여 있는 내용들을 바탕으로 편찬 현황을 가늠할 수 있을 따름이다. 세 아들과 사위가 모두 이정유보다 먼저 죽어 이정유의 문집을 엮을 수는 없었고 손자 둘이 있었다는 점을 생각한다면 적어도 손자대에 와서야 편찬작업이 시작되었을 것이다. 왜냐하면 이정유에 대해 성해응이 쓴「백석이공정유애사(白石李公正儒哀辭)」,「세호록-이정유(世好錄-李正儒)」등의 글에 그의 문집에 대한 언급이 없고 이정유의 손자 둘이 생존해 있다고만 했기 때문이다. 이로써 본다면『백석집』은 이정유 사후 오랜 시간이 지난 후에 편집되었을 가능성이 높다. 게다가 작품 내용과 제목의 불일치, 배열의 혼란, 산정(刪定) 사항 등이 있는 것으로 미루어 볼 때 집안의 누군가가 작품을 정리하여 필사하기는 했으나 작품에 대해 익숙지 못한 사람일 것으로 추정된다. 그리하여 수정, 교열을 거쳐 완전한 문집으로 간행하고자 했으나 이루지 못했던 것으로 보인다.

이렇게 추정하는 이유는 작품 제목, 작품 본문 등에 있는 글씨나 내용들에 대한 수정, 교열의 흔적이 많아 완결된 편찬본이라고 하기는 어렵기 때문이다. 가장 많은 형태는 틀린 글자 위에 종이를 오려 붙이고 글자를 다시 쓴 것, 원고에 쓰인 글자 위에 종이를 붙여 글자를 가린 것 등이다.

우선, 문집의 제목부터 고쳤다. 초고의 글자 위에 종이를 붙이고 다시 썼다. 현재 '백석유고권지(白石遺稿卷之)'라고 표기되어 있는데 '백석'의 글자체와 '유고권지' 글자체가 서로 다르다. 초고에 '백석○○ 제1'로 되어 있는 듯한데 '백석' 부분만 제외하고 나머지 글자는 종이를 오려붙인 다음 다시 썼다. 이것은 제1책뿐 아니라 나머지 2, 3, 4책도 같다. 초고 필사자와 다른 사람이 문집 제목을 쓴 것이다.

작품 제목, 시 내용 수정도 종이로 가리고 위에 덧쓰기가 많이 보인다. 「애삼산선생만(哀三山先生輓)」(제2책 18쪽) 경우 초고에는 「애삼산만(哀三山輓)」으로 썼다. 그런데 제목 위 여백에 '마땅히 선생으로 칭해야 한다[當稱先生].'라는 수정 지시 사항이 적혀 있다. 수정 지시에 따라 고친 것이다. 성대중에 대한 만시(輓詩)도 초고에는 「성위원대중만(成渭原大中輓)」인데 고쳐서 「성청성대중만(成靑城大中輓)」으로 했다.

또 완전히 지운 것들도 보인다. 「조발(早發)」(3책 1쪽)은 제목만 남고 시 두 줄을 모두 지웠고, 「야여인서왕석교김중일경순댁음주공부(夜與仁瑞往石郊金仲一敬淳宅飮酒共賦)」(3책 56쪽)는 두 줄이 지워졌다. 그리고 그 시 제목 위 여백에 '1권에 있는 문입중에게 화답한 시는 마땅히 살펴 고쳐야 한다[一卷中和文立中當考正].'라고 쓰여 있다.

또 시 배열 및 제외 사항에 대한 내용도 있다. 「총수(葱秀)」(2책 11쪽) 밑에 '이 시 이하 8수는 영파루시 위에 있어야 한다[此下八首當在暎波樓上].'라고 했다. 이 시는 관서 지방을 유람한 기행시 부분인데 노정상으로 본다면 당연히 영파루 시 앞쪽에 두어야 하는 것이다.

특히 시 배열에 대해서 상당히 고심하고 고친 흔적도 보인다. 1책에 실려 있는 「좌박검서재선제가정유각반송하재선출명주최시음시(坐朴檢書在先齊家貞蕤閣盤松下在先出名酒催詩吟示)」(1책 182쪽)는 초고에 한 수 짜리로 되어 있는데 제2수라고 생각되는 시를 다른 종이에 써서 옆에 붙였다. 그런데 이 시는 뒤쪽에(184쪽) 「정유각과화우음시주인박재선(貞蕤閣過話遇吟示主人朴在先)」이라는 작품과 동일하다. 「화사릉침랑문립중(和思陵寢郎文立中)」(2책 132쪽)은 '마땅히 상권에 있어야 한다[當在上卷].'고 했다. 이에 따라 이 시를 다른 종이에 그대로 베끼고 제목도 「화입중직중견기운(和立中直中見寄韻)」 1책에 있는 「사침령문립중동문우야추왕호향환직일유이이소의심은근료부육절이사겸구부화(思寢令文立中同門友也秋往湖鄕還直日遺以二梳意深慇懃聊賦六絶以謝兼求俯和)」(27쪽)라는 시 바로 뒤에 붙여 놓았다. 이 종이 밑에 있는 시 제목은 「곡망아예(哭亡兒瘱)」이다. 같은 시가 제목을 달리하여 다른 권수의 책에 실려 있는 셈이다.

시 배열에 대한 이러한 노력은 연작시일 경우 더하다. 시가 전혀 다른 연작시의 한 수로 들어갈 위험도 있기 때문이다. 한 제목 아래에 여러 수의 작품 쓰면서도 줄을 비우지 않고 곧바로 이어서 썼다가 나중에 각 수 사이에 "其一, 其二" 등으로 흐리게 표기해 놓은 것으로 보인다. 그럼에도 불구하고 다른 제목의 시로 들어가 있다. 「도이사거홍상만(悼李斯擧鴻祥輓)」(1책 21쪽)에 있는 제 4수는 「애삼산만」 연작시에 들어가야 하는데 다른 제목 시로 실려 있는 것이다.

이 밖에 편집한 문집에서 빼어버릴 것에 대해서도 언급하였다. 「우득명자연구(又得明字聯句)」(2책 133쪽)는 미호(渼湖)에서 친구들과 함께 지은 시인데 '이 아래에 있는 작품들은 살펴보고 제외한다[此下考刪].'라는 주문 사항이 쓰여 있다. 이에 해당되는 작품은 「우중우염운연구(雨中又拈韻聯句)」, 「이강위제잉용기운수자차압지범삼십(以江爲題仍用其韻遂字次押之凡三十)」으로 돌아가면서 한 구절씩 읊은 시들이다.

이처럼 이화여대 도서관본 『백석집』은 작품과 작품에 대한 수정 교열의 내용이 동시에 적혀 있는 책이다. 그런데 작품 필사자의 글씨체와 수정 교열의 글씨체가 같은 것도 있으나 전혀 다른 글씨체로 수정 내용을 적어 놓은 것도 있다. 이로써 본다면 우선 작품 필사자가 필사를 마친 다음 수정하였고 또 다른 사람이 한 번 더 수정, 교열한 것으로 생각된다. 이 작업은 동시에 이루어졌을 수도 있고 시차를 두고 이루어졌을 수도 있다.

4. 구성과 내용

『백석집』은 모두 4책으로 구성되었다. 한 면을 10줄로 나누고 한 줄당 20글자씩 행서체로 필사했다. 각 책 첫 쪽 첫 줄에 '백석유고권(白石遺稿卷)'이라고 쓰여 있고 몇 권인지 구체적으로 표기하지 않았다. 그 줄 밑쪽 부분에 '완산이정유사종저(完山李正儒士宗著)'라고 쓰여 있다. 작품 제목 밑에 필요한 경우 작은 글씨로 주를 달아 작품의 연대 및 내용을 알 수 있다.

제1책의 표제는 '백석시집 일(白石詩集 一)'로 되어 있다. 374편의 시가 실려 있는데 백석리에서 생활하면서 쓴 시, 서울에 과거보러 갔을 때의 시가 있다. 그 외 내용을 보면 주로 기행하면서 쓴 시이다. 백석리에서 출발하여 음성, 일죽, 충주, 단양(단양 8경), 청풍군, 제천, 원산, 경북 영주, 영월에서 지은 시들이 있다. 또 포천, 철원 일대 궁예와 관련된 사적지, 김창협과 관련된 장소를 유람하고 쓴 시들이다. 단양 8경에 대한 시는 각각 명소에서 시를 지었다. 영월에서 쓴 시는 경치보다는 단종과 관련된 역사적 사실에 중점을 둔 역사적 회고시의 성격이 짙다. 특히 단종을 모시다가 숨진 궁녀들의 넋을 기리는 시, 단종의 시체를 숨겨두었던 역리의 충절을 기리는 시들이 눈에 띈다.

제2책의 표제는 '백석시집 이(白石詩集 二)'이며 234편의 시가 실려 있다. 눈[雪]에 대한 연작시를 맨 앞에 실었고, 친구들과 교유하면서 화답한 시들이 실려 있다. 이정유의 일상생활과 교유를 가장 잘 보여주는 부분들이다.「환가(還家)」에서는 과거공부로 인해 집안을 제대로 돌보지 못해 부모까지 굶주리게 하는 데에 대한 미안함을 보여주기도 한다.「오려음(吾廬吟)」20수는 딱 한 번 과거에 급제하고서 자신의 뜻을 펼치지 못함을 서운해 하면서도 백석리에서 산옹(山翁)으로서 소박하게 살고 있는 자족감을 동시에 드러내주기도 한다. 특히 제2책에는 성대중, 김이안의 집에서 지었던 시들, 박지원을 중심으로 한 모임에서 지었던 시들이 많다. 따라서 그가 교유했던 이들에게 화답한 시가 많아 친교관계를 추적하는 데에 중요한 자료이다. 책의 뒷부분에는 70여 세 때 묘향산을 유람한 시를 모아 실었다.

특히 제2책은 또 다른 책으로 구성된 것으로 보인다. 규장각에 있는『백석집초(白石集抄)』는 낙질본인데 제2책에 있는 시 가운데 7율에 속하는 시를 뽑아 엮은 책이다.

제3책의 표제는 '백석집 삼(白石集 三)'이며 표지 오른쪽 위에 '시(詩)'라고 쓰여 있다. 제1, 2책과 다른 표제인데 내용은 똑같이 시만을 싣고 있다. 모두 123편의 시가 있다. 첫 장 첫 줄에 '서유록(西遊錄)-병오(丙午)'라고 쓰여 있다. 1786년(정조 10)에 관서지방을 유람하면서 쓴 시를 중심으로 엮었다. 임진, 개성, 서경덕의 화곡서원, 박연폭포, 서홍(瑞興), 검수점(劍水店), 총수령(葱秀嶺), 봉산(鳳山), 동선령(銅仙嶺), 황주를 거쳐 평양 시내와 유적지 등을 유람한 시를 실었다.「기성기견(箕城記見)」은 평양 유적지와 관광 명소에 가서 읊었던 연작시이고,「관서기사(關西記事)」에서는 평양의 부화함, 관서지방의 풍속 등에 대해 읊었다.

제4책의 표제는 '백석집 사(白石集 四)'이며 표지 오른쪽 위에 '잡저(雜著)'라고 쓰여 있다. 산문 28편이 실려 있는데 뇌(誄) 2편, 애사(哀詞) 2편, 광지(壙誌) 1편, 장(狀) 1편(친구 이유인 부인이 남편 따라 죽은 일에 대해 정려해 주기를 청원하는 글), 제문 15편(먼저 죽은 아내, 세 아들, 두 며느리 등을 대상으로 한 제문), 서(書) 5편, 논(論) 1편 등이 있다. 제문은 죽은 아들들의 생일을 맞이하여 쓴 것으로 자식 잃은 아버지의 참담함을 잘 드러내고 있다. 또 자신이 살던 동네의 왕탄(王灘) 수신에게 올리는 제문, 우물을 깨끗이 치우면서 올린 제문 등은 촌가 생활의 일면을 보여주는 글이다. 이선장에게 쓴 편지에서는 당시 한원진 추증 문제를 둘러싼 서울과 호서 지방 사람들의 의견 차이에 대해 걱정하는 모습도 보여준다.

5. 서지적 특성 및 가치

이화여대 도서관본『백석집』4책은 이정유 시문집의 유일본으로 추정된다. 이정유의 또 다른 작품집으로는 규장각에 있는『백석집초』가 있다. 이 책은 이정유 작품 중 칠언율시만을 뽑아 엮었다. 하지만 칠언율시 모두를 싣고 있는 것은 아니다. 칠언율시로 된 시 가운데서 뽑았기 때문에 칠언율시로 된 연작시의 경우 모두 뽑지 않고 그 가운데 몇 수만을 골라서 실었다. 『백석집초』에 실린 시들은 이화여대 도서관본 『백석집』 제2책 안에만 있는 시들이어서 이정유 작품의 일부분만 보여준다. 따라서 『백석집』은 이정유 작품의 전반적인 면모를 보여주는 유일본이다.

한편, 이화여대 도서관본 『백석집』은 과거 문집 편찬 작업 과정을 보여준다. 물론 완결된 문집이라는 기준에서 본다면 부족한 점이 많다. 권수(卷數)의 미표시, 수정 내용에서 '상권' 또는 '일권' 등 권(卷) 명칭의 혼란, 시 배열의 조정, 작품 내용 및 제목 수정, 시의 산정(刪定) 등이 채 정리되지 않은 상태로 남아 있으며 이를 여러 사람들이 교열, 수정하는 모습 등도 그대로 남아 있다. 이는 문집 편찬이 완결된 것이 아니고 진행 중에 있다는 증거이다. 그리고 바로 이를 통해 문집 편찬, 간행의 관례 등을 짐작할 수 있게 하는 요소가 되는 것이다. 시 제목만 보더라도 이정유가 그 시를 짓던 당시의 것을 편찬하는 당시의 관점에서 수정한 것으로 보이며3), 기행시들을 노정에 따라 배열하고자 하는 노력들이 엿보인다. 이는 문집 편찬에 있어서 제목 조정이나 배열의 원칙, 관례 등을 가늠하게 하는 요소로서 충분한 가치가 있는 것이다.

또 『백석집』은 18세기 후반에서 19세기 초반에 살면서 벼슬에서 소외되었던 문인들의 문학적 경향, 지식인들의 교류 양상 고찰에 유용한 자료이다. 이 시기 몰락한 양반들의 향촌 생활은 문학의 소재, 주제 측면에서 이전 시대와 다른 양상을 만들어내는 요소였다. 이정유도 양주 금촌의 백석리에 살면서 농삿일이나 농촌의 일상생활이 몸에 밴 사람이었다. 「고한음(苦旱吟)」에서는 가뭄으로 인해 자신도 다른 농민과 다를 바 없이 고통을 겪는 생활을 그대로 서술했다. 「채황정이수(采黃精二首)」에서는 둥굴레를 캐 배고픔을 달랠 수밖에 없는 자신의 생활고를 진솔하게 그려내고 있다. 이러한 면은 향촌의 생활에 대해 거리를 두고 바라보며 걱정하거나 향촌에서의 생활을 안빈낙도로 얼버무리는 이전 시기 문인들의 시 세계와는 확연하게 다르다. 오히려 이 시기 향촌에 살면서 직접 농사일을 하던 사람들이 지은 시조나 가사의 모습과 더 가깝다.

또 이정유가 교유했던 이들은 이른 바 '연암그룹'에 속했거나 그들과 친하게 어울렸던 사람들, 서얼들이었다. 이에 대한 연구가 많이 축적되기도 했지만 『백석집』을 통하여 당시 양반 사대부를 포함한 서얼, 중인 문인 지식인들의 인적 관계와 문학적 경향을 더 구체화하고, 확장할 수 있는 가능성을 가진 자료이기도 하다. 또한 같은 교유집단에 속하면서도 서울에 살던 문인들에 대해 향촌에 살던 문인의 문학적 성향을 가늠할 수 있는 자료이기도 하다.

이 밖에 이정유는 김원행의 석실서원 사람들과도 친밀한 관계를 맺었다. 김원행 사후에도

---

3) 「애삼산만(哀三山輓)」을 「애삼산선생만(哀三山先生輓)」으로 고침, 「성위원대중만(成渭原大中輓)」을 「성청성대중만(成靑城大中輓)」으로 고침, 「애참봉족숙존중씨(哀參奉族叔仲存氏)」를 「지계공만(芝溪公輓)」으로 고침. 선생, 청성, 지계공 등으로 달리 부른 것은 이정유 관점에서 나온 게 아니라 편찬자들인 후대 사람들 관점에서 나온 것으로 보인다.

강회가 있거나 모임이 있을 때 자주 들렀던 것 같다. 서원이 자신이 살던 집에서 멀지 않은 거리에 있었기 때문이기도 했다. 이때 지인들과 서로 주고받거나 함께 지었던 시를 통해 석실서원의 상황, 인맥에 대한 정보를 알 수 있게 해준다. 조선 후기 인성논쟁(人性論爭)에 있어서 호론과 대립했던 낙론은 석실서원 출신의 학자들에 의해 계승되었다. 이로써 본다면 『백석집』은 당시 낙론계의 인물들의 범주를 더 확장시킬 수 있는 자료로 충분한 가치가 있는 것이다.

(김기림)

[색인어]
백석집, 이정유, 이원과, 이시과, 이수과, 유준주, 석실서원, 이정인, 청성 성대중, 연암 박지원, 사능 이유인, 경산 이한진, 이덕무, 박제가, 이재성, 김이안, 김이도, 진주 유씨, 성해응, 백석집초, 서얼, 연암그룹, 과시체, 김창협, 북산, 계동, 양주 금촌 백석리

[참고문헌]
『백석집초』, 규장각 소장.

김용헌, 「석실서원」, 『서원, 한국사상의 숨결을 찾아서』, 안동대학교 안동문화연구소, 예문서원, 2000.
박종채 지음, 박희병 옮김, 『나의 아버지 박지원』, 돌베개, 1998.
성해응, 『연경재전집』, 민족문화추진회, 2001.
안대회, 『조선의 프로페셔널』, 휴머니스트, 2007.
오수경, 『연암그룹 연구』, 한빛, 2003.

분애유고

汾厓遺稿 / 申晸 著

筆寫本. ― [發行地不明] : [發行處不明], [發行年不明].
12卷4册 : 四周雙邊 20.8×15.4cm, 有界, 10行20字,
內向花紋魚尾 ; 27.2×19.3cm.
表紙에 册別目次수록.
表題 : 汾厓先生遺稿

고서/고서811.085 신813분

汾厓遺稿

1. 개요

『분애유고(汾厓遺稿)』는 조선 중기의 문신 신정(申晸)의 문집이다. 12권 4책으로 1책[春]은 권1~권4로 오언고시, 칠언고시, 오언율시, 칠언율시가, 2책[夏]에는 권5~권7까지로 칠언율시, 칠언배율, 오언절구, 육언절구, 칠언절구가, 3책[秋]에는 권8~권9까지로 소차와 계사, 행장, 지명, 비명, 묘표, 제문이 실려 있고, 4책[冬]에는 권10~권12까지로 응제문, 부, 잡저, 부록, 행장 등이 실려 있다.

2. 편·저자

저자는 조선 중기의 문신 신정(申晸 : 1628~1687)으로 본관은 평산(平山), 자는 백동(伯東), 호는 분애(汾厓)로 시호는 문숙(文肅)이다. 그의 할아버지는 한문사대가(漢文四大家)로 꼽히며 영의정을 지낸 상촌(象村) 신흠(申欽)이고, 아버지는 신익전(申翊全), 어머니는 조창원(趙昌遠)의 딸이다. 어려서부터 총명하였으며, 가학으로 학문을 닦았다. 1648년(인조 26) 사마시에 합격하고, 1664년(현종 5) 음보(蔭補)로 빙고별검(氷庫別檢)에 임명되었고, 그 해에 춘당대문과(春塘臺文科) 병과로 급제하였다. 검열, 설서, 지평, 정언, 대교 등을 역임하였고, 대사간, 대사성, 평안도관찰사 등을 두루 역임하였다. 1675년(숙종 1) 남인이 집권하자, 서인이 추방될 때 파직되었다가 3년 후 도승지로 다시 등용되었다. 1679년 한성부좌윤으로 있을 때 남인인 허적(許積)을 탄핵하다가 오히려 자신이 삭직당하기도 하였다. 1680년 경신대출척(庚申大黜陟)으로 남인이 물러나자 대사헌에 발탁되었다. 인경왕후(仁敬王后)가 죽자 빈전도감제조(殯殿都監提調)를 맡아보았고, 그 뒤 우참찬, 예조판서, 공조판서, 좌참찬, 예조판서, 이조판서 등을 지냈다. 개성부유수에 이어 판의금부사로 예문관제학을 겸직한 뒤, 1685년 예조판서가 되었다. 한성판윤을 거쳐 강화부유수로 재임 중 죽었다. 바른 정사로 후인들의 추중을 받는 이름난 재상이었고, 시문과 글씨에 뛰어나 관각(館閣)의 전책(典冊)이나 국가의 금석문자를 찬술한 것이 많다.

편자는 신정의 아들 신계화(申啓華)로 추정되나, 편자의 서문이나 발문은 따로 없어 확실하지는 않다. 그러나 같은 내용의 문집을 '돌아가신 선고(先考)의 문집'이라는 뜻의 『선집(先集)』(규장각본)이라고 한 것에서 편찬한 자가 신정임을 추정할 수 있다. 또한 이러한 사실은 그 아들의 행장을 쓴 김수증(金壽增)의 글을 통해 확인할 수 있다.

3. 편찬 경위

본 『분애유고』에는 문집의 서문이나 발문이 없다. 이로 인해서 문집의 편찬경위를 알기 위해서는 돌아가신 선친의 글을 모아 『선집(先集)』을 만들었던 평산 신씨 가문 사람의 행적을 참고할 만하다. 『분애유고』 권10 잡저(雜著) 속에 「선집발(先集跋)」이란 글이 실려 있는데, 이 글을 통해서 평산 신씨 가문의 사람들이 자기 선친의 문집을 편찬하여 후대에 남기려 했던 연속적인 행적을 살필 수 있다. 신정은 자신의 부친인 신익전(申翊全)의 문집을 엮으면서 「선집발(先集跋)」이라는 다음과 같은 글을 남겼다.

"우리 선군자께서는 일찍이 가학(家學)을 전수받으셔서 약관의 나이에 이미 문장의 길을 알았다."로 시작되는 이 글에서 신정은 자신의 선고인 신익전이 어린 시절부터 선진고문(先秦古文)과 한당제가(漢唐諸家)에서부터 아래로 성송(盛宋), 황명(皇明)의 시문에 이르기까지 익히지 않은 것이 없었음을 자랑스러워하고 있다. 이 글에서 신익전은 문사로써 자처하지 않았으나, 절로 예원의 표망이 되었고, 그가 어쩔 수 없이 붕중표외지실(弸中彪外之實)로 들어갔을 때, 이미 지은 저술이 사부(辭賦) 3편, 오칠언고체(五七言古體)가 49편, 율절(律絶)이 808편, 서(序)·기(記)·묘지(墓誌)·행장(行狀)·애뢰(哀誄)·소차(疏箚)·계사(啓辭)·잡저(雜著) 및 응제문(應製文)이 백여 편에 이르렀다고 한 것에서 그 문재가 뛰어났음을 짐작할 수 있다. 이 외에도 별록 1권이 있었으나 병자 정묘호란 때 모두 소실되었으므로 평생의 저술이 다만 대책(對策) 7편과 사부(辭賦) 9편, 논(論) 1편에 지나지 않음을 안타까워하였다.

그 아들인 신정은 조정에 나가게 된 후, 묘유년(卯酉年)에 문집을 간행하기 위해 애를 쓰다가 뜻을 이루지 못했다. 이를 주머니 속에 보관해 두었다가, 호남얼부령(湖南臬簿領) 벼슬을 맡은 여가에 손수 스스로 편차를 짜게 되었는데, 오로지 선왕부이신 신흠(申欽)의 문집의 예를 따라서 7권이 되게 하였다고 하였다. 여기서 알 수 있는 것은 신정이 자기 할아버지인 신흠 문집의 예를 따라서, 자기 아버지인 신익전의 문집을 편찬했다는 것이다.

또한 주목할 것은 이 글에 나오는 『선집(先集)』이란 제목이 이화여대 도서관본 『분애유고(汾厓遺稿)』와 완전히 같은 내용과 체제를 갖춘 규장각본 『분애집(汾厓集)』의 책표지상의 제목 『선집(先集)』과 동일하다는 사실이다. 그러므로 신정이 선친인 신익전의 문집을 『선집』이라 쓴 제목으로 편찬했듯이, 신정의 아들인 신계화도 선친의 문집을 같은 제목 『선집(先集)』으로 편찬했던 것이, 나중에 이화여대 도서관본의 경우 『분애유고(汾厓遺稿)』로 이름 붙여져 전해진 것이라 이해할 수 있겠다.

4. 구성과 내용

『분애유고(汾厓遺稿)』는 총 12권 4책으로 각 권에는 춘하추동(春夏秋冬)의 네 개의 글자가 써 있다.

이 문집에 대한 서문은 보이지 않고, 곧장 신정의 작품이 실려 있다. 전체 책의 구성을 소개하면 다음과 같다.

春 卷之一　五言古詩(65수)
　　卷之二　七言古詩(13수)
　　卷之三　五言律詩(89수), 五言排律(1수)
　　卷之四　七言律詩(119수)
夏 卷之五　七言律詩(23수), 七言排律(1수)
　　卷之六　五言絶句(56수), 六言絶句(1수)
　　卷之七　七言絶句(260수)
秋 卷之八　疏箚, 啓辭
　　卷之九　行狀, 誌銘, 碑銘, 墓表, 祭文
冬 卷之十　應製文, 賦, 雜著
　　卷之十一　附錄
　　卷之十二　附錄, 行狀

이제 각권에 실려 있는 작품을 구체적으로 나열하면 다음과 같다.

권지일(卷之一)의 오언고시(五言古詩)에는 「증인(贈人)」, 「야좌차유자후각쇠운(夜坐次柳子厚覺衰韻)」, 「한거감흥(閑居感興)」, 「의고(擬古)」 10수, 「차도징사귀전원운(次陶徵士歸田園韻)」 6수 등 65수가 실려 있다.

권지이(卷之二)의 칠언고시(七言古詩)에는 「고검인(古劍引)」, 「취중이쌍검희증소자(醉中以雙劍戲贈小子)」, 「대취서정대사마조공사석태학사이공민서(大醉書呈大司馬趙公師錫太學士李公敏敍)」, 「팔회시(八懷詩)」 등 13수가 실려 있다.

권지삼(卷之三)의 오언율시(五言律詩)에는 「강행(江行)」, 「유청학동(遊靑鶴洞)」, 「과회중춘소당형최구거(過淮中春沼堂兄最舊居)」, 「동양광평촌증주인(東陽廣坪村贈主人)」, 「술회(述懷)」 2수, 「관창(觀漲)」, 「객회(客懷)」, 「연거(燕居)」, 「토요(土謠)」, 「무사(無事)」, 「렵토(獵兔)」, 「아퇴연거(衙退燕居)」, 「박모서회(薄暮書懷)」, 「청명출곽(淸明出郭)」, 「제실증승(齋室贈僧)」, 「몽입성남심씨구택교후창연구점(夢入城南沈氏舊宅覺後悵然口占)」, 「방사(訪寺)」, 「견회(遣懷)」, 「야사(野寺)」, 「사원효음(史院曉吟)」, 「청성부원군김공석주(淸城府院君金公錫冑)」 등 89수가

있다. 또한 오언배율(五言排律)로는 「차성남련구운(次城南聯句韻)」 1수가 있다.

　　권지사(卷之四)의 칠언율시(七言律詩)로는 「등천마(登天磨)」, 「정춘소당형생천군재(呈春沼堂兄甥川郡齋)」, 「등남산(登南山)」, 「유중흥사(遊中興寺)」, 「기춘소북막(寄春沼北幕)」, 「만관서회(蠻館書懷)」, 「청풍부원군김공우명만(淸風府院君金公佑明挽)」, 「우천차식암제사벽운(牛川次息庵題舍壁韻)」, 「감구(感舊)」, 「우음(偶吟)」, 「야음(夜吟)」, 「감음(感吟)」, 「우열장경집희부(偶閱長慶集戲賦)」, 「감회(感懷)」 5수, 「관내도중(關內途中)」, 「감회(感懷)」, 「차김연지수증운(次金延之壽增韻)」, 「송이학사언강봉사일본(送李學士彦綱奉使日本)」, 「병중우제(病中偶題)」 등 119수가 있다.

　　권지오(卷之五)의 칠언율시(七言律詩)로는 「송이원룡동로홍양(送李元龍東老洪陽)」, 「차호곡운봉정매간(次壺谷韻奉呈梅澗)」 2수, 「입동래이발쇠락태진감성일률기증이이중제인(入冬來齒髮衰落殆盡感成一律寄贈李彛仲諸人)」, 「차호곡운(次壺谷韻)」, 「유절도배연만(柳節度裵然挽)」, 「청성부원군천장만(淸城府院君遷葬挽)」, 「조부학지겸만(趙副學持謙挽)」 등 23수가 있다. 또한 칠언배율(七言排律)로는 「차식암운(次息庵韻)」 1수가 있다.

　　권지육(卷之六)의 오언절구(五言絶句)로는 「선방추우(禪房秋雨)」, 「산사영회(山寺詠懷)」, 「별춘소당형부북막(別春沼堂兄赴北幕)」, 「의고증구도원문수급가제진부(擬古贈具道源文洙及家弟晉夫)」 2수, 「양어사호거사비(楊御史鎬去思碑)」, 「사부원(思婦怨)」 2수, 「송소착경면령아배마송(送所着鏡面令兒輩磨送)」, 「효기(曉起)」, 「동지감음(冬至感吟)」, 「견치녀절화위희희이유작(見稚女折花爲戲喜而有作)」, 「객정(客情)」, 「즉사(卽事)」, 「낙민루차송강운(樂民樓次松江韻)」, 「초원역회강독우(草原驛懷姜督郵)」, 「노중견구재북찬유점(路中見舊宰北竄有占)」, 「분수령(分水嶺)」, 「기견(記見)」, 「효발사하성(曉發沙河城)」, 「병중견신이화(病中見辛夷花)」, 「조이경략준(嘲李景略儁)」, 「취중유감(醉中有感)」, 「병중견매유감(病中見梅有感)」 등 56수가 있다. 또한 육언절구(六言絶句)로는 「희제(戲題)」 1수가 있다.

　　권지칠(卷之七)의 칠언절구(七言絶句)로는 「차이사휴행세고열운(次李士休行稅苦熱韻)」, 「산거(山居)」, 「동회유감(東淮有感)」, 「모추도중(暮秋途中)」, 「소군원(昭君怨)」, 「송경람고(松京覽古)4수」, 「태복회화(太僕會話)」, 「이모의증이평사택지선(以毛衣贈李評事擇之選)」, 「게감창의안소수몽음일구교이족성(憩咸昌倚案少睡夢吟一句覺而足成)」, 「월야감회(月夜感懷)」, 「희증군기(戲贈郡妓)」, 「내산감고(萊山感古)」 4수, 「염곡(艶曲)」, 「객관문선차유자후재유주기경중친구운(客館聞蟬次柳子厚在柳州寄京中親舊韻)」, 「관장시유감(觀場市有感)」, 「야문해도(夜聞海濤)」, 「영수(詠愁)」, 「새하곡(塞下曲)」, 「견가신(見家信)」, 「한궁사(漢宮詞)」 8수, 「수영도중(水營途中)」, 「춘궁탄일유감(春宮誕日有感)」, 「내주곡(萊州曲)」 9수, 「마한회구(馬韓懷舊)」, 「도패수유별소윤(渡浿水留別少尹)」, 「방어(放魚)」, 「성직자조시식암상서(省直自嘲示息庵尙書)」, 「주행(舟行)」, 「주중취기이송간(舟中醉寄李松澗)」, 「유감(有感)」, 「효기(曉起)」, 「억공거(憶公擧)」, 「아파희부(衙罷戲賦)」, 「화청음선생학성팔영(和淸陰先生鶴城八詠)」 8수, 「희제(戲題)」, 「영사(詠史)」 6수, 「문오제(聞烏啼)」, 「상원일억장안구유(上元日憶長安舊遊)」, 「상원잡영(上元雜詠)」, 「염곡사시

(艷曲四時)」 4수, 「청송강미인사(聽松江美人詞)」, 「학성유객시(鶴城留客詩)」, 「관병희부(觀兵戲賦)」, 「파진후시영장(罷陣後示營將)」, 「차아성벽상운(次娥城壁上韻)」, 「당형춘소공어함산유소면급여래도함영문기기즉사세기십상의위음일절(堂兄春沼公於咸山有所眄及余來到咸營聞其妓則謝世幾十霜矣　爲吟一絶)」, 「몽입남강구거효기감음(夢入南江舊居曉起感吟)」, 「독오서전(讀伍胥傳)」, 「범주남호(泛舟南湖)」, 「독야사회(獨夜寫懷)」, 「고학(孤鶴)」, 「억석(憶昔)」, 「송도고객가(松都賈客歌)」, 「즉사(卽事)」, 「몽행산사(夢行山寺)」, 「안시성(安市城)」, 「심중감구(瀋中感舊)」 2수, 「변성참(邊城站)」, 「규원(閨怨)」, 「차김상국수흥운(次金相國壽興韻)」 2수, 「장녀이씨부사가십년금시래근불금비희구점일절(長女李氏婦辭家十年今始來覲不禁悲喜口占一絶)」, 「송박평사태손부북막(送朴評事泰遜赴北幕)」, 「영사유감(詠史有感)」, 「사원감음(史院感吟)」 2수, 「송식암부연(送息庵赴燕)」, 「대취중흥홍생공부(大醉中興洪生共賦)」 등 260수가 있다.

　권지팔(卷之八)의　소차(疏箚)로는 「청신덕왕후부묘차(請神德王后祔廟箚)」, 「진시폐차(陳時弊箚)」 등 28편이 있다. 계사(啓辭)로 「인우재송공시열피척논형조판서서필원계(因尤齋宋公時烈被斥論刑曹判書徐必遠啓)」, 「청환수제부마환입제택지명계(請還收諸駙馬還入第宅之命啓)」 등 6편이 있다.

　권지구(卷之九)의　행장(行狀)으로 「선고예조참판증영의정부군행장(先考禮曹參判贈領議政府君行狀)」 1편이, 지명(誌銘)으로 「망실증정부인심씨지명(亡室贈貞夫人沈氏誌銘)」 1편이, 비명(碑銘)으로 「창빈신도비명(昌嬪神道碑銘)」, 「백곡처능사비명(白谷處能師碑銘)」 2편이 묘표(墓表)로는 「망자징화묘표(亡子徵華墓表)」, 「팔대조종부령부군묘표(八代祖宗簿令府君墓表)」, 「사제별검섬묘표(舍弟別撿暹墓表)」 등 3편이, 제문(祭文)으로는 「제이첨추헌문(祭李僉樞憲文)」, 「제조제여길문(祭趙弟汝吉文)」, 「제질자몽화문(祭姪子夢華文)」, 「제백부동회공천장문(祭伯父東淮公遷葬文)」, 「제이형상렴문(祭李兄尙濂文)」 등 5편이 있다.

　권지십(卷之十)의　응제문(應製文)으로 「태종대왕추상시책문(太宗大王追上諡冊文)」, 「효종대왕세실의정후교중외문(孝宗大王世室議定後敎中外文)」, 「견대신기우제문(遣大臣祈雨祭文)」 등 3편이 있다. 또한 부(賦)로 「차등루부(次登樓賦)」, 잡저(雜著)로 「문맹설(蚊虻說)」, 「추풍회심맹설(秋風悔心萌說)」, 「선집발(先集跋)」, 「여서국익구마사선목서(與徐國益求馬史選目書)」, 「여박화숙서(與朴和叔書)」, 「답박화숙서(答朴和叔書)」, 「답객언(答客唁)」, 「현종실록개수후선온사전(顯宗實錄改修後宣醞謝箋)」, 「기성증인서(箕城贈人序)」, 「청람정사상량문(靑嵐精舍上樑文)」, 「선세유사(先世遺事)」, 「평칠자(評七子)」 등 이렇게 12편이 있다.

　권지십일(卷之十一)에는 부록(附錄)으로 「교전라도관찰사서(敎全羅道觀察使書)」, 「교평안도관찰사서(敎平安道觀察使書)」, 「교강화부유수겸진무사서(敎江華府留守兼鎭撫使書)」, 「사제문(賜祭文)」, 「제문(祭文)」 등 5편이 있다.

　권지십이(卷之十二)에는 부록(附錄)으로 이 문집의 주인공인 신정(申晸)에 대한 「행장(行狀)」이 있는데, 조선시대 후기의 문신·성리학자인 김수증(金壽增)이 찬하였다. 김수증은 김상헌(金尙憲)의 손자로 이들 두 사람의 조부였던 신흠과 김상헌의 교류가 많았기에, 그 손자들인 신정과 김수증 역시 교류가 있었던 것으로 보인다. 김수증이 신정보다 4년 연상이나 신정보다 더 오래 살았기에, 그의 행장에 글을 쓰고, 문집을 편찬하는 데 관여하였던 것으로 보인다.

이 중에서 그의 시작품을 살펴보면 중국과 우리나라의 역사에 관심을 갖고 그와 관련된 시를 상당수 쓰기도 하고, 중국의 의고악부를 본떠 시를 쓴 것을 발견할 수 있다. 권지팔의 소차(疏箚) 16편(「청신덕왕후부묘차(請神德王后附廟箚)」, 「진시폐차(陳時弊箚)」, 「청환수헌납윤경교적외승지여성재나문지교소(請還收獻納尹敬敎斥外承旨呂聖齋拿問之敎疏)」, 「사대사간겸구사신소(辭大司諫兼救四臣疏)」, 「인윤전작벌금송물위행사지교청령명사소(因尹鐫斫伐禁松勿爲行査之敎請令明査疏)」 등)의 내용을 살펴보면, 소차(疏箚)는 거의 모두 사직(辭職)에 관한 것이나 서인(西人)과 남인(南人)간의 권력투쟁에 관한 내용이 일부 언급되어 있다. 이 중 「사대사간겸구사신소(辭大司諫兼救四臣疏)」는 남인(南人)의 득세에 밀려 사직한 김만중(金萬重), 이선(李選), 민정중(閔鼎重) 등 서인(西人) 사신(四臣)을 구출하기 위한 것이며 「진시폐차(陳時弊箚)」는 기근대책(飢饉對策)을 논한 것이다. 또한 권지십의 잡저(雜著) 13편 중 「선집발(先集跋)」은 자식으로서 선친의 선집을 편찬하게 된 동기와 경과를 서술해 놓았고, 「문맹설(蚊蝱說)」에서는 당시 가렴주구하던 관료들을 모기, 등에 같은 해충에 빗대어서 같은 인간끼리 괴롭히는 사람들의 모습을 풍자하는 내용을 담아 당시 정쟁의 괴로움을 표현했다. 그런데 이상한 점은 「선세유사(先世遺事)」와 「평칠자(評七子)」의 경우는 2편 모두 글의 제목은 있으나, 그 내용은 생략되어 있어 그 내용을 궁금하게 한다. 추측컨대 그 내용들이 당시 정치적인 문제와 연관되어 고의적으로 누락시켰을 것으로 보인다.

문집의 마지막의 부록(附錄)에 들어있는 김수증(金壽增)이 쓴 행장(行狀)에는 신정에 대한 자세한 인물 설명이 나와 있다. 그는 분애의 문학에 대해 평가하길 "시에 능하고 격조(格調)가 청절(淸絶)하여 동명(東溟) 정두경(鄭斗卿)이나 당형(堂兄)인 춘소공(春沼公)이 일찍이 당(唐)나라 시인의 길을 얻었다고 칭찬하였다."라고 했다. 이처럼 신정의 문학이 당시에 상당히 인정받았음을 알 수 있다.

5. 서지적 특성

본 해제에서 책의 제목을 약칭하여 『분애유고(汾厓遺稿)』라고 했지만, 그 겉장에 쓰인 정식 제목은 『분애선생유고(汾厓先生遺稿)』이다. 그리고 책 안의 각 장마다 『분애집(汾厓集)』이란 명칭이 표시되어 있다. 또한 이화여대 도서관본은 필사본으로 보인다. 잘못 쓴 글자의 경우 종이를 덧붙여서 새로 글씨를 써넣은 것도 있고, 어떤 권의 목차에서는 글씨를 잘못 써 종이를 다시 새로 붙여 작성하였다. 이때 그 이전에 잘못 기재한 종이를 빼지 않고 함께 묶어 같은 내용의 목차 2장이 함께 묶여 있기도 하다. 붉은 도장인도 직접 찍은 것으로 보인다. 물 얼룩이 많은 상태이다.

저자 신정의 남아있는 다른 저술로는 『임진록촬요(壬辰錄撮要)』 4책(국립도서관본)과 『분애만초(汾厓謾草)』 4책(국립도서관본), 『분애집(汾厓集)』 12권 4책(규장각본), 『분애유집(汾厓遺集)』 5권 5책(국사편찬위원회본), 『분애유집(汾厓遺集)』 9권 5책(국립도서관본), 『분애유고(汾厓遺稿)』 14권 7책(규장각본)이 남아있다.

이 중 이화여대 도서관본의 본 『분애유고(汾厓遺稿)』는 규장각본 『분애집(汾厓集)』 12권 4책과 내용과 체제면에서 동일하다. 단, 규장각본 『분애집』의 경우, 겉표지에 『선집(先集)』이라고 되어 있어 주목된다. 그러므로 이 규장각본과 이화여대 도서관본은 신정의 아들인 신계화가 자신의 선친을 위해 편찬한 문집인 것으로, 규장각본의 또 다른 문집인 『분애유고(汾厓遺稿)』 14권 7책짜리가 만들어지기 전단계이며 초기 단계인 『분애만초(汾厓謾草)』 4책(국립도서관본)의 뒷 단계로, 분애의 문집 편찬 단계 중 중간단계의 산물로 보인다.

이로 인해 분애의 문집 중 최종적이며 가장 방대한 양을 포함한 규장각본 『분애유고』의 내용들, 예를 들면 신정이 왜인접위관(倭人接慰官)으로 부산에서 왜인들과 협상을 벌이면서 쓴 기록인 「빈왜일록(儐倭日錄)」과 암행어사가 되어 영남지방을 순찰하면서 쓴 기록인 「남행일록(南行日錄)」 등 그가 벼슬하면서 기록한 일기체 기록, 그리고 자신의 출생에 얽힌 이야기, 독서(讀書), 정철(鄭澈)의 풍모, 유성룡(柳成龍)이 눈을 감고 말을 타고 다녔다는 것 등 각종 일화(逸話)들이 들어있는 「기문(記聞)」과 같은 글은 본 중간 단계라 할 이화여대 도서관본 『분애집(汾厓集)』에는 실려 있지 않다.

6. 가치

신정의 본 『분애유고』는 신흠(申欽) 가문의 문집으로 17세기 문인의 문집적 특색을 보여준다. 그의 조부인 상촌 신흠과 그의 아들인 신익성(申翊聖), 신익전(申翊全)은 모두 17세기의 유명 문인이고, 이 신씨 일가의 문학은 17세기 문단을 대표하는 것이기도 하다. 그러므로 신익성의 아들인 신최(申最)와 신면(申昪), 신익전의 아들인 신정(申晸)의 문학을 살펴보는 것도 상당한 의의가 있다 하겠다. 그런데 그간 신정의 문학에 대해서는 다른 신씨 일원의 문학연구에 비해 별로 주목되지 않았다. 이러한 의미로 볼 때 신정의 문학연구를 위하여 본 『분애유고』는 그 존재 가치를 갖는다. 또한 이화여대 도서관본 『분애유고』는 신정의 문집 편찬 단계를 파악하는 데 중요한 기록이 된다.

(남은경)

[색인어]
분애, 신정, 신익전, 신익성, 신최, 신흠, 김수증

[참고문헌]
『국조인물고(國朝人物考)』 상(上), 서울대출판부, 1978.
『분애유고(汾厓遺稿)』, 한국문집총간 129, 1994.

김은정, 「낙전당 신익성의 문학 연구」, 서울대 박사학위논문, 2005.
남은경, 「식암 김석주의 문학 연구」, 이화여대 석사학위논문, 1989.
박해남, 「상촌 신흠의 문학론」, 성균관대 석사학위논문, 1995.

사가시문합편

四家詩文合編 / 李黃中 外 著

筆寫本. ― [發行地不明] : [發行處不明], [發行年不明].
66張 ; 界線不定 10行20字 ; 24.7×17.6cm.
李黃中, 李象秀, 徐應淳, 尹秉昇 4인의 시문합집임.

고서/고서 811.085 이951

四家詩文合編

1. 개요

『사가시문합편』은 조선 말기에 활동했던 4명의 문인들의 시문을 모아 엮은 시문선집이다.
1권 1책의 필사본으로, 이황중(李黃中), 이상수(李象秀), 서응순(徐應淳), 윤병정(尹秉鼎) 등의
시와 산문을 뽑아 편집하였다. 서문과 발문 등이 없으며, 편자도 미상이다. 표제는 '사가시문
합편(四家詩文合編)'으로 되어 있고, 내제는 '사가문선(四家文選)'으로 되어 있다.

2. 편 · 저자

이 책의 편자는 미상이다. 이 책에 수록된 이황중(李黃中), 이상수(李象秀), 서응순(徐應淳),
윤병정(尹秉鼎)이 19세기 중후반에 주로 활동했던 점으로 미루어 보아, 19세기 말 이후에 편
찬된 것으로 보인다. 서응순과 윤병정은 유신환의 제자였으며, 이상수와 서응순은 서로 교유
가 있었던 관계이고, 이상수와 이황중 또한 서로 교분이 있었던 사이이다. 서응순의 문집『경
당유고(絅堂遺稿)』에는 이상수와 윤병정에게 보내는 편지가 남아 있어 이들 사이의 교유 관
계를 확인할 수 있다. 이 책에 수록된 문인들에 대해 개략적으로 살펴보면 다음과 같다.
　이황중(李黃中 : 1803~1862)은 19세기 중반의 문인이다. 자는 공일(公一), 호는 감산(甘
山), 본관은 여주(驪州)이다. 아버지는 영석(永錫), 어머니는 해남 윤씨이다. 고려 때의 문인
이규보의 후손이다. 그는 시를 잘 지었는데, 이상수의 소개로 추사(秋史) 김정희(金正喜 :
1786~1856)에게 시를 보여준 바가 있다. 젊어서는 산수 유람과 단학(丹學) 수련에 결중하기
도 하여 참동계(參同契) 등에 큰 관심을 갖고 있었다. 이와 관련해『금단도설(金丹圖說)』이라
는 단학 관련 저술을 남겼는데, 현존 여부는 확인되지 않는다. 그 후 단학 수련을 그만두고
성균관 생원시에 합격하였는데, 얼마 후에 세상을 떴다. 이상수(李象秀), 이시원(李是遠) 등과
교유를 맺었다. 현재 필사본『감산시집(甘山詩集)』이 전하며, 김택영(金澤榮)이 선집하여 중
국에서 1919년에 간행한『이감산시선(李甘山詩選)』이 있다.
　서응순(徐應淳 : 1824~1880)은 19세기 중후반의 문인, 학자이다. 자는 여심(汝心), 호는 경
당(絅堂), 본관은 달성(達城)이다. 유신환(兪莘煥)의 문하에서 윤병정(尹秉鼎 : 1822~1889),
한장석(韓章錫 : 1832~1894), 김윤식(金允植 : 1835~1922), 남정철(南廷哲 : 1840~1916) 등
과 함께 수학하였다.『소학』과『근사록』을 높이 평가하고,『대학』과『중용』연구에 힘을 쏟
았다. 스승인 유신환의 학문적, 문학적 전통을 계승하여, 19세기 중후반을 대표하는 고문가
(古文家)로 활동하였다. 벼슬은 영춘현감(永春縣監)과 간성군수(杆城郡守) 등을 역임했다. 저
술로는 김윤식이 편집하여 간행한『경당유고(絅堂遺稿)』가 전하다.
　이상수(李象秀 : 1820~1882)는 19세기 중후반의 문인, 학자이다. 자는 여인(汝人), 호는 어

당(嵋堂), 본관은 전주(全州). 아버지는 연주(演周), 어머니는 윤씨이다. 서응순(徐應淳), 민상호(閔象鎬), 성기운(成岐運), 임헌회(任憲晦), 윤정현(尹定鉉), 신헌(申櫶) 등과 교유를 하였다. 금강산 등을 유람하기를 좋아하였고, 시문에 뛰어났는데 특히 산수유기(山水遊記)에 특장을 보였다. 저술로는 『어당집(嵋堂集)』이 있으며, 금강산 유람할 때의 시문을 모아 엮은 『속중향초(續衆香艸)』 등이 있다.

윤병정(尹秉鼎 : 1822~1889)은 19세기 후반의 문인, 학자이다. 자는 사홍(士弘), 호는 파강(巴江), 본관은 남원(南原)이며 태주(泰周)의 아들이다. 서응순(徐應淳), 한장석(韓章錫 : 1832~1894), 김윤식(金允植 : 1835~1922), 남정철(南廷哲 : 1840~1916) 등과 함께 유신환(俞莘煥) 학파의 핵심 일원으로서, 그의 문하에 출입하였다. 유신환(俞莘煥) 가문의 학문적 풍토는 현실 참여에 적극적이었으며, 성리학뿐만 아니라 역학, 산수, 병법 등의 학문에도 힘을 쏟았다. 한장석, 김윤식, 남정철 등이 중앙 정계에서 활발한 활동을 벌였는데, 윤병정 또한 철종 2년(1851)에 문과에 급제한 이후 성균관대사성, 한성부판윤, 이조판서, 판돈령부사 등을 역임했다. 문집으로 『파강유고(巴江遺稿)』가 전한다.

3. 편찬 경위

『사가시문합편』은 19세기 중후반에 활동했던 문인 4명의 시문을 선별한 선집이다. 이들 가운데 서응순과 윤병정은 유신환 학파의 핵심 인물이었으며, 이상수는 서응순, 이황중 등과 교유를 나누었다. 책의 제목이 『사가시문합편』이라는 데에서 알 수 있듯이, 19세기 후반에 활동했던 문인들 가운데 네 사람을 선정하여 책을 엮었다. 17세기에 장유, 신흠, 이식, 이정구 등을 한문사대가로 칭하였으며, 19세기 말에는 강위, 김택영, 이건창, 황현 등을 한말사대가로 일컬었다. 중국 문인들의 작품을 사가로 엮는 사례는 더욱 많았는데, 한유, 유종원, 구양수, 소식의 작품을 묶어 엮은 책에 홍석주가 붙인 「제사가문초(題四家文抄)」라는 글은 이러한 선집의 전통을 보여주는 한 실례이다. 이처럼 한 시대를 대표하는 문인을 사가(四家)로 묶는 전통은 계속되어 왔으며, 이 책 또한 그러한 전통 위에 편집되었다. 특히 19세기에 이르면 전시대 우리나라 문인의 문학작품에 대한 정리와 비평 작업이 활발하게 전개되었다. 서유비(徐有棐 : 1775~1847)의 『동문팔가선(東文八家選)』, 송백옥(宋伯玉 : 1837~1887)의 『동문집성(東文集成)』, 김택영(金澤榮 : 1850~1927)의 『여한구가문초(麗韓九家文鈔)』, 김창희(金昌熙 : 1844~1890)의 『회흔영(會欣穎)』 등은 그 대표적 사례이다. 이 책은 이 같은 시문선집의 전통을 바탕으로 하여, 19세기 중후반에 함께 활동했던 대표적인 문인 네 사람을 선별하여 편집하였다.

이 책을 엮은 시기는 불분명한데, 네 사람의 문인이 1880년대까지 생존했던 것으로 보아

1890년대 이후에 편집되었을 것으로 추정된다. 서응순의 시를 모아놓은 『수선당집』의 끝에 '기묘오월기망 위당 이근헌 관독비평(己卯五月旣望 葦堂 李近憲 盥讀批評)'이라는 기록이 있는 것으로 보아, 적어도 기묘년(고종 5년, 1879) 이후에 편찬되었다.

4. 구성과 내용

『사가시문합편』은 필사본 1책이며, 이황중(李黃中), 이상수(李象秀), 서응순(徐應淳), 윤병정(尹秉鼎)의 순서로 각각의 시문을 선별하였다. 이황중의 작품이 가장 많이 수록되어 있고, 그 다음으로는 서응순의 한시가 많이 실려 있다. 이에 비해 윤병정의 경우에는 행장 한 편만이 뽑혀 있다.

이황중(李黃中)의 경우 『감산문(甘山文)』이라는 제목이 맨 첫 장에 쓰여 있고, 그 아래에 '이황중공일보저(李黃中公一甫著)'라는 작자 표시가 적혀 있다. 한시는 제외하고 산문 작품만을 수록하였으며, 문체별로 배열되어 있다. 논(論) 7편, 설(說) 8편, 유(喻) 1편, 제후(題後) 3편, 해(解) 3편, 기(記) 2편, 찬(贊) 2편, 명(銘) 1편, 발(跋) 1편, 독(讀) 1편, 계(戒) 1편, 행장(行狀) 4편, 전(傳) 1편, 제문(祭文) 2편, 광명(壙銘) 1편, 증서(贈序) 1편, 서(序) 1편 등 총 40편이 수록되어 있다. 「논심(論心)」, 「논동정(論動靜)」, 「논용공(論用工)」 등에서는 마음과 기질의 작용 및 수양 등에 대해 논하였다. 「금단설(金丹說)」은 이황중이 젊어서 단학 수련에 큰 관심을 보였던 점과 관련이 되며, 「불후자설(不朽者說)」에서는 역사 인물의 묘사에서 적확하고 정밀한 표현의 중요성을 강조하였다. 「서장자후(書莊子後)」와 「독제자해(讀諸子解)」 등의 글을 통해서는 제자백가서에 대한 관심을 엿볼 수 있는 바, 제자백가에 대한 피상적 이해를 넘어 참된 이해[眞知]가 필요함을 역설하였다. 「유보개산기(遊寶盖山記)」, 「유금류동기(遊金流洞記)」 등은 산수유기의 소품으로, 산수유람에의 흥취를 잘 나타내고 있다. 김택영(金澤榮)이 지은 「감산자전(甘山子傳)」에 따르면, 그는 산수유람을 좋아하여, 국내의 명산인 금강산, 천마산 등을 두루 유람하여 발길이 닿지 않는 곳이 없었다고 한다. 「선부군행장(先府君行狀)」, 「제망처한씨문(祭亡妻韓氏文)」, 「제상자은구문(祭殤子銀駒文)」, 「은구광명(銀駒壙銘)」 등은 아버지, 아내, 아들 등 가족을 대상으로 지은 작품이다. 「제망처한씨문(祭亡妻韓氏文)」에서 작가는 가난한 집안 살림살이에 고생을 하다가 죽은 아내에 대한 애틋한 정을 토로하고 있다. 「제상자은구문(祭殤子銀駒文)」은 40세가 다 되어서 얻은 아들이 여덟 살밖에 살지 못하고 죽은 것을 애통해 하며 지은 글이다.

이상수(李象秀)의 경우 『어당문(峿堂文)』이라는 제목이 맨 첫 장에 쓰여 있고, 그 아래에 '이상수여인보저(李象秀汝仁甫著)'라는 작자 표시가 적혀 있다. 「화부(火賦)」는 목활자로 간행된 『어당집(峿堂集)』에는 수록되어 있지 않은, 장편의 부(賦) 작품이다. 「논어칠인찬(論語七

人贊)」은 제목에서 보듯이 『논어』에 등장하는 7명의 인물을 대상으로 그들의 행적을 평가한 글이다. 「독우공기(讀禹貢記)」, 「독맹자기(讀孟子記)」, 「독고문태서기(讀古文泰誓記)」는 경전을 읽고 난 뒤의 감회를 바탕으로 쓰여졌다.

서응순의 경우에는 한시 작품만 선별하였는데, 『수선당집(水仙堂集)』과 『영파루집(映波樓集)』으로 나누어져 있다. 이들 작품선집은 서응순이 간성군수로 재임할 때 지은 시들을 모아 놓은 것이다. 『수선당집』에는 38제 50수가 실려 있으며, 『영파루집』에는 9제 17수가 수록되어 있다. 그리고 또 하나 이들 선집에서 주목할 사항은 이근헌(李近憲)이 붙인 평비와 권점이 함께 수록되어 있다는 점이다. 몇 가지 예를 들면, '산납상어, 입시미가(山衲常語, 入詩彌佳)', '평담유미(平淡有味)', '이절개근어당(二絶皆近於唐)' 등이다. 『수선당집(水仙堂集)』이 끝나는 부분에 '기묘오월기망 위당 이근헌 관독비평(己卯五月旣望 葦堂 李近憲 盥讀批評)'이라고 쓰여 있으며, 이어서 이상수(李象秀)가 쓴 「제수선당집(題水仙堂集)」과 한시 한 편이 실려 있다. 기묘(己卯)는 고종 5년(1879)이다. 『수선당집』에는 산수 풍광을 유람하며 지은 시들이 다수 실려 있다. 「해금강(海金剛)」, 「삼일호(三日湖)」, 「신계사증일원승(神溪寺贈一圓僧)」, 「장안사증원리(長安寺贈元履)」 등은 서응순이 강원도 간성군수 재임시에 금강산을 유람하면서 지은 작품들이다. 그리고 『영파루집(映波樓集)』에는 홍종림(洪鍾林), 심정택(沈定澤), 박정현(朴定鉉) 등과 주고받은 작품들이 다수를 차지한다.

윤병정의 경우 『파강문고(巴江文稿)』라는 제목이 맨 첫 장에 쓰여 있고, 그 아래에 '윤병정사홍저(尹秉鼎士弘著)'라는 작자 표시가 적혀 있다. 그런데 여기에는 「봉서유선생행장(鳳棲兪先生行狀)」 한 편만 수록되어 있다. 이 글은 자신의 스승인 봉서 유신환을 행적을 자세하게 다룬 행장으로, 23면에 달하는 긴 분량의 글이다. 유신환이 죽은 후 그의 제자들에 의해 행장(行狀), 묘지명(墓誌銘), 시장(諡狀)이 작성되었고, 문집의 교정 편찬 작업 또한 분담하여 진행하였다. 윤병정은 유신환의 행장을, 김낙현(金洛鉉)은 묘지명을, 남정철(南廷哲)은 시장을 각각 지었으며, 유신환 문집의 교정 작업은 서응순, 편집 작업은 김윤식이 각각 담당하였다.

5. 서지적 특성

『사가시문합편』은 이황중(李黃中), 이상수(李象秀), 서응순(徐應淳), 윤병정(尹秉鼎)의 시문을 선별하여 묶은 필사본이다. 필체, 서지형태, 체제가 동일하지 않으며, 시문 선별의 편차가 크다는 점을 고려할 때, 초고본의 형태로 필사된 것으로 보인다. 깨끗하게 잘 정서된 필체로 필사되었는데, 동일인의 필체는 아닌 것으로 보인다. 형태 서지의 측면에서 광곽과 계선이 있는 것도 있고, 없는 것도 있어 일정하지가 않다. 선집의 체제와 작품 선별의 편차가 크다. 즉, 어떤 사람의 경우에는 시만을 선별하기도 하고, 반대로 산문만을 선별하기도 하였으며,

서응순의 경우에는 『수선당집(水仙堂集)』과 『영파루집(映波樓集)』만을 수록하고, 윤병정의 경우에는 행장 한 편만을 선별하였다.

6. 가치

『사가시문합편』은 이황중(李黃中), 이상수(李象秀), 서응순(徐應淳), 윤병정(尹秉鼎) 등 19세기 중후반에 함께 활동했던 문인들의 시문을 모아 놓은 유일 필사본이다. 이들 네 사람의 저술이 각각 전해오고 있지만, 이들의 시문을 함께 모아 놓은 선집은 이 책이 유일하다. 19세기에 이르면 우리나라 문인들의 작품을 모아 엮는 선집 작업이 더욱 활발하게 전개되었다. 『동문팔가선(東文八家選)』, 『동문집성(東文集成)』, 『여한구가문초(麗韓九家文鈔)』 등이 그 대표적인 성과이다. 『사가시문합편』은 이러한 문학선집의 전통을 바탕으로 하여 편찬된 것으로, 앞의 세 선집과 달리 시와 문을 함께 엮은 점이 특징이라고 할 수 있다.

그리고 『사가시문합편』에는 기존의 문집에 수록되지 않은 작품들을 다수 포함하고 있어, 그 자료적 가치를 더욱 높여준다. 이황중은 당시에 시인으로 이름이 높았으며, 현재 그의 문집으로 『감산시집(甘山詩集)』과 『이감산시선(李甘山詩選)』만이 전해지고 있다. 『이감산시선』은 창강 김택영이 이황중의 한시 작품을 선별하여 1919년 중국에서 연활자본으로 간행한 것이다. 물론 이들 문집은 모두 한시 작품만을 모아 놓은 것이다. 『사가시문합편』에는 이황중이 지은 산문 작품이 40편이 수록되어 있어, 이황중의 삶과 문학을 이해하는 데에 매우 중요한 자료를 제공해 준다.

이상수와 서응순의 경우에도 이미 간행된 문집으로 『어당집』과 『경당유고』가 있지만, 이들 문집에 빠진 시문 작품이 『사가시문합편』에 다수 수록되어 있다. 예컨대 서응순의 경우 『수선당집(水仙堂集)』과 『영파루집(映波樓集)』을 수록해 놓았는데, 여기에 수록된 한시 작품의 상당수가 서응순의 문집 간행본인 『경당유고』에 빠져 있다. 간행본 『경당유고』를 살펴보면, '이하는 수선당집에서 뽑았다[以下選水仙堂集].'라는 기록이 있다. 이상수의 간행문집 『어당집』에 수록되지 않은 작품으로 「화부(火賦)」와 「독사반우론(讀史反隅論)」 등은 이상수의 문학과 사상을 이해하는 데에 큰 도움이 되는 자료이다. 이상수와 서응순의 문집을 편찬 간행하는 과정에서 누락된 상당수 작품을 『사가시문합편』을 통해 보완할 수 있다는 점에서 이 책의 자료적 가치는 매우 크다고 하겠다.

또한 『사가시문합편』 중에서 서응순의 시를 모아놓은 『수선당집(水仙堂集)』과 『영파루집(映波樓集)』은 이근헌(李近憲)이 비평을 가한 평점서(評點書) 형태로 되어 있어 주목된다. 이근헌은 서응순과 교유를 나누었던 사이로, 『경당유고』에는 서응순이 이근헌에게 준 한시와 편지글이 남아 있다. 이근헌은 서응순의 한시 작품을 대상으로 하여, 인상적인 부분에 권점을 찍었으며 또한 책의 상단에 미비(眉批)의 형태로 작품 평어를 붙이었다. 모든 작품마다 평점이 있는 것은 아니지만, 권점과 작품 평어가 수록된 『수선당집(水仙堂集)』과 『영파루집(映波樓集)』은 서응순의 문학 세계를 이해하는 데에도 매우 중요한 자료적 가치를 지닌다. 그동안 고문가로서만 알려져 왔던 서응순의 문학 세계를 보다 폭넓게 이해하는 데에 큰 도움이 될 것이다. 참고로 연세대에도 이근헌이 비평을 가한 『수선당집(水仙堂集)』 필사본 1책이 전한다.

(정우봉)

[색인어]
이황중, 이상수, 서응순, 윤병정, 이근헌, 유신환

[참고문헌]
김정희(金正喜), 『완당집(阮堂集)』.
김택영(金澤榮), 『창강집(滄江集)』.
서응순(徐應淳), 『경당유고(絅堂遺稿)』.
유신환(兪莘煥), 『봉서집(鳳棲集)』.
윤병정(尹秉鼎), 『파강유고(巴江遺稿)』.
이상수(李象秀), 『어당집(峿堂集)』.
이시원(李時遠), 『사기집(沙磯集)』.
이황중(李黃中), 『감산시집(甘山詩集)』.
이황중(李黃中), 『이감산시선(李甘山詩選)』.

사고

私稿 / 徐浩修 著

筆寫本. ─ [發行地不明] : [發行處不明], [1792頃(正祖 16)]
32張 : 四周單邊 半郭 22.3×16.5cm, 有界, 10行20字,
上下向白魚尾 ; 32.8×21.1cm.

고서/고서811.085 서95

私稿

1. 개요

『사고(私稿)』는 조선 정조 때 문신 학자인 서호수(徐浩修 : 1736~1799)의 문집이다. 목차도 없는 불완전한 형태로 15편의 글이 남아 있다. 앞부분에 실린 「선고문정공행장(先考文靖公行狀)」, 「선고문정공묘표추기(先考文靖公墓表追記)」 등 부친 서명응에 대한 글이 분량 상으로는 3분의 1 이상을 차지하고 있고, 「비례약설서(比例約說序)」, 「수리정온보해서(數理精蘊補解序)」, 「신법중성기범례(新法中星紀凡例)」 등 수리와 과학에 대한 글이 6편이며, 기타 사직소 등 벼슬살이와 관련된 글과 음악에 대한 상소문, 건륭제의 팔순 생일을 축하하는 글이 실려 있다.

2. 편·저자

서호수(徐浩修)는 조선 후기의 문신·학자이다. 본관은 달성(達成), 자는 양직(養直), 호는 학산(鶴山)이다. 시호는 문민(文敏)이라 하였다가 후에 할아버지 종옥(宗玉)과 같다 하여 정헌(靖憲)으로 개칭되었다. 아버지는 판중추부사(判中樞府事)를 지낸 명응(命膺)이며, 어머니는 전주 이씨로 저촌(樗村) 정섭(廷燮)의 딸이다. 백부 명익(命翼)에게 출계하였다.

1765년 식년문과에 장원하여 관계에 발을 들여놓았으나, 곧 해남으로 유배당하였다. 1766년 홍문관 부교리로 벼슬을 시작하여 후에 찬집청 낭청의 지위에 있으면서 『동국문헌비고(東國文獻備考)』의 「상위고(象緯攷)」 편찬에 참여하였다. 「상위고」는 천문역산 분야의 문헌으로 고대 이래 조선에서의 역상의 연혁, 우주의 형체와 구조에 대한 역대 이론들, 천체 운행에 대한 기본적인 천문학 이론, 중요한 천문학의 상수들, 역대의 천문의기 등과 같은 내용을 담고 있는 것으로서 이의 편찬을 주도한 서호수는 당시 천문역산 분야의 최고 전문가라는 인정을 받은 셈이다. 이때 태조 때 만들어진 「석각천문도(石刻天文圖)」가 제대로 관리되지 않고 있는 것을 영조에게 건의하여 흠경각을 새로 짓고 「석각천문도」의 신본을 만들어 구본과 함께 보관하도록 했다.

1776년 영조가 세상을 떠난 후 1778년 설치된 영종실록청(英宗實錄廳)에 소속되어 각방(各房) 당상(堂上)의 일원으로 편찬 사업에 참여하였다. 1776년 정조의 즉위 후 첫 번째 사행을 하였다. 이때 중국에서 편찬 중이던 『사고전서(四庫全書)』를 구해오라는 정조의 명을 받았지만 구하지 못하고, 『고금도서집성(古今圖書集成)』을 사가지고 돌아왔다. 이 첫 번째 사행에서 천주당을 방문하고 서양 신부를 만나 역법에 관해 토론하였다.

1782년(정조 6) 평안도관찰사로 있을 적에는 8만 3660자의 활자를 만들어 내각(內閣)에 소장하게 하였는데, '재주한구자(再鑄韓構字)' 또는 '임인자(壬寅字)'라 불렸다.

1789년에 시헌력법의 제도에 의거하여 적도경위의(赤道經緯儀)와 지평일구(地平日晷)를 새로 만드는 데에 관여하였으며, 이후 각종 천문학 관련 사업을 관장하였다. 이후 1790년 청의 건륭제의 팔순에 진하사절로 두 번째 중국행을 하게 된다. 이때는 열하에 머물고 있던 황제를 만나기 위해 열하까지 간 기록을 『연행기(燕行記 : 일명 「熱河紀遊」)』에 남기고 있다. 서호수의 집안은 부친 서명응이 1755년과 1769년 두 차례 중국에 갔다 왔고, 서호수 이후에 동생 형수(瀅修)도 1799년의 사행에 참여하는 등 여러 차례 연행을 통해 선진문물을 접하였다.

서호수는 청에 다녀온 후 규장각직제학과 관상감제조를 역임하였다. 1791년 관상감제조에 임명되자 천문역법의 이론과 계산법 등을 정비하라는 왕의 명을 받아 관상감의 운영과 제도에 대한 대대적인 정비를 주도하였다. 측우기를 통한 강우량 측정과 보고를 정식화하고 강화하였으며, 전국 팔도에서의 북극고도 측정과 함께 동서편도 측정을 산정하였다. 관상감 관원 선발 시험에서도 최신 천문역산 내용을 담고 있는 청대 문헌인 『수리정온(數理精蘊)』과 『역상고성(曆象考成)』을 대상으로 하도록 바꾸고, 대통추보관(大統推步官)과 같은 필요 없는 관직을 폐지했다. 이러한 일련의 천문역산 개혁의 성과를 1796년 역산가(曆算家)인 김영(金泳 : 1749~1817)과 함께 『국조역상고(國朝曆象考)』라는 문헌으로 정리·편찬함으로써 국가적인 개혁 작업을 주도하고 조선 천문역상의 기반을 세웠다. 또한 1798년(정조 19)년 『칠정보법(七政步法)』을 편찬하였는데 이 책은 시헌력(時憲曆)으로 역을 계산하는 방법을 간략하게 기술한 것으로, 이처럼 그의 저술은 주로 관상감에 있을 때 천문 역상에 관한 책을 편찬해내는 것에 치중하였다.

문장으로 이름을 떨쳐 『홍재전서』를 편집하였다. 편집하던 중에 세상을 떠나 임금이 애도하면서 어제의 편집과 교정이 주인을 잃었다고 한탄했다고 한다. 그의 아들 서유구(徐有榘)는 「본생선고문민공묘표(本生先考文敏公墓表)」에서 서호수의 대표 저작을 『혼개통헌집전(渾蓋通憲集箋)』과 『수리정온보해(數理精蘊補解)』, 『율려통의(律呂通義)』를 들고 있다. 『연행기』에는 저자가 연행길에 자신의 저서 『혼개도설집전((渾蓋圖說集箋)』을 중국 학자들에게 전해주었다고 서술하였는데, 이것이 『혼개통헌집전』과 같은 책인 것으로 보인다.

부친의 학문적 경향을 이어 농서 편찬에도 관심을 기울였다. 말년의 저작으로 보이는 『해동농서(海東農書)』는 우리나라 농학의 전통 위에서 우리나라의 자연 조건을 반영하고 중국의 농업 기술까지도 수용해 전제(田制)·수리(水利)·농기(農器)에 관한 문제들을 포함하는 새로운 농학의 체계화를 기도한 것이다. 그의 이러한 농학에 대한 관심은 둘째 아들 서유구에게 이어져 실제 현장의 농학으로 적용되고 있다. 맏아들은 서유본(徐有本)이며 『규합총서(閨閤叢書)』를 남긴 빙허각(憑虛閣) 이씨가 맏며느리이다.

3. 편찬 경위

이 책의 편찬 경위를 알 수 있는 자료는 현재 남아있지 않다. 다만 글 제목 끝에 글을 쓴 해의 간지를 밝히고 있는 것은 경술년(1790)과 신해년(1791) 두 해뿐이고, 앞머리의 부친 행장이나 역상에 관한 책의 서문에는 간지를 밝히지 않았다. 김영이 시각 측정의 기준이 되는 중성의 위치를 새로 정하여 『신법중성기』를 편찬한 해가 1789년이니 서호수가 쓴 「범례」를 쓴 것도 같은 해일 것으로 보인다. 수학이나 역상에 관한 그의 글 가운데 1796년에 나온 『국조역상고(國朝曆象考)』의 서문이나 말년의 글은 싣지 않았고 글에 나타난 간지가 임자년에 사실을 기록하고 그 이후는 언급이 없다는 점에서 저자 자신이 1792년 무렵에 정리해 놓은 것으로 보인다.

젊은 시절에 쓴 글이나 말년에 쓴 글은 찾아볼 수 없고 1787년에 죽은 부친 서명응의 행장부터 약 5년간의 기록을 담고 있는 것으로 보아 문집을 만들기 위한 전 단계 작업의 일부가 남은 것으로 추측된다. 『열하기유』서문에 『열하기유』를 계축년(1793) 봄에 썼다는 기록이 있고, 1792년에서 1795년 사이에 벼슬을 쉬고 있어서 이 책도 그 무렵에 쓴 것이 아닌가 생각된다. 이 책에는 한시가 한 편도 없는 불완전한 문집 형태이고 목차도 없어서, 정식으로 만든 문집은 아니라고 보이는데, 보통 자신의 호를 쓰는 문집명과는 달리 '사고(私稿)'라는 제목을 달고 있는 것도 특이한 점이다.

4. 구성과 내용

첫머리에 실린 것은 자신의 아버지인 서명응의 행장인 「선고문정공행장(先考文靖公行狀)」으로 상당히 많은 양을 차지하고 있다. 행장으로는 이례적으로 서두에 정조가 한 말을 적고 있다. 정조 5년 가을에 자신이 직제학으로 규장각에서 임금을 모시고 있을 적에 부친의 우뚝한 절개가 빛난 것이 세 가지라고 하면서 정후겸의 위세가 대단했을 때 그가 장차 문형이 되고자 한 것을 막은 것이 그 하나요, 홍국영이 득세하고 있을 적에 홍국영이 문형 자리에 오래 있지 못하도록 막은 것이 그 둘째이며, 아우와 더불어 형제가 사직을 보호하는 마음을 가져 나라의 기쁨과 슬픔을 함께한 것이 세 번째라고 한 것이다.

1716년에 태어난 부친 서명응은 7세에 매화시를 지어 듣는 이들이 기이하게 여겼으며, 1735년에 생원이 되었다고 한다. 1742년에 모친상, 1745년에 부친상을 당했는데 천성이 효성스러워 부모의 병이 심해지자 손가락을 베어 피를 바쳤고 상을 치를 때에는 몸을 상하는 지경까지 가 예를 넘어 슬퍼했다는 것을 강조하였다.

또한 경인년(1770)에 『문헌비고』 편집당상이 되어 「악고(樂考)」를 편찬하면서 종묘 속악이 언제부터 시작된 것인지 궁금해 하다가 『세종실록』에 실린 「종묘아악보」와 의주(儀註)를 보고 거기에 속악이 사용된 것이 세조 때에 정한 제도임을 알아내어 「악고」에 그 사실을 수록했다는 것을 특기하고 있다. 아우인 형수(瀅修)의 문집 『명고전집(明皐全集)』에도 「본생선고문정공부군행장(本生先考文靖公府君行狀)」이 있는데, 같은 부친의 일생을 형제가 각기 다르게 정리한 점이 이색적이다.

「선고문정공묘표추기(先考文靖公墓表追記)」는 묘표에 빠진 것을 보충한 것으로, 첫머리에는 정미년(1787) 봄에 부친이 스스로 표(表)를 만들어 자식들에게 주고 12월에 72세를 일기로 세상을 떠난 것을 서술하였다. 다음 해 모친의 묘와 합장한 사실과 생전에 뛰어난 업적을 간략히 적고나서 정조 임금의 특별한 예우를 입은 것에 대해 쓰고 있다. 왕이 문집을 열람한 후 내린 어제시의 전문을 수록하고, 『보만재총서(保晩齋叢書)』를 읽고 왕이 "우리 동방에 수백 년 동안 이렇게 큰 편서(編書)는 없는 것 같다."고 감탄했다는 사실을 적었다. 성군을 만나 탁월한 능력을 발휘할 수 있었음을 말하면서 왕의 평가를 통해 부친의 행적을 찬미하고 있다.

「비례약설서(比例約說序)」는 "비례(比例)란 수학의 종지(宗旨)이다."라는 말로 시작하여 비례가 수학에 있어 얼마나 중요한가를 설명하고 있다. 동주(東周) 이후로 천문 역산가들이 자리를 잃어 이 학문이 밝혀지지 못한 지 수천 년이 되었는데 양한(兩漢) 이래 내려온 수리(水利)나 율력(律曆)은 모두 정확하지 못하여 맹인이 활 쏘는 것처럼 허발 무효하였다며 동양의 과학에 대한 회의를 드러낸다. 서양의 과학을 이용하여 비례를 알아야 서경에 나오는 역상(曆象)과 율려(律呂)를 이해할 수 있다는 것이다. 수학책으로 대표적인 『수리정온(數理精蘊)』은 수람한 것이 넓고, 부분도 매우 광대하여 학자들이 두루 살펴 궁구할 수 없으므로 자신이 요약하여 『비례약설』이라는 책을 만들었다고 하면서 학자들로 하여금 먼저 기하(幾何)의 방원(方圓)을 배우고 다음으로 여기에서의 곱하기와 나누기를 배우게 하면 명료하게 이해가 되기 때문에 굳이 옛 법을 기다릴 필요가 없다고 하였다.

「수리정온보해서(數理精蘊補解序)」는 청나라 강희제 때 만들어진 수학총서로 전통적인 중국 수학과 서양 수학이 공존하는 형식으로 이루어진 청대 수학의 결정판이라 할 『수리정온(數理精蘊)』을 보충 해설한 책인 『수리정온보해(數理精蘊補解)』의 서문이다. 서호수는 서양 수학이 실용적인 학문이 될 수 있다는 입장에서 중국의 양웅(楊雄)과 소옹(邵雍)으로 대표되는 상수학이 말만 광활하고 이치는 황홀한 비실용적 학문이라는 비판으로 시작한다. 실생활에 쓸 수 있는 수학이라야 세상일을 구제할 수 있다며 "그렇지 않으면 우(禹)임금은 어떻게 치수(治水)를 하였으며 구고(勾股)의 수나 육예(六藝) 가운데 수(數)가 어떻게 한 자리를 차지할 수 있었겠는가?"라며 수학이 현실에 바탕을 둔 것임을 강조한다. 책 이름에 보해(補解)라 한 것은 설명을 부연하고 그림을 늘리고 틀린 것을 바로잡고 그렇게 되는 까닭을 더욱 자세히 설명하여 『수리정온』 45편의 뜻을 보완하는 것이라 하였다.

「신법중성기범례(新法中星記凡例)」는 4개의 범례로 구성되어 있다. 그 중 첫 번째는 "구본

(舊本) 『누주통의(漏籌通義)』에 기재된 각 절기의 중성(中星)은 바로 1744년(영조 20) 갑자(甲子)에 항성(恒星)이 적도(赤道)를 경위(經緯)하는 도수였다. 이미 46년이 지났기 때문에 항성의 본래 운행이 반 도(度) 이상 차이 났다. 이에 금상 7년(1783) 계묘(癸卯)에 항성의 적도를 경위하는 도를 경도(京都)의 북극(北極) 높이 37도 39분 15초에 의거하여 각 절후의 각 시각 중성을 추보(推步)하여, 이를 책으로 만들어 『신법중성기(新泫中星記)』라 한다."고 되어 있다. 현재 국립중앙도서관 및 규장각에 남아 있는 『신법중성기』는 1789년 김영(金泳)이 편찬한 것으로 앞에는 관상감 제조 김종수(金鍾秀)의 서문이 있고, 범례가 있는데, 『사고』에 남아있는 글로 보아 이 범례를 서호수가 작성하였음을 알 수 있다.

「역상고성보해인(曆象考成補解引)」은 자신이 쓴 책인 『역상고성보해(曆象考成補解)』의 서문에 해당하는 글이다. 역서가 법을 말하고 수를 말함에 있어서 반드시 그렇게 되는 까닭을 설명한 것은 서광계(徐光啓)의 『숭정역지(崇禎曆指)』에서 비롯되어 매문정(梅文鼎)의 『역학전서(曆學全書)』에서 갖추어지고 하국종(何國宗) 매각성(梅瑴成)의 강희(康熙) 『역상고성(曆象考成)』에서 집대성되었다고 하면서 서양의 역서가 중국보다 나은 까닭은 그 이론을 밝힌 데 있다고 주장한다. 자신이 역상에 대해 특별히 좋아하는 벽(癖)이 있어서 수십 년 동안 침잠하여 연구하였는데 『역상고성』을 중심으로 『숭정역지』, 『역학전서』를 채록하여 『역상고성보해』를 만들었으니 온고지신의 자료로 삼고자 한다는 것이다.

「역상고성후편보해서(曆象考成後篇補解序)」에는 자신이 연행하였을 때 천주교 신부를 만난 사실을 기록하고 있다. 즉, 정유년(1777) 봄 연경에 있을 때 서사(西史) 삭덕초(索德超)를 수선서원(首善書院)으로 방문하였는데, 그가 『오성입성(五星立成)』을 보여주며 "이것은 서사 유송령(劉松齡)이 추측한 것으로 곧 타원법(橢圓法)이다. 그러나 그 원리를 해득하지 못해 시행할 수 없다. 대진현과 유송령이 이미 죽고 하국종 매각성도 없으니 마침내 이 책임을 맡을 사람이 없다."고 했다고 하는 말을 소개하면서 자신의 작업이 서사들의 역서를 이해하고 계승한다는 것을 은연 중 드러낸다.

「인채제공연주진변소(因蔡濟恭筵奏陳辦疏)」와 「인채제공차어진변소(因蔡濟恭箚語陳辦疏)」는 정조 15년에 임금에게 올린 상소문이다. 서호수의 중부인 서명선(徐命善)이 일찍이 채제공을 성토한 일이 있어 두 집안이 갈등을 겪게 되었는데, 이때 채제공이 좌의정으로 있어서 서호수가 이조판서가 되었으나 채제공과의 관계로 인해 굳이 그 자리를 사양하고 인사행정을 수행하지 않았다. 그런 와중에 채제공이 임금에게 서명응은 죽을 때까지 자신과의 정이 줄지 않았다는 사실을 말하며 채홍리(蔡弘履)를 증인 삼았으므로 그에 대한 반론을 펴며 채제공을 공격하고 자신을 조정의 명부에서 지워버리고 고향에 물러가 살게 해달라는 내용이다.

「청경모궁악성용구소(請景慕宮樂成用九疏)」는 신해년(1791) 장악원(掌樂院) 제조(提調)로 있을 적에 이민보(李敏輔)와 연명으로 올린 소(疏)이다. 사도세자의 사당인 경모궁(景慕宮)에 쓰는 악성(樂成)[1]에 대해 고구한 글이다. 『악장궤범(樂章軌範)』과 박연(朴堧)의 상소 등을 참조하여 사람의 신령에 대한 제사에서 강신악은 4개 궁(宮)의 악이 9성(成)으로 변하는 것으로 9번 변하는 것은 금(金)의 숫자 9를 취한 것이라는 것을 논증하고, 매 제사마다 쓰는 강신악의 4개 궁과 악변(樂變)의 숫자는 각기 근거가 있는 것이어서 보태거나 빼서는 안 된다는 것을 말하고 있다.

「제도극고편도설(諸道極高偏度說)」은 1791년 관상감 제조로 있을 때 쓴 글인데, 팔도의 태양이 운행하는 시각과 절기(節氣)의 조만(早晩)에 대해서 별도로 확정하여 역서(曆書)에 기록하라는 정조의 명에 따라 산정(算定)한 것이다. 관북 지방은 북극 고도가 40도 57분인데 동쪽으로 1도가 치우쳤고, 관서 지방은 북극 고도가 30도 33분인데 서쪽으로 1도 15분이 치우쳤고, 해서 지방은 북극 고도가 38도 18분인데 서쪽으로 1도 24분이 치우쳤고, 관동 지방은 북극 고도가 37도 6분인데 동쪽으로 1도 3분이 치우쳤고, 호서 지방은 북극 고도가 36도 6분인데 서쪽으로 9분이 치우쳤고, 영남 지방은 북극 고도가 35도 21분인데 동쪽으로 1도 39분이 치우쳤고, 호남 지방은 북극 고도가 35도 15분인데 서쪽으로 9분이 치우쳤다. 이는 모두 감영 소재지에서 관찰한 것으로 근거를 삼았으며, 절기의 시각을 구하는 법은 1도마다 4분씩 시간을 계산하며, 동쪽으로 치우친 경우는 보태고 서쪽으로 치우친 경우는 감한다. 또 해가 뜨고 지는 시각을 구하는 법은 경도의 절반과 해당 지역에서 본 북극 고도와 곡선의 정절선(正切線) 및 그 날 위도(緯度) 곡선과의 정절선, 그리고 적도의 정현[赤正弦]으로 시각을 변경해가며 묘시(卯時)와 유시(酉時)에 더하거나 빼거나 한다. 이것을 역서에 실어 정조 16년 임자년부터 팔도에 반포하여 시행한다는 말로 끝맺었다. 이것은 『정조실록』 15년 10월 11일 "관상감 제조 서호수가 역서를 만드는 일로 아뢰다."라는 기사 끝에 주석으로 붙어있는 글과 완전히 일치한다. 즉, 후에 『정조실록』을 만들면서 서호수의 글을 그대로 가져다 실은 것이다. 다만 실록의 끝에는 "다시 또 의견이 일치되지 않아 팔도의 시각차에 관한 법은 폐지하고 시행하지 않았다."는 기사가 덧붙여 있다.

5. 서지적 특성

내용을 시술한 32장의 문집이 끝나고 끝에는 아무 것도 쓰지 않은 여백의 종이가 7장 정도 더 붙어있는 것으로 보아 계속 써내려 가려고 계획했다가 미완성에 그친 것임을 알 수 있다. 깨끗하게 정서하였고 몇 군데는 빠진 글자를 위에 첨가하는 등 나름대로 교정을 거쳤다. 「종제사지돈녕소(終制辭知敦寧疏)」라는 제목에는 '종제' 다음에 붉은 색의 점을 찍고 윗칸에 후(後)자를 첨가시키고 있으며, 다른 문장에서는 접속사 이(而)가 빠진 것을 첨가하는 식으로 교열을 하고 있다.

---

1) 음악의 악장, 또는 한 악장의 연주가 끝나는 것을 말한다.

6. 가치

　서호수의 글은 서학에 대해 가지는 친연성으로 인해 후손들이 적극적으로 드러내려고 하지 않아서인지 현재까지도 제대로 평가받지 못하고 있는 상황이다. 그가 심혈을 기울인 천문역상에 관한 책은 현재 북한이나 외국의 도서관에 소장되어 있고 남한에는 관찬서만 몇 권 남아있는 상황에서 적으나마 그의 글을 모은 문집은 소중한 가치를 지닌다고 하겠다. 연행기록인 『연행기』에서 원본으로 추정되는 『열하기유』에 남아있던 서양 선교사와 주고받은 편지나 이마두 묘에 간 기록 등을 후손들이 삭제한 정황으로 보더라도 순조 이후의 정국에서 서양 과학에 우호적인 학자를 제대로 평가하기가 어려웠을 것이다. 글의 행간에서 서양과학에 경도되어 있는 천문학자로서의 모습과 서양 선교사와의 교류를 엿볼 수 있어서 조선 후기 과학, 특히 수학과 천문학 부분에 있어 귀중한 자료적 가치가 있다.

(임유경)

[색인어]

사고, 천문, 역상, 서호수, 서명응, 채제공, 수리정온보해, 역상고성보해, 역상고성후편보해

[참고문헌]

문중양, 「18세기 말 천문역산 전문가의 과학 활동과 담론의 역사적 성격 - 서호수와 이가환을 중심으로」, 『동방학지』 121, 2003.

박권수, 「서명응·서호수 부자의 과학 활동과 사상 - 천문역산 분야를 중심으로」, 『한국실학연구』 11, 한국실학학회, 2006.

서호수, 성주덕, 김영 편저, 이은희, 문중양 역주, 『국조역상고』, 소명출판, 2004.

염정섭, 「서호수 - 천문학과 농학을 겸전한 전문가」, 『63인의 역사학자가 쓴 한국사 인물열전』, 돌베개, 2003.

이봉호, 「서명응의 선천학, 서양 천문학 이해의 논리 - 서호수, 홍대용과 비교를 중심으로」, 『한국실학연구』 11, 한국실학학회, 2006.

임유경, 「서호수의 『연행기』 연구」, 『고전문학연구』 28, 한국고전문학회, 2005.

조창록, 「학산 서호수와 『열하기유』 - 18세기 서학사의 수준과 지향」, 『동방학지』 135, 연세대학교 국학연구원, 2006.

사씨남정기

謝氏南征記 / 金萬重 著；金春澤 [漢文飜譯]

筆寫本. ─ 安山：[發行處不明], [發行年不明].
53張：無界, 11行28字；30.0×20.0cm.
表題：謝氏南征記

고서/고서811.35 김41ㅅA

筆寫本. ─ [發行地不明]：[發行處不明], [發行年不明].
2冊：無界, 13行字數不定；31.0×21.0cm.
한글본임.

고서/고서811.31 김41ㅅ

謝氏南征記

1. 개요

『사씨남정기』는 김만중(金萬重 : 1637~1692)에 의해 창작된 국문소설로, 이후 종손(從孫)인 김춘택(金春澤)에 의해 한문으로 번역되었다. 유씨 집안에서 빚어지는 사씨와 교씨 간의 처첩 갈등을 극단적인 상황 설정과 사건 전개 등을 통해 흥미롭게 다루고 있는 작품이다. 이화여대에는 국문본 1종과 한문본 1종이 소장되어 있다. 국문본은 김춘택의 한역본인 『번언남정기(飜諺南征記)』를 재번역한 계열의 이본으로, 상하 2권 2책이며 12회 회장체(回章體)로 되어 있다. 같은 계열의 국문본에 비해 내용이나 형식면에서 한문본을 충실히 반영하고 있으며, 특히 각 회의 제목이나 삽입문, 숫자 등에서 한문 표기가 두드러진다. 한문본은, 김춘택의 한역본과 비교할 때 특히 삽입문이 상당 분량 확대, 첨가되어 한문본으로서의 면모가 더욱 강화된 이본이다. 1권 1책으로 역시 12회의 회장체이며, 서두에 목차가 있다. 1회의 서두에 다소의 낙구(落句)가 있어 이 계열의 초기본은 아닐 가능성이 높다. 두 이본 모두 필사기(筆寫記)는 있으나, 서발(序跋)이나 필사후기(筆寫後記)가 없어 정확한 필사 연대는 알 수 없다.

2. 편·저자

저자 김만중(金萬重)은 조선 후기의 문인이자 소설가이다. 본관은 광산(光山), 자는 중숙(重叔), 호는 서포(西浦)이다. 아버지는 충렬공(忠正公) 익겸(益兼), 어머니는 해평(海平) 윤씨(尹氏)이다. 병자호란 중에 유복자로 태어나 홀어머니의 엄격한 교육을 받으며 성장했다. 1652년(효종 3) 진사 초시에 합격했으며, 1665년(현종 6) 정시문과(庭試文科)에 장원급제하여 관직 생활을 시작했다. 호조참의, 예조참의, 예조참판 등을 거쳐 대제학까지 오르는 명예를 얻는 와중에, 38세인 1674년(현종 15)에 예송(禮訟) 논쟁으로 금성(金城) 유배길에 오르게 되었고, 51세인 1687년(숙종 13)에는 장희빈(張姬嬪)의 아들을 세자로 책봉하는 데 반대하다가 선천(宣川)에, 다시 53세인 1689년(숙종 15)에는 인현왕후(仁顯王后) 폐비(廢妃) 문제를 논하다가 다시 남해(南海)에 유배되는 등 반복되는 정치적 부침(浮沈) 속에서 파란만장한 삶을 살았으며, 결국 마지막 유배지인 남해에서 56세의 생을 마감하였다.

김만중의 이와 같은 정치적 삶은 그의 문학적 삶과 밀접하게 연결된다. 『서포연보(西浦年譜)』에 의하면, 김만중이 유배지에서 여러 저작 활동을 했으며, 그의 또 다른 소설인 『구운몽』 또한 선천 유배 시절에 혼자 계실 어머니를 위로하기 위해 저작한 것으로 되어 있다. 『사씨남정기』가 정확히 언제 저작되었는지는 알 수 없지만, 『사씨남정기』의 내용이 인현왕후 폐비 사건과 관련 있다는 점, 또한 『주자요어(朱子要語)』, 「선비정경부인윤씨행장(先妣貞敬夫

人尹氏行狀)」등의 다양한 저작들이 이루어졌던 시기였다는 점 등에서 마지막 유배지인 남해 시절에 저작되었을 가능성이 제기되고 있다. 그가 남긴 저작들로는 『서포만필(西浦漫筆)』, 『서포집(西浦集)』, 『당시성음합편(唐詩聲音合篇)』, 『송률(宋律)』, 『고시선(古詩選)』, 『시선(詩選)』, 『구운몽』, 『사씨남정기』, 「선비정경부인윤씨행장」 등이 있다.

『사씨남정기』의 한역자 김춘택(金春澤 : 1670~1717)은 김만중의 종손으로, 본관은 광산(光山), 자는 백우(伯雨), 호는 북헌(北軒)이다. 김만중과는 종손간이면서 동시에 스승과 제자의 관계였으며, 김만중과 마찬가지로 정치적 혼란기 속에서 여러 차례 유배의 길에 올랐다. 김춘택의 친필본(親筆本)으로 추정되는 남기홍본 『번언남정기』 서(序)에 "세기축중추영주적사인(歲己丑中秋瀛州謫舍引)"이라는 기록이 있어 『사씨남정기』의 한역 또한 1709년(숙종 35) 제주도 유배 시절에 이루어졌음을 알 수 있다.

이화여대 소장 국문본은 하권 마지막 장에 "李 年 五十 六九日 字 宜○, 朴建成 年 五十三 十一月 十九日 丁未"라는 기록이 있어, 이씨와 박건성이라는 두 남성에 의해 필사되었음을 알 수 있다. 한문본은 필사자의 기록이 없다.

3. 필사 경위

국문본은 하권 마지막 장의 필사 연대가 '정미(丁未)'로 되어 있고, 상하권의 표지에 각각 "壬子以殷上澣被衣", "壬子春殷上浣改被"라고 쓰여 있어, 정미년에 필사된 이후 5년이 지난 임자년에 겉장을 새로 만들어 붙였음을 알 수 있다. 한문본은 마지막 장에 "安山沙浪里 丁酉 三月抄出"이라는 기록이 있고, 표지 안쪽에 서고(書庫) 목록에 해당하는 쪽지가 붙어 있는 것으로 보아, 정유년에 안산 사량리에서 필사된 이후 '무자기재(毋自欺齋)'라는 이름의 서고에 소장된 바가 있음을 알 수 있다. 두 본 모두 서발문이나 필사후기가 없어 정확한 필사 연대와 필사의 경위는 알 수 없다.

국문본과 한문본 모두 제명이 '남정기(南征記)'로 되어 있고, 표제는 '사씨남정기(謝氏南征記)'로 되어 있다. 주로 한문 이본들에서 이와 같은 양상이 나타나는데, 김춘택의 서문에서 국문 원본을 '남정기(南征記)'로 지칭하였다는 점에서, 본래 '남정기'였다가 후에 '사씨남정기'로 바뀌었을 가능성이 있다.

4. 구성과 내용

국문본은 건곤(乾坤) 2책(冊)이며, 12회의 회장체로 되어 있다. 각 책 표지에 각각 "사씨남정기 건(謝氏南征記 乾)”, “사씨남정기 곤(謝氏南征記 坤)”이라는 표제가 있다. 건책(乾冊) 표지 안쪽에 ‘디명사시스젹’이라고 쓰여 있고, 목차 없이 본문이 시작된다. 본문의 장마다 상단에 장수가 한문으로 표시되어 있다. 상권은 1회부터 6회까지, 하권은 7회부터 12회까지이며, 각 회의 제목이 한문으로 되어 있다. 마지막 장에는 필사기가 있다.

한문본은 1권 1책으로 이루어져 있으며, 12회의 회장체로 되어 있다. 표지에 “謝氏南征記 單”이라는 표제가 있고, 표지 안쪽에 서고의 장서(藏書) 목록표 정도로 추정되는 쪽지가 붙어 있다. ‘남정기목록(南征記目錄)’ 다음에 총 12회의 목차가 그 왼쪽 면부터 다음 장까지 이어서 쓰여 있다. 마지막 장에는 필사기가 있다.

명(明)나라 가정(嘉靖) 연간에 북경(北京) 순천부(順天府)에 사는 예부상서(禮部尙書) 유희(劉熙)는, 태학사(太學士) 엄숭(嚴嵩)과 뜻이 맞지 않자 벼슬을 사양하고 태자소사(太子少師)가 된다. 유희 부부는 사십이 넘어 연수(延壽)라는 아들을 낳았는데, 미처 강보를 떠나기도 전에 부인 최씨가 세상을 떠난다. 연수는 어렸을 때부터 문장에 능숙하여 열다섯 살에 이미 문과에 급제하지만, 나이가 어리고 학문이 부족하다는 것을 들어 오 년의 말미를 얻는다.

유희는 누이 두부인(杜婦人)과 상의하여 신성(新城) 사급사(謝給事)댁 소저를 연수의 배필로 삼기로 하고, 여승 묘희(妙喜)를 통해 사소저가 지은 관음찬을 받아오게 한 후 사소저와 연수를 혼인시킨다. 이후 서너 해가 지나자 유희가 병을 얻어 세상을 떠나고, 연수는 비로소 관직에 나아가 한림편수(翰林編修)로 재직한다. 결혼한 지 10여 년이 지나도록 자식이 없자, 사씨의 제안으로 하간부(河間府) 사람인 교씨(喬氏)를 첩으로 맞아들인다.

교씨는 후원의 별당인 백자당(百子堂)에 머물게 되는데, 반년도 지나지 않아 임신을 하고 아들 장주(掌珠)를 낳는다. 늦은 봄 어느 날, 화원에서 꽃구경을 하며 차를 마시다가 사씨는 교씨의 노래와 거문고 곡조가 음악(淫樂)임을 경계하고, 이후 교씨는 사씨에 대한 앙심을 품게 된다. 사씨 또한 아들 인아(麟兒)를 낳고, 유한림은 인아를 각별히 사랑한다. 교씨는 이에 문객(門客) 동청과 사통(私通)하면서 사씨를 모함할 계략을 꾸민다. 이 무렵 사씨는 친정어머니의 문병을 위해 친정인 신성에 가게 되고, 유한림 또한 산동 지방으로 안찰(按察)을 떠나게 된다. 유한림은 산동의 한 객점(客店)에서 교씨 등이 보낸 냉진을 만나게 되는데, 냉진이 사씨의 옥환을 지니고 있는 것을 보고 사씨와 냉진의 사통을 의심하게 된다. 집으로 돌아온 유한림은 옥환이 집에 없음을 확인하고 누명을 쓴 사씨는 죄인으로 자처한다. 이후 두부인이 장사(長沙)로 떠나자, 동청은 교씨의 아들 장주를 압살(壓殺)하고 이를 사씨에게 뒤집어씌워 결국 사씨는 집을 떠나게 된다.

집을 떠난 사씨는 유씨 선영(先塋) 아래에 가서 살다가, 교씨 등의 계략으로 다시 겁탈의 위기에 몰리게 되자 시부모의 몽중계시(夢中啓示)를 따라 두부인이 있는 장사로 떠나게 된다. 동정호 악양루 근처에서 두부인이 장사를 떠났다는 사실을 알게 되고 사씨는 죽음을 결심하지만, 다시 아황여영의 꿈을 꾸고 이때 나타난 묘희를 따라 군산(群山)으로 들어간다. 사씨가 떠난 이후 유한림 또한 교씨와 동청의 계략으로 행주(幸州)로 유배가게 되고, 풍토병에 걸려 죽을 위기에 처하지만 꿈속에 나타난 관음의 도움으로 살아나게 된다.

대사면으로 해배(解配)되어 돌아가던 유한림은, 엄숭의 도움으로 계림 임지로 가던 동청의 행차와 맞닥뜨리게 된다. 이 때문에 동청이 보낸 자객에 쫓겨 악주 강가에 이르게 되고, 미리 와서 기다리던 사씨와 묘희를 만나 위기를 벗어나게 된다. 이후 조정에 복귀한 유한림은 강서(江西)에 부임하게 되는데, 여기에서 다시 사씨의 부탁으로 임씨를 첩으로 들이게 되고 이로써 교씨 일행에 의해 버려졌던 아들 인아 또한 찾게 된다. 동청이나 냉진을 따라다니다가 결국 무일푼이 되어 서주(徐州)에서 창기(娼妓)가 되어 살던 교씨는 유한림에게 속아 유부(劉府)로 돌아오게 되고, 유한림과 사씨 등이 모인 자리에서 죄를 밝히고 교살(絞殺)당한다. 이로써 유한림 집안은 회복되고 이후 자손들도 번창하게 된다.

이처럼 『사씨남정기』는, 유씨 집안에서 빚어지는 처첩 갈등을 극단적인 상황 설정과 사건 전개 등을 통해 흥미롭게 다루고 있으며, 선한 처가 제자리를 찾고 악한 첩이 파멸하는 결말을 통해 독자들에게 대리만족을 주면서 한편으로는 교훈을 전달하는 작품이라고 할 수 있다. 그 저작 경위를 두고, 저자 김만중의 시대적 상황과 연결시켜 숙종의 인현왕후 폐위 사건을 우의적으로 다룬 것이라는 견해와 당시의 어느 가정에서나 일어날 수 있는 상황을 허구로 엮은 것이라는 견해가 분분하지만, 어떤 경위로 저작되었든 『사씨남정기』는 가정 갈등을 다루는 소설의 전범(典範)으로서 이후의 고전소설 전반에 걸쳐 지속적으로 영향을 미치고 있다.

5. 서지적 특성

국문본 『사씨남정기』의 필사 시기는 정미년으로 되어 있다. 현재 확인된 바에 의하면 『사씨남정기』의 국문 이본은 1773년(영조 49)에 처음 나타났고, 이후 19세기 초부터 20세기 초반까지 주로 필사되었을 것으로 추정되므로, 이를 참고할 때 필사 가능 정미년은 1847년(헌종 13)이나 1907년(순종 1)으로 볼 수 있다. 각 회의 제목이 한문으로 표기되어 있고, 삽입문 중에서 '출사씨고묘문(黜謝氏告廟文)', '사씨가 두부인에 답한 글', '화원에서 들린 교씨 노래' 등 또한 한문으로 표기되어 있으며, 그 밖에 시간이나 나이 등을 나타내는 숫자 또한 모두 한문으로 표기되어 있다. 이는 같은 계열의 국문본에서는 나타나지 않는 독특한 점인데, 이렇게 볼 때 이화여대 도서관본은 『번언남정기』 계열의 국문본이 아닌 한문본을 대상으로 필사되었을 가능성이 높다.

연세대에는 『번언남정기』 계열의 국문본이 3종 있는데, 그 중 1종은 1권 1책으로 회가 구분되지 않았으며, 전반적으로 축약된 부분이 많고 삽입문도 간략하게 처리되거나 많은 부분 생략되었다. 본문 끝에 필사후기가 바로 이어지고, 그 옆으로 "슝졍후오경인 즁하에뉵십일셰

무봉산인은시안등셔ᄒ여뉴셰손녀의게부치ᄂ니물실졍남할지어다”라는 기록이 있으며, 편지서식과 육갑(六甲)이 함께 실려 있다. 다른 1종은 2권 1책으로, 역시 회의 구분이 없고 삽입문이 많이 생략되었다. 본문 마지막에 후일담이 부연되어 있고, 이어서 “셰병오모츈하완의 영덕임소의셔 노인의 심심소일노 번역ᄒ니 영락주로무식ᄒ사로니ᄒ즈을 형용홀 길없어 딕강쑤며 볏기니 외자로 더하고 글시로 너고 츄잡ᄒ니 보실 ᄂ니 짐작ᄒ시오”라는 필사 기록이 있다. 나머지 1종은 하권이 낙질(落帙)로, 표지에 ‘사씨전’이라는 제목이 있고 그 옆에 “이칙등셔을엇지한칙인지 볼수가음나……”라는 글이 쓰여 있다. 1회는 제목 없이 시작되고 2회부터 제목이 있다. 또한 상권까지는 삽입문이 들어 있다.

조동일 소장본은 상권과 하권 표지에 각각 “신뉴 초츄월 십슙닐 싯초ᄒ노라”, “신뉴 구월 초 슌닐 싯초ᄒ노라”라고 쓰여 있다. 회가 구분되고 있으며, 각 회의 제목이나 삽입문이 한글로 음독(音讀)되어 있는데, 춘방 제문의 경우만 한글로 번역되어 있다. 김동욱 소장본의 1종은 상권과 하권 마지막에 “셰차무슐모츈념일의뎡소졔논필셰우지산졍사ᄒ로라”라고 기록되어 있다. 회가 구분되어 있으나 제목이 본문과 구별되지 않고 본문에 이어서 쓰여 있다. 또한 각 회의 제목과 삽입문이 한글로 번역되어 있으며, 보통 7회부터 하권이 시작되는데 이 본은 8회부터 시작된다. 다른 1종은 마지막에 “융희경술등춘렴……”이라는 필사기가 있고, 회가 구분되어 있으며, 제목과 삽입문은 한글로 음독되어 있다.

한문본은 『번언남정기』와 다른 계열의 이본으로, 다니엘 부셰의 분류에 의하면 을(乙)류에 해당되고, 좀더 세분화된 이금희의 분류에 의하면 한문 B와 C본 중 C본 계열에 해당한다. B와 C본으로 나뉘는 가장 큰 지표는 각 회별 제목의 차이라고 할 수 있는데, B본의 제목이 A본에 해당하는 『번언남정기』에 가까운 것으로 보아, B본이 C본에 선행하는 것으로 추정해 볼 수 있다. 현재까지 확인된 C본 계열의 이본들은 한두 자의 낙자(落字)나 첨자(添字) 외에는 이본들 간의 차이가 거의 없는데, 이화여대 도서관본에는 1회 앞부분에 다소의 낙구(落句)가 있으며, 그 부분을 여백 처리한 것으로 보아 역시 낙구가 있는 이본을 대상으로 필사한 듯하다.

1권 1책으로 이루어져 있고, 서두에 목차가 있으며, 마지막 장에 “정유삼월초출(丁酉三月抄出)”이라는 필사기가 있으나 정확한 필사 연대는 알 수 없다. 다만 선행하는 것으로 추정되는 한문 B본 계열의 원본이 18세기 초엽에 형성된 것으로 추정되고, C본 계열 이본들의 필사 연대가 비교적 후대인 것으로 미루어 볼 때, 필사 가능 정유년은 1837년(헌종 3)과 1897년(고종 34) 중 하나일 가능성이 높다. 또한 겉표지 안쪽에는 장서목록에 해당하는 쪽지가 따로 붙어 있는데, ‘무자기재(毋自欺齋)’라는 이름 밑에 왼쪽부터 ‘장서제(藏書第) 일천오백십칠호(壹千五百十七号), 자부(子部), 소설류(小說類), 서명(書名) 사씨남정기(謝氏南征記), 일질 일책(一帙 一冊) 제일권(第一卷), 가수(架數) 단가일행(旦架一行), 장서(藏書) 이사칠오년(二四七五年) 십일월십이일(十一月十二日), 적요(摘要)’ 순으로 장서의 여러 정보가 기록되어 있다.

국립중앙도서관에는 C본 계열의 이본이 3종 있는데, 우촌고본은 1권 1책으로 표지에 '南征記'라는 제목과 함께 "갑신원월상한필(甲申元月上澣畢)"이라는 필사기가 있다. 서두에 목차가 없고, 마지막에 "태사공왈(太史公曰) ……."로 시작하는 발문(跋文)과 "강희말년작(康熙末年作)"이라는 기록과 함께 시가 있으며, 시가 끝난 후에 "세재갑신정월상한서(歲在甲申正月上澣書)"라는 기록이 있다. 다른 1종은 1권 1책으로, 마찬가지로 서두에 목차가 없고, 마지막에 "임자삼월순오일 경북부순화방온정동삼십사통칠호 이용재서(壬子三月旬五日 京北部順化坊溫井洞三十四統七戶 李龍齋書)"라는 필사기가 있다. 한문본의 경우 보통 7회부터 하권이 시작되는데, 이 본의 경우 7회 밑에 '하권(下卷)'이라고 적혀 있으나 실제 '남정기권지하(南征記卷之下)'로 시작되는 것은 8회이다. 마지막 1종은 1권 1책으로 역시 목차가 없고, 본문이 끝난 후에 '남정기서(南征記序)'가 9면에 걸쳐 삽입되어 있다.

6. 가치

『사씨남정기』는 김만중에 의해 국문으로 창작된 이후 김춘택에 의해 한역되었는데, 그것이 곧 『번언남정기』이다. 현재 남아 있는 『사씨남정기』의 이본들은 김만중의 국문 원본보다는 『번언남정기』의 영향권 아래 있는 것이 많다고 볼 수 있다. 한문본의 경우에 『번언남정기』계열이 주류를 이루는 가운데 부분적인 차이를 보이는 계열이 나타나고, 국문본의 경우에도 『번언남정기』계열의 한문본을 재번역하거나 국문 원본 계열과 『번언남정기』계열의 한문본을 혼합적으로 번역한 국문본이 대다수이기 때문이다. 이화여대 소장 국문본 1종과 한문본 1종 또한 그러한 경위로 이루어진 이본들로, 국문본은 『번언남정기』계열의 한문본을 재번역한 이본이고, 한문본은 『번언남정기』와 부분적인 차이를 보이는 계열의 이본이다.

이화여대 소장 국문본은, 김춘택이 직접 쓴 것으로 추정되는 남기홍 소장본 『번언남정기』와 비교해 볼 때 형식이나 내용 면에서 거의 그대로 일치한다. 12회의 회장체로 이루어져 있고, 『번언남정기』에 새롭게 삽입된 다양한 편지글과 제문 등이 나타나고 있으며, 내용 면에서도 김춘택의 의도에 의해 삭제되거나 바뀐 부분이 동일하게 나타나고 있다. 그런데 이 계열의 국문본에서, 삽입문이 대부분 한글로 번역되거나 한글 독음으로 이루어진 것과 달리, 이화여대 도서관본에서는 몇몇 삽입문이 한문으로 표기되어 있으며 숫자 또한 모두 한문으로 표기되어 있어 한문본의 번역본임을 단적으로 드러내 주고 있다. 그런가 하면 매회 마지막에는 한 회를 마무리하면서 다음 회를 연결하는 삽입구(1회의 경우 'ᄉ씨의 범절 웃더한고 ᄒ회 분히ᄒ라')가 들어 있는데, 이는 『번언남정기』계 한문본에는 없는 것으로 대체로 국문 소설들에서 나타나는 것이다.

그러나 무엇보다 이화여대 도서관본의 가장 큰 특징은, 작품 속에 『창선감의록』에 대한 서술이 삽입되어 있다는 것이다. 이화여대 도서관본에는 작품 서두의 두부인에 대한 소개 부분에 "승품이 엄절슈볍ㅎ야 화상셔 욱의 믹시 셩부인의게 너리지 아니ㅎ는지라"(권上 1면)라고 하여, 『창선감의록』의 셩부인이 함께 거론되고 있다. 두부인과 셩부인은 모두 남성 주인공의 고모이자 가장 역할을 대신하는 인물들로, 이들이 작품 속에서 차지하는 비중이나, 역할, 성격까지 거의 그대로 일치한다고 할 수 있다. 또 사씨가 집에서 쫓겨나는 부분에서는, 교씨나 동청, 냉진과 같은 간악한 인물들이 유씨 집안을 흔들어 놓은 것에 대해 논평을 한 후, "근리 여양후 화욱의 장ᄌ 츈은 우미하고 샹원부인 심시은 요악ㅎ야 쳔쳡 됴여로 올여 부인을 믿드러 남시 니칠세 …… 화츈의 우미은 이무가론이연이와 연슈의 총명으로도 능히 씨다지 못하고 셩부인의 슈단과 두부인의 범졀로도 능히 무너지경외 일을어시니 이억쳔슈야 오시쥬야오"(권上 43면)와 같이, 이를 다시 『창선감의록』의 유사한 상황과 연결시켜 논평하고 있다. 특히 두 삽입문에서 모두 『창선감의록』의 인물과 상황은 마치 필사자가 실제 보고 들은 것처럼 서술되고 있다. 필사자는 자신이 읽은 다른 책의 내용을 거론하면서 그것이 마치 실제 벌어진 일인 것처럼 기술함으로써 필사 대상인 『사씨남정기』 또한 실제 일어난 일인 것처럼 만들고 있는 것이다. 또한 이를 통해 그 인물과 상황이 자연스럽게 대응될 수 있을 정도로, 당시에 『사씨남정기』와 『창선감의록』이 유사한 작품으로 인식되면서 함께 애독되고 있었음을 확인할 수 있다.

이처럼 이화여대 도서관본은, 한문본을 대상으로 필사했다는 것이 두드러지는 한편, 국문 소설이 지니는 특징들 또한 나타나는 이본으로, 이를 통해 한문본이 국문본으로 번역되는 한 양상을 짐작해 볼 수 있다. 또한 남성들이 한문 소설과 국문 소설을 두루 읽고, 필사 과정에서 이를 적극적으로 활용하는 모습을 엿볼 수 있는 이본이라고 할 수 있다.

『사씨남정기』의 한문본은 크게 『번언남정기』 계열과, 범례의 적용이나 삽입문의 확대와 첨가 등에서 『번언남정기』와 차이를 보이는 계열로 나뉜다. 김춘택은 「번언남정기인(翻諺南征記引)」에서, 김만중의 국문 원본이 언문(諺文)으로 지어져 제자서(諸子書)의 반열에 들어갈 수 없기 때문에 한역한다고 밝힌 바 있으며, 그 번역 과정에서 국문 원본에는 없었던 여러 삽입문을 첨가하였다. 한문으로 된 편지나 상소문, 제문이나 시 등의 삽입문은 남성 지식인들의 소설 작품에 주로 등장하며, 이를 통해 사건이나 상황을 절실하게 전달하기도 하고, 긴장된 서사를 완화시키기도 하며, 때로는 자신의 지식을 드러내기도 한다. 그런데 『번언남정기』와 다른 계열의 한문본에는, 『번언남정기』 계열에는 나타나지 않는 '두부인이 사씨에게 보낸 편지', '사추관이 사씨에게 보낸 편지', '사씨가 사추관에 답한 편지', '죽은 창두의 제문' 등이 추가로 삽입되어 있으며, 기존 삽입문의 경우에도 상당한 분량의 확대가 나타나고 있다. 이런 측면에서 볼 때, 이 계열의 원본은 『번언남정기』에 다시 만족하지 못하는 남성 지식인 독자층에 의해 형성되었을 가능성이 높으며, 이 계열에 속하는 이본들이 거의 차이를 드러내지 않는 것으로 보아, 이를 대상으로 다시 필사하는 경우에도 역시 같은 기호나 취향을 갖고 있었다고 할 수 있다.

이화여대 도서관본 또한 이 계열에 속하는 이본으로, 『사씨남정기』가 광범위하게 독자층을 넓혀가면서 대중적인 독서물로 자리한 것과는 또 다른 선상에서, 남성 지식인들의 지적 취향을 만족시키는 독서물로 자리하고 있었음을 확인시키는 이본의 하나라고 할 수 있다. 이화여대 도서관본의 표지 안쪽에 붙어 있는 서고목록에 '경사자집(經史子集)' 중 제자서를 의미하는 '자부(子部)'로 분류되어 있는 점은 이를 입증하는 한 단서가 될 것이다.

(탁원정)

[색인어]
사씨남정기, 김만중, 김춘택, 번언남정기, 유연수, 사씨, 교씨, 동정호, 처첩 갈등

[참고문헌]
D. 부셰, 「『남정기』 한문본고」, 『백영 정병욱 선생 환갑기념논총』, 신구문화사, 1982.
이금희, 『『사씨남정기』 연구』, 반도출판사, 1991.
정규복 외, 『김만중 문학연구』, 국학자료원, 1993.
최재남, 「『서포연보』의 성격과 김만중 연구」, 『한국학보』 57, 일지사, 1989.

사안전

史安傳

筆寫本. ― [發行地不明] : [發行處不明], [發行年不明].
82張 : 無界, 8行字數不定 ; 26.3×15.8cm.
한글본임.

고서/고서811.31 사71

史安傳

1. 개요

『사안전』은 1권 1책이며 국문 필사본이다. 소설 갈래는 '연명담(延命譚)'을 주 내용으로 하는 연명소설(延命小說)이다. 현재 학회에서는 '연명소설(延命小說)'과 '액운소설(厄運小說)', 두 명칭이 사용되고 있으나 주인공의 목숨을 연장해준다는 의미를 부각한다면 '액운'보다는 '연명'이 더 타당할 듯하다. 연명소설에 해당하는 작품은 『사안전』을 비롯해서 『전관산전』, 『반필석전』, 『이운선전』, 『홍연전』, 『십생구사』 등이 있다.

『사안전』은 일반 연명소설과 거의 같은 구조를 취하고 있지만, 다른 연명소설과는 달리 영웅의 요소가 많이 가미되어 있으나 여성영웅의 역할이 다소 미비하고 현실적인 것이 특징이다. 필사 연대는 필사기 '병진(丙辰)'과 내용을 근거로 하여 1856년으로 추정할 수 있다.

2. 편·저자 및 편찬 경위

대부분의 고소설이 그렇듯 『사안전』도 역시 작자 및 편자를 알 수 없다. 단지 알 수 있는 것은 내제에 보이는 책 주인의 거주지뿐이다. 이 책에는 거주지가 충청북도 영동군으로 표기되어 있다. 현재 단국대학교 천안캠퍼스 율곡도서관에 있는 고서 중에 나손 김동욱 선생이 기증한 고서를 제외하면 주로 전주 고서점에서 사들였다. 그런데 책의 필사기에 기록된 책 주인의 거주지로 충청북도가 많고 그 중 진천이 많이 부분을 차지한다. 이곳은 안성과 접경 지역이고 안성에 큰 장이 열렸기에 장을 중심으로 책이 전파된 것으로 보인다.

『사안전』의 책 주인 거주지인 충청북도 영동은 충청남도와 대전, 그리고 전라북도 무주와 경상북도의 접경지역이다. 진천과 같이 영동도 여러 지역을 오갈 수 있는 지점이었기에 책의 전파도 수월했으리라 본다. 그리고 세책이 활발해지고 방각본의 출현으로 고소설의 인기가 높아진 이후에 창작된 소설이라 생각한다.

3. 구성과 내용

다음은 『사안전』이 어떠한 이야기로 전개되고 있는가를 알아보기 위해 그 대강의 줄거리를 남자 주인공의 성장과정을 중심으로 기술하고자 한다.

1) 사안의 출생 배경
신씨 시절에 재상 사인은 사십이 넘도록 자식이 없어, 부인과 함께 자식을 얻고자 낙향을 결심하고 임금의 허락을 얻는다. 고향에 도착한 사인 부부는 영계산 추월사에서 발원(發願)하던 중 한 노승을 만나 백일기도를 하면 초년에 고생할 자식을 얻는다는 소리를 듣는다. 백일기도 후 사인 부부는 10달 만에 옥동자를 낳는데, 이름을 사안(史安)이라 하였다.

2) 사안의 성장 – 8세까지

사인은 사안이 8세가 되자 추월사 노승의 말이 기억나 길흉을 점치러 기주의 도사를 찾아간다. 도사는 사안이 "15세 되는 해 5월 15일 자시(子時)"에 죽는다고 일러 준다. 사인은 자식 살릴 방도가 없다는 것을 알고 사안에게 집을 떠나라고 명한다. 사인은 사안의 시신을 잘 수습하기 위해 노복(奴僕) 기린을 사안과 동행하도록 당부한다. 그리고 사안에게 부모 앞에 나타나지 말라고 명하자 사안은 부모에게 하직하고 가출한다.

3) 사안의 성장 – 가출 후 15세 절명일까지

가출 후 사안이 15세가 되는 해에 황제는 태황후 탄신일을 맞아 과거를 시행한다. 사안은 과거 날이 자신의 절명일 다음 날임을 알고 슬퍼하지만, 기린은 사안에게 과장에 가면 명사들이 많기에 목숨을 연장시킬 방도를 가진 사람이 있을 거라며 황성으로 가자고 한다. 황성에 도착한 사안과 기린은 고만덕의 집에 거처를 정한다. 고만덕은 사안을 돕고자 황혈당이라는 도성을 만나도록 주선한다. 도성은 사안이 황씨 성을 가진 여인을 취하면 산다고 일러준다. 그러면서 도성은 좌승상이 황씨이고 그 여식이 있다고 말한다. 이를 다 안 고만덕이 사안과 기린의 참혹한 광경을 볼 수 없다며 쫓아낸다. 이로 인해 사안과 기린은 다른 곳에 거처를 정하기로 한다.

4) 사안의 조력자(助力者) 노파 등장

황승상 댁 늙은 종이 아비의 제삿날에 예지몽을 꾸고 사안과 기린을 집 앞에 기다린다. 고만덕의 집에서 쫓겨난 사안과 기린도 황승상 댁을 찾아 놓고 그 근처에 거처를 정하였는데 그 늙은 종(노파)의 집이었다. 사안과 노파는 서로의 사정 이야기를 한다. 다행히도 노파는 황승상 여식의 유모였다. 노파는 꾀를 써서 사안이 황소저의 처소에 들어 갈 수 있도록 도와준다. 황소저 방에 들어간 사안은 황소저에게 오늘이 절명일이니 살려달라고 애원한다. 황소저가 사안의 사정을 듣고 살려준다고 허락한다. 그 과정에서 황소저가 심상치 않은 인물임을 보인다.

5) 사안의 연명 – 절명일 이후 과거급제까지

절명일 자시(子時)에 황소저가 사안을 구해준다. 이 사건 이후 둘의 상황은 반전하여 황소저가 사안에게 백년가약을 맺자고 애원한다. 황승상이 과거에 장원 급제한 사람을 사위로 맞는다고 하였으니 사안에게 과거를 보라고 황소저가 청한다. 황소저는 황승상과 좌각노가 좌각노의 아들을 급제시키기 위해 유자를 과거 보는 이들에게 주는데 화문석에 앉은 이에게는 답이 들어 있는 유자를 줄 것이라는 정보와 함께 자신과 혼인할 계책까지 사안에게 말해준다. 사안과 기린은 과거에 대한 계책을 세워 정답이 적힌 유자를 전달받고 장원급제한다.

6) 사안과 황소저와의 혼례

급제한 사안이 황소저가 사안의 홍패를 가져가기로 한 계획에 따라 일을 추진하여 황소저와 혼인하게 된다. 그러나 부모의 허락이 문제가 되어 황승상이 황제에게 사안과 황소저와의 혼인을 말하자 사안 부모 대신 황제가 주혼을 맡아주어 혼례를 치른다. 사안은 혼례 후 기린에게 고향에 가서 부모님을 뵙고 오라고 명한다. 기린이 준 편지를 사인 부부가 읽고는 사안의 생존을 알게 된다. 사안이 황제에게 그간의 사정을 아뢰니 황제는 사인을 연왕에 봉하고 부자 상봉을 허락한다. 고향에 간 사안과 황소저 부부가 부모를 뵙고 기뻐한다.

7) 사안의 공적과 죽음

이때 대완국과 남미국 왕이 반역을 일으킨다. 사안은 충렬장군 기린과 출전을 자원한다. 적진에 백일홍이라는 책사가 도술을 부리는 능력이 뛰어나 사안의 부대가 열세에 놓인다. 사안의 꿈에 선관이 나타나 백일홍은 원래 천상의 선관인데 득죄하여 적강한 인물임을 일러주고 여의서를 주며 백일홍을 이길 비법을 알려준다. 이 과정에서 사안도 천상 인물이었음을 안다. 여의서의 비계로 인해 사안은 전투에서 승리한다. 황제는 사안을 대원왕에, 황승상은 남미왕에 봉한다. 이후 사안은 삼남 일녀를 두고 백 세에 선관을 따라 학을 타고 승천한다. 뒤이어 황소저도 사안을 따라 승천한다.

8) 등장인물의 특성

『사안전』의 경개(梗槪)에서 볼 수 있듯이 여타 연명소설들과 그 내용이 같다. 다만 영웅담이 다소 길다는 것이 특징이다. 『사안전』에는 사안과 황소저, 그리고 기린이 주요인물이다. 그러면 남자 주인공인 사안에 대해서 살펴보도록 하자.

사안은 절명일을 기준으로 하여 그 활약상이 확연히 다르다. 절명일 전에는 모든 운명을 황소저에게 맡길 뿐이었다. 그 이전에는 그저 하늘이 정한 명을 따르려고만 하며 자신의 신세를 한탄할 뿐이었다. 사안은 운명에 순응하는 인물이다. 이는 그 부모들도 같은 유형이라 볼 수 있다. 사안은 운명 순응적인 인물로 절명일을 당하여 연명을 하자 황소저의 도움이 있기는 하지만 과거급제 후 전장에 나가 승승장구하며 왕위에까지 오른다. 자신의 능력에 조력자들의 도움이 큰 역할을 담당했다. 후반부의 사안은 연명소설의 주인공이 아닌 영웅소설의 주인공으로 변신을 한다. 여성영웅소설이 유행하기는 했지만 여전히 남성 위주의 관점이 우월하다는 것을 『사안전』을 통해서도 볼 수 있다.

　이러한 양상은 같은 연명소설인 『전관산전』에서도 찾아볼 수 있다. 『전관산전』에서 모든 공은 부인인 정소저가 했는데도 불구하고 왕에 봉해지는 것은 전관산이다. 이 같은 결론을 도출할 수 있었던 것은 작가가 남성 중심적 사고에 기인했기 때문이라고 생각한다.

　황소저는 사안을 구하는 중요인물이다. 그가 거처하는 공간 또한 신비롭게 묘사하고 있다. 그리고 주역을 읽는다는 등의 모습도 그녀의 능력이 보통이 아님을 보여준다. 그런데 그 역할은 약간 미비하다. 절명일에 사안을 살리는 것은 그냥 품어주는 것에 불과하다. 이는 정해진 운명에 황소저가 함께 있어야 한다는 것뿐이다. 이후 황소저의 활약상은 아무 것도 없다.

　『사안전』에서 자신의 운명을 개척하는 인물은 노복 기린이다. 기린은 사안이 한탄할 때에 계속해서 연명 방법을 찾으려고 애쓴다. 죽어야 하는 당사자보다도 더 열심히 알아본다. 사안이 과거에 급제함에 있어서도 방도는 황소저가 알려 주었지만 실제 행동은 다 기린이 한 것이다. 이렇다 보니 종 신분에서 일국의 장수까지 신분을 상승시킨다. 『사안전』에서 가장 역동적인 인물이다.

4. 서지적 특성

　『사안전』은 이화여자대학교 도서관 소장 작품이다. 『사안전』의 이본으로는 필사본과 활자본 『사대장전』이 있다. 이화여대 도서관본인 『사안전』은 1권 1책으로 전체 면수는 166면이고 앞에 2면은 표제와 내제이다. 작품 내용은 164면이고 매면 8행이며 매행 18~20자 내외이다. 지질(紙質)은 저지(楮紙)이며 표기는 한글이고 글씨체는 정서가 아닌 궁서체와 같은 약간 흘림체에 가깝다. 그런데 중간 중간 글씨체가 달라지는 곳이 있다. 대부분 흘림체로 자연스럽고 많이 써 본 글씨이나 몇 곳은 고딕체와 비슷한 글씨로 그리 달필이 아니다. 종이를 오려 붙여 글을 고쳤거나 작은 글씨로 원래 글에 첨가한 부분을 볼 수 있다. 이는 읽는 사람이 교정해 놓은 듯하다.

　표제는 "史安傳"이고, 우측하단에 "正月 十八日"이라 적혀 있다. 내제에 보면 "충청북도 영동군 미곡면 상평니 오싱원딕 절이 주소라 ○○노사 야동 딕宅"이라 적고 있어 책주가 영동 사람임을 알 수 있다. 책의 맨 끝을 보면 "병진 정월 초일의 시작ᄒ여 입십 구일의 필셔ᄒ노라"라는 기록이 보인다. 표제의 18일과 후기의 29일이 같지는 않지만, 소설 말미의 후기가 이 소설을 필사한 시기로 보는 것이 옳을 듯하다. 그러면 '병진(丙辰)'은 언제인가. 소설이 16·17세기부터 등장하지만 대부분의 고소설이 18세기 이후부터 양산되기 시작하였고, 19세기에 번성한 것으로 미루어 본다면 본 소설의 후기에 보이는 병진은 '1796년, 1856년', 둘 중 하나이다. 내용에 보면 여성 영웅의 역할이 약해지고 현실적인 면이 많은 것으로 보아 전대보다는 후대일 가능성이 높다. 그리고 20세기에 『사대장전』이 활자본으로 출판된 것으로 볼 때 그 인기가 높았던 것으로 생각한다. 그렇다면 19세기 후반의 인기를 몰아 20세기에 활자본으로 출판되었을 가능성이 높다. 이를 종합해 보면 『사안전』의 필사 시기는 1856년일 가능성이 높다.

5. 소설사적 가치

연명소설은 아직까지 연구가 그리 많은 편은 아니다. 연명소설 중 『사안전』은 특히 그렇다. 그럼에도 불구하고 몇몇 연구자의 논의가 있었는데, 천태산인 김태준은 활자본 『사대장전』을 장회소설로 다루었고, 나손본 『사안전』을 소개한 김기동은 영웅소설의 유형을 띤 작품으로 무격 사상이 특징이라 했다.

『사안전』은 연명소설과 영웅소설의 모습을 함께 보여주는 작품이다. 『사안전』의 특성을 제대로 파악하기 위해 같은 연명류의 소설인 『전관산전』(진동혁 소장본, 18~19세기에 필사)과 대비하여 연명소설 중에서 『사안전』의 소설사적 특질을 밝혀보기로 한다.

첫째, 조력자의 부각이다. 조력자로 기린과 노파가 등장한다. 노복 기린은 단순히 상전을 보필하는 것이 아니라 주체적으로 행동하면서 사안의 운명을 개척할 뿐만 아니라 자신의 운명도 개척하고 있다. 『전관산전』에서도 기린과 같은 역할을 충남이 한다. 충남은 전관산을 따라 다니는 것일 뿐 중요한 직책이나 능력이 있지는 않다.

기린 다음으로 큰 공로자는 늙은 종이다. 이 노파는 예지몽을 꾸면서까지 사안 일에 적극 동참하여 도와준다. 『전관산전』에서의 노파도 여주인공의 유모로 등장한다. 그러나 『전관산전』에서는 노모의 자식들이 정승상댁 종으로 있어서 자식들에게 부탁하여 일을 추진하도록 한다. 그러나 『사안전』에서의 노파는 긴 치마 안에 사안을 숨겨 들어가는 과감함까지 보여준다.

둘째, 현실성이다. 『사안전』이 『전관산전』과 다른 모습을 보이는 것은 사안의 연명 장면이다. 『전관산전』에서는 절명시(絶命時)에 전관산이 정소저 앞에서 기절하자 붉은 불기운이 정소저 방에 들어오고 정소저는 주사를 풀어 붉은 불기운을 없애 버리는 등 아주 극적으로 표현하고 있다. 그 후 정소저는 환을 만들어 전관산에게 먹여 살아나도록 만든다. 『전관산전』은 정소저의 여성영웅 또는 이인(異人)의 모습을 보여주는 데 주력하고 있다. 그러나 『사안전』에서는 황소저가 사안을 품에 안는데, 일종의 성애(性愛)의 모습을 표현한 것으로 아주 비유적이면서 짧다. 이로 인해 사안은 연명하고 소생한다. 어찌 보면 문학적 상상력, 특히 주술적 측면에서는 『전관산전』보다 『사안전』이 뒤질지 모르겠으나 현실성과 개연성 측면에서는 『사안전』이 『전관산전』보다 낫다고 보여진다.

현실적인 면이 한 가지 더 있는데, 바로 사안이 과거 급제하는 장면이다. 『전관산전』에서는 소생한 전관산에게 정소저가 과거를 보라하고 급제자와 혼인을 시키겠다는 정승상의 말을 건넨다. 그러면서 당황해하는 전관산에게 정소저는 시험문제와 답을 다 알려준다. 바로 정소저의 아버지가 출제자였기에 가능했다. 『사안전』은 경개에서도 보았듯이 '유자'에 답을 써서 전달해 주고 그 유자를 받기 위해 먼저 정해진 자리를 잡는다. 그리고 황소저는 미리 방법을 알려주고 이것이 잘 이루어졌는가를 다시 확인하는 절차를 밟는다. 『사안전』에서는 정해진 자리를 차지하지 못하면 그만인 것이다. 『전관산전』이 운명적으로 잘 짜여졌다면 『사안전』은 보다 현실적인 요소로 흥미를 돋우고 있다. 이런 류의 흥미는 급제 후 황소저 집에서 벌어지는 '홍패' 소동에서도 볼 수 있다. 『전관산전』에서는 이러한 소동 없이 바로 혼인으로 연결된다.

셋째, 남성 중심의 전개이다. 『사안전』이 『전관산전』과 다른 모습은 후반부의 군담과 황소저의 무기력에 있다. 『전관산전』에서는 오랑캐가 황제의 옥새를 훔쳐 반역을 일으킨다. 그러자 중국 황제는 조선의 왕에게 도움을 청하고 조선에서는 정소저를 중국으로 보낸다. 중국에 도착한 정소저를 보고 황제와 황후는 놀라며 의아해한다. 그런데 도술로 옥새를 찾고 반역자들을 잡아오니 더 이상 의아해 하거나 여성의 신분을 낮게 보지 않는다. 그런데 왕에 봉해지는 것은 정소저가 아니라 전관산이다. 『전관산전』에서도 여성에 대한 한계는 여전히 있다. 하지만 『사안전』은 그 정도가 『전관산전』보다 심하다. 『사안전』에서 황소저는 군담에 한 번도 등장하지 않는다. 단지 사안이 절명할 때 안아주며 살려낸 것, 사안 과거 급제 후 혼인하는 과정에서 꾀를 낸 것 이외에는 더 이상의 역할이 없다. 오히려 전반부에는 아무 능력이 없던 사안이 전쟁에 장수로 나가 승전하고 돌아와 스스로의 공적으로 왕에 봉해진다. 사안은 전산관에 비하면 아주 능동적인 인물로 서술되고 있다.

이로 볼 때 『전관산전』은 여성 영웅의 면모가, 『사안전』은 남성 영웅의 면모가 두드러진다. 그리고 『사안전』보다 『전관산전』이 비교적 주술적 화소가 많다. 반면 『사안전』은 현실에 있을 법한 일들로 일을 해결한다. 곧 현실성이 『전관산전』보다 두드러진다고 볼 수 있다. 결론을 지어보면 여성영웅소설의 인기가 한풀 꺾이고 현실적인 면이 강조되던 시기에 필사된 것으로 생각해 볼 수 있기에 확언할 수는 없지만 이화여대 도서관 소장 『사안전』은 『전관산전』보다는 후대에 창작된 소설이라고 조심스럽게 말할 수 있다.

(조상우)

[색인어]
연명소설, 사인, 사안, 황승상, 황소저, 기린, 노파

[참고문헌]
김기동, 『한국고전소설연구』, 교학사, 1983.

김정석, 「활자본 『사대장전』의 단명담 수용과 그 의미」, 『동양고전연구』 8, 1997.
김태준, 『증보조선소설사』, 학예사, 1939.
박대복, 「액운소설 연구-내용을 중심으로」, 『어문연구』 77·78, 한국어문교육연구회, 1993.
조상우, 「전관산전 연구」, 단국대 석사학위논문, 1995.
조희웅, 「고전소설속의 설화」, 『어문학논총』 14, 국민대 어문학연구소, 1995.

산중일석화

山中一夕話 / 李贄 編 ; 笑笑先生 增訂 ;
哈哈道人 較閱

木版本(中國). ― [發行地不明] : [發行處不明], [發行年不明].
7卷4册, 新集7卷2册, 共6册 : 四周單邊 半郭 19.0×13.0cm,
有界, 8行18字, 上下向黑魚尾 ; 22.0×14.0cm.
版心題 : 開卷一笑
序 : 三台山人題

고서/고서811.308 이841ㅅ

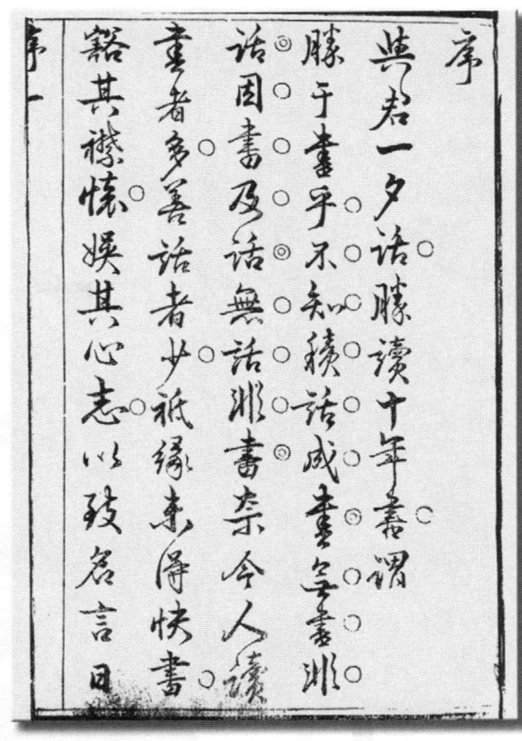

山中一夕話

1. 개요

본서는 명나라의 문인, 사상가로 이름 높았던 이탁오(李卓吾 : 1527~1602)가 편찬한 책으로, 이탁오 위탁(僞託)으로 보기도 한다. 책의 성격은 소화(笑話) 및 희작(戱作) 모음집이며, 원집(原集, 총 7권)의 경우 권수제는 '산중일석화(山中一夕話)'이고, 판심제는 '개권일소(開卷一笑)'이다. 신집(新集, 총 7권)의 경우는 권수제(이화여대 도서관본에는 권수제가 '산중일석화'로 대부분 補寫되어 있지만 목판 원본에는 원래 없다.) 및 판심제가 없이 목록에만 '신산중일석화집하(新山中一夕話集下)'라고 되어 있을 뿐이다. 원집(原集)은 회해소품(詼諧小品)과 우언(寓言)이 대부분이고, 신집(新集)은 소화(笑話)이다. 문자유희(文字遊戲)에 가까운 글들이 매우 많다. 원집과 신집 모두 약간씩 차이는 있지만 대부분 권두에 '탁오선생(卓吾先生) 편차(編次)', '소소선생(笑笑先生) 증정(增訂)', '합합도인(哈哈道人) 교열(較閱)'로 되어 있다. 월 편찬자, 증정자 모두 그 실체를 두고 학계에 논란이 많다.

본서는 명(明) 문인 풍몽룡(馮夢龍 : 1574~1646)의 『소부(笑府)』 등과 함께 이 방면의 대표적인 모음집이다. 중국과 일본에는 명(明) 각본(刻本)[1]이 여럿 보이나 국내에는 유일한 희귀본이다. 본서에는 원소장자의 장서인이 찍힌 곳이 여러 곳 도려내져 있고 그 대신 19세기 후반에 활약했던 역관(譯官) 진상언(秦尙彦)의 장서인이 찍혀 있다.

2. 편・저자

원집과 신집 모두 약간씩 차이는 있지만 대부분의 권두(卷頭)에 '탁오선생(卓吾先生) 편차(編次)', '소소선생(笑笑先生) 증정(增訂)', '합합도인(哈哈道人) 교열(較閱)'로 되어 있다. 다만 원집 권3에 '탁오선생(卓吾先生) 편차(編次)', '일납도인도륭(一衲道人屠隆) 참열(參閱)'로, 신집 권3에는 '일납도인도륭(一衲道人屠隆) 참열(參閱)'로 되어 있는 것이 특이하다. 본서에 수록된 문장은 저명한 소설에도 종종 동일 또는 유사한 시문이 보여 소설 연구의 내증 자료(內證資料)로 이용되기도 한다. 예컨대 권5에 수록된 일납도인(一衲道人)의 「별두건문(別頭巾文)」과 시는 『금병매사화(金甁梅詞話)』 제56회의 「애두건시(哀頭巾詩)」, 「제두건문(祭頭巾文)」과 단지 글자 몇 자가 다를 뿐이다. 일납도인은 도륭의 호로 권3에 나온 바 있기에 이를 근거로 도륭(1542~1605)이 『금병매』의 작가로 부각되기도 하였다.

'탁오선생 편차'의 탁오선생은 이탁오(李卓吾 : 1527~1602)이다. 이름은 지, 탁오는 그의 호이다. 별호는 굉보, 탁오자, 이화상, 독옹, 백천거사이다. 이탁오의 7대조인 이노가 색목인

---

1) 명 각본은 『명청선본소설총간초편(明淸善本小說叢刊初編)』, 『속수사고전서(續修四庫全書)』 등에 영인(影印)된 바 있다.

여종과 결혼했는데, 이로 말미암아 친족들로부터 멸시를 당하여 성을 이에서 임으로 바꿨다. 그래서 이탁오의 6대조는 임선보라고 부르게 되었다. 이탁오도 원래는 임재지라고 불렸는데, 수재 시험에 합격하고 천주부학에 들어간 뒤 비로소 종가의 성 '이'를 따랐다. 그리고 명나라 목종 주재후의 이름 글자를 피하여 '재'를 빼고 외자 이름 '지'를 쓰게 되었다. 26세 때 거인 (擧人)에 합격해, 하남·남경·북경 등지에서 하급 관료 생활을 하다가 54세 되는 해 운남의 요안 지부를 끝으로 관직 생활에서 물러났다. 40세 되던 해에 친구 이봉양·서용검의 권유로 왕양명의 학문을 접하고 심학에 몰두했다. 62세 되던 해에 삭발하고 이단임을 자처하며 불교에 심취했다. 그는 유불도의 종지(宗旨)가 같다고 보았으며, 유가의 전제에 반대했다. 또한 공자의 시비의 판단도 현재의 기준은 되지 않으므로, 사람들은 각각 자기의 시비 기준을 가져야 한다고 하며 독자적인 사론을 전개하였다. 진나라 시황제도 천고의 으뜸가는 황제였다고 칭찬하고, 오대(五代) 때의 풍도(馮道)와 같은 절개 없는 인물을 칭찬하기도 하였다. 「동심설(童心說)」에서는 독서와 견문으로 물들지 않은 아동의 맑고 깨끗한 마음을 가장 가치 있는 것이라고 하며, 도가적인 자연 그대로의 인간의 마음이 존중되어야 하고 인욕은 가식 없이 그대로 긍정되어야 한다고 주장하였다.

이탁오는 통속문학의 가치를 긍정하여, 『서상기』와 『수호전』 같은 백화 문학도 경서와 나란히 고금을 통한 최고의 문학이라고 평가했다. 76세 되던 해에 장문달의 탄핵을 받고 혹세무민의 죄목으로 투옥되어 옥중에서 자살함으로써 그의 생을 마감했다. 저서로는 『분서』(6권), 『속분서』(5권), 『장서』(68권), 『속장서』(27권) 등이 있고, 그밖에도 각 책에 대한 독특한 평어를 붙여서 편집한 다수의 서적이 있다. 이탁오의 저작들은 명·청 시대의 가장 유명한 금서였지만, 대부분 지금까지 전해지고 있으며 그의 저작에 대한 위작 시비도 여전하다.

이탁오는 1527년의 복건성의 천주에서 태어났다. 그의 7대조 임노는 천주의 거상으로 무역 때문에 페르시아만을 오가다가 인도-유럽 계통인 듯한 색목인을 아내로 맞이한 적이 있었다. 그 후로도 상당한 기간 동안 그의 조상들은 혼혈 가정 및 이슬람교의 신봉자들과 왕래하였는데, 집안의 이런 국제적 색채는 증조부대에 이르러서야 비로소 소실되었다. 그리고 이탁오 본인으로 말하자면 어릴 때부터 중국의 전통문화 안에서 성장했다. 부친 백재공은 교사로서 거의 평생을 보낸 인물이었으므로 경제적인 어려움을 제외하면 이탁오의 가정환경은 그다지 나쁘지 않았던 듯하다. 그는 관례대로 유학을 공부했다. 그리고 향시에 합격해 또 오랜 세월을 관리로 보냈으므로 성리학은 일생 동안 그 사상의 지주가 될 수밖에 없었다. 하지만 명대의 주자학은 사회적인 불안정으로 말미암아 사상가들의 정종이 되지 못한 채 지속적인 비판에 직면해야 했는데, 이탁오는 그런 소용돌이의 한가운데서 봉건의 모순을 가장 날카롭게 인지하고 적시한 인물이었다. 덕분에 이탁오의 학설은 절반은 유물론이고 절반은 유심론으로 파악되는 내용으로 이루어지게 되는데, 이런 현상은 당시 유가 사상가들에게는 결코 드문 것이 아니었다.

이탁오가 보기에 세속에서 나쁘다고 인식할 수 있는 자신의 행적은 다만 불가의 '유희삼

매'나 도가의 '화광동진'이라고 치부해버리면 그만일 뿐이었는데, 이는 이탁오가 무선무악을 기치로 내걸었기 때문에 가능한 일이었다. 하지만 그는 이런 자유가 모든 사람에게 부여된 것이라고 보지는 않았고 이미 무선무악의 경계에 진입해 있는 우수한 소수만의 특권이라고 생각했다. 이런 종류의 우월감은 그의 저작 안에서 수시로 드러나고 있다. 이탁오가 살았던 명대 말기는 부패한 관료제도와 경직된 시정 방치로 인해 창조적 역량이 융통성 있게 발휘되지 못하고 있는 시대였다. 이천 년 전 공자와 맹자의 도는 사회를 영도하고 개조하는 역량이 있었지만, 이탁오 당시에 이르러서는 창의력을 제한하는 족쇄에 다름 아니었다. 도덕의 기치 아래 근신과 부화뇌동은 고상한 교양으로 인식되었고, 허위와 사기는 관료생활에서 분리할 수 없는 필수성분이 되었다.

이런 사회적 현실은 주자학에 대한 반동으로 일어난 양명학, 그 중에서도 좌파 사상가들에 의해 단련된 이탁오의 비판정신이 발휘되기에 가장 적합한 토양이 되었던 것이다. 이탁오의 사상은 개인의 천성과 사회의 환경으로부터 많은 영향을 받았다. 자신의 저작인 『분서』에서 자신의 성품이 편벽되고 조급하며, 행동이 경솔하다고 표현함으로써, 그는 개성이 강하고 감정이 얽매임 없이 자유분방한 사람이었다는 것을 보여준다. 그리고 명말 세속에 격분한 이탁오는 불만이 넘쳐 예속과 명교를 철저히 부정하게 되었다. 이탁오는 실제 경험에 바탕을 둔 것이야말로 사람의 윤리와 사물의 이치를 보여준다고 주장하며 모든 추상적인 현담을 배척하였고, 성리학자들이 사심을 배척한 것에 대해 철저히 비판하였다. 이탁오는 공리와 업적을 중시하였기 때문에 여러 가지 사회적인 속박에 반대하였다. 풍도가 12명의 군주를 섬긴 것에 대해 그는 맹자의 취지를 얻었다며 칭찬했고, 자기 스스로도 관직을 버리고 삭발하였으며, 남녀의 평등을 인정하고, 부녀자의 학업을 허락하고, 혼인의 자주를 제창하였다. 그것은 남녀의 차별을 타파한 것이었다. 이렇듯 일반적인 예속과 금기에 구애받지 않았던 이탁오의 행동들은 당시 사람들의 충분히 놀라게 할 만한 것들로, 여러 차례 쫓김을 당하고, 끝내 죽임을 당하게 되는 원인들이 된다.

이탁오의 저술에 두드러진 특징이 있다면, 그것은 시대가 강제하는 획일적 사고에는 반감을 느끼면서도 경우에 따라 어떤 대목에서는 또 전통 자체를 무가치한 것으로 몰아붙이진 않는다는 것이다. 그는 어디에도 매이지 않는 자유로운 사고를 추구했지만, 그렇다고 해서 거기서 완전히 자유로운 것은 아니었다. 허위에 찬 도덕을 공격했지만 도덕을 저버린 적도 없었다.

이탁오는 워낙 당대에 이름이 높아서 그의 이름을 가탁한 책도 많이 나왔다. 본서와 유사한 성격의 책으로 『아소(雅笑)』(총 3권, 북경도서관 소장, 明板)라는 것도 있다. '이탁오선생휘집(李卓吾先生彙輯)', '강조창정희 교정(姜肇昌楨熙校訂)'으로 되어 있는 이 책은 권1은 '쾌(快)', 권2는 '해(諧)', 권3은 '핵(核)'에 해당하는 소화(笑話)들을 모은 것이다.

황림(黃霖)은 『산중일석화』 앞의 '탁오선생 편차'는 그다지 중시하지 않고(위탁으로 본듯함), '소소선생', '합합도인', '일납도인'을 모두 동일인으로 보았는데 그가 바로 '도륭'이라고

지적하였다. 그러나 최근 형혜령(邢慧玲)은 소소선생(笑笑先生)을 서위(徐渭 : 1521~1593)로 추정하고 몇 가지 증거를 제시하였다. 증거는 다음과 같다.

1. 서위가 모산(茅山)에서 삼태산인(三台山人)을 만나 본서의 수고본(手稿本)을 주었을 가능성이 있다.

2. 본서의 일부 문장은 서위의 개인 특색을 뚜렷이 노출하고 있다. 예를 들면 이(蝨)를 글쓰기 소재로 자주 취하는 것과 같은 것이다.

3. 본서 신집(新集)의 50여 칙의 소화는 서위가 『각서문장선생비집십이권(刻徐文長先生秘集十二卷)』에 근거하여 증정(增訂)한 것이다.

4. 서위와 동시대 사람인 오이대(吳而待)의 『난고집(蘭皋集)』에 말하기를, 서위가 매번 낙제하였을 때마다 해학어(諧謔語) 및 미어(謎語)를 지었는데 『일석화(一夕話)』라 이름하였다.

3. 편찬 경위

본서는 상하(上下) 이집(二集) 14권으로 구성되어 있는데 상집(上集)은 회해소품(詼諧小品)과 우언(寓言)이 대부분이고 하집(下集)은 소화(笑話)이다. 권두에 탁오선생(卓吾先生) 편차(編次), 소소선생(笑笑先生) 증정(增訂), 합합도인(哈哈道人) 교열(較閱)로 되어 있다.

탁오는 이지(李贄)의 자이다. 이지는 진강(晉江) 사람으로 만력(萬曆) 연간에 요안지부(姚安知府)가 되었는데 사대부로 선학(禪學)을 좋아하는 이들이 많이 그를 따라 노닐었다. 일찍이 삭발하고 관복을 벗어버려 상관의 칙명으로 해임되었는데 황안(黃安)에 머물면서 날마다 사인들과 강학하였다. 그 가운데는 부녀자도 섞여 있었다. 그 학문은 오로지 불교를 숭상하고 공맹(孔孟)을 비난하였는데 만년에 북쪽으로 통주(通州)에 노닐다가 급사중(給事中) 장문달(張問達)의 탄핵을 입어 옥중에서 죽었다.

소소선생(笑笑先生)과 합합도인(哈哈道人)은 모두 그 성씨를 알 수 없다. 봉면(封面) 판심에 '개권일소(開卷一笑)'라고 크게 쓰여있고, 우측 상단에 '도적수선생(屠赤水先生) 참열(參閱)'이라 적혀 있고 좌측 하단에는 '매서석거각(梅墅石渠閣) 재행(梓行)'이라 되어 있다. 도적수는 명나라 도륭(屠隆)이다. 도적수가 아마도 소소선생이 아닐까 생각된다. 권두에 서문이 한 편 있는데 연월(年月)을 적지 않고 끝에 "삼태산인제어욕정루(三台山人題於欲靜樓)"라고 되어 있다. 서(序)에 "봄빛 밝은 날 우연히 구곡(句曲)에서 노닐다가 모산 북쪽에서 소소선생을 만났는데 인하여 책 한 권을 꺼내 보여주는데 대개 이탁오 선생이 편집한 『개권일소』에 진부한 것은 빼고 청신한 것을 보충한 것이었다. 무릇 우주간의 기뻐할 일, 웃을 만한 일, 제해(우스개) 유희의 문장이 갖추어 실리지 않은 것이 없었다. 제목하기를, '산중일석화'라 하였다[春光明媚, 偶遊句曲, 遇哖哖先生於茅山之陽, 班荊道及, 因出一編, 蓋李卓吾先生所輯開卷一

笑, 删其陳腐, 補其淸新, 凡宇宙間可喜可笑之事, 齊諧遊戲之文, 無不備載, 顔曰山中一夕話].”라 한 것에 의거하면 이 책은 이씨가 모은 것에 소소선생(도적수)이 증정(增訂)한 것임을 알 수 있다. 또 서에 의하면 ‘산중일석화’는 총각(叢刻)의 총명(總名)이고, ‘개권일소’는 그 가운데의 일종(一種)으로 추정된다.

‘산중일석화’란 이름은 ‘그대와의 하룻밤 이야기, 십 년을 책 읽는 것보다 낫구나[與君一夕 話, 勝讀十年書].’라는 시구에서 따온 것이다.

4. 구성과 내용

본서는 원집(原集)과 신집(新集) 이집(二集)으로 나뉘어 있고, 매 집은 7권으로 구성되었 다. 무릇 14권이다. 맨앞에 삼태산인(三台山人)이 욕정루(欲靜樓)에서 제(題)한 서(序)가 있고 이어서 전체 목록이 있다. 이화여대 도서관본의 분책(分冊)은 다음과 같다.

권1(책1). 권2~3(책2). 권4~5(책3). 권6~7(책4). 신집(新集) 권1~3(책5), 권4~7(책6).

매 권에는 각각 고금소화(古今笑話) 약간 칙을 수록하고 있는데 원집 제1권은 「날리부(鬎 鬁賦)」부터 「족엄각부(足弇脚賦)」까지 15칙, 제2권은 「구내경(懼內經)」부터 「금남풍효유(禁男 風曉喩)」까지 16칙, 제3권은 「산인사(山人詞)」부터 「야아전(夜兒傳)」까지 11칙, 제4권은 「국 얼생전(麴蘗生傳)」부터 「송궁제문(送窮祭文)」까지 14칙, 제5권은 「십이희전(十二姬傳)」부터 「탕파자죽부인판(湯婆子竹婦人判)」까지 9칙, 제6권은 「충설(蟲說)」부터 「송개문(送疥文)」까지 15칙, 제7권은 「전가악부(田家樂賦)」부터 「학매가(學呆歌)」까지 10칙, 신집(또는 하집) 제1권 은 「소수판화상범간(蘇守判和尙犯姦)」부터 「유소조어(劉蘇嘲語)」까지 61칙, 제3권은 「소연청 환(少延淸歡)」부터 「해대신서영(解大紳書影)」까지 50칙, 제4권은 「이문정공은학(李文正公恩 譴)」부터 「촉루수휴(髑髏受虧)」까지 50칙, 제5권은 「양주사마곡자(揚州司馬哭姊)」부터 「유군 불식봉모(劉君不識鳳毛)」까지 49칙, 제6권은 「미풍관저(微諷關雎)」부터 「원발희답광연(元發戲 答廣淵)」까지 51칙, 제7권은 「승가(僧歌)」로부터 「구치(瞿痴)」까지 49칙으로 본서에 수록된 모든 칙수는 총 466칙이다. 신집에 실린 일부 작품은 원집에도 실린 것이 있어 중복된다. 대 체적으로 작품 내용은 희롱, 조소, 유머 등의 말로써 흉중(胸中)의 울결(鬱結)을 편 것인데 자사(子史) 잡기(雜記) 가운데 웃을 만한 글들과 제해 유희의 작품을 휘집하여 한 책으로 만 든 것이다. 주요 작품의 내용을 소개한다.

「구내경(懼內經)」은 유생이 아내를 두려워하여 지은 희작의 글이다. 제목에 ‘경’이란 것을 부치는 것은 명청 소품문에 자주 등장한다. 제4권의 「국얼생전(麴蘗生傳)」은 술을 의인화하 여 지은 가전이다. 「송궁제문(送窮祭文)」은 가난을 떨쳐 보내고 싶다는 의미에서 지은 것으 로 한유의 「송궁문」의 전통을 잇고 있다.

「탕파자죽부인판(湯婆子竹婦人判)」은 주전자와 죽부인을 소재로 쓴 가전이고, 「송개문(送疥文)」은 옴을 물리치는 내용의 제문이다. 권6의 「형문판(螢蚊判)」은 반딧불과 모기가 서로 잘났다고 싸우는 내용이다. 「슬조상구해(蝨蚤相詬解)」는 이와 벼룩의 다툼이 내용이다.

신집(新集)은 원집(原集)에 비해 글의 성향 차이가 많다. 우선 분량이 원집에 실린 글들에 비해 아주 단소하다. 표제 역시 차이가 난다.

5. 서지적 특성

명대 목판본으로 희귀본이다. 중국의 경우 대련(大連) 만철도서관(滿鐵圖書館) 등에, 일본의 경우 동경대(東京大), 동북대(東北大), 공문서관(公文書館) 내각문고(內閣文庫) 등에 동일본이 소장되어 있음이 확인되지만 국내에는 거의 보이지 않는 희귀본이다.

6. 가치

본서는 우선 중국 소화집(笑話集)의 역사에서 비교적 중요한 위치를 차지하고 있다. 중국의 소화집은 위(魏)의 한단순(邯鄲淳)이 편한 『소림(笑林)』에서 시작한다. 이후 수(隋)의 후백(侯伯)이 편찬한 『계안록(啓顔錄)』 등으로 맥이 이어진 이래 명나라 초기에 성행하였다. 하지만 중국의 진정한 소화집 성행기는 명말청초(明末淸初)라 할 수 있다. 이 시기에는 전대(前代)의 소화집들을 집대성한 소화집들이 널리 유행하였고, 한 권의 소화집에 실린 소화의 칙수(則數)가 400~700개에 달하는 방대한 소화집들이 편찬되었다. 그리고 전대의 사대부 일화 중심의 소화집의 성격에서 벗어나 민간 중심의 본격적인 소화집들이 이루어졌다. 본서의 가치는 중국 소화사(中國 笑話史)에서 그 위상이 비교적 높은 책이라는 점 외에도 조선 후기 명청 소품 및 희작의 수용 양상을 고찰하는 데도 의미가 있는 책이다. 예컨대 조선 후기 이옥(李鈺 : 1760~1815) 등의 문집에 보이는 희작(戱作)과 밀접한 영향 관계가 보인다는 점이 그것이다. 조선 후기 소화사의 사적 맥락 속에 그 영향 관계가 고찰될 필요도 있다. 본서와 내용은 다르지만 조선 후기 야담집 가운데 '일석화(一夕話)'라는 제명의 책도 있다.

(김영진)

[색인어]
산중일석화, 개권일소, 탁오선생 편차, 소소선생 증정, 합합도인, 일납도인도룡 참열도, 매서석거각간, 삼태산인서, 소화, 희작

[참고문헌]

『山中一夕話』, 續修四庫全書 第1272冊, 上海古籍出版社, 2001.
『속수사고전서제요』.

장미경, 「풍몽룡의 『소부(笑府)』 연구」, 성균관대 중문과 박사학위논문, 2000.

예리에산, 주지엔구오 지음, 홍승직 옮김, 『이탁오 평전』, 돌베개, 2005.
이탁오 지음, 김혜경 옮김, 『분서』 1, 2, 한길사, 2004.

李卓吾, 彙輯 『雅笑』, 續修四庫全書 第1272冊, 上海古籍出版社, 2001.
馮夢龍, 『笑府』, 王利器·王貞珉 選編 『中國笑話大觀』, 북경출판사, 1995.
邢慧玲, 「論笑笑先生是徐渭」, 『明淸小說硏究』, 2006, 제2기.
黃 霖, 「『開卷一笑』 與 『金甁梅』 作者問題 － 從答"笑笑先生何許人也"說起」, 『復旦學報』,
         1987, 第4期.

삼한시기

三韓詩紀 / 柳得恭 評輯

筆寫本. ― [發行地不明] : [發行處不明], [1774(英祖 50)].
18張 : 無界, 11行21字 ; 25.5×18.0cm.
序 : 歲甲午[1774]…泠菴書

三韓詩紀

1. 개요

『삼한시기(三韓詩紀)』는 조선 후기 실학자인 유득공이 편찬한 시가선집이다. 기자(箕子)가 지은 「맥수가(麥秀歌)」를 첫 작품으로 올리고 「공후인(箜篌引)」을 수록, 고구려 유리왕이 지은 「황조가(黃鳥歌)」를 비롯하여 궁예가 세웠던 태봉(泰封)의 노래, 후백제에 유행했던 시가인 「절영마참(絶影馬讖)」까지 수록, 보유 2편을 수록하였다. 총 47편의 제목이 수록되었고 그 가운데 구체적인 시 내용이 있는 것은 21편, 제목 또는 노래 내용만 서술된 것이 26편이다.

첫 페이지에 유득공이 직접 쓴 서문이 있으며 그 다음 장에는 "三韓詩紀 卷之一"이라고 써있다. 그러나 실제 책은 1권 1책이다.

2. 편·저자

편자 유득공(柳得恭 : 1748~1807년)은 영조, 정조, 순조 연간에 활동한 실학자이다. 조선 후기 사가시인(四家詩人) 중의 한 사람이기도 하다. 본관은 문화(文化)이며 자는 혜보(惠甫), 혜풍(惠風), 호는 영재(泠齋), 영암(泠庵), 고운당(古芸堂)이다. 고조부는 유성구(柳聖龜)이고 증조부는 유삼익(柳三益 : 1670~1746)으로 서자로 태어났다. 할아버지 유한상(柳漢相 : 1707~1770)은 이정섭 문하생이었으며 이광사(李匡師)에게 글씨를 배웠다. 아버지는 유관(柳璉), 어머니는 남양 홍씨로 홍이석(洪以錫)의 딸이다. 유득공이 다섯 살 때 아버지가 죽어 홀어머니 밑에서 숙부의 가르침을 받으며 성장하였다.

20대에 박지원, 홍대용, 박제가, 이덕무 등과 교유하면서 이들의 사상적 영향을 받았다. 27세(1773년, 영조 49)에 사마시에 합격하고 32세에(1779년, 정조 3) 규장각 검서관에 임명되어 이후 정조 연간 시행된 여러 편찬 사업에 참여하였다. 그 후 금정찰방, 포천현감, 양근군수, 가평군수 등을 역임하였고 54세 되던 해(1801년, 순조 1) 주자서 선본(朱子書 善本)을 구해오라는 어명을 받고서 사은사 일행과 함께 연행길에 오르기도 하였다. 1807년(순조 7)에 60세를 일기로 죽었으며 경기도 의정부에 있는 송산에 묻혔다.

유득공은 젊어서부터 역사에 관심이 많았다. 단군조선에서 고려의 역사가 있는 21개 지역을 돌아보고 「이십일도회고시(二十一都懷古詩)」 43편을 지어 우리 역사의 유구함과 주체성을 드러내기도 하였다. 또한 우리 역사에서 그 동안 상대적으로 소홀하게 다루어졌던 발해의 역사에도 관심을 기울여 『발해고』 등을 엮기도 하였다. 이 외에 당대인들의 민속, 일상 생활에 대한 기록한 『경도잡지(京都雜志)』를 쓰기도 하였다.

일찍부터 문학적 재능을 인정받아 이서구(李書九), 원중거 등이 일본 통신사로 갔다오면서 쓴 일기와 일본인들이 지어 준 증별시를 뽑아 엮은 『일동시선(日東詩選)』에 서문을 쓰기도 하였는데 이때 유득공의 나이가 23세였다. 25세 되던 해부터는 우리나라 옛 시문에 관심을 기울여 『삼한시기』 편집의 준비를 시작하여 27세 때 완료하였다.

그가 교유했던 인물들은 이덕무(李德懋 : 1741~1793), 박제가(朴齊家 : 1750~1805), 서이수(徐理修 : 1749~1802), 이응정(李應鼎 : 1753~1806), 원중거(元重擧 : 1719~1790), 윤가기(尹可基 : 1747~1801), 한치윤(韓致奫 : 1765~1814), 성대중(成大中 : 1732~1809), 성해응(成海應 : 1760~1839), 서유구(徐有榘 : 1764~1845), 박지원(朴趾源 : 1737~1805), 홍대용(洪大容 : 1731~1783), 이서구(李書九 : 1754~1825), 남공철(南公轍 : 1760~1840), 신위(申緯 : 1719~1845), 김조순(金祖淳 : 1765~1832) 등이다. 이들은 학문적으로 실학적 경향을 띠고 있거나 고증적 경향이 있으며 역사에 깊은 관심을 갖고 있던 사람들이었다. 유득공의 관심과 저술도 이와 비슷한 성향을 지니고 있다.

3. 편찬 경위

『삼한시기』 서문에 따르면 1774년(영조 50) 하지에 편찬 작업을 마무리했음을 알 수 있다. 유득공은 단군부터 시작된 우리 역사가 유구하지만 정작 인문(人文)은 크게 드러난 것이 없다고 하였다. 그 이유를 두 가지로 말하였다. 첫째, 한나라가 침범하여 한사군이 들어섰고 삼국시대에도 전쟁이 이어졌으므로 인문(人文)이 닦여질 사이가 없었다는 것이다. 둘째는 단군시대부터 삼국시대까지 창작된 시 또는 시가들이 있어도 이를 기록하여 후대에 전해졌거나 그런 일을 수행할 만한 이가 드물었다는 것이다. 특히 유득공은 두 번째 이유에 더 무게를 둔다.

이에 대해 대표적으로 『동문서』, 『기아』를 들고 있다. 두 책은 우리나라 역대 시문을 모았지만 신라의 최치원, 박인량 등부터 기록함으로써 그 이전 시대의 시(시가)는 전혀 실리지 못하였다. 유득공은 이 책들이 그 이전 시기의 시를 소홀히 한 점, 그리하여 우리 문학사의 연원이 짧아졌다는 점에 대해 지적하였다. 『삼한시기』는 이런 미비한 점을 보완하고자 하는 의도에서 편찬되었다.

편찬 준비 작업은 비교적 일찍 시작된 것으로 보이는데 구체적으로 목적을 세우고 본격적인 자료 수집과 기록, 편찬 작업은 1772년(영조 48)부터이다. 단군조선 시대부터 시작하여 후삼국 시대 자료까지 수집, 기록하였다.

처음에는 이 자료들을 두 책으로 묶으려 했던 것으로 보인다. 서문에 의하면 기자의 「맥수가」부터 신라말까지 시(시가)를 한 권으로 묶고, 신라말의 삼최(三崔), 즉 최치원(崔致遠), 최광유(崔匡裕), 최승우(崔承祐)와 발해의 시, 당나라 시인들과 교유한 시 등을 모아 또 한 권으로 묶고자 하였다. 이는 책의 첫 장에 "三韓詩紀卷之一"이라고 써놓은 것에서도 확인할 수 있다. 책 뒷부분에는 신라말 작품까지 수록하고 그 다음에 시를 뽑는 기준에 대해 서술하는 글을 넣었다. 유득공이 수록된 시를 어떻게, 왜 그렇게 뽑았는가 설명해주는 대목인데 이로써 한 권의 책 내용을 마치고자 하는 의도를 파악할 수 있다. 왜냐하면 이 설명 부분에 뒤이어 '부(附)'라는 표제 아래 태봉과 후백제 시 각각 1편을 수록, 바로 뒤이어 '보유(補遺)'라는 표제 밑에 「반속요(返俗謠)」, 「영고석(詠孤石)」 두 편을 수록하고 있기 때문이다. 이로써 보면 이 『삼한시기』 권지일을 먼저 편찬한 다음 계속 2권을 위한 후속작업을 진행하고자 했던 것으로 보인다. 그러나 아직 제2권은 발굴되지 않았다.

한편 유득공은 이 책에 대해 계속 보완 작업 내지 2권 편찬, 또는 이를 발판으로 시선 작업을 확대하고자 하는 시도를 하기도 했다.

그의 문집인 『영재집(泠齋集)』 권7에 「동시맹서(東詩萌序)」란 글이 있는데 「삼한시기서(三韓詩紀序)」의 내용과 거의 같다. 그러나 삼국시대 이전 시를 엮는 관점이 조금 변하였다. 우선, 기자의 「맥수가」에 대해서는 '국풍의 방류'라고 하였는데 이를 '국풍의 남상(濫觴)'이라고 말을 바꾸었다. 「맥수가」를 우리 시가사의 시작 작품으로 꼽기는 하였지만 그 격을 더 높인 것이다. 글 중간에 「삼한시기서」는 '당나라 때에 왕거인의 시 7언은 백량체에 비견할 만하다[李唐時巨仁比七字於栢樑].'이라고 했는데 「동시맹서(東詩萌序)」에서는 이를 '옥대 7언시가 백량체에 비견할 만하다[李唐時玉帶比七字於栢樑].'라고 하였다. 곧 『삼한시기』 편찬 때에는 7언의 개인 서정시를 꼽아 서문에 썼지만 「동시맹서(東詩萌序)」에서는 '옥대'를 내세운 것이다. 이것은 작품 창작 연대로 볼 때 '옥대' 연대가 왕거인 시보다 앞선다. 이로써 보면 유득공 자신이 '시는 때를 보아서 뽑는다.'는 시선(時選) 태도를 더 강화한 것으로 해석할 수 있다.

또 『삼한시기』 뒷부분에 태봉, 후백제 시를 덧붙이고 있는데 이는 「동시맹서(東詩萌序)」의 내용과 조금 차이나는 부분이다. 「동시맹서(東詩萌序)」에서는 '맥수가를 제일 앞에 놓고 후백제의 것으로 끝에 놓아 마무리 하여 한 권의 책으로 만들었다.'고 하였다. 이를 보면, 『삼한시기』에서는 부록으로 처리되었던 시들이 「동시맹서(東詩萌序)」에서는 완결된 한 권 책의 본문으로 편입되었음을 알 수 있다.

이에 더하여 「동시연기(東詩緣起)」(「泠齋書種」, 『고운당필기』 권5)는 시 편찬 보완 작업이 계속되었음을 보여준다. 이 글은 유득공 48세(1795년, 정조 19)에 쓰여졌다. 유득공은 이 글에서 우리나라 시의 계보를 확정한 것으로 보인다. 그 배열을 보면, '맥수가(麥秀歌)-지덕가(至德歌)-공후인(箜篌引)-황조가(黃鳥歌)-인삼찬(人蔘讚)-영고석(詠孤石)-여우중문(遺于仲文)-구배문(龜背文)-성제대찬(聖帝帶讚)-첩문사(帖門詞)-태평송(太平頌)-창가(唱歌)-분원시(憤怨詩)-무제시(無題詩)-반속요(返俗謠)-송동자하산(送童子下山)-여가도련구(與賈島聯句)-고경(古鏡)-절영마참(絶影馬讖)'으로 되어 있어 『삼한시기』에서 시대순으로 채 배열하지 못하고 첨가했던 것들을 시대순으로 재배열하였다. 그런 후 '이는 동시(東詩)의 연기(緣起)이니 대동시기(大東詩紀)를 엮을 때 마땅히 앞쪽에 두어야 할 것이다.'라고 말했다. 『삼한시기』와 대조해볼 때 「지덕가」, 「무제시」, 「송동자하산」 등의 작품을 새로 넣었다. 「지덕가」는 『삼한시기』

의 「맥수가」 아래에 서술되었던 「서경」, 「대동강」 등과 관련된 시인지, 아니면 「맥수가」 다음
에 수록된 「홍범오황극(洪範五皇極)」의 제목을 바꾼 것인지 현재로서는 추측하기 어렵다. 「무
제시」는 『삼한시기』에서 「해동묵적시(海東墨蹟詩)」로 되어 있는 설총의 작품을 제목만 바꾼
것으로 보이며, 「송동자하산(送童子下山)」은 완전히 새로운 작품이 들어간 경우이다. 또 『삼
한시기』에서 제목만 수록했던 시가는 모두 제외했고 「사인가(四人歌)」, 「축성요(築城謠)」, 「순
요요(巡徼謠)」 등도 제외했다. 이는 시가에 해당된 작품들은 제외하고 정통 한시 형식의 작
품만 다시 뽑은 것으로 보이며 제목도 '대동시기(大東詩紀)'라고 칭하였다. 책 제목을 보면
'삼한시', '동시', '대동시' 등으로 변화하여 시간적, 공간적 범위를 확대시켰음을 알 수 있다.
이는 유득공이 '삼한'의 시만을 묶는 것이 아니라 더 나아가 우리나라 전 역사 속에 있었던
시를 모으려 했음을 보여준다.

　이런 의도는 본문 밖 여백에 짧은 글을 써 놓은 데에서도 알 수 있다. 본문에 쓰인 것과
다른 글씨체로 해당 항목 위 여백에 보충 내용을 써 놓았다. 예를 들면 11쪽 유리왕(琉璃王)
부분의 여백에 "三國史本紀云"이라고 하여 책 편찬 당시 다 못 썼던 유리왕의 행적을 적어
놓았다. 22쪽의 「성제대찬(聖帝帶讚)」 여백에는 '동경잡기를 살펴보면[按東京雜記]'라고 하면
서 이 작품의 창작 연대, 동기 등에 대한 보충 내용을 적어 놓기도 하였다. 유득공이 『삼한
시기』 한 권으로 마무리하지 않고 끊임없는 수정, 보완 작업을 통하여 우리나라의 총체적인
시선집을 엮고자 하는 과정에 놓여있는 책으로 여겼음을 짐작할 수 있다. 다만 『삼한시기』는
그 기초 작업으로써 삼국시대까지의 자료를 광범위하게 수집하여 우리 시문학 연원이 깊고
풍부하며 튼튼하다는 사실을 보여주려는 노력의 한 결과인 것이다.

4. 구성과 내용

　이 책은 전체 1책 1권이다. 첫 쪽을 보면 서문이 실렸고 그 다음부터 시(시가)를 수록하였
다. 서문 다음 쪽에는 "三韓詩紀卷之一"이라고 쓰여 있고 책 아래 부분에 "泠菴評輯"이라고
하여 단순하게 시(시가)만 모은 것이 아니라 비평, 품평까지 덧붙였음을 보여준다.

　내용 구성 형태는 먼저 '기자조선', '고구려' 등 각 시대 또는 각 나라 이름을 쓰고 두 글자
만큼 내려온 곳부터 시작하여 시대, 나라에 대한 소개를 덧붙였다. 그리고 작가 이름을 다시
올려서 기록하고 그 밑에 작가 소개를 작은 글씨로 써 두 줄로 작성하였다. 그 다음에는 작
품명을 쓰고 제목보다 한 글자 내려서 시 소개를 적었다. 시 본문은 제목보다 한 글자 더 위
로 올라간 곳부터 적었고 그 다음 시에 대한 전반적인 평가, 비평 내용을 썼다.

　수록 순서를 보면, 기자조선-고구려-백제-신라 순으로 하였다. 수록 작품을 보면, 기자가
지었다는 「맥수가(麥秀歌)」부터 시작하여 신라말에 있었다는 「순요요(巡徼謠)」까지 수록했다.

그 다음은 '부(附)'라고 표기하고 궁예의 태봉과 후백제 노래를 각각 1편씩 실었으며, 그 다음에는 '보유(補遺)'라 하고 「반속요(返俗謠)」, 「영고석(詠孤石)」 두 편을 실었다. 큰 제목으로 보아 모두 47편이며 그 가운데 시 내용, 또는 가사 내용까지 구체적으로 적은 것은 21편, 제목과 그에 대한 해설만 있는 것이 26편이다. 그리고 각 악곡으로 된 제목 아래에 다시 곡명을 적어 놓았다. 작품을 보면 아래 표와 같다.

(○는 시 내용이 적혀 있는 것)

시대	작가	작품이름	
기자조선	箕子	麥秀歌	○
	箕子	洪範五皇極	○
	麗玉	箜篌引	○
고구려	琉璃王	黃鳥歌	○
	乙支文德	遺于仲文	○
	高麗人	人蔘讚	○
		來遠城曲	
		延陽曲	
		溟州曲	
백제		龜背文	○
		八般涉調	
		禪雲山曲	
		無等山曲	
		方等山曲	
		井邑曲	
		智異山曲	
신라		兜率歌	
		會蘇曲	
	訥祇王	憂息曲	
		陽山歌	
		聖帝帶讚	○
	眞德女王	太平頌	○
	聖德王	百官箴	
		四人歌	○
	無名氏	帖門詞	○
	釋元曉	唱歌	○
		三代目	
	巨仁	憤怨詩	○
	薛聰	海東墨蹟詩	○
	新羅使者	與賈島聯句	○

		玄琴曲 十八	颯風曲(貴金先生製), 上院曲1, 中院曲1, 下院曲1, 南海曲2, 倚巖曲1, 老人曲1, 竹庵曲2, 玄合曲1, 春朝曲1, 秋夕曲1, 吾沙息曲1, 鴛鴦曲1, 遠岫曲6, 比目曲1, 入實相曲1, 幽谷淸聲曲 (玉寶高製)
		伽倻琴曲 十七	河臨調, 嫩竹調, 下伽羅都, 上伽倻都, 寶伎, 達已, 思勿, 勿慧, 下奇物, 師子技, 居烈, 沙八兮, 爾赦, 上奇物, 鳥, 鼠, 鶉
		琵琶曲 二	七賢調, 鳳凰調
		笛曲 五	二雅調, 越調, 般涉調, 出調, 俊調
		鄕樂 十六	辛熱樂, 突阿樂, 枝兒樂, 詩惱樂, 憂息樂, 碓樂, 竿引, 美智樂, 徒領樂, 梯絃引, 思內奇物樂, 內知曰, 白寶坤, 德思內, 石南思內道, 祀中
		東京曲	
		東京曲	
		木州曲	
		余那山曲	
		長漢城曲	
		利見臺曲	
		築城謠	○
		巡徼謠	○
(附)태봉		古鏡詩	○
(附)후백제		絶影馬識	○
*補遺	薛媶	返俗謠	○
	定法師	詠孤石	○

위에서 작가가 밝혀지지 않고 제목에 '~곡(曲)'이라고 한 것들은 대개 음악과 관련 있는 작품들이다. 특히 『고려사』 악지 속악조에 있는 삼국의 노래에 대한 기사에서 뽑아 수록하고 있는 점도 특이하다. 대개 시 내용이 구체적으로 제시된 작품들은 4언, 5언, 7언의 한시 형태를 띠고 있다는 점이 공통적이다. 이를 통해 볼 때 유득공은 『삼한시기』에서 우리 고대 문학을 정리하면서 한시뿐 아니라 음악과 결부된 시가까지 아울러 기록하고자 하였음을 알 수 있다. 『고려사』 악지에 실려 있는 것들은 다른 사람들의 문집에서는 주로 '악부(樂府)'라는 제목 밑에 있고, 유득공 자신도 나중에 쓴 「동시연기(東詩緣起)」에서 시가에 속하는 것들은 전부 제외하고 정통 한시 형태로 된 것만 나열하고 있기 때문이다.

한편, 각 작품 밑에 서술된 작품 관련 내용은 아주 다양하다.

우선 각 시대, 나라에 대한 자세한 설명을 붙였다. 건국자, 건국 과정, 통치 과정, 멸망하던 때의 상황 등을 기존 역사서를 바탕으로 서술했다. 예를 들면 백제의 경우 시조인 온조가 주몽의 아들이며 유리왕 때문에 남하하여 현재의 직산에 도읍을 정했고 그 뒤를 이은 임금들이 공주, 부여로 도읍을 옮긴 사실을 비교적 자세하게 썼다. 또 태봉에 대해서도 궁예가 신라 헌안왕의 아들이며 혼란한 틈을 타 나라를 세우고 연호를 정했다가 고려에 의해 망했다고 썼다.

작품을 평가하기도 하였지만 먼저 작품의 창작 동기, 수록하게 된 까닭을 밝히기도 하였다. 태봉의 시로 뽑은 작품 해설에서 '당나라 상인 왕창근이라는 사람이 철원에 와서 거울을 샀는데 해가 거울을 비추자 작은 글씨가 나타났다.'는 사연을 쓰고 그 시 내용을 뒤이어 수록하였다. 신라 설총의 시라고 한 「해동묵적시」에서는 '박민행(朴敏行)이 우리나라 역대 글씨 작품을 다 모았는데 그 속에 설총이 썼다고 한 것을 뽑았다.'고 밝히기도 하였다.

또 시 내용을 해석하면서 자신의 교훈적 견해도 서술했다. 「맥수가」에서는 은의 주(紂)가 후대에 독부(獨夫), 필부(匹夫), 교동(狡童) 등으로 불렸다는 사실을 열거하여 폭정에 대한 경계를 담았다. 「홍범오황극(洪範五皇極)」에서는 '무(無)라는 글자가 5번이나 나온 것은 강한 금지를 나타내는 것이며 그만큼 왕은 공평무사하게 다스리고 신하들은 편당을 만들지 말아야 한다.'고 일침을 놓기도 하였다. 작품을 미적 대상으로만 여기지 않고 정치적, 역사적 상황과 결부하여 해석하는 태도를 보여주는 대목이다.

신라말까지의 작품을 수록하고 뒤이어 시를 뽑은 기준이 서술되어 있다. 여기서 유득공은 사람을 위주로 하여 뽑은 인선(人選)과 때를 보고 뽑는 시선(時選)을 제시하면서 시선을 중시한다. 왜냐하면 인선은 개인의 취향에 따라 뽑는 과정에서 사사로운 견해가 끼어들 수 있지만 시선은 오랜 시간동안 사람들에게 수용되어 왔으므로 상대적으로 공평하기 때문이라고 했다. 곧 좋은 시이므로 오랜 시간을 견디어 그 가치가 드러난 것이므로 중요하다는 견해이다. 신라말의 최치원, 최광유, 박인량 등의 작품을 굳이 여기에 수록하지 않은 이유를 짐작케 한다. 이는 인선에 의한 것이므로 유득공 자신이 개진한 선시 기준과 적합하지 않았던 것이다. 선시 기준을 서술함으로써 『삼한시기』 한 권을 마무리하였다. 이는 서문에서 시대적으로 신라말까지 있었던 작품을 수록하고 최치원, 박인범 등의 작품은 따로 한 권으로 묶겠다고 말한 것과도 부합된다.

5. 서지적 특성

『삼한시기』는 이화여대 도서관본이 유일본으로 보인다. 유득공이 「맥수가」로 시작하여 신라말까지 작품을 한 권으로 만들고, 최치원과 박인량 그 외 발해 작품 등을 한데 모아 또 다른 책으로 엮을 것이라고 하였지만 아직 발굴되지 않아 두 번째 권은 실제 그 존재 여부조차 불분명한 상태다. 현재로서는 『삼한시기』 '권지일(卷之一)'이라고 쓴 이화여대 도서관본만이 유일한 셈이다.

『삼한시기』는 삼국시대 이전 작품과 삼국시대 작품을 위주로 엮어 선시집이면서도 동시에 선시가집(選詩歌集) 성격이 강하다. 물론 고대의 작품 중 음악적 요소가 배제된 작품이 있기는 하지만 대체적으로 음악적 요소와 결합된 이른 바 시가 형태가 많기 때문이다. 더구나 『고려사』 악지에 서술되었던 작품들은 삼국시대 민간에서 '불려졌다'는 것들이 대부분이다. 또 다른 사람들의 문집을 보면 「회소곡」, 「유식곡」, 「양산가」, 「대악」, 「절영마」, 「성제대」 등이 거의 '악부'로 분류되어 있다. 김종직과 이의현은 각각 「동도악부(東都樂府)」에, 이광사(李匡師), 이익(李翼), 임창택(林昌澤), 오광운(吳光運) 등은 한결같이 「해동악부」로 분류했다.

『삼한시기』가 이처럼 고대, 삼국시대의 시와 시가를 뽑아 엮은 것은 『동문선』, 『기아』와는 차별되는 점이다. 두 책 모두 최치원, 을지문덕 시 등만을 수록함으로써 표면적으로 삼국시대 작품에 대한 관심을 보여주기는 하였지만 우리 문학사 시기의 상한선을 삼국시대로 제한하는 한계를 보여준다. 유득공은 일찍이 이에 대해 불만을 드러내며 이를 보완하기 위한 목적으로 『삼한시기』를 편찬했음을 밝히고 있다.

이는 『삼한시기』 이전에 편찬된 우리나라 시선집과도 차이를 보여준다. 민백순의 『해동시선』은 1767년(영조 43)에 편찬되었다. 1767년 홍대용이 북경에 갔을 때 반정균이 요청한 것이 계기가 되었다. 『해동시선』은 율시, 절구는 없고 오직 고시만 수록하고 있다. 신라부터 조선까지 작가는 총 68명이며 작품 수는 모두 320수 정도 된다. 그런데 신라 작가는 2명, 고려 작가는 6명만 나오고, 작품 수도 신라와 고려 모두 합쳐 겨우 10여 수 정도이다. 이는 조선 위주의 작품 선정이었으며 고대, 삼국시대 문학 작품에 대한 관심은 거의 보여주지 않는 선집이었다. 유득공과 홍대용의 교유 관계로 볼 때 유득공은 이 책을 보았을 것이며 역시 상고시대 문학 작품에 대한 관심이 소홀한 데에 대해 불만이 있었을 것이다. 이는 유득공으로 하여금 상대적으로 고대, 삼국시대 문학 작품 찾기, 기록하기의 필요성을 더 강조하는 계기가 되었을 것으로 보인다.

또한 『삼한시기』 작품 수록과 방식 면에서 다른 시선집들과 차이난다. 우선 작품 선정과 수록 면에서 기자를 우리 시문학사에 포함시켜 「맥수가」를 우리 문학사의 첫 작품으로 내세웠고 뒤이어 「홍범」 제5편을 수록하였다. 또 「공후인」은 중국에서 기록되어 중국 작품으로 인정하기도 하였지만 유득공은 과감하게 우리 시문학사에 넣었다. 이 밖에 「영고석」, 「인삼찬」 등을 수록한 것도 남다른 점이다. 이러한 것은 고대 삼국문학 찾기, 기록하기에 대한 유득공의 열의를 단적으로 보여주는 점이라 할 수 있다.

수록 방식에 있어서도 다른 점을 보인다. 유득공은 시를 뽑는 데에 시선(時選)이 중요하다고 하였는데 이 원칙을 철저히 지키고 있다. 기자조선 시대부터 후백제 시기까지 철저하게 시대순으로 작품을 배열하였다. 일반적으로 시선집들은 대체로 시대를 나누고 시 형식으로 분류한 다음 작가의 생몰연대 순으로 배열하는 방식을 채택하였다. 반면 『삼한시기』는 시대적 순서를 제외한 모든 기준을 고려하지 않았다. 또 각 시대, 작가, 작품에 대해 자세한 설명을 덧붙이는 방법을 채택하였다. 여타 시선집들이 작가의 자(字), 호(號)를 소개하고 작품평을 간략히 덧붙이고 있는 반면 『삼한시기』는 시대, 나라에 대한 설명도 자세히 하였다. 각 나라의 시조, 건국 연원, 멸망 과정 등을 자세히 서술함으로써 시선(時選) 원칙에 아주 충실히 따랐다.

남다른 수록 방식 중 또 하나는 작품에 대한 해설과 비평, 창작 동기, 작품과 관련된 역사적 사건 등을 자세하게 소개하고 있다는 점이다. 작품 자체에 대한 비평 내용을 덧붙이는 방식은 다른 시선집들로 간혹 시도하는 수록 방식이다. 그러나 『삼한시기』에 작품과 관련하여 서술된 것은 다방면적이다. 작품 어구(語句) 해석부터 작품의 주제, 작품 창작 연대에 대한 고증적 설명, 창작 동기 서술 등으로 이루어져 있다. 또 작가에 대한 소개도 다른 시선집에 비해 잘 갖추어져 있는 편이다. 이 방식은 『해동시선』에서 시도되기도 하였다. 반정균이 홍대용에게 『기아』에 작자 소개가 자세하냐고 물었고 홍대용은 이를 참고하여 시선집을 엮을 때 작가 소개에 유의하여 관직, 출신 계보, 행적 특성, 인물 총평까지 수록하였다. 유득공은 이러한 수록 방식을 적극적으로 수용한 것으로 보인다.

6. 가치

『삼한시기』는 여러 문헌에 흩어져 있던 고대부터 삼국시대까지의 시(시가)를 한데 모아 보여주었다는 점, 그 동안 우리 문학사에서 공백기로 남아있던 이 시기 문학 작품을 정리해 놓았다는 점에서 문학사적으로 매우 가치 있는 자료이다.

이전의 여러 시문선집 등에서는 우리 시의 기원으로 한 작품을 택해 제시하지는 않았고, 그에 대한 인식도 희박했다. 『동문선』, 『기아』에서도 그러할 뿐 아니라 『삼한시기』 바로 이전에 편찬된 『해동시선』에서도 고구려의 을지문덕, 신라의 진덕여왕, 최치원 작품 등에 관심을 두었을 뿐, 그 이상 시기에 대한 관심을 거의 보이지 않았다. 유득공은 오히려 기존 선집들이 관심 두지 않았던 시기 작품을 집중적으로 조사하여 기자의 「맥수가」를 맨 처음에 싣고 우리 시의 최초 작품으로 삼았다. 조선시대 문인들은 「맥수가」를 우리나라 작품으로 생각하지 않고 중국의 시로 생각했던 것으로 보인다. 그 예로 중종 때 유희령은 우리나라 시와 중국시를 뽑아 각각 책으로 엮었다. 『대동시림(大東詩林)』은 우리나라 시를 모은 책으로 삼국 이전의 시는 없고, 『시헌원류(詩憲源流)』는 중국 하대(夏代)부터 한나라 때까지의 고시 119수를 수록했다. 여기에서 「맥수가」는 중국 상(商)나라 노래로 수록되었다. 곧 중국시로 인정한 것이다. 이 밖에 『기아』, 『해동시선』(1767년 편찬, 『삼한시기』보다 7년 정도 앞선 시기)에도 「맥수가」는 포함되지 않았다. 기자 조선이 우리 역사라고 생각하면서도 문학 작품을 뽑을 때에는 선택 대상에서 제외시키는 것은 역사적 인식과 문학사적 인식이 서로 별개였음을 보여준다. 이에 유득공은 역사와 문학을 통합시킨 것이며 이를 통해서 우리 시문학의 시원(始源)을 확실하게 제시했다. 이런 점에서 『삼한시기』는 역사적 인식과 문학적 인식의 거리를 없애고 접점을 만든 책이다.

『삼한시기』에는 한자로 기록된 한시 형태 작품 뿐 아니라 삼국시대까지 민간에서 불려졌던 시가도 있다. 이는 정통 한시만 뽑아 묶던 기존의 시선집과는 분명히 다른 점이다. 고대에서 삼국시대까지의 시가까지 확장하여 뽑은 것은 유득공이 선시관에서 강조했던 시대성을 중시하는 태도와도 부합된다. 즉 고대나 삼국시대 등은 시기상으로 볼 때 시와 음악이 완벽하게 떨어져 있기보다는 시와 음악이 결합되어 있는 경우가 많다. 그리하여 삼국의 노래에 대해 '동토(東土) 가요는 이어(俚語)와 문자(文字)가 섞여 역사가들이 그 뜻만 기록하고 말(가사)은 없다.'고 하면서도 수록했던 것이다. 곧 그 시대의 문학적 특성을 고려한 선택이며 이는 시선(時選) 의식의 결과인 셈이다. 그리하여 『삼한시기』는 이 시기 우리 문학사의 범주를 확장시키는 데에 기여한 문헌이라고 할 수 있다.

위와 같은 선택 방식으로 인하여 『삼한시기』는 삼국시대 음악을 살피는 데에 중요한 단서를 제공하는 자료이기도 하다. 신라시대에 한정되어 있기는 하지만 '현금곡, 가야금곡, 적곡, 비파곡, 향악' 등의 항목에서 각각에 해당되는 곡조를 나열하였다. '우식악, 대악' 등은 '우식곡'과 백결 선생의 '대악' 등과도 관련되어 있고, 나머지 것들은 곡조명이거나 노래 내용에 따른 제목으로 보인다.

『삼한시기』는 또한 시문선집사(詩文選集史)의 면에서도 새로운 편집, 수록 방식을 보여주는 자료이다. 기존 선집들은 대개 첫 번째 단계에서 형식에 따라 작품을 나누고 두 번째 단계에서 시대순, 또는 인물 위주로 작품을 수록하는 방식을 채택했다. 유득공이 서문에서 거론했던 『동문선』과 『기아』가 대표적 예이며 『해동시선』도 마찬가지이다. 이 선집들은 시대성보다는 인물에 더 비중을 두는 입장을 기본으로 한다. 이에 대해 유득공은 인선(人選)과 시선(時選)으로 나누어 논하였다. 인선은 사람 중심으로 작품을 뽑으므로 편찬자의 사사로운 평가가 개입할 여지가 많고 평가의 객관성, 공평성이 떨어진다고 했다. 반면, 시선은 오랜 세월동안 많은 사람들의 평가, 선택 과정에서 살아남아 작품 자체 가치가 저절로 드러나게 된 것들이므로 버릴 수 없다고 했다. 그러므로 시선 방식을 더 중요하게 생각했고 작품을 가려내 수록하는 데에도 이 원칙을 철저하게 지켰던 것으로 보인다. 그리하여 다양한 시체, 다양한 사람들의 작품을 수록하여 당대 수용, 창작되었던 작품의 모습들을 한 번에 그대로 볼 수 있게 해준다. 그러나 시선 방식으로만 치우치지 않고 작가에 대한 자세한 소개를 통하여 인선 방식의 중요성도 동시에 부각하였다. 시선과 인선의 균형을 이루는 방식으로 선집 작업을 진행한 것이다.

이처럼 『삼한시기』는 선집 작업에 있어서 형식 분류 위주의 선집 방식에서 벗어나 시선을 기본으로 하여 인선 방식을 보조적으로 채택하는 방법을 보여준다. 이러한 선집 방식은 후대 장지연의 『대동시선』 선집 방식에 영향을 끼친 것으로 보인다.

또 한편으로 『삼한시기』는 영조, 정조 연간에 고증적, 실증적 태도로 문학을 바라보았던 당시의 태도를 잘 보여준다. 「공후인」에 대해서는 '조선이라고 했는데 기자 조선인지 위만조선인지 잘 모르겠으며 이 노래가 한의 악부에 실려 있으니 한사군 시대 노래이다.'라고 서술하면서 기자조선 이후의 작품으로 인정하였다. 「해동묵적시」를 수록하고서는 설총의 것이라고 하면서도 '더 고증하고 연구해야 할 것이다.'라고 했다. 「여가도연구」에서는 『요산당외기』나 『지봉유설』에는 고려 때 사신일 것이라고만 언급했는데 유득공은 이 두 사람의 말을 기록한 다음 뒤이어 '싯구가 너무 속되어 가도의 이름만 빌린 것뿐이다.'라고 단언하기도 하였다. 이러한 태도는 기존의 문헌을 참고하여 고증한 결과이다. 또 고구려에 대해 설명하면서 그 강역을 언급하기도 했는데 '(주몽이) 흘골성(紇骨城)에 도읍을 정했으니 곧 의무려산 아래 현도군 경계이다. …… 환도성(丸都城)이라고 칭하니 곧 지금의 평안도 의주이다.'라고 하였다.

이러한 글들은 문학 작품 자체로 평가하는 데에서 더 나아가 시대적 상황과 결부하여 해석하고 설명하는 태도를 반영한 것이며 조선 후기 지식인들의 학문적 태도, 경향을 보여주는 대목이기도 하다.

(김기림)

[색인어]
삼한시기, 시헌원류, 대동시선, 대동시림, 해동시선, 동문선, 기아, 유득공, 동시맹서, 동시연기, 고운당필기, 박민행, 유희령, 이익, 오광운, 이광사, 임창택, 인선, 시선, 동도악부, 해동악부, 이십일도회고시, 유삼익, 유성구, 유한상, 유관, 홍이석

[참고문헌]
유득공, 『고운당필기(古芸堂筆記)』 규장각본, 국립중앙도서관본.

금성남, 「『대동시선』과 『해동시선』 : 『大東詩選』與『海東詩選』」, 『아세아문화연구』 6, 2002.
기경부(祁慶富), 「『朝鮮詩選』 校注前言 『朝鮮詩選』 校注 서문」, 『아세아문화연구』 3, 1999.
김연진, 「유득공의 생애와 교유, 연보」, 『문헌과 해석』 29, 2004.
김윤조, 「유득공의 『삼한시기』」, 『문헌과 해석』 29, 2004.

성현공숙렬기

聖賢公淑烈記

筆寫本. ― [發行地不明] : [發行處不明], [發行年不明].
20卷20册(全21卷21册中) : 無界, 9行24字內外 ; 29.0×20.0cm.
한글본임.
表題 : 聖賢公淑烈記
卷17의 경우 글씨체가 다른 필사본 1권을 채워 넣었음.

고서/고서811.31 성94

聖賢公淑烈記

1. 개요

『성현공숙렬기』는 18세기 중반 이전에 창작된 작가 미상의 대하소설로서, 『임씨삼대록』(40권 40책)의 전편에 해당하는 연작형 소설이다. 『성현공숙렬기』라는 제목은 작중에서 황제가 임희린에게 '대현지효충의성현공(大賢至孝忠義聖賢公)'이라는 어필(御筆)을 내리고, 그 아내 주부인에게 '절효숙렬성비(節孝淑烈聖妃)'라는 어필을 내린 데서 따온 것이다. 벌열 가문에 속한 임한주, 임한규 형제와 그 아들들인 임희린, 임세린이 출장입상하고 안분자족하는 모습, 그리고 이들을 모해하려는 세력과 이들의 갈등이 형상화된 가운데 유교 이념이 강하게 드러나 있다.

이화여대 도서관본은 여타의 이본과 그 내용 면에서 큰 차이가 나지는 않는다. 또 각 권 표지의 우측 하단에 "共二十一"이라고 쓰여 있는 것으로 보아 원래는 21권 21책으로 구성되어 있었을 것으로 보이나, 현재는 마지막 권이 빠진 채 20권 20책만 전한다.

2. 편·저자

『성현공숙렬기』의 작가는 알려져 있지 않고 이화여대 도서관본의 필사자 역시 알 수가 없다. 다만 작가의 향유층은 유추해 볼 수 있는데, 대하소설이 주로 조선 후기 사대부 부녀에 의해 향유되었다는 기존의 연구 성과를 이 작품의 경우에도 적용할 수 있을 것이다. 『완월회맹연』(한국학중앙연구원 소장, 180권 180책)이 전주 이씨에 의해 창작되었다는 기록이나 『옥원재합기연』(서울대 소장, 21권 21책)이 온양 정씨에 의해 18세기 후반에 필사되었다는 고증과 기타 필사 후기 등의 기록, 그리고 작품의 내용이 표면적으로는 남성을 위주로 하여 전개되는 듯이 보이지만 실제로는 여성의 고난과 욕망이 주로 분출되어 있다는 점을 들 수 있다. 『성현공숙렬기』가 대하소설을 상위 유형으로 하는 소설이고, 작품에 또한 여성반동인물이 자신의 아들을 종통으로 세우기 위한 목적을 달성하기 위해 전생 소실을 모해하는 내용이 주로 나온다는 점을 감안하면 이 소설은 상층 사대부 여성에 의해 지어진 것으로 조심스럽게 추정해 볼 수 있다.

『성현공숙렬기』의 창작 시기는 18세기 중반 이전으로 추정된다. 서울대 소장본 『옥원재합기연』 권14의 표지 안쪽에 적힌 소설 목록 가운데 '임씨삼대록'이라는 제명이 보이는데, 이 『임씨삼대록』은 『성현공숙렬기』의 후편에 해당하는 작품이다. 그런데 이 『옥원재합기연』은 기존의 연구 성과에 의하면 18세기 후반에 필사된 작품이다. 이를 보면 『임씨삼대록』은 서울대 소장본 『옥원재합기연』이 필사되기 이전에 이미 창작되었고 전편인 『성현공숙렬기』는 후편 『임씨삼대록』보다는 먼저 창작되었을 것이므로 『성현공숙렬기』의 창작 시기는 18세기 중반을 넘지는 않을 것으로 추정된다.

이화여대 도서관본 『성현공숙렬기』의 필사 시기는 분명히 알 수는 없다. 권1의 필사 후기에 "戊戌年 正月 晦日 宗書"라 되어 있어 간지를 알 수는 있으나 '무술년(戊戌年)'이 정확히 몇 년도인지는 분명하지 않다. 다만 1898년이나 1838년, 1778년 가운데 한 해일 것으로 추정된다.

3. 서지적 특성

전체 20권 20책으로 구성된 이화여대 도서관본 『성현공숙렬기』는 각 권별로 표지에 한자로 "聖賢公淑烈記"라 제명이 적혀 있고 바로 밑에 권수 표시가 한자로 되어 있다. 안의 제목은 한글로 '셩현공슉녈긔'라 되어 있고 바로 밑에 권수 표시가 '권지일'과 같이 되어 있다. 쓰인 종이는 오래 된 것처럼 보이고, 다만 권17만은 새 종이이다. 예전에 있던 것 중 권17만 빠져서 새로운 종이에 다시 필사한 것으로 추측된다. 필체는 총 3종류가 있다. 권1·2·11·12·13·14·15·18·20 등은 같은 필체로서 유려하고, 권3~9, 권16·19는 같은 필체인데 유려하지는 않으나 거칠지도 않다. 권10의 경우 52면 2행까지는 권3 등과 같으나 그 후에는 권1 등과 필체가 같아 두 가지 필체가 섞여 있다. 새 종이에 쓰인 권17은 필체가 보기에 매우 좋지 않다.

권별 면수는 평균 109면이며, 매면 10행, 매행 24자 내외로 되어 있다. 장 번호는 상단 중앙에 한자로 기입되어 있는데 권별로 유무의 차이가 있다.

각 권의 분량 및 행수, 자수, 장 번호의 유무를 보이면 다음과 같다. 장 번호가 있는 경우 본문의 중앙 상단에 장 번호가 한자로 쓰여 있다.

권1 : 112면, 10행 24자, 장 번호 있음.
권2 : 114면, 10행 24자, 장 번호 있음.
권3 : 117면, 10행 22자, 장 번호 있음.
권4 : 106면, 10행 22자, 장 번호 있음.
권5 : 109면, 10행 23자, 장 번호가 49장까지만 있고 그 이후에는 없음.
권6 : 74면, 10행 20자, 장 번호 없음.
권7 : 111면, 10행 22자, 장 번호 없음.
권8 : 118면, 10행 22자, 장 번호가 43장까지만 있고 그 이후에는 없음.
권9 : 120면, 10행 22자, 장 번호 없음.
권10 : 117면, 10행 22자, 장 번호 없음.

권11 : 113면, 10행 24자, 장 번호 없음.
권12 : 103면, 10행 24자, 장 번호 없음.
권13 : 122면, 10행 24자, 장 번호 있음.
권14 : 109면, 10행 24자, 장 번호가 12장까지만 있고 그 이후에는 없음.
권15 : 106면, 10행 24자, 장 번호 없음.
권16 : 94면, 10행 24자, 장 번호 없음.
권17 : 117면, 12행 20자, 장 번호 있음.
권18 : 112면, 10행 23자, 장 번호 없음.
권19 : 118면, 10행 23자, 장 번호 없음.
권20 : 105면, 10행 23자, 장 번호 없음.

위에서 보듯이 권별로 면수는 매우 불규칙하다. 매면(每面)의 행수는 권17을 제외하면 모두 10행으로 같고 매행(每行)의 자수 역시 권17이 눈에 띄게 적을 뿐 다른 권은 대개 23자 내외이다. 장 번호는 권별로 일관되지 않게 쓰여 있음을 알 수 있다.

필사 후기는 권1의 끝부분에만 있고 다른 권에는 없다. 필사 후기 중 해당 필사본에 대해 알 수 있는 정보는 "戊戌年 正月 晦日 宗書"이고 나머지는 의미가 없는 한시 낙서이다. 이 한시 낙서는 7언 2구로 구성된 시 세 수와 5언 2구로 구성된 시 한 수이다. 110면에 '봄바람에 복숭아, 오얏꽃이 피는 밤에, 가을비에 오동잎이 떨어지는 때에(春風桃李花開夜, 秋雨梧桐葉落時)'라는 구절이 우측에 쓰여 있는데, 이는 중국 당(唐)의 시인 백거이(白居易 : 772~846)가 지은 시 「장한가(長恨歌)」의 한 구절이다. 중앙에는 "戊戌年 正月 晦日 宗書[무술년 정월 그믐날 처음 씀]"이 쓰여 있다. 좌측에 '삼산은 푸른 하늘 밖에 반쯤 솟아 있고, 이수는 백로주에서 둘로 갈렸네[三山半落靑天外, 二水中分白鷺1)洲].'가 쓰여 있는데, 이는 당의 시인 이백(李白 : 701~762)의 시 「등금릉봉황대(登金陵鳳凰臺)」의 한 구절이다. 111면에는 '돌 위에 돌이 구르니 돌돌돌이요, 우물 가운데 물고기가 노니, 어정정이라[石上轉石石石石, 井中遊魚魚井井].'하는 구절이 우측에 쓰여 있는데, 이는 희작(戱作)의 성격이 짙다. 또 '새가 날자 가지는 한달한달(한들한들), 바람이 부니 나뭇잎이 너푼너푼(너풀너풀)[鳥飛枝二月, 風吹葉八分]'이라는 구절이 좌측에 쓰여 있는데 이 또한 우리말 의태어를 한자로 재치 있게 표현한 희작이다.

---

1) 鷺 : 露로 필사되어 있으나 原詩의 구절을 참작해 이와 같이 고쳤음.

4. 구성과 내용

이화여대 도서관본 『성현공숙렬기』는 20권 20책으로 구성되어 있으며 마지막 1권이 없는 낙질본이다. 대개의 대하소설과 마찬가지로 권별로 구체적인 제목이 없는 형태로 되어 있다. 이 작품에서는 임한주, 임한규 형제의 출처(出處) 문제와 그 아들들인 임희린, 임세린 형제가 겪는 혼인 문제, 임희린을 모해하는 임한주의 계실 여씨와 여씨 아들 임유린의 반동행위 등이 얽히면서 다단한 갈등을 보여주고 종국에는 임희린의 출천지효와 우애 때문에 계모 여씨와 임유린이 회과한다는 점을 내세워 유교 이념의 우위를 드러내고 있다. 권별 줄거리는 다음과 같다.

숨어 살던 임한주, 한규 형제는 황제 성조가 불렀으나 나가지 않다가 우여곡절 끝에 경사에 가서 임한주만 벼슬을 해 참지정사가 된다. 임한규가 희린과 세린 쌍둥이를 낳으니 임한주가 희린을 양자로 들여 후사로 삼는다. 임한주는 아내 성부인이 죽자 여씨를 계실(繼室)로 삼는다. 여씨가 아들 유린을 낳자 임한규가 임한주에게 희린을 다시 돌려달라 하여 형제 사이에 잠시 갈등이 생기나 임한주는 끝내 임희린을 종장(宗長)으로 남겨 둔다. 여씨는 임희린이 주소저와 정혼하자 질투하여 부랑배를 시켜 임희린을 납치해 산 속에 버려두게 하나 활인암 태허법사가 임희린을 구조한다. (권1)

임한주가 농서 지방에 나아가 민심을 안정시키고 상경하는 길에 임희린과 상봉해 그를 데리고 귀가한다. 임유린이 임희린을 모함하기 위해 스스로 독약을 먹으나 임한주 등은 속지 않는다. 여씨는 임희린을 독살하려다 발각되어 임한주에 의해 출거되나 임희린의 정성으로 복귀한다. 임희린의 이종 반관옥이 임유린과 뜻이 맞아 임희린을 해칠 마음을 품는다. 임희린이 11살 때 주소저와 혼인하니 여씨가 병이 나 누워 있으므로 신방에 가지 않고 정성을 다해 며칠을 간호하다가 관부인의 명으로 신방에 간다. (권2)

반관옥은 주소저를 차지하기 위해 임유린과 모의하고 과거에서 장원을 하려고 계교를 부리지만 뜻을 이루지 못하고 임희린이 장원, 임세린이 둘째, 자신은 셋째로 급제를 한다. 임세린이 소소저와 혼인하는 날 황제의 명으로 공주와 혼인을 하게 되자 세린은 이에 불만을 품고서 공주를 냉대한다. 반관옥의 누이 반연화가 임희린을 흠모하여 여씨와 임유린, 반관옥과 모의한 끝에 임한주로부터 임희린과의 혼인을 허락받는다. 주소저가 귀녕(歸寧)하자 모친 여부인이 홍점(紅點)을 보았으나 내색하지는 않는다. 관부인이 주소저를 그리워하니 주소저가 복귀한다. 임희린이 임한주 부부의 불화를 근심하자 임한주가 임희린을 위해 여씨와 동침한다. 임희린은 반씨 집안에서 택일 단자가 오자 불쾌해 한다. (권3)

임희린이 처음으로 주소저와 관계를 맺고 반연화와 성혼하나 그녀를 홀대한다. 공주는 자신 때문에 임세린이 소소저와 혼인하지 못한 것을 비로소 알고 임금에게 소소저의 복귀를 청해 허락받으나 소소저는 비첩이 되지는 않겠다며 거절하고, 공주 또한 임세린이 자신을 호양공주에 비긴 것을 한스러워한다. 임희린이 여씨 모자를 감화하기 위해 애쓰는 중에 임유린이 한왕과 결탁하게 된 것을 알고 그를 훈계한다. 이에 임유린이 여씨와 반관옥에게 임희린을 무고하자 반관옥과 임유린 모자가 임희린을 없애기로 작정한다. 주소저는 여씨의 청으로 임희린에게 반연화와 화락하라고 권했다가 오히려 꾸중을 듣고 홀대를 당한다. 한왕은 임유린에게서 임희린에 대한 무고(誣告)를 듣고는 대로하고 반관옥이 주소저를 한왕에게 바치겠다는 여씨의 말을 전하자 기뻐한다. 소파가 독을 마셔 위급하게 되자 임한주가 형구(形具)를 차려 소파의 시녀를 심문하려다 임금의 부름으로 나가자 임희린이 주소저를 출거시켜 여씨 모자의 죄를 덮는다. 귀가한 임한주가 임희린을 중타하고 관부인의 명으로 용서한다. (권4)

임한주가 임유린을 불러 매우 치고 돌려보내니 임희린이 임유린을 위로하나 여씨와 임유린은 오히려 그를 미워한다. 임한주가 주부에 가 주소저가 임신했음을 알고 집에 돌아와 임희린을 시켜 주소저를 데려오게 한다. 임한주가 남정 이부상서가 되어 떠나게 되자 임유린에게 약법(約法) 5장을 주어 경계로 삼으라 하고 관부인의 명으로 여씨와 동침하나 홀대(忽待)하고서 다음날 길을 떠난다. 한편 임세린이 공주를 홀대하니 임한규가 세린을 냉랭하게 대한다. 임세린이 그 뜻을 알고 공주와 동침하려 하나 공주가 저항하니 그녀를 꾸짖는다. 임유린이 세린에게 공주를 잘 대하라 하나 임세린이 공주는 한왕 같지 않다며 꾸짖으니 유린이 여씨에게 가 고자질한다. 한왕이 반관옥의 부추김을 받고 주소저를 강간하러 임씨 집안에 숨어 들어가나 틈을 얻지 못하고 반연옥을 겁탈하고 달아나려다 임세린에게 들켜 상투가 잘린 채 달아난다. (권5)

임세린이 위부인에게 도적이 들었음을 고하자 이를 소문 내지 말라 한다. 비서각 학사 주문진이 한왕이 풍교를 어지럽혔다 고발하자 한왕이 공주와 모의해 주소저를 강간하려 했다 하니 임금이 한왕을 서인으로 강등시키고 주소저는 임희린과 이혼시킨다. 이에 주소저가 임씨 집안에서 출거된다. 공주가 죄인으로 자처하니 임한규의 명을 받은 임세린이 위로하고 다시 동침하려 하나 거절당한다. 새해 인사 때 공주가 소소저를 복귀시킬 것을 임금에게 청해 허락받고 이에 소소저가 임씨 집안에 복귀한다. 소소저가 공주를 위해 역시 임세린에게 냉랭하게 대한다. 주소저가 주부에 왔다가 청풍동 경부인(주상국의 장녀) 집으로 옮겨 가기로 하는데 미리 한왕의 계교를 간파해 화를 면한다. 임희린이 반연화를 죽이려 하나 여씨가 출거를 명하니 할 수 없이 출거시킨다. 반연화가 외조인 여공이 독약을 들고 와 자결하라고 하나 도망친다. (권6)

주소저가 아들을 낳았으나 반관옥 남매가 한왕에게 주소저를 무고하고 한왕 후궁이 임금과 황후에게 역시 무고하는 바람에 주소저가 산동 낙안주에 정배된다. 주소저가 아들을 임씨 집안에 두고 귀양지에 도착하니, 한왕이 보낸 요녀 가이홍의 습격을 받았으나 함께 간 조카 주희 덕분에 위기를 모면하고 요녀로부터 한왕의 사주였음을 자백받는다. 임희린이 기우제관이 되어 제를 올리자 비가 내리니 임금이 통천서 띠를 사급하고 임희린의 벼슬을 올려준다. 임유린이 몰래 과거를 보아 차등으로 급제해 한림편수가 되자, 임한규로부터 중타(重打)를 당한다. 임한주가 운남을 평정하고 임씨 집안의 소식을 듣고서 여씨와 임유린에게 분개한다. 임세린이 공주와 잠자리를 가지려 하나 거부당하니 밥을 먹지 않는다. 공주는 사면을 받아 이를 기념하기 위한 잔치를 연 한왕이 초대하였으나 이를 거부한다. 이에 한왕이 요계를 베풀어 임금에게 임세린이 공주를 홀대한다고 무고한다. 임금이 임세린을 불러 꾸짖고 공주는 한왕의 계교가 부녀지간까지 이간할 줄로 예상하여 차라리 대궐에 들어가기로 마음먹고 임씨 집안에 하직을 고한다. 이에 임한규가 임세린을 중타한다. 소소저가 친정에 가던 중 공주의 명(命)임을 말하는 무리에게 납치당하는데 이 광경을 시어사 풍호와 태중태우 유겸이 목격한다. (권7)

공주가 소소저가 납치당했다는 소식을 듣고 시녀 비경에게 밀계(密計)를 알려 준다. 풍어사와 유태우의 상소로 임금이 공주의 3년 월봉(月俸)을 거두고 공주에게 깊은 방에 머물러 있으라고 명령한다. 비경이 공주의 밀계를 충실히 이행해 한궁 별당으로 숨어 들어가 소소저를 빼내어 소부에 보낸다. 임유린이 독화살을 임희린, 세린 형제에게 날려 세린이 상처를 입으니 임희린이 임유린의 소행임을 알았으나 임세린에게 발설하지 말자고 한다. 주소저와 함께 있던 주희가 경사에 올라오게 되자 한왕, 반연화, 여씨가 각기 부하나 자객을 산동에 보내 주소저를 죽이려 한다. 임유린은 선비의 부녀를 겁간하려다 발각되었으나 관부인 동생 관효렴의 중재로 용서를 받는데 집에 가면 벌을 받을 것을 두려워해 훌쩍 떠난다. 산동 시녀가 돌아와 주소저가 도적의 방화로 불에 타 죽었음을 고하니 임씨 집안과 주씨 집안의 제인이 모두 슬퍼하나 여씨는 기뻐하고, 임금이 슬퍼하며 장사를 잘 지내주라 명한다. 이 와중에 한왕은 공주가 임세린의 말을 멸시한다는 유언비어를 퍼뜨리니 임세린은 공주가 소소저를 해친 것으로 믿는다. 임세린이 소희에게서 소소저가 살아서 소씨 집안에 있다는 말을 듣고 소씨 집안에 가 소소저를 보여달라고 했으나 거절당하고 돌아온다. 이에 임한규가 임세린에게 소소저를 위해 자신과 관부인이 소부에 소소저를 감추어 두라 했다고 말하니 임세린이 깨닫는다. 위주 절도사 왕각이 반란을 일으키자, 희린이 자신이 출전할 것임을 안다. 한편 임유린은 여양현으로 변성명하고 한왕에게 간다. (권8)

임유린이 한왕에게 자원 출전해 공을 세우고 임희린을 부하로 데리고 가 죽이라 하자, 한왕이 임금에게 그대로 고해 허락을 받고 반관옥도 종군한다. 임유린이 내시 왕연과 결탁해 다시 벼슬길에 나갈 것을 도모하나 임한규가 임금에게 반대해 좌절되니 한 흉계를 내어 임세린을 반역죄로 몬다. 왕연과 유린이 하수인 최언을 독살해 입을 막으니 임금이 임세린을 화주로 정배 보내고 공주는 임씨 집안에 귀환한다. 임세린이 공주와 동침하라는 관부인의 명에 공주와 한 방에 처하나 금실을 구하지 않고 발행일이 되자 귀양지로 향한다. 소소저가 부친 소상서에게 귀향할 것을 청하고 소상서가 귀향하자 소소저도 부친을 따라간다. 여씨는 유린과 동모해 임한규를 제거하기로 하고 유린은 자객을 화주로 보낸다. 임희린이 한왕의 참모가 되어 작전을 말해 주나 한왕이 듣지 않다가 연전연패하고, 임희린은 유린의 계교로 적에게 사로잡히고 한왕은 임금에게 임희린이 적과 내응했다고 무고한다. 임유린이 주량 등도 임희린과 내응했다고 무고하니 주씨 집안의 일원도 대거 파직된다. 임금은 한왕이 연패하자 영웅을 구하는 방을 붙이니, 한 도인이 나타나 방을 떼고 병마사에 의해 임금에게 인도된다. 한편 이전에 주소저는 화재를 당했으나 태허 법사에게 구조되어 활인암에 가 충신 한경의 손녀 한소저와 사귀고 남복을 한다. 주소저는 법사가 준 밀서(秘書)를 익힌다. (권9)

주소저가 한소저와 함께 활인암에 있다가 인연이 다했다는 태허 법사의 말에 산문(山門)을 내려와 주현수라 개명하고 동정호에서 꿈을 꾸고서 임희린의 생모 성부인에게서 임희린의 화가 목전에 있고, 아황과 여영에게서 한소저의 인연이 희린과 있다는 말을 듣는다. 이에 주소저가 임금이 붙인 방을 보고 고민하다가 태허 법사가 준 보탁을 열어 보고서 출전을 결심하고 임금에게 나아가 주상국과 임한주 부자의 무죄를 주장한다. 그러고서 법사가 자신에게 하사한 매송과 상운을 좌우보익으로 삼아 출전했으나 왕각이 임희린이 죽었다는 유언비어를 퍼뜨리니 기절했다가 깨어나 천문비서를 내어 점을 보고 길한 것으로 나오므로 매송을 보내 탐지하게 한다. 한편 임희린은 옥에 갇혀 굶어 죽을 생각을 하나 왕각 부하의 딸 금화공주가 도와주고 성부인이 영약으로 도와 죽지 않는다. 상운이 금화공주에게 접근해 주소저와 내응해 왕각을 무찌르자 왕각이 자결한다. 임희린이 위독하자 주소저가 약으로 구하고 이에 임희린을 인사하기를 청하나 주소저가 거절한다. (권10)

임금이 패장을 삭탈관직하고 경사로 돌려보내도록 명령하자 임희린이 먼저 경사로 향하고 대군도 곧 경사로 향하나 주소저는 홀연히 떠난다. 임유린이 희린을 죽이기 위해 무뢰배를 사주하나 그들은 곧 주소저가 보낸 비밀 군사였으므로 유린을 나무에 묶어 두고 임희린에게 그 사실을 말한다. 여씨가 창홍을 독살하려다 차마 못하자 그 시비 난소 등이 창홍을 납치하고 여씨의 심복 춘교가 관부인에게 창홍이 실족해 연못에 빠져 죽었다고 고한다. 임희린이 임씨 집안에 와 창홍의 죽음 소식에 슬퍼하나 내색하지 않는다. 임창홍을 여씨의 형남인 급사 여수가 구해 아내 설씨의 친정에 보낸다. 임유린은 신야 지부 목영에게 구출되어 목영이 데리고 있던, 친구의 딸 풍소저와 혼인을 하나 풍소저는 유린에게 존당을 뵌 후 관계를 맺겠다고 하며 동침을 거절한다. 풍소저가 임유린에게 그 부모를 뵙고 자신의 거취를 정해 줄 것을 청해 유린을 내보내고 유부(乳父) 신충을 시켜 뒤를 밟게 한다. 유린이 한왕에게 가 임희린과 공주를 모함하고 공주를 반관옥에게 주겠다 하니 반관옥이 한왕에게 계교를 알려 줘 임희린과 공주를 반역죄로 모함한다. 임유린은 한왕의 계책이 위험함을 알고 간질 환자로 위장해 그들의 모의에서 빠진다. 한왕이 반역을 해 임금을 죽이려다 발각되어 반관옥 남매, 왕연, 난소가 처참되고 춘교는 정배된다. (권11)

임금이 임희린을 충의성현공에, 주소저를 절효숙렬성비에 봉하고 어필로 새긴 정문을 내려준다. 반면에 여씨에게는 사약을 내리니 여씨가 희린을 저주하고 사약을 마시려다 용서한다는 명령이 전해져 사신이 사약을 가지고 돌아간다. 주소저가 한소저를 만나고, 도중에 여씨가 사약을 마시게 되었다는 소식을 듣고 한소저를 먼저 주씨 집안에 보내 자기 부모와 부녀지의를 맺게 하고 자신은 임금에게 가 자신의 정체를 밝히고 여씨를 살려 달라 청하니 임금이 허락하고 주소저를 효문공주로 삼는다. 주소저는 주씨 집안에 복귀하고, 임희린은 집에 돌아가 주소저의 청으로 여씨가 용서받았음을 알고 여씨 처소에 가 불효를 사죄한다. 공주가 병이 들어 대궐로 들어가고 임세린은 상경해 임금을 뵙고 공주가 자신을 싫어해 병을 핑계로 대궐에 있는 것으로 여겨 좋지 않게 여긴다. 남경을 잘 교화한 임한주가 친구 성소주가 진씨를 보내 주니 부득이하게 진씨를 받아들여 객회(客懷)를 푼다. 내직을 제수받은 임한주가 상경해 여씨를 독살시키려 하자 임희린이 극구 만류한다. 이때 여수가 등장해 창홍을 보여주며 여씨를 죽이지 말라 하고 관부인이 여씨를 살리라 한다. 이에 임한주가 부득이하게 여씨를 출거시키고 혼서를 불태우려 하니 임한규가 자신이 대신 태우겠다고 하고 다른 종이를 태운다. 임한주가 주씨 집안에 창홍을 데리고 간다. (권12)

주상국이 주소저에게 창홍을 보여주며 삼종(三從)이 있으니 굳이 임씨 집안에 의탁하지 않아도 된다고 설득한다. 여씨가 여부에 가니 노부인이 대로하고 여공이 독살하려 하나 임희린이 소식을 듣고 달려와 여씨를 잡고 우는 것을 보고 죽이려던 마음을 그친다. 임희린이 벽서헌에 들어 죄인으로 자처하고 두문불출하자 임한주 형제가 꾀를 써서 임한주가 임한규에게 종장의 지위를 물려주겠다고 한다. 그러면 더 이상 임희린이 여씨의 일에 간섭할 필요가 없을 것으로 여겼기 때문이었다. 이에 임희린이 더 이상 자신의 생각을 내세울 수 없어 임한주에게 사죄한다. 소상서가 임금에게 불려 경사에 돌아오자 소소저도 따라 올라가 결국 임씨 집안에 복귀하나 침소에는 가지 않는다. 한편, 임금은 주소저를 위해 총 세 개의 홍문을 세워주고 임한주는 주소저를 보러 자주 주씨 집안에 들른다. 임세린 친구 능연군의 도움으로 공주가 임씨 집안에 복귀하나 세린과 관계를 맺지 않으려 하자 임세린이 냉방에서 밥도 먹지 않으며 공주의 시녀를 중타(重打)하기도 한다. 그러다가 임희린의 개유로 깨닫고 경건하게 행동한다. 임희린은 여씨와 유린이 회과하지 않아 근심이 더해져 병도 더욱 깊어진다. (권13)

임희린의 병이 여씨의 출거 때문에 난 것임을 확실히 알게 된 임한주가 어쩔 수 없이 여씨를 복귀시키나 여씨는 임희린에게 감동하지 않는다. 임금이 친히 임씨 집안에 와 임희린에게 벼슬을 다시 하라 하고 떠난다. 임희린이 춘낭후 이부상서가 되니 임한주 등이 기뻐한다. 성소주가 진씨와 그 소생을 데려와 먼저 임희린에게 보여주니 희린이 진씨를 위로하고 여씨에게서 진씨를 임씨 집안으로 데려와도 좋다는 허락을 받는다. 관부인의 명으로 진씨가 임씨 집안에 와 예를 다하고 임한규가 아이의 이름을 미주라 짓는다. 임희린이 주상국 부인이 자신을 보고 싶어 하므로 주씨 집안에 간다. (권14)

주상국이 억지로 임희린과 주소저를 한 방에 두고 기뻐하나 임희린 부부는 서먹해 하다가 임희린은 집에 돌아가고 주소저는 병이 나 위독해진다. 임한주가 주소저를 생각해 한소저를 임희린의 재실로 허락하자 주소저가 기뻐한다. 임희린이 주씨 집안에 가 주소저와 한 방에 있자 주소저를 강제로 제압해 관계를 맺는다. 주소저가 위부인의 생일을 맞았으나 병 때문에 못 오자 임희린이 가서 꾸짖고 강제로 데려오니 임한규는 오히려 주소저의 병을 다스려 주지 않았다면서 희린을 꾸짖는다. 임희린이 주소저를 정대하게 대하고 병을 다스리자 주소저는 더 이상 세상을 피할 수 없음을 깨닫는다. 임금이 주소저를 여총재로 삼고 녹봉을 효장공주와 같이 내려준다. 임희린이 한소저와 혼인하자 주소저가 기뻐한다. 임희린이 주소저의 방에서 천문비서(天文秘書)를 발견하고 주소저에게 청해 그 책을 받는다. 서촉왕 유침의 반란으로 임희린이 도총독이 되어 출정한다. 임세린은 공주와 소소저를 제압할 방법을 모색하다가 글을 쓰니 창홍에게 발각된다. 창홍이 글을 못 알아 볼 줄 알고 글을 보여주나 창홍이 글의 의미를 파악한다. 이들의 대화가 공주에게까지 전해지니 공주가 냉소한다. 임세린이 공주를 강간하려다가 실패하고 상을 공주에게 던지고 노기등등해 하며 돌아간다. (권15)

임한규가 임세린이 공주를 구타한 사실을 알고 세린을 매우 꾸짖고, 어머니 위부인 역시 임세린을 보지 않으며 공주는 임세린을 더욱 한스러워한다. 임세린이 부부 관계 회복을 위해 상소문을 썼다가 친구들에게서 놀림을 받고 공주는 더욱 부끄러워하고 심려하여 결국 병이 난다. 공주가 꿈에서 태조 황제가 보낸 황건역사로부터 질책을 받고 병이 더욱 심해지고 계속 야차가 나타난다. 그런데 임세린이 옆에 있으면 귀신이 보이지 않으니 공주가 괴이하게 여긴다. 임세린이 밤에 공주를 찾아가 강제로 관계를 맺으나 공주의 맹렬함이 예전과 달라진 것을 가소롭게 여긴다. 예전에 능연군이 임세린의 팔에 비홍을 찍었는데, 친구들이 세린의 팔에서 비홍이 없어진 것을 보고 세린을 놀리고 임씨 집안의 모든 사람들이 기뻐하나 공주는 부끄러워한다. 임세린이 기세를 몰아 소소저와도 관계를 맺는다. 주소저와 소소저, 공주가 차례로 각기 아들, 딸, 아들을 낳으니 임씨 집안에서 기뻐하고 임한주 형제가 주소저 둘째 아들은 재홍, 공주 아들은 천홍, 소소저 딸은 월혜라고 이름을 짓는다. 한편, 임희린은 행군하다가 제갈공명이 지시하는 곳으로 행하고 유침과 대적해 승리하니 유침이 성문을 굳게 닫는다. (권16)

임희린은 결국 유침에게서 항복을 받는다. 임유린이 강화백이 된 지부 목영과 헤어지고 역시 풍소저와도 헤어지니 풍소저가 임유린의 정체를 이미 알고 유린이 회과할 수 있도록 글을 넣은 옷을 준다. 임유린이 신선에게서 '깨달을 오(悟)'자가 쓰인 글을 받고 주유하다가 서촉으로 가는 임희린을 발견해 활을 겨누나 한 기운 때문에 쏘지 못한다. 임유린이 임희린을 뒤쫓아 서촉으로 갔다가 사공들에게 붙들려 죽게 될 위기에 처했으나 희린이 보낸 군사들에게 구조된다. 임유린이 희린을 보고 자신의 죄를 다 고백하고 뉘우친다. 임씨 집안에서 유린의 생존 소식을 알고 임한주가 처치하려 하나 관부인이 유린을 옹호한다. 한편, 금화공주는 자신 때문에 나라가 망한 것을 한탄해 태액지에 빠져 죽으려다가 태허 법사에 의해 구조되어 임희린과 연분이 있다는 말을 듣는다. 태허 법사가 자신을 따라가려는 금화공주를 두고 홀로 떠난다. (권17)

풍소저가 유린이 고통당하는 꿈을 꾸고 근심하고 예천에 가 물을 마시고서 태허 법사 제자들의 소개로 금화공주를 만나 이후에 함께 다닌다. 임희린이 수미산에 이르러 태허 법사를 보니 법사가 임희린에게 금화공주와 혼인해야 할 것임을 이르나 희린이 거절한다. 임희린이 절강에 이르러 목영을 보고 임유린의 정체를 다 고하고 유린이 목영에게 사죄하고 풍소저에게 전하는 서간을 주니 그 내용이 희린 덕에 회과했다는 것이므로 풍소저가 기뻐한다. 임희린이 경사에 이르러 자신을 친히 맞으러 나온 임금에게서 유린의 죄를 사해 준다는 명을 듣고 감사해 한다. 임한주가 임유린을 용서하지 않으려 하자 관부인이 임한주에게 여씨 모자에게 너무 가혹하게 대한다 하며 부자, 부부의 인륜을 회복하라고 명령하니 임한주가 여씨 모자를 용서해 준다. 임유린은 여씨가 개과하지 않자 일찍 죽어 죄를 씻고 싶다는 내용을 글을 지으니 여씨가 이 글을 보고 자신의 계책이 다 어그러졌음을 탄식하고 자신의 죄를 임희린에게 고백하며 뉘우친다. (권18)

임한주가 임유린을 매우 치고 임희린과 임세린은 임유린을 구호한다. 여씨가 관부인에게 가서 죄를 청하자 관부인이 여씨가 회과했음을 기뻐하고 임한주에게 부부가 화락할 것을 당부한다. 이에 임한주는 여씨를 힐끗 보고 그 사람이 달라진 데 놀라고 명에 따르겠다고 한다. 오랑캐 돌융이 반역하자 세린이 자원하나 임금이 거부하고 대신 다른 사람을 보낸다. 임한주가 비로소 여씨와 합방하니 임희린이 즐거워한다. 임희린이 주소저에게 태허 법사에게서 들은 금화공주 얘기를 하니 주소저가 그 일은 희린이 알아서 할 일이라고 대답한다. 오랑캐를 무찌르러 간 장수들이 패배하자 세린과 희린이 자원 출전해 오랑캐를 무찌르고 임유린 역시 자원해 나가 공을 세운다. 임금이 임희린 형제의 인사를 받으나 임유린은 이미 임금에게 표를 올리고 임씨 집안에 돌아간 뒤였다. 임금이 임세린을 북주백으로, 임희린을 초왕으로, 임유린을 태자소부에 임명하니 임씨 집안의 사람들이 모여 즐긴다. (권19)

임희린이 한소저와 정을 맺고 임한주에게 풍소저를 육례(六禮)로 데려오자고 하니 임한주가 관부인 잔치가 끝난 후 목영과 의논하겠다고 한다. 임금의 재촉으로 관부인을 위한 잔치를 성대하게 열고 이 자리에서 임천흥과 성계량 손녀가 정혼하고 임창흥과 설공 손녀의 혼사 이야기가 나온다. 임한주가 창흥을 특히 귀여워하니 임희린 부부가 창흥에게는 특별히 꾸짖는 일이 없다. 임희린 부부가 왕작을 받은 기념으로 사당에 헌알하고 임희린이 성부인 신위를 보고 눈물을 흘린다. 임희린이 자청해 목부에게 가 임유린의 혼사를 논의하고 택일한다. 임희린이 여씨에게 가 택일 소식을 전하니 유린이 부끄러워한다. 임희린 형제가 담소하며 즐겁게 보낸다. 임한주가 직접 혼서를 써 봉함해 목부에 보낸다. 목공은 풍소저와 부인에게 풍소저 기른 얘기를 하고, 풍소저는 임유린의 개과에 기뻐한다. (권20)

5. 가치

이화여대 도서관본을 비롯해 규장각본 등의 이본에는 다양한 갈등이 드러나 있다. 첫머리에 연왕이 조카 건문제를 폐위시키고 제위에 오르기 위해 일으킨 정난지변(靖難之變)을 소재로 하면서 효와 가문을 우선해야 할 것인가, 아니면 충성을 우선해야 할 것인가의 문제가 첨예하게 제기되어 있고 결국은 충성을 우선해야 한다는 점이 부각되어 있다.

또한 계후 갈등은 이 소설의 주된 갈등 가운데 하나다. 여씨와 임유린이 적장자 자리를 빼앗기 위해 양자로 들어와 적장자인 임희린과 그 아내 주소저를 모해하는 것이 작품 전체를 지배하고 그 과정에서 임희린의 효와 우애가 효과적으로 드러나 있다. 종법제가 확립되었을 것으로 보이는 17세기 중반 이후의 사대부가의 모습을 일정하게 형상화하면서 유교 윤리를 부각시킨 것이다. 결국 작가는 임희린의 손을 들어줌으로써 의리에 입각한 정통론적 종법제를 긍정함을 보여주고 있다.

부부 갈등은 이 작품에서 계후 갈등 못지않게 큰 비중을 차지하고 있다. 임한주와 임한규의 아들과 그 며느리들인 임희린과 주소저, 임세린과 공주·소소저, 임유린과 풍소저의 갈등이 매우 상세하게 묘사되어 있다. 특히 첫날밤이 계속 지연됨으로써 부부 사이에 벌어지는 밀고 당기기의 모습이 사실적으로 그려져 있으며 이 와중에 아내를 강간하는 모습까지 나타나 있다.

이화여대 도서관본 『성현공숙렬기』에 한해 말하면 이 본은 다른 이본의 미비점을 보완해 줄 수 있는 장점이 있고 더불어 그 자체의 이본적 특성 또한 있다. 현재 발견된 이본은 약 8종이고 이 가운데 낙질이 아닌 완결본의 형태로 되어 있는 이본은 25권 25책의 서울대 규장각본 1종이다. 그런데 이 규장각본에도 부분적으로 빠진 부분이 있는데, 이화여대 도서관본은 바로 그 미비한 부분을 보완해 주고 있다.

이에 대한 구체적인 설명에 앞서 이화여대 도서관본과 규장각본의 분권 양상을 비교해 보면 다음과 같다.

이화여대 도서관본	규장각본	비고
권1(1~112면)	권1(1~마지막76면) 권2(1~41면)	
권2(1~114면)	권2(41~마지막76면) 권3(1~71면)	
권3(1~117면)	권3(71~마지막76면) 권4(1~마지막76면) 권5(1~22면)	
권4(1~106면)	권5(22~마지막76면) 권6(1~41면)	
권5(1~109면)	권6(42~마지막76면) 권7(1~58면)	
권6(1~74면)	권7(58~마지막76면) 권8(1~61면)	
권7(1~111면)	권8(61~마지막76면) 권9(1~69면)	규장각본 권9가 부분적으로 빠져 있음

이화여대 도서관본	규장각본	비고
권8(1~118면)	권9(69~마지막 72면) 권10(1~마지막76면) 권11(1~29면)	
권9(1~120면)	권11(29~마지막75면) 권12(1~48면)	
권10(1~117면)	권12(48~마지막76면) 권13(1~68면)	
권11(1~113면)	권13(68~76면) 권14(1~76면) 권15(1~18면)	
권12(1~103면)	권15(18~마지막76면) 권16(1~38면)	
권13(1~122면)	권16(38~마지막76면) 권17(1~65면)	
권14(1~109면)	권17(65~마지막76면) 권18(1~74면)	
권15(1~106면)	권18(74~마지막76면) 권19(1~마지막76면) 권20(1~10면)	
권16(1~94면)	권20(10~마지막76면) 권21(1~19면)	
권17(1~117면)	권21(19~마지막75면) 권22(1~40면)	
권18(1~112면)	권22(40~마지막76면) 권23(1~64면)	
권19(1~118면)	권23(64~마지막75면) 권24(1~69면)	
권20(1~105면)	권24(69~마지막87면) 권25(1~12면)	이화여대 도서관본에 상당 부분이 보충됨
	권25(12~마지막73면)	이화여대 도서관본에 없음

　이화여대 도서관본이 권수는 적지만 권별로 면수가 많은 점을 고려하면 규장각본과 분량 면에서 그리 큰 차이는 없다. 이화여대 도서관본이 이본으로서 지니는 가장 큰 장점은 바로 규장각본 권9에 빠져 있는 부분이 온전하게 있다는 점이다. 규장각본 권9의 16면부터 내용상 빠져 있는 것을 발견할 수 있는데, 이 누락된 부분은 이화여대 도서관본의 권7, 44면부터 51 면에 해당한다. 이 누락된 부분에는 임유린이 멋대로 과거를 보아 급제한 것을 임한규가 알고 임금에게 그 벼슬을 갈아 줄 것을 청하는 내용과 임한주가 운남을 평정하러 가서도 집안을 걱정하는 내용이 들어 있다. 반동인물 임유린에 대한 부친 임한주와 숙부 임한규의 걱정이 잘 드러나는 부분으로서 작품에 누락되어서는 안 되는 중요한 부분이다.

　이화여대 도서관본에서는 또한 규장각본에 매우 소략하게 전개되어 있는 부분이 매우 구체적으로 서술되어 있는 부분이 있다는 특징을 발견할 수 있다. 규장각본의 권24의 뒷부분과 권25의 서두 부분은 매우 짧으나 이화여대 도서관본에는 장황하게 서술되어 있는 데다 규장각본에 없는 내용도 상당 부분 삽입되어 있다. 특히 관부인을 위한 헌수 장면이 특히 강조되어 있는데 이 장면은 집안의 분란이 완전히 종결되었음을 상징적으로 제시하고 있으므로 중요한 부분이다. 규장각본에서 자칫 의미가 약화될 뻔했던 소재를 이화여대 도서관본에는 구체적으로 제시함으로써 그 의미를 강하게 부각시켰다. 이는 장편화의 방식 면에서 볼 때에도 의미가 있다. 즉 다른 대하소설에서 집안의 어른을 위한 잔치에서 여러 자손들이 차례로 헌수하며 분량을 늘이는 방식과 그 방식이 비슷하다. 헌수 장면에 한해 본다면 이화여대 도서관본이 규장각본에 비해 대하소설의 전형적 서술 양식을 보여주기에 충분하다고 하겠다.

이화여대 도서관본에는 또 후편의 제목이 작품의 끝이 아닌 중간(권20)에 드러나 있다는 특징이 있다. 규장각본에는 작품 끝부분에 「임씨후록」을 참고하라는 대목이 보이지만 이화여대 도서관본에는 중간 부분에 보인다. 권20의 60면에 임희린 3형제 자녀의 이야기는 별전 『임후삼대정충효의현행록』에 있다고 밝혀져 있는 것이다. 실제 전하는 후편의 제목은 『임씨삼대록』이지만 제목이 유사하다는 점을 고려하면 제명이 약간 다른 점은 큰 문제가 되지 않는다. 이화여대 도서관본에 보이는 이러한 기록은 필사자의 첨기일 수도 있고, 원작가의 기록일 수도 있다. 어찌 됐든 연작이 있다는 이 언급은 이 소설이 전형적인 연작 소설임을 보여주고, 더불어 대하소설의 전형에서 벗어나지 않는다는 소설이라는 점을 역설하고 있는 표징이다. 이 작품은 대하소설 가운데 비교적 초기 작품에 해당하는 삼대록계 소설 중의 일종이다. 삼대록계 소설에는 『소현성록』·『소씨삼대록』연작, 『유효공선행록』·『유씨삼대록』연작, 『현몽쌍룡기』·『조씨삼대록』연작이 있다. 삼대록계 소설은 작품 제목이 '~삼대록'으로 끝나는 데서 유래한 명칭으로서 비록 『성현공숙렬기』에는 그러한 제목이 없으나 후편인 『임씨삼대록』에 그러한 제목이 있으므로 『성현공숙렬기』 역시 삼대록계 소설에 속한다고 말할 수 있다.

이들 소설의 특징은 후기의 소설에 비해 분량이 상대적으로 짧다는 점을 들 수 있는데 특히 연작 중 전편이 더욱 그러하다. 분량이 짧다는 것은 갈등이 상대적으로 적게 등장한다는 것을 의미한다. 실제로도 이들 삼대록계 소설은 두세 가지의 주요 갈등을 축으로 하여 전개되고 있다. 또한 이들 소설은 인물이 아직 전형화하지 않았다는 특징이 있다. 『명주보월빙』 등에는 유교 이념을 완전히 체화(體化)한 주동인물이 등장하는 데 반해 이들 작품에는 유교 이념을 강조하는 인물은 등장하나 완벽한 인물은 눈에 띄지 않는다. 삼대록계 소설에 속하는 『성현공숙렬기』 역시 위에서 언급한 특징을 지니고 있으며 다른 이본들과 뚜렷한 내용상의 차이를 보이지 않는 이화여대 도서관본 역시 이러한 초기소설적인 특징을 지니고 있다고 하겠다.

(장시광)

[색인어]
고전소설, 대하소설, 가문소설, 장편소설, 삼대록계 소설, 성현공숙렬기, 임씨삼대록, 유교이념, 임한주, 임한규, 임희린, 임세린

[참고문헌]

김종철, 「「성현공숙렬기」의 인물 형상에 대하여」, 『한국문화』 18, 서울대학교 한국문화연구소, 1996.
문용식, 「<성현공숙렬기>의 구성기교와 갈등양상」, 『국제어문』 11, 국제어문학연구회, 1990.
문용식, 「<성현공숙렬기>의 인물 형상과 작품 구조」, 『국제어문』 18, 국제어문학연구회, 1997.
박영희, 「18세기 장편가문소설에 나타난 계후갈등의 의미 – 『성현공숙렬기』를 중심으로」, 『한국고전연구』 1, 한국고전연구회, 1995.
박영희, 「장편가문소설의 명사 수용과 의미-정난지변을 중심으로」, 『한국고전연구』 6, 한국고전연구학회, 2000.
심경호, 「낙선재본 소설의 선행본에 관한 일고찰 – 온양 정씨 필사본 『옥원재합기연』과 낙선재본 『옥원회중연』의 관계를 중심으로」, 『정신문화연구』 13권 1호(통권 38호), 한국정신문화연구원, 1990.
임치균, 『조선조 대장편소설 연구』, 태학사, 1996.
조광국, 「고전소설에서의 사적 모델링, 서술의식 및 서사구조의 관련 양상 : 「옥호빙심」·「쌍렬옥소삼봉」·「성현공숙렬기」·「쌍천기봉」을 중심으로」, 『한국문화』 28, 서울대학교 한국문화연구소, 2001.
조용호, 「삼대록 소설 연구」, 서강대 박사학위논문, 1996.
조희웅, 『고전소설 이본 목록』, 집문당, 1999.

소재문

蘇齋文, 14編 / 翁方綱 著

筆寫本. — [發行地不明] : [發行處不明], [發行年不明].
1册(缺帙) : 四周雙邊 19.5×14.3cm, 有界, 10行18字,
內向白魚尾 ; 27.2×17.2cm.
書名은 表題임.

蘇齋文

1. 개요

『소재문십사편』은 중국 청대(淸代)의 유명한 금석학자(金石學者)이자 경학가(經學家)이며 서법(書法)과 시학(詩學)에도 뛰어났던 옹방강(翁方綱 : 1733~1818)의 글 14편을 뽑아 필사한 책이다. 소재(蘇齋)는 옹방강의 별호(別號) 중 하나이다. 서체(書體)나 인장(印章)으로 볼 때 필사자는 순조, 헌종 때의 문신인 권돈인(權敦仁 : 1783~1859)으로 보인다. 서문이나 발문은 없고 14편의 글만 초록(抄錄)하였다. 글의 내용은 주로 양명학(陽明學)과 고정학(攷訂學)에 관한 것들이다. 이 글들은 모두 옹방강의 문인인 이언장(李彦章)이 교간(校刊)한 『복초재문집(復初齋文集)』 권7에 실려 있다. 그러나 편차 순서는 일부 바뀌어 있다.

2. 편·저자

이 글의 저자인 옹방강의 자는 정삼(正三), 호는 서이(叙彛), 담계(覃溪), 이재(彛齋), 소재(蘇齋)라 하였다. 직예성(直隷省) 대흥(大興) 사람으로 옹희순(翁希舜)의 장자이다. 옹정(雍正) 11년(1733) 8월 16일에 태어나 건륭(乾隆) 17년(1752) 20세의 나이로 진사(進士)에 급제하였다. 그 후 여러 관직을 거친 다음 1773년에는 한림원편수(翰林院編修)가 되어 사고전서(四庫全書) 편찬에 참여하였으며, 1776년에는 문연각(文淵閣) 교리관(校理官)으로 무영전(武英殿) 선사사고서분교관(繕寫四庫書分校官)이 되었다. 이후로도 여러 관직을 거쳤고 가경(嘉慶) 원년(1796)에는 64세로 천수연(千叟宴)을 하사받았으며, 1799년에는 홍려시경(鴻臚寺卿)에 제수되었다. 1818년에 86세의 나이로 죽었다.

옹방강은 청대(淸代) 학술문화가 가장 융성했던 건륭(乾隆)·가경(嘉慶) 연간에 활동했던 학자로 경학(經學), 시학(詩學), 문헌학(文獻學), 금석고거학(金石考據學), 서법예술(書法藝術) 등의 분야에서 뛰어난 업적을 남겼다. 특히 조선(朝鮮)의 추사(秋史) 김정희(金正喜)와 사제의 연을 맺으면서 그의 학풍은 조선으로 전해졌고, 조선의 학술과 문화 흐름에 큰 영향을 끼쳤다. 저서로는 『양한금석기(兩漢金石記)』, 『월동금석략(粤東金石略)』 등을 비롯한 많은 금석학 관련 저술이 있고, 경학 관련한 저작으로는 『경의고보정(經義考補正)』 12권과 『역경부기(易經附記)』 16권, 『서경부기(書經附記)』 14권, 『시경부기(詩經附記)』 10권 등을 비롯한 제경부기(諸經附記)가 있다. 또 자신의 시론(詩論)을 전개한 『지언집(志言集)』, 경사자집(經史子集)에 관한 필록(筆錄)인 『소재필기(蘇齋筆記)』를 비롯하여 『복초재시집(復初齋詩集)』 70권, 『복초재문집』 36권 등의 시문집(詩文集)이 있다.

이 책의 필사자인 권돈인(權敦仁)은 자가 경희(景羲), 당호(堂號)는 이재(彛齋), 시호(詩號)는 소아(所雅)이다. 수암(遂菴) 권상하(權尙夏)의 5대손이고 권중집(權中緝)의 아들이다. 1813

년에 31세로 증광(增廣) 문과(文科)에 병과(丙科)로 급제하였다. 1819년에는 동지사(冬至使)의 서장관(書狀官)이 되어 청나라에 다녀왔고, 1836년에는 병조판서(兵曹判書) 재직중에 진하사(進賀使) 겸 사은사(謝恩使)로 연경(燕京)에 다녀왔다. 이후 우의정과 좌의정을 거쳐 1845년에는 영의정이 되었다. 그러나 1851년에는 신해예론(辛亥禮論)으로 관직을 삭탈당하고 낭천(狼川)에 부처(付處)되었다. 그 뒤 경북 영주(榮州)의 순흥(順興)으로 이배되었다. 1852년 유사(宥赦)되었으나, 후에 다시 충남 연산(連山)으로 유배되어 그곳에서 죽었다. 후에 신원(伸寃)되었다. 저서로 『이재집(彛齋集)』 27권을 남겼다고 하지만 현존 여부는 확인되지 않고 있다.

3. 편찬 경위

『소재문십사편』은 『복초재문집』 권7에 실려 있다. 그러나 권돈인이 이 글을 『복초재문집』 권7에서 필사했다고 할 수는 없다. 옹방강의 시집인 『복초재시집』 70권은 두 차례 판각(板刻)되었다. 첫 번째는 옹방강 생전에 판각된 66권과 그의 문인인 이언장(李彦章)이 판각한 4권이 합쳐진 것이고, 다음은 제자인 섭지선(葉志詵)이 광동(廣東)에서 판각한 70권본이다. 그러나 문집은 옹방강 사후에 판각되었다. 즉, 동치(同治) 6년(1867)에야 이언장이 어렵게 수집한 35권이 인행(印行)된다. 따라서 『소재문십사편』 14편이 『복초재문집』에서 필사한 것이 아니라는 것은 확인할 수 있다.

그렇다면 권돈인은 어떻게 해서 이 글을 필사하였을까? 권돈인이 두 차례에 걸쳐 중국을 왕래하였으므로 연행에서 교유했던 인물들을 통해 이 글을 입수했을 가능성도 있지만, 그보다는 추사(秋史)를 통해 입수했을 가능성이 높다. 추사가 평생 마음으로 교유했던 사대부 친구 중에서 가장 믿었던 사람이 바로 권돈인이기 때문이다. 추사는 옹방강을 비롯한 중국의 문사들로부터 수많은 서적들을 기증받았는데, 이들 대부분은 추사와 가까웠던 몇 사람들에게만 유통되었다. 철저하게 그 열람을 제한하였던 것이다.

그러나 권돈인만큼은 추사가 보았던 거의 모든 서적들에 대한 정보를 공유하고 있었다. 옹방강은 1816년경에 추사에게 보낸 편지에서 자신의 문집에 대해 언급하고 있다. "내가 지은 고문(古文), 서(序), 기(記), 론(論), 설(說), 제(題), 발(跋)이 쌓여서 34권이 됩니다. 그들은 초고본(草稿本)으로 심정(審定)을 기다리고 있습니다. 반드시 다시 한 통을 필사해야 하는데, 오자(誤字)를 바로잡아야만 다시 필사할 수 있습니다." 따라서 당시까지만 해도 필사가 완료되지 않은 초고본 상태임을 알 수 있다. 그러나 이 책들은 이 후 옹방강의 아들인 옹수곤(翁樹崑)이나 제자인 이언장(李彦章), 섭지선(葉志詵) 등을 통해 추사에게 전달되었고, 추사는 이들 중에서 32편을 뽑아 『복초재문존(復初齋文存)』 1책을 사정(寫定)하였다. 『복초재문존』의 현존(現存) 여부를 확인할 수 없기 때문에 『소재문십사편』이 바로 추사의 『복초재문존』에서 필사한 것인지는 확인할 수 없다. 그러나 『복초재문존』에서 전사(轉寫)한 것이 아니라 해도 섭지선 등이 추사에게 보낸 옹방강의 글을 가져다가 필사했을 가능성이 아주 크다고 할 수 있다.

4. 구성과 내용

『소재문십사편』은 옹방강의 글 중에서 주로 양명학(陽明學)을 비판하는 글과 고정(攷訂)에 관한 글을 집중적으로 뽑은 것이다. 그 중에서도 '고정론(攷訂論)'이 8편으로 다수를 차지하고 있다. 주요 내용을 보면 「독이목당원학론(讀李穆堂原學論)」, 「원학론(原學論)」, 「요강학치양지론상(姚江學致良知論上)」, 「요강학치양지론하(姚江學致良知論下)」, 「고정론상지일(攷訂論上之一)」, 「고정론상지이(攷訂論上之二)」, 「고정론상지삼(攷訂論上之三)」, 「고정론중지일(攷訂論中之一)」, 「고정론중지이(攷訂論中之二)」, 「부록여정어문평전대이군의론구초(附錄與程魚門平錢戴二君議論舊草)」, 「고정론하지일(攷訂論下之一)」, 「고정론하지이(攷訂論下之二)」, 「고정론하지삼(攷訂論下之三)」, 「리설박대진작(理說駁戴震作)」 등 14편이다. 이 글들은 1867년에 이언장(李彦章)이 교간(校刊)한 『복초재문집』에 그대로 실려 있다. 즉, 『소재문십사편』은 바로 『복초재문집』 권7과 같다는 말이다. 다만, 「부록여정어문평전대이군의론구초」라는 글이 『복초재문집』 권7에서는 맨 마지막에 편차되어 있는 점이 다를 뿐이다. 14편의 글에 대해 간략히 살펴보면 다음과 같다.

1) 「독이목당원학론(讀李穆堂原學論)」
이 글은 옹방강이 이목당(李穆堂)의 「원학론(原學論)」을 읽고 이목당의 논리를 반박한 글이다. 목당(穆堂)은 이불(李紱 : 1673~1750)의 호이다. 이불은 강서(江西) 임천(臨川) 사람으로 자는 거래(巨來), 호는 목당(穆堂)이다. 1709년 진사(進士)가 되었고, 편수(編修)를 거쳐 내각학사(內閣學士)에 이르렀다. 이후 건륭(乾隆) 초에는 호부시랑(戶部侍郎)에 제수되었다. 이학(理學)을 공부함에 있어 육상산(陸象山)과 왕수인(王守仁)을 종(宗)으로 삼았다. 저서로 『목당류고(穆堂類稿)』, 『육자학보(陸子學譜)』, 『양명학록(陽明學錄)』 등이 있다. 옹방강은 이목당이 "배운다는 것은 그 행사(行事)를 배우는 것이지 글을 찬술(撰述)하는 행위를 말하는 것이 아니며, 명물(名物)과 상수(象數)의 상략(詳略)과 차이를 말하는 것이 아니다."라고 한 것에 대해 그 말의 철저함은 주자(朱子)라도 바꿀 수 없을 것이라며 극찬하고 있다. 그러나 이목당의 이 말은 왕양명(王陽明)의 양지설(良知說)을 근거로 한 말로 주자의 『대학(大學)』 정본(定本)을 따르지 않고 있다며 그 논리를 공박하고 있다. 지행(知行)이 합일(合一)해야 한다는

말은 왕양명뿐만이 아니라 주자 역시 주장하고 있는 것으로 그것이야말로 정학(正學)인데,
이목당의 학설대로 한다면 오히려 지행(知行)이 불일치하는 결과를 초래한다며 반박하고 있
다. 이 글은 이목당의 학설을 반박하고 있지만, 사실은 왕양명의 심학(心學)을 반박하는 글이
기도 하다.

  2) 「원학론(原學論)」
  이 글은 이목당의 「원학론」을 읽고 반박하는 글을 지은 바 있는 옹방강이 학문에 대한 자
신의 학설을 주장하기 위해 지은 글이다. 여기서 옹방강은 '원학(原學)'이라는 것은 바로 '폐
학(廢學)'을 위한 것이라고 주장한다. "배운다는 것은 그 행사(行事)를 본받는 것이지, 글을
외우거나 강론(講論)하는 말사(末事)에 있는 것이 아니다."라고 하면서 "마찬가지로 예(禮)라
는 것도 중요한 것은 실천하는 데 있는 것이지, 그릇의 숫자나 전례(典禮)를 진행하는 말사
(末事)에 있는 것이 아니다."라고 주장하고 있다. 따라서 배움의 원류를 연구하는 것은 바로
그런 말사(末事) 배우기를 그만두기 위함이라는 주장을 펼치고 있는 것이다.

  3) 「요강학치양지론상(姚江學致良知論上)」
  요강지학(姚江之學, 양명학을 말함)이 주자(朱子)의 학문과 다르다는 것은 사람들이 모두
아는 것이지만, 문제는 주자와는 달리 '치양지(致良知)'의 학설을 가지고 『대학(大學)』의 '격
치(格致)'를 훈고(訓詁)하기 때문이라는 것이다. 이후 양명학이 발생하게 된 시말을 자세히
언급하며 성현(聖賢)의 깊은 뜻을 자세히 연구해 보지도 않고 자기 마음대로 새로운 학설을
주장하기 때문에 어쩔 수 없이 그 폐해를 방어해야 한다고 역설하고 있다. 그리고 그 방법으
로 고증학(考證學)을 들고 있다. 고증학이 양지학(良知學)과는 다르다는 것을 언급하면서 그
용의(用意)가 아주 순수하며 바로 주자 문인(門人)들의 학문적 정통을 잇고 있음을 강조하고
있다. 도(道)는 하나뿐이고 학문도 하나뿐이며 고증학은 바로 성현의 학문이지만, 양지학(良
知學)에는 이 고증학이 없다는 주장을 펼치고 있다.

  4) 「요강학치양지론하(姚江學致良知論下)」
  요강지학이 '치양지(致良知)'를 주장하는데, 이는 주자의 학설과 다른 것이므로 어쩔 수 없
이 변론(辯論)해야 함을 강조하고 있다. 학문을 함에 있어 문호(門戶)를 나누지 말아야 하지
만, 경학(經學)에 있어서는 불가피함도 주장하고 있다. 『대학장구(大學章句)』는 주자가 정한
것을 정본(正本)삼고 있으므로 쓸데없이 고본(古本)을 복구하자는 망언을 하지 말라는 주장
을 펼치고 있다. 바로 요강지학의 '치양지'설이 경학에 큰 폐단이 있는 것도 이 때문이라는
주장이다.

5) 「고정론상지일(攷訂論上之一)」

고정지학(攷訂之學)은 의리(義理)에 절충하는 것을 위주로 하기 때문에 숫자상으로 많기만 한 것을 좋아하거나 자질구레한 것을 좋아하는 것은 잘못된 것이며, 기이한 것을 좋아하는 것도 잘못된 것이며, 남에게 자랑하는 것도 잘못된 것이라는 주장을 하고 있는 글이다. 자랑하지 않고 기이한 것을 좋아하지 않고, 숫자상으로 많기만 하거나 자질구레한 것을 좋아하지 않으면서도 오로지 고정(攷訂)에 힘을 쏟아야만 고정(攷訂)이라 할 수 있다는 것이다. 고정(攷訂)이라는 것은 쓸데없이 의리(義理)에 대해 지껄이는 것과 상대된 말이다. 큰 것에 대해 이야기 할 때는 의리(義理)에 절충하도록 하고, 작은 것에 대해 이야기 할 때는 문세(文勢)에 절충하도록 하고 실제(實際)에 대해 이야기 할 때는 근거로 삼고 있는 본래의 곳에 절충해야 하는데, 이 세 가지가 갖추어져야 고정(攷訂)의 방법이 모두 옳게 되는 것이다. 그러나 문세(文勢) 역시 도(道)에 뿌리를 두어야 하며, 근거로 삼는 여러 서적(書籍)들도 반드시 성현을 스승으로 삼고 있어야 한다. 그러므로 고정지학(攷訂之學)은 의리에 절충하는 것을 위주로 해야 한다는 주장이다.

6) 「고정론상지이(攷訂論上之二)」

고정(攷訂)이 반드시 의리(義理)에 절충해야 한다는 것은 경학(經學)에만 해당된다는 사람들의 의견에 대해 자부(子部), 사부(史部), 집부(集部)의 서적을 연구할 때에도 해당된다는 것을 강조하는 글이다. 그 이유로 고정의 목적이 본래 그 원류를 살피는 데 있기 때문이라는 점을 주장하고 있다. 여러 예시를 들고 난 후 "무릇 고정(攷訂)이란 것은 오로지 의리(義理)에 절충하는 것을 위주로 해야 한다."는 말로 끝을 맺고 있다.

7) 「고정론상지삼(攷訂論上之三)」

고정(攷訂)이 의리에 절충하면서도 근거로 삼는 책과 문세(文勢)를 겸하여 한다는 옹방강의 주장이 고정학(攷訂學)을 포괄하는 말이긴 하지만 여기에 포함되지 않는 법첩(法帖)을 고정하는 일은 어떻게 해야 하느냐는 질문에 자신의 주장을 펼친 글이다. 끝에는 구양수(歐陽修)가 석수도(石守道)에 준 편지를 인용하며 자신의 주장을 펼친 글을 부록으로 첨부하였다.

8) 「고정론중지일(攷訂論中之一)」

고정(攷訂)의 방법에는 훈고(訓詁), 변난(辯難), 교수(校讎), 감상(鑑賞) 등이 있지만 모두 의리(義理)를 위주로 해야 함을 강조하고 있다. 왜냐하면 옛날에 입언(立言)을 했던 사람들은 모두 의리(義理)를 밝히고자 했던 것이었고, 전주(傳注)를 냈던 사람들 역시 의리(義理)를 밝히고 했을 뿐이며, 후대에 고정(攷訂)이란 것이 생겨날 것을 염두에 두지 않았기 때문이라는 것이다. 만약에 후대에 고정(攷訂)이란 것이 생겨날 줄 알았더라면 그들은 고정(攷訂)을 대비해 모든 것을 자세하게 설명했을 것이라는 주장이다. 따라서 고정의 목적도 당연히 의리를 밝히는 데 두어야 한다는 것이다.

9) 「고정론중지이(攷訂論中之二)」

경사(經史)를 고정(攷訂)하고 백가(百家)들의 이론을 정비한 사람들 중에 누가 가장 뛰어난지 묻는 질문에 대한 옹방강이 자신의 생각을 정리한 글이다. 옹방강은 이들의 순위를 매기기는 어렵지만 자신의 견문을 근거로 자세히 설명하고 있다. 결론적으로 사람들은 모두 자신만의 장점이 있기 때문에 모두가 고정(攷訂)에 매달릴 필요가 없음을 강조하고, 중요한 것은 평심(平心)하게 자만심에 빠지지 않는다면 고정(攷訂)을 하든 하지 않든 모두 폐해(弊害)는 없을 것이란 주장을 하고 있다.

10) 「부록여정어문평전대이군의론구초(附錄與程魚門平錢戴二君議論舊草)」

옹방강이 정어문(程魚門)에게 편지를 보내 전재(錢載)와 대진(戴震)의 논쟁에 대한 자신의 견해를 밝힌 글이다. 전재가 대진의 학문이 자질구레하다는 비평을 한 데 대해 옹방강은 고정학을 모르는 전재는 대진을 굴복시키지 못할 것이란 주장을 한다. 왜냐하면 훈고(訓詁)나 명물(名物)에 대한 연구는 자질구레한 것이 아니며, 학자들은 고정과 훈고를 자세히 연구한 뒤에야 의리를 강론할 수 있다고 생각하기 때문이다. 옹방강은 두 사람의 논쟁이 비록 말로 하는 것이기는 하지만 너무 과격하며 결국에는 대진의 설이 옳을 것이라고 여긴다. 그는 대진에 대해서도 비판을 한다. 성인의 도는 반드시 전제(典制)와 명물(名物)을 통해서만 깨달을 수 있다고 한 것 때문이다. 옹방강은 이에 대해 대진의 주장이 한두 가지 사안에 대해서는 해당되는 말이지만 모든 사안에 해당되는 것은 아니라며 비판한다. 옹방강은 대진과 전재가 모두 한 시대의 훌륭한 학자들이기 때문에 자신의 견해를 밝혀 학자들이 현혹되지 않도록 하려는 의도에서 이 글을 쓴 것이다. 결론적으로 옹방강은 동지(同志)들이 더욱 열심히 고정(攷訂)에 힘쓰고, 고정을 할 때에는 반드시 의리를 위주로 할 것을 주장하고 있다.

11) 「고정론하지일(攷訂論下之一)」

고정학이란 것은 어쩔 수 없이 하는 학문이기 때문에 의리를 위주로 해야 함을 주장하고 있다. 예를 들면 어떤 일에 갈래가 생기면 고정(攷訂)을 하고, 어떤 설(說)에 논난(論難)이 생기면 고정을 하고, 어떤 뜻을 제대로 파악하지 못하면 고정을 하게 된다. 만약 이러한 때에 자신의 개인적인 생각대로 일을 처리하게 되면 상황이 더욱 악화되기 때문에 고정을 하는 것이다. 결국 고정이란 것은 엉클어진 실타래를 잘 푸는 것과 같은 것이다. 따라서 고정학은 자신의 마음을 평화롭게 하고, 자신의 기(氣)를 잘 기르며 점점 학문의 나루를 묻는 데로 나아갈 수 있게 되는 것이다. 고정학은 의리를 위주로 해야 함을 다시 강조하고 있다.

12) 「고정론하지이(攷訂論下之二)」

고정가(攷訂家)가 갖추어야 할 세 가지 요건에 대해 말하고 있다. 즉, 고정가는 ‘다문(多聞)’, ‘궐의(闕疑)’, ‘신언(愼言)’의 세 가지를 갖추어야 제대로 고정할 수 있음을 강조하고 있다. 이 세 가지에 대해 예시를 들어가며 각각 자세히 설명하고 있다.

13) 「고정론하지삼(攷訂論下之三)」

고정(攷訂)이란 것은 ‘정증(訂證)’의 ‘정(訂)’이지 ‘단정(斷定)’의 ‘정(定)’이 아니라는 것을 강조하고 있다. 즉, ‘고정(攷訂)’이란 것은 증거를 가지고 어떤 사안을 연구한다는 의미이지 단정한다는 의미가 아니며, ‘고정(考定)’이란 것은 성철(聖哲)들이 하는 것이지 감히 학자들이 할 일이 아니라는 것이다. 오늘날에 살면서 옛날의 전제(典制)나 명물(名物)을 단정하는 것은 망녕된 짓이고 세상을 속이는 일이기 때문이다. 이와 관련된 예시를 들어가며 자신의 주장을 펼치고 있다.

14) 「이설박대진작(理說駁戴震作)」

이설(理說)을 가지고 대진(戴震)을 논박(論駁)하는 글이다. 옹방강은 대진이 고정(攷訂)을 일삼지 않고 성도(性道)를 이야기 하여 정자(程子)와 주자(朱子)의 학설과 다른 주장을 내세우려 하고 있는 사람으로 규정하고 있다. 또한 ‘리(理)’에 대한 이야기를 하며 송유(宋儒)들을 비방하고 있는데도 자신의 문집에까지 실었다고 주장한다. 이어서 대진이 인용한 경전 중에서 가장 현저한 두 가지를 지목하여 집중적으로 반박하고 있다. 결국에는 대진이 문리(文理)도 통하지 못한 사람이라는 비판까지 서슴지 않고 있다.

5. 서지적 특성

이 책의 표제는 ‘소재문십사편’이며 내제(內題)는 없다. 서문이나 발문 역시 따로 없다. 서미(書眉) 중간 중간에는 10여 종 50여 방의 인장이 찍혀 있다. 즉, ‘동국(東國)/유생(儒生)’(백문방인), ‘오색(五色)/과지(瓜地)’(주문방인), ‘유여(留餘)’(주문장방인), ‘이수(彝叟)/장(章)’(주백상간방인), ‘우염(又髯)’(백문장방인), ‘우염(又髯)/도인(道人)’(주문방인), ‘목송(目送)/비홍(飛鴻)’(백문방인), ‘애화(愛畵)/골수(骨髓)’(백문장방인), ‘지재(只在)/노화(蘆花)’(주문장방인), ‘여차(如此)/석(石)’(백문방인), ‘고색(古色)/시문(柴門)’(백문방인), ‘촌전(寸田)/척택(尺宅)’(즈백상간방인) 등의 인장이 서미(書眉) 곳곳에 찍혀 있다. 이들은 모두 이재(彝齋) 권돈인(權敦仁)의 별호(別號)이거나 그가 사용하던 한장인(閑章印)으로 보인다. 동일한 인장을 서미에 여러 번 찍어 본 것으로 보아 소장인으로 찍었다기보다는 새로 마련한 인장을 시험 삼아 찍어보았던 것으로 보인다. 서체(書體) 역시 권돈인의 것으로 보인다. 1840년에 권돈인이 쓴 권상하의 묘갈명(墓碣銘) 글씨와 유사한 점 역시 이를 뒷받침하고 있다. 특히 표제 글씨는 추사체를 닮은 권돈인의 전형적인 글씨이다. 종이는 중국산 죽지(竹紙)이고 사침안정법(四針眼定法)으로 장황하여 형태적으로 당시 청대풍의 형태를 띤 소형의 사본이라고 할 수 있지만, 표지에는 능화문[卍字紋]이 있다.

6. 가치

『소재문십사편』은 청조의 대유(大儒) 옹방강의 저작 일부를 필사한 책이다. 따라서 얼핏 보아서는 단순히 청대(淸代) 문사의 저작 몇 편을 필사한 책에 불과할 것으로 생각할 수도 있다. 그러나 이 책에서 몇 가지 중요한 가치를 발견할 수 있다.

첫째, 『소재문십사편』은 고증학의 핵심 교재이다. 옹방강은 일찍이 초정 박제가와 교유하였고, 추사 김정희와 사제의 연을 맺으면서 19세기 초 조선 학술계에 큰 영향을 끼친 인물이다. 특히 추사로 대표되는 고증학(考證學)은 당시 가장 새로운 학문으로서 많은 학자들의 관심이 집중되었다. 하지만 고증학에 뛰어났다고 하는 추사조차 변변한 고증학 저술을 남기지 못했고, 또 옹방강으로부터 전해 받은 글 32편을 모은 『복초재문존(復初齋文存)』 역시 현존 여부가 확인되지 않고 있다. 따라서 『소재문십사편』은 당시 고증학의 수용 행태를 가장 정확히 보여주는 책이라 할 수 있다. 19세기 북학파 지식인들이 이해한 고증학의 모습을 살필 수 있는 중요한 자료이다.

둘째, 『소재문십사편』은 권돈인의 친필사본으로 추정된다. 권돈인은 추사와 가장 가까운 친구였고, 추사의 가장 든든한 후원자였다. 문집으로 『이재집』 27권이 있었다고 하지만 현존 여부를 알 수 없다. 그의 편지나 서첩이 일부 전하고는 있지만 그의 친필 서책은 알려진 바가 없다. 이 책이 유일한 것으로 보인다.

셋째, 『소재문십사편』의 서미에는 10여 종 50여 방의 권돈인 인장이 찍혀 있다. 대부분 알려지지 않은 것들이다. 이 글이 1840년을 전후하여 필사된 것으로 추정할 때, 당시 권돈인 인장의 기준이 될 수 있다는 면에서도 의미가 있다.

(박철상)

[색인어]
옹방강, 권돈인, 김정희, 고정, 고증학, 양명학

[참고문헌]

권창중 발행, 『문암동유초(門巖洞遺草)』, 대흥기획, 1991.

등총린(藤塚鄰) 저, 박희영 역, 『추사 김정희 또 다른 얼굴』, 아카데미하우스, 1994.

翁方綱 纂, 吳格 整理, 『翁方綱纂四庫提要稿』, 上海, 上海科學技術文獻出版社, 2005.

소현성록

蘇賢聖録

筆寫本. ― [發行地不明] : [發行處不明], [發行年不明].
15卷15冊 : 無界, 行字數不定; 32.8×21.0cm.
본전 별전.
한글본임.
권1-권4는 '소현성록' 으로, 권5-권15까지는 '소시삼디록'
또는 '별뎐 소시삼디록' 이나 '별뎐 삼디록' 으로 표기됨.

고서/고서811.31

蘇賢聖録

1. 개요

『소현성록』은 17세기에 창작되었을 것으로 추정되는 작자 미상의 한글소설이다. 이화여대 도서관본 『소현성록』은 한글 필사본으로, 15권 15책으로 되어 있으며, '본전(권1~권4)'과 '별전(권5~권15)'이 완비된 완질본이다. 권5 마지막에 표기되어 있는 것처럼 '다음 회(回)로 회를 나누었으니 이를 보면 알 것이다.'와 같은 서술자의 언급이 있는 경우도 있지만, 회장체 소설은 아니다. 『소현성록』은 17세기 조선의 유교적 가부장제 강화 및 가문 수호에 대한 관심이 반영된 작품으로, 여러 이본 중 이화여대 도서관본은 특히 풍부하고 섬세한 묘사를 통해 등장인물들이 생동감 있게 형상화되어 있다. 이화여대 도서관본 『소현성록』은 현재 남아 있는 이본들 중 가장 선본(先本)이자 동시에 선본(善本)으로 인정되는 이본이다.

2. 편·저자

작자 미상, 필사자 미상이다.

3. 필사 경위

이화여대 도서관본 『소현성록』에는 필사기가 없어서 필사년도나 필사 경위를 추정할 만한 단서가 미약하나, 필사 상태 및 제본 상태는 양호하다. 필사는 가지런한 궁체로 되어 있는데 다만 15권의 경우는 글씨체가 거칠어진 부분들이 있다. 그리고 글자가 잘못되었거나, 필사할 때 내용이 빠졌거나 중복 서술되었을 때에는 붉은 글씨로 수정을 가한 흔적이 남아 있다. 이런 가필의 흔적은 본전보다 별전에서 더 많이 눈에 뜨인다.

4. 구성과 내용

이화여대 도서관본 『소현성록』은 15권 모두 겉표지 왼쪽에 한문으로 된 "蘇賢聖錄 卷之 ○"이라는 표제가 붙어 있다. 그런데 내부 표제를 보면 권1부터 권4까지는 '소현성록'으로, 권5부터 권15까지는 '소시삼디록'(혹은 '별뎐 소시삼디록'이나 '별뎐 삼디록')로 되어 있어 그 두 개의 작품이 합해져서 한 작품으로 받아들여졌음을 알 수 있다. 각 권의 제목은 각권 시작 부분에 한글로 적혀 있다. 겉표지와 내부 표제를 확인해 본 결과, '소현성록'은 이 작품 전체를 아우르는 명칭이면서 동시에 권1부터 권4까지의 이야기를 가리키는 호칭으로 쓰였음을 알 수 있다. 이화여대 도서관본은 권4까지를 '본전(本傳)'으로, 그 이후를 '별전(別傳)'으로 지칭하여 분명하게 나누고 있는데, 『소현성록』의 여러 이본 중 '소씨삼대록'이라는 작품명이 분명하게 나타나는 이본은 이화여대 도서관본이 유일하다. 이화여대 도서관본 『소현성록』은 '소씨삼대록'의 존재를 분명하게 확인해 준다는 점에서도 의미가 있다. 『소현성록』 본전은 소현성과 그 부인들의 이야기가 주를 이루고, 별전은 소현성의 여러 아들들과 그 부인들의 이야기가 주를 이룬다.

이화여대 도서관본 『소현성록』은 본격적인 서사가 시작되기 전에 소설 창작의 경위를 적은 '소승상 본전 별서'가 있고, '본전'과 '별전'이 제시된 후, 마지막 부분에 이 작품이 전해지게 된 경위를 적은 '유문성자몽유록'의 순서로 구성되어 있다. '소승상 본전 별서'는 송대의 실존인물이었던 조종(曹琮)과 여이간(呂夷簡) 두 인물이 천자의 명에 의해 승상 소현성의 인물전을 기록했다는 내용으로, 마치 소현성이 실재했던 역사적 인물인 것처럼 서술하고 있다. 그러나 소현성과 그 가문의 사적은 모두 허구이며, 송나라가 배경인 이 작품은 당대의 역사적 인물들을 배치하여 서사의 배경을 구축하고 본격적인 이야기는 허구적 인물들을 만들어서 서사를 전개시키는 방식을 취하고 있다. 이 작품의 창작 동기를 밝히는 '소승상 본전 별서' 역시 허구이다. '유문성자몽유록'은 명나라 개국공신 문성공(文成公) 유기(劉基)가 자운산을 유람하다가 『소현성록』을 발견하여 이 작품이 전해지게 되었다는 내용을 담고 있는데, 이역시 허구로서 사실성을 높이려는 소설적 장치에 해당한다.

작품의 내용을 권별로 정리하면 다음과 같다.

1권 : 1권은 송나라 인종황제가 소현성의 행적을 기리기 위해 전을 지으라고 명했다는 내용의 '소승상 본전 별서'와, 본격적인 서사가 시작되는 '소현성록 권지일'로 되어 있다. 권지일은 변경 남문 밖 자운산에 사는 소광이란 처사는 8대 독자인데도 자식이 없다는 내용으로 시작한다. 양부인은 남편 소광에게 첩을 얻으라고 권하여 석파, 이파 두 첩이 들어왔으나 첩에게서도 후사가 없는 가운데 양부인이 연이어 두 딸(장녀 월영, 차녀 교영)을 낳는다. 그 후 소광 부부는 자운산 선인(仙人)에게 백옥을 받는 태몽을 꾸고 양씨가 잉태했는데, 7달 후 소처사가 병으로 죽고 양부인은 14개월 만에 소현성을 낳는다. 장녀 월영은 참정 한경현과, 차녀 교영은 상서복야 이기휘의 아들 이생과 혼인한다. 이복야 집안이 역적으로 몰려 교영의 시아버지와 남편은 죽고 교영은 서주로 유배를 가게 되는데, 양부인은 유배길에 오르는 딸에게 정절을 지킬 것을 당부했다. 소현성은 과거를 보라는 모친의 명에 따라 과장(科場)에 나아갔다가 장원으로 합격한다. 교영은 유배지에서 유장이라는 남자를 만나 정을 통했는데 이복야가 사면되어 자운산으로 돌아오게 되지만 사통한 행실이 드러나자 양부인은 가문의 명예를 위해 교영에게 독주를 내려 죽인다. 소현성에게 청혼이 쇄도하나 그는 오직 수신(修身)에만 힘쓰다가 평장 화현의 딸과 혼인하는데, 모든 사람이 신부의 외모가 신랑에게 미치지 못한다고 애석해 한다. 그 후 소현성이 순무어사로 나갔다가 윤평장의 딸 윤소저의 억울한 사정을 듣고 결의형제한 후 윤소저를 친구 유기와 혼인시킨다. 화씨가 장남을 낳았지만 석파는 소현성에게 석상서의 딸을 재취로 들이라고 권하고, 소현성은 거듭 거절한다.

2권 : 소현성은 화씨가 병들어도 찾지 않다가 어머니의 권유에 따라 화씨에게 가서 여자의 행실을 가르치니 화씨가 뉘우친다. 화씨가 둘째 아들을 낳은 후 부부 사이가 좋아졌다. 석파가 말미를 얻어 친정인 석부로 가 있는 동안 소현성이 상서가 되어 석상서에게 인사 온다. 석파는 꾀를 내어 소현성과 석소저가 서로 만나도록 하고, 석상서는 소가에 청혼한다. 재취를 얻을 명분이 없다고 여기던 양부인은 화씨가 질투하는 것을 보고 허혼하게 되고 투기를 바로잡기 위해 화씨에게 소현성의 혼례복을 지으라고 시킨다. 소현성은 석씨가 어리다고 여겨 장성할 때까지 잠자리를 같이 하지 않다가 시간이 지나 동침하여 아들을 얻는다. 소씨 집안 여자들이 모인 자리에서 석파가 석씨를 칭찬하자 화씨가 성을 내고, 마음이 불편해진 석씨는 친정으로 간다. 그러나 소현성은 석씨를 찾지 않는다. 추밀사 여운이 황제를 통해 소현성에게 중매를 하는데, 셋째 부인 여씨는 얼굴은 아름다우나 마음이 바르지 않은 사람이었다. 소현성은 세 부인에게 공평하게 대했으나 여씨는 두 부인으로 인해 자신이 사랑을 받지 못한다고 여겨 화씨와 석씨를 없앨 계교를 찾는다.

3권 : 여씨는 음모를 꾸미며 양부인 처소에 석씨 필체로 된 편지를 숨겨 두었으나 양부인은 이를 태워버리고 모른 척한다. 그러자 여씨는 양부인 생일날 석씨가 마련한 음식에 독을 넣었는데 양부인은 이 또한 조용히 버리고 덮어두지만 이를 알게 된 소현성이 석씨를 멀리한다. 여씨는 개용단을 구해 먹고 석씨와 화씨의 모습으로 변해 소현성에게 음란하게 구니, 소현성이 노하여 석부인은 친정으로 가게 되고, 화부인은 냉대를 받는다. 벗들을 통해 개용단에 대해 알게 된 소현성은 여씨를 의심해 죄를 밝히고 여씨를 쫓아낸다. 그동안 석부인은 친정에서 아들을 낳게 되고 소현성에게 노한 장인은 딸을 시집으로 돌려보내지 않았는데, 소현성이 병이 났다는 소식에 석부인이 마음을 돌이켜 가서 소현성을 간호한다. 병이 나은 소현성은 강주안찰사로 나가는데 개용단을 만든 조화진인에 대해 알게 되어 찾아가서 개용단을 모두 없애버린다.

4권 : 태학사에 임명된 소현성이 길에서 걸식하던 도인을 만나는데 그 도인은 칠성검을 주며 이 칼의 주인을 낳게 될 것이니 잘 보관하라고 한다. 소현성의 문명(文名)이 높아가던 중 태종황제가 태조의 태자인 덕소(德昭)를 죽이는 사건이 일어나자 소현성이 이를 한탄한다. 또 소현성은 산에 갔다가 귀신과 지네의 장난을 만나게 되는데 그것들을 꾸짖어서 물리치기도 한다. 화부인이 5자 2녀, 석부인이 5자 3녀를 낳는다. 양부인의 아버지 양참정이 죽자 양부인이 삼년상을 치르고, 양부인의 남동생인 양상서의 아들 양현이 급제하여 잔치를 베푸는 자리에 소씨가의 부녀자들이 참석하여 잔치를 즐겼다. 걸식하던 단생의 빼어남을 본 소현성은 그를 열 아들의 스승으로 삼았는데, 단생은 셋째 아들 운성이 협기로 이름을 낼 것이라고 한다. 우연히 위승상 댁에서 부친의 초상을 얻은 소현성은 이를 사당에 봉안하고, 나라에서는 양태부인, 화씨, 석씨에게 직첩을 내리고 연회를 베푼다. 소현성이 잠시 집을 비운 사이, 가사일로 집사 이홍과 화씨가 다투고, 집에 돌아온 소현성은 화씨에게 여자의 도리에 대해 가르친다. 권4 마지막에는 본전을 마무리하면서, 소현성이 80살이 넘어 죽고 두 부인들 또한 죽으며 자손이 번성한다고 하면서 『소씨삼대록』으로 이어질 것이라는 언급이 있다.

5권 : 여기서부터 『별전 소씨삼대록』이 시작한다. 승상 소현성이 10자 5녀를 두었는데 모두 빼어나 널리 혼처를 구했다. 장자 운경은 위승상의 딸 위소저와 정혼하지만 위소저의 계모 방씨는 전처 자식들을 미워한다. 위공이 죽자 방씨는 전처 소생의 두 아들을 죽이려고 계교를 꾸미지만 실패하고, 딸인 위소저는 다른 이에게 첩으로 주려고 한다. 이에 위소저는 남자 옷을 입고 자운산으로 찾아가다 길을 잘못 들어 도관에 머무르게 된다. 도관에 들른 소운경이 위소저를 만나 전후 사실을 승상에게 고하니, 위소저는 강정 윤부인(월영) 댁에서 삼년상을 지낸 후 운경과 혼인하게 된다. 둘째 아들 운희는 강한림의 딸과 혼인하고, 석씨가 삼태성을 삼키는 꿈을 꾸고 난 셋째 아들 운성은 재주가 뛰어나다. 석파가 장난으로 운성의 팔에 앵혈을 찍자 운성은 이를 없애고자 석파의 조카인 소영을 겁탈한다. 그 후 운성은 형참정 댁에 갔다가 형소저를 보고 반해 상사병이 들고 석참정의 도움으로 혼사를 이룬다. 그리고 소영은 첩으로 삼았다. 소승상은 과거 보는 것을 허락하지 않았으나 운성은 양부인을 졸라 과거에 응시하여 장원급제하고 다른 아들들도 과거에 합격한다. 넷째 운현은 조씨와 혼인하고, 다섯째 운몽은 홍씨와 혼인한다. 어느 날 여러 아들들이 창기와 노는 것을 본 소승상은 그들을 매질하여 깊은 곳에 가두고, 수개월이 지나서 양부인의 청을 들어 여러 아들들을 풀어주니 이후 아들들은 근신한다. 형씨가 흉몽을 꾸고, 대궐에 들어간 운성은 천자의 명에 따라 시를 썼다.

6권 : 그때 명현공주가 몰래 운성을 보고 반하여 방울을 던져 마음을 표시하고 천자를 움직여 부마 간택령을 내려달라고 한다. 이에 승상과 운성이 불가하다고 하자 황제가 승상을 옥에 가둔다. 운성이 아버지를 구하기 위해 천자의 명을 따르니 천자는 형씨를 조강지처에서 폐하고 친정으로 돌려보내라고 한다. 형씨는 냉정히 친정으로 돌아가지만 운성은 형씨에 대한 정으로 괴로워한다. 소씨 집안 식구들은 사치스럽고 교만한 공주를 멀리한다. 운성은 양부인과 승상의 권유에 못 이겨 공주를 찾으나 화해하지 못하고, 청주자사가 보낸 창기 열 명과 즐긴다. 이를 안 공주가 창기를 엄하게 다스려 내쫓은 후 황제에게 고하나 황제는 부마의 사정을 듣고 공주를 꾸짖는다. 여섯째 아들 운의가 유씨와 혼인한다. 운성은 지속적으로 공주를 무시하는 한편 형씨에게 편지를 보내고 찾아가지만 형씨의 독촉에 못 이겨 자운산에 돌아와서는 상사병에 걸린다. 이 일을 안 공주는 운성을 냉대한다. 승상이 운성의 상사병을 꾸짖으나 운성의 병은 위급해져 가고, 이 사정을 알게 된 팔왕이 황제에게 고하여 형씨를 둘째 부인으로 삼게 한다. 그러나 승상은 형씨에게 화가 미칠까 염려하여 형씨를 소가로 부르지 않았는데 운성의 병이 위중해지자 양부인이 형씨를 부르게 한다.

7권 : 형씨가 돌아오자 운성의 병은 나았는데, 공주는 운성이 자신을 계속 냉대하자 황후에게 글을 올려 형씨를 자기 처소로 데려간다. 승상은 형씨만 찾는 운성에게 매질을 하고, 이 모든 것이 자기 탓이라고 생각한 형씨는 자살을 시도하나 운성이 형씨를 살려낸다. 운성은 매 맞은 자리로 인해 병이 난다. 월영은 형씨에게 자신의 불행한 결혼 생활을 이야기하며 위로하고, 운성은 병이 낫자 형씨와 화해한다. 공주는 운성이 볼 때만 형씨를 후대하는 척한다. 형씨는 운성에게 공주에게 잘 대해 주라고 하나 운성은 거절하고 임금에 대한 불만을 토로하는데, 이를 들은 공주는 앙심을 품고 형씨를 못에 빠뜨려 죽이려 한다. 그러나 그때 운현이 나타나서 실패한 공주는 궁으로 가서 부마, 형씨, 운현 등이 자신을 비난한다고 고한다. 황제가 운성을 하옥시키고, 운현은 파직하고, 형씨는 입궐하게 한다. 형씨의 인품을 보게 된 황후는 형씨를 죽이지 않고 궁에 가둔다. 천자가 운성을 죽이려고 하자 형씨가 혈서를 올려 간하고, 이를 본 황제는 형씨의 열(烈)에 감동하여 운성을 살려주니 운성과 형씨는 자운산으로 돌아온다. 공주궁에서 여러 괴로움을 당하던 형씨가 병들자 형부에서 데려간다. 형부로부터 형씨가 죽었다는 소식이 오지만 양태부인과 소승상은 이것이 형가에서 거짓으로 꾸민 일임을 눈치 챈다.

8권 : 형씨가 해산을 하고 조정에서 형공을 만난 승상은 이 사실을 알았지만 운성에게는 알리지 않는다. 운성은 문상하러 형가에 갔다가 형씨가 살아있는 것을 알고 그 집에 머문다. 승상은 그런 운성을 혼내고, 형참정은 부마로 인해 화가 미칠 것을 염려하여 형씨를 데리고 고향으로 내려가니 운성은 상사병에 걸린다. 운현이 구주에 어사로 내려가게 되자 운성은 형씨를 찾아보라고 당부한다. 이에 운현은 짐짓 승상의 명이라고 하며 형씨를 데리고 와서 강정 윤부인 댁에 머물게 하고, 운성은 윤부인 댁을 자주 찾는다. 공주는 소무신의 비방으로 운성의 사랑을 얻으려 했지만 소용이 없자 아예 운성을 죽이고자 한다. 그러나 승상이 운성을 구하고 소무신을 죽인다. 공주는 또 회심단을 구했으나 얻지 못하고, 양부인에게 비아냥거리다가 결국 꾸중을 듣는다. 운성과 운현이 형씨를 몰래 데려오는데 이를 안 승상은 두 아들을 매질한다. 황후가 황제에게 참소하여 형참정은 멀리 유배보내고 형씨와 두 아들에게는 사약을 내린다. 이에 승상이 공주의 죄를 고하고 황제와 황후는 공주를 꾸짖어 자운산으로 돌려보낸다. 그래도 공주가 굽히지 않고 양부인과 승상을 욕하자 승상은 공주를 가두고 황제에게 공주의 잘못을 고하니 황제가 법대로 다스리라고 허락하면서 팔왕을 보내어 회유한다. 승상은 모친을 욕한 것은 절대 용서할 수 없다고 하지만, 공주가 한상궁의 도움으로 부마와 양부인에게 사과 편지를 보내니 양부인이 승상에게 용서하라고 한다. 공주가 병들자 운성이 문병 가는데 이때에도 공주는 운성을 욕하며 죽이려 한다. 결국 공주는 외로이 죽었는데 보니 앵혈이 여전하였다. 황제가 부마의 직첩을 회복시켜 주고, 형씨는 다시 원비 직첩을 받고, 형참정은 복직된다. 승상은 석파의 희망에 따라 소영을 자운산에 데려오는 것을 허락한다.

9권 : 운성이 승상에게 칠성검을 가져가니 승상은 운성의 것이라고 말해준다. 유람을 떠나게 된 운성은 도중에 악한 호랑이와 요괴를 퇴치하고, 할아버지 소광의 시를 얻는다. 또 부녀를 겁간하려는 도적 무리를 물리치고, 오악신 역시 물리쳤으며, 억울한 선비를 구해준다. 돌아오던 길에 한 노인이 자신의 딸이라고 부탁한 구미호를 자운산에 데려오는데, 승상은 그것이 구미호임을 알아보고 죽인다. 운성이 형씨의 사치를 못마땅하게 여겨 다툰 후 소영만 찾자 소영이 피한다. 이에 운성이 노하여 소영을 죽이려 하자 석파가 소영을 숨긴다. 우여곡절 끝에 운성은 형씨와 잘 지내고, 형씨와 소영은 아들을 낳는다. 일곱째 아들 운숙은 성소저와 혼인하나 성씨의 성질이 편협하니, 승상이 석부인에게 잘 가르치도록 하여 집안이 편안해진다. 여덟 번째 아들 운명은 임숙보의 딸과 혼인하지만 신부가 추녀라서 신방에도 가지 않는다. 그러나 승상은 검소하고 현명한 임씨를 인정하여 대대로 전해 오던 책을 그녀에게 물려준다. 태종황제가 죽고 진종황제가 보위에 오른다. 운명은 임씨의 시권(詩卷)을 보고 그 재주에 감탄하여 잘 지내게 되고, 운숙과 운명은 과거에 급제한다.

10권 : 운명이 어사로 나갔다가 이생을 만나 의형제를 맺는데, 이생은 실은 부모를 잃고 남장을 한 채 시비 춘앵과 떠돌던 이옥주였다. 경사로 돌아오던 중 운명은 이생이 여자인 것을 알게 된다. 운명과 이씨가 자운산에 오자 승상은 이씨가 여자인 것을 알아차리고, 이씨의 배필을 구하려다 그녀가 이미 운명과 약속한 사실을 알게 된다. 승상은 운명을 매로 다스린 후에 그녀와 혼인시켰고, 임씨와 이씨는 서로 잘 지낸다. 이씨는 운명과의 운우지락을 거절하여 앵혈이 그대로 있다. 승상과 열 명의 아들이 조정 잔치에 간 사이에 여승이 와서 이씨의 관상을 보고 임씨는 소가를 빛낼 것이지만, 이씨는 지아비와 떨어져 있어야 서른 살을 넘길 수 있다고 한다. 자운산에 돌아온 승상이 양부인에게 불교를 숭상하지 말라고 간한다. 양부인은 이씨를 자기 처소에 머물러 두고 운명과 만나지 못하게 한다. 운성이 여승을 집에 들인 시녀를 질책하자 양부인이 노한다. 승상은 운성을 치죄하고 양씨는 운성을 매질했으며, 이씨는 계속하여 운명을 피한다. 유학사의 딸이 진종비 장헌명숙황후가 된다. 정참정이 운명을 사위삼고 싶어 정귀비를 움직이니, 황제가 운명과 정소저를 주혼하고, 이씨는 꿈에 자기를 죽이려던 여자가 정씨인 것을 보고 놀란다. 운남국이 반란을 일으키자 소승상이 출정하기로 한다.

11권 : 승상은 운성을 데리고 전쟁터로 가고, 양부인은 강정으로 가면서 집안일을 화부인에게 맡기는데 화부인은 가사를 잘 다스리지 못한다. 그 사이 운명은 화씨를 움직여 이씨와 같이 지낸다. 운성은 전쟁에서 기습작전을 펴서 적의 기선을 제압하고, 승상은 인(仁)으로 적을 대하여 항복을 받는다. 운성은 적국의 왕비 팽환과 재주 겨루기에서 이겨 모든 싸움을 종식시키고 화평을 이루는데, 운성을 유혹하다가 거절당한 팽환은 오히려 운성이 자신을 겁탈하려 했다고 모함한다. 이에 승상이 운성을 죽이려다 사실을 알게 되어 용서하고, 운성은 승상의 만류에도 불구하고 팽환을 죽인다. 한편 자운산에서는 정씨가 음모를 꾸며 이씨가 성생과 사통하여 잉태한 것처럼 속이니 운명은 이씨를 의심하여 죽여야겠다고 생각한다. 운명이 이를 양부인에게 아뢰자 양부인은 승상이 돌아올 때가지 기다리라고 한다. 화부인은 양부인에게 무례한 편지를 보내니 양부인이 노하여 원비 직첩을 석부인에게 주겠다는 답장을 보낸다. 월영이 화부인의 죄를 깨우치니 화부인이 뉘우치고 양부인에게 사죄 편지를 올린다. 정씨는 거듭 이씨를 죽이려다 실패하고 이로 인해 이부인에 대한 경계가 심해진다. 형씨는 화부인의 차별 대우로 헌 옷을 입고 지내니 운현이 이를 보고 노한다. 이씨가 아들을 낳았는데 운명이 자신의 아들이 아니라며 죽이려 하자 모두 말린다. 정씨는 장쇠를 시켜 또 이씨를 죽이려 하나 운명에게 들켜 장쇠는 옥에 갇히고, 승상이 돌아온다는 소식이 온다.

12권 : 황제가 승상에게 충효문을 내린다. 승상은 강정에 가서 양부인을 만나고, 집에 돌아와 가족들과 재회한다. 석파의 초라한 모습을 본 승상은 화씨의 잘못을 알게 되고, 모친 화씨의 잘못을 간하지 않은 운경을 꾸짖는다. 또 정씨의 잘못을 밝혀내고 운명을 혼낸 후 정씨를 쫓아낸다. 황제는 석씨를 정숙현덕부인에 봉한다. 그 후 운명은 민씨, 주씨, 부씨, 요씨 네 부인을 더 얻어 여섯 부인을 둔다. 아홉 번째 아들 운변은 석소저와 혼인하고, 열 번째 아들 운필은 구승상의 손녀와 혼인한다. 승상은 화부인을 찾지 않다가 화부인이 병들자 월영과 양부인의 권유로 화해한다. 이부인이 병을 앓자 승상이 기도하여 단명함을 면하게 한다. 승상은 창기와 노는 것을 경계하여 상소를 올려 창기의 누각을 폐하고 금주령을 내린다. 소승상의 장녀 수정은 성준과 혼인하고 차녀 수옥은 유생과 혼인한다. 셋째 딸 수아는 승상의 문하생 정화와 혼인하지만 투기가 많다. 승상은 수아를 꾸짖어 정생과 함께 시가로 보내면서, 정생에게 옥환(玉環)과 순금 서진(書鎭)을 준다. 후에 정화의 딸과 설경윤이 혼인할 때 답례 예물에 옥환을 넣는 이야기가 『수제 옥환빙』에 있다. 수아의 투기가 경사에까지 알려지나 고치지 못한다. 넷째 딸 수빙은 재주가 뛰어나다. 예부상서 김희는 환과 현 두 아들을 두었는데, 현이 운현을 만나러 자운산에 왔다가 수빙의 초상화를 보고 상사병에 걸린다. 승상이 현의 병을 고치기 위해 이미 취씨를 부인으로 둔 현과 수빙과의 혼인을 허락하나 석부인은 기뻐하지 않는다. 취씨는 김현과 수빙을 미워하지만 수빙은 집안일을 잘 다스린다.

13권 : 취씨와 현은 계속 불화하고 시어머니 왕부인은 수빙을 깊은 곳에 가둔다. 김환의 참소로 현은 내당에 갇히지만 여전히 왕부인에게 순종한다. 환은 과거시험장에서 자신의 글이 아니라 현이 대신 써준 글을 내지만 승상이 현의 글씨를 알아보는 바람에 현이 장원으로 뽑혀 순무어사로 나가게 된다. 환이 취시랑, 위시랑과 짜고 수빙이 음란한 행동을 했다고 관에 모해하여 죽이려 하다가 운성에게 발각되어 둘은 삭탈관직되고 김환은 귀양 간다. 운성은 수빙을 자운산으로 데려오고, 현은 취씨를 내쫓고 승상에게 환을 풀어달라고 애걸하니 승상이 환을 용서한다. 김현은 수빙을 집으로 데려오려 하지만 수빙이 김환과 한 집에 있을 수 없다고 거절하니, 현과 왕부인은 자운산에 와서 거처한다. 김환은 개과하고, 취씨는 부모가 죽은 후 경사에 왔다가 운숙에게 잡혀 자운산에 오게 된다. 현은 취씨의 악행을 꾸짖으나 수빙은 그녀를 조강지처의 예로 대접한다. 현은 여전히 취씨를 인정하지 않는데 왕부인이 술 취한 현을 속여 취씨와 동침하게 하니 취씨가 아들을 낳는다. 수아는 정환을 낳을 때 천상에서 옥환 한 쌍을 보내주는 꿈을 꾼다.

14권 : 운성이 장헌명숙황후의 아들인 태자의 스승이 되고, 태자비 간택에 곽소저, 양소저, 소소저가 오른다. 소소저는 석씨의 딸 수주로, 인종황제의 정궁 선인황후가 되었다. 곽승상이 뇌물을 써서 곽후가 간택되었는데 곽후는 투기가 심해 인종황제는 양귀비와 소귀비를 보지도 못한다. 황제가 우연히 곽후의 투기로 인해 고통을 겪는 소귀비를 만난 후 사랑이 더하게 되고, 잔치를 열어 소가 식구를 초대해 소귀비와 만나게 하니 곽후의 투기심이 발한다. 곽후는 소귀비를 독살하려 했으나 광풍이 일어나 실패하자 소귀비를 깊은 곳에 가둔다. 이를 안 황제가 소귀비를 풀어주고 곽후에게 투기에 대해 깨우치나 곽후는 듣지 않는다. 한편 소귀비는 태후를 모시겠다고 자청하고 황제가 불러도 가지 않는다. 곽후가 함부로 황제의 옷을 찢고 얼굴을 상하게 하여 폐후되니 천자는 소귀비를 황후로 간택한다. 소귀비는 거절했으나 승상이 하늘의 뜻을 따르라고 하며 소후에게 <계녀서>를 준다. 소후는 4자 2녀를 낳는다. 천자가 승상을 불러 진왕에 봉하려 하지만 끝까지 사양하자 대신 운성을 진왕에 봉한다. 그런데 뜻밖에 운숙의 아들 세명이 도적의 무리와 어울려 역모하고, 이를 안 진왕이 출정하여 기주에서 세명의 군대와 싸워 세명을 죽인다. 진왕의 아들 중에서는 세광이 빼어나며, 운경의 여섯 아들 중에는 장자 세현이 풍류가 있다. 세광은 설씨와, 세현은 양씨와 혼인한다.

15권 : 천자가 수시로 소가를 방문하여 승상에게 잔치를 베풀어 주려 하지만 승상은 극구 사양한다. 그러자 천자는 대신 양부인에게 잔치를 베풀고 소후와 함께 온다. 소현성이 여가에는 직접 농사를 지으니 자식들도 따른다. 운명의 아들 세양과 세필이 혼인하고 그들의 어머니 이씨는 죽는다. 석파와 이파가 죽고, 양부인이 병들자 승상이 손가락을 잘라 피를 흘려 넣었지만 양부인 역시 죽는다. 승상은 양부인의 삼년상을 정성껏 모신 후 85세에 죽는다. 이어 화부인과 운경, 운희가 죽고 3년 내에 한상서와 월영이 죽는다. 진왕 운성과 아우 일곱 명이 영화를 누리니 운성이 형제와 화목할 것을 맹세한다. 소후와 천자가 차례로 운명하고 태자가 즉위한다. 인종이 조종, 여이간으로 하여금 소현성의 행적을 기록하라고 명하니 진왕이 집안의 일기를 보여준다. 진왕이 죽자 칠성검도 사라졌으며, 운명 부부도 죽는다. 세상 사람들이 남문 밖을 소가촌이라고 불렀다. 승상의 셋째 딸인 수아의 딸 정환과 설경윤의 혼인담을 여생이 네 권의 책으로 써서 『수제 옥환빙』이라 했는데, 조종과 여이간이 『옥환빙』의 잘못된 부분을 지적한다. 세광이 진왕이 되어 『소현성록』 본전과 별전을 보고 눈물짓는다. 권지십오 뒤에 첨부된 '유문성자몽유록'에는 훗날 유기가 인적이 드문 곳으로 유람 갔다가 우연히 소가촌을 발견하게 되고, 꿈에서 운성을 만나 『수제 소현성록』을 찾아내게 된 경위가 적혀 있다.

5. 서지적 특성

　『소현성록』이라는 표제가 붙은 이본들은 모두 16종인데 그 중 완질로 전하는 것은 5종이다. 완질 5종은 우선 15권 15책의 이화여자대학교 소장본, 21권 21책으로 된 서울대 규장각 소장본, 26권 26책으로 된 서울대학교 소장본, 16권 16책으로 된 박순호 소장본, 그리고 4권 4책의 국립도서관본이다. 이화여대 도서관본 『소현성록』은 본전은 각권 98면~126면, 대략 100면 내외, 별전은 각권 97면~138면, 대략 120면 내외이다.

　그런데 현재 이본 연구에서 완질로 간주하는 이본인 국립도서관본은 『소씨삼대록』(권5~권15)은 없이 『소현성록』 본전(권1~권4)에 해당하는 부분만 존재한다. 그러므로 국립도서관본은 엄정한 의미에서의 완질본으로 보기는 어렵다. 국립도서관본은 『소씨삼대록』이 없다는 점에서 한계가 있으나 이 작품이 『소씨삼대록』으로 이어진다는 언급은 있으며, 간혹 본전 내용 중에서도 축약되거나 생략된 부분이 있는데 전체적으로 이화여대 도서관본과 유사하다. 서울대 규장각 21권본(이하 서울대 21권본으로 칭함), 서울대 26권본 및 박순호본은 『소현성록』과 『소씨삼대록』의 이야기가 다 전한다. 이 세 개의 이본들은 이화여대 도서관본에 비해 권수가 더 많아 상대적으로 서술이 더 섬세할 것 같은데 막상 그렇지가 않다. 오히려 생략과 축약이 많아서 맥락이 분명하지 않은 부분이 보이기도 한다.

　이본 연구 결과, 완질본들 중에서 서술이 정확하고 내용이 풍부하며 생략이나 축약을 하지 않고 원작에 가까운 상태로 필사된 것이 이화여대 도서관본임이 밝혀졌다. 예를 들어 필사 과정에서 필사자의 의도가 가장 많이 반영된 이본으로 거론되는 서울대 21권본은 축약과 삭제가 많아 간혹 서술이 매끄럽지 않거나 문맥이 어색하여 사건의 전말이나 상황을 파악하기 어려운 부분들이 있다. 이런 경우 이화여대 도서관본의 해당 부분을 보면 대개 그 문맥을 정확하게 파악할 수 있다.

　이화여대 도서관본은 생략하거나 축약하지 않고 문맥을 제대로 이해할 수 있도록 논리적인 서술을 하고 있다는 점 외에 내용 면에서도 특징이 있다. 첫 번째로 주인공 소현성의 인물 형상화 방식을 들 수 있다. 여타의 이본들은 소현성의 인물 형상화가 일반적인 국문장편소설, 혹은 가문소설이나 대하소설의 남성 주인공에 가깝게 그려지고 있다. 이에 비해 이화여대 도서관본의 소현성은 국문장편소설의 남성 영웅이나 가부장의 전형적인 행동 양상을 따르는 것이 아니라 상대적으로 개성적인 행동 양상을 보여준다. 이화여대 도서관본의 소현성은 스스로가 군자라는 호칭에 걸맞도록 자신을 엄격하게 규율하고 수신하는 모습을 보여주며, 자식들을 훈계할 때에도 매를 드는 것만이 아니라 다양한 훈계 방식을 사용하여 감화시킨다. 풍류나 여색에 대해서도 스스로 엄격하게 절제하고 그 정도도 철저하다. 그 결과, 이화여대 도서관본의 소현성은 도덕적 완결성을 추구하는 인물로 형상화된다. 이는 여타의 고소설에서 빈번하게 볼 수 있는 영웅형 인물들과는 차별화된 것으로, '군자'라는 인물상에 대한 17세기 소설 향유층의 고민과 모색을 짐작하게 해준다.

또 이화여대 도서관본은 중국 역사에 해박하고 논리적인 필사자의 필사로 보인다. 이화여대 도서관본의 서술자 논평을 보면 천자가 특별히 기리면서 전을 지어주라고 명령한 인물의 이름이 역사 기록에 나타나지 않는 이유에 대해서도 논리적인 장치를 하고 있다. 이화여대 도서관본 서술자는 소현성이 군주의 도덕성을 회의하고 있기 때문에 열심히 공무에 참여하지 않았고, 그 결과 사서(史書)에 이름이 남지 않았다고 설명한다. 작자는 관직과 명망이 당대 최고였던 소현성의 이름이 사기에 오르지 않은 이유를 해명하고자 했고, 그 계기를 송나라의 역사적 사건인 덕소의 죽음에서 찾아 허구화한 서사를 설명하고자 한다.

그런가 하면 이화여대 도서관본 가운데서도 14권은 그 서술 방식에서 특징이 있다. 이화여대 도서관본 14권은 선인황후를 중심으로 하여 사건들이 전개되고, 그 과정에서 선인황후에 대한 평가적 서술이 길게 이어지는 등 선인황후에 대한 내용이 그 권의 대부분을 차지하고 있다. 다른 권들이 다양한 인물과 사건들로 서사를 전개시키는데 비해 보면, 14권의 서술 방식은 독특하다 하겠다. 이화여대 도서관본 14권의 서술 내용은 여성 인물에 대한 조선시대 여성 행장(行狀)을 연상시킨다. 이 역시 다른 이본에 비해 이화여대 도서관본이 갖는 특징이라고 하겠다.

이 같은 내용을 종합해 볼 때, 현존하는 『소현성록』 이본 중 이화여대 도서관본인 15권 15책 『소현성록』이 가장 오래된 이본이자 작품성 면에서도 가장 정교하고 뛰어난 이본이라 하겠다.

6. 소설사적 가치

『소현성록』은 국문장편소설의 효시로 불리는 작품으로, 17세기에 창작된 것으로 추정된다. 이 작품의 창작 시기는 권섭(權燮)이 남긴 자기 집안의 분재기(分財記)를 통해 확인되는데,

이 기록에서 권섭은 자신의 어머니인 용인 이씨가 이 작품을 필사하였고 모두 15권 15책인데 이 소설은 장자가 상속하도록 하였다. 이 기록에 의하면 용인 이씨가 이 작품을 필사하였고 당시의 작품이 15권 15책의 형태였다고 하니, 용인 이씨의 생몰 연대를 근거로 필사 시기를 추정하면 17세기 후반 정도가 된다. 필사 시기가 17세기 후반이라면 창작 시기는 그보다 선행할 것이 분명하므로 창작 시기를 17세기로 추정하는 데 무리가 없다.

『소현성록』의 소설사적 가치는 새삼 논의할 필요가 없을 정도로 잘 알려져 있다. 17세기에 창작된 대표적인 작품으로는 『홍길동전』, 『구운몽』, 『사씨남정기』 등이 있는데, 이전 시대의 대표적 작품인 『금오신화』와 비교해 볼 때 17세기 작품들은 한글 표기, 서사 분량의 확대, 주제의 다양성, 향유층의 확대 등 여러 면에서 소설 창작과 수용이 본격적인 궤도에 올랐음을 보여준다. 여기에 더하여 국문장편소설의 효시로 일컬어지는 『소현성록』이 등장하는 것인데, 장편 대하소설의 창작, 유통은 조선의 서사물이 당대의 총체적 삶을 그려낼 수 있는 충분한 역량을 갖추었음을 반증하는 것이다. 또 두세 가문을 중심으로 한 국문장편소설은 17세기 이후 왕성하게 창작, 유통되는 하위 장르로 자리잡게 되었다. 이런 의미에서 볼 때 한국소설사에서 『소현성록』이 차지하는 비중은 확고하다고 하겠다.

이화여대 도서관본은 『소현성록』의 여러 이본들 중에서뿐만 아니라 후대의 국문장편소설과 비교해 볼 때에도 중요한 이본이다. 이화여대 도서관본은 선본(先本)이자 선본(善本)일 뿐만 아니라 가문을 중심으로 한 서사물이 등장하기 시작하는 초기의 고민을 여실히 보여주기 때문이다. 이화여대 도서관본은 인물 묘사가 생동감이 있고, 아직 이념에 의해 전형화되지 않은 발랄한 인물형이 등장하는 가운데 가문 유지와 군자라는 인물상에 대한 고민을 담아내고 있다. 이화여대 도서관본의 이러한 특징은 가문을 중심으로 한 후대 국문장편소설들이 영웅적 인물과 애정 문제 등 더욱 더 사건 자체의 흥미를 중심으로 서사가 전개되는 것과 좋은 대조를 이룬다.

이화여대 도서관본 『소현성록』은 국문장편소설의 효시이고, 필사 시기가 가장 이르면서 서사의 맥락이 풍부하고 정교한 이본일 뿐만 아니라 가문을 다루는 소설이 통속적인 방식으로 다루어지기 이전 시대, 즉 그 하위 장르의 초기적인 관심사를 보여준다는 점에서도 중요한 이본이다.

(조혜란)

[색인어]
소현성록, 가부장제, 가모장, 군자, 혼인, 가문소설, 국문장편소설, 삼대록, 대하소설, 소현성, 소운성, 양씨부인, 일부다처제, 여성인물

[참고문헌]
노정은, 「『소현성록』의 인물 형상화 변이 양상 – 이화여대 도서관본과 서울대 21권본을

중심으로」, 고려대학교 석사학위논문, 2004.

박영희, 「『소현성록』 연작 연구」, 이화여자대학교 박사학위논문, 1994.

이주영, 「『소현성록』 인물 형상의 변화와 의미」, 『국어교육』 98, 한국국어교육연구회, 1998.

지연숙, 「『소현성록』의 공간적 상상력과 역사 인식」, 『한국고전연구』 13, 한국고전연구학
회, 2006.

시격

詩格

筆寫本. — [發行地不明] : [發行處不明], [發行年不明].
35張 : 四周雙邊 22.6×18.1cm, 有界,
10行20字 ; 28.4×22.2cm.
書名은 表題임.

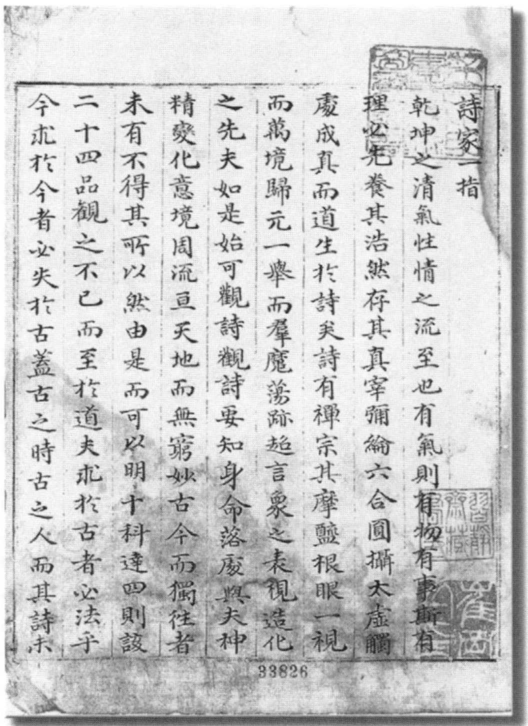

詩格

1. 개요

『시격(詩格)』은 한시(漢詩)의 작법을 논하고 그에 따라 중국 역대 유명 시인의 작품을 예시(例示)한 동시에 그에 대하여 평가를 하고 있다. 편저자와 편찬 연대가 미상이지만, 장서인으로 보건대 18세기 이전 것으로 보인다. 한 책으로 되어 있으며 분권되어 있지 않다.

2. 편·저자

편·저자 미상.

3. 편찬 경위

미상.

4. 구성과 내용

원래 '시격(詩格)'이라는 단어는 중국 남북조시대(南北朝時代)의 안지추(顔之推 : 531~591)의 『안씨가훈(顔氏家訓)』에 처음 보이는데, '시의 법식이나 표준'을 뜻하였다. 주로 시를 처음으로 배우는 초학자들이나 과거에 응시하려는 사람들의 요구에 부응하기 위하여 저술되었는데, 그 내용은 시를 지을 때의 규칙이나 모식 등이 주를 이룬다.

이화여대 도서관본 『시격』은 보통의 한시 작시법의 수준에서 한 단계 더 나아가 한시 창작의 규칙에 대한 자세한 설명과 그에 대한 용례를 비롯하여 시작의 철학적 의미와 이론에 대해서도 심도 있게 논하고 있다. 따라서 이 책의 주요 독자는 시작(詩作)을 처음 시작하는 초학자들보다는 시에 대하여 일정 정도의 견문이 있는, 전문 창작을 하는 문인들이었을 것으로 추측된다.

『시격』의 편저자는 누구인지 알 수 없으나 한시에 대하여 상당한 수준의 공부를 하였던 것 같고, 학습과 창작을 통해 얻었던 깨달음과 자신의 생각, 감상을 간략하지만 심도 있게 다루고 있다. 특히 중국 시인과 작품에 대한 광범위한 관심이 책 곳곳에서 드러나고 있다. 저자는 한시의 여러 규칙과 중국 시인을 중심으로 한 용례, 또한 용례에 있어 전범이 될 만한 작품 모음 등 내용상 다소 구분이 있긴 하지만, 따로 분권하지 않고 각각의 주제마다 표제어를 선정하고 그에 관해 논하는 방식을 채택하였다. 따라서 전체적으로 볼 때 체제상 다소 산만한 느낌이 있지만, 자칫 상투적이며 무미건조할 수 있는 주제를 때로는 표를 그리면서까지 산뜻하고 보기 쉽게 정리했다고 볼 수도 있다.

이화여대 도서관본 『시격』의 구성과 내용을 아래에서 간략하게 살펴본다.

「시가일지(詩家一指)」에서는 시에 대한 견해를 밝히고 있다. '진실함[眞]'이야 말로 시의 본체임을 주장하면서, 시를 잘 알기 위해서는 옛 성현의 '의격성률(意格聲律)'을 우선 익혀야 흉중에 있는 것을 자연스럽게 쏟아낼 수 있다고 하였다.

「십과(十科)」에서는 시의 내용을 구성하는 요소로 '의(意)', '취(趣)', '신(神)', '정(精)', '기(氣)', '리(理)', '력(力)', '경(境)', '물(物)', '사(事)'를 제시하였다.

「사과(四科)」에서는 시의 형식을 구성하는 요소로 '구(句)', '자(字)', '법(法)', '격(格)'을 제시하였다.

「이십사품(二十四品)」에서는 당(唐) 말엽 사공도(司空圖 : 837~908)의 『이십사시품(二十四詩品)』의 서술내용을 그대로 인용하여 소개하고 있다. 여기에서 사공도는 풍격의 특성을 소개하고 있으나 『시격』에서는 각 풍격마다 대표적인 작가를 선정하여 소개하였다.

「보설외편(普說外篇)」에서는 시작의 철학적 의미와 시법에 대하여 논하였다.

「양중홍시법(楊仲弘詩法)」에서는 원대(元代) 시인인 양재(楊載 : 1271~1323)가 설파한 시작법을 간략하게 소개하였다. 시의 6가지 풍격, 4가지 금기, 10가지 기피하는 것, 시작의 어려운 점 10가지, 시 작법 8가지를 제시하였고, 한시 창작에는 반드시 한·위·성당시(漢魏盛唐詩)를 전범으로 삼아야 한다고 주장하였다.

「시가명언(詩家名言)」에서는 『시원잡설(詩苑雜說)』, 『시학(詩學)』, 『청주시집(淸洲詩集)』등에서 시에 관한 논의를 발췌하여 제시하였다. 여기에서는 시의 본질 문제와 수사법에 대해 논하였다.

「명공아론(名公雅論)」에서는 중국 유명 시인들의 작품에 나타난 우수성을 간결하게 정리하고 있다. 「이소(離騷)」를 비롯하여 도연명(陶淵明 : 365~427), 이백(李白 : 701~762), 두보(杜甫 : 712~770), 소식(蘇軾 : 1037-1101) 등에 관하여 간단한 평가를 하면서 각각의 장점을 취해 본받을 것을 주장하였다.

「시학정원(詩學正源)」에서는 '풍(風)', '아(雅)', '송(頌)'을 시의 몸으로, '부(賦)', '비(比)', '흥(興)'을 시의 형식으로 제시하고 간단한 설명을 보태었다.

「가수(家數)」에서는 중국의 각종 시체(詩體)를 소개하고 대표 작가를 병기하였다. 한말(漢末) '건안체(建安體)'부터 송대(宋代)의 '원호체(元祐體)'까지 망라하였다.

「가체(家體)」에서는 중국의 여러 작가와 각종 시체, 격식에 대하여 간단한 소개를 하였다.

「총론(總論)」에서는 『항평암가설(項平庵家說)』에서 인용하여 시의 체제와 형식의 변화에 대하여 논하였다.

「체제명목(體製名目)」에서는 시의 각종 체재와 대표작을 소개하였다.

「편법(篇法)」에서는 「작오언고시단편법(作五言古詩短篇法)」, 「작오언고시장편법(作五言古詩長篇法)」, 「작칠언고시단편법(作七言古詩短篇法)」, 「작칠언고시장편법(作七言古詩長篇法)」, 「작악부편법(作樂府篇法)」, 「작오언율시법(作五言律詩法)」, 「작칠언율시법(作七言律詩法)」으로 나누어 각 시체의 특성과 편법, 대표시인 및 대표작 본문을 수록하였다.

「기승전결(起承轉結)」에서는 근체시를 지을 때 유의해야하는 장법(章法)인 기승전결의 전개와 의미연결에 대하여 논하였다.

「시유팔병(詩有八病)」에서는 남조(南朝) 심약(沈約 : 441~513)이 말한 시에서 피해야 하는 여덟 가지 병폐, 즉 '팔병설(八病說)'을 설명하고 있다.

「시유사득사실(詩有四得四失)」에서는 희로애락의 감정에 따라 시의 정조가 결정된다는 것을 설명하였다.

「시유오기(詩有五忌)」에서는 시작에 있어 기피해야 할 5가지, 즉 '약한 격[格弱]', '속된 글자[字俗]', '부허한 재주[才浮]', '깊이 없는 이치[理短]', '잡스런 뜻[意雜]'에 대해 논하였다.

「시유사규(詩有四規)」에서는 시의 4가지 규칙, 즉 '글자의 단련[鍊字]', '구의 단련[鍊句]', '뜻의 단련[鍊意]', '격의 단련[鍊格]'으로 나누어 논하였다.

「시유삼득(詩有三得)」에서는 시의를 펼치는 3가지 방법, 즉 '자연득(自然得)', '용이득(容易得)', '고구득(苦求得)'에 관하여 논하였다.

「시유이가(詩有二家)」에서는 문학을 전문으로 하는 '사인(詞人)'의 시와 문학을 여가로 즐기는 '문인(文人)'의 시에 대하여 그 차이점을 논하였다.

「시유이비(詩有二卑)」에서는 시를 지을 때 주의해야 할 2가지에 대하여 논하였다.

「시유사불입격(詩有四不入格)」에서는 시를 지을 때 주의해야 할 4가지의 격에 대해 설명하였다.

「구법(句法)」에서는 오직 「작절구법(作絶句法)」만을 두어 절구를 짓는 법에 대해 논하였다. 이는 앞의 「편법」에서 그 외 체재의 작법을 다루었기 때문이라고 여겨진다.

「자법(字法)」에서는 시를 지을 때 운율과 격조, 강약의 변화를 위해 글자를 어떻게 두어야 되는지에 대하여 논하였다. 또한 자법에 뛰어난 중국 시인과 그의 작품을 용례로 들고 있다.

「대법(對法)」에서는 율시에서 대장법(對仗法)의 중요성과 그 방법에 대해 설명하고 각각의 용례를 제시하였다.

「점법(粘法)」에서는 율시에서 변체로서의 실점(失粘)을 설명하고 각각 전범이 되는 율시를 보여주었다.

「운법(韻法)」에서는 다양한 용운법(用韻法)과 각각의 대표적인 작가를 제시하였다.

「기상(氣象)」에서는 당나라 시인으로 기상이 빼어난 작가를 예로 들면서 기의 중요성을 논하였다.

「가사(歌詞)」에서는 한국과 중국의 여러 시인의 다양한 작품을 소개하고 있다.

5. 서지적 특성과 가치

이화여대 도서관본 『시격』은 저자가 한시의 종주국인 중국의 시와 시론에 대한 해박한 지식과 깊이 있는 이해를 바탕으로 한시를 짓는 데 필요한 모든 것을 망라하였다고 할 수 있다. 편저자와 편찬경위, 편찬 연대 모두 알 수 없으나 장서인을 통해 대체적인 연도를 추측해 볼 수는 있다. '습정재장서인(習靜齋藏書印)'이라는 장서인에 보이는 '습정재'는 조선시대 지식인인 하응운(河應運 : 1676~1736)을 가리키는데, 그는 1700년대 초반에 집안에 전해오는 옛 전적을 정리한 바 있으므로, 본 『시격』은 1700년대 이전의 것으로 보인다.

이 책의 다른 판본은 우리나라에서는 찾을 수 없었다. 다만 동일한 제목의 서적이 경북대학교 도서관에 소장되어 있었는데 서지사항은 1책 28장으로 '無界, 14行 21字 : 22.4×21.8cm'이다. 경북대 『시격』은 시가 창작집으로 이화여대 도서관본이 시론(詩論)을 주로 한 것과는 판연히 다르므로 서지적 특징을 비교하여 논하는 것은 의미가 없다. 따라서 이화여대 도서관본 『시격』은 국내 유일본으로 귀중한 가치가 있는 것으로 사료된다.

이화여대 도서관본 『시격』에는 한시를 짓는 데 준수해야 할 방법과 이론에 관한 모든 것이 정리되어 있다. 이러한 시론서를 편찬하기 위해서는 편찬자가 시에 대한 깊이 있는 이해가 있어야 가능하다. 서술 내용 전개에 있어 주로 중국의 자료에 근거하고 있으나 맹목적으로 추종하는 것이 아니라 객관적 평가와 척도에 따라 취사선택하면서도 편찬자의 독자적인 견해를 덧붙이고 있고, 대표 시인이나 작품 선정에 있어서 편찬자의 시에 대한 진지함과 객관적 시선을 엿볼 수 있다. 또한 예로 든 중국 시인은 이백, 두보, 도연명, 소동파 이 네 사람이 주를 이루고 있어 조선시대 문인들의 창작 경향과 시풍을 짐작케 한다.

이 『시격』은 동시대인 17세기경에 편찬된 시화서(詩話書)와 비교했을 때, 시법을 중점적으로 다루었다는 점이 특이하다. 양경우(1568~?)의 『제호시화(霽湖詩話)』등의 시화에서는 시론과 더불어 시평(詩評)이 주를 이루고 있기 때문에 시 작법을 전적으로 다루지는 못하고 있다. 당시의 시론을 언급한 시화는 먼저 시 작법 용어와 관련된 내용을 거론하고, 그것을 입증하거나 부연하기 위한 용례들을 주로 중국의 시인과 시에서 찾아 실제 사례를 제시하는 형식으로 서술되어 있다.1) 그러나 『시격』은 성운(聲韻)이나 격률(格律)을 비롯하여 시 창작 전반에 관하여 집중적이고 전문적인 서술을 하면서, 중국 시인들의 작품을 용례로 들고 있기 때문에, 시 전반에 대하여 비교적 가벼운 언급을 하고 있는 여타 시화에 비하여 더 깊이 있는 서술이 가능했다.

중국, 특히 청대(淸代)에는 이런 종류의 책, 즉 시 법식에 관하여 설명한 책들을 '속된 책[俗書]' 혹은 '더러운 책[陋書]'이라 하면서 상당히 무시하던 풍조가 있었다. 대부분의 내용이 시의 격식이나 법도를 다루고 있어서 판에 박은 듯 상투적인데다가, 당시 유통되었던 서적의

---

1) 조융희, 『조선 중기 한시 비평론』, 한국문화사, 2003, 24쪽.

저작 연대 문제, 내용의 진위 여부, 편저자 확인 등에 있어 역시 불분명한 경우가 많아서 아예 관심을 두지 않았던 것이다. 그러나 본 책은 개성적이면서 무겁지 않은 필치로, 그러나 상당히 성실하게 한시 이론과 형식미를 정리하고 있다.

오늘날, 특히 중국과 같은 한자문화권이나 선대의 한문문화가 단절되다시피 한 우리에게 이러한 저작은 몇 가지 소중한 의미를 갖는다. 우선, 한시와 한시의 작자들이 어떻게 한시를 인식하고 이해하였는지에 대한 중요한 정보를 제공받을 수 있다는 점에서 일차적으로 의미가 있다. 한국학의 질적 수준이 우리에게 있는 자료의 검증과 인식의 수준과 상관된다고 할 때, 본『시격』은 조선시대 지식인의 창작 문화에 대한 근거를 제시하고 있으므로 그 존재 자체만으로도 상당한 가치가 있다고 할 것이다. 특히 일제 강점기 이후 단절되고 결락(缺落)된 한문학(漢文學) 전통을 복원시키는 데 있어 가치 있는 자료로 활용될 수 있을 것이다.

또한 편저자의 주체적 시각은 무엇보다도 중요하다고 할 수 있다. 이 책의 편저자는 단순히 중국의 시론을 정리하고 중국의 시인을 맹목적으로 추숭(追崇)하는 데서 그치지 않고, 그들의 성취를 나름대로 해석하고 평가하여 우리 실정과 기호에 맞게 취사선택하고자 했던 당시 문인의 자주적이고 창조적인 면모를 보이고 있다. 따라서 중국의 시론과 면밀한 비교 분석을 한다면 그들의 창신성(創新性)이 더욱 분명히 드러날 수 있을 것이며, 우리의 한문학이 자칫 중국의 아류에 그칠 수 있다는 인상에 반론의 근거로도 활용될 수 있을 것이다.

(이지운)

[색인어]

시격, 시법, 시학, 편법, 구법, 자법, 운법

[참고문헌]

劉　勰,『文心雕龍』.
홍만종,『시화총림(詩話叢林)』.

조융희,『조선 중기 한시 비평론』, 한국문화사, 2003.

郭紹虞,『中國文學批評史』, 平平出版社, 1974.
魏慶之,『詩人玉屑』, 商務印書館, 1972.
張伯偉,『全唐五代詩格彙考』, 南京 : 鳳凰出版社, 2002.
何文煥,『歷代詩話』, 藝文印書館, 1971.

시필

試筆, 卷2-4

筆寫本. — [發行地不明]：[發行處不明], [發行年不明].
3卷3册(4卷4册)：無界, 10行20字 註雙行；29.0×19.5cm.
表題：郊居瑣編
書根題：瑣編

고서/고서811.08/시859

試筆

1. 개요

『시필(試筆)』은 총 4권(四卷)으로 구성되어 있으며 이화여대 도서관본은 그 중 권1을 제외한 권2, 권3, 권4로 되어 있다. 권4 마지막 부분은 서론(緒論)에 해당하는 쇄편(瑣篇), 별집(別集)과 서론(緒論)으로 엮여져 있다.

2. 편·저자

『시필』은 『교거쇄편(郊居瑣篇)』의 일부이며, 『교거쇄편』은 일반적으로 임상원(任相元)이 임천상(任天常)과 함께 편저한 것으로 알려져 있다. 이에 먼저 작자에 관해 설명하면 다음과 같다.

임상원(任相元 : 1638~1697년)은 조선 후기의 문신으로 자는 공보(公輔)이고 호는 염헌(恬軒)이다. 지평 임중(任重)의 아들로서, 어머니는 목사 이경생(李更生)의 딸이다. 1660년에 사마시에 합격하였다. 이어 1665년 별시문과에 장원 급제하여 평안도 도사를 지냈으며, 1671년 정언을 거쳐 용강현령이 되었다가 1673년 교리로 승진하였다. 1676년 청풍부사로 있을 때 문과중시에 병과로 급제한 뒤, 1680년 동부승지가 되었다. 1681년에 공조참판, 1684년 대사간, 1685년에 대사성 등을 역임하였다. 1686년에 대사헌, 1687년에 도승지를 역임하였으며, 사은부사가 되어 청나라에 다녀왔다. 공조판서와 우참찬·한성부판윤 등을 지냈다. 송시열(宋時烈)을 유배시킬 때 방면할 것을 주장하기도 하였다.

저서로는 『염헌집(恬軒集)』 10책과 『교거쇄편(郊居瑣篇)』이 있다. 그 중 『염헌집(恬軒集)』은 소(疏), 차(箚), 계(啓), 초기(草記), 논(論), 기(記), 서(序), 잡저(雜著), 비명(碑銘), 묘표(墓表), 묘지(墓誌), 행장(行狀), 제문(祭文) 등을 내용으로 한 35권 10책으로 구성되어 있으며, 목활자본으로 국립중앙도서관에 소장되어 있다. 시호는 효문(孝文)이며 그의 묘는 하남시 초일동에 있다.

그러나 이로써 『교거쇄편』 안에 『시필』이 수록되어 있는 것과 관련하여 양자의 저자가 일치하다고 보기에는 무리가 있다. 왜냐하면 『시필』의 내용을 살펴보면 조선시대 중후기의 문인들이 대거 등장하고 그들의 일화를 야사의 형식으로 서술해 나가는 과정에서 참고한 자료가 임상원과 동시대가 아닌 훨씬 이후의 것이 다량 존재하기 때문이다.

실제로 대부분의 내용에서 참고 자료를 구체적으로 제시하고 있는 바, 주요 참고서적은 다음과 같다.

출처	빈도수	빈출도	출간 연도와 저자
1. 어우야담(於于野談)	2회		유몽인(柳夢寅 : 1559~1623)
2. 생계만록(生溪謾錄)	45회	*	
3. 동주집(東州集)	1회		원규(元揆) 1641년 편집
4. 농암잡지(農岩雜識)	1회		김창협(金昌協 : 1651~1708)
5. 야사(野史)	18회	*	
6. 기성지(箕城志)	2회		
7. 지봉유설(芝峯類說)	36회	*	이수광(李睟光 : 1563~1628)
8. 언행록(言行錄)	2회		
9. 동유기(東遊記)	14회	*	이곡(李穀 : 1298~1351)
10. 비문(碑文)	27회	*	
11. 동평견한록(東平遣閒錄)	110회	*	
12. 야담(野談)	6회	*	
13. 행장(行狀)	5회	*	
14. 검옹지림(黔翁志林)	8회	*	
15. 약천집(藥泉集)	3회		남구만(南九萬 : 1629~1711)
16. 신도비(神道碑)	1회		
17. 유사(遺事)	12회	*	일연(一然 : 1266~1289)
18. 운벽필담(暈碧筆談)	41회	*	
19. 장(狀)	10회	*	
20. 회은잡기(晦隱雜記)	32회	*	남학명(南鶴鳴 : 1654~?)
21. 행록(行錄)	1회		
22. 남명사우록(南冥師友錄)	1회		조식(曺植 : 1501~1576)
23. 율곡행장(栗谷行狀)	1회		김장생(金長生 : 1548~1631)
24. 애서시주(厓西詩註)	1회		
25. 사제담언(思齊擔言)	1회		
26. 청야만집(靑野漫輯)	1회		이진수(李震秀)
27. 추강냉화(秋江冷話)	12회	*	
28. 부계기문(涪溪記聞)	2회		이시양(李時讓 : 1581~1643)
29. 청야만록(靑野漫錄)	4회		홍서봉(洪瑞鳳 : 1572~1645)
30. 언행록(言行錄)	1회		
31. 묘갈(墓碣)	1회		
32. 완평시장(完平諡狀)	2회		
33. 완성유사(完城遺事)	2회		
34. 사우록(師友錄)	3회		
35. 추강사우록(秋江師友錄)	2회		이원(李原 : 1368~1429)
36. 지천유사(遲川遺事)	1회		최명길(崔鳴吉 : 1586~1647)
37. 통문관지(通文官志)	5회	*	
38. 상서고사(象胥故事)	3회		
39. 지소록(識小錄)	1회		허균(許筠 : 1569~1628)
40. 청강시화(淸江詩話)	1회		이제신(李濟臣 : 1536~1584)
41. 패관잡기(稗官雜記)	1회		

42. 야언(野言)	1회		신흠(申欽 : 1566~1628)
43. 황화집(皇華集)	1회		유성룡(柳成龍 : 1542~1607)
44. 우복집(愚伏集)	1회		정경세(鄭經世 : 1563~1633)
45. 연려실기술(燃藜室記述)	1회		이긍익(李肯翊 : 1736~1806)
46. 우수만록(迂叟漫錄)	1회		
47. 청성잡집(靑城襍集)	13회		
48. 국포집(菊圃集)	1회		강박(姜樸 : 1690~1742)
49. 회헌초휘(悔軒草彙)	15회		
50. 회헌집(悔軒集)	1회		조관빈(趙觀彬 : 1691~1757)
51. 동춘유사(同春遺事)	1회		
52. 우암집(尤菴集)	2회		송시열(宋時烈 : 1607~1689)
53. 석실어록(石室語錄)	2회		김상헌(金尙憲 : 1570~1652)
54. 신독재어록(愼獨齋語錄)	1회		김집(金集 : 1574~1656)
55. 행호일기(杏湖日記)	1회		
56. 동춘집(東春集)	1회		
57. 기문(記聞)	1회		
58. 용재총화(慵齋叢話)	1회		성현(成俔 : 1439~1504)
59. 오천집(梧川集)	1회		이종성(李宗城 : 1692~1759)
60. 계해윤이월망서(癸亥閏二月望書)	1회		
61. 본집(本集)	1회		

이상에서 본 바와 같이, 편자는 주로 사서(史書)를 비롯한 다양한 자료 등을 참고하거나 그에 실린 내용들을 발췌하여 조선시대 문인들의 이야기를 엮어나간 것으로 추정된다 이러한 조사 자료를 근거로 그 연대를 분석해보면 편저의 연도가 18세기 후반임이 분명하다. 확인된 연대가 가장 늦은 것으로는 이긍익의 『연려실기술』로, 그의 생몰 연대가 1736년부터 1777년인 점을 감안하면 더욱 분명히 알 수 있다. 편자는 야사(野史), 야담(野談), 행장(行狀), 비문(碑文), 장(狀) 등의 자료들을 두루 수집하여 각 문인들의 숨겨진 일화들을 발견해내어 수록하였을 뿐 아니라 전해지는 유명한 역사서와 필기류 등에 관한 해박한 지식을 바탕으로 인물들의 성격과 행동양식을 파악할 만한 내용들을 발췌하였다. 즉, 『생계만록(生溪謾錄)』, 『지봉유설(芝峯類說)』, 『동유기(東遊記)』, 『동평견한록(東平遣閒錄)』, 『검옹지림(黔翁志林)』, 『유사(遺事)』, 『운벽필담(暈碧筆談)』, 『회은잡기(晦隱雜記)』, 『추강냉화(秋江冷話)』, 『통문관지(通文官志)』, 『국포쇄록(菊圃瑣錄)』, 『청성잡집(靑城襍集)』 등에서 많은 내용을 찾아내어 편집한 것이다.

3. 구성과 내용

국내에 현존하는 『시필』은 모두 삼종으로 그 하나는 서울대학교 규장각 내에 소장되어 있다. 이는 『교거쇄편(郊居瑣篇)』 가운데 제이(第二), 제삼(第三), 제사책(第四冊)에 해당하며 10행(行) 20자(字) 주쌍행(注雙行)의 형태로 되어 있다. 그 해제에는 임상원(任相元)과 임천상(任天常)이 공동 편찬한 필사본으로 18세기 이후의 것으로 추정된다고 기록되어 있으며 집부(集部) 수필류(隨筆類)로 분류되어 있다.

다른 하나는 마이크로필름의 형태로 국립중앙도서관에 소장되어 있으며, 역시 『교거쇄편』이란 서명과 함께 임상원(任相元)과 임천상(任天常)이 공동 편찬한 것으로 되어 있다. 이는 1995년 본래 동경(東京)의 국립국회도서관에서 발행한 것이다.

양자의 『교거쇄편』 안에 수록된 『시필』의 내용과 체례는 이화여대 도서관본과 모두 일치한다.

『시필(試筆)』은 약 60여 종의 기록들에서 주로 발췌하여 구성되는데, 각 인물들의 비문(碑文)이나 묘갈(墓碣), 신도비문(神道碑文)을 비롯하여 그들의 문집(文集)은 물론 야담(野談)이나 야사(野史), 행록(行錄), 행장(行狀) 등의 일부분을 절록(節錄)한 것이다. 매 인물을 기술할 때마다 그 출처를 끝부분에 밝히고 있는데, 다만 거기에는 어떤 일정한 차례가 적용되지 않고 시대도 엇섞여 있다. 이는 아마도 작자가 다양한 자료들을 모두 수집하여 그것을 수록하는 의미로서 엮어 놓은 것 같다. 이들 상당수의 인물들은 중복이 되기도 하고 책 전체에서 전후로 등장하기도 하며 시대 역시도 마찬가지이다.

『시필(試筆)』은 조선 전후기의 문신들을 중심으로 그와 연관된 인물들의 일담을 기록한 것으로 총 600여 명의 인물들의 크고 작은 일화를 담고 있다. 조선 전기의 대표적인 인물로는 허엽, 백광훈, 황희 등의 인물이 실려 있고, 조선 후기의 대표적인 인물로는 이익, 김창협, 김수항, 홍대용, 윤광선 등의 인물이 실려 있다. 조선 중기 인물이 특히 많은데 이황, 이이, 송익필, 장유, 정두경, 이항복, 윤선도, 노수신 등을 찾아볼 수 있다. 여기에는 왕후장상(王侯將相)에서 기녀(妓女)와 노복(奴僕) 등에 이르기까지 다양한 신분과 계층의 인물들이 출현하고 있으며 그들의 친족관계, 교유관계 등이 잘 나타나 있다. 특히, 군신 간의 충정과 부모 자식 간의 효자(孝慈), 곧은 선비의 기상을 지닌 관리들의 청렴결백함, 불의와 타협하지 않고 진심어린 간언과 충고를 하는 정의감, 인간의 자연 본연에 충실하는 인지상정(人之常情) 등을 단편적인 기록 등을 통해서 잘 그려내고 있다.

내용 가운데에는 인물 간에 얽힌 일상적인 이야기나 그들의 대화, 그들의 시귀 등이 담겨 있다. 이로써 각 인물들의 전기(傳記)를 알 수 있고 그들 간의 관계까지 살필 수 있다. 아울러 간혹 등장하는 시(詩)들을 통해 인물들의 재주와 성품을 알 수 있으며 역사적인 실화를 짤막하게 엮어 놓은 것에서 인물들의 형상(形象)이 부각되기도 한다.

『시필』은 실제 인물들의 행적을 통해서 역사 인물들을 기록하고 있으므로 사서(史書)는 아닐지라도 다분히 사서(史書)의 성격을 지니고 있다. 이에 유가적인 관점을 지향하며 각 인물들의 긍정적인 면을 부각시키고 있긴 하지만 단순한 칭송이나 찬양 등의 피상적이고 감정적인 기록을 배제하고 사실에 근거한 매우 객관적이고 타당한 증거로써 뒷받침하고 있다.

마지막으로 「쇄편별집」이라 명명하고 서론에 해당한다고 주석한 부분에서는 작자가 본서 안에서 사용한 글자와 용어들에 대하여 고서(古書)의 일례를 들어 부분적인 해설과 보충을 하고 있다. 그 다음으로는 「서론」이라 명명하고 당시의 전제(田制), 의복(衣服)과 풍속(風俗)에 대해 간단히 덧붙이고 있다.

4. 서지적 특성

이화여대 도서관본 『시필(試筆)』은 필사본 야사집(野史集), 필사본(筆寫本)이다. 본권은 원제 『교거쇄편(郊居瑣編)』 6책(冊) 가운데 제이(第二), 제삼(第三), 제사(第四) 책(冊)에 해당하며 그 안에 시필의 제이(第二), 제삼(第三), 제사(第四) 권(卷)이 나뉘어 수록되어 있다. 시필의 서(序)와 제일권(第一卷)은 누락되어 있다. 『시필』이 수록된 『교거쇄편』은 현재 국립중앙박물관에 마이크로 형태로 소장되어 있는데, 이는 동경(東京)의 국립국회도서관(國立國會圖書館)에서 발행한 것으로 1개의 마이크로필름 16mm로 되어 있다. 이외에 서울대학교 규장각에 임천상(任天常)의 『쇄편(瑣編)』이 6책(冊)으로 소장되어 있으며 여기에 수록된 『시필』의 편집된 위치와 그 내용이 이화여대 도서관본과 일치한다. 국립중앙도서관 소장본 『교거쇄편』과 규장각 소장본 『쇄편』 안에 이화여대 도서관본 『시필』이 동일한 내용과 체례로 수록되어 있다. 각기 제일책(第一冊)은 임상원의 교거쇄편서(郊居瑣編序)와 임천상의 병서(幷序)가, 제오책(第五冊)은 임씨가언(任氏家言)이, 제육책(第六冊)에는 쇄편별집(瑣編別集)과 시필서론(試筆緒論)이 수록되어 있다.

이화여대 도서관본 『시필』은 그 서(序)와 제일권(第一卷)을 제외한 나머지 제이권(第二卷), 제삼권(第三卷), 제사권(第四卷)으로 구성되어 있으며, 주로 조선 중기 인물이 많이 기록되어 있고 매 인물의 시대의 제왕을 첫머리에 적어두어 그 연대를 분명히 하였다. 그리고 시필서론(試筆緒論)을 마지막 권에 붙이고 있다.

5. 가치

『시필(試筆)』은 조선 시대 인물들에 관한 기록을 수집하여 편찬한 것으로 사서에서 누락되거나 증거가 미흡하였던 부분을 보충하는 데 큰 기여를 할 수 있을 것이다. 아울러 각 인물들의 실존과 그들에 얽힌 여타의 인물들 간의 일화를 중심으로 인물들의 전기를 이해하는 데 큰 역할을 할 수 있을 것이며 인물들의 성격과 심리까지도 파악할 수 있는 충분한 자료로서 그 가치가 제고된다. 이는 유가에 기본한 조선의 시대적 사상을 바탕으로 시대 인물들의 사상과 철학을 담고 있으며 행장이나 비문 등에 기초한 금석문(金石文), 각 문집에서 발췌된 일화들의 구성과 인물들의 형상성에 기인한 문학성 등에 이르기까지 매우 광범위하게 작용한다는 점에 주목할 필요가 있다.

그러므로 『시필(試筆)』은 단순한 인물 기록적인 성격의 범주를 넘어서서 조선시대의 역사, 철학, 문학, 학술 등의 다양하고 종합적인 학문의 연구에 훌륭한 자료로서 그 역할을 수행하는 의의가 있다고 본다.

(이승신)

[색인어]
상기한 <표>의 인명과 서명 참조.

[참고문헌]
유진영 편저, 『조선고대금석문종합색인(朝鮮古代金石文綜合索引)』, 학연출판사, 2002.
이가원, 『조선문학사』, 태학사, 1995.
이등묘삼랑(伊藤卯三郞) 편, 『조선고금인물지(朝鮮古今人物志)』, 조선출판사, 1919.

쌍린기

雙麟記

筆寫本. ─ [發行地不明] : [發行處不明], [發行年不明].
6卷6册(全10卷10册中) : 無界, 11行20字內外 ; 23.5×21.5cm.
한글본
表題 : 雙麟記
裏題 : 쌍닌긔
筆寫記 : 경조삼월습亽일 亽시의오쳔륙필

고서/고서811.31 쌍29

雙麟記

1. 개요

　통상 『현씨양웅쌍린기』로 불리는 『쌍닌기』는 창작 연대와 작가가 알려져 있지 않은 대하소설이다. 『현씨양웅쌍린기』라는 제명은 현씨 집안의 두 영웅과 기린에 관한 기록이라는 의미를 지니고 있는데, 여기에서 현씨 집안의 두 영웅, 기린은 곧 현수문과 현경문을 가리킨다. 이화여대 도서관본 『쌍닌기』는 두 기린에 관한 기록이라는 의미로서, 현씨 집안의 인물을 소재로 하고 있다는 점만 제거했을 뿐 『현씨양웅쌍린기』라는 제명과 의미상의 차이는 없다.

　『쌍닌기』는 현수문과 현경문 부부, 즉 현수문과 윤혜빙, 현경문과 주여교 사이의 갈등과 화해 과정을 그린 소설이다. 현수문 부부의 속고 속이는 모습과 현경문 부부의, 효를 둘러싼 처절한 갈등이 핍진하게 묘사되어 있다. 이러한 모습 사이에 현택지(현수문 형제의 부친)로 대변되는 가부장적 권위와 유교적 이념이 소설에 녹아들어가 있다.

　대개의 『현씨양웅쌍린기』는 10권으로 되어 있는데, 『쌍닌기』 역시 애초에는 10권으로 되어 있었을 것으로 추정된다. 10권에서 소설이 종결되고 있음을 보면 그러한 사실을 유추할 수 있다. 다만 현재는 6권만 전하는데, 권1, 3, 4, 5, 9, 10이 그것이다. 내용은 다른 이본과 차이가 거의 없다.

2. 편·저자

　『현씨양웅쌍린기』의 작가는 알려져 있지 않고 이화여대 도서관본의 필사자 역시 알 수가 없다. 다만 기존에 제시된 자료 가운데 『완월회맹연』(한국학중앙연구원 소장, 180권 180책)을 전주 이씨가 창작했다는 기록이나 『옥원재합기연』(서울대 소장, 21권 21책)이 온양 정씨에 의해 18세기 후반에 필사되었다는 고증과 기타 필사 후기 등의 기록 등을 참조하면 『쌍닌기』 역시 사대부 여성에 의해 창작되었을 가능성을 추정할 수 있다. 여성의 주체적 성격이 강하게 부각되어 있는 『쌍닌기』의 내용을 감안하면 더욱 그러하다.

　『쌍닌기』의 창작 시기는 알려져 있지 않으나 18세기 후반 이전으로 추정된다. 서울대 소장본 『옥원재합기연』 권14의 표지 안쪽에 적힌 소설 목록 가운데 '현씨냥웅'과 '명쥬긔봉'이라는 제명이 보인다. 여기에서 '명쥬긔봉'은 『쌍닌기』의 후편에 해당하는 작품이다. 그런데 이 『옥원재합기연』은 18세기 후반에 필사된 작품이다. 심경호에 의하면 해당 『옥원재합기연』의 주요 필사자는 전주 이씨(全州 李氏) 덕천군파(德泉君派) 영순(永淳)의 부인인 온양 정씨이고 필사 시기는 1786년에서 1796년 사이이다. 이를 감안하면 『쌍닌기』는 서울대 소장본 『옥원재합기연』이 필사되기 이전에 이미 창작되었음을 알 수 있다.

　이화여대 도서관본 『쌍닌기』의 필사 시기는 분명히 알 수는 없다. 권3, 4, 5, 9, 10의 필사

후기를 보면 경자년(庚子年) 삼월(三月)에 필사되었음을 알 수 있으나 그 경자년이 정확히 몇 년도인지는 알 수 없다. 1840년이나 1900년 중 한 해일 것으로 추정된다.

3. 서지적 특성

전체 10권 가운데 4권이 낙질되어 6권 6책으로 구성된 『쌍닌기』는 각 권별로 표지에 한자로 "雙麟記"라는 제명이 왼쪽에 세로로 크게 적혀 있고 바로 아래에 권수 표시가 "第一" 식으로 되어 있다. 표지를 넘기면 본문이 바로 시작되는 것이 아니라 빈 종이에 다시 제목이 쓰여 있다. 권1, 3, 5는 한글로 '쌍닌긔'라는 제목이 왼쪽에 세로로 쓰여 있고 그 아래에 권수 표시가 '데일', '데삼', '데오'와 같이 되어 있고, 권9, 10은 각각 "雙麟記 卷之第九", "雙麟記 第拾"이라 되어 있다. 한 장을 넘기면 비로소 본문이 시작되며 내제는 '쌍닌기'(권1, 3) 혹은 '쌍닌긔'(권4, 5, 9, 10)로 되어 있다. 권별로 80면부터 137면까지 면수가 고르지 않으며 매면 12행, 매행 20자 내외로 장 번호를 상단 중앙에 한자로 기입하였다.

종이의 전체적인 상태는 좋지 않으며 좀이 슨 곳이 많으나 보는 데에는 지장이 없다. 제책은 4침(권1)이나 5침(권3, 4, 9, 10)으로 되어 있다. 권1과 4, 5는 책장을 넘길 때 손가락이 닿는 부분은 몇 글자를 적지 않았고 권3은 적었으며 권10은 섞여 있다. 더불어 모든 권에 장차(張次)를 표시하는 숫자가 앞면 상단에 쓰여 있다. 손가락이 닿는 부분에 글자가 없다거나 장차 표시를 앞면 상단에 했다는 점은 세책본의 전형적인 특징이다. 이를 보면 『쌍닌기』는 세책가에서 유통되던 필사본이었을 가능성을 유추해 볼 수 있다.

필체는 흘림체로 되어 있다. 표기상 가장 큰 특징은 '십'을 '습'으로 적는다는 것이다. 예컨대, 숫자 '이십'을 '이습'(권1, 29면)과 같이 적었다. 또한 단모음을 이중모음으로 적은 경우가 많다. '이러나'(일어나)를 '이려나'(권1, 11면)로 '미러'(밀어)를 '미려'(권1, 11면)로, '서랑'(사위)을 '셔량'(권1, 36면)으로, '언사'(言辭)를 '연사'(권1, 85면)와 같이 'ㅓ'나 'ㅏ'를 'ㅕ'나 'ㅑ'로 적었다. '아니로다'를 '아니료다'(권1, 11면)로, '우어'(웃어)를 '유어'(권1, 84면) 등으로 적는 예도 많이 보인다. 또한 '～ᄒ더라'를 '～ᄒ다라'로 쓴 경우가 많다.

한자어는 우리말로 제대로 적지 않은 경우가 눈의 띈다. '요조숙녀'(窈窕淑女)를 '뇌도숙네'(권1, 8면)로, '후손'을 '휴손'(권1, 34면)으로 '쇄소'(灑掃)를 '시쇠'(권1, 51면)로, '금지옥엽'(金枝玉葉)을 '금지옥협'(권3, 103면)으로, '옥면'(玉面)을 '욕면'(권1, 52면)으로 쓴 것을 예로 들 수 있다. 이러한 현상은 필사자가 한자를 잘 몰랐기 때문에 나타난 결과일 수도 있고 방언 때문일 수도 있다.

권1을 제외하고 각 권 말미에는 필사시기를 드러내는 후기가 한글로, 혹은 한자로 적혀 있는데, 다음과 같다.

권3 : '경ㅈ 삼월 초습일 ㅈ시의 오천튝필'
권4 : '경자 삼월 초십일 신시 산계 특필(庚子 三月 初十日 申時 山溪 特筆)'
권5 : '경쟈 삼월 초삼일 진시의 튝필'
권9 : '경ㅈ 삼월 습이일 희시의 튝필오천'
권10 : '경ㅈ 삼월 습ㅅ일 ㅅ시의 오천튝필'

이를 보면 필사는 주로 경자년 삼월에 되었음을 알 수 있다. 다만 권5가 삼월 초삼일에 필사되고 권3, 4가 삼월 초십일에 필사되었다는 기록을 믿는다면, 필사는 순차적으로 이루어지지는 않았다. 필사기에서 '오천'이나 '산계(山溪)'는 필사자의 출생지나 거주지 등 지명을 가리키는 듯하나 확실하지는 않다.

이본 가운데 대표적으로 인용되는 한국학중앙연구원 소장본(이하 한중연본)과 비교해 보았을 때 이화여대 도서관본『쌍닌기』는 그 서사 전개가 완전히 일치한다. 다만 분권된 양상은 약간의 차이를 보인다.『쌍닌기』의 권별 면수 및 한중연본과의 분권 양상의 차이를 보이면 아래와 같다.

『쌍닌기』의 권별 면수	한중연본의 해당 부분(한중연본의 면수)	한중연본 권별 면수
권1 : 88면	권1, 1~80면(80면)	95면
권2 : 결		111면
권3 : 110면	권2, 97면~권3, 97면(111면)	112면
권4 : 109면	권3, 97면~권5, 3면(127면)	109면
권5 : 137면	권5, 3면~권6, 34면(140면)	109면
권6 : 결		106면
권7 : 결		111면
권8 : 결		114면
권9 : 78면	권9, 39면~권10, 3면(76면)	112면
권10 : 80면	권10, 3면~권10, 91면(88면)	91면

『쌍닌기』와 한중연본은 분권이 정확히 대응되지는 않고,『쌍닌기』는 권별로 면수의 편차가 심한 데 비해 한중연본은 그렇지 않음을 알 수 있다.

4. 구성과 내용

이화여대 도서관본 『쌍닌기』는 전체 10권 가운데 4권이 낙질되어 6권 6책이 남아 있다. 현수문과 현경문 부부의 갈등을 중심축으로 하여 현택지의 가부장적 권위, 장찬규 부자의 해학이 곁들여져 있는 대하소설이다.

권별 줄거리는 다음과 같다.

송 인종 시절에 현택지의 아들 현수문과 현경문이 각각 9세와 8세에 하소저, 주여교와 성혼하고서 나이가 어리므로 합방을 하지 말라는 현택지의 명에 따라 동침하지 않는다. 이들은 11세와 10세에 과거를 보아 장원과 탐화를 하고 관직을 제수 받는다. 현수문 형제가 아버지의 명에 따라 신부 방에 가니 현수문은 하소저와 운우지락을 누리나 현경문은 주여교의 자색이 너무 고운 것을 꺼려하여 정을 누리지 않는다. 현경문이 주여교와 동침하지 않은 사실을 안 장인 주명기와 장모 후부인이 대노하여 주여교에게 현씨 집안에 가지 말라고 한다. 현경문은 주명기 부부가 자신들의 내밀한 문제를 안 것은 주여교의 고자질 때문이라 오해하여 주여교를 음란한 여자로 치부하고 강제로 정을 맺으려 하나 주여교가 강하게 저항한다. 이후 주명기 부부와 현경문의 갈등이 지속되고 더불어 현경문 부부의 갈등 역시 계속된다. 한편 주명기의 조카 육취옥이 처가에 온 현경문에게 반해 유모 능선과 합력하여 현경문이 자신을 겁탈하려 했다고 모함하나 현경문이 적절하게 처리하여 육취옥과 능선의 죄를 밝힌다. 현경문이 자기 집으로 돌아가자, 주명기가 현택지에게 와 현경문이 자신을 모욕했다고 하니 현택지가 현경문을 매우 친다. 현경문은 화가 나서 주여교로 하여금 당에서 내려가게 하라고 주여교의 유모에게 명령한다. (권1)

[권2 부분 한중연본 참고] 주여교와 현경문의 갈등은 심화되고 육취옥은 등문고를 올려 현경문과 혼인한다. 주명기가 직언하다가 향리로 내쫓기게 되자 주여교를 데려가고 현경문은 주여교를 보내고 나서야 박대한 것을 후회하고 그녀를 그리워한다. 현수문이 표종 장성기 집에 갔다가 한 미인을 발견하고서 그녀를 강제로 제압해 정을 맺는다. 윤소저가 자살을 기도하나 현수문이 살리고 현경문과 함께 현택지를 속여 윤소저를 첩으로 얻을 논의를 한다. 마침 현택지가 이야기를 엿듣고 둘을 중타하니 장찬규가 와서 말린다. (한중연본 권1, 80면~권2, 97면)

윤소저가 첩으로 현씨 집안에 들어가게 되자 자신은 사족(士族)이라면서 첩으로 들어가지 않겠다고 하며 부친의 친필을 보여 준다. 이 친필 덕에 윤소저는 부친 윤기화를 찾아 부녀 상봉을 한다. 소저 윤혜빙은 첩으로 들어가기를 거부하니 윤기화가 현택지에게 윤혜빙의 나이가 차면 첩으로 보내겠다고 회보한다. 한편 현경문은 주명기와 주여교가 무사히 도달했다는 편지를 보고 새로이 주여교를 그리워한다. 서역국과 운남이 조공을 올리지 않자 현수문 형제가 임금의 명령을 받아 죄를 묻는 글을 써 항복받고서 벼슬이 오른다. 현수문이 장성원의 과거 급제 날 잔치하는 밤에 윤혜빙을 강제로 제압해 정을 맺고 윤기화에게 길일을 택하라고 종용해 승낙을 받고서야 집에 돌아간다. 윤기화가 윤혜빙 몰래 길일을 택해 혼례를 시키니, 윤혜빙이 귀형녀를 대신 앉혀 놓고 자신은 이모 박자사 집으로 도망간다. 귀형녀와 동침하고 화가 난 현수문이 윤혜빙의 교자를 앗아오라 하나 실패하고 윤혜빙은 숙모를 따라 화주로 간다. 임강의 딸 형아가 현수문 형제를 보고 반하니, 늙은 궁비로 변한 능선이 형아를 돕겠다고 한다. 형아가 연못에 빠져 죽은 것처럼 꾸미고 궐에서 함께 나오나 도중에 형아가 강간을 당한다. 두 사람은 월청법사를 만나 주여교 모해할 계책을 세운다. (권3)

주여교는 부모를 따라 절강에 가다가 월청법사에게 납치되어 대호장군의 처가 될 위기에서 빠져 나와 벼랑에서 떨어진다. 한편 형아는 주여교로 변신하고 월청과 능선은 차두로 변신해 주명기와 생활하다가 주명기를 따라 경사로 올라간다. 현경문은 변신한 형아를 단번에 알아보고 곁에 가지 않고 장인과 장모에게 형아에게 앵혈이 없는 것을 보여 주어 그녀가 주여교로 변신한 것임을 알게 한다. 현택지가 이 일을 임금에게 아뢰니 임금이 모두 처형하라 명하나 능선만 죽고 형아는 월청이 구해 함께 사라진다. 주여교가 죽은 줄로 아는 현씨와 주씨 집안사람들은 슬퍼하고, 잡힌 대호장군으로부터 주여교가 벼랑에서 떨어졌다는 말을 들은 주명기는 혼절하기도 한다. 임금이 주여교를 지성인현효열정숙비에 봉한다. 주여교의 시신이 수습되어 오자 모두 슬퍼하고 현경문은 자책한다. 귀형녀가 딸을 낳고 죽으며 자신은 사족의 딸임을 밝힌다. 파촉 서천의 울리대가 반란의 기미가 있자 현수문 형제가 출전해 싸우니 적장의 모사 신비호가 도술을 부려 송군이 고전한다. 한편 주여교는 화산 청향산 옥포동의 일광대사에게 구조되어 생활하다가 일광대사의 명으로 현경문을 도우러 남장을 하고 나아간다. (권4)

주여교는 자신을 운유자라 소개하나 현경문은 여자인 줄을 직감하고 다만 주여교임은 알지 못한다. 주여교 덕으로 현수문 형제는 울리대를 죽이고 신비호를 사로잡으니, 주여교는 수문 형제에게 편지를 써 놓고 홀로 경사로 향한다. 현수문 형제가 환경하고 신비호는 현택지 덕으로 살아서 그 막하로 들어간다. 현경문은 주여교를 그리워해 주씨 집에 가 신위 앞에서 일장을 통곡한다. 현수문은 윤혜빙이 화주 박자사 집에 숨어 있음을 알아서 박자사에게 편지를 보내 윤혜빙을 보내기를 요구한다. 윤혜빙은 그 편지를 보고 돌아가겠다 말하고 경사로 향하나 도중에 허수아비를 교자에 대신 앉혀 놓고 남복으로 개착해 도망해 연평부 성운사의 안진법사에게 의탁한다. 주여교는 경사에 가는 도중 황릉묘에 이르러 아황, 여영의 꿈을 꾸고 그림으로 남기고, 다시 길을 가다가 기생들에게 유혹을 받고, 도적을 만나는 등 갖은 고생을 한 끝에 경사에 가 주명기에게 나아가 인사한다. 주명기 부부가 기뻐하고 주여교가 현씨 집안에 가지 않고 부모를 모시겠다고 하자 허락을 한다. (권5)

[권6 부분 한중연본 참고] 현경문이 철소저와 성혼하나 동침하지 않는다. 현경문이 꿈에서 주여교가 살아 있음을 알고 주여교에게 가 속히 시가로 돌아오라 한다. 현택지가 주씨 집에 가 주여교를 보려 하나 거부당하고 조회 때 임금에게 주여교 생환을 고하니 임금이 기뻐하

고 주여교와 현경문에게 벼슬을 더한다. 주여교는 현택지가 보낸 훈계의 서간을 받고 자신의 뜻을 지킬 수 없음을 알아 일단 현씨 집안에 가기로 한다. (한중연본 권6, 34면~권6, 106면)

[권7 부분 한중연본 참고] 주여교가 현씨 집안에 나아가니 현경문이 주여교와 관계를 맺으려 하나 거절당하고, 이후에 현택지로부터 부녀에게 약하게 보이지 말라는 충고를 들어 거듭 강간을 시도하나 실패한다. 현경문은 영월이 거듭 주여교를 모해하나 주여교를 의심하지 않는다. 영월의 계교로 후부인이 현씨 집안을 욕하고 경문을 칼로 찌르려 하기까지 하니 경문과 주여교의 갈등도 깊어간다. 현경문이 우연히 한 침입자를 발견해 영월의 사주임을 알고 영월을 추궁해 모든 일을 영월이 꾸민 것임을 자백받는다. 현택지가 이러한 사실을 주명기에게 알리니 후부인이 잘못을 깨닫고 운다. (한중연본 권7)

[권8 부분 한중연본 참고] 현경문이 병이 들어 위독해지자 주여교 덕에 살아난다. 운남국 목탈아가 반란을 일으키자 현경문이 출전하게 되고, 현경문이 출전 전에 현택지의 명으로 내당에 들어가 강제로 주여교와 관계를 맺고 기뻐한다. 형아가 월청의 권유로 현수문의 총애를 받으려고 절대 미인이 되어 현수문을 보나 수문이 거절한다. 형아가 국척 조길의 시첩으로 들어가 조길을 부추겨 현수문 형제를 반역죄로 모함하고 반란을 일으키게 하나 현수문이 조길을 제압한다. (한중연본 권8·권9, 1면~39면)

현경문이 운남에게 왕 탈목아를 감화시키고 자신을 회유하는 탈목아를 훈계하고 운남을 교화한다. 운남국 공주 미양공주가 현경문을 흠모하여 경문 방에 돌입했다가 경문에게 꾸짖음을 당하고 왕으로부터도 꾸중을 듣는다. 현경문이 운남왕에게서 많은 선물을 받으나 그 중에서 네 낱 명주만 받는다. 환경하다가 유람하기로 하고 길을 떠나 황릉묘에서 주여교의 필적을 발견하고 그 옆에 글을 써 놓는다. 월청이 가짜 경문으로 변해 먼저 경사에 가 임금을 뵙고, 뒤늦게 경문이 환경해 역시 임금을 뵈니 모두 놀란다. 현씨 집안에서도 놀라는데 주여교가 일광대사가 준 글이 생각나 열어보니 두 낱 환약을 어전에서 먹이라고 되어 있으므로 현택지가 그대로 행한다. 월청이 본 모습으로 돌아와 도망하려 하나 일광대사에게 잡혀 땅에 떨어지자 임금이 월청을 처참시킨다. 현경문이 집으로 돌아감에 기다리던 사람들이 모두 기뻐하고 경문이 운남왕에게서 받아 온 네 개의 명주를 현택지에게 보여 주니 현택지 부부가 훗날 쓸 일이 있을 것이라 말하며 보관한다. 현경문이 주여교와 다투다가 호박침을 던져 배를 맞히고 이 때문에 주여교에게 복통이 생기자 맥을 짚어 보다가 태기가 있음을 알고 기뻐하고 자신의 행위를 사죄한다. 장성기 등이 이 장면을 엿보고서 기뻐하고 현씨 집안에서도 모두들 기뻐한다. 현경문이 주여교와 동침하려다 거절당하고 철소저에게 가 처음으로 관계를 맺는다. 한편 현수문은 유람하다가 성은사에 들른다. (권9)

현수문이 두혜백이라 자칭하는 미소년을 보고 집에 돌아가 현경문과 함께 다시 가니 경문은 미소년이 윤혜빙임을 알고 그 사실을 얘기해 준다. 현수문이 한 시비를 남장을 시켜 윤혜빙에게 보내 치근덕거리게 하고서 들이닥쳐 윤혜빙을 꾸짖자 윤혜빙이 혼절한다. 윤기화가 윤혜빙의 행방을 듣고 성은사에 가 그녀를 데려간다. 현택지가 윤혜빙을 부르나 듣지 않자,

여교 십 편을 지어 보내니 윤혜빙이 감동하여 간다. 현수문이 하관을 시켜 길에서 교자를 부수게 해 윤혜빙을 망신 준다. 현수문과 윤혜빙이 혼례를 올린 후에도 수문은 혜빙에게 외당에 나와 자라고 하는 등 함부로 대하고 강제로 관계를 맺기도 한다. 윤혜빙이 제어당할 뜻을 보이지 않으나 현택지의 통렬한 훈계에 수문에게 순종한다. 주여교가 임신 열두 달 만에 아들을 낳자 모두들 기뻐한다. 현택지의 생일에 임금이 사연을 해 모두 즐기고 장찬규의 계교로 현경문이 육취옥과 동침한다. 신비호가 현택지 부자의 덕을 감축하고 주명기는 주여교의 차자 명린으로 하여금 자기의 후사가 되게 한다. 현수문과 현경문이 아내들에게서 자식을 보아 잘 산다. (권10)

5. 가치

『쌍닌기』에는 부부 갈등이 첨예하게 드러나 있다는 특징이 있다. 여타의 대하소설의 경우 계후 갈등이나 처첩 갈등 등 매우 다양한 갈등이 보이지만 『쌍닌기』의 경우에는 다른 종류의 갈등은 소거한 채 부부 갈등에만 집중하였다. 이는 다양함을 택하는 데에서 발생하기 쉬운, 서술자 목소리의 분산을 방지하기 위한 배려의 결과로 파악된다.

부부 갈등은 두 가지 양상으로 전개된다. 현수문과 윤혜빙 부부의 경우, 그들이 부부가 되기까지의 과정에서 서로 속고 속이는 것을 보여 주고 있고 현경문과 주여교 부부의 경우 그들이 부부가 된 후에, 현경문과 처가 부모 사이의 갈등이 부부 갈등으로 전이되어 걷잡을 수 없는 싸움이 전개되는 것을 보여 주고 있다. 전자의 부부 갈등이 당사자들끼리는 진지하지만 속고 속이는 상황 자체가 웃음을 선사하도록 설정됨으로써 흥미를 배가하는 역할을 하는 데 반해, 후자의 부부 갈등은 부부 사이에 일어날 수 있는 싸움을 매우 진지하게 다룸으로써 독자로 하여금 부부 문제를 다시금 생각게 하는 역할을 하고 있다. 이 두 부부의 갈등은 이처럼 획일적이지 않고 서로 상보적 역할을 하며 전개되고 있는데, 이것이 『쌍닌기』 부부 갈등의 가장 큰 특징이라 할 수 있다.

이화여대 도서관본 『쌍닌기』는 한자, 한문을 제대로 교육받지 못한 사람이 필사한 것이거나 혹은 지방에서 필사된 것으로 파악된다. 기본적인 한자어를 틀리게 적기 일쑤였다는 점을 보면 그러한 점을 알 수 있다. 『현씨양웅쌍린기』는 대하소설로서는 비교적 적은 분량에 이본이 많은 작품이다. 『쌍닌기』는 교육받지 못한 층, 혹은 지방의 사람들에게까지 읽혀졌다는 점을 잘 보여주는 이본으로서, 『현씨양웅쌍린기』 독자층이 폭넓었음을 잘 알게 해 주는 자료라는 점에서 일정한 의의가 있다.

(장시광)

[색인어]
고전소설, 대하소설, 가문소설, 장편소설, 연작소설, 현씨양웅쌍린기, 명주기봉, 현수문, 현
경문, 주여교, 윤혜빙, 현택지

[참고문헌]
김지연, 「『현씨양웅쌍린기』의 단일 갈등 구조와 인물 형상의 관계」, 『민족문학사연구』 28,
　　　민족문학사학회, 2005.
이지하, 「『현씨양웅쌍린기』 연작 연구」, 서울대 석사학위논문, 1992.
조희웅, 『고전소설 이본 목록』, 집문당, 1999.
최길용, 「연작형 고소설 연구」, 전북대 박사학위논문, 1989.
한길연, 「대하소설(大河小說)의 능동적 보조인물 연구 : 『임화정연』, 『화정선행록』, 『현씨양
　　　웅쌍린기』 연작을 중심으로」, 서울대 석사학위논문, 1997.

아송

雅誦 / 朱熹 著；正祖 [御定]

木板本(壬辰字飜刻). ― [發行地不明]：[發行處不明], [1799
(正祖 23)]

8卷2冊：四周單邊 23.8×17.6cm, 有界, 10行18字 註雙行,
上下向花紋魚尾；32.8×22.3cm.

御製序：時己未[1799]九月二十有四日也

고서/고서812.1 주811ㅇ

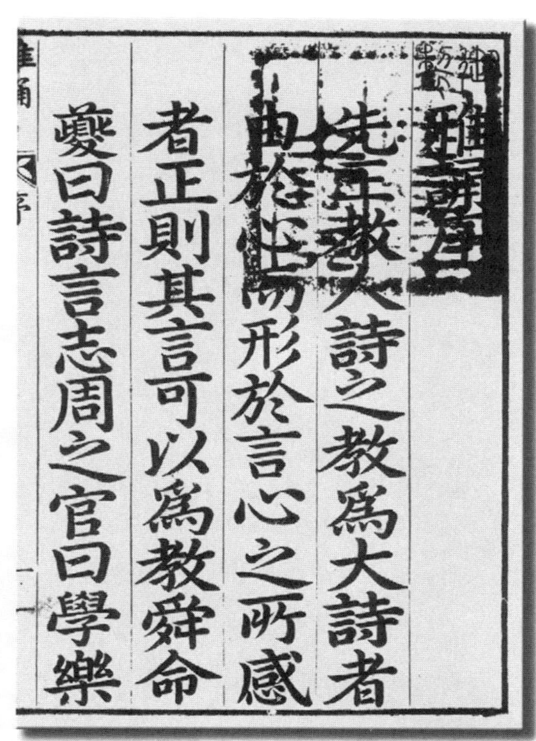

雅誦

1. 개요

『아송(雅誦)』은 조선의 제22대 왕 정조에 의해 1799년 편찬된 송(宋)의 학자 주희(朱熹)의 시선집(詩選集)이다. 8권 2책의 활자본으로, 서명(書名) '아송(雅誦)'은 아언(雅言)과 같은 뜻이다. 정조는 『시경』의 '사무사(思無邪)'의 뜻을 얻은 것이 오직 주자이므로, 주자의 시를 가르쳐 문풍을 쇄신코자 하였다. 이에 정조는 '권1'에 사부(詞賦)와 금조(琴操)를 싣고, '권2'에서 '권7'까지 고체시(古體詩)와 근체시(近體詩) 등 359편을 뽑고, 권8에 명(銘), 잠(箴), 찬(贊), 제사(題辭) 등의 글을 부록으로 실어 모두 415편을 수록하고, 사신(詞臣)으로 하여금 주석을 더하게 하여 『아송』을 완성하였다.

2. 편·저자

원저자 주희는 주자(朱子)로 존칭되는 바, 송대(宋代) 이학(理學)을 집대성한 학자이다. 주희의 저술이 한국에 처음 소개된 것은 안향(安珦)이 중국에서 주자서를 초록해온 때부터이고, 조선초에 이르러 주자서가 보급되었다. 1523년경 『주자대전(朱子大全)』이 간행·반포되고, 이어 『속대전(續大全)』, 『별대전(別大全)』 등이 간행 유포됨으로써 주자학에 대한 본격적인 연구가 이루어졌다. 아울러 이황(李滉)의 『주자서절요(朱子書節要)』, 정경세(鄭經世)의 『주문작해(朱文酌海)』, 송시열(宋時烈)의 『절작통편(節酌通編)』, 『주자대전차의(朱子大全箚疑)』 등 조선의 학자들에 의해 주자의 글들을 선집하고 주석한 서적들이 나왔다.

『아송』의 편자는 조선의 제22대왕 정조이다. 정조의 이름은 산(祘), 자는 형운(亨運), 호는 홍재(弘齋)이며, 1752년(영조 28) 장헌세자(莊獻世子)와 혜경궁 홍씨(惠慶宮洪氏)의 사이에서 태어났다. 정조는 1759년(영조 35) 세손에 책봉되고, 1762년 장헌세자가 비극적인 죽음을 당하자 어려서 죽은 영조의 맏아들 효장세자(孝章世子)의 후사가 되어 왕통을 이었다. 1775년부터 대리청정을 하여 국가의 정사를 직접 관장하였으며, 다음해 영조가 죽자 25세로 왕위에 올라 25년간 재위하다 1800년에 사망하였다.

학자형 군왕이었던 정조는 세손 시절부터 재위 기간 동안 지속적으로 학문과 문학, 예술을 넘나들며 조선 문화의 부흥을 추진해 갔다. 독서와 연찬을 통해 수준 높은 비평적 감식안을 갖춘 정조가 직접 책의 성격을 규정하고 시문을 선발하면, 규장각 각신(閣臣)들이 취지를 받들어 주석, 교감을 수행하였다. 이어 정조의 명으로 주조된 활자로 인간되어, 조야(朝野)의 문신, 유생들에게 반사되었다. 이렇게 해서 현재 남아 있는 책들이 바로 정조의 어정서(御定書)와 명찬서(命撰書)이다.

한편, 세손으로 있던 1765년에 지은 시에서부터 그가 사망한 1800년까지 남겼던 시문을 글의 종류에 따라 분류 편집하여 만든 정조의 문집 『홍재전서(弘齋全書)』가 1814년 184권 100책의 활자본으로 간행되어 현재 전하고 있다.

3. 편찬 경위

정조는 문풍(文風)을 통해 세교(世敎)를 파악할 수 있으며 나아가 문풍의 변화를 통해 정치·사회적 현실 역시 변화시킬 수 있다고 보았다. 정조가 문제시한 당대의 문풍이란, 명청(明淸)의 문예사조로부터 강하게 영향을 받아 시에서는 의고주의(擬古主義)가 풍미하고 문장에서는 패관소품체(稗官小品體)가 성행하는 사조였다. 이러한 문풍을 이상적인 문풍으로 회복하고자 하는 것이 정조의 문예정책이었고, 문예정책의 중심에 시문의 전범을 수립하여 보여주는 시문집의 편찬, 간행사업이 있었다. 정조는 문장의 모범으로는 육경(六經), 자사(子史), 주자(朱子), 당송팔가(唐宋八家)의 문장을 꼽았으며, 시의 모범으로는 두보(杜甫)와 육유(陸游), 주자의 시를 특히 중시하였다. 『아송』은 이러한 정조의 문예관이 반영된 주자의 시선집이다.

한편, 정조는 지속적으로 주자학에 깊은 관심을 보여 왔는데, 20세에 『주자회선(朱子會選)』, 30대에 『주자선통(朱子選統)』·『자양회영(紫陽會英)』, 40대 이후 『주자백선(朱子百選)』·『주자서절작(朱子書節酌)』 등을 편찬하였다. 뿐만 아니라 정조는 『주자대전(朱子大全)』과 『주자어류(朱子語類)』, 그 외의 모든 주자의 문헌을 집대성한 전서(全書)를 만들고, 그것을 보존하는 집을 짓고, 전서의 책판을 보존하고자 하였다. 이러한 일련의 주자서 간행의 하나로 이루어진 것이 『아송』이다.

「아송서(雅誦序)」에서 정조는 『아송』의 편찬 목적을 다음과 같이 밝히고 있다.

> 지금 이 시대에 맞는 선비가 되려면 제일 좋은 길이 바로 주자의 시를 배우는 것이다. 시를 읊조리고 감탄하고 또 소리 높여 길게 뽑는 과정에서 모든 찌꺼기가 다 녹아 없어지고 혈맥이 확 트이며, 평이하고 정직하고 자애롭고 신실한 마음이 무럭무럭 자라나는 반면 뒤틀리고 괴벽하고 태만한 생각은 일지 않아 가까이는 부모를 섬길 수 있고, 멀리는 임금을 섬길 수도 있을 뿐만 아니라, 거기에서 흥기하고 거기에서 관찰하고, 거기에서 한 덩어리가 되어 옛 선왕의 시교(詩敎)가 어떠했다는 것을 이 시를 보고 다소나마 짐작할 수 있을 것이다.
>
> 내 그리하여 주자의 시를 따로 편집하여 학관에 두고 각기 옛 것을 모방하는 뜻으로 독특한 예를 두었다. 가령 편집하면서 선발한 것은 옛날 『시경』을 산정(刪定)한 것을 모방한 것이고, 유형별로 모은 것은 풍(風)과 아(雅)를 분리하여 편찬한 것을 모방한 것이고, 명과 찬을 붙인 것은 주송(周頌)·노송(魯頌)·상송(商頌)의 삼송(三頌)을 붙인 것을 모방한 것이다. 아송(雅誦)이라 명명한 것은 성인(聖人)의 아언(雅言)을 모방한 것이다.

여기서 보듯이, 정조가 『아송』을 편찬한 목적은 주자의 시를 선양함으로써 당대의 쇠미해진 문풍, 결국 문학이 도학과 분리된 현상을 쇄신하려 한 것임을 알 수 있다. 세손 시절부터 주자를 존숭하여 주자의 시를 암송하였다고 한 정조였다. 시교(詩敎)의 근본을 주자의 시에서 찾기 위해, 정조는 풍부하고 세련된 주자의 시를 가려 뽑기 위해 『시경』의 체제를 모방하여 정리하고자 하였던 것이다.

정조는 『아송』의 서문을 직접 썼을 뿐 아니라, 주자의 시를 직접 선발하였다. 정조의 「시아송교정삼문신(示雅誦校正三文臣)」(『홍재전서』 제56권, 「雜著」)에서 선발 양상을 살필 수 있다.

> 등불을 마주하여 상고하고 열람하면서 끝까지 다 보고 다시 시작하기를 네 차례나 하였다. 그리하여 뜻이 같은 것과 내용이 중복되는 것과 당연히 삭제하여야 할 것은 삭제하라는 산(刪) 자를 찌[籤]에다 써서 베낀 책에다 붙였는데, 가려 뽑은 것을 합치니 366수였다.

이와 같이 선발된 주자의 시는 문신들에게 지시하여 정밀하게 교정하게 하였다. "인명, 지명, 시사(時事), 실적(實蹟)과 선석(仙釋)에 관한 문자의 인용과 「무이도가(武夷櫂歌)」 등의 시에서 도(道)를 비유한 단어들은 널리 자료를 수집하여 간략하게 주석을 달게 하였다."(『홍재전서』 제182권, 「群書標記」)고 하였다.

『아송』의 간행은 1799년(정조 23) 9월 15일 주자의 생일에 맞추어 그 첫 권이 인간(印刊)되었고, 같은 해 10월 3일 8권으로 완성되었다. 처음에 임진자(壬辰字)로 인쇄하고, 번각(飜刻)하여 판목을 보관해 두어 오래도록 전하게 하였다.

『아송』은 정조의 명에 의해 조야에 널리 보급되었다. "경연(經筵)과 주연(胄筵)에서 『아송』을 진강하도록 하였으며, 존경각(尊經閣)에 소장해 두고 유생들을 달마다 고강(考講)하는 책으로 삼도록 하였다."(『정조실록』 1799년 10월 3일)는 데서 알 수 있듯이, 정조는 『아송』의 확산을 통해 특히 당시 젊은 사대부들을 학습케 하고자 하였다.

4. 구성과 내용

『아송』은 모두 2책 8권이며, 1책(권1~4), 2책(권5~8)으로 분책되어 있다. 표지에 "雅誦"으로 되어 있고, 판심제에도 "雅誦"으로 되어 있다.

서문은 정조가 1799년 9월 24일 쓴 것이다. 주요 내용은 시교(詩敎)의 중요성을 강조하면서, 주자의 시를 통해 시교를 구체적으로 적용해 보고자 하는 뜻을 밝혔다.

서문에 이어 여섯 조목으로 된 「아송의례」가 나오는데, 이 책의 성격과 체제를 밝히고 있다. 첫째 조목에서 셋째 조목까지는 『아송』의 취지와 성격을 밝혔는데, 서문의 내용과 상통한다. 넷째 조목은 『아송』의 선발이 정조에 의해 직접 이루어진 것임을 밝히고 있다. 다섯째 조목은 『아송』의 주석에 대해 설명하고 있다. 주자의 자주(自註)는 모두 취하여 원주(原註) 두 글자에 광표(匡標)하여 표시하고, 「무이도가(武夷櫂歌)」·「재거감흥(齋居感興)」과 같은 이른바 도통시는 특별히 여러 유자(儒者)의 설을 취하였으며, 인명·지명 및 시사·실적 중에 고구할 만한 것은 선석(仙釋)의 문자도 인용하였음을 밝히고 있다. 또한 문신들에게 명하여 『주자대전』과 『주자어류』, 선유(先儒)들의 문집과 촬록(撮錄)을 넓게 살펴 참고로 삼았으며, 확실하게 교정된 것만을 취하였음을 밝히고 있다. 여섯째 조목은 『아송』에 사용된 활자 임진자(壬辰字)에 대해 밝히고 있다.

「아송목록」은 권1에서 권8에 이르기까지 전체 수록 작품을 차례로 보이고 있다. 이어서 권1에는 사(詞) 2수, 부(賦) 1편, 금조(琴操) 1수, 권2에는 오언절구 44수, 육언절구 2수, 권3에는 칠언절구 84수, 권4에는 오언고시 73수, 권5에는 오언고시 29수, 칠언고시 13수, 권6에는 오언율시 51수, 권7에는 칠언율시 55수, 오언배율 4수, 권8에는 명(銘) 28편, 잠(箴) 2편, 찬(贊) 18편, 제사(題辭) 1편, 문(文) 2편을 수록하고 있다. 이상에서 보면, 『아송』은 주자의 시를 시체(詩體)별로 분류하여 수록하고, 부록으로 명, 잠, 찬, 제사, 문을 수록하고 있음을 알 수 있다.

『아송』의 주자 시 원문은 『주자대전』을 그대로 따랐다. 시의 원문과 원주(原註)를 1771년 (영조 47)에 간행된 『주자문집대전(朱子文集大全)』과 비교해 본 결과 완전히 일치하고 있어, 일차적으로 『주자문집대전』을 대상으로 선발하였음을 알 수 있다.

정조가 주자의 시를 선발하는 관점은 편찬 목적에서 보았듯이, 주자의 시를 통해 정학(正學)을 선양하고자 하는 것이었다. 문학의 현상으로 좁혀 보면 도학과 시문의 결합을 추구하였다. 이 때문에 성리학과 시의 결합을 시도한 주자의 시야말로 가장 모범으로 삼을 만했다. 이정(二程)이 작문해도(作文害道)의 관점에서 시를 짓지 않았던 것과 달리, 주자는 이정의 관점을 탈피하여 적잖은 시를 남겼다. 이러한 주자 시에 대한 관심은 송원 이래 도학적 견지에서 지속되어 왔는데, 주로 「관서유감」·「재거감흥」·「무이도가」 등 주자의 도통시로 알려진 작품들에 집중되었다. 정조의 주자 시 선발 기준 또한 이러한 도학적 관점을 잇고 있다. 다음의 「아송서」에서 보이는 정조의 발언은 이런 점을 여실히 보여주고 있다.

> 그 도에 나아가고 덕을 이룬 자취를 알고 싶으면 「원유(遠遊)」를 보면 되고, 체용(體用)과 현미(顯微)의 묘리를 체험하고 싶으면 「무이도가」를 보면 된다. 그 밖에 무극(無極)과 태극(太極), 음양(陰陽)과 오행(五行)에서 시작하여 여러 왕과 많은 성인(聖人)들이 인류의 기강을 확립하고 정당한 갈 길을 마련했던 것까지를 증험하려면 「재거감흥」을 보면 되고, 인산지수(仁山智水)와 연비어약(鳶飛魚躍)에서 춘풍화기(春風和氣)와 서일상운(瑞日祥雲)의 모습은 「무이잡영(武夷雜詠)」에서 보면 느낄 수 있다. 또, 인욕을 막고 천리를 보존하는 것은 「수구행주(水口行舟)」가 있고, 정미함을 다하여 중용을 말한 것은 「아호사차운(鵝浩寺次韻)」이 있고, 근원을 찾고 본성을 따라 함양하는 것은 「서각(西閣)」의 시가 있고, 전전긍긍하여 이른 아침부터 밤늦도록 삼가 하는 뜻은 「제진(題眞)」의

시가 있다. 「논계몽(論啓蒙)」은 복희씨와 문왕의 정온(精蘊) 얘기이며, 「송임희지(送林熙之)」는 건원(乾元)의 선장(善長)을 말한 것이다. 「관서유감」은 크게는 도체(道體)의 전체를 말한 것이고 작게는 이치의 은미함을 분석한 것이다. 「기호적계(寄胡籍溪)」는 예부터 전해 내려온 심법(心法)에 대해 주자가 이미 그를 그대로 본받고 또 모든 시냇물에 비치는 밝은 달처럼 생각해서, 요는 사람마다 제각기 자기 덕을 밝혀야 한다는 뜻으로 그 모든 책임을 자기가 맡고 있음을 보여 준 것이다.

주자의 시는 내용상 대체로, 자신이 거처하고 있는 주변의 자연 경관과 그곳에서의 유유자적한 생활을 읊은 시, 수려한 산천을 유람하며 지은 기행시, 증답하고 차운한 교유시, 당대 정치·사회적 현실에 대한 감개 및 비판의 시 등으로 나누어 볼 수 있다. 『아송』 또한 이를 두루 포괄하며 선발하고는 있지만 주자의 대표적 설리시에 중점이 놓여 있다. 주자의 시는 대개 연작시로 된 것이 많은데 『아송』은 그 가운데 한두 수를 선발하는 것이 일반적이다. 그런데 「재거감흥」과 같은 대표적인 설리시의 경우는 전체 모두를 선발하고, 매 수마다 「무이도가」와 마찬가지로 설리적인 주석을 달았다. 이는 원(元) 호병문(胡炳文)의 「감흥시통서(感興詩通序)」나, 명(明) 방효유(方孝儒)의 「독주자감흥시(讀朱子感興詩)」의 관점과 상통하는 것이라 할 수 있다.

정조는 설리적인 시에 그치지 않고 명, 찬, 잠 등의 운문들을 말미에 부록으로 덧붙였는데, 이는 주자의 명, 찬, 잠 등이야말로 주자의 학문·사상을 가장 잘 보여주고 있기 때문이었다. 끝으로 「권학문(勸學文)」(이 글은 『주자대전』에 실려 있지 않고 『고문진보(古文眞寶)』에만 실려 있어 주자에 가탁한 것으로 보기도 한다.)으로 맺은 것은 당대의 문인들에게 학습의 귀감으로 삼을 것을 뜻하는 것이다.

원문 아래 쌍행으로 부기된 주석의 경우, 주자의 자주(自注)를 기본으로 하면서 인명·지명·시사·실적 중심으로 주석을 달았는데, 여러 주해서들을 참조한 것으로 보인다. 송시열의 『주자대전차의』가 인명·지명·시사·실적 뿐 아니라 판본에 따른 글자의 이동(異同)과 뜻풀이, 작품이 지어진 시기까지 매우 자세하고도 광범위하게 주해를 달고 있는 것과 달리, 『아송』의 주석은 원주를 중심으로 시를 읽으면서 인명·지명·시사·실적 등에 필요한 것만을 간단하게 달았을 뿐이다. 또한 송시열의 『주자대전차의』가 인명·지명·시사·실적을 주해한 것이 여러 가지 주석들을 인용하여 장황하고 번잡한 것과 달리, 『아송』의 주는 매우 간략하게 되어 있다. 이는 시를 시로써 읽을 수 있도록 배려한 것이라 하겠다.

주석의 실례를 보이면 다음과 같다.

원주의 예 : 昔山人之隱處, 至今永久而流芳 [原注] 陳舜兪廬山記云, 唐李渤字濬之, 與兄涉偕隱白鹿洞後.(권1, 「白鹿洞賦」)

인명의 예 : 送籍溪胡丈 名憲, 字原仲, 號籍溪先生, 少嘗受學 赴舘供職.(권3, 「送籍溪胡丈赴

舘供職」)

　　지명의 예 : 桂林郡　秦郡名, 宋置靜江府. 虞帝廟迎送神樂歌者, 新安朱熹之所作也　新安故晋郡, 宋置婺源縣, 屬徽州, 先生本鄕.(권1,「虞帝廟迎送神樂歌詞」)

　　사적의 예 : 卜居　先生紹興癸未, 奉母夫人遷居于屛山, 淳熙乙未始居雲谷.(권4,「卜居」)

　『아송』주석의 특별한 점은, 주자의 시를 도학적 관점에서 풀이한 주석을 특별히 강조했다는 점이다. 주자의 도통시로 알려진「관서유감(觀書有感)」의 경우, 첫 수 아래에는 "날마다 새로워지는 공부를 말하였다[言日新之功].", 둘째 수 아래에 "힘써 이룬 효과를 말하였다[言力致之效]."라는 주석을 단 것을 예로 들 수 있다.「재거감흥」,「원유」등의 시 역시 마찬가지로 도학적 주석을 달고 있다.
　또한, 일찍이 이황 등 우리 문인들에게 막대한 영향을 끼쳤던「무이도가」의 경우는 10수 전체를 도학적 관점에서 주석을 달고 있다. 1수 아래에는 "도의 온전한 모습을 말하였다[言道之全體].", 2수 아래에는 "공자와 맹자 이후 도통이 끊어진 지 오래되었음을 말하였다[言孔孟後, 道統久絶].", 3수 아래에는 "도를 배움에 색을 멀리하는 데서부터 들어가니, 사람이 이 마음을 끊을 수 있게 된 다음에야 도에 들어갈 수 있음을 말하였다[言學道, 由遠色而入, 人能屛絶此心, 然後可以入道]."와 같은 방식으로 10수 모두를 학문을 해나가는 순서로 시종 해석하는 주석을 달았다. 이는 원(元)의 진보(陳普)의『도가시주(櫂歌詩注)』의 견해를 전적으로 수용한 것이다. 진보의『도가시주』에서「무이도가」를 설리시로 이해한 이후로 이 시를 설리시로 보기도 하지만, 성리학적 선입견을 배제하고 보면「무이도가」는 무이산의 정경을 읊은 경물시라 할 수 있다. 이「무이도가」를 수용한 이황의 경우에도, 처음에는 설리시로 보고 차운하였다가 나중에는 무이산의 자연경관을 그대로 읊은 것으로 보고 다시 차운하였음에 비춰 보면,『아송』의 주석은 지나치게 설리성을 강조한 것이라 하겠다.

5. 서지적 특성

　이화여대 도서관본『아송』은 완전한 형태를 갖춘 완질본이다. 규장각에는 임진자본『아송』과, 이 임진자를 번각한 목판본『아송』이 소장되어 있다. 두 종은 판본의 차이만 보일 뿐 내용과 도판은 동일하다. 이화여대 도서관본『아송』역시 임진자를 번각한 목판본으로 보인다. 국립중앙도서관에도 활자본『아송』과 목판본『아송』몇 종이 소장되어 있다.

6. 가치

정조는 중국을 능가하는 조선의 학술문화를 조선본 서적을 통해 집결하고자 하였다. 정조의 개인 문집인 『홍재전서』의 「군서표기」에는 정조가 직접, 간접으로 간여하여 편찬했던 각종 서적의 목록과 해제가 실려 있다. 「군서표기」에 기록된 어정서와 명찬서는 총 147종 2,828권으로 경사자집(經史子集)에 걸쳐 고루 수록되어 있어서, 정조의 지휘 아래 학문의 전 분야에서 각종 편찬사업이 활성화되었음을 알 수 있다. 그 가운데 문학 관련 서적의 경우 대부분이 어정서로 되어 있는 바, 정조의 문예에 대한 관심 정도를 짐작할 수 있다.

정조는 중국과 조선의 시 선집 편찬에 지속적인 관심을 보여 왔는데, 두보와 육유의 시를 선발하여 간행한 『두율분운(杜律分韻)』·『육율분운(陸律分韻)』·『두륙분운(杜陸分韻)』·『두륙천선(杜陸千選)』 등이 그러한 예이다. 이러한 시선집 편찬의 연장선상에 『아송』이 놓여 있다. 따라서 『아송』을 통해 18세기 문예를 주도하고자 하였던 국왕 정조의 문예관을 보다 분명하게 파악할 수 있으며, 정조가 시의 전범으로 드러내고자 한 주자 시의 성격을 구체적으로 확인할 수 있다.

한편, 『아송』은 주자의 시 전체를 대상으로 해서 시체(詩體) 별로 고루 수작(秀作)을 선발하고, 시 이해에 필요한 주석을 부기하고 있다는 점에서, 주자 시 감상과 연구의 좋은 대상이 될 수 있다.

(강혜선)

[색인어]
아송, 주희, 정조, 문풍, 시교, 문예정책, 도통시, 설리시

[참고문헌]
『국역 홍재전서』, 민족문화추진회, 1998.

강혜선, 『정조의 시문집 편찬』, 문헌과 해석사, 2000.
류탁일, 「주자문집의 한국적 수용과 전개」, 『한국문헌학연구』, 아세아문화사, 1989.

아정유고

雅亭遺稿 / 李德懋 著

金屬活字本(校書館印書體字). — [發行地不明] : [發行處不明],
[1796(正祖 20)].
6卷3册(全8卷4册中) : 四周雙邊 半郭 21.5×14.7cm, 有界,
10行20字, 上下向白魚尾 ; 30.5×18.4cm.
序[1] : 聖上二十年丙辰[1796]…尹行恁書
序[2] : 南公轍序
跋 : 成大中跋

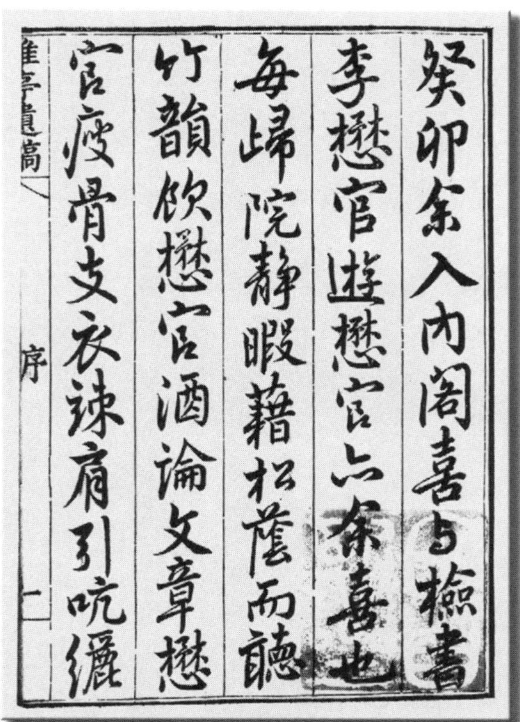

雅亭遺稿

1. 개요

『아정유고(雅亭遺稿)』는 1796년(정조 20)에 간행된 이덕무(李德懋 : 1741~1793)의 시문집이다. 이덕무의 유고를 선집(選集)한 것으로 모두 8권이다. 이덕무가 죽은 지 3년 후인 1796년에 그의 재주를 아끼던 정조의 명으로 간행되었다. 발간에 필요한 비용의 대부분은 국고에서 지출하였고, 일부분의 비용은 이덕무와 절친했던 지우들이 찬조하였다. 편찬은 윤행임(尹行恁)이 주도하고, 서문은 윤행임과 남공철(南公轍), 발문은 성대중(成大中), 행장(行狀)은 박지원(朴趾源)이 집필하였다.

2. 편·저자

이덕무는 종실(宗室) 무림군(茂林君 : 定宗의 아들)의 후예인 성호(聖浩)의 아들로, 자(字)는 무관(懋官), 호(號)는 아정(雅亭)이다. 형암(炯庵)·청장관(靑莊館)·동방일사(東方一士)라고도 자호(自號)하였다. 종실의 후손이지만 서얼(庶孼) 출신이란 신분적 제약 때문에 평생을 가난하게 살았다. 정조가 즉위하던 1776년에 궐내에 규장각을 세우고 인재를 선발했는데, 이때 이덕무가 최초로 발탁되었다. 박제가, 서이수, 유득공과 함께 1779년 그의 나이 39세에 규장각의 초대 검서관(檢書官)으로 기용되어 박학한 지식으로 정조의 총애를 받았다. 책 읽는 일에 몰두해 스스로를 간서치(看書痴)라 하였다. 평생 동안 읽은 책이 2만 권이 넘고, 손수 베낀 책이 수백 권이 넘었다. 단아한 성품, 박학한 지식, 비상한 기억력으로 이름을 날렸다. 홍대용, 박지원, 박제가 등의 북학파(北學派) 지식인들과 교류하였다. 고염무의 『일지록』에 영향을 받아 고증과 박학의 학풍을 실천하였다. 중국 명대 공안파의 문학에 경도되어 당, 송, 원, 명 등 이전 시대의 글을 답습하는 당대의 전형적인 글쓰기 경향을 비판하고 창조적인 글쓰기를 주장하였다.

이덕무는 고증적인 성향과 박학한 지식을 바탕으로 활발한 저술 활동을 펼쳤다. 『국조보감(國朝寶鑑)』, 『갱장록(羹墻錄)』, 『대전통편(大典通編)』·『무예도보통지(武藝圖譜通志)』·『규장전운(奎章全韻)』 등의 관찬서를 편찬하였다. 저서로는 『영처고(嬰處稿)』·『청장관고(靑莊館稿)』·『이목구심서(耳目口心書)』·『사소절(士小節)』·『청비록(淸脾錄)』·『기년아람(紀年兒覽)』·『청령국지(蜻蛉國志)』·『앙엽기(盎葉記)』·『한죽당섭필(寒竹堂涉筆)』·『선귤당농소(蟬橘堂濃笑)』·『예기억(禮記臆)』·『송사보전(宋史補傳)』·『뇌뇌락락서(磊磊落落書)』 등이 전한다.

3. 편찬 경위

저서 중 『청장관고』는 1795년에 간행되었는데, 1796년에 간행된 『아정유고』의 시문은 『청장관고』에서 가려 뽑은 것이다. 규장각에 소장되어 있는, 이덕무의 저작 전반을 모아놓은 『청장관전서』에도 『아정유고』가 수록되어 있다. 『청장관전서』에 수합된 『아정유고』는 뒤에 별도로 편찬된 『아정유고』가 아니라 1795년에 간행된 『청장관고』이다. 이화여대 도서관본 『아정유고』는 1796년 정조의 명으로 편찬된 것이다. 이화여대 도서관본 『아정유고』는 제2책(권3·권4)이 낙질되어 제1책(권1·권2), 제3책(권5), 제4책(권6·권7)으로 구성되어 있다. 이화여대 도서관본과 동일한 『아정유고』의 판본이 서울대학교의 규장각과 한국학중앙연구원의 장서각에도 소장되어 있다.

4. 구성과 내용

『아정유고』는 전형적인 문집의 체제에 맞추어 이덕무의 시와 문을 정리하고 있다. 권1과 권2에는 시, 권3과 권4에는 서발(序跋)·기(記)·전(傳), 권5에는 의(議)·논(論)·설(說)·전(箋)·명(銘)·상량문(上樑文)·제문(祭文), 권6과 권7은 서간문, 권8은 부록으로 유사·행장·묘비문을 수록하였다.

제1책 권1·2에는 윤행임, 남공철의 서와 총 271제 332수의 시가 실려 있다. 여기 실린 시 작품들은 『청장관고』에서 뽑은 것이다. 권1에는 209제의 시가 실려 있다. 「몽답정(夢踏亭)에서 여오 서상수·자흠 변일휴·증약 윤가기·혜보 유득공과 활 쏘는 것을 봄[夢踏亭徐汝五常修邊子欽日休尹曾若可基柳惠甫得恭觀射侯]·「가을의 비가 세차게 쏟아지는 등잔 아래에서[秋燈雨急]·「나를 조롱함[嘲吾]·「평양으로 돌아가는 김정중에게 줌[贈金生正中歸平壤]·「10월 보름 밤에 서여오의 서재에 모임[下元夜集徐汝五書齋]·「김봉상의 만사 2수[輓金奉常章行二首]·「서여오·윤증약·유혜보와 함께 지음[與徐汝五尹曾若柳惠甫共賦]·「조촌 종인의 족자에 씀[題潮村宗人軸]·「백상화의 만사[輓白公尙華]·「입추 낮에 박재선과 함께 천우각을 방문함[立秋之午同朴在先齊家訪泉雨閣]·「몽답정에서 함께 지음[夢踏亭共賦]·「칠석 이튿날 서여오·유연옥·운옥·혜보·윤증약·박재선과 함께 삼청동의 읍청정에서 놀면서 지음 3수[七夕翌日徐汝五柳連玉璉運玉惠甫尹曾若朴在先同遊三淸洞挹淸亭三首]·「중양절 마포에서 박재선과 함께 외사촌 박치천의 집에서 자는데, 마침 장유의가 옴 4수[九日麻浦同朴在先張幼毅間宿內弟朴穉川宗山舍四首]·「벽제점에서[碧蹄店]·「연안부에서[延安府]·「금사사에서[金沙寺]·「사봉에 올라 서해를 바라보면서[登沙峯望西海]·「새벽에 연안을 떠나면서[曉發延安]·「박진사와 함께 지음[與朴進士綏壽賦]·「이존중에게 지어주고, 이낙서에게도 보여줌 2수[贈李存仲在誠兼示李洛瑞書九二首]」·「노찰방이 금교 임소에 갈 때 지어줌[贈盧察訪允中之任金郊]」·「이여강이 독서하려고 북한산에 가는 것을 전송함[送李汝剛讀書北漢山中]」·「서씨의 동장에 놀면서[遊徐氏東莊]」·「3월 16일, 장흥고(長興庫)에 직숙(直宿)하는 현천(玄川) 원장(元丈)을 방문함[三春旣望訪玄川元丈於長興庫直中]」·「전사에서 씀[題田舍]」·「가을 밤 문득 흥취에 젖어[秋夜偶興]」·「숭인전을 뵘[謁崇仁殿]」·「신필로 느낌이 있음[信筆有感]」·「유혜보가 그 전에 병치(病齒)의 시를 지었는데 나는 이제 낙치(落齒)가 되었다. 인하여 그 운자를 따르며 나 자신을 위로함[柳惠甫前作病齒詩慰我今落矣仍步其韻以自唁]」·「단오날 감회가 있던 중, 초정이 철옹성에 유람하면서 장편시를 부쳐 옴[端午日有懷楚亭生遊鐵甕城寄長篇]」·「이중순에게 줌[贈李仲純英章]」·「6월 23일 취중에[六月二十三日醉]」·「잡제(雜題)」·「서여오의 동장에서 잠[宿徐汝五東莊]」·「심계에서 자고 시제에 참석함[宿心溪參時祭]」·「전사에서 씀[題田舍]」·「객지에서 증약을 만났는데 마침 증약은 백마강에 유람가는 길이었음[客中逢曾若時曾若將遊白馬江]」·「동쪽 이웃 사람의 시에 화답함[和東鄰]」·「육각봉에서 꽃 구경하면서[六角峯玩花]」·「앓고 난 뒤 느낌을 씀[病餘有感]」·「남한산성 동장대에서[南漢東將臺]」 등의 작품이 수록되어 있다.

권2에는 모두 62제의 시작품이 수록되어 있다. 「양성으로 가면서[陽城途中]」·「천둥하고 비오는 가을밤에 남의 농막에서 자며 갑자기 시를 짓고 술을 실컷 마시다[秋宵雷雨旅队佃屋率爾而成痛飮大白]」·「즉사(卽事)」·「가을밤 답답한 마음을 위로하며[秋夜遣悶]」·「장난삼아 앞의 운을 차하다[戲次前韻]」·「들길을 가며 읊다[野行口號]」·「나그네 회포[旅懷]」·「절구 6수(絶句六首)」·「이동 임가의 묘 아래에서 짓다[梨洞任家墓下作]」·「인일에 이낙서·유혜보·박재선에게 화답하다[人日和李洛瑞柳惠甫朴在先]」·「정월 이십팔일 서여오의 서재에 모이다[正月廿八日集徐汝五書齋]」·「장원서에서 효효자에게 화답하여 올리고 또 현천(玄川)에게 올리다[苑署奉和嘐嘐子仍呈玄川]」·「윤증약이 한산도에서 놀고 온 시권에 쓰다[題尹曾若遊閑山島詩卷]」·「임진을 건너며 서장관 초재 심공(沈公)의 운에 화답하여 올리다[渡臨津奉和書狀官蕉齋沈公念祖韻]」·「청석동에서[靑石洞]」·「구련성으로 향하다[向九連城]」·「요동 벌판[遼野]」·「요양의 위지탑[遼陽尉遲塔]」·「혼하(混河)」·「광령으로 가면서[廣寧途中]」·「북진묘(北鎭廟)」·「십삼산(十三山)」·「오월 초하루에 십삼산에서 회포를 쓰다[五月初一二十三山述懷]」·「위원대에서 산해관을 바라보며[威遠臺望見山海關]」·「무령현의 서소분 집의 벽에 쓰다[題撫寧縣徐紹芬壁]」·「진자점에서 계문란을 생각하다[榛子店憶季文蘭]」·「계문의 연수[薊門煙樹]」·「사와보에서 가노인을 노래하다[沙窩堡賈老人歌]」 등의 작품이 실려 있다.

권 1·2에 수록된 작품들 중 「가을 밤 문득 흥취에 젖어[秋夜偶興]」·「정양문 바깥 주인 집 벽에 쓰다[題正陽門外主人壁]」·「홍별제의 한거 시에 차운하다[次洪別提閑居韻]」·「유연옥의 서재에 쓰다[題柳連玉書屋]」·「이낙서에게 화답하다[和李洛瑞]」·「규장각의 팔경[奎章閣八景]」·「영주에 올라 칠언배율 이십 운을 짓다[登瀛洲七言排律二十韻]」·「연사례가(燕射禮歌)」·「영릉으로 어가를 호종하며 가다가 전어로써 차사원과 번갈아 화답하다[永陵扈駕以傳

語差使員贖韻]·「백년은 삼만 육천 일이니 하루에 모름지기 삼백 잔을 마셔야 한다. 칠언배율 이십 운으로 짓다[百年三萬六千日一日須傾三百杯七言排律二十韻]·「성시전도 칠언고시 백 운을 짓다[城市全圖七言古詩百韻]」는『청장관고』에는 없고,『아정유고』에만 실려 있다.

제2책 권3에는 서문 7편(「초정시고서(楚亭詩稿序)」·「벽옥란시고서(碧玉欄詩稿序)」·「정이옥시고서(鄭耳玉詩稿序)」·「사소절서(士小節序)」·「기년아람서(紀年兒覽序)」·「송사유민보전서(宋史遺民補傳序)」·「음중팔선도서(飮中八仙圖序)」), 발문 3편(「숙강규약도발(塾講規約圖跋)」·「제정난공신장공권축후(題靖難功臣張公券軸後)」·「제박재선찬박장국부부효열정문후(題朴在先撰朴長國夫婦孝烈呈文後)」), 기(記) 6편 (「각비암기(覺非菴記)」·「계사춘유기(癸巳春遊記)」·「협주기(峽舟記)」·「가야산기(伽倻山記)」·「검서청기(檢書廳記)」·「장용영지곡관청어사고풍기(壯勇營知穀官廳御射古風記)」), 전(傳) 8편(「백윤구전(白胤耇傳)」·「홍의장군전(紅衣將軍傳)」·「이씨삼세충효전(李氏三世忠孝傳)」·「대낭혜전(大朗慧傳)」·「지증전(智證傳)」·「혜소전(慧昭傳)」·「은애전(銀愛傳)」·「김신부부전(金申夫婦傳)」), 제2책 권4에는「송사유민보전(宋史遺民補傳)」이 수록되어 있다.

제3책 권5에는 문 17편(「송사전편찬의(宋史筌編撰議)」·「무예도보통지범례(武藝圖譜通志凡例)」·「무예도보통지부진설(武藝圖譜通志附進說)」·「병지주군제론(兵志周君制論)」·「병지당군제론(兵志唐軍制論)」·「병지명군제론(兵志明君制論)」·「병지비위론(兵志備倭論)」·「규장전운범례(奎章全韻凡例)」·「제매서처문(祭妹徐妻文)」·「제우인문(祭友人文)」·「나통어사일사문(羅統御使逸事文)」·「육서책(六書策)」·「반몽암상량문(返夢菴上樑文)」·「규장각신등사쇄서일선온전(奎章閣臣等謝曬書日宣醞箋)」·「각신등진 어정규장운서전(閣臣等進 御定奎章韻瑞箋)」·「측우기명(測雨器銘)」·「용주사주련(龍珠寺柱聯)」)이 수록되어 있다. 「송사전편찬의」는『청장관전서』에 실린 것이 더 자세하다. 제3책 권6에는 서한 4편(「여족질복초광석서(與族姪復初光錫書)」·「여내제박치천종산서(與內弟朴穉川宗山書)」·「여윤증약가기서(與尹曾若可基書)」·「여이낙서서구서(與李洛瑞書九書)」)이 전한다.

제4책 권7에는 서한 17편(「여박재선제가서(與朴在先齊家書)」·「상원장중거서(上元丈重擧書)」·「여원약허유진서(與元若虛有鎭書)」·「여조희의연구서(與趙希衣衍龜書)」·「상김직재종후서(上金直齋鍾厚書)」·「상김교교재용겸서(上金嘐嘐齋用謙書)」·「여이대기만중서(與李大器晚中書)」·「여서농장유년서(與徐農丈有年書)」·「여남원평공철서(與南元平公轍書)」·「여유연옥연서(與柳連玉璉書)」·「상심직학염조서(上沈直學念祖書)」·「여성사집대중서(與成士執大中書)」·「여유혜보득공서(與柳惠甫得恭書)」·「여심치교상규서(與沈穉教象奎書)」·「여이여강응정서(與李汝剛應鼎書)」·「여종질판서공경무서(與宗姪判書公敬懋書)」·「여홍태화원섭서(與洪太和元燮書)」)이 전한다. 제4책 권8(부록)에는「선고부군유사(先考府君遺事)」·「행장(行狀)」(朴趾源撰)·윤행임(尹行恁)이 쓴「묘갈명(墓碣銘)」·이서구(李書九)가 쓴「묘지명」, 남공철(南公轍)이 쓴「묘표(墓表)」, 성대중(成大中)이 쓴「발문(跋文)」이 전한다.

5. 가치 및 평가

이덕무의 문집을 전체적으로 살펴 볼 때, 조선시대 문사들이 주로 짓는 시, 시화(詩話), 기(記), 서(序), 서간과 같은 전통 한문학의 글쓰기를 제외하고 짧은 아포리즘 형식의 글쓰기가 절반 이상을 차지한다. 명청대의 소품체를 전폭적으로 활용한 짧은 형식의 글을 많이 지었던 것이다. 이덕무의 사유와 문학관은 소품체의 글에서 잘 드러난다. 소품체의 글에는 독서일기도 있고, 글귀와 사건을 짤막하게 고증하는 글도 있고, 짧은 잠언 형태의 글도 있고, 자신의 생활을 집약적으로 서술한 글도 있다. 또한 주변 세계의 움직임, 자연의 아름다운 풍광, 동식물의 생태를 감각적으로 묘사한 글도 있다. 『영처고』·『이목구심서』·『한죽당섭필』·『앙엽기』·『선귤당농소(蟬橘堂濃笑)』에는 이와 같은 산문들을 주로 모아놓았다. 기존의 글쓰기에 비추어볼 때 이런 글은 문사의 글쓰기로 취급받기 어려운 것들이다. 자잘한 메모와도 같고, 힘들이지 않은 에세이와도 같은 이런 글들은 한담거리로나 취급될 수 있는 것이다. 그런데 이덕무는 그런 글을 주력해서 지었다. 이런 자잘한 글들은 경술이나 이념을 담는 문장, 전범이나 고전의 격식을 갖춘 문장들과는 완전히 다른 자리에 놓이는 것이다.

이덕무가 섬세한 아포리즘과 같은 글쓰기에 전념한 데는 이유가 있다. 그는 전대의 글을 답습하거나 진부하게 표현하는 경향을 거부했다. 진나라와 한나라의 고문을 답습하는 따위는 화석화된 죽은 세계의 모방일 뿐이다. 또한 이미 알려진 세계를 반복적으로 재현해내는 것도 의미가 없다. 오직 좋은 글은 세계와 직접 대면해서 개성이 살아있는 자기만의 표현을 찾을 때 이루어진다. 그렇기 때문에 형이상학적이고 고식적인 관념의 세계보다 천지자연의 미묘한 움직임, 미미한 자연 세계, 자잘한 생활 세계가 더 중요했고, 그런 세계를 관찰할 수 있는 현미경적인 시야가 더 필요했다. 이덕무는 이러한 문학관과 세계관을 소품체 산문의 창작을 통해서 실천했다.

그러나 본서 『아정유고』에는 전통 한문학의 글쓰기 형식인 시(詩), 전(傳), 기(記), 서(序), 서(書)의 작품들이 수록되어 있고, 소품체의 짧은 산문들은 수록하지 않았다. 전형적인 문집의 체제에 맞추어 작품들을 편집했기 때문인 듯하다. 그러나 『아정유고』에 수록된 작품들은 시, 전, 기, 서간이라는 전통 한문학의 글쓰기 안에서 새롭고 개성적인 내용과 문체의 변화를 시도하고 있다.

『아정유고』에 실린 시작품에는 진부하고 낡은 잔재를 버리고 각 사물이 지니고 있는 본연과 천진을 드러내려했던 이덕무의 시관이 그대로 반영되어 있다. 시적 진실을 갖추기 위해서는 특정한 전범에 구속되지 않으며, 사물을 객관적으로 관찰하고 사물의 정신을 올바르게 포착해야만 했다. 따라서 시에서 실심(實心), 실정(實情), 실상(實像), 실태(實態)를 담아내기 위해 눈앞에 펼쳐진 실재하는 사물의 모습을 시각적으로 세밀하게 형상화하였다. 대상을 도식적이고 반복적으로 답습하는 기존의 표현방식을 뛰어넘어 끊임없이 변화하는 사물의 순간을 포착해서 그 순간의 사물의 움직임과 모양새를 구체적이며 독창적으로 표현하였다. 다음의 시는 색감이나 모양을 새롭게 표현하고, 사물의 미세한 움직임까지 치밀하게 담아낸 작품의 하나이다.

채찍으로 가리키며 풍속 묻기를 자주하네 / 指點鞭梢問俗頻
새가 날아 다한 곳이 누구의 이웃인가 / 鳥飛盡處是誰隣
기울어진 햇빛에 산은 갑자기 노란 물감을 뿌렸고 / 仄暉山忽雄黃潑
찬 햇무리에 하늘은 장차 달걀색으로 주름 잡히었네 / 冷暈天將卵色皴
풀 사이로 벼를 실어 나르는 말 비틀거리고 / 草際蹣跚輪稻馬
단풍나무 가운데 꼴을 진 사람 가물거리니 / 楓中總綷負蒭人
내 걸음 반드시 나그네 됨을 시름하지 않으니 / 吾行未必愁羈旅
관형의 그림 가운데 몸을 나타내려 함일세 / 現了關荊畫裏身
　　　　　　　　　　　　　　　　　　　　　　－「광주도중(廣州途中)」

　또한 각 사물의 본연과 천진을 담아내기 위해서는 전형적이고 틀에 박힌 언어가 아니라 각 사물의 다양성을 드러내는 독창적인 언어 표현을 시의 본령으로 여겼다. 따라서 중국에 대한 모방을 버리고, 남의 것이 아닌 우리의 것, 부화한 것이 아닌 진실한 것을, 관념적이고 추상적이 아닌 구체적이고 현실적인 것에 주목하였다. 이덕무가 우리나라의 세시풍속, 농촌의 풍광과 정서, 방언과 속어, 민요 등 고유한 우리의 정서와 감각을 즐겨 표현했던 것은 바로 이런 문학관 때문이었다. 다음 시는 우리나라 시골에 흔히 보이는 사물과 자연과 방언이 곧 중국의 『이아』와 『이소경』의 표현에 비견될 정도로 소중한 시적 진실임을 역설하고 있다.

집을 하직한 이틀에 수고로움 잊으니 / 辭家二日却忘勞
쌀 곳간 벼 낟가리 이르는 곳마다 높다랗네 / 米囤禾囷到處高
말이 벌레·고기에 익히었으니 《이아》를 통하였고 / 語慣蟲魚通爾雅
성격이 난초·국화를 탐하니 이소경(離騷經)에 비기네 / 性耽蘭菊擬離騷
말여뀌[游龍]는 말라 붉은 자루가 휘어지고 / 游龍曲折乾紅柄
목화[吉貝]는 어둡게 푸른 껍질이 방긋하네 / 吉貝團欒黯綠韜
저녁 절구질 겨우 쉬고 부엌 등불 깜박이는데 / 夕杵纔休廚火耿
흙 솥에 물 모람 끓이는 향기 오르네 / 香騰土釜煮溪毛
　　　　　　　　　　　　　　　　　　　　　　－「전사잡영(田舍雜詠)」

　『아정유고』의 문에서 특히 주목해야 할 작품들은 서문과 전과 서간문이다. 「초정시고서(楚亭詩稿序)」·「벽옥란시고서(碧玉欄詩稿序)」·「정이옥시고서(鄭耳玉詩稿序)」·「여족질복초광석서(與族姪復初光錫書)」·「여윤증약가기서(與尹曾若可基書)」와 같은 서문과 서간문에는 이덕무의 새로운 문학관과 세계관이 잘 피력되어 있다. 또한 홍의장군 곽재우의 업적을 그린 「홍의장군전(紅衣將軍傳)」, 당대의 실제 사건을 기술한 「은애전(銀愛傳)」·「김신부부전(金申夫婦傳)」, 송에 대해 충절을 지키며 원나라에 출사하기를 거부했던 유민 119명을 조명한 「송사유민보전(宋史遺民補傳)」은 문학적으로, 문화사적으로 매우 중요한 자료들이다. 특히 「송사유민보전」은 이덕무의 대명의리를 보여주는 자료로써 당대인들의 중화의식을 살펴볼 수 있다.

『아정유고』에서 이덕무의 뛰어난 문예의식은 이광석, 박제가, 유득공, 남공철, 성대중 등 21명의 지인들에게 보냈던 서간문에 잘 나타나 있다. 이 서간문들은 안부를 묻는 실용적 글쓰기를 넘어서서 뛰어난 문예물로서 이덕무의 독창적이고 서정적인 글쓰기의 진수를 보여준다. 『아정유고』에 수록된 서간문들은 대개는 길이가 짧은 편지로, 기존의 서간문과 구분하여 척독(尺牘)이라 부른다. 척독은 짧기만 해서는 안되고, 언외(言外)의 함축과 핵심을 찌르는 흡인력, 여운을 남기는 강한 서정성을 바탕으로 한다. 이렇게 서간문의 내용과 문체의 변화는 명청대의 소품체에서 비롯되었다고 할 수 있는데, 이덕무도 소품체의 경향을 강하게 받아들여 척독에서 자신만의 독특한 세계를 펼쳐 보였다. 『아정유고』에 수록된 많은 양의 척독은 편지라기보다는 그 한편 한편마다 서정적 아포리즘을 구현하고 있어 짧은 에세이로 볼 정도로 문학적인 향취가 강하다. 이 척독에서 이덕무는 자신의 개성적인 문학관을 주장하기도 하고, 이덕무 개인의 성격과 인간적 됨됨이를 진솔하게 드러내기도 하고, 궁핍한 일상의 곤고함을 해학적으로 보여주기도 하고, 일상의 사물과 자연을 감각적으로 표현하기도 하는 등 다채로운 내용과 문체로 척독의 독특하고 고유한 세계를 구축해낸다.

이처럼 『아정유고』는 이덕무의 사상과 문예관, 문체적 특징을 볼 수 있는 자료이기 때문만이 아니라 조선 후기의 새로운 글쓰기 형태와 문학적 사유를 탐색할 수 있다는 점에서 매우 중요한 자료라 할 수 있다.

(길진숙)

[색인어]
이덕무, 아정유고, 청장관고, 소품체, 문예 의식

[참고문헌]

강명관, 「이덕무와 공안파」, 『민족문학사연구』 21, 민족문학사학회, 2002.
강명관, 「이덕무 소품문 연구」, 『고전문학연구』 22, 한국고전문학회, 2002.
안대회, 「이덕무 소품문의 미학」, 『고전문학연구』 24, 한국고전문학회, 2002.
홍인숙, 「이덕무 척독 연구 – '내면' 혹은 '사적 자아'의 발견」, 『한국한문학연구』 33, 한국한문학회, 2004.

역조명원척독

歷朝名媛尺牘, 卷下 / 靑浦水鏡山房 輯

木活字本(中國). — [靑浦] : [水鏡山房], [發行年不明].
1卷1冊(2卷2冊) : 四周單邊 半郭 14.7×10.5cm, 無界, 8行18
字 註雙行, 上下向黑魚尾 ; 17.5×11.7cm.

고서/고서812.6 수1

歷朝名媛尺牘

1. 개요

　『역조명원척독(歷朝名媛尺牘)』은 중국의 역대 유명한 여성들이 쓴 편지를 모아 엮은 책이다. 실린 자료들은 서왕모나 마고와 같은 전설적인 인물에서부터 청나라 때 여성 시인의 편지까지 매우 넓은 시기를 포괄하고 있다. 국립중앙도서관에 소장되어 있는 2권 2책의 『역조명원척독』과 동일 자료인데, 이화여대 도서관본은 그 중 하권 1책만 있는 낙질이다. 하버드-옌칭 도서관에도 다른 판본의 『명원척독』이 소장되어 있다. 청대(淸代)에 간행된 것으로 짐작되지만 확실한 간행 시기는 알 수 없다. 국내에는 19세기 초 유입된 것으로 보인다. 국립중앙도서관본의 상권에 진소(陳韶)가 쓴 서문이 있다.

2. 편·저자

　이 책의 서문을 쓴 진소는 청대 사람으로 호가 화남(花南)이며 태주통제(台州通制)를 지냈다는 기록이 보이나, 그 밖의 상세한 정보는 알려져 있지 않다. 이화여대 도서관본과 국립중앙도서관본은 모두 중국의 청포(靑浦) 수경산방(水鏡山房)에서 간행되었다고 되어 있다. 한편 하버드-옌칭 도서관에 소장되어 있는 또 다른 『명원척독』은 청대에 정기동헌(靜寄東軒)에서 간행된 것으로 되어 있으며, 이 책에도 역시 진소의 서문이 실려 있다. 국립중앙도서관본·이화여대 도서관본과 하버드-옌칭 도서관본 가운데 어느 것이 더 오래된 판본인지 현재로서는 알 수 없다.

3. 편찬 경위

　진소가 쓴 서문이 있긴 하지만 구체적인 편찬 동기나 경위가 자세히 드러나지는 않는다. 다만 진소가 역대 유명한 여성들이 남긴 편지글의 문학적 가치를 인식하고 있었음을 짐작할 수 있다. 그는 역대 여성들의 편지글이 모두 선경의 꽃과 같고 금은보화와 같아서 "말마다 향기롭지 않은 것이 없다."고 하여 그 가치를 높이 평가하고 있다. 진소는 그런 글들을 어떻게 그냥 내버려둘 수 있겠느냐고 하면서, 여성들의 편지글을 모아 책으로 엮은 것이 호색한 데서 비롯된 것은 아니라고 했다.

4. 구성과 내용

『역조명원척독』하권에는 중국의 역대 여성 인물 26인의 편지 40편이 시대적 순서에 따라 차례로 실려 있는데, 대개는 1편씩이고 3~4편이 소개된 경우도 있다. 각 편마다 '저자의 이름, 편지의 제목, 편지의 본문' 순서로 되어 있다. 저자 이름과 편지 제목 아래에는 별도로 저자나 편지에 관한 정보를 세주로 적어놓은 경우도 있는데, 그 정보들은 『명원시귀(名媛詩歸)』·『열조시집(列朝詩集)』·『우산시화(愚山詩話)』·『정지거시화(靜志居詩話)』 등에 근거한 것으로 되어 있다. 편지의 분량은 소청(小靑)의 「기모부인(寄某夫人)」이나 호서낭(胡瑞娘)의 「상이공자(上李公子)」처럼 매우 긴 것도 있지만 대개는 비교적 짧다.

이화여대 도서관본인『역조명원척독』하권의 목차는 다음과 같다.

薛蕙英,「寄鄭生書」; 小靑,「寄某夫人」; 顧若璞,「與張夫人」「與胞弟書」; 王嬌鸞,「與周廷章」; 馬守貞,「寄王伯穀」; 昔依,「與汪然明」「又與汪然明」「寄某書」; 柳兒,「遺文郎書」「遺文郎永別書」; 小愛,「復薛楚望」; 周浣月,「與姉書」; 錢馮嫻,「邀林亞清夫人」「與柴季嫻表妹書」「答同社諸夫人」; 趙芬,「與汪六羽」; 徐德音,「出都霤別林亞清夫人」; 胡瑞娘,「上李公子」; 吳柏,「寄呂家姉」「又寄呂家姉書」「寄毛家姉書」; 彩雲,「與凌郎書」; 徐媛,「與姑母夫人」「錄詞寄從弟夫人」「與仲容弟」「又與仲容弟」; 王端淑,「與夫子論槎雲遺稿書」; 錢鳳綸,「與嬸母馮夫人」「又與馮夫人書」; 沈嫩兒,「寄施子野」; 李淑昭,「與林亞清書」; 董夜來,「寄施子野」; 周庚,「與仲嫂書」「與夫書」「又與夫書」; 商景蘭,「示媳書」; 劉梅如,「寄所知書」; 沈素瓊,「復吳偉英」; 林以寧,「答李端明」

이 책에 실린 편지의 저자들은 대개 중국에서 시로서 이름난 여성들이라 할 수 있다. 그 가운데에는 개인시문집을 남긴 여성들도 많이 있다. 예를 들어, 원나라 지정(至正) 연간의 설혜영(薛惠英)은 언니 설난영(薛蘭英)과 함께 「소대죽지십장(蘇臺竹枝十章)」을 지어 유명했던 인물로『연방집(聯芳集)』을 남겼다. 고약박(顧若璞 : 1592~1681)은 자(字)가 화지(和知), 황무오(黃茂梧)의 아내로서, 역사서를 탐독하고 시문에 능하여『와월헌집육권(臥月軒集六卷)』을 남겨 무릉(武陵)의 규수 가운데 으뜸으로 칭송되었던 인물이다. 마수정(馬守貞 : 1548~1604)은 자가 월교(月嬌), 호는 상란자(湘蘭子)로서,『상란자집(湘蘭子集)』과『삼생전전기(三生傳傳奇)』를 남긴 기녀이다. 청나라 강희(康熙) 연간에 살았던 전풍한(錢馮嫻)과 전봉륜(錢鳳綸)은 각각『화구집(和口集)』·『상령집(湘靈集)』과『고향루집사권(古香樓集四卷)』을 남겼다. 자가 옥영(玉映), 호가 영연자(映然子), 청무자(青蕪子)로도 불리는 왕단숙(王端淑 : 1621~1706?)은『옥영당집(玉映堂集)』과『음홍집(吟紅集)』 외 다수의 저술을 남겼고『명원시위(名媛詩緯)』(1667년)와『명원문위(名媛文緯)』를 편찬하기도 했던 인물이다. 그녀는 황제가 조대가(曹大

家)의 고사에 따라 후비들의 교사로 초청하려 할 만큼 박학하고 시문에 능하기로 유명했던 여성이라고 한다. 이 책의 맨 끝에 뽑혀 있고 생몰연대가 어느 정도 밝혀진 이 책의 저자들 가운데 가장 뒷시대에 속하는 임이녕(林以寧 : 1655~1730년 이후) 역시 『봉소루집(鳳簫樓集)』, 『부용협(芙蓉峽)』 등을 남겼다. 이 여성 시인들은 『고금여사(古今女史)』, 『명원휘시(名媛彙詩)』, 『명원시귀』 등에 많이 소개되어 전하는 인물들이다.

편지의 내용은 매우 다양하다. 우선 사랑하는 사람에게 그리운 마음을 전하거나 이별을 고하는 편지들이 있다. 예를 들어, 설혜영(薛惠英)의 「기정생서(寄鄭生書)」는 설혜영이 정생에게 보내는 일종의 연서이다. 시문에 능한 정생이 설혜영 자매에게 향기 나는 붓꽃을 던져 희롱하자 두 자매가 각기 이에 응하는 시를 지었다는 일화가 배경으로 전한다. 이 편지에서 설혜영은 한 해가 저물고 비바람이 처연한 가운데 정생을 생각하는 마음이 간절하나 어찌할 수 없음을 탄식하고 있다. 기녀 마수정(馬守貞)이 왕백곡(王伯穀)에게 보낸 편지, 시비 유아(柳兒)가 문랑(文郎)에게 보내는 두 편의 편지도 그런 유형에 속한다.

남편에게 보내는 편지도 있는데, 예를 들면, 왕단숙(王端淑)은 『사운유고(槎雲遺稿)』를 보고 그 절구와 율시의 품격에 대해 논하는 내용의 편지를 남편에게 보냈다. 주경(周庚)은 「이소(離騷)」에 대한 감상을 적어서 보내는가 하면, 불공(佛供)의 의미에 대한 자신의 생각을 적은 짤막한 편지를 남편에게 보내기도 했다. 그 내용은 3년간 부처님께 절하여 딸을 낳으면 사람들은 부처에게 복을 비는 것이 허망하다고들 말하지만 불공을 닦는 것이 반드시 복을 바라서는 아니라는 것이다.

남편 이외의 친지들과도 시문에 대해 논하는 편지들이 있는데, 이웃집 언니에게 직금회문시(織錦迴文詩)에 대해 이야기한다거나, 『삼국지(三國志)』를 읽다 동서가 해 놓은 표시를 보고 그 뜻을 묻는 경우 등이 그런 예이다.

한편, 동일 자료로 파악되는 국립중앙도서관 소장 『역조명원척독』의 상권에는 보다 이른 시기의 중국 여성 24인의 편지가 1~2편씩 차례로 실려 있다. 예를 들면, 서왕모(西王母)와 상원부인(上元夫人)이 주고받았다는 편지가 『집선록(集仙錄)』에서, 마고(麻姑)가 신선 왕방평(王方平)에게 보낸 답신이 『신선전(神仙傳)』에서 인용되어 있다. 한나라 때 조소의(趙昭儀)가 언니 조비연(趙飛燕)에게 보낸 편지, 조비연이 성제(成帝)에게 올린 편지, 전한 때 왕장(王嬙) 즉 왕소군(王昭君)이 원제(元帝)에게 올린 편지, 조비(曹丕)의 어머니 변후(卞后)가 양태위(楊太尉) 부인에게 보내는 편지, 철종(哲宗)의 후비 유후(劉后)가 휘종(徽宗)을 이별하며 쓴 편지, 전한 때 탁문군(卓文君)이 사마상여(司馬相如)에게 보낸 편지, 후한 건화(建和) 연간의 서숙(徐淑), 북위 사람 왕숙(王肅)의 처 사씨(謝氏), 두원(竇元)의 처, 진(晉)나라 사람 허매(許邁)의 처가 남편에게 보내는 편지 등이 상권에 실려 있다. 하권에는 명·청대의 유명한 여성 시인의 편지가 많이 실린 데 비해, 상권에 뽑힌 여성들은 특별히 시문으로 이름난 인물이라고 보기는 어렵다.

5. 서지적 특성

국립중앙도서관에 소장되어 있는 『고금시화선준(古今詩話選雋)』(고고5-75-24)은 4권 4책으로 『고금시화(古今詩話)』(제1·2책)와 『역조명원척독』(제3·4책)의 합본이다. 낙질로 남아 있는 이화여대 도서관본은 국립중앙도서관본 『역조명원척독』 하권과 동일한 자료이다. 이화여대 도서관본은 담계 옹방강의 수택본이다. 국립중앙도서관본 『역조명원척독』 상권의 안쪽 표지에는 '명원척독'이라 되어 있고 조선총독부도서관 인장이 찍혀 있다. 하버드-옌칭 도서관에도 청각본(淸刻本) 『명원척독』이 소장되어 있는데, 정기동헌(靜寄東軒)에서 간행된 것이다.

이화여대 도서관본·국립중앙도서관본과 하버드-옌칭 도서관본은 판본이 다르지만 실린 자료는 대동소이하다. 하권만을 기준으로 볼 때, 이화여대 도서관본·국립중앙도서관본은 26인의 편지 40편을 싣고 있는데, 하버드-옌칭 도서관본은 금예(金蕊)의 「사이부인서(謝李夫人書)」가 추가된 27인의 편지 41편으로 구성되어 있다.

6. 가치

『역조명원척독』은 중국의 역대 여성들의 편지글만을 모아 놓은 것으로서, 전근대 여성의 글쓰기 자료로서 중요한 의의를 갖는다. 전근대 시기 여성에 관한 연구가 역사와 문학 전반에서 활발하게 이루어져 왔지만, 과거 여성에 관한 기록 자체가 희소하다는 점은 어느 나라 어떤 학문 분야에서나 공통적으로 겪는 어려움이다. 그러한 사정은 중국의 경우도 크게 다르지 않다. 여성이 지은 한시는 『명원시귀』와 같은 여러 문헌을 통해 어느 정도 전해지고 있는 데 반해, 여성들이 주고받았던 편지글과 같은 일상적 글쓰기 자료들은 특히 더 희박하다.

그러나 최근에 와서는 과거 여성의 역사 및 문학에 관한 학문적 관심이 높아지면서 여성이 남긴 편지의 자료적 가치도 새롭게 주목받고 있다. 유럽과 미국에서는 70년대부터 페미니즘 문학 연구가 본격화된 이래, 과거 여성의 글쓰기에 대한 학술적 연구가 활발해지면서 시나 소설과 같은 협의의 문학 뿐 아니라 편지, 일기, 기행문, 잡지기사 등 광의의 글쓰기로 연구의 범위를 확대해 왔다. 특히 편지나 일기는 글쓰기라는 측면에서뿐 아니라 과거 여성의 실제 삶을 더욱 잘 반영한다는 점에서 중요한 자료로 간주되고 있다. 한국의 경우, 여성들이 남긴 언간은 그동안 국어학 연구의 자료로서만 취급되어온 경향이 큰데, 여성생활사와 여성의 글쓰기라는 측면에서도 새롭게 다루어져야 할 것이다.

역대 유명한 여성들의 편지글만을 모아 놓은 『역조명원척독』은 전근대 동아시아의 여성문학과 여성생활사 연구에 귀중한 자료라 할 수 있다. 이화여대 도서관본은 하권밖에 없는 낙질이지만 국내에서는 매우 희귀한 자료인 만큼 그 가치를 인정할 수 있을 것이다.

(이경하)

[색인어]
중국, 청, 진소, 명원, 척독, 여성문학, 편지

[참고문헌]
譚正璧, 『中國女性文學史話』, 天津：百花文藝出版社, 1984.
謝無量, 『中國婦女文學史』, 民國叢書 第二編 60, 上海：上海書店, 1990.
梁乙眞, 『中國婦女文學史綱』, 民國叢書 第二編 60, 上海：上海書店, 1990.
http://www.mcgill.ca/ "Ming Qing Women's Writings Digitization Project"

연암산방집

燕巖山房集 / 朴趾源 著

筆寫本. — [發行地不明] : [發行處不明], [發行年不明].
17張 : 四周單邊 19.3×13.5cm, 有界, 9行20字 ; 23.3×
15.6cm.

燕巖山房集

1. 개요

『연암산방집』은 조선 후기 실학자이자 문인인 연암(燕巖) 박지원(朴趾源 : 1737~1805)의 소집(小集)으로 서울대본 『연암제각기(燕巖諸閣記)』의 전사본(傳寫本)이다. 1책으로 되어 있으며 연암이 안의현감 시절에 지은 여섯 편의 글을 수록하고 있다. 수록된 작품은 「백척오동각기(百尺梧桐閣記)」, 「공작관기(孔雀舘記)」, 「하풍죽로당기(荷風竹露堂記)」, 「열녀전(烈女傳)」, 「이처사묘갈명(李處士墓碣銘)」, 「충신증도헌이공술원정려음기(忠臣贈都憲李公述原旌閭陰記)」이다.

2. 편·저자

원저자 박지원(朴趾源)은 조선 후기의 문인이자 실학자다. 본관은 반남(潘南)이다. 자는 미중(美仲), 중미(仲美), 미재(美齋)이며, 호는 연암(燕巖), 연상(煙湘), 열상외사(洌上外史)다. 박사유(朴師愈)와 함평 이씨(咸平 李氏) 사이에서 2남 2녀 중 막내로 태어났다. 16살에 처사 이보천(李輔天)의 딸과 결혼하였다. 장인에게는 『맹자』를, 처삼촌 이양천(李亮天)에게는 『사기(史記)』를 배워 본격적인 학문을 시작했다. 처남인 이재성(李在誠)과는 평생의 문우(文友)를 이어갔다. 청년 시절엔 세상의 염량세태에 실망하여 불면증과 우울증으로 고생하였으며 이러한 성장 배경을 바탕으로 진실한 인간형에 대해 모색한 전(傳) 아홉 편을 지어 『방경각외전(放璚閣外傳)』이란 이름으로 편찬했다. 그 가운데 「예덕선생전」, 「광문자전」, 「양반전」은 세상에 널리 유행하였다.

1771년(영조 47) 마침내 과거를 보지 않기로 결심하고 서울 전의감동(典醫監洞)에 은거하면서 홍대용, 이덕무, 박제가, 유득공을 비롯한 많은 젊은 지식인들과 더불어 학문과 우정의 세계를 펼쳐 갔다. 1778년(정조 2) 홍국영이 세도를 잡고 벽파를 박해하자 생명의 위협을 느끼고 황해도 금천군(金川郡)에 있는 연암협(燕巖峽)으로 피신하여 운둔생활을 하였다. 연암이란 호는 여기에서 비롯한 것이다. 1780년(정조 4)에 삼종형(三從兄)인 박명원(朴明源)의 연행(燕行) 권유를 받고 정사의 자제군관 자격으로 북경을 가게 되었다. 이때 건륭 황제가 열하에서 피서를 즐기는 바람에 뜻하지 않게 열하까지 가는 행운을 누리게 되었다. 연행을 통해 깨달음을 확대한 연암은 기행의 경험을 수년간 정리하여 『열하일기』를 저술하였다. 그 가운데 「상기」, 「일야구도하기」, 「호질」 등은 당시 지식인들에게 많은 인기를 끌었다.

1786년(정조 10) 유언호의 천거로 음사(蔭仕)인 선공감(繕工監) 감역(監役)에 임명되었다. 1789년(정조 13)에는 평시서주부(平市署主簿)와 사복시주부(司僕寺主簿)를 역임하였고, 1791년(정조 15)에는 한성부판관을 지냈다. 그해 12월 안의현감에 임명되어 다음 해부터 임지에서 관직 생활을 시작했다. 이때 정조 임금이 문체를 타락시킨 장본인으로 『열하일기』를 지목하고는 남공철을 통해 순정한 글을 지어 바치라고 명령하였으나 직접 응하지는 않았다. 1797년(정조 21) 61세에 면천 군수로 임명되었다. 이 시절에 정조 임금에게 『과농소초(課農小抄)』를 지어 바쳐 칭송을 들었다. 1800년 양양부사로 승진하였으며 이듬해 벼슬에서 물러났다. 1805년(순조 5) 10월 20일 서울 가회방(嘉會坊)의 재동(齋洞) 자택에서 깨끗하게 목욕시켜 달라는 유언만을 남긴 채 세상을 떠났다. 선영이 있는 장단(長湍)의 대세현(大世峴)에 장사지냈다.

그는 『열하일기』 외에도 『방경각외전』·『과농소초』·『한민명전의(限民名田議)』 등을 직접 편찬했으며 특히 안의현감 시절에는 사고본(私稿本) 원고지에 여러 소집(小集)을 만들었다. 연암의 유고는 그의 아들 박종의와 박종채에 의해서 정리되었는데 박종채가 쓴 「과정록추기」에 의하면 연암의 유고는 문고 16권, 「열하일기」 24권, 「과농소초」 15권 등 총 55권으로 정리되었다. 연암의 작품은 대부분이 문(文)이며 시(詩)는 42편이 전한다. 훗날 일제강점기에 박영철이 연암의 모든 저술을 모아 『연암집』으로 간행하였다.

연암은 당시 권력을 쥐고 있었던 사대부 노론 출신이었지만 그가 사귄 인물들은 주로 서얼들이었다. 그는 서른 살 즈음에 백탑 부근으로 이사하였는데 이때 이덕무, 유득공, 박제가, 이서구, 서상수, 유금 등과 두터운 교유관계를 맺고 학문적 유대를 나누었다. 홍대용, 이덕무, 정철조 등과는 자주 이용후생에 대한 담론을 나누기도 했다. 주로 서얼 출신과 교유하다보니 당시 사람들에게 사람을 가리며 사귀지 않는다는 이유로 많은 비난을 받기도 했다.

연암의 학문적 성취와 사상은 『열하일기』에 집대성되어 있다. 『열하일기』에서 연암은 이른바 연암체(燕巖體)라 불리는 고유한 문체를 구사, 기존의 판에 박힌 문체를 과감하게 탈피했다. 이용후생의 정신을 기반으로 청나라의 선진적 문물을 받아들여 낙후된 조선의 현실을 타개하자는 주장을 펼침으로써 북학파를 대표하는 학자로 우뚝 서게 되었다.

3. 편찬 경위

이 책의 필사 연대를 가늠할 수 있는 기록이 목차에 "歲在~贍書"라고 적혀 있다. "歲在丙子臘月 日遠峴書堂贍書" 문장 바로 아래에는 두 개의 인장이 찍혔으나 먹물로 진하게 지워져 있어 글자의 식별이 전혀 불가능하였다. 다행히 책의 마지막 장에도 두 개의 인장이 찍혀 있는데 흐릿하게 지웠기 때문에 '기오(箕五)'라는 낙관을 확인할 수 있었다. 곧 『연암산방집』은 병자년 섣달 일원현서당에서 기오라는 사람에 의해 필사된 책이라 하겠다.

연암의 생몰 시기와 편찬 상황을 고려할 때 이 책이 편찬된 것으로 추정되는 병자년은 1816, 1876년 둘 중 하나일 것으로 보인다. 필사 연대를 가늠하기 위해선 먼저 『연암산방집

(燕巖山房集)』의 의미에 대해 생각해 볼 필요가 있다. 연암의 필사본 가운데는 판심에 '연암산방'이 찍힌 이본들이 다수 발견된다. 기존의 연구 성과를 반영하여 지금까지 '연암산방(燕巖山房)' 판심(版心)이 찍힌 이본들을 들면 다음과 같다. 『연암제각기(燕巖諸閣記)』(서울대 소장), 『하풍죽로당집(荷風竹露堂集)』(성균관대 소장), 『연상각집(煙湘閣集)』(성균관대 소장), 『영대정집(映帶亭集)』(乾)(단국대 소장), 『연상각집(煙湘閣集)』(후손가 소장), 『운산만첩당집(雲山萬疊堂集)』(후손가 소장), 『면양집(沔陽集)』(한양대 소장), 『고정망양록(考定忘羊錄)』(단국대 소장본), 『과정록(過庭錄)』(후손가 소장), 『열하일기(熱河日記)』(전남대본), 『공작관집(孔雀館集)』(일본천리대본) 등이다.

'연암산방' 판심의 이본들은 모두 연암이 안의현감에 재직하던 시기인 1793년(정조 17) 이후에 편찬되었음이 확인된다. 편찬자로는 연암 자신 이외에 박종채가 확인되며, 간행 시기는 대체로 정조 17년 이후부터 박종채의 사망 시기인 1835년(헌종 1) 이전이다. 곧 판심에 '연암산방'이 찍힌 원고는 연암의 사고지(私稿紙)며, 이 원고지가 가족이나 가까운 지인(知人)들에게 퍼져나간 것임을 알 수 있다. 그러니까 '연암산방' 판심이 찍힌 간행물은 연암 자신의 친필본이거나 아니면 연암의 가족, 혹은 연암과 가까운 지인들의 필사본임을 짐작할 수 있다.

이화여대 도서관본 『연암산방집』은 연암의 사고지(私稿紙)를 사용하지 않았다. 일반 원고지를 사용하였으며, 문집의 제목이 '연암산방집'이었다. 겉표지에는 아무 제목도 적지 않았으며 책의 마지막 권에 '연암산방집종(燕巖山房集終)'이라고 써놓았다.

그런데 필자는 『연암산방집』의 출처를 조사하는 과정에서 이 책이 서울대가 소장한 『연암제각기』의 전사본(傳寫本)임을 확인하였다. 본문은 물론 두평(頭評)까지 동일하였다. 정리하자면 이화여대 도서관본 『연암산방집』은 기오(箕五)라는 인물이 병자년에 『연암제각기』의 내용을 그대로 베껴 쓴 필사본이다. 그러면서 책의 제목은 연암의 사고지인 '연암산방' 판심에서 빌려와 지은 것이다.

이러한 정황을 종합할 때, 기오(箕五)라는 인물이 누구인지, 병자년(丙子年)이 어느 해인지를 확정하기는 어려워 보인다. 연암의 사고지인 경우, 연암과 가까운 지인(知人)임을 추정할 수 있으나 『연암산방집』은 『연암제각기』를 빌려다 다시 베낀 책이므로 연암과 직접 관련 있는 인물이라고 볼 근거가 약하다. 더구나 인장을 먹물로 지운 것으로 보아 필사자를 알리기 꺼려했다는 것을 알 수 있는데, 이러한 사실로써 필사자가 그다지 명망가가 아니었거나 혹은 이 책이 단순히 보관하기 위한 의도로 베끼지 않았음을 짐작할 따름이다. 필사자를 추정하기 어려우므로 병자년도 1816년과 1876년 가운데 어느 해라고 확정지을 만한 단서가 없다. 따라서 현재로서는 기오(箕五)라는 인물이 병자년에 필사했다는 사실을 확인하는 정도로 만족할 수밖에 없다.

4. 구성과 내용

1책으로 된 『연암산방집』엔 여섯 편의 글이 실려 있다. 차례대로 「백척오동각기」, 「공작관기」, 「하풍죽로당기」, 「열녀전」, 「이처사묘갈명」, 「충신증도헌이공술원정려음기」이다. 기(記)가 4편, 전(傳)이 한 편, 묘갈명(墓碣銘)이 한 편이다. 이 가운데 「열녀전」은 「열녀함양박씨전」을 가리킨다. 이 작품들은 『연암집』 권 1, 2의 「연상각선본」에 모두 수록되어 있다. 모두 연암이 안의현감으로 재직하던 시기인 1793년(정조 17) 전후에 지어진 작품들이다. 연암은 1792년(정조 16)에 안의현감으로 부임한 이후 못 쓰게 된 관아의 층고들을 헐어 빈터의 남과 북에 못을 파, 각종 정자들을 지은 적이 있다. 이때 지은 정자가 '연상각'을 비롯하여 '백척오동각', '공작관', '하풍죽로당' 등이었다. 이들 집들은 중국의 제도를 본떠 벽돌을 구워 담을 쌓았다고 한다. 곧 「백척오동각기」, 「공작관기」, 「하풍죽로당기」는 이때 새로 지은 관사에 부친 기문인 것이다.

「백척오동각기」에는 '백척오동각'이란 이름을 붙이게 된 내력을 상세히 적고 있다. 관아에서 수십 보 떨어진 곳에 낡아 못 쓰게 되어 방치된 관사가 있는데 층계를 정비하고 벽을 새로 바르는 정비 작업을 벌여 새롭게 단장한 후 손님을 묵게 하거나 잔치를 벌일 때 사용하게 하였다는 내력을 기록하였다. 백 척 정도의 뜰에는 연못을 만들어 연꽃과 물고기를 기르니 이전과는 전혀 다른 아름다움을 볼 수 있게 되었다고 하였다. 또 담 밖에는 오동나무가 한 그루 있는데 높이가 백 척이나 되어 집의 아름다움을 빛내주기에 이를 따와 집 이름을 '백척오동각'이라 지었다는 것이다. 연암은 이렇게 새롭게 바뀐 집의 모습에 대해 '늘 먹던 음식도 그릇을 바꾸면 새로운 맛이 나고 늘 다니던 곳도 주위 환경이 달라지면 마음과 눈에 모두 달라 보인다.'는 심미관을 펼쳐 보이고 있다.

「공작관기」는 개인적 체험을 기문의 소재로 활용한 특이한 구성을 취하고 있다. 공작관은 백척오동각의 남쪽 마루방 이름이다. 연암은 공작관이라 부르게 된 내력을 소개하면서 청년 시절 꿈에 보았던 정체모를 새의 깃이 공작새였음을 알게 된 경험을 말한다. 중국 연행에서 공작새의 화려하고 다양한 빛깔을 본 연암은 하나의 색이 눈에 들어오는 과정에는 다양한 변주의 과정이 있으므로 색을 논하면서 마음과 눈으로 미리 고정시켜 버린다면 올바로 보는 것이 아니라 말한다. 다양한 빛깔을 가지고 있는 공작새를 하나의 색으로 고정시켜 말할 수 없듯, 글을 쓸 때도 종이와 먹에만 매달리게 되면 제대로 된 글이라 보기 어렵다는 것이다. 그러면서 중국의 전당 사람 조설범이란 자에게 '공작관'이라는 세 글자를 선물로 받아 보관하고 있다가 안의현의 관아 집 이름으로 삼게 된 숙연(宿緣)을 말하고 있다. 집 이름에 대한 내력을 소개하면서 인식론을 살짝 덧씌우는 연암 특유의 글쓰기 방식을 보여주고 있다.

「하풍죽로당기」에서는 하풍죽로당의 주변 경관에 대해 소개하면서 고을 수령의 선정에 대한 뜻을 담았다. 하풍죽로당은 백척오동각에서 남쪽으로 수십 걸음 되는 곳에 있는 당이다.

아침에 연꽃[荷]이 피어 향기가 멀리 퍼지는 것을 보면 따스한 바람[風]같이 은혜를 베풀고, 새벽에 대나무[竹]가 이슬을 맞아 골고루 젖은 것을 보면 이슬[露]같이 두루 선정을 베풀어야 하기에 하풍죽로당이란 이름을 짓게 되었음을 밝혔다. 자연 사물을 인간의 심성 및 교화에 연결시키고 있다는 점에서 전형적인 유자풍의 성격을 보여준다. 안의현감이 된 지 4년에 지었다고 하였으니 정조 19년(1795) 작품이다.

「열녀전」은 「열녀함양박씨전병서」를 말한다. 남편을 위해 평생을 수절한 한 과부와 남편을 따라 죽은 함양 박씨의 이야기를 병치시켜, 열녀 제도의 문제점을 은근히 풍자한 작품이다. "혈기가 때로 왕성해지면 어찌 과부라고 해서 감정이 없을 수 있겠느냐?"고 하여 인간의 정욕을 긍정하는 사고를 보여주고 있다.

「이처사묘갈명」은 처사 이성택(李聖擇 : 1686~1742)의 묘갈명이다. 이성택의 초명은 성시(聖時)이며, 자는 집중(執中)으로 안의현 사람이다. 정희량이 안음(안의)에서 난을 일으켰을 때 역적을 토벌하는 데 큰 공을 세운다. 임금이 역적의 고을이라 하여 안음현을 거창과 함양에 소속시키자 고을 백성들의 고통을 건져주기 위해 임금께 상소, 안의현을 다시금 복구시킨다. 연암이 안의현감으로 재직하면서 안의현의 영웅인 이처사의 행적을 기리기 위해 묘갈명을 지어준 것이다.

「충신증도헌이공술원정려음기」는 대사헌 이술원(李述原)의 손자인 청산현감(靑山縣監) 지한(之漢)이 할아버지의 정려를 고쳐 세운 시말(始末)을 기록해 달라는 부탁을 받고 쓴 글이다. 이술원은 영조 4년(1728) 이인좌의 난 때 거창의 좌수(座首)로 있었는데 반란군에게 죽음을 당한 인물이다. 나라에서 그의 행적을 기려 사헌부대사헌(司憲府大司憲)의 직위를 내리고 사당을 지어 주었는데 공의 아들인 이우방(李遇芳) 또한 효자로써 이름이 높자 이를 정표하기 위해 정려문을 다시 고쳐 세우게 된 것이다.

이와 같이 여섯 편의 작품은 모두 연암이 안의현감으로 재직하던 시절에 지은 글이다. 이 작품들은 연암의 새로운 문체적 특질을 보여주기보다는 순정한 글에 가깝다. 이 책의 고본인 『연암제각기』란 이름에서 알 수 있듯 연암이 안의현감 시절에 세운 여러 정각(亭閣)의 기문이 중심이다. 거기에 전과 묘갈명을 하나씩 끼워 넣은 것이다. 『열하일기』를 문체파동의 주범으로 지목하여, 순정한 글을 지어 바치라는 임금의 명령에 대비하여 골라둔 글들로 보인다.

5. 서지적 특성과 가치

이화여대 도서관본 『연암산방집』은 서울대 소장 『연암제각기』의 전사본(傳寫本)이었다. 따라서 『연암산방집』의 서지적 특성은 실제로는 이 책의 고본인 『연암제각기』의 특징을 말하는 것이기도 하다. 그러나 목차에서 병자년에 필사했음을 밝힌 부분과 기오(箕五)라는 낙관을 찍은 것은 『연암산방집』만의 특징이다.

『연암산방집』의 고본인 『연암제각기』의 특기할 만한 부분은 작품 끝마다 기록해 둔 평과 본문에 대한 두평(頭評)이다. 『연암제각기』는 작품 끝마다 본문에 대한 평을 써놓았는데 그 가운데 「이처사묘갈명」과 「열녀함양박씨전」의 평은 박영철본 『연암집』에는 실려 있지 않다. 또 「하풍죽로당기」와 「열녀전」에는 두평을 달았는데 특히 「열녀전」에는 상세한 두평을 달아 놓았다. 더구나 기(記)가 4편인데 느닷없이 전을 실어, 원편찬자가 「열녀전」에 대해 상당히 관심을 갖고 있거나 높은 평가를 하고 있음을 짐작할 수 있다. 「열녀전」의 평이 흥미로운 것은 열녀 박씨의 정절을 칭찬하고 기리는 전통적인 열녀관을 피력하고 있다는 점이다. 오늘날 연구자들은 일반적으로 「열녀전」이 여성에게 강요된 윤리의 부당성을 지적함으로써 당대의 열녀 이데올로기를 비판한 작품으로 바라보고 있다. 그러나 필사자는 작품의 평에서 '꼭 죽을 필요가 없었음에도 죽음을 택했고, 반드시 이 날을 택해 죽은 절개는 가까운 친척도 모르는 일이었지만 오직 태수인 연암만이 이를 찾아내 그 절개를 드러냈다.'고 평함으로써 전통적인 열녀관의 입장에서 논평을 하였다.

필사본을 다시 전사(傳寫)한 이화여대 도서관본 『연암산방집』의 존재는 연암의 글이 여러 경로를 거쳐가며 필사되어 간 과정을 잘 보여준다. 최근 몇몇 연구자에 의해 연암의 필사본 존재가 확인되고 있는데 이를 합치면 최소한 수십 종에 이른다. 이런 자료들을 종합해보면 『연암집』의 편찬 시기 이전의 상태에 대해 가늠할 수 있으며, 연암 글의 변개(變改) 과정도 추적할 수 있을 것이다. 특히 사고지인 '연암산방' 판심의 소집(小集)들을 다수 발견함으로써 연암이 안의현감 시절에 집중적으로 필사한 사실을 확인하게 되었다. 1793년(정조 17) 정조가 연암에게 『열하일기』의 죄를 물어 순정한 글을 바치라고 하자, 이에 연암이 그동안 쓴 글들 가운데 순정한 글들을 따로 모아 만약의 상황에 대비했던 것으로 보인다.

최근 『연암집』이 완역되는 성과가 이루어졌으며, 이화여대 도서관본 『연암산방집』을 비롯해서 연암의 필사본들 또한 계속해서 발견되는 실정이다. 『연암산방집』은 연암 글의 필사 경로와 변개 과정을 밝히는데 좋은 참고 자료가 될 것이다.

(박수밀)

[색인어]
연암, 박지원, 연암산방집, 연암산방, 연암제각기, 기오

[참고문헌]
김영진, 「연암 박지원의 소집(小集)들과 전체 작품 창작년 고증」, 『대동한문학』 23, 대동한
　　　문학회, 2005.
박수밀, 『박지원의 미의식과 문예이론』, 태학사, 2005.

박종채 저·김윤조 역, 『역주 과정록』, 태학사, 1997.
박종채 지음·박희병 옮김, 『나의 아버지 박지원』, 돌베개, 1998.
신호열·김명호 옮김, 『연암집』1, 민족문화추진회, 2005.
정　민, 『비슷한 것은 가짜다』, 태학사, 2000.
천혜봉, 『한국서지학』, 민음사, 1999.

영치서집

詅癡西集

筆寫本. ― [發行地不明] : [發行處不明], [發行年不明].
2卷1冊 : 無界, 10行16字 ; 22.3×20.4cm.

고서/고서812.081 무812

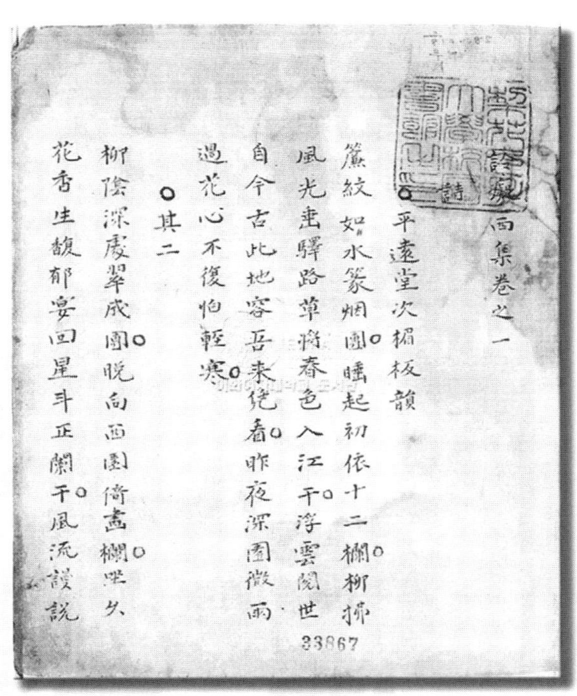

詅癡西集

1. 개요

『영치서집』은 저자·필사자 미상의 문집으로, 저자가 1873~1875년 무렵에 평양의 누정 및 유적지를 유람하고 남긴 시집이다. 2권 1책 필사본으로 총 277수의 칠언율시(七言律詩)를 수록하고 있다. 권수에 "본디 300수인데 218수를 산정하였다[本三百首 刪二百十八首]."고 적었으나, 실제로는 권1에 144제 150수, 권2에 102제 127수, 합하여 246제 277수가 실려 있다. 정격 서발문은 없으며, 권수에 영(詅), 영치(詅癡), 서집(西集) 등 책명과 관련한 짤막한 기록이 있다.

2. 편·저자 및 작성 경위

저자 및 필사자를 분명하게 알 수 없다. 저자 추정의 단서로 「연광정송별김서윤 갑근(練光亭送別金庶尹 甲根)」(권1)을 먼저 주목할 수 있다. 김갑근은 김상용(金尙容)의 8대손으로, 『외임안(外任案)』에 따르면 1871년 6월부터 1874년 5월까지 평양서윤으로 근무한 것으로 되어 있다. 따라서 저자가 이 시를 쓴 시기는 1874년 음력 5월이라 추정할 수 있다. 본문에 "강의 누각이 백 척 높이라 더위도 가신다[百尺江樓暑氣微]."고 했으므로 여름에 지은 작품이 확실하다.

또한 이 시집의 총결부인 「기성후영(箕城後詠)」(권2) 기십일(其十一)의 수·함련에서 "작년 12월에 관하를 건너, 서쪽 변방 다니는 길에 눈발이 잦았었네. 흰 머리에 어인 일로 이곳에 이르렀나, 청춘 시절 옛 적에 들렀던 일이 기억나네[前年臘月度關河 西塞長程雨雪多 白首不知何事到 靑春猶記舊時過]."라고 하였던 내용 및 「우제(又題)」(권1)에서 "서쪽 변방의 풍경 속에서 또 봄을 보내네[西塞風烟又送春]."라고 했던 내용으로 미루어, 저자는 노년에 해당하는 1873년 12월경에 고향을 떠나 이듬해 봄부터 그 다음해 봄까지 이곳에서 1년 여 동안 유람했던 것으로 추측된다. 수록 작품들이 계절 순서에서 엇갈린 편차를 보이고 있지만, 한 번의 봄, 여름, 가을, 겨울을 시간적 배경으로 삼았다는 데서 대략 1년의 유람 기간을 방증할 수 있다.

기타의 단서로 「연광정미유조조경시용기운(練光亭楣有趙藻卿詩用其韻)」(권1)을 통해, 그가 조면호(趙冕鎬 : 1803~1887)를 의식한 인물이라는 점을 추가할 수 있다.

한편 이 책의 필사자는 저자 자신은 아닌 것으로 추정된다. 권두에서 "본디 300수인데 218수를 산정하였다[本三百首 刪二百十八首]."고 한 것, 「대동강(大同江)」이라는 작품 상단에 "행자는 응당 명자가 되어야 한다[行字宜明]."고 했던 예를 통해, 후인 중의 어떤 이가 저자의 시편 중 일부를 뽑아 필사한 것이라 할 수 있다.

이 책의 작성 경위에 대해서도 뚜렷하게 설명할 수는 없다. 다만 수록 작품이 평양과 그 주변의 누정, 유적지, 풍경, 역사, 명인(名人) 등을 두루 포괄하고 있다는 점, 신상사와 그것에 얽힌 소회보다 평양의 유적 및 인물 등으로 작품명을 삼았다는 점, 「개마대산(盖馬大山)」에서 "지금 한 부의 서경지로도, 이따금 옛 곳을 찾기 어렵다[如今一部西京誌 往往難尋古昔初]."라 한 점, 작품이 모두 칠언율시로 되어 있다는 점으로 보아, 저자는 칠언율시로 구성된 평양지(平壤誌)를 의도했음을 알 수 있다.

더불어 권두에는 "안지추가 말하기를, 재주와 역량이 없으면서도 스스로는 맑고 화려하다 하지만 이것은 추하고 졸렬함을 드러낸 것이다. 강남을 일컬어 영치부라 한다[顔之推曰, 無才思, 自謂淸華, 流布醜拙. 江南號爲詅癡符].", "송나라 어사인 이경이 『영치부』 20권을 찬하였다[宋御史李庚撰詅癡符二十卷].", "시장에서 물건을 팔면서 부풀려 말하는 것을 영(詅)이라 한다[鬻物于市, 誇號之曰詅].", "서집이라 했다고 해서 어찌 동집이 있겠는가[西集者 何以有東集也]."라는 기록이 있어서 책의 성립 경위를 살피는 데 도움을 받을 수 있다. 여기서 영치부(詅癡符)는 『안씨가훈(顔氏家訓)』, 『문헌통고(文獻通考)』, 『설부(說郛)』 등에서 따온 말로, 자신의 재주를 부풀리는 자의 글을 타인이 조롱할 때도 영치부라 하고, 저자 자신이 자기의 재능을 겸양하고자 할 때도 영치부라 한 데서 비롯한 어휘이다. 『영치서집』은 이 가운데 이경이 겸양의 표현으로 쓴 『영치부』의 용례를 따르고 있다.

종합하자면 저자는 평양의 경승, 유적, 인물, 역사에 대한 시편을 통해 시로 보는 평양지(平壤誌)를 지향하면서도, 책명에서는 본의 아니게 재주를 과장하게 된 것이라 겸양하고 있는 셈이다. 아울러, 책명의 서집(西集)은 평양이 관서(關西) 지역인 만큼 서(西)라는 글자를 뽑은 것이 아닌가 생각되며, 이와 대비되는 동집(東集)이 별도로 있었던 것은 아니라고 판단된다.

3. 구성과 내용

따로 목차 부분이 없다. 권1에 144제 150수, 권2에 102제 127수가 차례로 실려 있을 뿐이다. 작품명을 순서대로 제시하면 다음과 같다. 모두 칠언율시이다.

詅癡西集卷之一 詩 : 「平遠堂次楣板韻」(其二), 「練光亭」, 「箕城謾詠」, 「舟下外城」, 「五詢亭板上韻」, 「又賦」, 「浮碧樓用圃隱先生韻」, 「登普通門樓晚上西將臺」, 「金渭士寄詩次韻以謝」, 「練光亭楣有趙藻卿詩用其韻」, 「鏡波樓」, 「至喜亭」, 「普通城樓作」, 「又作」, 「德巖 上有練光亭」, 「淸流壁 上有浮碧樓」, 「藩館作」, 「又題」, 「五詢亭」, 「偶吟」, 「大洞江」, 「永明寺」, 「九梯宮」, 「多慶樓」, 「麒麟窟」, 「朝天石」, 「大同館」, 「挹灝樓」, 「檀君廟」, 「東明王廟」, 「箕子廟」, 「箕子墓」, 「錦

繡山」,「綾羅島」,「乙密臺」,「練光亭送別金庶尹 甲根」,「快哉亭」,「箕子亭」,「箕子井田」,「愍忠壇」,「牧丹峯」,「酒巖」,「白銀灘」,「閒似亭」,「南浦」,「西都」,「薄金川」,「車門」,「乘碧亭」,「閱雲亭」,「風月樓」,「鳳凰臺」,「萬景臺」,「眞珠王墓」,「涵碧亭」,「七星門」,「含毬門」,「先月亭」,「長慶門」,「正陽門」,「大同門」,「普通門」,「璧月池」,「羊角島」,「蒹葭亭」,「揚命浦」,「九龍山」,「蒼光山」,「九疊城」,「王儉城」,「長堤柳」,「北林」,「長安城」,「北城」,「中城」,「外城」,「倒影池」,「控襟亭」,「最勝臺」,「箕子宮」,「武烈祠」,「仁賢書院」,「乙支祠」,「西山院」,「文武亭」,「通漢橋」,「靑白雲橋」,「法首橋」,「洗硯池」,「鐵椎」,「古鏡」,「駐蹕閣」,「栽松院」,「扇巖」,「箕子杖」,「木覓山」,「東川王墓」,「籌邊樓」,「詠歸樓」,「石湖亭」,「保山城」,「望日軒」,「愛蓮堂」,「觀風殿」,「文筆峰」,「柴原」,「赤頭山城」,「馬灘」,「楓井」,「牛井」,「大小舌池」,「瞻星亭」,「浿江鎭」,「龍德部」,「梯淵」,「麒麟閣」,「盖馬大山」,「馬邑山」,「大花宮」,「珠宮」,「龍堰宮」,「迎春樓」,「淸遠樓」,「多慶樓」,「美花亭」,「平壤江橋」,「八十九井」,「肖門寺」,「發蘆花」,「小桃源」,「練光亭次龔雲岡用卿韻」,「大同館次龔雲岡韻」,「詠歸樓次龔雲岡韻」,「浮碧樓次龔雲岡韻」,「大洞江次龔雲岡韻」,「大洞江用張詔使珹韻」,「浮碧樓用張詔使珹韻」,「浮碧樓用祁戶部順韻」,「大洞江用祁戶部韻」(其二, 其三),「浮碧樓次張詔使瑾韻 二首」(其二),「浮碧樓次董圭峰越韻」,「大洞江次董圭峰韻 二首」(其二, 其三 * 실제 3수),「練光亭用史詔使道韻」,「大同館次吳龍津希孟韻」

論癡西集卷之二 詩 :「快哉亭次龔雲岡韻」,「浮碧樓次黃少詹洪憲韻」,「浮碧樓次王儆吾敬民韻」,「浮碧樓次楊詔使道賓韻」,「浮碧樓次王給事夢尹韻」,「大同館次熊極峰化韻」,「箕子廟次董圭峰韻」,「箕子廟次陳修譔鑑韻」,「愍忠壇次梁給事有年韻」,「大同江次梁給事韻」,「大同江次王給事韻」,「前朝鮮」,「兄弟山」,「馬山」,「斧山」,「西川王墓」,「乙密賞春」,「浮碧玩月」,「永明尋僧」,「普通送客」,「車門泛舟」,「蓮堂聽雨」,「龍山晚翠」,「馬灘春漲」,「大洞江次韓侍郎世能韻」,「大同江次陳詔使三謨韻」,「浮碧樓次張詔使溥韻」(其二),「浮碧樓次周詔使倬韻」,「浮碧樓次陸詔使顥韻」,「大洞江樓次倪文僖謙韻」,「大洞江次陳修譔韻」,「浮碧樓次陳修譔韻」,「浮碧樓次陳詔使嘉猷韻」,「練光亭次韓侍郎韻」,「德巖龍」,「箕子墓松」,「城中鵲」,「龍山蝗」,「白魚池」,「七月望日登萬景臺泛舟下大同城」(其二, 其三, 其四, 其五, 其六, 其七, 其八, 其九, 其十),「夜泛南浦」(其二),「水底城」,「投江酒」,「龜文城」,「乘潮鯨」,「玄輻峴」,「牛鳴石」,「九佛地」,「石多民」,「雜藥山」,「小金陵」,「勝金陵」,「乙密釜」,「叩門僧」,「浮碧樓十詩梅月堂韻」(其二, 其三, 其四, 其五, 其六, 其七, 其八, 其九, 其十),「練光亭松江鄭文淸公韻 二首」(其二),「浮碧樓花潭文康公韻 二首」(其二),「浮碧樓栗谷先生韻 三首」(其二, 其三),「浮碧樓澤堂文靖公韻」,「練光亭退溪先生韻」,「練光亭栗谷先生韻」,「練光亭文貞公韻」,「練光亭澤堂李文靖公韻」,「練光亭淸陰文正公韻」,「永明寺淸陰文正公韻」,「大同館文貞公韻」,「大同樓梅月堂韻」,「金學士詩」,「權一齋詩」,「鄭司諫詩」,「張瑾詩」,「李平章詩」,「儉詩」,「桃柳詩」,「平壤蠅」,「三都賦」,「龔雲岡碑」,「妙淸雲」,「銀鍾」,「愚溫達」,「乙支文德」,「高延壽高惠眞」,「吳先覺」,「郭興」,「永明寺觀潮」,「大洞江觀魚」,「壽星明詞」,「降仙樓」,「藥水山」,「紇骨城」,「巫山」,「百藥洞」,「檜山洞」(其二),「沸流江」,

「豆等灘」, 「松讓國」, 「碧玉峰」, 「東明王宮」, 「松讓王宮」, 「成都雜詠」(其二, 其三, 其四, 其五, 其六, 其七, 其八, 其九, 其十), 「箕城續詠」(其二), 「箕城後詠」(其二, 其三, 其四, 其五, 其六, 其七, 其八, 其九, 其十, 其十一, 其十二, 其十三, 其十四)

이 책의 구성에서 눈에 띠는 것은 그 소재와 편차이다. 원저자의 의도를 따른 것이든, 필사자가 재편차한 것이든, 전체적으로 평양 일대의 누정, 문루, 성곽, 산천, 사우(祠宇), 사원, 묘당, 전설, 인물, 현판 등을 주소재로 삼고 말미에 얼마간의 총체적 인상을 배치하였다는 사실에서, 저자의 개인적 감회 전달에 초점을 맞추기보다는 평양의 유적과 경승을 소개하려는 의도가 강함을 알 수 있다. 작품의 수록 순서가 계절의 순서, 즉 시기순을 따르지 않고 소재의 성격을 고려하면서 재편되어 있음도 여기에서 연유한 것으로 보인다.

각 작품은 전반적 시상으로 보건대 저자가 들렀던 장소에 대한 묘사와 감회로 구성되어 있으나, 많은 작품에서 해당 장소의 역사를 회고하는 부분을 포함하고 있다. 역사 회고에 상응하는 요인들은 평양 지역과 관련된 인물 및 사건들이다. 상관 인물은 단군, 기자, 고주몽, 송양, 온달, 을지문덕, 고연수 등의 고대 인물을 비롯하여, 곽여, 묘청 등의 고려 인물, 임진왜란·정유재란 당시 평양성에서 전투를 벌였던 명나라 장수들, 평양의 명승지를 거쳐 갔던 역대 명사 및 중국 사신들이며, 관련 사건도 주로 이들과 관련된 범위에서 회고되고 있다.

이외의 내용으로는 평양의 명소에 대한 승경 예찬, 평양 일대의 여러 장소에 담긴 전설 등이 있는데, 특히 임진왜란·정유재란과 관련하여 왜적에 대한 적개심을 담은 시편들이 적지 않다. 이에 비해 시를 쓰고 있는 현시점에서의 평양의 풍속 및 백성들의 생활 현장에 대한 관찰은 거의 보이지 않는다.

4. 서지적 특성 및 책의 가치

이 책은 여타의 소장처를 찾을 수 없다. 간행된 흔적 및 제3의 필사본도 찾을 수 없다. 따라서 현재로서는 유일본으로 보인다.

이 책의 가치는 먼저 1870년대 당시 평양의 유적을 알게 해준다는 데서 찾을 수 있다. 저자 자신이 일 년 동안 계획적으로 평양 각지의 유적을 탐방한 성격이 짙다. 율시의 형식을 취한 까닭에 해당 장소에 대한 정보가 자세하지는 않으나, 당시의 지식인들에게 평양의 어떤 곳이 어떻게 이해되고 있었는지 그 일단을 알게 해준다. 저자의 관점에서 말하자면, 평양은 기자와 단군, 고주몽이 흥기한 민족 문화의 발원지이자 역대의 명인들이 거쳐 간 유서 깊은 곳이요, 왜적의 침입에 맞서 싸운 고전장(古戰場)이자 누대와 경승이 뛰어난 명도(名都)이기도 하다.

다음으로, 저자의 평양 역사에 대한 이해를 통해 간접적이나마 1870년대 당시 이곳을 찾는 지식인들의 역사관을 살필 수 있다. 「대동강용장조사성운(大洞江用張詔使珹韻)」에서 "좌해에서 가장 이름 난 곳은 기자국이요, 황화 사신에 대해서는 아직도 대명의 시절을 이야기한다[左海最名箕子國 皇華尙說大明時]."고 했듯이, 그는 여러 작품에서 기자(箕子)에 대한 아낌없는 존경과 황화 사신들에 대한 연모의 태도를 누차 드러내고 있다. 이에 비해 단군에 대해서는 여러 번 시의 소재로 삼고 있으면서도, 단군 신화를 의식하면서 황당하다는 태도를 보이고 있다. 그러나 그 이후의 역사에 이르면 그는 민족사에 대한 자부심과 자존심을 상기하는 모습을 보여주고 있다. 고주몽과 관련된 여러 유적지를 탐방하면서 자부심을 드러내고, 아울러 을지문덕, 고연수 등의 인물에 긍정적 관심을 보여주는 예가 이에 해당한다.

그 다음으로, 한국 한시사에서의 의의를 생각해볼 수 있다. 가령 이 시집은 1774년에 지은 신광수(申光洙)의 「관서악부(關西樂府)」 108수를 연상시킨다. 신광수는 칠언절구체의 죽지사(竹枝詞) 형식을 빌려, 평양을 중국의 항주(杭州)와 견줄만한 천하제일강산(天下第一江山)으로 인식하는 한편으로, 산천, 누대, 고적, 성곽, 궁궐, 사찰 등을 포괄하여 시로 쓴 한 편의 서관지(西關志)를 이루려고 했다. 신광수의 태도와 접근 방법은 이 책의 의도와 상통하는 바가 있다. 비록 기속적(紀俗的) 성격이 약화되고 칠언율시를 사용한 차이가 있지만, 한 지방의 역사와 풍물에 집중하는 시 경향이 나름대로의 전통을 형성하고 있는 것이다.

마지막으로, 저자가 평양을 탐방한 시점이 1874년 무렵이라는 시기상의 문제와 관련하여 저자의 일본관을 간접적으로 살필 수 있다는 점이다. 이 시기는 조선이 일본에 의해 개항을 강요당할 때이자 1876년의 강화도조약을 직전에 둔 때이다. 따라서 저자가 임진왜란·정유재란 당시 전투가 벌어졌던 평양의 유적지를 찾아 왜적에 대한 적개심을 드러낸 것이 예사롭지 않게 보인다.

1870년 당시의 평양의 유적 및 그곳을 찾는 이들의 의식을 조명하는 데 참조할 만한 자료가 될 것으로 판단한다.

(김동준)

[색인어]
평양, 영치부, 김갑근, 조면호, 단군, 기자, 고주몽, 송양, 을지문덕, 고연수

[참고문헌]
『문헌통고(文獻通考)』.
『설부(說郛)』.
『안씨가훈(顏氏家訓)』.
『외임안(外任案)』.
『한국계행보(韓國系行譜)』.

오서유고

梧墅遺稿 / 朴永元 著

筆寫本. ― [發行地不明] : [發行處不明], [發行年不明].
12冊(全16冊中) : 四周雙邊 半郭 22.9×16.1cm, 有界, 10行
20字, 上下向花紋魚尾 ; 32.6×21.0cm.
表題 : 梧墅遺稿
表紙에 冊別目次수록.

고서/고서811.085 박74ㅇ

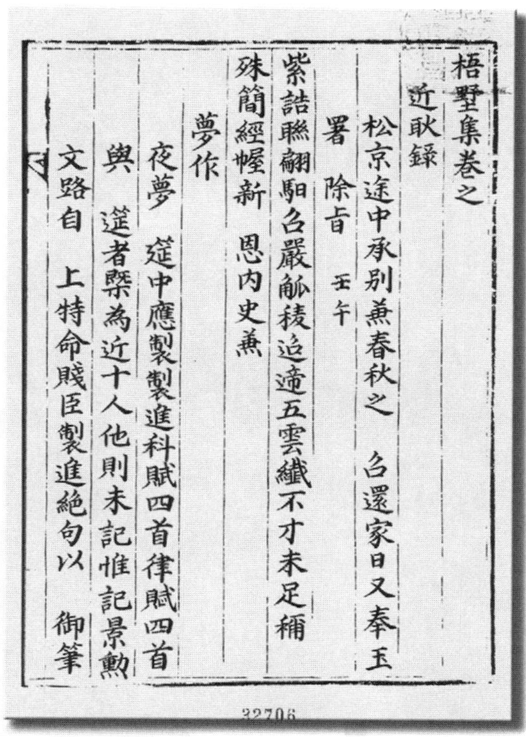

梧墅遺稿

1. 개요

　『오서유고(梧墅遺稿)』는 조선 후기의 문신 오서(梧墅) 박영원(朴永元 : 1791~1854)의 문집이다. 16책(冊) 필사본으로 우리나라에서는 유일하게 이화여자대학교 중앙도서관에만 소장되어 있다. 서문 발문을 포함, 책1, 책6, 책7과 목록 또는 부록 내지 별책으로 추정되는 또 한 책이 낙질(落帙)되어 있어 자세한 편찬 경위는 확인할 수 없다.

2. 저자

　저자 박영원(朴永元)은 조선 후기의 문신으로, 본관은 고령(高靈), 자는 성기(聖氣), 호는 오서(梧墅), 시호 문익(文翼)이다. 소론계 문신으로 구당(久堂) 박장원(朴長遠)의 7세손이며 예조참의 종순(鍾淳)의 아들이다. 1813년(순조 13) 사마시(司馬試)를 거쳐 1816년 식년문과(式年文科)에 급제하였으며 승문원(承文院), 시강원(侍講院), 홍문관(弘文館), 규장각(奎章閣) 등의 청요직을 두루 거쳐 승지(承旨), 성균관대사성(成均館大司成), 대사간(大司諫), 대사헌(大司憲) 등을 역임하였다. 외직으로는 양주목사(楊州牧使), 명천부사(明川府使), 전라도관찰사, 강화부유수(江華府留守), 수원부유수(水原府留守) 등을 지냈고, 1848년(헌종 14)에는 양선(洋船)의 출몰로 동해안 지방의 민심이 소란해지자 함경도관찰사에 특임(特任)되었다. 1837년(헌종 3)부터 1852년(철종 2)까지 국가의 중요 문서 편찬과 간행에 중요한 역할을 하여 『순조실록』을 편찬할 때는 실록청교정당상(實錄廳校正堂上)에 차임되었고, 『문헌비고(文獻備考)』와 『국조보감(國朝寶鑑)』, 『문원보불(文苑黼黻)』을 편찬, 간행할 때는 편집당상(編輯堂上)과 교정당상(校正堂上) 등으로 실무를 지휘하였으며, 『헌종실록』을 편찬할 때는 우의정으로 실록청총재관(實錄廳總裁官)을 겸하면서 일을 총괄하였다. 1846년(헌종 12)에는 진하겸사은사(進賀兼謝恩使)의 정사(正使)로 청나라에 다녀오기도 하였다. 한성부판윤과 육조의 판서를 모두 역임하였고 우의정과 좌의정을 거쳐 판중추부사(判中樞府使)로 있다가 죽었다.

　『조선왕조실록』 철종 5년 12월 25일(기미)에 수록된 박영원의 졸기(卒記)에서는 "네 임금을 역사(歷事)하여 조정에 선 지 40년에 4도(四道)의 감사(監司)와 6조(六曹)의 판서(判書)를 역임하고 정승에 이르렀는데, 처음부터 끝까지 변함이 없어 조심하고 겸손하였다. 집안에 쌓인 재물이 없었고, 문 안에는 잡된 손이 없었으니, 대개 그의 타고난 성품이 독실(篤實)하고 몸가짐이 간중(簡重)하여서 그러한 것이었다. 옛날에 이른바 영명(令名)을 잃지 않은 자라고 한 것에 거의 가까웠다."라고 평가하고 있다.

3. 편찬 경위

　　현재 남아있는 『오서유고』는 모두 12책이다. 표지에 '공십륙(共十六)'이라고 쓰여 있는 것으로 보아 본래는 16책이었음을 알 수 있는데 책의 차례로 보아 책1, 책6, 책7이 낙질된 것은 분명하지만 나머지 1책이 앞에 놓여있는 목록 부분인지 아니면 책의 끝에 붙은 별책(別冊)이나 습유(拾遺) 부분인지는 분명치 않다. 서발이 없어서 편찬 경위도 확실히 알 수 없다. 다만 저자의 맏아들 도빈(道彬 : 1828~1866)이 지은 행장과 묘표, 묘지명과 시장(諡狀), 치제문, 제문 등이 쓰여진 연도로 보았을 때 저자가 졸한 직후부터 아들 도빈이 사망하는 1866년 사이에 이 본이 완성되었으리라는 것을 추정할 수 있다. 필사본 상태로 남아있는 이화여대 도서관본을 제외하고는 다른 이본이 발견되지 않고 있는 것으로 보아 간행 또한 이루어지지 않은 것으로 보인다.

4. 구성과 내용

　　『오서유고』는 각 책마다 제목을 붙이고 그 아래 작품을 수록하는 편제를 보이고 있으며 작품이 쓰여진 해의 간지를 함께 붙여 글이 지어진 시기를 알 수 있게 하고 있다.
　　책1은 낙질이다.
　　책2는 시를 모아놓은 것으로 『근경록(近畊錄)』에 69수, 『탄금록(彈琴錄)』에 34수, 『명주록(明州錄)』에 66수, 『남당록(南棠錄)』에 54수의 시가 수록되어 있다.
　　『근경록』은 홍문관, 시강원, 사간원, 규장각 등에 복무하던 32세~35세 사이에 지은 시들로 이루어져 있다. 규장각의 풍경을 읊은 시, 오태운(吳泰雲 : 1790~?)·박종훈(朴宗薰 : 1773~1841)·정기선(鄭基善 : 1784~1839)·이진화(李鎭華 : ?~?) 등과 교유하면서 지은 시 등을 볼 수 있다.
　　『탄금록』은 저자 나이 38~39세 때 양주목사로 재임하고 있을 때 지은 시들을 묶은 것이고, 『명주록』은 39세 때 명천부사 시절의 시를 모은 것이다. 수재로 인해 도탄에 빠진 관북의 백성들을 구휼하기 위해 떠나는 길에서 겪은 고충을 표현한 시, 먼 변방에서 느끼는 가족, 고향에 대한 그리움을 토로한 시, 곤궁한 백성들의 모습과 이를 보는 위정자의 안타까움을 그린 시들이 대부분을 차지한다. 헤어져 있는 부인과 자식, 식구들에게 따로 지어 보낸 「부인에게 줌[贈夫人]」·「딸들에게 줌[贈諸嬌]」·「식구들에게 줌[贈家人]」, 고향 생각을 읊은 「월야(月夜)」·「유회(遣懷)」, 그리고 추위와 굶주림에 시달리는 백성들에 대한 연민을 담은 「연민(憐民)」·「우민(憂民)」, 매질당하는 백성들에 대한 측은함을 표현한 「달민(撻民)」 등의 작품은 눈여겨볼 필요가 있는 작품이다. 『남당록』은 저자 나이 40세~41세인 전라도 관찰사 시절 지은 시들로 이루어져 있다. 대부분이 전주·부안·무주·남원·곡성·순천·광주·나주 등 호남 일대를 유람하면서 지은 시들이다. 이중 「한벽당연구(寒碧堂聯句)」는 저자와 조병상(趙秉常 : 1792~?)·윤공규(尹公圭 : 1789~?)·김유헌(金裕憲 : 1781~1833), 중인 화가였던 변지순(卞持淳 : ?~?) 등이 전주의 명승지인 한벽당에 모여 두 구씩 내어 완성한 연구시(聯句詩)이고 「파향정에 제하다[題披香亭]」는 절친한 문우였던 경산(經山) 정원용(鄭元容 : 1783~1873)을 생각하며 지은 연작시이다.

책3도 시이다. 『반춘록(伴春錄)』에 214수, 『화축록(華祝錄)』에 23수, 『상견록(常見錄)』에 62수가 수록되어 있다.

『반춘록』은 저자 나이 42세부터 52세까지 지은 시들을 모아 놓은 것으로써 동료들과 교유하면서 화답한 시가 대부분을 차지한다. 당시 저자와 시를 주고받으며 교유한 문인들로는 서기순(徐箕淳 : 1791~1854)·이시원(李是遠 : 1790~1866)·정원용·홍석주(洪奭周 : 1774~1842)·이가우(李嘉愚 : 1783~1852)·윤정진(尹正鎭 : 1792~?)·정기일(鄭基一 : 1787~1842)·한복리(韓宓履 : 1796~?)·서염순(徐念淳 : 1800~1859)·조운철(趙雲澈 : 1792~?) 등이 있다.

『화축록』은 저자가 수원부유수로 재직하던 52세~53세 사이에 지은 시를 묶은 것이다. 아들과 함께 화성 일대를 돌아보며 지은 시들이 많다.

『상견록』은 저자 나이 53세부터 56세 사이에 지은 시들은 모아 놓은 것이다. 주로 55세인 1845년, 중국 사신을 맞아들이기 위해 평양에 갔을 때 지은 시들이 대부분을 차지한다. 연광정·부벽루 등의 풍경을 읊은 시, 기악(妓樂)을 관람하거나 기녀와 어울리면서 지은 시들도 있다.

책4 역시 시 모음집이다. 『연사록(燕槎錄)』에 85수, 『이섭록(利涉錄)』에 20수, 『풍패록(豐沛錄)』에 50수, 『조경록(朝京錄)』에 32수가 수록되어 있다.

『연사록』은 저자 나이 56세 때 진하겸사은사로 청나라에 다녀오면서 지은 시를 모은 것이다. 전별자리의 감회로부터 경유지의 풍광에 대해 읊은 시, 부사(副使) 조형복(趙亨復)·서장관(書狀官) 심희순(沈熙淳) 등과 화답한 시, 옛 유적지를 보고 회고의 정을 읊은 시 등으로 이루어져 있다.

『이섭록』은 56세부터 58세까지 예조판서, 공조판서 시절 지은 시들로 연상시(延祥詩), 단오첩(端午帖), 춘첩자(春帖子)[1] 등이 많다.

『풍패록』은 저자 나이 58세부터 60세 사이, 함경도관찰사 시절 지은 시를 모은 것이다. 험준한 산악의 절경과 변방 생활의 외로움, 애민 의식 등을 담고 있는 시가 많다.

---

1) 연상시(延祥詩)는 조선 시대에 정월 초하루를 축하하기 위하여 문관들이 지어 바치던 시로 대궐 안의 전각 기둥에 붙였다. 입춘과 단오 때에도 역시 시나 주련(柱聯)을 지어 올려 대궐 안 기둥에 붙이곤 했는데 이들을 춘첩자(春帖子), 단오첩(端午帖)이라 하고 이러한 종류의 시들을 총괄하여 절일첩(節日帖)이라고 한다.

『조경록』은 저자 나이 60세부터 64세로 졸할 때까지 지은 시를 모은 것이다. 차운시·화운시·축수시·애도시·전별시 등 사람들과의 관계 속에서 지어진 시들이 많고 만년에는 유락 생활을 즐기며 경물시를 많이 지었다. 좌의정 직을 그만두고 난 뒤의 후련한 마음을 담은 「정승 자리를 내놓고 몹시 기쁜 마음에 입으로 불러 짓다[解相職喜甚口乎]」나 병중에 지은 「주상께서 액속을 보내어 천한 신하의 병문안을 하고 또 홍삼 세 냥을 하사하셨기에 망극한 마음에 짓다[上遣掖屬問賤臣病又頒賜江蔘三兩感極而作]」·「병중의 회포[病枕有懷]」·「겨울밤 병상에서 읊조리다[冬夜病枕口吟]」 등은 죽음을 앞둔 만년의 내면을 잘 드러내주는 시이다.

책5는 『응제록(應製錄)』과 『사명록(司命錄)』이다. 왕명을 받고 짓거나 왕의 이름으로 지은 글들을 모아 놓았다. 『응제록』은 시(詩) 90수, 명(銘) 3편, 갱운(賡韻) 60편, 변려(騈儷) 3편, 대언(對言) 2편으로 구성되어 있고 『사명록』은 제문(祭文) 14편, 축문(祝文) 3편, 옥책문(玉冊文) 3편, 치사(致詞) 2편, 악장(樂章) 1편, 반교문(頒敎文) 1편, 상량문(上樑文) 1편, 교서(敎書) 3편, 치제문(致祭文) 2편으로 이루어져 있다.

시와 명은 대부분 예문관 검열로 있을 때 강연(講筵) 자리에서 왕명을 받고 지어올린 것들이고, 갱운·변려·대언은 모두 승지로 있을 때 효명세자(孝明世子)의 명을 받들어 올린 작품들이다. 제문과 축문은 사직과 건릉(健陵), 화령전(華寧殿)·현륭원(顯隆園)·수릉(綏陵)·종묘 등의 제사에 사용되었던 것으로 임금의 친제문(親祭文)을 대신 지은 형태이다. 옥책문과 악장은 왕대비전과 순조의 존호를 올릴 때 사용되었던 것이고 반교문 한 편은 왕이 두후(痘候)에서 벗어나자 축하의 의미로 올린 글이다. 김정희(金正喜 : 1786~1856)·이용수(李龍秀 : 1776~?)·박종훈(朴宗薰 : 1773~1841)에게 내린 교서와 조만원(趙萬元 : 1762~1822)·조용화(趙容和 : 1793~?) 등에게 내린 치제문도 여기에 실려 있다.

책6과 책7은 낙질이다.

책8~책9는 『공거록(公車錄)』이다. 전문(箋文) 49편, 진향문(進香文) 5편, 계(啓) 58편, 의(議) 22편, 부주(附奏) 7편이 수록되어 있다.

전문은 정월, 동지, 왕이나 대비의 탄신일, 또는 세자의 급서를 기해 진하(進賀)와 진위(進慰)의 의미로 올린 것이다. 대부분 외직에 있을 때 올린 것이고 이중 은산현감, 양주목사, 명천부사 시절 쓴 것의 대부분은 순찰사와 병마절도사를 대신하여 지었다. 진향문(進香文)은 건릉(健陵)의 천릉 때 지은 것과 수빈(綏嬪)·효명세자(孝明世子)·순조(純祖)·헌종(憲宗)의 빈전에 올린 것들이다. 계(啓)는 대부분 정사와 관련해 신하로서 정견을 주달한 것으로, 책8에는 간직(諫職)과 헌직(憲職)에서 체직시켜달라는 계와 순조 승하후 감선(減膳)하고 있는 왕과 대비의 밥상 음식 가짓수를 회복하라는 계, 그리고 이준수(李駿秀)의 서용을 취소하라고 하면서 승정원 여섯 승지가 합의하여 올린 계 등이 있다. 책9에는 저자가 24세 때 강화 정족산성 사고에 포쇄(曝曬)하러 가서 느낀 점을 토대로 지방관으로 하여금 외사고(外史庫)를 관리하도록 하라는 견해를 제시한 계, 왕이 친히 향축을 전하기 위해 궁을 나가고 들어올 때 고취(鼓吹) 대열을 벌이는 것이 고례가 아님을 고한 계 등이 있다. 또한 「성학을 권면하며 주상께 올린 계[勉聖學上殿啓]」·「절검을 권면하며 주상께 올린 계[勉節儉上殿啓]」·「민심을 굳게 결속하도록 하시기를 청하면서 주상께 올린 계[請固結人心上殿啓]」 등은 우의정 시절에 지은 것으로 왕을 권면한 글이다. 각각 성학(聖學)에 전념하기를 권고하는 내용, 절약과 검소를 왕정의 요체로 강조하는 내용, 인심의 중요성과 인심을 얻는 방도를 논한 내용으로 이루어져 있다. 또 서북 지역에서 산출되는 산삼이 타국으로 유출되는 상황을 주시하고 방수(防守)를 엄히 할 것을 역설하고 있는 「산삼이 타국에 몰래 들어가는 폐단에 대해 규제를 청하며 주상께 올리는 계[請山蔘潛入他國之弊申禁上殿啓]」나 궁중의 살림을 맡아하는 내사(內司)에서 백성들에게 함부로 수세하는 횡포를 고하고 엄히 다스릴 것을 청하는 「내사의 각 궁에서 세금을 거두어들이는 폐단에 대해 규제를 청하며 주상께 올리는 계[請申禁內司各宮房收稅之弊上殿啓]」도 주목할 만한 글이다. 의(議) 역시 정무와 관련해 헌의(獻議)한 내용이 주를 이룬다. 「정시와 초시를 서울과 지방에서 나누어 실시하자는 의[庭試初試京鄕分取議]」는 정시(庭試)의 초시를 치를 때 서울과 지방에서 나누어 하여 오고가는데 노고와 경비를 낭비하지 않도록 하자는 글이고 「장죄를 범한 관리에게 정해진 법을 적용하자는 의[贓吏定律議]」는 부정하게 뇌물을 받거나 재물을 탐한 관리에게 장률(贓律)을 엄하게 가할 것을 건의한 글이며 「빈청의 서출들에게 벼슬길을 터 주자는 의[賓廳庶類疏通議]」는 빈청에 속해있는 서출들의 대우 개선을 요구한 글이다. 사치 남용의 폐단을 막으면서 효과적으로 은전을 통용시킬 것을 건의한 「은전 통용이 마땅한지에 대한 의[銀錢通用當否議]」도 있다. 부주(附奏) 부분에는 벼슬자리에 제수되거나 소를 올린 후 비답을 받은 후 감은의 표시로 올린 주문(奏文)들이 수록되어 있다.

책10은 『강의(講義)』 69편이다. 1819년부터 1824년까지의 글은 세자시강으로 있을 때 서연(書筵)에서 강의한 내용이다. 일 년을 단위로 하여 『논어』·『맹자』·『시전』·『서전』의 순서로 통강하였음을 알 수 있다. 1834년부터 1854년까지의 글은 경연 자리에서 강의한 내용을 모은 것이다. 소대(召對)와 주강(晝講)·일강(日講)·별강(別講) 등에서 『논어』·『시전』·『소학』·『맹자』·『중용』 등의 일부를 골라 강의하였다.

책11은 『가승(家乘)』과 『시곤록(示昆錄)』이다.

『가승』에는 5대조 증조·조·부모·큰누이의 묘갈(墓碣) 4편, 가장(家狀) 2편, 묘지(墓誌) 8편, 유사(遺事) 3편이 수록되어 있다.

『시곤록』은 자손들에게 훈계한 글로, 관혼상제례를 중심으로 집안의 예식(禮式)을 정리하고 의례를 치룰 때의 바른 마음가짐을 권계한 것이다. 의례의 물품과 절차 등을 다른 집의 예와 비교하여 상세히 기술하고 있으며 성의와 내실을 강조하면서 신도비를 세우지 말 것, 관례를 폐하지 말 것 등 구체적인 실천 요목을 제시하기도 하였다.

책12~책13은 『건연록(巾衍錄)』으로 주로 개인적 차원에서 쓴 산문들을 수록해 놓은 문집이다. 책12에는 비명(碑銘) 1편, 묘갈명(墓碣銘) 3편, 묘지명(墓誌銘) 3편, 시장(諡狀) 2편, 제문(祭文) 23편이 실려 있고 책13에는 애사(哀辭) 1편, 축문(祝文) 9편, 서(書) 3편, 서(序) 8편,

기(記) 10편, 서(敍) 1편, 설(說) 1편, 발(跋) 7편, 상량문(上樑文) 1편, 계(啓) 1편, 잡저(雜著) 8편 등이 수록되어 있다.

책12의 비명·묘갈명·묘지명은 유대춘(柳帶春 : 1603~1691)·최기옹(崔綺翁)·김학빈(金學斌)·성윤주(成崙柱)·한유(韓裕)의 처·정술인(鄭述仁)·윤자영(尹滋榮) 등에게 써 준 것이다. 대부분 알려져 있지 않은 인물들인 것으로 보아서 명망보다는 주로 개인적인 친분 관계를 위주로 묘도문자를 지었던 것으로 보인다. 제문 역시 주로 이모·조카·누이·부인·이종사촌 형제 등 친척들과 조용진(曺龍振)·조제화(趙濟和)·정기선(鄭基善)·조용화(趙容和) 등 가까운 지인들에게 올린 것들이다. 한편 「은산현여제제문(殷山縣厲祭祭文)」과 「은산현 경내에서 사망한 사람들의 위령을 위해 지은 제문[殷山縣境內死亡人慰安祭文]」은 은산현감 시절 돌림병이 유행할 당시, 특별 여제를 베풀며 지은 여제문(厲祭文)이다. 기근과 홍수로 죽은 수많은 백성들의 원혼을 위로하는 내용을 담고 있다.

책13에 실려 있는 글 중 애사는 31살에 요절한 친구 윤영식(尹榮植)을 애도하며 쓴 것이고 축문은 모두 강화유수 시절, 사직단·북악·남산·갑진·마니산 등에 기우제를 올리며 지은 글이다. 서(書)에는 증조부의 묘갈명을 부탁하는 내용으로 신작(申綽 : 1760~1828)에게 보낸 편지, 연경으로 사신가는 이진화(李鎭華)에게 준 편지, 이양선의 출몰을 철저히 방어할 것을 역설하며 묘당(廟堂)에 보낸 편지 등이 있다. 서(序)에는 연경 가는 낙중(洛重) 윤정진에게 준 송서(送序)와 이종사촌인 최황(崔璜) 형제에게 준 수서(壽序) 등이 있고 주여정(朱汝井)이 찬술한 『함산지(咸山誌)』와 조상치(曺尙治 : ?~?, 세종 때의 인물)의 유고(遺稿)과 유사(遺事)를 모아 편한 『조정재실기(曺靜齋實記)』에 붙여준 서(序)도 있다. 기(記) 부분에는 은산향청(殷山鄕廳), 함열현 마포교(咸悅縣 馬浦橋), 노서(魯西) 윤선거(尹宣擧 : 1610~1669)를 제향한 송파서원(松坡書院), 태조가 용잠때 유희하며 지냈다는 격구정(擊毬亭) 등을 중건하면서 쓴 기(記), 만년에 저자가 지은 정자 녹천정(綠泉亭), 집승정(集勝亭)에 쓴 기문 등이 수록되어 있다. 「탄옹사적첩 후서(炭翁事蹟帖 後敍)」는 단종 복위운동에 가담했다가 참화를 당한 김문기(金文起)의 손주, 김충주(金忠柱)의 사적첩(事蹟帖) 뒤에 쓴 글이고 「구암설(苟菴說)」은 이종형 최황(崔璜)의 거실 '구암(苟菴)'의 뜻을 풀이한 글이다. 발(跋)에는 순조와 익종의 어필첩에 붙인 발, 함경도 관찰사 시절 함산 기녀 가련(可憐)이 지은 시문집 뒤에 붙인 발, 고려시대의 문인 매호(梅湖) 진화(陳澕)의 시집을 중간하며 붙인 발, 철종이 하사한 어필 주련(柱聯)에 붙인 발 등이 있다. 잡저(雜著)에 포함된 「사물명(四物銘)」은 이종형 최황(崔璜)의 61세 생일에 당제(唐製) 섭첩(摺疊)·연주향(聯珠香)·연초합(烟草盒)·연합(烟盃) 등 네 가지 물건을 선물하면서 축수의 의미를 함께 담아 써준 것이고 「계아자서(戒兒子書)」는 아들에게 써준 일종의 여행 지침서이다. 함경도 관찰사 시절에 쓴 것으로, 교량을 건널 때, 말을 탈 때, 강을 건널 때, 아침 저녁 기후가 다를 때 등 몇 가지 구체적인 사안으로 나누어 유의 사항을 자상하게 일러주고 있다. 「관함흥부문(關咸興府文)」는 함흥부에 하달한 공문서로 향음주례의 실시를 촉구하는 내용을 담고 있고 「경산상국의 문고에 제하다[題經山相國文藁]」와

「조백영의 사진에 제하다[題趙伯英寫眞]」는 각각 정원용의 문집과 조백영(趙伯英)의 사진에 써 준 글이다.

책14~책15는 부록이다. 장남 도빈(道彬)이 지은 행장과 묘표·묘지, 둘째 사위 조연흥(趙然興)이 지은 묘지명이 있고 정원용(鄭元容)이 지은 시장(諡狀), 이승보(李承輔)와 유담(柳曋)이 지은 치제문(致祭文)이 수록되어 있다. 제문은 부제(婦弟)인 성원호(成元鎬), 이종제인 윤자명(尹滋明), 생질 이윤하(李崙夏), 외손 조이승(曺爾承)·조경(趙坰)·조원(趙瑗)·조동동(趙僮童) 등이 지었고 김문근(金汶根)·홍종응(洪鍾應)·이시원(李是遠)·윤완(尹琓)·김수송(金壽松)·조석우(曺錫雨)·이인량(李寅亮)·허준(許焌)·이돈영(李敦榮)·정원용(鄭元容) 등이 올린 제문도 수록되어 있다.

이외에 또 하나의 책이 낙질되어 있다. 별책(別冊)이나 습유(拾遺) 형식의 책16이 아닐까 추정을 하지만 혹 목록(目錄) 부분이 별도의 책으로 엮어졌을 가능성도 배제할 수 없다.

5. 서지적 특성

이화여대 중앙도서관본 『오서유고』는 국내 유일본이다. 고려대학교 중앙도서관(육당 D1 A151)에 박영원의 필사본 문집 『석래당초고(石萊堂草稿)』가 소장되어 있으나 이 책은 『오서유고』의 내용을 포함하고 있는 낙질본이다. 즉, 현재 『석래당초고』는 6책, 7책, 10책, 11책, 12책, 14책 등 총 6책이 남아있는데 6책은 『강의』, 7책은 『공거록 1』, 10책은 『공거록 4』, 11책은 『공거록 5』, 12책은 『가승』, 14책은 『건연록 2』로서, 이들 내용은 모두 『오서유고』에 수록되어 있다. 이들 6책을 제외한 다른 책이 소실된 상태이고 서(序) 발(跋) 등 편찬 경위를 알 수 있는 부분이 빠져 있어서 『석래당초고』의 완전한 모습이나 『오서유고』와의 정확한 관계를 가늠하기는 곤란한 실정이다. 다만 현존하는 양상으로 보아서는 『석래당초고』가 『오서유고』와 다른 종류의 문집은 아닌 것으로 판단되고 제목이 시사하듯 초고의 형태를 띠고 있어 『오서유고』가 편찬되기 이전 단계에서 만들어진 초고본이 아닐까 하는 추정을 할 수 있다.

6. 가치

저자인 박영원은 19세기의 소론계 문신으로 삼사의 요직을 거쳐 6조 판서를 모두 역임하고 우의정, 좌의정에까지 오른 인물이다. 그러나 당시 정치적 입지나, 활약, 명망에 비해 그는 학계 어느 분야에서도 깊이 있는 조명을 받고 있지 못하다. 이는 여러 가지 이유가 있을 수 있겠지만 그가 남긴 문집이 널리 알려지지 못한 탓이 무엇보다 클 것이라고 본다. 그런 의미에서 『오서유고』는 박영원의 삶과 사유, 문학을 이해하는 데 절대적으로 중요한 자료가 될 것이다.

우선 『오서유고』는 저자의 교유 관계와 영향 관계를 이해하는 데 중요한 단서를 줄 것이다. 화운(和韻), 차운(次韻), 연작(連作) 등의 시나, 송서(送序), 수서(壽序), 제문 등, 서로 주고받은 시문에 자주 등장하는 인사들은 조봉진(曺鳳振 : 1777~1838)·조병상(趙秉常 : 1792~?)·정원용(鄭元容 : 1783~1873)·김도희(金道喜 : 1783~1860)·박회수(朴晦壽 : 1786~1861)·조두순(趙斗淳 : 1796~1870)·김흥근(金興根 : 1796~1870)·김좌근(金左根 : 1797~1869)·박영보(朴永輔 : 1808~?)·서기순(徐箕淳 : 1791~1854)·윤정진(尹正鎭 : 1792~?)·홍석주(洪奭周 : 1774~1842)·조용화(趙容和 : 1793~?)·조득림(趙得林 : 1800~?)·서용보(徐龍輔 : 1757~1824)·조병현(趙秉鉉)·이시원(李是遠) 등으로, 이들은 대부분 19세기 중반, 서울 근방에 터전을 두고 살았던 이른바 '경화사족(京華士族)'들이다. 이들은 함께 모여 시를 짓고 즐겼으며 지은 시를 모아 자그마한 책을 만들고 서로 서·발을 써 주면서 문화적 유대를 다졌다. 그런가 하면 변지순(卞持淳) 등 중인 화가들과도 어울리며 폭넓은 예술적 역량을 축적하기도 하였다. 따라서 이들의 교유 관계를 파악하고 그들의 활동을 살펴보는 것은 당시 정치적인 인맥을 재구성하고 경화사족의 문화적·문학적 영향 관계를 파악할 뿐 아니라 그들이 향유한 문화 현장의 모습을 포착할 수 있다는 의미를 지닌다.

또한 이 책은 이 시기의 정세와 사회 문화적 동향을 짚어내는 데 유용한 자료가 될 것이다. 주지하다시피 저자가 살았던 19세기는 안으로는 세도정치로 인해 국정이 혼란하고 민심이 소란하며, 밖으로는 외세가 밀려들어오기 시작하던 시기이다. 이러한 국내외적 변화는 문학이나 사상적 측면에서 기존의 가치 체계에 대한 재검토를 유도하기도 하였지만 또 다른 한편에서 보수화의 움직임을 강화하기도 하였다. 저자 박영원은 이러한 시기에 요직을 두루 거치면서 정권의 핵심에 있었던 인물이다. 『오서유고』에는 당시 국내외 정세의 면면과 문제적 요소, 이에 대한 느낌과 견해 등이 시(詩)와 계(啓), 주의(奏議), 강의(講義) 등 다양한 형태의 시문 속에 무르녹아 있다. 이 속에는 신음하는 백성들의 모습이나 부패한 관리의 모습, 이양선의 출몰 등 당시 상황을 간취할 수 있는 자료들이 많이 포함되어 있으며 문제에 대응하는 저자의 인식은 물론, 당시 조정의 입장과 위정자들의 정세관까지도 폭넓게 포착할 수 있다. 또한 저자는 진하겸사은사(進賀兼謝恩使)로 청나라에 다녀온 인물이다. 사신으로 연행하면서 보고들은 내용을 사행시로 남겼는데 여기에 나타난 내용은 변화하는 국제 정세 속에서 대청(對淸) 인식을 살피는 자료로 활용될 수 있을 것이다.

무엇보다도 이 책은 저자의 문학 세계를 가늠하는 척도가 될 것이다. 저자는 평생을 벼슬살이 하면서 살았던 인물로 그가 남긴 글의 대부분은 공무 수행의 일환으로 지어졌던 글이다. 특히 그는 나라의 중요한 공문서나 예문(禮文), 어제(御題) 등을 도맡아 짓다시피 하였으며 서연(書筵), 경연(經筵) 등에 오래 참여하면서 효명세자, 선조와 많은 수의 시를 창화하였다. 그의 이러한 저작 활동은 사후 『조선왕조실록』에 기록된 졸기(卒記)에서 "문학이 심오하고 근거가 있었다."는 평가로 나타나기도 하였다. 이러한 점은 문학 쪽에서 연구가 되어야 할 부분이다. 특히 관각풍의 전아한 시들과 오랜 관직 생활 속에서 느끼는 고독감과 인간적 번민을 담은 시들, 그리고 상류층 사대부의 화려한 유락 생활을 보여주는 시들이 한데 어우러진 그의 시세계를 어떻게 조명할 것인가의 문제와 국내외 정세에 대해 비판적 시각을 견지하고 있으면서도 사유와 표현 면에서는 다소 보수적인 경향을 보여주는 산문 세계를 어떻게 해석하고 평가할지 하는 것은 좀 더 면밀한 고찰을 통해 밝혀져야 할 부분이다.

(이은영)

[색인어]
오서, 박영원, 석래당초고, 효명세자, 순조, 헌종, 철종, 19세기, 조병상, 정원용, 김도희, 박회수, 조두순, 김흥근, 김좌근, 서기순, 윤정진, 조용화, 서용보, 조병현, 이시원, 변지순, 최황, 이가우

[참고문헌]
『국조방목(國朝榜目)』.
『석래당초고(石萊堂草稿)』.
『순조실록』.
『철종실록』.
『헌종실록』.
이시원(李是遠), 『사기집(沙磯集)』.
정원용(鄭元容), 『경산집(經山集)』.
조병현(趙秉鉉), 『성재집(成齋集)』.

옥련몽

玉蓮夢. 권23, 권25 / 南永魯

筆寫本. — [發行地不明] : [于果洞], [1897(高宗 34)].
2卷2册(缺帙) : 無界, 12行27字內外 ; 30.8×20.8cm.
한글본임.
表題 : 玉蓮夢
筆寫記 : 丁酉[1897]五月二十日書于果洞精舍新刊

고서/고서811.31 옥74A

筆寫本. — [한성] : [ㅅ직동], [1909(純宗 3)].
28卷28册 : 無罫, 10-11行24字內外 ; 30.5×21.0cm.
表題 : 玉蓮夢
22册, 23册은 30.0×19.5cm.

고서/고서811.31 옥74

玉蓮夢

1. 개요

　이화여자대학교에 소장되어 있는 무신본 『옥련몽』과 정유본 『옥련몽』은 남영로가 창작한 『옥련몽(玉蓮夢)』의 후대 한글 필사본이다. 현재 무신본은 완질이고 정유본은 낙질이다.

　『옥련몽(玉蓮夢)』은 19세기 용인(龍仁)에 살던 담초(潭樵) 남영로(南永魯 : 1810~1857)가 창작한 한문장편소설이다. 남영로는 『옥련몽』을 창작한 이후 다시 이를 개작하여 『옥루몽(玉樓夢)』을 창작했다. 그래서 『옥련몽』은 『옥루몽』과 친연성이 있는데, 그렇지만 같은 작품이라고 할 수는 없다.

　원작 『옥련몽』은 한문으로 창작되었을 것으로 보이는데, 현재 한문 필사본은 한 종도 남아 있지 않다. 다만, 『옥루몽』의 경우 활판으로 간행된 한문 현토본이 남아있을 뿐이다. 『옥련몽』 이본은 다수의 한글 필사본과 한글 활판본이 존재하고, 『옥루몽』 이본은 한글 필사본과 한글 활판본, 그리고 한문현토 활판본이 존재한다.

　『옥련몽』은 천상의 선관 문창성(文昌星)과 선녀 제방옥녀(帝傍玉女), 홍난성(紅鸞星), 제천선녀(諸天仙女), 천요성(天妖星), 도화성(桃花星)이 천상 백옥루에서 꿈을 꾸고, 그 꿈속에서 인간계에 내려와 각기 양창곡(楊昌曲), 윤부인(尹夫人), 강남홍(江南紅), 벽성선(碧城仙), 황부인(黃夫人), 일지련(一枝蓮)이 되어 온갖 부귀공명과 풍류를 즐기는 내용이다. 구성상 『구운몽』의 환몽구조(幻夢構造)를 창조적으로 계승하여, 주인공이 꿈에서 깨지 않은 채로 이야기를 종결시켰다. 이렇게 의도적으로 '열린 구조'를 지향한 이유는 인생의 풍류와 부귀공명을 강조하기 위함이었다. 『옥련몽』은 인생의 쾌락과 풍류, 즐거움을 강조·긍정하고, 그것을 세련되게 형상화한 작품이다.

2. 저자

　초기 연구에서 『옥련몽(玉蓮夢)』과 『옥루몽(玉樓夢)』의 작가로 남영로(南永魯) 외에도 남익훈(南益薰), 홍진사(洪進士) 모씨(某氏), 허난설헌(許蘭雪軒), 옥련자(玉蓮子) 등으로 다양하게 추정했다. 그러던 것이 차용주, 성현경, 장효현 등의 연구를 통해 19세기 용인(龍仁)에 살던 담초(潭樵) 남영로(南永魯 : 1810~1857)로 확정되었다.

　1877년에 필사된 가람본 『육미당기』 발문(跋文)에 두산(斗山) 서돈보(徐惇輔)가 "吾友南潭樵玉樓夢"이라고 한 것을 통해 19세기 서돈보와 교유했던 인물 중 '담초'라는 호를 쓴 인물이 『옥루몽』을 창작했음이 밝혀졌다. 이후 '담초'라는 호를 쓴 인물이 19세기 남영로라는 것이 밝혀진다. 한편, 1913년 간행된 박학서원(博學書院)본 『옥련몽』의 서문(序文)을 쓴 남정의(南廷懿 : 1872~1951)를 추적하여 그의 후손 남상갑(南相甲)과 남성희(南聖熙)를 만나, 남영로가 남정의의 조부임이 밝혀진다. 이것은 남정의가 박학서원본 『옥련몽』 서문에 "이 칙의 원본은 느의 본셩 션됴부 담초공(潭樵公)의 져슐ᄒ신 바ㅣ니"라고 한 것과 일치한다. 이렇게 『옥루몽』과 『옥련몽』의 작가로 각기 남영로가 지목되었다.

1912년 간행된 한문현토활판본 『옥루몽』 서문에 "快讀我玉蓮子之玉樓夢"란 기록으로 『옥련몽』과 『옥루몽』의 상관관계를 짐작하고 있었는데, 위의 근거로 더욱 명확하게 두 작품의 관계가 확인된 것이다. 그래서 남영로가 『옥련몽』과 『옥루몽』 둘 다 창작한 것이 분명해졌다. 이후 여러 연구를 통해 남영로가 『옥련몽』을 창작한 후 『옥루몽』으로 개작한 것으로 밝혀졌다.

남영로는 남구만(南九萬)의 5대손으로 당파는 소론(少論)에 속하고 본관은 의령(宜寧)이다. 현재 그의 문집은 남아 있지 않고 소설 『옥련몽』과 『옥루몽』 두 작품과, 산수화(山水畵) 한 점, 그리고 사촌 남계우(南啓宇 : 1811~1888)가 편찬한 『고시비평(古詩批評)』의 서문이 남아 있다. 나비를 잘 그려 '남나비'로 경향간에 이름이 높았던 사촌 남계우처럼, 남명로 또한 예술적 소질이 있어 산수화(山水畵)로도 당대에 이름이 높았다.

우과동(于果洞)에 살던 정유본 『옥련몽』의 필사자에 대해서는 단서가 부족하여 알기 어렵지만, 무신본은 사직동에 살던 70대 여성이 필사한 것이 분명하다. 무신본 필사자는 수양딸에게 주기 위해 늙고 병들었다고 자탄하면서도 『옥련몽』을 1908년부터 이듬해 1909년까지 쉬지 않고 필사했다.

3. 창작 배경

우리 소설사에서 19세기는 소설에 중요한 변화가 이루어지는 시기였다. 이전 시기부터 고조되어온 다양한 글쓰기 시도가 소설 독자층의 높아진 읽을거리 요구에 부응하여 새로운 소설 창작 방법으로 나타났다.

이전 시기까지 소설은 문학의 전면에 나서지는 못했다. '소설의 허구성(虛構性)'에 대한 폄하로 소설은 일반적으로 해롭게 여겨졌다. 단지 유교적 교훈을 주는 측면, 즉 '소설의 효용성(效用性)' 측면에서만 어느 정도의 인정을 받았을 뿐이지, 가공의 거짓 이야기를 만들어내 이야기를 즐기는 측면, 즉 '소설의 쾌락성(快樂性)'은 일반적으로 부정되었다. 이러던 소설에 대한 인식이 19세기로 넘어오면서 크게 바뀌게 된다. 소설의 효용성보다 소설의 쾌락성이 전면에 나서기 시작한 것이다. 독자들은 새로운 읽을거리를 찾아 중국에서 소설을 들여와 읽기까지 하지만 그들의 욕구가 완전히 충족되지 못했다. 새롭고 재미있는 읽을거리에 대한 이런 욕구와, 이전 시기부터 시도되어 온 새로운 글쓰기 방식의 실험은 소설의 허구성을 새롭게 인식하는 바탕이 되었으며, 나아가 소설의 쾌락성을 적극적으로 인정·수용하게 하였다. 급기야 주류 양반층이라고 할 수 있는 서울과 근기지역에 살던 경화사족(京華士族) 계층에서 이전 시기와 다른 의도와 목적에서 소설들이 창작되기에 이르렀다.

김소행(1765~1859)의 『삼한습유』, 심능숙(1782~1840)의 『옥수기』, 서유영(1801~1874)의 『육미당기』, 남영로(1810~1857)의 『옥련몽』, 『옥루몽』 등이 이런 상황에서 창작된 소설들이다. 이 소설들의 작가는 자신이 '소설'을 창작한다는 분명한 의식을 가지고 창작에 임했다. 이들 작품에 대해 당대의 사대부들이 교훈적 측면에서 논평하기보다는 소설의 쾌락성, 즉 문장과 세련된 기교, 서사적 흥미 등에 대해 강조하여 논평하였다는 것도 이런 상황을 이해하는 중요한 단서가 된다. 『삼한습유』에 정승, 판서들이 자신들의 이름을 드러내면서까지 발문(跋文)을 붙였다는 사실은 이전에 문학적으로 가치 있다고 존중하던 문적에 발문을 붙이는 행위와 조금도 다르지 않으며, 이는 소설의 위상이 격상했음을 보여주는 단적인 예다. 이들 작가들은 소설을 창작하기 위해 의도적으로 세련된 서사를 만들려고 노력했다. 거듭된 창작과 퇴고, 심혈을 기울인 개작 등이 바로 그런 모습의 일단이다.

남영로 개인의 문집을 비롯한 특정 자료가 없는 상황에서 남영로의 창작 동기를 가늠하기란 쉽지 않다. 하지만 앞서 말한 바와 같은 시대, 사회, 문화적 분위기 속에서 소설을 창작했다는 점이나, 창작한 작품을 다시 전면적으로 개작한 점, 산수화에 능했다는 점, 문예 취향이 높았다는 점, 그리고 집안에 대대로 수많은 장서가 있었다는 점 등을 통해 볼 때, 남영로가 『옥련몽』과 『옥루몽』을 창작한 이유는 세련된 이야기를 통한 새로운 소설 창조에 있었던 것으로 볼 수 있다.

남영로의 경제적 상황은 같이 용인에 지냈던 사촌 남계우의 삶과 의식을 통해서도 어느 정도 추측이 가능하다. 평생 여유 있게 예술을 즐기면서 살았고, 산수화에 이름이 있었으며, 대대로 내려온 장서가 있었다는 것은 경제적으로 궁핍함을 벗어나 여유가 있었음을 알게 한다. 또한 서울 권세가가 죽자 그 첩이 수많은 자리를 마다하고 굳이 용인에 있는 남영로에게로 와서 첩이 되었다는 상황으로 볼 때도 남영로의 명성이 경향(京鄉)간에 이름이 있었다는 것을 알 수 있다. 아울러 첩을 둘 정도로, 그리고 첩이 알아서 찾아올 정도로 집안 사정이 넉넉했음도 짐작할 수 있다.

예술적 감식안과 집안 대대로 내려온 수많은 장서, 그리고 여유 있는 생활, 여기에 시대의 사회·문화적 분위기 속에서 남영로는 유희적이고 세련된 글쓰기를 시도했고, 그 결과 인간 풍류와 즐거움을 세련되게 서사화한 소설 『옥련몽』·『옥루몽』이 탄생한 것이다.

4. 구성과 내용

『옥련몽』·『옥루몽』은 두 구씩 장회명이 붙은 장회체 소설이다. 장회수나 장회명은 각 이본마다 조금씩 다르지만 실제 서사 내용은 크게 다르지 않다. 이는 창작시기가 19세기여서 상대적으로 전승되어 온 시기가 짧아 변개가 심하지 않은 것으로 짐작된다.

『옥련몽』·『옥루몽』은 17세기 김만중이 창작한 『구운몽(九雲夢)』의 영향으로 성립했는데 『구운몽』의 아류작이나 단순한 영향작이 아니다. 『옥련몽』·『옥루몽』은 『구운몽』을 창조적으로 다시 읽어 환골탈태(換骨奪胎)시킨 패러디 텍스트이다.

남영로는 자신의 문예적 재능을 통해 전대의 훌륭한 소설적 전통을 수용하면서, 『구운몽』을 새롭게 다시 읽어 작품을 창작했다. 당대에 널리 유통되는 훌륭한 텍스트인 『구운몽』을 원텍스트로 삼아, 그 원텍스트를 확대·계승, 재해석, 전도·전복시키는 다양한 방법으로 패러디해서 『옥련몽』·『옥루몽』을 창작했다.

『옥련몽』은 문창성이 꿈속에서 인간계로 적강(謫降)하여 양창곡이 되어 부귀공명을 이루고 풍류를 극한으로 누리는 이야기이다. 크게 외적으로는 지방의 한미한 선비 양창곡이 과거에 급제하여 남만과 홍도국을 정벌하고 곽도위의 내란을 평정하는 내용으로 양창곡의 뛰어난 능력과 성공담이 펼쳐진다. 내적으로는 부거길에 강남홍을 만나 지기로 상통하고, 귀양지에서 벽성선을 만나 사귀고, 전쟁터에서 일지련을 만나 사귀어 첩으로 삼고, 당대의 권신의 딸인 윤소저와 황소저와 결연하여 가정을 이룬다. 이렇게 양창곡을 중심으로 외적·내적 이야기가 다채롭고 웅장하게 펼쳐지는 한편, 서사의 디테일한 부분까지 세밀하고 감각적으로 서술하여 독자들의 흥미를 유발했다. 외적의 침입으로 국가가 큰 위기에 빠지는 것이나 황제가 음락에 빠지는 것, 환관이 발호(跋扈)하여 정국을 혼란시키는 것, 부마도위가 반란을 일으키는 것, 대신이 억울하게 귀양 가는 것, 자객들과 살인 모의, 다양한 전투 장면과 처절함과 같은 선 굵은 이야기뿐만 아니라, 여러 기녀들의 풍류, 시정 세태, 잔치와 놀이, 사냥, 산천경개 유람 등 아기자기하고 섬세한 이야기까지 담고 있다. 이들 내용도 단순한 서술이 아니라 장면화, 이미지화, 입체화 등으로 활성화시켜 보여주고, 에로틱한 감정, 비장미, 해학, 그로테스크 등과 같은 감정과 연관지어 세련되게 형상화시켜 놓았다. 그래서 『옥련몽』은 웅장한 스케일의 이야기 속에 풍부한 내용을 세련되게 담게 되었다.

5. 서지적 특성

무신본 『옥련몽』은 총 28권 28책으로 완질이다. 매 쪽 10행 20자 내외로 되어 있는데, 23권 후반은 8~9행이고, 25권·26권·27권·28권은 11행이다. 시종 하나의 필체인데, 13권이 낙질이어서 신해년(辛亥年 : 1911)에 다른 필사자가 보충해서 넣어서 13권만 필체가 다르다. 필사자가 무신년에 필사한 것을 따서 '무신본'이라 부른다.

장정은 5침안, 6침안이 섞여 있지만, 일관되게 파란색 겉장으로 되어 있다. 겉장에 표제는 직접 쓴 것이 아니라, 흰 종이(권1~권9), 붉은 종이(권10~권26), 낙질된 것을 끼워 넣어 붉은 종이지만 크기나 색깔이 조금 다른 종이(권13) 위에 "'玉蓮夢 卷之一'식으로 표제를 썼다. 1책 겉장 안쪽에만 한문 회제가 쓰여 있고 나머지는 없다. 정성스럽게 필사하여 보관하려고 한 이본으로 애정을 기울여 필사한 이본이다. 중간에 잘못 필사한 부분은 종이를 덧대서 그 위에 다시 써서 고치기까지 했다.

필사자는 사직동에 살던 70세 노인으로 무신년(戊申年 : 1908) 8월부터 시작하여 이듬해인 기유년(己酉年 : 1909) 2월까지 수양딸을 위해 필사했다. 요통과 노안으로 고생하여 중도에 포기하고 싶다고 말할 정도로 힘들게 필사하면서도 빼놓지 않고 『옥련몽』 내용을 고스란히 필사한 것은 딸에게 주려는 애정 때문으로 보인다. 또, 권23의 본문 내용 뒤에 필사자 스스로가 지은 '노인탄가'를 써 놓은 것이나, 권16의 필사기 내용에서 늙음을 탄식하는 것으로 보아 늙고 외로운 가운데 스스로를 달래기 위해 『옥련몽』을 벗 삼기도 한 것이다.

무신본은 총 51회로 되어 있다. 필사자는 마지막 장회를 '제오십회 회만왕텬즈스연 유옥누보살셜몽'이라고 하여 50회로 표기했지만, 실제로는 51회이다. 15회에 '제십오회 정황혼텬지쥬미파 영옥인동지하강쥬'로 장회명을 바르게 적었지만, 16회에 '제십오회 쇼슌무치격보급경 양샹셔즈쳔위원융이'라고 15회로 오기함으로써 한 회씩 뒤로 밀렸다. 여기에 다시 '제십칠회 노파미약닙별당 투부음독경노친', '제십칠회 양원슈더쳡흑풍산 남만왕쥬입오록동'이라고 같은 장회수를 두 번 적는 실수를 하여 결과적으로 두 회씩 밀리게 되었다. 그러던 것이 '제삼십칠회 파니원텬즈용현신 음미쥬연왕회제랑' 이후 '제삼십구회 텬지헌슈영츈젼 냥왕회렵샹님원'이라고 한 회를 건너 뛰어, 결과적으로 한 회의 착오가 생겼다.

장회수는 이렇게 실수가 있으나 장회명이나 내용은 전혀 빠진 것이 없이 온전하다. 『옥련몽』 박학서원본(1913)의 장회명은 총 51회로 되어 있는데, 이와 비교해 볼 때 무신본은 박학서원본과 장회명이 완전히 동일하다. 뿐만 아니라 장회가 나누어지는 위치도 무신본은 박학서원본과 완전히 같다.

박학서원본과 무신본의 내용을 비교해 보면 근친(覲親)하러 고향에 가느냐 가지 않느냐의 내용만 빼고는 조사와 어미 같은 사소한 것까지 거의 비슷하다. 박학서원본의 경우 오자가 꽤 많고 구절을 빠뜨린 것도 있는데, 무신본은 이런 부분에서 모두 정확하게 되어 있고 구절을 빠뜨린 부분도 없다.

이화여대 소장 정유본 『옥련몽』은 낙질로 현재 12권, 13권만 남아 있다. 매 쪽 12행에 25자 내외로 한 명의 필체로 되어 있다. 현재 남아 있는 것은 2권 2책이 된다. 마지막 장회가 "옥년몽 권지이십뉵 회만왕천지사연 유옥누보살셜몽"으로 되어 있는 것으로 보아 낙질이 되기 이전의 온전한 형태는 26권 13책으로 보인다. 필사자가 정유년에 필사한 것을 따서 '정유본'이라 부른다.

두 책 모두 5침안으로 장정되어 있는데, 겉장이나 속장 모두 좀이 슬어 구멍이 뚫린 것으로 보아 꽤 오래된 것으로 보인다. 겉장 두꺼운 표지에는 표제가 "玉蓮夢 卷之十二"로 되어 있고, 그 오른쪽에 두 개의 장회명이 "楊尙書擊毬斬董洪 孫先生東床宴佳客 雪中梅餞春會玉郞 郭尙書乘醉打靑樓"라고 순차적으로 써 있다. 겉표지 안쪽에는 그 한문 장회명을 국문으로 "냥샹셔격구참동홍 손션싱동상연가셔 셜즁미젼츈회옥낭 곽샹셔승취타쳥누"라고 되어 있다. 특이한 점은 대부분 『옥련몽』에서는 "손션싱동상연가셔"처럼 '佳壻'로 되는 것이 일반적인데 겉장에는 '佳客'이라고 표기했다는 점이다. 13책도 겉장에는 "玉蓮夢 卷之十三"으로 쓰고 그 오른쪽에 "楊生連中三場試 天子親征北單于 會蠻王天子賜讌 遊玉樓菩薩說夢"이라고 쓰고 안쪽에 "양싱연듕삼장시ᄒ고 쳔지친졍북션우라 쳔지만왕을 모와 잔치을 쥬고 옥경누의 보살 쑴구어 말하고 놀다"라고 되어 있다. 옆에는 한문회제를 흘려서 동일하게 써 놓았다.

내용을 보면 오자가 꽤 많은데, 필사자는 중간중간 빠진 글자를 행간에 보충해 넣기도 하고 쓴 글자 위에 종이를 오려 붙여 교정하기도 했다. 때로는 붓으로 뭉뚱그려 지우고 옆에 새로 쓰거나 덧칠을 해서 고치기도 했다. 그럼에도 다른 이본과 대조해본 결과 자잘한 오류가 여전히 남아 있다.

13책의 맨 뒤 겉장의 안쪽에 글씨가 쓰여 있는데 이는 정유본의 필사자가 쓴 것은 아니고 정유본을 본 후대 다른 독자가 쓴 것이다. "차칙이 소셜도 못 되고 디셜도 못 되고 가관쳐 업셔 다만 양창곡 슘디만 츄고 젹셔지분도 아니 가리여 쓰니 아무라도 그리 짐작홀 거시요 불과 근일 ᄉ찰 호변ᄌ시로 됴작일듯 ᄒ노라"고 혹평했다.

정유본에서 주목할 점은 다른 『옥련몽』 이본과 달리 작가 후기가 조금 다르다는 점이다. 모든 『옥련몽』은 본문 서사 이후에 작가 후기가 있는데 어휘적 차이를 제외하고는 거의 같다. 작가 후기의 내용은 인생에 대해 나름의 견해를 피력한 후 '『옥련몽』은 패관소설이어서 허황하지만, 착한 것을 찬양·권면하며 악한 것을 배척하여 후생을 경계하는 것에 공이 있어, 위로 공경사대부와 부인 여자에서 아래로 천한 사람들에게까지 권선징악하는 것이어서 결코 성현의 경전보다 못할 것이 없다.'는 것으로 요약된다. 이것이 필사자의 논평이 아니라 작가의 후기임은 모든 『옥련몽』 이본에 동일하게 있다는 점과, 이 후기까지 필사를 한 후에 필사기를 쓰고 있다는 점에서 그렇다. 무신본의 경우를 예로 들어보면, 작가 후기 이후에 "긔유 니월 초오일 ᄉ직동 필셔 죵 ᄉ십오장"이라고 매 권마다 쓰고 있는 필사기를 적고 그 이후에 다시 "조회도 다 되고 붓도 업고 먹도 업셔 더옥 잘 쓰지 못ᄒ고 글시도 쳔년만 못 ᄒ니 으히 지롱 늘 듯 ᄒ는 늙그니 일이 졈〃 못ᄒ니 우숩도다 이 칙을 못 다 벗겨 쥬고 죽 을가 걱졍ᄒ여더니 다 볏겨시니 다힝ᄒ는다 벗긴 사롬은 업셔져도 이 칙은 잇시리라 사름이 산 동안의 모든 일을 ᄒ고져 ᄒ니 우슈운 일이로다"고 필사기를 적었다. 이것은 결국 앞에 "긔유~"라고 쓴 필사기 이전까지는 필사자의 것이 아니라 필사자가 대본으로 삼은 『옥련몽』 에 쓰여 있던 것이란 점을 말해준다. 그렇기 때문에 "긔유~"라고 쓴 후 다시 자신의 소감을 길게 쓴 것이다. 결국 『옥련몽』 이본마다 있는 권선징악을 주장하며 성현의 경전보다 못할 것이 없다는 말은 작가의 말임을 알 수 있다.

　그런데 정유본의 작가 후기에는 다른 작가 후기와 달리 동일한 내용이 나온 후에 "착한 말을 효측하고 악한 말을 증계ᄒᆞᆷ은 패관소셜이 ᄯᅩᄒᆞᆫ 고금 ᄉᆞ칙의 ᄃᆡ지 아닌지라 그러헌 고로 언문으로 번역ᄒᆞ여 부인녀ᄌᆞ와 여ᄃᆡ하쳔거지 다 보게 ᄒᆞ노라"라는 중요한 언급을 하고 있다. 이 언급이 작가의 말임은 정유본 역시 이 후기 이후에 "丁酉五月二十日書于果洞精舍新刊"이라고 쓰고 다시 "비록 변〃치 못하오나 보압시나니 과이 썩정 마르시ᄋᆞᆸ소셔"라고 필사기를 쓰고 있는 것으로 볼 때 그렇다. 이 정유본의 "그러헌 고로 언문으로 번역ᄒᆞ여"라는 작가 후기는 작가가 한문 『옥련몽』을 한글 『옥련몽』으로 번역한 이본의 원형에 가까운 이본임을 말해주는 단서가 된다.

　또, 정유본의 특기할 점은 장회명과 장회가 나누어지는 지점이 다른 『옥련몽』과 같은 것이 아니라, 오히려 『옥루몽』과 같다는 점이다. 이는 정유본이 원 『옥련몽』에 가깝다는 것을 보여주는 단서가 된다. 박학서원본 『옥련몽』과 무신본 『옥련몽』, 그리고 『옥루몽』 중에서 신문관본을 대표해서 장회명과 장회가 나누어지는 부분을 표로 보면 다음과 같다.

박학서원본/무신본 『옥련몽』	정유본 『옥련몽』	신문관본 『옥루몽』
報捷時元帥因成姻 率郡主天子親赴宴 楊尙書擊毬斬董洪 孫先生東床迎佳婿	냥상셔격구참동홍 숀션싱동상연가셔	楊尙書擊毬斬董紅 孫先生東床迎佳婿
雪中梅餞春會玉郎 郭尙書乘醉破靑樓	셜즁ᄆᆡ젼츈회옥낭 곽상셔승ᄎᆔ타쳥누	雪中梅餞春會玉娘 霍尙書乘醉打靑樓
氷娘重修舊靑樓 楊生連中三章詩	냥싱연즁삼장시 텬지친졍북션우	戒放蕩仁星責箕星 宴落成冰娘請梅娘 楊生連中三場試 天子親征北匈奴
天子北登單于臺 胡王率從皇帝獵	회만왕쳔지사연 유옥누보살셜몽	論功席楊元帥封秦王 入朝日祝融王見嬌兒
會蠻王天子賜宴 遊玉樓菩薩設夢		鸞城府那吒請謁 白玉樓菩薩說夢

　결국, 정유본 『옥련몽』은 작가 남영로가 번역한 한글 『옥련몽』과 가장 가까운 이본으로, 이 정유본 계열에서 『옥루몽』이 개작되었을 가능성이 높으며 다른 한편으로 다른 『옥련몽』들이 분기되어 나갔을 것으로 보인다.

6. 가치

　무신본 『옥련몽』의 가치는 원작 『옥련몽』에 근접한 이본이라는 점에서 주목할 만한 이본
이다. 다른 이본과의 차이를 보면 무신본의 위상이 잘 드러난다. 박학서원본 『옥련몽』과 비
교해 볼 때, 서사 내용이 다른 곳이 오직 한 곳이다. 과거에 급제한 양창곡이 근친하기 위해
황제에게 주청하여 윤허를 받는 대목이다.

　무신본에서는 근친을 주청하는 양창곡의 상소를 황제가 윤허하지 않고 부모를 황성으로
치행(治行)케 하는 명을 내린다. 그래서 양창곡은 편지를 부모에게 올리고, 편지를 본 양현
부부가 황성으로 올라오는 것을 양창곡이 중도에 나가 마중한다. 반면, 박학서원본에서는 황
제가 양창곡의 근친 주청을 윤허한다. 그래서 양창곡은 고향으로 돌아가서 부모를 모시고 상
경한다. 이때 고향으로 돌아가면서 양창곡은 자신이 부거(赴擧)길에 겪었던 것을 다시 되새
기며 감회에 젖는데, 특히 연로정에 올라가 강남홍을 기리는 제문(祭文)을 짓는다는 점이 중
요하다. 강남홍은 황여옥의 겁박에 의해 강에 투신하여 자살을 시도하는데, 윤부인의 계책으
로 손야차가 그녀를 구해내고, 그 둘은 남해로 흘러가서 백운도사에게 의탁한다. 그러나 다
른 사람들은 이런 사실을 모르고 모두 죽은 줄로만 안다. 그래서 살아 있다는 것을 모르는
양창곡은 이때 강남홍을 기리는 제문을 짓는다. 그 제문이 너무 애절하여 여러 기녀들이 듣
고 서로 불러 널리 전파하게 된다.

　무신본의 서사나 박학서원본의 서사나 크게 『옥련몽』의 내용에서 어긋나는 것은 아니다.
그러나 무신본처럼 되어 있는 것이, 더 원작 『옥련몽』에 가까운 이본이다. 이 대목의 차이는
단순히 근친을 황제가 윤허하느냐 하지 않느냐의 차이나, 양창곡이 고향에 가느냐 가지 않느
냐의 차이가 아니라, 강남홍을 기리는 제문을 짓느냐 짓지 않느냐의 차이이다. 양창곡이 지
은 제문은 이후 벽성선과의 만남과 연관되기 때문이다.

　작가는 『옥련몽』을 『옥루몽』으로 개작하면서 벽성선을 더 강조해서 형상화했다. 『옥루몽』
의 벽성선은 육체를 통한 전략적 욕망성취를 이루는 인물로 강조되어 입체화되는데, 이때 『옥
루몽』의 벽성선은 양창곡이 지은 제문을 통해 이미 강남홍이 죽었다는 점을 알고 있다. 벽성
선은 기녀인 강남홍을 그렇게 애절하게 그리워하는 그 남성을 만나려는 욕망을 품는다. 그러
다가 그 남성인 양창곡을 만나게 된다. 이런 점이 『옥련몽』의 벽성선과 다른 중요한 점이다.
『옥련몽』과는 달리, 『옥루몽』에서는 벽성선이 강남홍을 기리는 그 제문을 곡조로 바꾸어 연
주해 양창곡의 마음을 자극하고, 결국 양창곡의 마음을 사로잡는다. 그러므로 『옥루몽』에서
는 양창곡의 근친 요구에 황제가 윤허하고 고향으로 돌아가는 도중 연로정에서 제문을 짓는
것으로 서사화된다.

　『옥련몽』의 경우 벽성선은 이미 강남홍에 대해 친근한 마음을 가지고 마음으로 지기상통
한 상태였고, 『옥루몽』의 벽성선보다 전략적이지 않은 모습으로 형상화되며, 양창곡과 사귀

는 대목의 미묘한 긴장감도 덜 하다. 결정적으로 양창곡이 지은 제문을 가지고 곡조로 바꾸어 연주하는 대목도 없다. 이는 무신본은 물론 박학서원본도 마찬가지이다. 결국 『옥련몽』에서 '양창곡이 제문을 짓는다'는 것은 서사에 크게 보탬이 되는 것이 아니지만, 『옥루몽』에서는 반드시 필요한 화소이다. 그런데 그 제문을 짓는 화소를 박학서원본은 가지고 있고, 무신본은 가지고 있지 않다. 『옥련몽』에서 『옥루몽』으로 개작한 것이 분명하므로, 결국 무신본의 서사가 더 원작 『옥련몽』에 가깝다고 할 수 있다.

다른 이본의 상황을 보아도 무신본이 원작 『옥련몽』에 가까움을 알 수 있다. 『옥련몽』의 다른 이본을 확인한 결과 박학서원본과 서강대본(1913)이 근친가면서 제문을 짓는 서사가 있다. 무신본처럼 근친가지 않는 이본이 나손정미본(1907)이나 박순호본 2종 등이 있다.

정리하면, 『옥루몽』에서 근친하러 가서 제문을 짓는 서사가 나타나고 그것은 벽성선과의 만남에서 벽성선이 그 제문을 곡조로 바꾸어 양창곡의 심회를 자극하는 데 사용된다. 그러므로 모든 『옥루몽』에는 근친하러 가서 제문을 짓는 서사가 있다. 그러나 『옥련몽』에서는 벽성선이 제문을 곡조로 바꾸어 연주하는 대목이 없다. 이는 근친하러 가지 않아 곡을 지을 수 없었던 무신본, 나손정미본, 박순호본 등은 물론 『옥루몽』처럼 근친하러 가다가 제문을 짓는 이본인 박학서원본, 서강대본 모두 동일하게 없다. 『옥련몽』을 개작하여 『옥루몽』을 창작했다는 시간적 선후 관계와 『옥련몽』 내용의 정합성 문제, 그리고 이본의 숫자 등으로 볼 때, 박학서원본이 보여주는 서사보다 무신본이 보여주는 서사가 더 원본 『옥련몽』에 가까운 것으로 판단된다.

『옥련몽』 이본에서 무신본이 차지하는 위치는 원본 『옥련몽』에 가까운 서사를 가지고 있으며, 그 서술 내용의 세세한 부분에서도 오자가 거의 없는 이본이고 필사자가 열과 성을 다해 필사한 이본으로 원작 『옥련몽』 서사 내용에 충실한 이본이라는 점이다. 향후 『옥련몽』 이본 연구와 『옥루몽』과의 대조 등에서 무신본은 반드시 고려되어야 할 중요한 이본이다.

정유본 『옥련몽』의 가치도 매우 높은 것으로 판단된다.

첫째, 필사 연도가 정유년(丁酉年)인 것은 1897년으로 판단되는데, 그렇다면 남영로가 죽은 후 40년이 되는 시기로 다른 『옥련몽』 이본들이 대부분 20세기 초반에 필사한 것에 비해 상대적으로 연도가 앞선다. 『옥련몽』을 창작한 것이 남영로(1810~1857)이므로, 가능한 정유년은 1837년, 1897년, 1957년이 된다.

우선 1957년은 서지적 특성상 어려울 것으로 보인다. 좀이 슬 정도로 오래된 서책임은 같은 대학에 소장되어 있는 무신본 『옥련몽』(1908~1909)과 비교해 볼 때 더 앞선 시기에 필사된 것으로 여겨지기 때문이다.

1837년이라면 남영로가 28세 때이고, 1897년이라면 남영로가 죽은 후 40년 후이다. 남영로의 후손 남정의가 박학서원본 『옥련몽』 서문을 쓴 것이 임자년(1912년) 4월인데, 그때 남정의가 남영로가 창작한 이후 "칠십여 년간"이라고 언급하고 있다. 이로 미루어 짐작하면, 남영로가 『옥련몽』을 창작한 연대는 대략 1832년 즈음이 될 것이다. 그러므로 정유년을 1837년으로 볼 경우 작가가 직접 한문에서 한글로 번역한 이본이라고 보아야 한다. 그런데 정유본은 남영로가 직접 번역한 한글 『옥련몽』의 원본이라고 보기가 어렵다. 원본이라기에는 장정이 너무 허술하고 내용상 오자가 많으며, 원본이라면 당연히 했을 오자 교정 후 정제해서 필사하는 과정이 없었다는 것 등이 그렇다. 또 이본 비교를 통해서 볼 때도 원본이라 하기 어렵다. 그리고 정유본이 작가 후기 이후에 "丁酉五月二十日書于果洞精舍 新刊"이라는 필사기만 쓴 것이 아니라 정유본의 필사자가 자기 생각을 "비록 변〃치 못하오나 보압시나니 과이 썩정 마르시옵소서"라고 썼다는 것을 볼 때도, 정유본 필사자가 결코 작가가 아님을 알 수 있다. 작가가 후기를 적어 놓고 다시 필사기를 쓴다는 것은 있기 어렵다.

물론 1837년에 정유본 필사자가 작가 남영로의 한글 『옥련몽』을 보고 필사했을 가능성도 완전히 배제할 수는 없다. 그러나 그렇게 보려면, 남영로가 28세인 1837년 이전에 한문으로 『옥련몽』을 창작하고 그것을 다시 한글로 번역한 『옥련몽』이 있어야 한다는 것이 선행되어야 한다. 그리고 정유본 필사자가 남영로가 가까워 금방 창작, 번역된 『옥련몽』을 구해 보았다는 것도 전제되어야 한다. 이렇게 볼 때, 작가 남영로는 최소한 28세 이전에 창작과 번역을 완료해야 하며, 정유본 필사자는 남영로와 교유할 정도의 식견이 있는 사람이어야 한다는 조건을 만족해야 할 것이다. 그러나 남영로의 창작과 번역이 너무 급박하며, 정유본의 서지적 상황과 내용적 어휘 실수 등을 볼 때 남영로와 가깝게 교유할 정도의 식견을 가지고 있다고 하기도 어렵다. 이런 여러 상황을 종합해 볼 때, 정유본은 1897년 남영로 사후 40년쯤 되는 때에, 어느 필사자가 남영로가 번역해 놓은 한글 『옥련몽』을 보고 필사한 것으로 보아야 할 것이다.

둘째, 정유본은 한문 『옥련몽』을 번역한 한글 『옥련몽』 원래의 모습을 가지고 있다. 작가 후기에 언문(諺文)으로 번역했음을 분명히 밝히고 있는데, 이것은 지금은 존재하지 않는 한문본 『옥련몽』을 보고 번역한 이본임을 가리키는 중요한 단서가 된다.

위에서 본 것처럼 장회명과 장회가 나누어지는 것에서 정유본은 다른 『옥련몽』과 같지 않고 『옥루몽』과 더 친연성이 있는데, 이것이 정유본이 원 『옥련몽』에 가깝다는 것을 보여준다. 『옥루몽』으로 개작한 것은 작가 남영로이므로, 현재 우리가 보는 다른 『옥련몽』 이본들에서 『옥루몽』으로 개작된 것이 아니라, 작가가 창작한 원 『옥련몽』에서 개작했을 것이다. 그러므로 『옥련몽』 중에서 가장 『옥루몽』과 비슷하며 시기가 앞서는 것이 『옥루몽』 개작에 바탕이 된 『옥련몽』일 것이다. 이렇게 볼 때 정유본이 바로 그 『옥련몽』에 가깝다.

단순히 장회명과 장회가 나누어지는 정도의 문제가 아니라, 세세한 디테일까지 정유본은 다른 『옥련몽』을 따르지 않고 『옥루몽』과 동일하다. 작가가 『옥루몽』으로 개작한 상황을 보면, 작품 전체의 앞부분은 꽤 많이 개작했지만 뒷부분은 거의 바꾸지 않았다. 그래서 뒷부분은 『옥련몽』이나 『옥루몽』이 비슷하다. 공교롭게도 정유본은 낙질이고, 남아 있는 부분이 후반부인, 양장성이 황제를 모시고 북방을 원정하는 대목 중간부터 서사 종결부까지이다. 이 대목은 『옥련몽』이나 『옥루몽』 서사가 동일한 부분이다.

그런데 정유본을 박학서원본, 무신본과 엄정하게 어휘와 자구까지 비교할 경우 그 차이가 조금씩 나타나는데, 그 차이는 『옥루몽』과 정유본을 비교하고 『옥루몽』과 박학서원본, 무신본과 비교할 경우 중요한 의미를 갖는다. 즉, 정유본이 다른 『옥련몽』들과 미세한 차이가 나는 부분은 모두 『옥루몽』 역시 『옥련몽』과 차이 나는 부분이고, 정유본이 다른 『옥련몽』과 차이나지 않는 부분은 『옥루몽』 역시 차이나지 않는 부분이라는 점이다. 결국 정유본 『옥련몽』은 다른 『옥련몽』 이본들보다 더 『옥루몽』 서사와 일치함을 알 수 있다.

그렇다고 정유본이 『옥루몽』인데 표제만 '옥련몽'을 달고 있는 이본은 아니다. 정유본은 분명한 『옥련몽』이다. 낙질이지만, 현재 확인할 수 있는 것만 가지고도 정유본이 『옥련몽』이라는 것을 분명하게 알 수 있다. 초옥공주의 모친인 『옥련몽』의 '옥귀비'가 『옥루몽』에서는 '괵귀비'로 개작되고, 『옥련몽』에서 악인인 '석형'이 동홍을 끌어들였는데 『옥루몽』에서는 '노균'이 동홍을 끌어들이게 개작되었다. 이는 후반부에서도 확인할 수 있는 내용들이다. 확인해 보면, 정유본은 다른 『옥련몽』 이본들처럼, '옥귀비', '석형'으로 분명하게 서사화되어 있다. 결국 정유본은 『옥루몽』을 거꾸로 필사한 『옥련몽』 이본이 아니라, 원래 『옥련몽』이었음을 알 수 있다.

그러므로 정유본은 『옥련몽』 이본 계열에서 현재 다수를 점하고 있는 다른 『옥련몽』 이본 계열과는 다른 모습을 가지고 있는 원 『옥련몽』의 모습을 가지고 있으며, 『옥련몽』에서 『옥루몽』이 개작될 때, 이 정유본과 같은 이본이 관련되었을 것으로 판단된다.

셋째, 정유본은 이렇게 원 『옥련몽』과 관련되면서, 『옥루몽』으로 개작되는 중요한 고리에 있고, 한편으로 다른 『옥련몽』들과는 전승 경로가 다른 길을 걸은 것으로 보인다. 그러므로 정유본은 『옥련몽』 이본 계열에서 독특한 위치를 차지하는 것으로 판단된다. 향후 정유본의 앞 책들이 찾아진다면 필사연대인 정유년의 명확한 시기 그리고 『옥련몽』, 『옥루몽』과의 관계가 보다 분명하게 드러날 것이며, 다른 이본들과의 폭 넓은 대조를 통해 더 명확한 위상이 정립될 것이다.

(유광수)

[색인어]

옥련몽, 옥루몽, 구운몽, 남영로, 19세기

[참고문헌]

성현경, 『한국소설의 구조와 실상』, 영남대학교 출판부, 1989.
신재홍, 「『옥련몽』과 『옥루몽』의 비교 검토」, 『한국몽유소설연구』, 계명문화사, 1994.
유광수, 「『옥루몽』의 벽성선 : 욕망하는 인물, 전략화된 육체와 사회적 검열·통제」, 『한국문화연구』 8, 이화여자대학교 한국문화연구원, 2005.

유광수, 「『옥루몽』 연구」, 연세대학교 박사학위논문, 2006.
장효현, 「『옥루몽』의 문헌학적 연구」, 고려대학교 석사학위논문, 1981.
차용주, 『『옥루몽』 연구』, 형설출판사, 1981.

용비어천가

龍飛御天歌 / 權踶 等 命撰

木板本(飜刻). ─ [發行地不明] : [發行處不明], [1659(孝宗 10)].
10卷5冊 : 四周雙邊 半郭 24.4×18.3cm, 有界, 9行20字 註雙行,
內向花紋魚尾 ; 35.0×22.2cm.
國漢文混用文本임.
書根題 : 御天歌
序 : 正統十年乙丑[1445]…鄭麟趾謹序
進幾文 : 正統十年乙丑[1445]…權踶. 鄭麟趾, 安止等上箋
跋 : 正統十二年[1447]…崔恒謹跋
跋 : 正統十二年[1447]二月日…崔恒拜手稽首謹跋

고서/고귀 811.13 용59ㅈ

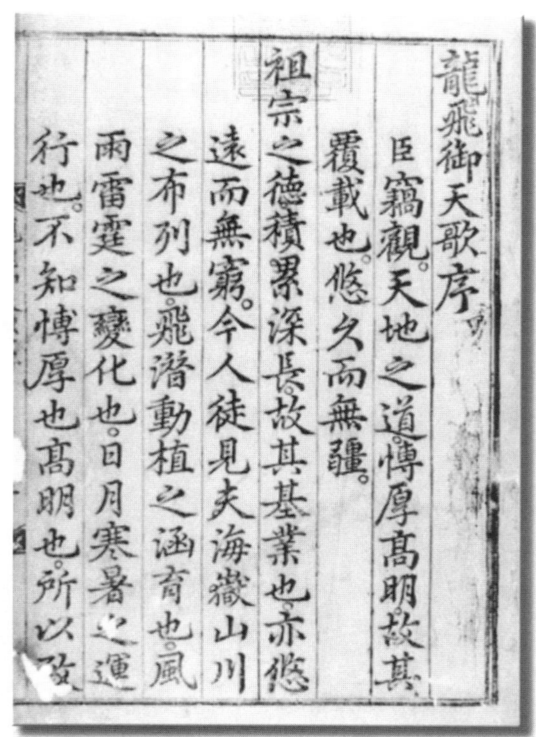

龍飛御天歌

1. 개요

『용비어천가(龍飛御天歌)』는 조선 왕조의 건국을 읊은 노래와 그 주석을 실은 책이다. 태조 이성계(李成桂)의 4대조인 목조(穆祖)로부터 태조의 아들인 태종까지 6대의 사적(事蹟)을 읊은 125장의 한글 가사와 한시(漢詩)를 본문으로 각 장(章)마다 주해를 붙여 만들었다. 1447년(세종 29)에 10권 5책의 목판본으로 처음 간행된 뒤, 여러 차례의 중간(重刊)이 있었는데, 이화여대 도서관본은 1659년(효종 10)에 중간된 책이다. 정인지(鄭麟趾)의 서문과 권제(權踶 : 1387~1445)·정인지(鄭麟趾 : 1396~1478)·안지(安止 : 1377~1464) 등의 전문(箋文), 최항(崔恒)의 발문이 있다.

2. 편찬·간행의 경위

『용비어천가』를 편찬하여 간행한 경위에 대해서는 책 앞에 실려 있는 「용비어천가서(龍飛御天歌序)」와 「진용비어천가전(進龍飛御天歌箋)」, 그리고 책의 끝에 붙어 있는 「용비어천가발(龍飛御天歌跋)」 등에 자세히 서술되어 있다.

권제·정인지·안지 등이 1445년(세종 27) 4월에 쓴 전문(箋文)에 따르면, 목조가 처음 나라의 터전을 마련한 때로부터 태종이 왕위에 오르기 전까지의 모든 사적 가운데 기이하고 위대한 일을 빠짐없이 찾아 모아서 왕업의 어려움을 널리 서술하고 자세히 갖추었는데, 노래는 나랏말[國言]을 쓰고 그 다음에 시(詩)를 지어 그 뜻을 풀이하였다고 한다. 또한 찬술한 노래는 모두 125장인데 베껴 쓰고 제책을 하여 전(箋)과 함께 올린다고 하였다. 같은 해 『세종실록』 4월 5일자 기사에도 정인지·권제·안지 등이 『용비어천가』 10권을 올렸다는 기록과 함께 전문(箋文)의 내용이 실려 있다. 당일 기사에는 세종이 이 책을 판에 새겨 간행할 것을 명했다는 기록이 있으나, 실제 책으로 간행된 것은 2년 후인 1447년(세종 29)의 일이다.

권말에 실려 있는 1447년 2월 최항이 쓴 발문에, 1445년 4월 당시 세종이 그 책을 보시고 아름답게 여겨 '용비어천가'라는 이름을 내리셨는데, 서술된 사적이 비록 역사책에 실려 있으나 사람들이 두루 보기가 어려우므로 최항(崔恒), 박팽년(朴彭年), 강희안(姜希顔), 신숙주(申叔舟), 이현로(李賢老), 성삼문(成三問), 이개(李塏), 신영손(辛永孫) 등에게 명하여 주해(註解)를 덧붙이도록 하였다는 말로 보아, 본문에 주해를 붙이는 작업에 약 2년 정도가 소요되었음을 알 수 있다. 간행과 관련된 명시적인 기록은 『세종실록』(29년 10월 16일자 기사)에 나온다. "용비어천가 550부를 여러 신하에게 내려 주었다."는 기사를 통해 이때 모든 인쇄와 제책이 끝났음을 알 수 있다.

편찬과 간행의 경과를 요약하면, 『용비어천가』는 1445년에 본문인 한글 가사와 한역시가

지어졌고, 이어 그 내용에 대한 자세한 주해를 붙인 것이 1447년에 완성되어 그 해에 목판으로 인쇄 간행된 것이다.

3. 편찬의 목적

『용비어천가』의 편찬은 일찍부터 세종에 의해 주도되고 진행되었다. 세종은 훈민정음을 창제하기 이전에 이미 「용비어천가」를 지을 생각을 가지고 있었던 것으로 보인다. 1442년 『세종실록』의 기사(24년 3월 1일자)에, 세종이 경상도와 전라도 관찰사에게 전지(傳旨)를 내려, 태조가 운봉(雲峰)에서 왜구를 소탕한 상황을 도내(道內) 여러 고을에 탐문하여 상세히 기록하여 아뢰라고 했다는 내용이 나오는데, 이 기사에 덧붙여 "이때에 임금이 바야흐로 「용비어천가」를 짓고자 하여 이러한 전지를 내린 것이었다."는 사관(史官)의 소견이 있다. 이후 훈민정음이 완성되자 이 새로운 문자로써 「용비어천가」를 짓게 하였으나 훈민정음은 아직 익숙하지 않은 문자였으므로 그 내용을 한문으로 풀어 해시(解詩)를 함께 지은 것이다.

『용비어천가』 편찬의 목적은 '왕조 창업의 송축'과 '후대 왕들에 대한 규계(規戒)'로 요약될 수 있다. 이는 전문, 서문, 발문 등과 용비어천가 본문의 내용에서도 충분히 드러나는 사실이다. 여기에는 조선 왕조 건국의 정당성을 널리 알려 새 왕조 창업을 합리화하고, 새 왕조가 표방했던 유교적 이데올로기를 선전하려는 의도가 저변에 깔려 있다. 『용비어천가』가 육조 (六祖)의 사적을 서술한 것이라 하나, 그들의 인간상을 미화시키는 데 손상이 갈 수 있는 불미스러운 일들은 철저하게 빠져 있다. 『용비어천가』에서 그들은 전혀 흠잡을 데 하나 없는 완벽한 인간들이다. 다른 역사 기록에 따르면 이들이 잘못한 일도 많다. 객관적인 사실(史實)과는 이미 상당한 거리가 있는 것이다.

세종이 「용비어천가」를 지으려고 했던 시기는 『고려사(高麗史)』 편찬이 진행되던 시기와 맞물려 있다. 조선 초기 『고려사』의 편찬 과정에서는 많은 논란이 있었다. 세종 또한 『고려사』의 편찬 방향을 놓고 사관과 많은 마찰이 있었다. 고려 말 역사의 서술 과정에서 태조에 관한 사실을 어떻게 기술할 것인가 하는 것도 그러한 문제 가운데 하나였던 것으로 보인다. 세종은 조선 왕조의 건립을 태조 이성계를 비롯한 새 왕실 중심으로 서술하고 싶었지만, 사관들은 고려 말의 신흥 사대부 중심으로 기술하려는 입장을 굽히지 않았다. 어쩔 수 없이 세종은 역사적 사실과는 별도로 왕실 중심의 역사를 서술하기 위한 방안을 생각한 것으로 보인다. 노래와 문학의 형식을 빌려 왕실의 권위를 높이고자 한 것이다.

4. 구성과 내용

『용비어천가』는 모두 10권 5책으로, 각 2권씩이 각 1책으로 분책되어 있다. 제1책의 권수에 정인지의 서문(5장)과 권제 등의 전문(4장), 제5책의 권말에는 최항의 발문(2장)이 붙어 있다. 현전본들은 대개 서문이 전문보다 앞에 묶여 있으나, 원래는 전문이 맨 앞에 장철되어 있는 형식이었다.

책의 체재는 125장(章)의 한글 가사와 그 한역시를 본문으로 하여, 그에 대한 한문 주해를 한 자(字) 낮추어 싣는 방식으로 되어 있다. 본문과 주해 각각에는 보충 설명을 위하여 쌍행의 협주가 달려 있다.

각 권별로 실려 있는 한글 가사의 순서와 분량은 다음과 같다.

권1 : 제1~9장(章), 권2 : 제10~12장, 권3 : 제10~17장, 권4 : 제18~26장, 권5 : 제27~40장, 권6 : 제41~49장, 권7 : 제50~58장, 권8 : 제59~77장, 권9 : 제78~97장, 권10 : 제98~125장.

주해는 본문(한글 가사와 한시) 내용의 역사적인 배경이 되는 사실 또는 전설을 서술한 것인데, 본문보다 훨씬 많은 분량을 차지한다. 위에서의 조권(調卷) 또한 각 본문에 붙어 있는 주해와 협주의 분량을 고려한 것이므로 각 권당 수록된 한글 가사의 장수(章數)에 많은 차이가 나게 된 것이다.

125장의 한글 가사는 형식면에서, 제1장과 제125장은 1행으로 되어 있고, 제2장에서 124장까지는 각각 2행으로 되어 있다. 내용면에서는 서사(序詞), 본사(本詞), 결사(結詞)의 3단 구성으로 나눌 수 있는데, 제1장은 서사에 해당하고, 2~109장은 본사에 해당한다. 제2장은 내용상 본사의 서두라 할 수 있다. 1장과 2장을 합하여 서사로 파악하기도 한다. 두 장이 모두 개국송(開國頌)인 점에서 공통되고, 3~109장은 사적찬(事蹟讚)이라는 내용상의 공통점이 있기 때문이다. 110~125장은 결사에 해당하는데, 후대 왕들에 대한 규계지의(規戒之意), 곧 계왕훈(戒王訓)이라 할 수 있다. 한역시에서는 2~109장은 4언 4구 2행으로 되고, 흔히 물망장(勿忘章)이라 일컫는 110~124장은 5언 3구 2행으로 되어 서로 차이를 보인다.

제1장은 해동(海東)의 6룡, 곧 세종의 6대 직계 조상들이 날아올라 일마다 천복(天福)이 있는데 이것은 옛 성인들의 고사와 부합한다는 내용이며, 제2장은 '뿌리 깊은 나무'와 '샘이 깊은 물'에 조선 왕조를 비유하여 앞으로 나라가 튼튼하고 번성할 것임을 말하였다.

제3장~85장은 중국 역대 제왕의 사적과 목(穆)·익(益)·도(度)·환(桓)·태조(太祖) 곧 5조(祖)의 사적을 대비시켜 서술하였다. 조선 왕조의 건국이 미리부터 천명(天命)에 의하여 이미 정해져 있었으며 이는 중국의 고사와도 동일하다는 점을 부각시켰다. 제86~89장은 태조

의 신력(神力)과 신무(神武)와 신공(神功)을 칭송하는 내용이고, 제90장~109장은 태종의 남다른 효성과 충성, 넓은 도량, 공신을 후대(厚待)하는 어진 면모, 사찰 혁파의 공(功)과 훗날 원경왕후가 되는 그 부인의 내조를 기리고 있다. 제110~125장은 후세 임금을 경계하는 내용이다.

「용비어천가」에서 다루어진 사건의 배열은 연대순으로 보면 일정하지 않다. 4조(祖)의 행적과 태조의 행적이 순서대로 나오다가 다시 4조의 행적이 나오기도 한다. 내용의 순서가 시간의 흐름에 따라 일률적으로 전개되는 것이 아니다. 그래서 「용비어천가」 전체의 구조를 주기적으로 순환되는 구조로 파악하기도 한다. 앞에서 본 것처럼 표면적인 내용에 따라 구조를 파악하는 것이 아니라 심층적인 체계를 염두에 두고 파악하는 것이다. 곧, 제3~16장에서는 목·익·도·환 4조(3~8장)와 태조(9~16장)의 행적이, 제17~109장에서는 4조(17~26장), 태조(27~89장), 태종(90~109장)의 행적이, 그리고 제110~124장에서는 4조(110~111장), 태조(112~122장), 태종(123~124장)의 행적이 각각 순차적으로 서술되는 구조를 가진 것으로 보는 것이다. 이러한 서사적 구조를 근거로 1~16장을 서사, 17~109장을 본사, 110~124장을 결사로 구분하기도 한다.

5. 서지적 특성

1447년에 간행된 『용비어천가』 원간본은 현전본이 매우 드물다. 지금까지 알려진 원간본 가운데 서울대 규장각 가람문고 권1·2, 1책, 고려대 만송문고 권1·2, 7·8, 2책이 비교적 선본이다. 가람문고본은 내사기(內賜記)는 없으나 '선사지기(宣賜之記)'의 인기(印記)가 있고 지질(紙質)과 인면(印面)이 뛰어나 초쇄본(初刷本)으로 보이나, 권수 전문(箋文)의 일부와 서문이 떨어져 나갔고 본문 일부에도 낙장이 있다. 서울역사박물관 소장의 원간본 권 3, 4, 2책과 계명대학교 소장의 원간본 권 8, 9, 10, 3책은 비교적 근자에 그 존재가 알려진 것이다. 앞의 책은 권3 맨 앞의 8장과 권4 끄트머리 1장이 낙장되어 있는데, 원래 1책이었던 것을 후대에 분책한 것이다. 뒤의 책 3책도 최근에 배접을 하면서 분책한 것이다.

동일한 원간본 책판으로 인출하였으나, 인출의 시기가 훨씬 늦은 책도 있다. 서울대 규장각에 소장되어 있는 완질본으로 흔히 고판본(古版本)이라고 불려온 책이다. 정확히 말하자면 심하게 훼손된 책판으로 인출한 후쇄본이다. 소장되어 있는 두 질 가운데 한 질은 권 5·6이 있는 1책을 결한 낙질이다. 자획의 마멸이 심하고 인면에 공백 부분도 있다. 드물게 보각(補刻)된 부분도 보인다. 용지도 모두 계첩지(繼貼紙, 허리이은종이)를 사용한 점 등으로 보아 고급의 책은 아니나 원간본 전질이 전하지 않으므로 그 가치는 크다.

원간본의 체재를 그대로 따른 중간본으로 3가지 판본이 알려져 있다.

첫 번째 중간본은 1612년(광해군 4, 만력 40)에 간행되었다. 간행된 때의 중국 연호를 따서 흔히 '만력본(萬曆本)'이라고 부르는 책이다. 원간본을 판하(版下)로 하여 복각(覆刻)한 책이나, 방점과 자획에 탈각과 오각이 있다. '(常例) 아니샤'가 '이니샤'(27장)로, '(믈 톤) 자히'가 '지히'(34장)로, '(믈 우흿) 대벼믈'이 '대뵈믈'(87장)로 되는 등, 원간본과 달리 된 곳이 간혹 있으나 현전 중간본 가운데서는 가장 원간본에 가까운 책이다. 현재 널리 이용되고 있는 영인본들은 이 중간본을 저본(底本)으로 한 것이다. 1937~1938년에 경성제국대학 법문학부에서 『규장각총서』 4~5로 영인하였고, 그 뒤 아세아문화사(1972년)와 대제각(1973년)에서 재영인한 바 있다. 이들 영인본은 방점 부분에 부분적인 손질을 가한 것이므로 그 방면 연구에서는 이용에 주의가 필요하다.

두 번째 중간본은 1659년(효종 10, 순치 16)에 간행되었다. 흔히 '순치본(順治本)'이라고 부르는 책이다. 이 중간본은 원간본(또는 1612년판)과는 글자체가 다르게 되어 있다. 한자의 자획도 달라졌지만, 특히 한글 글자체가 한글 초기의 석보상절체(고딕체)에서 벗어나 부드러운 필서체의 획으로 되어 있다. 간행 당시에 판하를 새로 써서 간행한 것이다. 판심(版心)의 흑구(黑口)가 없어지고, 흑어미(黑魚尾)도 화문어미(花紋魚尾)로 바뀌었다. 한글 가사와 협주의 한글 표기에서도 달라진 것이 있다. 단순한 오각으로 볼 수 있는 것도 있으나, 한글 가사의 '(갏 길히) 입더시니'가 '업더시니'(19장)로, '녀토시고'가 '여토시고'(20장)로, '(모딘) 즁싱'이 '즘싱'(30장)으로, '눈곧 디니이다'가 '눈곧더니이다'(50장)'로 바뀐 것 등은 간행 당시인 17세기 언어사실이 반영된 결과로 보인다.

세 번째 중간은 1765년(영조 41, 건륭 30)에 이루어졌다. 흔히 '건륭본(乾隆本)'이라고 부르는 책이다. 이 중간본은 두 번째 중간본 곧 1659년에 새긴 책판 가운데 훼손된 책판만을 새로 새겨 간행한 보판본(補版本)이다. 원래의 책판을 이용하여 찍은 부분은 책판의 마멸로 인하여 인면(印面)이 깨끗하지 못하다. 보판된 부분은 인면은 깨끗하나, 자획의 도각(刀刻)이 거칠고, 특히 한글 가사의 방점이 사점(斜點) 또는 흰 권점(권9:1, 78장)으로 나타나는 등 차이를 보인다.

이화여대 도서관본은 위에서 말한 3종의 중간본 가운데 두 번째 중간본에 속한다. 서울대 규장각에 소장되어 있는 "順治十六年(1659) 十二月十一日 …… "의 내사기(內賜記)를 가진 책과 같은 판본이므로 이 책도 1659년(효종 10)에 간행된 것으로 추정할 수 있다. 원간본과 중간본을 모두 합쳐 현전본이 그리 많이 남아 있지 않은 현실에서 이 책은 그 가치가 높다. 특히 소장본은 10권 5책의 완질로 낙장도 전혀 없는데다가 지질과 인면이 우수하다. 비록 제4책과 5책에 부분적인 충해(蟲害)가 있으나 보존 상태는 비교적 좋은 편이다. 표지에는 책이름이 "龍飛御天歌"로 묵서되어 있고 서근(書根)에는 "御天歌"라 적혀 있다. 책의 크기는 35×22.2㎝, 화문(花紋)의 황색 표지에 녹사(綠絲) 오침안정(五針眼訂)으로 장철되어 있다. 반곽(半郭)의 크기는 24.4×17.7㎝(권1: 1a면 중앙 내측 측정), 판식은 사주쌍변(四周雙邊)에 상하내향 3엽화문어미가 있고, 유계(有界)에 9행 20자 주쌍행으로 되어 있다. 용지는 양질의 저지(楮紙)로 약 2㎝ 간격의 발끈 폭이 세로로 나타난다.

6. 가치

『용비어천가』는 한글 창제 이후 간행된 최초의 한글 문헌이다. 여기에 실려 있는 125장의 한글 가사는 우리말 문장을 한글로 표기한 가장 오래된 모습을 보여준다. 주석에 나오는 고유명사, 관직명 등의 한글 표기도 옛말 연구의 소중한 자료가 된다. 그런 점에서 일찍부터 국어사 자료로 이용되어 왔다. 이 책에 나타나는 언어 사실 가운데 특징적인 것을 몇 가지 들면 다음과 같다.

표기법에 있어 '곶(2장), 좇거늘(30장), 깊고(34장), 닢(84장)'과 같이 받침으로 8종성 외에 'ㅈ, ㅊ, ㅍ' 등이 더 쓰였다. 이러한 형태음소적 표기는 『월인천강지곡』의 표기법에도 그대로 이어진다. 다만 『월인천강지곡』에서 부분적으로 분철 표기가 나타나는 것과는 달리 이 책은 항상 연철 표기만을 보여준다. 유일예이지만 '쒀을'에서처럼 체언 말음이 'ㆁ'인 경우에도 모음으로 시작되는 조사의 초성으로 내려쓴 점은 특징적이다. 또한 이른바 '사잇소리'라 부르는 속격 조사 'ㅅ'의 표기가 '兄ᄀ ᄠᅳ디(8장), 몃 間ᄃ 지븨(110장), 사ᄅᆞᆷ ᄠᅳ디리잇가(15장), 하ᄂᆞᇙ ᄠᅳ들(68장), 님금ᇹ 말(98장)' 등과 같이 선행 체언의 말음에 따라 'ㅅ' 이외에 'ㄱ, ㄷ, ㅂ, ㆆ, ㅿ' 등으로 구별되어 표기되었다.

음운면에 있어서는 우선 'ㅸ'의 모습을 많이 보여주는 점을 들 수 있다. '글ᄫᅡᆯ(26장), 셔ᄫᅮᆯ(18장), ᄒᆞᄫᆞᅀᅡ(35장)' 등은 직후에 간행된 『석보상절』 등에서는 '글왈, 셔울, ᄒᆞ오ᅀᅡ'로 나타나는 용례이다. 모음조화에 있어서는 한글 초기 문헌 가운데 가장 규칙적인 모습을 보여준다. 고유어 어간과 어미(또는 조사)의 결합에서 '업사(110장), 연ᄌᆞ니(7장), 밧긔(89장)'의 몇 가지 예외가 있을 뿐 규칙적인 모음조화의 모습을 보여준다.

어휘면에 있어서는 한문 주석 속에 나타나는 약 170여 개 고유명사의 한글 표기 용례를 들 수 있다. 이들 가운데 대부분은 지명(地名) 표기인데 '쇼재[牛峴, 1:31b], 돌개[石浦, 1:38a], 조ᄏᆞᄫᆞᆯ[栗村, 2:22b], 고마ᄂᆞᄅᆞ[熊津, 3:15a]' 등 고유어 지명을 보여준다. 그외에도 관북, 관서 지방의 지명, 인명, 직명에 남아 있던 '투먼[豆漫, 1:8a], 닌쥐시[紉出闊失, 7:23b]' 등의 여진어와 '터믈[帖木兒, 1:43a], 바톨[拔都, 7:10a]' 등의 몽고어는 특이한 자료가 된다.

「용비어천가」는 최초의 한글 악장(樂章)이다. 악장이란 원래 종묘의 제향(祭享)이나 왕실의 연향(宴享) 등, 국가 행사로서 궁중에서 거행되던 의식(儀式)에 쓰이는 음악을 일컫는 말인데, 이 관현악에 얹혀 「용비어천가」가 노랫말로 불리기도 하였다. 「여민락(與民樂)」, 「치화평(致和平)」, 「취풍형(醉豊亨)」 등은 「용비어천가」를 가사로 하여 작곡한 곡조의 이름이다. 이 가운데 「여민락」은 「용비어천가」 한역시를 가사로 하는 악곡이고, 「치화평」과 「취풍형」은

우리말 가사에 곡을 붙인 것이다. 『세종실록』「악보」(권140~45)에는 「여민락보(與民樂譜)」 1
종, 「치화평보(致和平譜)」 3종, 「취풍형보(醉豊亨譜)」 1종이 정간보(井間譜)의 형식으로 실려
있다. 악곡은 전체 125수에 대해 만들어졌으나, 실제로 가사와 함께 연주되었던 것은 「여민
락」은 1~4장과 125장, 「치화평」은 1~16장과 125장, 「취풍형」은 1~8장과 125장이다.

　「용비어천가」는 최초의 한글 시가(詩歌) 문학 작품이기도 하다. 특히 시가 형식의 역사적
변모와 관련하여 많은 주목을 받아왔다. 주로 단련(單聯)으로 창작되던 한문 악장의 전통이
분절(分節) 형식과 연장(聯章) 형식이라는 고려 속요(俗謠)의 형식을 수용하여 정형화된 것을
보여준다.

　「용비어천가」는 작품 내용상 장편 서사시로도 볼 수 있다. 여기에 등장하는 인물들은 보
통의 인간보다 탁월한 능력을 가진 인물, 곧 영웅들이다. 또한 역사를 배경으로 하거나 설화
를 소재로 하는 사건의 서술이 주종을 이루고 있는 점에서 영웅서사시라 할 수도 있다. 영웅
서사시는 규모가 웅대하고 분위기가 장중, 광활하다. 「용비어천가」를 영웅서사시로 파악할
때, 주인공은 태조 이성계가 된다. 이태조는 작품 전체에서 다른 인물에 비해 월등히 많은
서사량(敍事量)을 차지한다. 그리고 이 작품의 중심 제재인 조선왕조 창업의 실현자이기도
하다. 그는 무력적인 힘과 용맹을 갖추었을 뿐 아니라 도덕적 품성이 탁월한 이른바 '유가적
(儒家的) 영웅'으로 그 성격이 부각되어 있다. 태종은 주인공을 보조하는 부주인공쯤 되지만,
목·익·도·환 4조는 태조를 부각시키기 위해 출연하는 조연(助演)이다.

　주인공 태조의 영웅적 일생에 초점을 맞추면, 고귀한 혈통을 타고 나서 비범한 성장을 하
고, 탁월한 능력을 발휘하여 투쟁에서 승리한다는, 영웅담의 전형적인 줄거리를 보게 된다.
17~89장이 그에 해당한다. 17~26장은 4조의 행적에 대한 이야기인데 4조의 비범한 덕과 그
들에게 비친 상서로운 조짐은 영웅 이성계를 부각시키기 위한 것으로 '고귀한 혈통'에 해당
한다. 27~32장은 태조의 성장기로서 활 솜씨, 위험한 고비를 넘는 행적 등을 보여주는데 이
는 '비범한 성장'에 해당한다. 33~66장은 외적 평정기로서 주인공의 '탁월한 능력'을 보여주
고, 67~89장은 정치 권력 획득기로서 '투쟁에서의 승리'에 해당한다.

　그러나 「용비어천가」가 영웅서사시로서 완전무결한 체재를 갖춘 것은 아니다. 단편적인
사건만이 연속되어 주해를 함께 보지 않고서는 우리말 가사만으로 서사적 전모를 파악하기
어렵다는 점과 반동 세력이 거세된 주동 세력 위주의 일방적 진행 등은 영웅서사시로서의
성격을 반감시킨다. 이는 「용비어천가」가 영웅서사시로서 가지는 한계이기도 하다.

　『용비어천가』에서 한문으로 된 주석 부분은 역사, 민속, 지리 등과 관련된 다양한 정보를
많이 담고 있다. 특히 주석에 나타나는 여말선초(麗末鮮初)의 북방 민족과의 관계, 왜구의 침
입과 관련된 기록 등은 역사 연구에서도 귀중한 자료로 이용되고 있다.

(이호권)

[색인어]
용비어천가, 세종, 정인지, 권제, 안지, 최항, 악장, 서사시

[참고문헌]
서울대학교 규장각,『규장각 소장 어문학 자료』, 2001.

김정아,「용비어천가」,『국어사 자료와 국어학의 연구』, 문학과 지성사, 1993.
성기옥,「『용비어천가』의 서사적 짜임」,『백영정병욱선생환갑기념논총』, 신구문화사, 1982.
안병희,『국어사 자료 연구』, 문학과 지성사, 1992.
이기문,「『용비어천가』 국문가사의 제문제」,『아세아연구』 5-1, 고려대 아세아문제연구소,
        1962.
이호권,「『용비어천가』의 이해」,『문학과 교육』 14, 문학과 교육 연구회, 2000.

우초신지

虞初新志 / 張潮 編

木版本(中國). — [揚州] : [發行處不明], [1760(英祖 36)]序.
20卷10冊 : 四周雙邊 10.5×8.2cm, 無界, 9行20字,
上下向黑魚尾 ; 15.8×9.7cm.
書名은 目錄題임.
自敍 : 康熙癸亥[1683]新秋…張潮撰
序 : 乾隆庚辰[1760]…張繹謹識
袖珍本

고서/고서812.8 장815

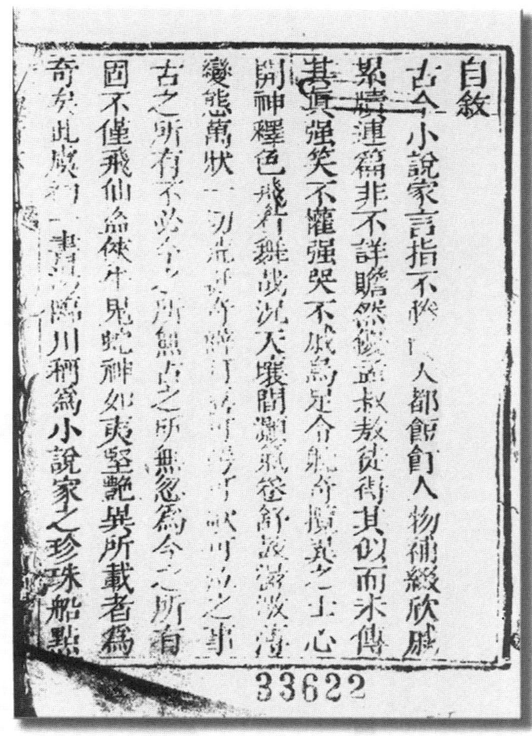

虞初新志

1. 개요

『우초신지』는 명말청초(明末淸初)의 패사소품문(稗史小品文) 선집으로 청나라의 문인인 장조(張潮 : 1650 ~1707 이후)에 의해 편집, 간행되었다. 이 책은 명대 중엽에 간행된 『우초지(虞初志)』의 전통을 잇고 있지만, 『우초지』가 당(唐) 전기(傳奇)를 주로 수록하였음에 반해 『우초신지』는 장조가 자서(自敍)에서 "그 일은 대부분 근래의 일이요, 그 글은 대부분 요사이 문인들의 것이다[其事多近代也, 其文多時賢也]."라고 말했듯이 철저히 동시대인의 작품들을 모았다. 판본에 따라 3~4편의 출입이 있지만 총 140여 편을 수록하고 있는 이 책은 명말·청초 혼란기 속에 산생(産生)한 광범한 제재를 다룬 명작들을 널리 골라 모아 대단히 다채로운 내용을 보이고 있다.

그 다채로움 중에도 가장 주조를 이루는 것은 인물기사(人物記事)이다. 때문에 문체 역시 '전(傳)', '기(記)', '기사(記事)', '묘지명(墓誌銘)', '일사(逸事)' 같은 인물을 기술하는 문체들이 90% 이상을 차지한다. 이 외에 기이한 사건, 사실 등을 소개하는 잡록과 유기(遊記) 등이 일부 있다. 『우초신지』는 강희(康熙) 연간에 초간본이 나온 이래 여러 차례 간행되었다. 본서는 그 중에 장조의 종손인 장역(張繹)이 1760년에 중간(重刊)한 수진본(袖珍本)이다.

2. 편·저자

편자 장조(張潮 : 1650~1707 이후)의 자는 산래(山來), 호는 심재거사(心齋居士), 안휘성 흡현(歙縣) 사람이다. 부친은 산동독학첨사(山東督學僉事)를 지낸 장습공(張習孔)이다1). 장조는 15세에 제생(諸生)이 된 후, 22세(1671년)부터는 줄곧 양주(揚州)에 교거(僑居)하였다. 장년기까지 과거(科擧)에 치력하였으나 계속 낙제하자 벼슬길에의 뜻을 버렸다. 1691년 한림원(翰林院) 공목(孔目)을 제수받았으나 출사(出仕)하지는 않았다. 문인들과 폭넓은 교제를 하면서 독서와 저서, 서적 출판을 하면서 자락(自樂)하였다.

장조의 생애는 진정(陳鼎 : 1650~1711 이후)이 찬한 「심재거사전(心齋居士傳)」2)에 상세하나 이 글은 1697년 무렵에 지어진 것이기 때문에 이 이후의 장조의 사적은 불분명한 상태이다. 저서로는 『요복집(聊復集)』, 『심재시초(心齋詩鈔)』, 『심재잡조(心齋雜組)』, 『척독우존(尺牘偶存)』(11권), 『시환(詩幻)』, 『해낭촌금(奚囊寸錦)』, 『유몽영(幽夢影)』, 『필가(筆歌)』 등이 있고, 편서로 『우초신지(虞初新志)』, 『소대총서(昭代叢書)』(갑·을·병집 총 150권), 『단궤총서(檀几叢書)』(王晫과 공편, 初·二·餘集 총 102권), 『척독우성(尺牘友聲)』(초집·이집·삼집), 『고

---

1) 저서로 『이청당집(詒淸堂集)』, 『운곡와여(雲谷臥餘)』 등이 있다.
2) 『유계외전(留溪外傳)』 권6 은일부(隱逸部)에 수록되어 있다.

문우아(古文尤雅)』 등이 있다.

진정(陳鼎)의 「심재거사전(心齋居士傳)」을 소개하면 다음과 같다.

심재거사(心齋居士) 조(潮)는 성이 장(張)이요, 자는 산래(山來)로 신안(新安) 사람이다. 부친 황악공(黃嶽公)은 순치(順治) 기축년(己丑年)에 진사(進士)가 되어 산동독학(山東督學)이 되었는데 청렴하고 사리에 밝은 것으로 이름났다. 일시에 고한(孤寒)한 이들을 뽑아 문하가 모두 이름 있는 선비들이어서 산동 사대부들이 지금까지 칭송한다. 늙음에 강도(江都)에 교거(僑居)했다가 드디어 집으로 삼았다.

조(潮)는 어려서부터 영이(穎異)한 것이 무리에서 빼어났고 책 읽기를 좋아하여 경사백가(經史百家)에 두루 통하였다. 약관에 제생(諸生)에 보(補)되어 문학으로 양자강 남북에 이름났으나 여러 차례 과거에서 낙방하고 재물로써 한림랑(翰林郎)이 되었으나 벼슬에 나가지 않은 채 문을 걸어 잠그고 저술 활동에 전념하였다. 심재거사(心齋居士)라고 자호하였다.

불교에도 통하여 『역선록(亦禪錄)』을 지었는데 기봉침대(機鋒鍼對)로 선지식(善知識)들과 봉갈(棒喝)을 함께 했다. 당나라 사람의 시구와 이치에 통한 『선경(仙經)』 12장을 모아 『당음단급(唐音丹笈)』이라 하였다. 『연장(聯莊)』과 『연소(聯騷)』는 장주(莊周)・굴원(屈原)과 더불어 함께 내달릴 만하였다. 왕희지(王羲之)의 「성교(聖敎)」 십칠첩(十七帖) 십삼행(十三行)과 역대 명가필첩 중의 글자로 7언율시 약간 수를 만들어 『심재집자시(心齋集字詩)』라 하였다. 7언고시를 가지고 제예체(制藝體) 문 약간 편을 만들었다. 그의 『요복집(聊復集)』은 부(賦)・서(序)・전(傳)・기(記)・논(論)・찬(贊)・소(疏)・표(表)・책(冊)・격(檄)・서(書)・계(啓)・사(辭)・변(辯)・잠(箴)・송(頌)・발(跋)・인(引)・연주(連珠)의 각 체가 구비되어 있다. 『칠료(七療)』를 지었으니 매생(枚生)의 『칠발(七發)』과 그 사지(辭旨)가 동일하고, 『잡조(雜組)』 한 편은 주령(酒令), 탄사(彈詞), 산법(算法), 등미(鐙謎) 등 없는 것이 없었다. 그의 젊은 아내가 죽자 『청루흔(淸淚痕)』 율시 50수를 지어서 애도하였는데 이에 화답하여 지은 자가 전국에 통하였다. 근대의 여러 명가의 고문(古文) 150종을 모았는데 위로는 경사(經史)의 전해(詮解)로부터 아래로는 조수초목(鳥獸草木)에 대한 미미한 말까지 총서(叢書) 삼부(三部)3)를 만들었다. 또 동시기 사람들의 신기(神奇)・괴이(怪異)한 글 수천 편을 모아 『우초신지(虞初新志)』를 만들었다.

사람됨은 단아하고 바탕이 곧아서 행동거지가 구차하지 않았다. 문장 짓는 것은 풍류(風流)가 소쇄(瀟灑)하여 마치 송광평(宋廣平)이 「매화부(梅花賦)」를 지은 것과 같았으니 읽는 이가 좋아하지 않는 자가 없었다. 또 『필가(筆歌)』를 저술하여 전사(塡詞)하니, 기쁨과 웃음, 침 뱉음과 꾸짖음, 슬픔과 눈물 흘림이 모두 장면으로 포치되어 스스로 즐기고 스스로 애도하였다. 저술이 자기 키만큼 되었고 이름은 사해(四海)로 내달렸다. 검(黔), 진(滇), 오(奧), 촉(蜀) 같은 궁벽한 곳까지 강남에 심재거사(心齋居士)가 있음을 알았다.

거사(居士)는 품성이 조용하였고 기욕(嗜慾)이 적어 짙은 것, 선명한 것, 가벼운 것, 살찐 것을 좋아하지 않았다. 오직 손님만을 좋아하여 손님이 늘 자리에 가득하였다. 회남(淮南)의 부유한 상인들은 오직 호화로움만을 숭상하며 교만하게 스스로 처하는데 어진 사대부가 이르러도 모두 오만하게 거절하여 만나주지 않으나 오직 거사에게만은 문을 열고 손으로 맞아주었다. 사방의 선비가

---

3) 『소대총서(昭代叢書)』 갑・을・병집을 말한다.

이르면 반드시 머물게 하여 술 마시고 시 지으며 해를 넘기고 여러 달이 지나도 권태로운 기색이 없었다. 가난한 자들이 이 때문에 많이 도움을 받으러 갔다. 혹 주머니가 비면 구제해 주기도 하였다. 대개 거사는 부유한 적이 없었으니 손님을 좋아하는 때문에 재물을 다 소진한 때문이다.

거사 나이 50이 채 못 되었으나 학문을 좋아하는 때문에 귀는 늘 충만했다. 평상시에 속인(俗人)이 큰 소리로 부르면 모두 듣지 않았다. 좋은 손님과 시문을 논할 때면 도리를 분석하고 경제(經濟)의 학문을 강하고, 상하고금 수천 년 이래의 일들을 웅변하니 비록 낮은 소리로 말하나 한 자도 답하지 않음이 없었다. 손님이 괴이하게 여겨 묻기를 "천하가 모두 선생이 벙어리인 줄 아는데 내가 며칠 얘기해보니 한 마디 말도 못 듣는 게 없소이다. 사람들의 말은 진실로 믿을 게 못 되오."라 하였다. 거사가 탄식하기를, "제가 과연 여러 해를 듣지 못하였으나 이는 세속의 경우와 다릅니다. 저 음탕한 소리, 황당한 말, 이치에 위배되거나 오류가 있는 논의, 비례불경(非禮不經)의 말이라면, 번개와 우레처럼 크게 소리 지르더라도 실로 들리지 않습니다. 그러니 천하의 지극한 벙어리가 아니겠습니까?" 이에 객이 웃으며 물러갔다.

외사씨(外史氏)는 말한다. 병자년(丙子年) 내가 한상(邗上)에 나그네살이한 지 1년이었는데 문장을 지어 선생에게 나가 바로잡은 것이 많았다. 선생 또한 아이가 가르칠 만하다 하여 평열(評閱)을 아끼지 않으셨다. 나는 또 그의 조카 소기(紹基)와 교유하여 선생의 사람됨을 잘 알게 되었다. 또 온 나라가 선생을 칭송하니 나라 인사의 법식이 될 만하기에 입전한다.4)(『유계외전(留溪外傳)』 권6)

---

4) 心齋居士潮, 張姓, 字山來, 新安人也. 父黃嶽公順治己丑進士, 督學山東, 以廉明著, 一時拔盡孤寒, 案下皆知名士. 山東士大夫至今譽之. 旣老, 僑居江都, 遂家焉. 潮幼穎異絶倫, 好讀書, 博通經史百家言. 弱冠補諸生, 以文鳴大江南北, 累試不第, 以貲爲翰林郞, 不仕, 杜門著書, 自號心齋居士. 通二氏學, 作『亦禪錄』, 機鋒鍼對, 與善知識同其棒喝 ; 集唐人詩句與佽理通者, 爲仙經十二章, 曰『唐音丹笈』. 若『聯莊』, 『聯騷』, 則將與蒙叟靈均幷驅矣. 集蘭亭聖教十七帖十三行, 歷朝名家帖中字爲七律句如干首, 曰『心齋集字詩』. 作七言古詩爲制藝體文如干篇. 其『聊復集』, 則賦·序·傳·記·論·贊·疏·表·冊·檄·書·啓·辭·辯·箴·頌·跋·引·連珠之體俱備. 作『七療』, 與枚生『七發』同其辭旨. 作『雜俎』一編, 酒令, 彈詞, 算法, 鐙謎罔不具. 其少婦死, 作『淸淚痕』五十律, 以哀之, 屬而和者通國. 輯近代諸名家古文一百五十種, 上自經史詮解, 下至鳥獸草木微言, 作叢書三部. 又輯時輩神奇怪異之文數千篇, 爲『虞初新志』. 爲人端方質直, 擧止不苟 ; 爲文則風流瀟灑, 如廣平之賦梅花, 讀者無不愛焉. 又著『筆歌』塡詞, 爲嬉笑唾罵, 悲哀涕泣排場局, 以自娛自悼. 著述等身, 名走四海, 雖黔滇奧蜀僻處荒徼之地, 皆知江南有心齋居士矣. 居士性沈靜, 寡嗜慾, 不愛濃鮮輕肥, 惟愛客, 客嘗滿座. 淮南富商大賈, 惟尙豪華, 驕縱自處, 賢士大夫至, 皆傲然拒不見, 惟居士開門延客, 四方士至者, 必留飮酒賦詩, 經年累月無倦色. 貧乏者多資之以往. 或囊匱, 則宛轉以濟. 蓋居士未嘗富有也. 以好客, 故竭蹶爲之耳. 居士年未五十, 以嗜學故耳充. 平居俗人大聲疾呼, 皆不聞 ; 若佳客與之論詩文, 晰道理, 講經濟之學, 辯上下古今數千年以來事, 雖柔聲低語, 無一字不答也. 客怪而問曰 : "海內皆知先生聾矣, 然吾與談數日來, 未嘗片語不聞也, 人言固不足信哉." 居士歎曰 : "某果衰如數年矣, 然與世俗殊. 若夫淫蕩之聲, 荒唐之辭, 背謬之論, 非禮不經之言, 卽喑嗚叱咤, 如雷如霆, 實不聞也, 非天下之至聾乎?" 于是客乃大笑而退. 外史氏曰 : 歲丙子予客邗上者幾一載, 爲文多就正先生 ; 先生亦以爲孺子可敎, 不吝評閱. 予又與其從子紹基交好, 稔知先生之爲人, 且通國皆稱焉, 可以爲邦人士式矣, 故爲之傳. (『유계외전(留溪外傳)』 권6)『유계외전』은 총18권으로『총서집성속편(叢書集成續編)』 사부(史部) 30에 영인, 수록되어 있다.

3. 편찬 경위

『우초신지』의 편찬상의 특징과 관련해서는 건륭 연간 목판본에 실린 「범례십칙(凡例十則)」을 우선 참조할 수 있다. 10칙의 대략을 간추리면 다음과 같다.

一. 본서는 명 중엽에 나온 당 전기(傳奇) 모음집인 『우초지』와 그것에 대한 탕현조의 평점(評點)을 본받아 편찬한 것이지만 내용은 철저히 허구가 아닌 실사(實事)들이다.

一. 『우초지』 원본은 선자(選者)의 성명이 기재되지 않았고, 탕임천(湯臨川 : 탕현조)의 속편은 각 작품의 작자명이 전하여지지 않으니 모두 유감이다. 『완위여편(宛委餘編)』에 의하면 우초(虞初)는 한 무제 때의 관리로 누런 옷을 입고 수레를 타고 다니면서 천하의 이문(異聞)을 채방하는 일을 맡은 자이니 이로써 서명을 삼은 것은 지괴(志怪)의 작품 모음이 '제해(齊諧)'로 이름 삼은 것과, 집이(集異)의 책이 '이견(夷堅)'에 근본하여 이름 삼은 것과 마찬가지다.

一. 일체의 선가(選家)는 작자의 연대를 기준으로 하였다. 본서는 당대인의 작품만을 뽑았다. 비록 작품 안의 주인공이 전대의 인물일지언정 이를 기록한 작가가 당대인이라면 모두 수록하였다.

一. 동일 주인공을 소재로 한 여러 편의 작품이 있을 경우 보다 상세한 것을 실었다.

一. 본서는 작가명 아래 작품을 배열하거나, 문체별로 배열하는 것을 다 피하고 착종되어 순차가 없다. 내용이 황탄하여 문류(門類)로 구분하지도 않았지만 독서하는 여가에 펼쳐보면 정신이 즐겁고, 쉬는 여가에 열어보면 절로 눈이 시원해질 수 있다.

一. 작품의 배열은 관작(官爵), 나이의 순서를 위주로 하나 입수되는 대로 평을 가해 판각(板刻)에 부쳤기에 어그러질 수도 있다.

一. 문(文)은 소명(昭明)으로부터 선(選)의 이름이 있게 되었고, 서(書)는 광정(匡鄭)으로부터 전석(箋釋)이 많아졌다. 이후로 감상에 필요한 평(評)도 많아졌는데 이 책에도 편말(篇末)에 그 일을 평하고, 그 문장을 완상하는 것을 부쳤다.

一. 나는 성품이 그윽하고 기이한 것을 좋아하고, 가슴 속에는 감분(感憤)이 많다. 때문에 재자·가인·영웅·신선의 일을 「사회시(四懷詩)」 및 「징선외사계(徵選外史啓)」에 뜻을 부쳤다. 다행히 평생 비본(秘本)과 이서(異書)를 많이 접할 수 있었고 구하기도 하였다. 무릇 신편(新篇)들이 있으신 분 또는 이웃의 신편을 아시는 분은 빨리 내게 보내주기를 바란다.

一. 본서는 인물들의 일사(軼事)를 드러내고 기이한 문장을 널리 전포하는 데 목적을 둔다.

一. 나는 이 선집 외에 『고세설(古世說)』, 『고문우아(古文尤雅)』, 『고문사법전집(古文辭法全集)』, 『포속집(布粟集)』, 『장유편람(壯遊便覽)』 등의 서적을 선집 중에 있다. 곧이어 간행할

예정이다.

　작품의 선정, 취합에는 편자 당대 인물들의 문집5) 및 잡록 단행본6), 문장 선집류7), 저자로부터 직접 받은 원고8) 등으로 이루어졌고 이러한 출전을 목차의 작품명 아래에 부기하고 있다.9)

　『우초신지』는 여러 차례 간행되면서 "거의 집집마다 이 책을 소장"(鄭澍若, 「虞初續志自序」, 1802년)할 정도로 널리 애독되었다.

　『우초신지』 간본의 이본 현황을 소개한다. 중국 학자 등장풍(鄧長風)의 최근 연구에 의하면, 『우초신지』는 장조의 자서가 쓰여진 1683년 가을 직후 초집(初集) 8권의 형태로 초간되었고, 이후 4권씩 계속 추가 간행을 하여 장조의 총발(總跋, 1700년)이 쓰여지고 3~4년 뒤인 1703~1704년 무렵 완결본 20권본이 간행되었다고 한다.10) 다만 강희 연간에 간행된 이 두 종의 초간본 『우초신지』는 현재까지 실물이 발견되지 않았다. 현존 최고본은 1760년 장조의 종손(從孫) 장역(張繹)에 의해 양주(揚州)에서 수진본(袖珍本)으로 중간(重刊)된 본이다.11) 그런데 1769년 청조의 전겸익(錢謙益) 문집에 대한 훼판령(毁板令)이 내려진 이후 이 본은 부분 산절(刪節)이 가해졌다.12) 산절본에는 전겸익의 「서하객전」이 삭제되었고, 목차에서도 전겸익의 이름과 작품의 출전(『초학집』)이 지워졌다. 전겸익 문집에 대한 훼판령 이후 개수본(改修本)이 새로 나왔는데 나홍당(羅興堂)이란 자가 교정한 수진본13)과 일반 판형본14)의 두 종이 있다. 이 개수본의 간행에는 양주교수(揚州敎授)를 지낸 김조연(金兆燕 : 1718~1789 이후)이 관계되었을 것으로 추정된다. 두 본 모두 건륭(乾隆) 연간에 나왔을 것으로 짐작되는데 두 본의 선후 문제는 아직 분명하지 않다. 여기에는 문제가 된 전겸익의 작품 2편 및 전겸익의 첩 유여시(柳如是)를 입전한 「유부인소전」이 모두 삭제되었고15) 다른 작품이 그 자

---

5) 명・청은 조선과는 달리 작가의 문집들이 본인 생전에 간행되는 경우가 많다는 출판문화의 특징이 있다.
6) 『유계외전(留溪外傳)』, 『균랑우필(筠廊偶筆)』, 『인수옥서영(因樹屋書影)』, 『낙고광지(諾皐廣志)』, 『기원기소기(寄園寄所寄)』, 『고잉(觚賸)』 등이다.
7) 『문진(文津)』, 『문곡(文㲼)』, 『대유기서(大有奇書)』, 『고금문회(古今文繪)』 등이다.
8) '수수초본(手授鈔本)', '우기초본(郵寄鈔本)' 등으로 표시되어 있다.
9) 다만 「소청전(小靑傳)」, 「기고철조(記古鐵條)」는 출전이 밝혀져 있지 않다.
10) 이는 앞서 본 「범례」에 "(작품이) 입수되는 대로 평을 가해 판각에 부쳤다."는 장조의 말에도 부합하는 것이다. 이처럼 작품이 모이는 대로 간행하는 방식은 장조의 다른 편서인 『소대총서』, 『우성』도 마찬가지였다.
11) 대만대 등에 소장되어 있다.
12) 산절본이 바로 이화여대 소장의 본서이다.
13) 고려대 등에 소장되어 있다.
14) 국립중앙도서관, 상해도서관(上海圖書館) 등에 소장되어 있다. 이 본은 고본소설집성(古本小說集成), 속수사고전서(續修四庫全書)에 영인 수록되었다.
15) 다른 이의 작품일지라도 전겸익의 호, 이름이 나오는 곳은 모두 지워져 있다.

리를 대신하였다. 따라서 새로 들어간 작품들은 장조의 원찬본(原撰本)엔 없던 작품이 분명하다. 1851년 소낭환산관장판(小嫏嬛山館藏板) 수진본이 또 있는데 이는 이전 본들에 비해 작품의 출입이 더 심하다.16) 한편 『우초신지』는 일본에서도 간행되었다.17)

본서의 필사 저본이 된 판본은 이 가운데 건륭 연간에 간행된 일반 판형본이다. 거기에 나흥당(羅興堂) 교열의 수진본도 참조되었다. 나흥당본이 참조되었음은 권두에 "신안나흥당 순장씨교(新安羅興堂舜章氏校)"라고 명시하고 있는데다가 일반 판형본에는 수록되지 않고, 나흥당본에 수록된 「강정의선생전(姜貞毅先生傳)」, 「가생전(賈生傳)」, 「기주시어사(紀周侍御事)」 등까지 본서에 모두 수록되어 있기 때문이다. 『우초신지』 목판본들에는 주요 구절에 관주(貫珠)가 찍혀 있는데 본 필사본에는 관주가 없다. 또 권19의 「칠기도설(七奇圖說)」18)은 목판본에 그림이 판각되어 있는데 본 필사본에는 그림이 누락되었다.

4. 구성과 내용

『우초신지』는 명대 중엽에 간행된 『우초지(虞初志)』의 전통을 잇고 있지만, 『우초지』가 당(唐) 전기(傳奇)를 주로 수록하였음에 반해 『우초신지』는 장조가 자서(自敍)에서 "그 일은 대부분 근래의 일이요, 그 글은 대부분 요사이 문인들의 것이다[其事多近代也, 其文多時賢也]." 라고 말했듯이 철저히 동시대인의 작품들을 모은 것이다. 판본에 따라 3~4편의 출입이 있으나 총 140여 편을 수록하고 있는 이 책은 명말·청초 혼란기 속에 산생(産生)한 광범한 제재를 다룬 명작들을 널리 골라 모아 대단히 다채로운 성향을 보이고 있다. 다채로움 중에도 가장 주조를 이루는 것은 인물기사(人物記事)이다. 때문에 문체 역시 '전(傳)', '기(記)', '기사(記事)', '묘지명(墓誌銘)', '일사(逸事)' 같은 인물을 기술하는 문체들이 90%를 차지한다. 이 외에 기이한 사건, 사실 등을 소개하는 잡록과 유기(遊記) 등이 일부 있다.

수록 작가는 총 80여 명인데, 전겸익(錢謙益 : 1582~1664)이 생년이 가장 앞서고 대개는 장조의 친구 및 교유가 있던 선배 문인들이다. 이 중 2편 이상의 작품이 수록된 인물은 22명이다. 진정(陳鼎)(13편), 주양공(周亮工)(9편), 유수(鈕琇)(9편), 서방(徐芳)(8편), 육차운(陸次雲)(6편), 왕유정(王猷定)(4편), 위희(魏禧)(4편), 후방역(侯方域)(4편), 모기령(毛奇齡)(4편) 등이 많은 작품이 실린 작가들이다.

---

16) 민국 초 석인본으로 간행된 『우초신지』는 이 소랑현산관장판 수진본을 판형만 바꿔 간행한 것이다.
17) 1823년 건륭 연간 일반 판형본을 번각(翻刻)한 것이다.
18) 선교사 남회인(南懷仁), 즉 Ferdinand Verbiest의 『곤여도설(坤興圖說)』에 수록된 것으로 '바빌론 성(城)', '제우스 상(像)', '콜로세움', '피라미드', '거인동상' 등 서양의 7가지 기이한 그림과 그에 설명을 싣고 있다.

　　작품의 선정, 취합에는 편자 당대 인물들의 문집 및 잡록 단행본19), 문장 선집류20), 저자로부터 직접 받은 원고 등으로 이루어졌고 이러한 출전을 목차의 작품명 아래에 부기하고 있다.21)

　　『우초신지』의 순차는 「자서」(강희 계해, 1683년), 「범례십칙」, 「목록」, 본문, 「총발(總跋)」(강희 경진, 1700년)로 구성되어 있다. 본문에는 총 146편의 작품이 수록되어 있는데, 「기주시어사」를 제외한 각 편의 끝에는 편자 장조의 평이 들어 있다. 전체 체제 및 수록작은 다음과 같다.

第1책

「自敍」, 「종손(從孫) 장역(張繹)의 지(識)」, 「目錄」

卷之一 : 大鐵椎傳, 秋聲詩自序, 盛此公傳, 湯琵琶傳, 小靑傳, 義猴傳

卷之二 : 柳敬亭傳, 汪十四傳, 武風子傳, 記老神仙傳, 瑤宮花史小傳, 九牛壩觀觝戲記

第2책

卷之三 : 馬伶傳, 顧玉川傳, 冒姬董小宛傳(附冒辟疆影梅菴憶記), 賣酒者傳, 一瓢子傳(附游一瓢傳), 宋連璧傳

卷之四 : 義虎記, 丁葯園外傳, 寄暢園聞歌記, 陳小憐傳, 賣花老人傳, 神鉞記, 焚琴子傳, 四氏子傳

第3책

卷之五 : 魯殿傳, 換心記, 秦淮健兒傳, 山東四女詞記, 林四娘記, 乞者王翁傳, 雷州盜記, 花隱道人傳

卷之六 : 張南垣傳, 孫文正黃石齋兩逸事, 郭老僕墓誌銘, 五人傳, 簫洞虛小傳, 鬼孝子傳, 黃履莊小傳

第4책

卷之七 : 書戚三郎事, 象記, 姚江神燈記, 紀盜, 化虎記, 義犬記, 奇女子傳, 曲全節義疏

卷之八 : 江石芸傳, 耕雲子傳, 吳孝子傳, 李一足傳, 孝賊傳, 王翠翹傳, 戴文進傳, 髯樵傳, 趙希乾傳, 萬夫雄打虎傳

---

19) 『유계외전(留溪外傳)』, 『균랑우필(筠廊偶筆)』, 『인수옥서영(因樹屋書影)』, 『낙고광지(諾皐廣志)』, 『기원기소기(寄園寄所寄)』, 『고잉(觚賸)』 등이다.

20) 『문진(文津)』, 『문곡(文瀫)』, 『대유기서(大有奇書)』, 『고금문회(古今文繪)』 등이다.

21) 다만 「소청전(小靑傳)」, 「기고철조(記古鐵條)」는 출전이 밝혀져 있지 않다.

제5책

卷之九 : 劍俠傳, 皇華紀聞, 毛女傳, 寶嬰生傳, 王義士傳, 紀陸子容事, 雌雄兒傳, 再來詩讖記

卷之十 : 筠廊偶筆, 金忠潔公傳, 核舟記, 沈孚中傳, 愛鐵道人傳, 北墅奇書, 鬼母傳, 狗皮道士
傳, 烈狐傳

제6책

卷之十一 : 過百齡傳, 八大山人傳, 圓圓傳, 嘯翁傳, 客窓涉筆, 聞見卮言, 樵書, 錢塘于生三世
事, 活死人傳, 義牛傳

卷之十二 : 邵士梅傳, 彭望祖傳, 程弱文傳, 薛衣道人傳, 劉醫記, 湖壖雜記, 看花述異記, 孝犬
傳

제7책

卷之十三 : 曼殊別志書缶專, 補張靈崔瑩合傳, 陳老蓮別傳, 桑山人傳, 李姬傳, 記繰鬼,

卷之十四 : 平苗神異記(附 紀香木作像), 紀老生妄訟, 會仙記, 太恨生傳, 瘞水盞雌銘, 姍姍傳

제8책

卷之十五 : 同夢記(記同夢), 述怪記, 啞孝子傳, 孝丐傳, 乩仙記, 中泠泉記, 髥參君傳, 李丐傳,
李匃傳, 書鈿閣女子印章前, 書王(安節宓草)印章前, 書姜次公印章前

卷之十六 : 因樹屋書影, 記桃核念珠, 核公記, 張南村傳(張南邨先生傳), 劉酒傳, 記古鐵條, 唐
仲言傳, 李公起傳, 記吳六奇將軍事

제9책

卷之十七 : 紀袁生遇仙始末(紀袁樞遇仙始末), 閔孝子傳, 人觚, 事觚, 物觚, 名捕傳

卷之十八 : 聖師錄, 海天行記

제10책

卷之十九 : 七奇圖說, 認菴偶筆, 柳軒叢談, 嘯虹筆記, 燕觚, 豫觚, 秦觚, 吳觚

卷之二十 : 三儂贅人廣自序, 板橋雜記
「총발」(장조)

『우초신지』에는 산문과 문언단편소설, 기타 잡문이 섞여 있다. 작품의 분량은 가장 짧은
작품인 「효적전(孝賊傳)」(135자)으로부터 「삼농췌인광자서(三儂贅人廣自序)」처럼 10,000자가
넘는 것도 있다. 수록된 작품들의 내용을 보면 이민족인 청조(淸朝)에 의해 지배를 받게 된
한족(漢族)들에게 울분과 향수를 일으킬 만한 것이 많고, 또한 기이한 이야기들을 위주로 한

전기(傳奇)·지괴(志怪) 작품을 다수 포함하고 있다. 이 때문에 이 책은 널리 애독되었으며, 민국(民國) 초까지도 '우초○○'라는 제목을 단 유사한 편저들이 계속 나오기도 하였다.

수록 작품의 특징을 개관하면, 첫째 수록 작가들이 대부분 명·청 교체 직후의 인물들[22]이기 때문에 작품 내에 지난 왕조에 대한 회고(懷古), 애상(哀傷)과 반청(反淸)의 정조가 강하다. 「상기(象記)」, 「보무생전(寶婺生傳)」, 「서척삼랑사(書戚三郎事)」 등은 이런 면에서 대표적인 작품들이다. '귀환(鬼幻)' 같은 비합리적인 내용들이 많은 것 역시 청초(淸初)의 억압, 질곡에 대한 일종의 거부감의 표현으로 해석되기도 한다. 둘째, 제재가 매우 광범위하여 사회 현실, 인사, 신귀, 괴이의 각 영역에 걸쳐 있다. 이는 작품의 주인공으로 등장하는 인물들의 다양함에서도 확인할 수 있으니 주인공들이 사대부 관원 및 문인들보다는 장인(匠人)·잡기연예인(雜技演藝人)·직업적 이야기꾼·비파연주가·서화가·조각가·의원·초부(樵夫)·역사(力士)·호협(豪俠)·강도·거지·기녀·술집 주인 같은 하층민들이 대부분이다. 셋째, 신괴(神怪) 및 애정을 제재로 한 전기(傳奇) 소설들이 많다. 「신월기(神鉞記)」, 「계선기(乩仙記)」, 「요궁화사소전(瑤宮花史小傳)」, 「임사랑기(林四娘記)」, 「간화술이기(看花述異記)」, 「보장령최영합전(補張靈崔瑩合傳)」 등이 이에 해당하는 작품들인데, 이 중 여러 편은 이 시기 문언단편소설사에서도 비중 있게 다뤄지는 명작들이다. 한편 신괴를 소재로 한 단편들은 18세기 초 포송령(蒲松齡)의 단편집 『요재지이(聊齋志異)』가 출현하는 데에도 영향을 주었을 것으로 추정된다. 이 외에도 기녀를 주인공으로 한 「왕취교전(王翠翹傳)」, 「원원전(圓圓傳)」, 호협(豪俠)한 이인(異人)의 모습을 빼어나게 형상화한 「대철추전(大鐵椎傳)」, 「진회건아전(秦淮健兒傳)」, 태수가 된 도적의 일화를 통해 당시 세태를 신랄하게 비판한 「뇌주도기(雷州盜記)」, 구기(口技) 예술을 빌어 문학의 문제를 교묘하게 다룬 「추성시자서(秋聲詩自序)」 등은 모두 명편으로 꼽히는 작품들이다.

5. 서지적 특성

장조(張潮)의 종손(從孫)인 장역(張繹)이 중간(重刊)한 수진본(袖珍本)으로 동일본이 대만대에도 소장되어 있으나 약간의 차이점이 있다. 이에 대해서는 후술한다. 본서는 첫 장에 "重刊袖珍 虞初新志", "詒淸堂[23]藏板"이라고 적혀 있고, 이와 별도로 우측 하단에 "揚州丁家湾古歡樓發兌, 翻刻千里必究"라는 간행소(刊行所) 주인(朱印)이 찍혀 있다. 종손 장역의 지

---

22) 수록 작가 중 위희(魏禧)·왕유정(王猷定)·송조(宋曹)·서사준(徐士俊)·팽사망(彭士望)·엄수승(嚴首昇)·이환장(李煥章)·여회(余懷)·두준(杜濬)·서방(徐芳)·주일시(朱一是)·오숙공(吳肅公)·부점형(傅占衡)·모선서(毛先舒)·장총(張惣)·이청(李淸)·래집지(來集之)·황주성(黃周星) 등은 청조에서의 벼슬을 거부하고 은거한 사람들이다.

23) '이청당(詒淸堂)'은 양주(揚州)에 있던 장조의 집으로 본디 장조(張潮)의 부친 장습공(張習孔, 1606~1670 무렵)의 재호(齋號)이다.

(識)가 있다. 총 146편이 수록되어 있다.

　이화여대 도서관본과 대만대본(臺灣大本)은 동일판이나 몇 가지 흥미로운 사실이 발견된다. 즉 이화여대 도서관본의 목록에는 권1에 전겸익(錢謙益)의 「서하객전(徐霞客傳)」이 있으나 실제 본문에는 이 편이 삭제되어 있고, 위희(魏禧)의 「대철추전(大鐵椎傳)」이 첫 작품으로 올라 있다. 앞 작품을 산훼(刪毁)시킨 때문에 「대철추전」 첫 장 판심(版心)의 장 표시가 '一至六'으로 특이하게 되어 있다. 즉, 1장에서 5장까지 수록되었던 「서하객전」을 훼판(毁板)[24]하고서 '六'이어야 할 장 표시에 "一至"를 추가로 각(刻)한 것이다. 아울러 전체 목록에 전겸익의 작품들인 「서하객전(徐霞客傳)」(권1)과 「서정앙전사(書鄭仰田事)」(권6)의 작품 출전 및 저자명을 목판에서 의도적으로 뭉개 놓았다.[25] 이를 종합해 보면 대만대본은 1760년 이청당 중간수진본(詒淸堂重刊袖珍本)의 원본이고, 이화여대 도서관본은 1769년 청조(淸朝)의 전겸익 문집에 대한 훼판령(毁板令)이 내려진 직후 동일판(同一板)의 산절본(刪節本)임을 알 수 있다. 또 본서의 특징으로는 권20에 여회(余懷)의 「판교잡기(板橋雜記)」가 들어 있다는 점이다. 다른 판들엔 이 작품이 누락된 것이 많다. 『우초신지(虞初新志)』 간본(刊本)의 계보를 간략히 도표로 제시하면 다음과 같다.

　1684년 무렵 8권본 → 1704년 무렵 완결본[初刊] → 1760년 장역(張繹) 중간수진본(重刊袖珍本)(揚州 丁家湾 古歡樓刊) → 1769년 이후 김조연(金兆燕) 개수본(改修本)(袖珍本과 일반판형본 2종) → 1803년 기구한방간(寄鷗閑舫刊) 수진본(袖珍本) → 1851년 소랑현산관장판(小娘嬛山館藏板) 수진본(袖珍本) → 민국초(民國初) 석인본(石印本)

6. 가치

　『우초신지』는 국내에 여러 종의 중국 간본은 물론 많은 필사본들이 존재하고 있는 데서도 보듯 조선 후기 문인들에게 대단히 많이 읽힌 책이다. 김려(金鑢 : 1766~1821)·김조순(金祖淳 : 1765~1832)은 이 책을 몹시 애호하여 이와 유사한 작품들을 스스로 짓고, 그것을 모아 1792년 무렵 『우초속지(虞初續志)』를 만들기도 하였다. 현재 이 책을 읽었던 것이 확인되는 인물들로는 이용휴(李用休 : 1708~1782), 강세황(姜世晃 : 1713~1791), 박지원(朴趾源 : 1737~1805), 유득공(柳得恭 : 1748~1807), 유만주(兪晩柱 : 1755~1788), 정약용(丁若鏞 : 1762~1836), 서유구(徐有榘 : 1764~1845), 홍직영(洪稷榮 : 1782~1842), 이규경(李圭景 : 1788~

---

24) 대만대본엔 온전히 수록되어 있다.
25) 단 「서정앙전사(書鄭仰田事)」는 본문 내에 실제 수록되어 있다. 권1의 첫 작품인 「서하객전」이 건륭제에 의해 비판, 훼판당한 전겸익 작이라 꺼려져서 이 작품만을 삭제하고 「서정앙전사」는 슬쩍 남겨둔 것으로 보인다.

1856), 송내희(宋來熙 : 1791~1867), 유최진(柳最鎭 : 1791~1869) 등이 있다. 서울, 근기, 호서 지역 문사들은 당색과 무관하게 이 책을 애독하지 않은 이가 없을 정도였다. 그만큼 조선 후기 인물기사문에도 『우초신지』의 글들이 많은 영향을 주기도 하였다. 한편 정조(正祖)는 이 시기 패사소품문에 대해 강력히 비판을 하면서 문체반정(文體反正)을 주창하기도 하였는 바 본서는 정조가 지목한 패사소품체의 대표적인 선집으로 이 시기 문학 연구에서 빼놓을 수 없는 중요한 자료라 할 수 있다.

(김영진)

[색인어]
우초신지, 장조, 명말청초, 패사소품집, 80여 명, 146편, 조선 후기, 문체반정

[참고문헌]
『우초신지(虞初新志)』, 고려대 만송문고 소장본 20권 10책.
『우초신지(虞初新志)』, 續修四庫全書 集部・小說類 1783, 上海古籍出版社, 1995.

김영진, 「『우초신지(虞初新志)』의 판본과 조선 후기 문인들의 명청소품(明淸小品) 열독(閱讀)」, 안대회 편, 『조선 후기 소품문의 실체』, 태학사, 2003.

鄧長風, 「『虞初新志』的板刻與張潮的生平」, 『明淸戲曲家考略續編』, 上海古籍出版社, 1997.
류화문, 「장조편년간편」, 『안휘사범대학학보』 인문사회과학판, 제31권 제6기, 2003년 11월.
『民國歙縣志』, 中國地方志集成 安徽府縣志輯 51.
合山九, 「小品文學と張潮」, 『幽夢影』, 明德出版社, 1977.

원촉지

原蜀誌, 권3, [권4?]

筆寫本. — [發行地不明] : [發行處不明], [發行年不明].
2册(缺帙) : 無界, 10行23字 ; 28.5×20.3cm.
한글본임.

고서/고서811.31 원825

原蜀誌

1. 개요

　이화여대 소장 『원촉지(原蜀誌)』는 중국 서진 말기의 역사적 사실을 다룬 국문 고전소설이다. 국내 유일본이지만 작품 일부만 전하는 낙질본이다. 앞부분이 결락된 한 책과 권3 한 책이 전하는데, 앞부분이 결락된 책은 내용상 권3에 이어지는 권4로 보인다.

　작품 내용은 서진(西晉) 말기 팔왕(八王)의 난 이후 유연(劉淵 : ?~310)이 건국한 한(漢)이 서진을 공격하는 과정을 그리고 있다. 그런데 서진을 공격하는 한나라 인물들은 앞 시대 유비(劉備 : 161~223)를 중심으로 한 촉나라 인물들의 후신인 것으로 설정되어 있고, 이에 맞서는 서진의 인물들은 위나라와 오나라 인물들의 후신인 것으로 설정되어 있다. 그리고 이들의 대결에서 한나라의 장수들이 서진의 장수들에게 승리함으로써 삼국 쟁패 시절 유비와 관우(關羽 : ?~219) 등 촉나라 인물들이 위나라와 오나라 장수들에게 원통하게 패배했던 일을 복수하는 것으로 작품 내용이 전개된다.

　『원촉지』는 서울대학교 규장각에 소장된 『언문고시(諺文古詩)』(＜가람古 811.061 Eo57＞) 가운데 언문책 목록 부분에 그 이름이 올라 있고, 1890년대 서울을 중심으로 한 세책점의 소설 목록을 조사했던 모리스 쿠랑의 기록에서도 확인된다. 이 두 가지 자료는 모두 19세기 이후 목록이라는 점, 그리고 현재 학계에 보고된 『원촉지』의 다른 이본이 없다는 점 등은 이 작품이 조선 후기 가운데 비교적 후대에 나온 것으로 추정하게 한다.

2. 편·저자

　편·저자는 미상이다.

3. 구성과 내용

　『원촉지』는 서진 말기 팔왕의 난이 끝나고 영가의 난이 일어나는 즈음을 시대적 배경으로 한다. 역사적으로 서진은 호족 출신으로서 조조(曹操 : 155~220) 이래 위나라 권신이었던 사마의(司馬懿 : 179~251)가 그 시조라 할 수 있다. 이후 사마의의 아들 사마소(司馬昭 : 211~265)는 263년 촉한을 멸망시킨 공적으로 진왕(晉王)에 봉해졌으며, 265년에는 그의 아들 사마염(司馬炎 : 263~290)이 위제(魏帝)를 강압하여 제위를 양위 받고 진(晉)나라를 세웠다. 이 사람이 서진(西晉)의 무제(武帝)로 280년 오나라를 멸망시키고, 재차 중국을 통일하여 서진 왕조를 개창한 인물이다. 무제 사마염은 귀족의 특권을 옹호하고 정치를 안정시켜 나갔다. 즉위 초에는 검소한 생활로 모범을 보였으나, 점점 사치와 방탕에 빠져 국가는 점차 혼란의 시대로 접어들었다.

　무제가 죽고 혜제(惠帝 : 259~306)가 즉위하자 국정은 더욱 문란해지고 이에 강력한 군사력을 장악한 왕들이 난을 일으키게 되는데, 이것이 팔왕의 난이다. 이 팔왕의 난은 무제의 황후 양씨 일족과 혜제의 황후 가씨 일족들의 권력 다툼에서 비롯되었다. 여남왕, 초왕, 조왕, 제왕, 장사왕, 성도왕, 하간왕, 동해왕 등 팔왕이 16년에 걸쳐 싸움을 벌인 이 팔왕의 난은 결국 영가의 난을 초래하게 된다.

　팔왕의 난이 일어나자 당시 이미 중국 내륙에 많은 이주민을 보내고 있던 유목 민족은 무력 침략을 시작한다. 이 가운데 산서 지방 남흉노의 수장이었던 유연이 자립하여 황제라 칭하고 한을 세웠다. 그의 아들 유총이 311년 낙양을 함락시키고 영가의 난을 계기로 서진의 회제(懷帝 : 284~313)를 사로잡았다. 이어 장안에서 즉위했던 민제(愍帝 : 300~317)도 316년 한의 유요에게 사로잡힘으로써 서진은 52년 만에 멸망하게 된다.

　『원촉지』는 팔왕의 난 이후 한을 개국한 유연이 후한 광무제(光武帝 : BC 6~AD 57)의 적장손이라는 정통성을 강조하면서 한실의 회복을 기치로 내세워 서진을 공격하는 내용을 그리고 있다. 이 과정에서 서진에 대한 공격을 진두지휘하는 한의 모사는 수경선생(水鏡先生) 사마휘(司馬徽 : ?~?)로 설정되어 있다. 사마휘는 제갈량(諸葛亮 : 181~234)의 스승이었던 실존인물이다. 작품 속에서는 실존 인물 사마휘를 오랜 수련 끝에 득도한 인물로 설정하여 시간적 거리를 초월한 채 등장시키고 있는 것이다. 작중 사마휘는 삼국 쟁패 시절 그 제자 제갈량과 유비(劉備 : 161~223) 등이 당한 원통함을 복수설치(復讐雪恥)하고자 한의 서진 공격을 돕는 것으로 되어 있다.

　뿐만 아니라 『원촉지』는 한나라 진영의 주요 등장인물들이 모두 예전 유비 휘하 장수들의 후신(後身)인 것으로 설정한다. 더불어 서진 진영의 인물들은 모두 조조(曹操 : 155~220)와 손권(孫權 : 182~252)을 비롯한 위나라와 오나라 인물들의 후신인 것으로 설정한다. 그리하여 한나라 장수들이 서진의 장수들과 겨뤄 차례로 승리하는 것을 삼국 쟁패 당시 유비 휘하 장수들이 당한 패배의 설움을 복수하는 과정으로 부각시킨다.

　이러한 『원촉지』의 내용 전개는 결국 작품이 표면적으로는 한에 의한 서진의 멸망을 그리고 있음에도 불구하고 그 자체 역사적 의의를 독자들에게 전달하는 것이 아니라, 앞 시기 위·촉·오 삼국의 대결을 전유하는 것이라 할 수 있다. 실제 서진의 멸망은 국가 내부적으로 팽배한 부패와 퇴락의 요인들이 한의 공격보다 훨씬 결정적인 역할을 했다. 그럼에도 불구하고 『원촉지』는 한에 의한 서진의 패망이라는 역사적 사실을 이러한 역사적 실제에 기초하여 형상화하기보다는 촉한의 정통성을 지니는 한의 서진 공격과 그에 따른 천도(天道)의 당연한 실현이라는 전제하에 유비를 중심으로 한 촉의 장수들이 복수설치하는 과정으로서 서진의 패망을 그린다. 『원촉지』는 결국 촉한 정통론을 내세우는 『삼국지연의』의 행복한 대단원이라 할 수 있다. 더불어 『원촉지』의 작품 세계가 이상과 같기 때문에 "원촉지(原蜀誌)"

라는 작품의 제목 역시 서진과 한의 대립이라는 작중 현실의 맥락을 반영하기보다는 정통성의 근원으로서 촉을 강조하는 것이라 여겨진다.

한편, 『원촉지』는 한의 여러 장수들을 앞 시대 유비를 중심으로 하는 촉나라 인물들의 후신인 것으로, 서진의 장수들은 조조와 손권을 중심으로 하는 위나라와 오나라 인물들의 후신인 것으로 설정하면서 이를 작품의 본문 중에 서술하기도 하지만 해당 인물의 인명이 서술되는 순간 주석의 형태로 부기하고 있어 주목된다. 주석으로 부기된 부분을 괄호로 표시하여 예를 들어 보이면 다음과 같다. 서진 진영의 대장군으로 출정하는 가맹은 '대장군 츄밀스 가밍(조조)', 가맹의 아우 가달은 '또 흔 아이 이시니 호는 달(조비)', 조맹의 모사로 참여하는 권도는 '쳥쥐인이니 셩명은 권도(손권)'와 같은 방식이다.

조선의 한글소설에서 주석이 사용되는 사례는 그리 일반적이지 않다. 연의소설(演義小說)에서 드물게 등장인물이나 역사적 사실 등에 관하여 주석으로 부기(附記)하는 경우가 있다. 원작인 한문본을 한글로 번역하는 과정에서 고유명사를 옮길 때, 한글 음은 동일하지만 한자는 다른 경우에 주석으로 이를 밝혀두는 등의 사례가 그것이다. 그런가 하면 조선의 한글 대장편소설 가운데 『명행정의록』이나 『삼강명행록』 같은 작품에서 다량으로 활용된 주석이 확인된다. 그런데 이 두 작품에서 주석이 적극적으로 활용된 대목은 대부분 기존의 한문 텍스트를 소설 속에 수용한 지점들이다. 따라서 연의소설과 비교할 때 주석의 사례는 훨씬 많지만 기본적으로 한문 텍스트가 한글로 옮겨지는 과정에서 주석이 활용되었다는 점에서는 서로 공통된다고 할 수 있는 것이다.

그런데 『원촉지』에 활용된 주석은 단순히 역사적 사실 정보를 주석으로 표현한 연의소설과 일정한 차이를 가지는 한편, 기존의 한문 텍스트를 작중에 수용하면서 주석을 활용한 대장편소설들과도 거리가 있다. 『원촉지』의 주석은 한과 서진의 대결이 촉과 위·오의 재대결이라는 작품의 주제적 의미를 부각시키는 중요한 소설적 장치로 활용되고 있기 때문이다.

4. 서지적 특성

『원촉지』는 19세기 기록된 것으로 추정되는 『언문고시』에 올라 있고, 1890년대 서울을 중심으로 한 세책가 서목을 조사한 모리스 쿠랑의 기록에도 남아 있다. 20세기로 접어들어서는 1947년에 있은 「조선고전문학작품 전시회 목록」에 올라 있으나 실제 책으로 전하는 것은 이화여대 도서관본이 현전 유일본이다.

이화여대 도서관본 『원촉지』는 5침 장정의 파란색 표지로 본문은 한글 궁체로 씌어 있다. 침자리가 없고, 본문 상단에 흔히 보이는 장수(張數) 표시가 없을 뿐만 아니라 본문의 행간 간격이 일반 세책(貰册)에 비해 넓은 편이어서 세책가(貰册家)에서 제작된 것은 아닌 것으로 보인다.

이화여대 소장 『원촉지』는 총 2책으로 한 책은 권3이고, 다른 한 책은 앞부분이 결락되어 그 자체로는 정확한 권수를 확인할 수 없다. 그러나 작품 내용의 전개를 고려할 때 이는 권4로 추정된다. 권3은 한 황제가 제왕(諸王)과 장수들을 규합하여 동관, 이주, 기주 등을 공격하게 하는 내용을 중심으로 전개된다. 그리고 기산에서 서진 장수 가맹을 맞아 접전을 펼치다가 잠시 휴전이 이루어지고, 한 진영의 수경선생이 서진의 제장(諸將)과 한의 제장(諸將)이 각각 전생에서 위, 오와 촉의 장수들이었음을 밝히는 서술에서 권이 끝나게 된다. 그런데 앞부분이 결락된 책은 권3에서 서진의 장수 가맹의 모사로 등장하여 화살을 맞고 본진으로 돌아간 권도가 목숨을 구하고, 가맹이 새로이 청낭도사와 홍의대선 등을 만나 전열을 정비하여 새롭게 전투를 준비하는 지점에서 책이 끝난다. 따라서 이 책은 권3에 이어지는 권4로 추정된다. 또한 권4에서 작품이 종결되지 않아 이후로 권5 등으로 이어지면서 가맹이 결국 패전하고 서진이 멸망하는 이야기가 이어질 것으로 보인다. 따라서 『원촉지』는 비록 2책만이 남아 있지만 실제 작품은 권5 이상의 장편에 속하는 작품일 것으로 추정된다.

권3은 표지를 제외한 본문이 114면이고, 권4로 추정되는 책은 90면이다. 각 책의 분량이 대체적으로 동일하다고 가정하면 권4로 추정되는 책은 앞부분 24면이 결락된 것이라 할 수 있다. 한편, 권4로 추정되는 책의 뒤표지 배접 면에는 "님셩닙위, 죵황홍병취금국, 죵미빅셔 강오병, 미빅계참녀영경"이라는 글귀가 씌어 있다. 이는 어떤 소설의 장회 제목으로 보이는데, 이것이 『원촉지』와 유관한 것인지는 확실하지 않다. 또한 이 책의 뒤표지 안쪽 면에는 한지에 무늬가 있다. 일반적으로 고급스럽게 장정되는 책 표지에서 볼 수 있는, 능화무늬 등의 요철로 무늬가 드러나는 것처럼 무늬가 종이에 눌리어 드러난 것이다.

한편, 권4로 추정되는 책 본문 중에는 "낙댱"이라는 단어가 세주(細註) 형식으로 씌어 있다. 이는 본 『원촉지』의 필사 모본에서 낙장(落張)이 있었음을 표현한 것으로 『원촉지』가 필사될 당시 필사 모본으로 삼을 선본(善本)을 구하기가 쉽지 않았음을 추정해 볼 수 있다.

『원촉지』에는 역사적 실존인물들의 경우 그들의 인명이 정확하게 기록되지 않은 사례가 보인다. 서진 왕조를 연 사마염은 '스마업'으로, 한나라 유연의 뒤를 잇는 유총(劉聰 : ?~318)은 '뉴통'으로 씌어 있다. 역사적 사실에 대한 지식이 없는 필사자라면 '스마염'을 '스마업'으로 오독했을 가능성이 있고, '유총' 역시 구개음화가 일어나기 전 '뉴통'으로 씌어진 것을 오독했을 가능성이 충분하다. 이처럼 인명이나 지명과 같은 고유명사의 표기가 다소 혼란스러운 현상은 다른 고전소설에서도 종종 보이는 현상이다.

그런가 하면 작중 인물의 발화가 끝나지 않은 채 갑자기 다음 문장이 서술되는 사례도 있다. 이는 필사자가 내용을 고려하지 않은 채 필사에 몰두하면서 한 줄을 건너뛰어 필사한 때문으로 보인다.

『원촉지』 권3에는 본문이 찢어져 없어진 부분이 있기도 하다. 권4로 추정되는 책의 앞부분이 크게 결락된 것과 더불어 고려할 때 책의 유전(流轉) 과정에서 소장 상태가 그리 양호하지 못했음을 알 수 있다.

5. 가치

이화여대 소장 『원촉지』는 표제가 "原蜀誌"로 2책만이 남아 있는 결질(缺帙)이다. 권3이 한 책을 이루고, 앞부분이 결락된 한 책이 전하는데, 작품의 내용 전개 양상을 통해 볼 때 이는 권4로 추정된다. 권4로 추정되는 책의 내용 역시 작품의 결말에는 이르지 않았다. 그러므로 애초의 『원촉지』는 적어도 5권 5책 이상의 장편일 것으로 추정된다. 비록 결질이기는 하지만, 이화여대 소장 『원촉지』는 현전하는 유일본으로서 소중한 자료적 가치를 지닌다.

『원촉지』에서는 서진에 대한 한의 공격과 그로 인한 서진의 패망이라는 역사적 사실이 작품의 중심 내용으로 형상화된다. 이런 양상은 연의소설류와 동궤에 있는 것으로 볼 수 있다. 그런데 『원촉지』는 단순히 역사적 사실의 소설적 형상화에 그치지 않아 상당한 주목을 요하는 작품이다. 즉, 『원촉지』는 서진을 공격하여 패망으로 이끄는 한이 앞 시대 위·촉·오 삼국 쟁패의 시절 유비를 잇고 있다는 점을 강조한다. 그리고는 촉한을 멸망시킨 조씨의 위나라가 사마씨의 서진에게 몰락하고, 이런 서진이 촉한 정통성을 내세우는 유비의 자손에게 멸망함으로써 촉한의 패배라는 역사적 사실이 남긴 아쉬움을 위로받고자 한다. 이런 주제적 의미는 한과 서진, 양국의 여러 장수들이 삼국쟁패 시절 촉나라와 위나라·오나라 인물들의 후신인 것으로 설정하고, 한의 장수들이 서진의 장수들과 일대일로 맞서 차례로 제압하는 것이 전생에서의 원한을 갚는 복수 설치로서의 의미가 있음을 강조하는 데서 찾아진다.

이러한 양상은 『원촉지』가 표면적으로 서진의 패망을 형상화하고 있으나, 작품을 통해 독자들이 음미하게 되는 바는 『삼국지연의』의 행복한 대단원이라 할 수 있다. 따라서 『원촉지』는 『삼국지연의』의 인기가 낳은 하나의 후속편으로서, 『삼국지연의』의 향유 양상을 연구하는 데 있어 주목되어야 할 주요 작품이라 할 수 있겠다.

고전소설에는 이처럼 역사적 사실을 부정할 수는 없으나 그에 대한 반론을 새로운 작품으로 창작하여 연작으로 결부시켜 놓은 사례가 있다. 『옥환기봉』과 그 후편 『한조삼성기봉』이 그것이다. 『옥환기봉』은 후한 광무제의 부인 곽후가 폐위되고 음황후가 책봉되는 역사적 사실을 중심으로 전개된다. 역사 기록에서는 곽후가 폐위될 만한 여러 부정적 자질들이 확인되는데, 『옥환기봉』에서는 곽후의 폐위라는 역사적 사실을 부정하지는 못하지만 곽후를 폐위시킨 것이 조강지처를 버린 의리 없는 행위라는 작가의 시선이 드러난다. 그리고 이런 곽후에 대한 온정적 시선은 후편 『한조삼성기봉』에서 더욱 강화된다. 광무제와 곽후, 음흐가 후세에 재생하여 다시 연분을 맺게 되는데, 이때 광무제는 여성으로, 곽후는 남성으로 개생하여 전세에서의 역할을 바꾸어 봄으로써 곽후가 당한 고통을 되돌려주는 방식을 취하는 것이다.

『옥환기봉』 연작은 비록 후편 『한조삼성기봉』이 역사적 시대 배경을 차용할 뿐 등장인물들은 모두 허구적 인물이라는 점에서 그 자체로 역사적 사실을 작품의 중심 내용으로 형상화하는 『원촉지』와 변별된다. 그러나 안타깝기 그지없지만 결코 바꿀 수 없는 역사적 사실과 그를 형상화한 소설에 대해 이를 위로받고자 하는 소망을 또 하나의 새로운 작품으로 창작해 낸 결과물이라는 점에서 둘은 동일한 맥락에 놓여 있다고 할 수 있다. 그리고 이러한 점에서 『원촉지』는 『옥환기봉』 연작과 더불어 고전소설이 창작되는 하나의 경향성을 증명하는 작품으로서 그 의의를 지닌다.

한편, 『원촉지』는 작중 등장인물들을 삼국쟁패 시절 주요 인물들의 후신으로 설정하는 과정에서 주석을 적극적으로 활용하고 있다. 작중 현실 속의 인물들이 등장하는 대목에서 그들의 이름 아래 세주(細註)의 형식으로 해당되는 전생 인물의 이름을 병기하는 것이다. 이런 양상은 촉한이 패배한 삼국쟁패의 한계를 극복하고 새로운 역사적 의미를 부여하고자 하는 『원촉지』의 주제적 의미를 부각시키는 중요한 소설적 장치로서 기여한다. 그런데 이와 같은 『원촉지』의 주석 활용 양상은 한글 고전소설에서 주석을 활용하는 양상과 그 의의를 연구한 선행 연구에서는 아직 주목되지 않은 새로운 양상이다. 따라서 『원촉지』는 한글 고전소설의 기법적 발전이라는 측면에서도 새롭게 연구되어야 할 작품이라 할 수 있다.

이상 이화여대 소장 『원촉지』는 네 가지 측면에서 그 가치를 정리할 수 있다. 우선은 국내 유일본으로서 그 자체 자료적 가치를 지닌다. 그런가 하면 『삼국지연의』의 인기가 낳은 작품으로서 그 향유와 관련한 연구에서 새롭게 조명되어야 할 작품이다. 뿐만 아니라 고전소설이 창작되는 하나의 경향성을 해명할 수 있는 사례로서, 그리고 한글 고전소설이 보여주는 새로운 소설 기법을 보여준다는 점에서 본격적인 연구가 이루어져야 할 가치를 지닌다.

(서정민)

[색인어]
원촉지, 삼국지연의, 서진, 촉한, 언문고시, 유연, 가맹, 주석, 옥환기봉, 한조삼성기봉

[참고문헌]
『언문고시(諺文古詩)』, 서울대학교 규장각 소장.

모리스 쿠랑, 이희재 역, 『한국서지』, 일조각, 1994.
서정민, 「『명행정의록』 연구」, 서울대 박사학위논문, 2006.
윤병태, 「한글로 된 「칙목록」에 대하여」, 『도서관학』 5, 한국도서관학회, 1978.
조희웅, 『고전소설 연구보정』, 집문당, 2006.

유선쌍학록

유선**쌍**학녹

筆寫本. ― [發行地不明] : [發行處不明], [發行年不明].
7卷7册 : 無界, 10行26-33字 ; 26.5×14.2cm.
한글본임.
表題 : 遊仙雙鶴錄

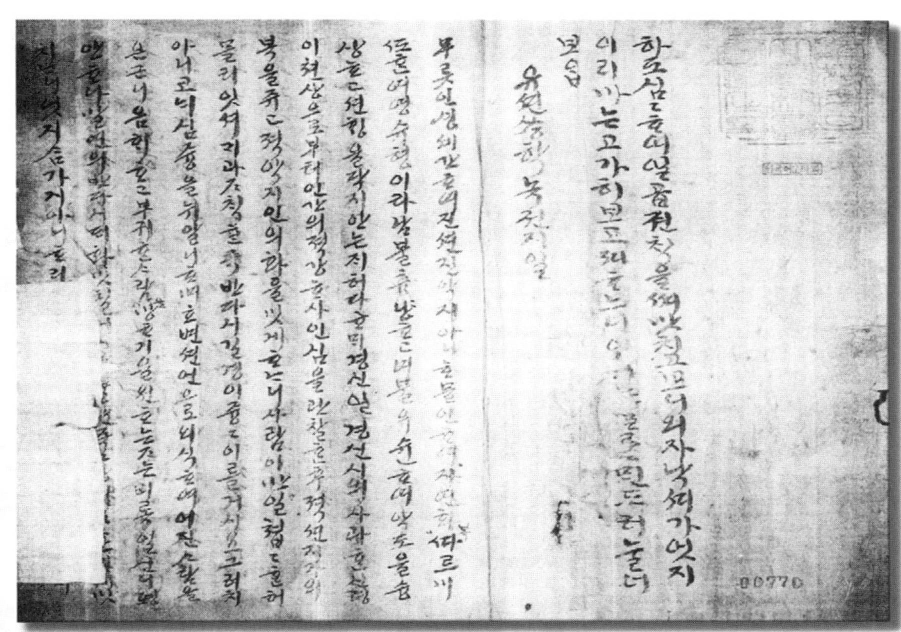

遊仙雙鶴錄

1. 개요

『유선쌍학록』은 작자와 창작 연대 미상의 조선시대 한글소설이다. 7권 7책으로 되어 있으며 국문 필사본이다. 18회로 나누어진 회장체소설(回章體小說)이다. 권1 서두에 필사기와 인간의 도리에 대한 서언이 있으며 권7 마지막에 잠(箴)의 일종인 '계부잠(戒婦箴)'이 필사되어 있다. 『유선쌍학록』은 유선봉의 선인(仙人)이 준 쌍학(雙鶴)을 받는 태몽을 꾼 후 서출(庶出)로 출생한 쌍태형제(雙胎兄弟) 소학인, 소학선 형제를 주인공으로 한다. 이 작품은 소학인 형제의 영웅일대기(英雄一代記) 구조를 가지면서 소씨 가문의 2대에 걸친 가문 몰락에서 창달까지의 과정을 그리고 있다.

2. 편·저자

작자 미상(作者 未詳), 필사자 미상(筆寫者 未詳)이다.

3. 필사 경위

『유선쌍학록』은 권1 표지 안쪽에 "하도 심심ᄒ여 일곱 권 칙을 쎠 맛치고 보니 외자 낙셔가 엇지 이리 마는고 가히 보고져 ᄒ느니 …… 민드러 눌너 보옵"이라는 필사기가 있어 필사자가 심심풀이로 『유선쌍학록』을 필사하였다는 것을 밝히고 있다. 하지만 서두 부분에 "므릇 인싱셰간ᄒ여 진션진악지 아니ᄒ믈 인ᄒ여 자연 화복 짜르미 쏘흔 여영슈형이라 …… 신령이 쳔상으로부터 인간의 격강ᄒ사 인심을 관찰ᄒ 후 격션지가의 복을 쥬고 격악지인의 화을 밋게 ᄒ느니"라는 경계의 말을 부기한 후 소설을 시작하고 있어서 필사자가 이 작품을 통해 권선징악(勸善懲惡)을 깨우치려는 의도도 가지고 있었음을 알 수 있다. 이것은 작품 말미에 부녀자의 행실을 깨우치는 '계부잠'을 첨부한 것에서도 드러난다.

창작 연대는 미상이지만 적서차별(嫡庶差別)이 크게 문제되지 않을 정도로 신분제도가 와해된 조선 후기, 즉 19세기 말 작품으로 추정된다.

4. 구성과 내용

『유선쌍학록』은 모두 7권 7책으로 분책되어 있으며 18회 회장체소설이다. 표지에 한글로

'유선쌍학록'이라 필사되어 있고 옆에 한문으로 "遊仙雙鶴錄"이라고 병기되어 있다. 통상적으로 소설 말미에 필사기가 첨부되는 것과는 달리 권1 표지 안쪽에 필사기가 있으며, 작품 마지막에 '계부잠'이 첨부되어 있다.

『유선쌍학록』은 대명(大明) 가정(嘉正) 연간을 그 시대적 배경으로 해서 소씨 집안의 2대에 걸친 가문의 몰락에서 창달까지의 과정을 그리고 있다. 이 과정에서 많은 등장인물과 삽화가 드러나 이야기는 매우 복잡하게 전개된다. 작품 서두에서 아버지대인 소수찬 - 소경찬 형제가 등장한다. 이후 형 소수찬의 자식대인 소용준 - 구준 형제, 소학인 - 학선 형제의 이야기와 아우 소경찬의 외딸 소채운의 이야기가 작품의 주된 골격이다.

작품의 내용을 장회(章回)에 따라 정리하면 다음과 같다.

1회 : 대명 가정 연간에 명문거족인 소수찬과 소경찬 형제는 재학(才學)이 뛰어나지만 황성을 떠나 옹주 화운산에 은거한다. 소수찬은 화운도사, 소경찬은 남운도사라 칭한다. 천자가 형 소수찬의 도덕을 사랑하여 이부상서와 태자대부를 제수(除授)한다. 하지만 조정의 간신과 폄논(貶論)하는 자들로 인해 소상서는 벼슬을 버리고 은거한다. 소상서는 부인 엄씨와의 사이에 용준, 구준 형제를 두었는데 기상은 준수하나 성도가 불측하여 소상서의 사랑을 받지 못한다. 용준의 부인 유씨는 현숙하고 구준의 부인 왕씨는 숙덕이 없지만 엄부인은 맏며느리 유씨를 미워하고 왕씨만 사랑한다. 아우 남운도사는 1처1첩을 두었는데 정실 나씨에게는 혈육이 없고 부실 오낭자에게 채운이란 총명한 딸을 둔다. 오낭자가 일찍 죽자 정실 나씨가 채운을 기른다.

소상서는 노년을 의탁하려고 기주로 가던 중 익주에서 곽상서를 알게 되어 곽상서의 아들 금천과 동생 남운도사의 딸 채운의 혼사를 약속한다. 기주에 도착한 소상서는 예전에 인연을 맺었던 첩 위낭자와 재회한다. 위낭자는 선관에게 쌍학을 받는 태몽을 꾸고 잉태하지만 소상서는 갑자기 병이 들어 죽는다. 남운도사가 형을 찾아 형의 가족을 이끌고 기주로 가던 도중 엄부인이 익주에서 병이 들어 곽상서 댁에 머물게 된다. 남운도사는 형이 기주로 가던 길에 곽상서를 만나 채운의 혼사를 논했다는 것을 알고 곽상서의 아들 금천과 채운의 혼사를 정한다. 이때 소상서의 장자 용준이 기생 월중선에게 미혹(迷惑)되어 친구 엄세창과 짜고 채운을 월중선 대신 창기(娼妓)로 대속(代贖)시키려 한다.

2회 : 채운은 강에서 납치당하지만 풍랑을 만나 떠돌다 별곤도에 닿는다. 선녀가 나타나 채운을 보호한다. 채운은 채약노옹(採藥老翁) 원일춘을 만나 의탁한다. 한편 배 가운데서 채운을 잃고 기주에 도착한 남운도사 일가는 소상서의 장례를 치른다. 위씨는 유복자로 쌍둥이를 낳고 형은 학인, 아우는 학선이라고 이름 짓는다. 용준 형제와 엄부인은 학인 형제의 뛰어난 인물을 시기하여 없앨 계획을 세운다. 이때 남운도사가 병을 얻어 죽는다. 곽상서와 금천은 용준이 채운을 납치하려 했다는 것을 알고 슬퍼하다가 소상서 형제의 부고(訃告)를 듣는다. 곽상서는 비통해하며 손삼재를 시켜 채운을 찾게 한다. 채운은 자신의 일편수단(一片繡緞)을 방매(放賣)하는데 이를 발견한 손삼재가 원일춘의 집을 찾는다. 이에 원일춘은 진위를 확인하기 위해 곽상서 댁을 찾아간다. 엄부인은 위씨가 자신을 해치려 했다고 모해하여 맹타(猛打)한 후 행각에 가둔다. 엄부인은 계속 병에 시달리는데 용준 형제는 노류장화(路柳墻花)와 노느라고 엄부인을 돌보지 않는다. 학인 형제가 지성으로 엄부인을 섬기고 공경하지만 엄부인은 더욱 학인 형제를 미워한다.

3회 : 곽상서는 원일춘에게 채운의 소식을 듣고 제남(弟男) 박순강을 별곤도로 보낸다. 도중에 엄세창과 곽상서 댁 비녀 금옥이 짜고 수적(水賊)으로 변장해 이들을 습격하여 무인도에 버린다. 엄세창과 금옥은 채운을 찾아가 곽상서 댁에서 온 것처럼 속인다. 이들과 동행하던 채운은 금옥이 호색가인 위왕에게 시집갈 것을 종용하자 속은 것을 알고 바다에 투신한다. 엄세창과 금옥은 채운의 유서를 보고 익주로 돌아가지 않고 몸을 숨긴다.

4회 : 무인도에서 구출된 박순강은 별곤도로 가지만 채운을 못찾고 돌아와 곽상서에게 엄세창의 흉계를 알린다. 곽상서는 엄세창을 잡아들이는데 엄세창이 모두 용준으로 인해 생긴 일이라고 하자 귀를 막고 엄세창과 금옥을 처단한다. 한편 촉국 비봉산에 사는 암은도사가 도술을 하는 자신의 딸 송봉을 보내어 채운을 구해준다. 채운과 송봉은 남복(男服)을 입고 비봉산으로 돌아오던 중 천마왕 갈충에게 잡힌다. 갈충은 채운과 송봉을 위왕이 보낸 자객이 아닌가 의심하고 모옥(茅屋)에 가둔다. 갈충의 딸 연홍공주가 채운과 송봉의 시를 보고 먹을 것을 주어 돕는다. 연홍이 갈충에게 두 수재(秀才)를 풀어줄 것을 간청하지만 듣지 않는다.

5회 : 송봉은 채운을 연홍의 처소에 숨기고 갈충에게 칼솜씨를 보여 놀라게 한다. 갈충이 성을 비운 사이 송봉과 채운은 남악산의 비룡마를 얻은 후 갈충의 아들 장강에게 보검을 얻는다. 성을 빠져 나오기 전에 채운은 보은(報恩)의 방법으로 연홍과 정혼한다. 적굴을 탈출한 채운은 송봉과 함께 비봉산에 은거하며 형제의 의를 맺고 학업에 전념한다. 채운으로 인해 상심한 금천에게 남운도사가 현몽(現夢)하여 채운을 다시 만나게 될 것을 말하니 금천은 다른 곳에 장가들지 않는다. 한편 엄부인에게 매를 맞은 위씨는 완쾌되었지만 엄부인은 병을 얻어 학인 형제가 아무리 간호해도 낫지 않는다. 그런데도 용준 형제는 날로 방탕하여 재산을 탕진한다. 형 용준은 현숙한 부인 유씨를 축출하고 미모가 뛰어나지만 간사한 심연춘을 맞이한다. 하지만 심연춘의 미모에 반한 동생 구준이 음모를 꾸며 첫날밤에 심연춘을 빼돌려 자신의 첩으로 삼는다.

6회 : 용준은 집에 돌아와 구준이 심연춘을 가로챈 것을 알고 다툰 후 사이가 멀어진다. 용준은 송옥이란 절색(絶色) 창기를 맞아들인 후 침혹(沈惑)한다. 요악한 첩 송옥은 황금단과 시비들이 자신을 폄논하는 것을 듣고 용준을 충동질하여 학인 형제와 황금단을 없애려 한다. 용준과 송옥은 학인이 황금단과 짜고 엄부인을 독살하려 했다고 모해한다. 엄부인을 간호하던 학인과 황금단은 옥에 갇힌다. 학선은 매일 단을 쌓고 엄부인 병 낫기를 축원한다. 하지만 용준과 송옥이 표한철을 시켜 학선을 활로 쏘아 죽이게 한다. 송옥은 용준의 첩이 된 후에도 표한철과 사통(私通)하는데 표한철이 송옥보다 위씨를 좋아하자 용준을 충동질하여 위씨를 없앨 계획을 짠다. 이것을 문밖에서 시비(侍婢) 계월이 듣는다.

7회 : 계월은 위씨를 나부인 처소로 피신시키고 자신이 위씨의 옷을 입고 대신 자결한다. 시신이 위씨가 아닌 것이 밝혀진다. 송옥은 위씨를 표한철에게 개가(改嫁)시키려고 꾸민다. 이 사실을 안 위씨는 도망하다 강에 투신하지만 물고기가 살려주어 구륜사 운심암에 은거한다. 한편 표한철이 쏜 화살을 맞은 학선에게 태상노군이 나타나 상처를 치료해 주고 병서를 준다. 태상노군은 학선에게 집을 떠나 현달(顯達)한 후에 엄부인을 뵈라고 한다. 학인은 북쪽으로 길을 떠난다.

8회 : 위씨를 내쫓은 엄부인은 학인을 옥에 가두고 사약을 내린다. 옥에 갇혀 있는 학인에게 소상서가 현몽하여 도망할 것을 권한다. 학인과 황금단은 나부인과 시비 동월의 도움으로 도망한다. 학선은 길을 가던 도중 치상(治喪)하느라고 진 빚 때문에 울고 있는 가일충 부부를 만나 자신의 패도(佩刀)를 주고 길을 간다. 황금단과 학인은 길을 가던 도중 학선과 상봉한다. 학인 형제는 구륜사에서 어머니 위씨와 상봉한다.

9회 : 용준은 위씨와 학인 형제 제거에 공이 큰 요첩(妖妾) 송옥을 정실로 삼는다. 이에 구준의 요첩 심연춘도 정실이 되겠다고 하지만 용준과 송옥이 반대하여 서로 다툰다. 심연춘은 구준이 집에 없으면 간부(姦夫) 원두창을 불러들여 놀았다. 그런데 송옥이 원두창을 본 후 그에게 반해 심연춘 몰래 통간(通姦)한다. 이 사실을 안 심연춘이 송옥을 죽이려고 방에 침입했다가 실수로 원두창을 죽인다. 이를 안 심연춘은 한탄하다가 병들어 죽는다. 송옥은 간부 표한철과 짜고 용준을 과거시험 보라고 황성에 보낸 후 재산을 가로채 도망한다. 용준은 과거 급제하여 형부낭중에 제수되지만 뇌물을 받고 살인자를 풀어주고, 유부녀를 탈취하고 그 남편을 무고하게 하옥시키는 등 일을 공정하게 처리하지 않아 이윤택의 상소를 받고 유배를 간다. 용준은 유배 가던 도중 집에 들려 송옥이 가산을 방매해 표한철과 도망한 사실을 알고 자신의 어리석음을 후회한다.

10회 : 학인 형제는 황성으로 과거보러 가던 도중에 도적을 피해 피난하는 하상서를 만난다. 하상서는 학인 형제의 비범함을 알아보고 동행하기를 청한다. 학인 형제는 남복을 한 하상서의 딸 쌍태자매(雙胎姉妹) 벽강, 벽파와 사귄다. 학인 형제는 삭주에 도착한 후 하상서의 딸 벽강, 벽파와 정혼한다. 다시 길을 떠난 학인 형제는 봉황대 시회에서 만난 기생 진홍춘, 청강월과도 각각 정혼한다. 학인 형제는 상경하던 길에 채운과 정혼한 금천을 만나 같이 상경하여 과거에 응시한다. 학인은 장원, 학선은 차상, 금천은 차하로 급제한다. 이때 홍양공주가 한림학사 소학인의 인물을 보고 흠모하여 황후께 아뢰니 황제가 소학인을 부마로 간택하고, 승상 장유는 학선을 사위 삼으려고 한다. 하지만 학인 형제는 삭주 하상서의 두 딸과 정혼한 사실을 아뢰며 거절한다. 황제는 학인에게 먼저 공주를 취한 후 하가 여자를 취하라고 한다. 장승상은 황후를 움직여 학선에게 사혼(賜婚)하지만 학선은 끝내 거절하여 하옥된다. 학선은 옥중에서 하가 여자를 취한 후 장승상의 딸 장녹과 혼인하겠다는 뜻을 밝혀 황제의 허락을 받는다. 이에 장승상의 딸 장녹은 자객을 보내어 하씨 자매를 죽이려 한다. 학인 형제는 황제에게 근친(覲親)을 청하여 고향에 내려가 엄부인, 용준을 찾아가지만 문을 닫고 만나주지 않는다.

11회 : 엄부인과 용준 형제는 금의환향(錦衣還鄕)한 학인 형제를 시기한다. 용준은 악당 강길용을 시켜 집에 묵고 있는 학인 형제를 죽이려 한다. 하지만 학인 형제를 죽이려 할 때 괴물이 나타나 강길용은 즉사하고 만다. 학인 형제가 천자의 부름을 받고 집을 떠나자 용준은 양삼굴득을 시켜 점사에서 학인 형제를 독살시키려다 발각된다. 학인 형제는 형의 죄를 숨기고 그들을 용서해준다. 장녹의 명을 받고 하씨 자매를 죽이러 간 목팔영은 적당(賊黨)을 부동(附同)하여 하씨 자매를 납치한다. 학인 형제는 이 소식을 듣고 적당 소굴을 침입해 계교를 써서 하씨 자매를 구한다.

12회 : 학인 형제는 모친 위씨를 경사에 모신다. 학인은 홍양공주와 성례한 후 공주의 얼굴에 독기가 가득한 것을 보고 실망하지만 하소저와 혼인한 후 부부의 낙을 즐기다 상경한 진강춘을 맞이한다. 학선은 하소저와 성례한 후 장소저와 혼인하고 청강월을 취한다. 학인 형제는 일시에 각각 세 부인을 취하는 복록을 누린다. 위씨는 이러한 복록을 못보고 죽은 소상서를 생각하며 눈물짓는다. 공주와 장씨는 남편의 사랑을 받지 못하자 하씨 자매를 미워한다. 공주와 장녹은 하씨가 음란한 행실로 외간 남자와 잠통(潛通)하는 것처럼 꾸며 축출하려고 하지만 학인은 공주를 의심한다.

13회 : 이때 학선은 가락국 호란을 평정하려 전쟁에 나간다. 학선은 철산계를 쳐서 크게 이기어 황제에게 표창을 받는다. 갈충이 위나라를 침입하자 곽금천이 출전하여 싸운다.

14회 : 암은도사는 송봉과 채운에게 위기에 처한 금천을 도우라고 유언을 한 후 죽는다. 송봉과 채운은 전장에 나간다. 갈충과 곽금천이 대결하다 곽금천이 위험에 처하자 채운과 송봉이 구해준다. 곽금천은 황제에게 상소를 올려 새로운 장수를 보내달라고 청한다. 황제는 학인 형제의 공을 들어 용준에게 호부시랑을 제수하고 엄부인과 함께 황성으로 오라고 부른다. 이때 엄부인과 용준은 비몽사몽간에 염라왕에게 끌려가 징벌을 받으려다 옥제의 명으로 다시 인간세계로 돌아온 후 개과(改過)한다. 개과한 영준은 호부시랑의 직첩을 받고, 전쟁에 출전한 학선의 편지도 받아 보고는 참회의 눈물을 흘리며 상경한다.

15회 : 상경한 엄부인과 용준은 학인에게 용서를 구한다. 구준이 용준을 위해 쫓아냈던 형수 유씨를 다시 데려온다. 공주와 장씨가 모의하여 계속 하씨에게 음란한 행실이 있다고 하지만 학인은 믿지 않는다. 공주는 하씨가 간부와 짜고 학인을 독살하려 했던 것처럼 꾸미지만 학인은 공주의 소행임을 안다. 학인은 자원 출전하여 갈충과 싸운다.

16회 : 가락국 호왕이 난을 일으키자 학선이 출전하여 항서(降書)를 받는다. 학선을 만난 엄부인이 지난날의 잘못을 사과한다. 언니 하씨가 임신하자 공주와 장씨는 하씨 자매가 공주를 독살하려 한 것처럼 꾸민다. 황제는 하씨 자매를 경도로 귀양 보낸다. 한편 채운과 송봉은 곽금천과 학인을 도와 갈충의 항복을 받는다. 채운은 연홍을 시험하려고 신분을 숨기고 갈충에게 연홍과의 혼인을 허락받는다. 하지만 연홍은 소수재와의 가약을 이야기하며 거절한다. 채운이 연홍을 잡아들여 굴복시키려 해도 듣지 않자 신물(信物)을 보이면서 자신의 정체를 밝힌다.

17회 : 황제는 학인, 곽금천, 채운과 송봉이 갈충을 물리쳤다는 소식을 듣고 벼슬과 조서를 내린다. 소학선으로 한국후를 봉하고, 소채운은 이부상서를 제수하고 석송봉에게는 호부상서를 제수하고, 소학인은 초국후로 봉하고 곽금천은 진국후로 봉한다. 가일충은 지난 날 학선에게 입은 은혜를 갚으려고 오던 도중에 한 점막에서 하씨 자매를 죽이려는 계교가 적힌 편지를 발견한다. 가일충은 하씨가 있는 경도로 향한다.

18회 : 언니 하씨는 경도에서 득남한다. 학인이 경도에 갔다가 가일충의 말을 듣고 공주와 장씨의 흉계를 안다. 학인이 황제에게 공주와 장씨의 모해를 알리니 황제가 대로하여 공주의 직첩을 환수하고, 장씨는 유배된다. 곽금천은 채운, 송봉, 그리고 갈충의 딸 연홍과 각각 혼례를 올린다. 전쟁에서 대공을 세운 소씨 가문에 황제가 직첩을 내린다. 곽금천, 소씨 네 형제가 각각 자녀를 생산하고 곽상서 부부, 엄부인, 나부인이 죽는다.

『유선쌍학록』은 전 18회 중 11회까지는 용준 형제와 학인 형제 사이의 갈등을 중심축으로 해서 정실 엄씨와 첩 위씨의 모계 갈등, 용준의 첩 송옥과 구준의 첩 심연춘의 갈등, 소경찬의 외딸 채운의 고행담 등이 얽혀서 이야기가 전개된다. 여기서 가장 주된 문제는 적자(嫡子) 소용준 형제측과 서출(庶出) 학인 형제측의 갈등이다. 이 양자 사이의 갈등을 이용해 이익을 취하려는 요첩 심연춘과 송옥, 악인 무뢰배 엄세창, 표한철, 진일범, 원두창, 강길용 등이 등장한다. 학인 형제를 도와주는 원조자로 태상노군, 범, 도사, 여승 등이 등장한다.

이와 아울러 남운도사의 외딸 소채운의 가족 이산과 고행담이 어우러져 전개된다. 소채운의 고행은 소용준이 기생 월중선 대신 채운을 창가(娼家)에 넘기려는 음모에서 비롯된다. 채운은 학인 형제가 출생하기 이전에 소씨 집안 가족과 헤어졌다가 후일 전쟁터에서 정혼자 곽금천과 재회하는 자리에서 비로소 장성한 학인 형제와 만나게 된다. 따라서 소채운의 가족 이산과 고행은 소씨 집안의 내부갈등 문제와는 무관하게 전개된다. 하지만 고행의 원인이 부도덕한 적장자 소용준으로 인해 발생한 것이므로 소씨 가문 몰락의 파생물로 볼 수 있다. 따라서 11회까지의 중요 이야기는 용준 형제와 학인 형제의 가정 안에서의 갈등과 채운의 가정 밖에서의 고행담이다. 여기서는 가정 안에서 벌어지는 복잡한 갈등과 음모를 서술하다 가정 밖에서 모험과 고난을 겪으며 성장해가는 채운의 모습을 대비시켜 흥미를 더해 준다. 그러나 양자의 분량이나 비중을 볼 때 가정 내의 갈등이 주된 골격이라 할 수 있다.

12회에서 18회까지는 가운(家運)이 회복된 상태에서 이루어지는 혼사담과 쟁총담이 중심을 이룬다. 비봉산에 은거하며 수련을 쌓은 소채운은 전쟁에서 위기에 처한 정혼자 곽금천을 구해주고 혼인한다. 쟁총담은 학인 형제가 과거급제 후 황제의 결혼 강요로 정혼자인 쌍태자매 하벽강, 벽파 자매와의 결혼이 혼사장애를 일으키는 데서 연유한다. 학인 형제는 황제의 명에 따른 혼인도 하고 정혼자와도 결혼한다. 하지만 강요된 결혼은 결국 쟁총으로 이어진다. 형제간의 갈등이 종식되고 가문의 평화가 찾아온 이후의 혼사담과 쟁총담은 학인형제가 외적의 침입을 물리치고 공을 세우는 과정과 얽혀 전개되어 가문의 안정을 이루는 과정이라고 할 수 있다.

결국 모든 가정 내의 갈등이 마무리되고 소씨 집안이 명문거족(名門巨族)으로 상승한 후 곽상서 부부, 나부인, 엄부인, 위부인 등의 죽음이 나오고 "상서 사형데는 팔십 향흑엿더라"로 이야기를 맺고 있다. 『유선쌍학록』의 결말은 등장인물들이 모두 죽는 것으로 완결하고 있고, 자식대에 대한 관심은 나타나지 않는다. 그것은 각각 몇 남 몇 녀를 생산했다는 표시만 있을 뿐 자녀의 이름을 밝히지 않는 데서도 드러난다. 이것은 『유선쌍학록』이 7권의 장편이기는 하지만 여러 대에 걸친 이야기나 연작에 관심을 갖고 있지는 않다는 것을 드러낸다.

『유선쌍학록』의 전체 구성은 크게 두 개의 이야기로 이루어져 있다고 할 수 있다. 즉 형제갈등담과 혼사장애담(소채운, 하씨 자매)이다. 이 두 이야기는 각각 발단, 전개, 결말 구조를 가지고 있다. 형제갈등담이 그 양이나 비중에 있어서 소씨 가문 내부의 문제점을 노출시키면서 이야기를 끌어가는 중심적인 골격인데 반해 혼사장애담은 이야기의 흥미요소로 삽입된 부차적 삽화로 보인다.

5. 서지적 특성

이화여대 소장 『유선쌍학록』은 완질로 전하고 있으며 현존하는 유일본이어서 자료적 가치가 매우 크다. 간기를 기록하지 않아 정확한 필사시기를 알 수 없지만 작품의 내용과 표현법 등을 볼 때 조선 후기, 19세기 말에 필사되었을 것으로 추정된다.

6. 소설사적 가치

『유선쌍학록』은 작품에 대한 본격적인 연구가 이루어지지 않은 채 작품의 줄거리가 소개되면서 『창선감의록』과 등장인물의 배치와 사건이 비슷하다는 점 때문에 『창선감의록』의 모방작으로 알려졌다. 하지만 『유선쌍학록』에 대한 본격적인 연구가 이루어지면서 『창선감의록』의 모방작이 아닌 『유선쌍학록』의 고유한 문학적 의미와 가치에 대한 다각적인 연구가 이루어졌다.

첫째, 『유선쌍학록』은 『창선감의록』에 비해 그 교양 문학적 성격은 퇴색되고 이야기의 흥미성이 더 확장되었다. 『창선감의록』류의 규방소설적 틀을 따오고는 있지만 전시대의 거의 모든 소설양식을 다양하게 흡수하고 있다. 인물배치에 있어서도 단수(單數) 형제간의 갈등이 아니라 복수(複數) 형제로 설정해서 중첩된 갈등양상을 그린 점, 소채운과 하씨 자매의 혼사 장애담을 통해 여성의 수난상을 보여주는 점, 군담의 확장, 처첩갈등 등을 통해 이야기 자체의 흥미를 증진시켰다. 물론 윤리적 규범을 내세우고 있기는 하지만 『창선감의록』의 교양 문학적 성격은 퇴색된 느낌을 준다. 17세기에 나온 『창선감의록』류의 규방소설은 인기의 확산에 따라 독자층이 넓어지면서 상업주의에 영합하여 질적 저하와 아울러 매너리즘에 빠져 그 교양 문학적 성격이나 문제의식은 쇠퇴하고 흥미성이 증대되는 전개양상을 보인다. 19세기에 규방소설의 맥을 이었다고 보이는 『쌍선기』, 『일락정기』 등의 작품들은 17세기 규방소설이 보여준 삶에 대한 진지한 모색이나 사실주의적 문제의식을 계승하지 못하고, 흥미 유지나 작가의 이념 설교의 수단으로 전락시킨 양상을 보인다. 이러한 규방소설의 후대적 전개양상 속에서 『유선쌍학록』의 성격도 살펴 볼 수 있다.

둘째, 『창선감의록』이 기본적으로 규방의 여성독자들을 대상으로 해서 벌열층의 가문의식을 그 의식기반으로 삼고 있는 데 비해, 『유선쌍학록』은 대상 독자가 규방의 여성이나 사대부는 아니라고 생각된다. 그것은 『유선쌍학록』에 드러난 의식이 사대부 의식보다는 서민 의식에 가깝기 때문이다. 『유선쌍학록』과 『창선감의록』은 공통적으로 가문 창달 의식을 강하게 드러낸다. 그러나 『창선감의록』은 화문의 운명과 정국의 변화는 밀접한 관련을 가지며 유교적 명분론의 실현이라는 의식이 깔려 있다. 이에 비해 『유선쌍학록』에 나타난 가문의식은 세속적인 입신양명주의에 가깝다. 『유선쌍학록』의 작자의식은 벌열 사대부층이나 현실적 특권을 열망하는 몰락 사대부층의 의식과는 일정한 거리가 있다. 이것은 『유선쌍학록』에서 주인공을 서출로 설정하고 있는 데서도 드러난다.

『유선쌍학록』은 서출 신분을 가진 학인 형제가 승상의 자리까지 오르는 신분상승을 그리고 있다. 『유선쌍학록』을 학인 형제를 중심으로 본다면, 서출인 학인 형제가 신분적인 불리함을 극복하고 적통자인 용준 형제와의 싸움에서 승리해 가문의 주도권을 잡는 이야기라고 볼 수 있다. 천첩의 아들이 주인공으로 설정된 작품으로 허균의 『홍길동전』을 들 수 있다. 길동은 뛰어난 능력과 함께 양반혈통을 지녔으면서도 천첩 소생이라는 이유로 가정적, 사회적 냉대를 받으며, 길동은 자신의 처지에 대해 분명한 문제의식을 갖는다. 그러나 『유선쌍학록』에서는 처첩의 구분을 엄격히 하면서도 적서차별 의식은 표면적으로 나타나지 않는다. 학인형제는 서출로 설정되어 있지만 그것이 작품에서 전혀 문제되지 않으며 아무런 불이익을 받지 않고 사회적 입신을 쟁취한다. 조선시대에 첩과 서출에 대한 차별이 매우 심했다는 것에 비추어 볼 때 첩이나 서출에 대한 『유선쌍학록』의 긍정적 시각은 의문을 불러일으킨다.

이러한 시각은 대체로 두 가지 관점에서 이해할 수 있다. 우선 작품의 무대가 우리나라가 아니라 중국이라는 것에서 찾을 수 있을 것이다. 중국은 우리나라와는 달리 서출에 대한 차별이 거의 없었기 때문에 중국을 배경으로 자연스럽게 서출의 입신출세를 그릴 수 있었다고 볼 수 있다. 그렇다 할지라도 작자는 조선시대의 신분제를 인식하고 있었을 것이므로 완전히 그것을 무시할 수는 없었을 것이다. 이것은 비현실적으로 여성의 사회활동을 그리는 일련의 여성 영웅소설에서도 작품의 끝에서는 여성 영웅이 대부분 가정으로 돌아가는 것으로 그려 현실감각을 잃지 않는 것에서도 알 수 있다. 단순히 배경이 중국이어서 서출의 입신출세를 자연스럽게 형상화시켰다기보다는 작품이 형성된 시기 내지는 작가의식과 연관된다고 보인다. 즉 『유선쌍학록』은 서출이란 것을 크게 문제 삼지 않을 정도로 신분제도가 와해된 조선 후기, 즉 19세기 말 작품으로 추정할 수 있다.

19세기 중반에 적서형제 사이의 갈등을 그린 작품으로 서유영의 『육미당기』가 있다. 그러나 이 작품은 신분질서를 전제로 하여 유가적 이념을 구체적 사건 속에서 실현하고자 해서 『유선쌍학록』과는 의식의 차이를 보인다. 『육미당기』에 등장하는 서자 세징은 귀인 박씨의 소생으로 넘볼 수 없는 세자의 자리를 넘보는 악인으로 그려지며 신분 구분을 엄격히 하고 있어 작자의 사대부적 신분의식을 드러낸다. 『유선쌍학록』에 그려진 서출에 대한 긍정적 의식은 이 작품이 신분제가 철폐될 즈음에 창작되었을 것이라는 추측과 함께 작자의식이 신분질서의식이 투철한 사대부보다는 하층민의식에 가깝다는 것을 드러낸다.

이렇게 볼 때 『유선쌍학록』은 봉건질서가 와해되는 19세기 말의 서민적 의식을 토대로 형성된 소설이라 볼 수 있다. 『유선쌍학록』은 17세기에 형성된 『창선감의록』류의 규방소설이 19세기말에 이르러 그 독자층이 상층 부녀자에서 하층민으로 확대되면서 사대부적인 의식이 서민적 의식으로 변모되는 양상을 보여준다. 규방소설의 외피는 입고 있지만 전혀 규방소설과는 다른 양상을 보이는 작품이다.

하지만 『유선쌍학록』을 서민 작자의 작품으로 추정하는 시각과는 다른 관점도 있다. 『유선쌍학록』에 그려진 주인공의 일생이 일반 영웅소설의 구조와 달리 귀족적 영웅소설의 구조를 가지고 있고 작품 말미에 첨부된 '계부잠'이 사대부 층에서 향유하던 문학 갈래라는 점을 볼 때 작자가 사대부 지배층 혹은 지배층 의식을 소유한 작자라고 추정하였다. 하지만 작품의 문면에는 작자의 의도가 드러나지만 이면에는 작자의 의도와 상관없이 당대 현실이 반영되어 이중성을 보이고 있다고 지적하였다. 즉, 작자는 문면에서 기존 질서의 회복의지를 가문의식과 명분 지향적 인간관계의 추구를 통해 강조함에도 불구하고 당대 현실 가운데 중세적 신분질서의 역전, 물질 만능의 세태, 화적의 난무, 세도정치하의 정치현실 등 기존질서의 붕괴 조짐을 이면에 드러내고 있다. 따라서 이 작품은 기존 질서의 회복의지와 붕괴 조짐이 이중성을 띠며 양립 공존하고 있고 이들 사이의 관계에 의해 사대부의 위기의식과 사회에 만연한 실리 지향 의식이라는 사회의식이 함께 드러나고 있다고 하였다.

『유선쌍학록』의 정확한 작자와 창작시기를 알 수 없는 상황에서 작품의 내용만 가지고 작자의식과 형성시기를 추정하는 것에는 일정 부분 한계가 있다. 하지만 기존의 연구를 통해 『유선쌍학록』이 『창선감의록』의 단순 모방작이 아니라 조선 후기의 변화하는 시대의식과 형식을 수용한 소설사적 가치를 지닌 작품이라는 것이 밝혀졌다.

(박영희)

[색인어]
유선쌍학록, 형제, 소수찬, 소경찬, 소용준, 소구준, 소학인, 소학선, 소채운

[참고문헌]
김기동, 『이조시대소설의 연구』, 성문각, 1974.
박영희, 「『유선쌍학록』 연구」, 『고전문학』 7, 한국고전문학회, 1992.
손기광, 「『유선쌍학록』의 이중성과 사회의식」, 경북대학교 석사학위논문, 2000.
이상택, 「낙선재본소설 연구-그 예비적 작업으로서의 혼사장애주지의 문제를 중심으로」, 『한국고전소설의 탐구』, 중앙출판, 1981.
이수봉, 「신물매체설화의 소설이행 양상」, 『민속어문논총』, 계명대출판부, 1983.

일성록

日星錄 / 崔益鉉 著

木活字本. ─ [發行地不明] : [發行處不明], [1869(高宗 6)]跋.
5卷2冊 : 揷圖, 四周單邊 半郭 24.8×16.9cm, 有界, 10行22字,
內向花紋魚尾 ; 30.6×20.0cm.
序[1] : 關逢因敦[甲子, 1864]…李商永謹序
序[2] : 旃蒙赤奮若[乙丑, 1865]…趙章燮謹序
跋[1] : 屠維大荒落[己巳, 1869]…趙愚植謹跋
跋[2] : 己巳[1869]…趙永善謹跋
跋[3] : 己巳[1869]…朴在澄謹跋
跋[4] : 屠維大荒落[己巳, 1869]…朴在萬謹跋

日星錄

1. 개요

『일성록』은 조선 말기의 문신·학자이자 의병장인 최익현(崔益鉉 : 1833~1906)의 문집으로, 그의 위정척사 활동과 관련된 시문 및 도상(圖像)을 선별하여 문인 조우식(趙愚植 : 1831~1937)이 엮었다. 5권 2책으로 소(疏) 1책(권1~2), 소·서간문·격문·시(권3~4) 및 부록(권5) 1책(권3~5)이며 목활자본이다. 이상영(李商永)·조장섭(趙章燮)의 서문과 조우식·조영선(趙泳善)·박재식(朴在湜)·박재만(朴在萬)의 발문이 있다.

2. 편·저자

원저자 최익현(1833~1906)은 조선 말기의 문신·학자·의병장이다. 본관은 경주(慶州)이며, 자는 찬겸(贊謙), 호가 면암(勉菴)으로 경기도 포천 출신이다. 아버지는 대(岱), 어머니는 이씨이다. 14세 때 화서(華西) 이항로(李恒老)의 문하에서 성리학을 공부하였고, 1855년(철종 6) 명경과(明經科)에 급제하며 관직 생활을 시작했다.

1895년, 을미사변 때에는 거의(擧義)를 도모하다 체포되었으며 이후로도 시무 12조와 같은 시폐소(時弊疏)와 당시 정치의 문제점을 지적하고 일본을 배격해야 한다는 위정척사사상을 담은 상소를 올렸다. 1905년에는 을사오적을 처단하라는 내용의 상소를 올린 것이 화근이 되어 일본군에 체포되기도 하였다. 1905년 2월 전북 태인(泰仁)에서 의병을 일으켰으나 왜병의 습격을 받아 의병은 붕괴되고, 최익현은 체포되어 한양을 거쳐 7월, 일본 대마도에 감옥에 구금되었다가 11월 대마도 감방에서 세상을 떠났다. 1906년 4월 노성(魯城) 월오동면(月午洞面) 지경리(地境里) 무동산 아래에 반장(返葬)되었는데 묘소에 참배객이 끊이지 않자 일제에 의해 1910년 당시로서는 오지였던 충남 예산군 광시면 관음리로 이장되었다.

편자 조우식(1831~1937)은 독립운동가로 1919년 3월 21일에는 경기도 연천의 백학면(白鶴面) 만세 운동을 주도하고, 태극기를 제작하여 마전리(麻田里) 문묘(文廟) 앞에 세운 바 있다. 최익현과 함께 대마도에 끌려갔다가 최익현 사후 조선으로 돌아와 전남 곡성에 최익현을 기리는 오강사(梧岡祠)를 세웠다. 1920년 이곳이 일제에 의해 훼손되자 일제에 항의하는 한편 유림들과 그 영당을 복구하였다. 1937년 영당이 다시 훼손되자 그에 대한 항거의 표시로 사우 곁에 있는 나무에 목을 매어 자결했다고 한다. 그 외에 조우식에 대해 알려진 사실은 별로 없다.

3. 편찬 경위

『일성록』은 최익현의 문인 조우식이 유림들의 협조를 얻어 편찬한 것으로 최익현의 시문 중 위정척사 활동과 관련된 것들을 중점적으로 모아 수록해 놓았다. 최익현의 평생을 표현한 14개 조의 그림이 있고, 그의 소장(疏章)을 비롯하여 거의(擧義)할 때의 격문 약간 편을 취합하여 엮었다. 이상영이 쓴 서문에 따르면 조우식은 안방준(安邦俊)이 조헌(趙憲)의 유문(遺文)과 행록(行錄)을 모아 『항의신편(抗義新編)』을 편찬한 일을 본받아 『일성록』을 엮었다.

처음에 이 책의 명칭은 '소의합편(昭義合編)'이었다가 '일성록(日星錄)'으로 바뀌었는데 이 책의 편집이 일성당(日星堂)에서 이루어졌기 때문이다. 일성당에 관해 밝혀진 점은 없지만, 전남 곡성군 오강(梧岡)에 있는 최익현과 조우식·조영선 등을 배향한 사우(祠宇)에 달린 재실의 이름이므로, 이를 서명으로 삼았을 가능성이 있다. 또 실제로 조우식이 곡성 지역 오강(梧岡) 사우(祠宇)를 중심으로 활동했으니, 전남 곡성의 일성당에서 이 책이 간행되었을 가능성도 있다. 간행 시기는 명확하지 않은데, 발문이 쓰여진 시기와 조우식의 몰년(1937)을 감안할 때 최소한 1929년에서 1937년 사이로 추정해 볼 수 있다. 그리고 국립중앙도서관 및 장서각에 소장된 판본들 중 1931·1932년에 간행된 것들이 있는데, 1929년 조우식·조영선·박재식·박재만이 쓴 발문 외에 추가로 발문이 쓰여졌고 첨부된 내용도 있다. 이로 보면 이화여대 도서관본 『일성록』은 최소한 1929년에서 1930년 무렵에 발간된 것이며, 이후에 간행된 『일성록』 판종의 저본이었을 가능성이 있다.

4. 구성과 내용

『일성록』은 모두 2책 5권이며, 1책(권1~2), 2책(권3~5)으로 분책되어 있다. 표지에는 서명이 없고, 판심제에 '일성록(日星錄)'이라고 되어 있다. 서문과 총 목차가 책의 서두를 구성하는 일반적 방식과는 달리, 총 목차 앞에 최익현의 가계와 행략, 그리고 그의 생애를 형상화한 그림을 먼저 수록해 놓았다.

서문은 후학 이상영이 1924년에, 조장섭이 1925년에 쓴 것이다. 『일성록』의 편자인 조우식은 바로 조장섭의 조카이다.

서문에 이어 월성세계(月城世系)가 나오는데 여기에는 경주 최씨의 시조인 최치원 이하 최익현까지의 간략한 계보가 기술되어 있다. 이어 나오는 「선생소영(先生小影)」에는 최익현의 영정과, 자찬(自贊), 그리고 문인 조우식의 찬이 실려 있다. 최익현의 영정은 조우식이 쓴 발문에 의하면 동문 박진환·정선근 등과 협력하여, 화사(畵師) 황성하(黃成河)가 그린 것으로 추정된다. 1905년에 채용신(蔡龍臣) 등에 의해 그려진 최익현의 초상화와 비교한다면 매

우 소박한 형태이다.1)

「선생행략(先生行略)」에는 최익현의 출생부터 대마도에서의 반장(返葬) 및 기유년 개장(改葬)까지를 연도별로 간략히 기술해 놓았다. 이어 최익현의 생애 중 중요한 국면을 형상화한 14개 조의 그림이 나오는데 『면암집』에는 없는 자료들이다. 4자로 된 제목이 그림 상단에 있고, 오른쪽 상단부에는 4자 6구 형식으로 된 제시(題詩)가 있다. 이항로에게서 수학하는 장면을 그린 「벽문청업(蘗門請業)」, 도끼를 들고 척화 상소를 올린 일을 그린 「천문지부(天門持斧)」, 수옥헌(漱玉軒) 주차(奏箚), 대마도 이송, 대마도에서의 반장(返葬) 등을 내용으로 한다. 14개 조 그림의 제목은 다음과 같다. 벽문청업(蘗門請業)-순원청강(順園淸彊)-신창투인(新昌投印)-채산경초(茝山耕樵)-천문지부(天門持斧)-이도극위(二島棘圍)-수옥헌차(漱玉獻箚)-노사분향(魯祠焚香)-무성건기(武城建旗)-옥천피위(玉川被圍)-사부대매(司部大罵)-부항송도(釜港送棹)-엄원각식(嚴原却食)-구계반인(龜溪返靷)이다.

권1~3에는 「장령시언사소(掌令時言事疏)」에서 「유소(遺疏)」까지 상소 21편이 수록되어 있다. 제목 아래에 상소문을 쓰게 된 경위와 그에 대한 왕의 비답이 서문 형식으로 실려 있다. 이 상소문들은 최익현의 투철한 위정척사와 애국정신이 담겨 있는 것들이다. 1876년 개항에 반대하며 도끼를 들고 궐 앞에 엎드렸던 「지부복궐척화의소(持斧伏闕斥和議疏)」, 을사 5적을 처단해야 한다는 「청토오적소(請討五賊疏)」는 매우 유명한 글이다. 『면암집』에 수록된 상소는 모두 29편인데, 『일성록』의 경우, 편차는 그와 같으나 「병인의소(丙寅擬疏)」, 「선유대원명하후진회대죄소재소(宣諭大員命下後陳懷待罪疏再疏)」, 1902년의 「사궁내부특진관소(辭宮內府特進官疏)」, 「의관허체종인구자명소(議官許遞從後引咎自明疏)」, 「사의정부찬정소(辭議政府贊政疏)」, 1904년에 쓴 「사의정부찬정소삼소(辭議政府贊政疏三疏)」, 1904년에 쓴 「궐외대명소사소(闕外待命疏三疏)」, 1905년의 「궐외대명소사소(闕外待命疏四疏)」 8편이 빠져 있다.

권4에는 서간문·격문·시 등 14편의 산문과 오언절구 14수, 칠언절구 9수가 수록되어 있다.

먼저 서간문은 9편인데 양헌수(梁憲洙)에게 의병 봉기를 촉구하는 편지 3편, 포천 교유(校儒)에게 답하는 편지 1편, 이재윤·이남규·곽종석·이도재·민영규에게 주는 편지 5편이다. 그리고 팔도의 선비와 백성에게 쓴 포고문 1편, 일본 정부에게 주는 「기일본정부(寄日本政府)」, 노성(魯城)의 궐리사에서 강회를 하며 서고(誓告)한 조약문 1편과 두 편의 격문(檄文)이 실려 있다. 편지는 『면암집』에 수록된 170여 편 중 극히 일부에 해당하며, 포고문 이하 4편은 잡저에 수록되어 있다.

그리고 시로는 칠언절구 「사령부(司令部)」 시 1편을 비롯, 오언절구 「유시(遺詩)」 14수, 칠언절구 「수관선래(囚館先來)」 9수가 수록되어 있다. 이 시들은 최익현이 "비상(非常)한 시대

---

1) 비슷한 시기에 아들 영조(永祚)가 선생의 문인 조재학(曹在學)과 함께 선생의 화상을 그려 간직하기로 하고, 또 두 벌을 더 모사하여 한 벌은 태인 태산사(泰山祠)에 모시고, 한 벌은 문인 오봉영(吳鳳泳)에게 준 일이 있다.

를 만나, 군대의 책임도 없는 서생에, 팔순 늙은 나이"에 거의(擧義)하며 자신과 뜻을 같이
하며 일제에 고초를 당했던 서생들에게 지어준 것이다. 「유시(遺詩)」 제1수는 「자책(自責)」이
고 이하 제2수부터는 고석진(高石鎭), 임병찬(林炳瓚), 문달환(文達煥), 양재해(梁在海), 김기
술(金箕述), 임현주(林顯周), 조우식, 이용길(李容吉), 조영선, 최제학(崔濟學), 유해용(柳海容),
나기덕(羅基德), 정시해(鄭時海) 13명에게 준 오언절구 13수이다. 이 시들은 『면암집』에 「일
옥중묵회오절십사수(日獄中默會五絶十四首)」라는 시제(詩題)로 실려 있다. 『면암집』에는 김기
술과 임현주의 순서가 바뀌어 있고, 이용길은 조영선·최제학의 다음에 나온다.

이어 「수관선래(囚館先來)」라는 제하에 이칙(李侙), 유준근(柳濬根), 남규진(南圭振), 안항
식(安恒植), 신보균(申輔均), 이상두(李相斗), 문석환(文奭煥), 최상집(崔相集), 신현두(申鉉斗)
까지 홍주(洪州)의 의사(義士) 9명에게 준 시가 수록되어 있다. 이 시들은 『면암집』에 「대마
도수관증선래구인(對馬島囚館贈先來九人)」이라는 시제(詩題)로 실려 있다. 대상 인물은 동일
한데, 『면암집』에는 최상집과 문석환이 바뀌어 있고, 남규진이 8번째에 들어가 있다.

권5는 부록인데 7개의 수록(隨錄)과, 이항로의 문인이자 최익현과 교유했던 중암(重菴) 김
평묵(金平墨 : 1819~1891)이 쓴 「흑산도기(附黑山島記)」가 실려 있다. 7개의 수록은 일종의
언행록이라고 할 수 있으며 연도별로 되어 있다. 예컨대 「벽문수록(蘗門隨錄)」은 1846년 화
서 이항로 선생을 찾아가는 데서 시작되고, 「순신수록(順新隨錄)」은 1856년 순강원 근무에서
시작되며, 「전동관수록(漢洞館隨錄)」은 1895년 을미사변에서 시작된다. 이후로 「수옥헌수록
(漱玉軒隨錄)」, 「사부수록(司部隨錄)」, 「노사수록(魯祠隨錄)」, 「순마수록(淳馬隨錄)」이 실려 있
다. 『면암집』 연보가 연도별로 최익현과 관련된 사실을 순차적으로 객관적으로 나열하고 있
다면, 이 7개의 수록은 특정 시기를 묶어 제목을 붙인 뒤 최익현의 언행을 중심으로 기술되
는데, 『면암집』에는 없거나 소략한 내용들이 확대 부연되어 있기도 하다.

끝으로 후학 조우식·조영선·박재식·박재만이 1929년에 쓴 발문이 실려 있다.

5. 서지적 특성

『일성록』은 서울대학교 규장각과 국립중앙도서관, 장서각 등지에 소장되어 있다.

국립중앙도서관에는 3종이 있는데 '의산고(古)'본은 권3~5만 있는 낙질본으로 1931년 간
행되었고, 표지에는 "日星錄 坤"이라 되어 있다. 발문은 이화여대 도서관본과 동일하게 조우
식·조영선·박재식·박재만 순으로 실려 있으며, 내용과 판식(版式)도 동일한 것으로 보인
다. 다만 책의 끝에 발문에 이어 이화여대 도서관본과 규장각본에는 없는 「약변한사서(略辨
韓史書)」가 부록으로 달려 있다. 본문의 제목은 「약변한사계저중화한묵임서국제장보(略辨韓
史繫抵中華翰墨林書局諸章甫)」이며 판심제에 「약변한사서」라고 되어 있다. 이어 허종(許鍾)

등의 답서(答書)가 부기(附記)되어 있고, 조우식을 위시한 120여 명의 인명(人名)이 나열되어 있는데 그 간지는 계해년, 곧 1923년으로 되어 있다. '고조(古朝)'본은 목활자본으로 1931년 전남 화순 춘휘정(春暉亭)에서 발행된 판본인데 박재식이 저작 겸 발행인으로 되어 있다. 이화여대 도서관본과 비교해 보면 「선생행략(先生行略)」과 도판은 수록되어 있지 않으며, 판식도 사주쌍변(四周雙邊)으로 다르다. '일산고(古)'본은 2권 5책의 지방목활자본으로 표지에는 "일성록(日省錄)"이라 되어 있는데 '성(省)'자 옆에 '성(星)'자를 가로로 병기해 고쳐 놓았다. 수록된 내용과 도판은 이화여대 도서관본과 동일하다.

장서각에는 3종의 목활자본이 있는데, 1종은 1932년 전남 화순의 임연당(臨淵堂)에서 간행된 것이다. 발문을 보면 이화여대 도서관본에 있는 것과 동일한 4명의 발문에 이어 1931년 지헌하(池憲夏)·문규태(文桂泰)·이병구(李秉久)의 것이 추가되어 있다. 5권 2책이며 도판과 유상(遺像)이 수록되어 있다. 1종은 이화여대 도서관본과 동일한 서·발문이 수록되어 있고, 도판이 있어 이화여대 도서관본과 동일한 판종으로 보인다. 나머지 1종은 낙질로 1책만 있으며 이상영·조장섭의 서문만 있다.

규장각본은 목활자본 5권 2책으로 1932년 전남 화순(和順)에서 간행된 것이다. 이상영·조장섭이 쓴 서문은 동일하지만, 조우식·조영선의 발문만 있고, 박재만의 발문이 없는 대신 1931년에 이병구(李秉久)가 쓴 발문이 들어가 있다.

6. 평가

최익현은 이항로의 학맥을 계승하면서, 대변환의 시운을 맞은 조선의 현실 속에서 애국의 실천 및 도덕과 전통 질서를 수호해야 한다는 실천적 명분론을 중시하는 방향으로 나아갔다. 그의 강렬한 위정척사 사상과 운동은 바로 그러한 학문적 기반 위에서 그가 처한 당대 조선의 역사를 기반으로 한 실천적인 성격을 가진 것이었다는 점에서 중요한 의미를 갖는다. 이러한 최익현의 사상이 담겨 있는 그의 문집 『면암집』은 신미년(1931)에 유림 및 후학들이 초간본의 낙질 18권을 보완하고 속집 2권을 추가하여 48권 24책으로 간행한 것인데, 바로 이 신미본이 현재까지 전해지고 있다.

『일성록』은 이 신미본을 축약한 형태라고도 볼 수 있겠는데 최익현의 위정척사 활동과 관련된 애국적 언행 자료들만을 선별한 자료로서 가치를 평가할 만하다. 또 상소와 편지 등은 『면암집』에도 실려 있으나, 14개의 그림은 『일성록』에만 수록되어 있는 귀중한 자료이다. 또 권5의 부록에 있는 7개의 수록들은 연보의 기록을 보충하며 최익현의 생애와 사상을 더 구체적으로 재구하도록 하는 내용들을 담고 있어 참고할 가치가 있다. 또 다양한 형태로 현존하고 있는 『일성록』 판본 중에서 1930년 이후로 간행된 판본의 기저를 이루는 저본일 가능성이 있다.

　최익현의 위정척사 활동 및 사상에 대한 연구는 비교적 활발한 편으로 1970년대 김의환의 『의병운동사』를 비롯하여 홍순창·금장태 등 정치·사상·역사 분야의 연구가 이루어졌다. 그리고 1990년대 들어 전라북도 전라문화연구소에서 일련의 최익현의 의병활동 문서들을 소개, 연구한 바 있다. 『일성록』 자체에 대한 연구는 거의 없는 상황이다. 앞서 거론했듯 전라문화연구소에서 '태인 지역 김기술 가(家)의 고문서'로 최익현의 의병 활동과 관련된 문서들을 소개한 바 있는데 김기술은 최익현이 대마도 감옥에 수감되었을 때 함께 했던 13명 중의 한 사람이며 조우식과도 관계가 있다. 따라서 김기술이 소장했던 최익현의 의병 활동 관련 문서들과 『일성록』 소재 자료들에 대한 비교 연구 또한 가능할 것으로 보인다.

(김남이)

[색인어]
일성록, 위정척사, 조우식, 최익현, 이상영, 조장섭, 조영선, 박재식, 박재만

[참고문헌]
전북대학교 전라문화연구소 편, 「자료 : 전라도 태인 김기술가의 고문서」, 『전라문화논총』 6, 1993.

금장태, 「면암 최익현의 성리설과 수양론」, 『대동문화연구』 34, 1999.
김의환, 『의병운동사(義兵運動史)』, 박영사, 1974.
홍순창, 『한말의 민족사상』, 탐구당, 1975.

장국중전

장국중전

筆寫本. ─ [發行地不明] : [發行處不明], [發行年不明].
67張 : 無界, 10行22字內外 ; 34.6×21.0cm.
한글본임.

고서/고서811.31 장17ㄱ

장국중전

1. 개요

『장국중전』은 조선 후기 고전소설의 하나로, 『장국진전』으로 더 잘 알려져 있으며 『모란정긔』라는 제목으로 되어 있는 이본도 있다. 국문 필사본이 18종, 국문 활자본이 14종 있으나 이본 간의 차이는 크지 않다. 다만 인명과 지명의 차이, 후일담의 유무(有無) 등을 근거로 두 계열로 나눌 수 있다.

작자 및 연대 미상이지만, 필사 연대가 대략 1906년(국립도서관 소장 58장본)부터 1923년(김동욱 소장 56장본) 부근이며 활자본의 간행 연대가 1916년(동아서관본)부터 1923년(대창서원본) 부근이므로 19세기 말에서 20세기 전반기에 읽힌 소설로 볼 수 있다. 이본이 총 30여 종 있는 것으로 보아 많은 독자층을 확보했으리라 생각된다. 주인공 장국중의 출생에서부터 시련, 구출, 도술 연마, 가족들과 재회, 몇 차례의 시련, 극복의 영웅 일대기 구조를 지닌 전형적인 영웅 군담 소설의 하나이며, 후반부에는 부인 이씨가 선약(仙藥)으로 국중을 살려내고 또 장수로 변장하여 도술로써 적들을 제압하는 대목이 있어 여성 영웅 소설다운 면모도 보인다.

2. 편·저자

미상.

3. 편찬 경위

필사자와 필사 경위는 미상이다. 다만 표지에 "갑인 원월 십삼일 시죠라(띄어쓰기는 필자)"라고 쓰여 있고, 마지막 장에 "갑인 원월 이십일 북창흐의 등셔라 글씨 용열흐나 보시나니 눌너 보셔"라고 쓰여 있는 것으로 보아 필사 연대는 추정 가능하다. 갑인년(甲寅年)은 1854년, 1914년, 1974년이 해당되는데 다른 이본들의 상황으로 보아 1914년인 것으로 보는 것이 적합하다. 아울러 뒷표지 안쪽의 도장에 "14. 9. 27."이라고 찍혀 있는 것에서도 14가 1914년을 뜻하는 것으로 보인다.

4. 구성 및 내용

주인공 국중은 대명(大明) 시절 강남 땅 장승상의 만득자(晩得子)이다. 장승상의 아내 강씨가 나이 50이 되도록 아들이 없었는데 어느 날 산승(山僧)이 와서 아들을 점지해 주러 왔다면서 절을 중수(重修)하면 아들을 얻을 것이라고 한다. 절을 중수하자 장승상과 그 부인이 청룡(靑龍)이 내려와 품에 안기는 꿈을 꾼다. 태몽을 꾸고 잉태하여 국중을 낳았는데, 천상의 벼락성이 국중의 전생(前生)이고 두 선녀 즉 월궁 선녀와 동정호 용녀가 그의 배필로 점지된다. 천상의 태상노군이 말하기를 취성(달마왕)이 자미성(명나라 천자)을 침노하니 막으라고 한다. 그리하여 등에 검은 점 28수가 나 있고 가슴에는 북두칠성 모양의 점이 난 채로 태어난다.

국중이 7세 정도 되니 매우 총명하였는데, 그 무렵 달내국(다른 이본에는 달마국으로 되어 있음)이 침입하여 피난 가는 길에 부모와 헤어진다. 달내국의 선봉장인 은통(다른 이본에는 굴통으로 되어 있음)에게 잡혀가 달내국의 백원도사의 탄압으로 죽게 되었지만 은통이 동정심을 베풀어 물에 빠뜨리기만 한다. 그때에 거북(다른 이본에는 널판지)이 나타나 국중을 업고 700리 동정호를 건너간다. 에악산(다른 이본에는 여학산으로 되어 있음) 도사의 제자가 되어 경서(經書)와 도술을 배운다.

피난 갔다가 집으로 돌아온 장승상 내외는 집이 불 타 버리고 터만 남은 걸 보고 절망하여 힘들게 살아간다. 10년 후에 국중이 에악산 도사에게 철윤도와 청학선을 얻어서 속세로 돌아와 부모와 상봉한다. 승상 부인이 꿈에 충신 이창옥의 딸 계양 소저를 국중의 배필로 점지 받아 국중이 찾아가지만 거절당한다. 승상 부부가 매파를 보내 구혼하지만 또 거절당한다. 국중이 과거에 응시하여 장원 급제하고 나서 천자가 주선하여 계양과 혼인한다. 그 후 또 천자가 주선하여 이부상서 유회의 딸 명옥과도 혼인한다. 그리하여 이부인과 유부인, 두 부인을 두게 된다.

국중이 서주(어떤 이본에는 제주로 되어 있음) 어사를 제수 받아 가던 중 방방곡곡의 수령들의 선(善)과 불선(不善)을 살펴 다스리고 백성들을 위로한다. 적당(賊黨)을 잡아 죽이고 돌아와 쉬는데 꿈속에서 원한 맺힌 귀신의 사연을 듣고 원수를 갚아주니 그 귀녀(鬼女)가 풍운갑을 준다. 달내국의 은통과 백원도사가 쳐들어오자 정서장군 사양이 자원하고 우길과 김성이 선봉이 되어 싸웠으나 고전(苦戰)한다. 장어사가 서주를 순행(巡行)하다가 소주로 들어갔는데 그곳의 자사인 송경운이라는 사람이 주색(酒色)에만 골몰한다는 것을 알고 베어버리고 백성을 진휼한다. 그날 밤에 하늘의 취성이 자미성을 침범하는 것을 알아채고 황성(皇城)으로 돌아와서 출사(出師)를 아뢴다. 장어사가 출병하여 달내국과 싸우는데 신기한 술법으로 바람과 흑운(黑雲)을 불러일으키기도 하고 황건 역사들을 불러내 진군하게 하기도 하면서 그들을 물리친다. 물러난 달내국의 백원도사가 은통이 장국중을 살려둔 것을 탓한다. 장어사는 좌승상으로, 두 부인은 각각 정열부인과 숙열부인으로, 아버지 장승상은 연왕으로 어머니 강씨는 왕비로 봉해진다.

달내국왕의 사주를 받은 황화산의 구미호가 명나라 공주를 죽이고 공주로 변신하여 국중에게 독약을 마시게 하였지만, 에악산 도사가 보낸 동자(童子)가 준 차를 마시고 살아나 구미호를 죽인다. 황도사가 자객으로 명나라에 들어와 국중을 죽이려 하는데 유부인과 이부인이 하늘의 붉은 기운을 보고 이를 알아챘다. 초인(草人)을 국중과 똑같이 만들어 둔갑술을 부려 그 사람인 것처럼 만들어 놓자 황도사가 그가 국중인 줄 알고 찌르고 간다. 국중이 죽었다고 생각한 황도사가 군사를 일으켜 또다시 쳐들어오자 국중이 대비하고 있다가 도사와 달내왕을 죽인다. 달내왕의 세자가 왕위에 오른다.

명나라의 천자가 승하하여 어린 태자에게 왕위를 넘겼는데 이침이라는 신하가 국중을 참소한다. 먼 곳으로 유배 가는 길에 달내국에 잡혀 천 길 굴함에 갇힌다. 달내국이 다시 명나라를 침입하자 옥황상제가 북해 용왕에게 명하여 비를 많이 내리게 하여 굴함에 물이 차 국중이 굴함을 탈출한다. 국중이 이침을 베어버리고 달왕도 물러나게 한다. 달왕이 철왕국에 구원병을 청하여 다시 공격해 오자 국중이 천자의 명을 받들어 맞서 싸운다. 그러는 가운데 국중이 병이 나자 이부인이 남복(男服)을 입고 전장(戰場)으로 간다. 관음보살의 선녀 한 쌍을 얻어 그들의 인도로 적진에 가게 되는데 선녀가 입으로 물을 뿌려 불을 끄기도 하고 땅을 기울여 물을 쏟으니 달내국 군사들이 물에 빠져 죽기도 한다. 이부인이 선약(仙藥)으로 국중을 살려내고 도술로 적을 제압한다. 이부인과 장국중이 합심하여 달왕과 철왕의 항복을 받아내며 그들을 돕던 여섯 도사의 목도 벤다.

이부인이 국중에게 자신은 사촌 종남이라고 소개했던 것이 집에 와서 거짓임이 밝혀진다. 이부인이었던 것을 알고 칭찬한다. 이부인에게서 3남2녀를, 유부인에게서 2남3녀를 낳았는데 모두 매우 뛰어나다. 그러던 중 국중의 부모인 연왕 부부가 죽자 3년 동안 시묘(侍墓)한다. 황상이 장승상의 아들 5형제에게 벼슬을 준다.

덧붙여 장승상의 큰 덕이 사해(四海)에 진동하기에 대강 기록하여 세상에 전한다는 후기가 있다.

이상에서 본 바와 같이 『장국중전』은 주인공의 출생과 성장, 주인공의 여러 차례의 시련과 극복, 주인공의 성혼(成婚), 주인공의 행복이라는 구조를 지니고 있다. 이는 군담소설의 일반적인 구조인 주인공의 좋은 가문, 기자치성, 주인공의 전생 신분, 주인공의 시련, 주인공의 양육자, 주인공의 박해, 주인공의 구출자, 주인공의 결연, 국가의 전란, 주인공의 진출, 주인공의 공로, 주인공의 복수, 가족과의 재회, 주인공의 죽음의 구조와 거의 일치하는 구조이다. 다만 후반부에서 여성의 영웅적인 활약상을 삽입한 점은 여성영웅소설의 면모도 보이는 대목이다.

또한 이 작품에서는 충신과 간신의 대립과 천상과 지상에서의 선(善)과 악(惡)의 대립이 작품 전반에 걸쳐 두드러지게 나타나며, 천상계와 지상계가 밀접히 연관되어 있기도 하다. 지상계는 불행하지만 천상계는 행복한 곳이며, 지상에서의 불행은 천상에서 극복된다. 하지만 현실계가 항상 불행한 곳은 아니고 행복으로 순환되기도 하는 등 당대 사람들의 민간신앙적인 요소와 도교적인 요소가 드러난다. 민간신앙적인 요소로는 무속사상(巫俗思想), 무속제의(巫俗祭儀), 기자치성(祈子致誠)의 행위들이 두드러지며, 도교적 요소로는 천문사상(天文思想), 용사상(龍思想), 옥황상제와 여러 도사들의 조력 행위 등이 있다. 또한 유교적인 요소도 강하니 충효열(忠孝烈) 사상이나 조상 숭배사상 등이 그것이다. 주인공은 표면적으로는 충효열의 유가적(儒家的)인 삶을 지향하지만 한편으로는 개인적인 부귀영화와 애정의 성취, 신분 회복 의식 등을 지니고 있다. 이런 점은 대개의 영웅소설의 작가라고 추정되는 몰락 양반층의 의식과 주된 독자층인 서민층의 욕구를 반영한 결과이다. 아울러 흥미진진한 군담과 함께 남자 주인공을 곤경에서 구출하는 뛰어난 능력을 지닌 여성영웅을 등장시켜 부녀자들의 흥미도 끌고 있는 점에서 통속성이 강한 후기 영웅소설이라고 판단된다.

5. 서지적 특성

『장국중전』은 1~91면은 평균 10행 23자이며, 92면~136면은 평균 10행 28자로 되어 있다. 또한 이 작품은 국문 필사본이 18종(모란정기 2종 포함), 국문 활자본이 14종(모란정기 5종 포함)이 있다. 필사본으로는 서울대 도서관 소장 105장본 『장국중전(張國曾傳)』, 국립 중앙 도서관 소장 69장본 『장국진전(張國陳傳)』, 국립 중앙 도서관 소장 76장본 『장국진전(張國振傳)』, 김동욱 소장 105장본 『장국진전(張國陳傳)』, 김동욱 소장 65장본 『장국진전(張國陳傳)』, 김동욱 소장 55장본 『장국진전(張國陳傳)』, 김동욱 소장 56장본 『장국진전(張國陳傳)』, 박순호 소장 54장본 『장국진전』, 박순호 소장 62장본 『장국진전』, 연세대 도서관 소장 35장본 『장국징전』 등이 있다. 활자본으로는 동아서관 간행 『장국진전』 78장본, 75장본, 박문서관 간행 『장국진전』 75장본, 세창서관 간행 44장본, 회동영창서관 간행서관 간행 67장본 등이 있다.

먼저 각 이본들의 표제명을 살펴보면 서울대 소장 105장본만 『장국중전』이어서 이화여대 도서관본이 『장국중전』인 것과 가장 비슷하다. 하지만 주인공 이름이 장국진이냐, 장국증 또는 장국중이냐 하는 것은 이본 계열을 결정하는 데에 중요한 요인이 되지는 않는다. 이 이본은 매면 10행, 매행 18자 정도여서 약 37,800자이다.

다음으로 시대적, 공간적 배경이 대명(大明) 시절, 강남땅인 점, 주인공의 전생(前生)이 천상의 '별악성(벼락성)'인 점, 주인공의 천정(天定) 배필이 월궁 선녀와 동정 용녀인 점, 달마국 선봉장 이름이 '은통'인 점, 이부인의 시비 이름이 '춘운'인 점, 국중의 관직명이 '서주 어사'인 점, 국중이 달마국 사람들에게 갇힌 곳이 천길 굴함인 점, 일지홍이 등장하지 않는 점 등의 면에서 서울대 소장 105장본, 국립도서관 69장본, 76장본, 김동욱 소장 65장본, 55장본, 56장본, 박순호 소장 54장본 등이 이화여대 소장 68장본과 같다. 이들 이본은 모두 30,000자에서 37,000자 정도여서 길이 면에서도 비슷하다. 하지만 국중의 승천담이 없다는 점에서는 서울대 105장본과 국립중앙도서관 76장본이 유사하며, 필사자의 후기가 있다는 점에서는 서울대 105장본과 김동욱 소장 65장본이 유사하다. 그런데 서울대본에는 달마국 선봉장 이름이 표기되어 있지 않으며 두 부인의 자녀의 수가 이화여대 도서관본과 다르고 국립중앙도서관 76장본은 자녀의 수가 언급되어 있지 않은 점이 다르다는 면에서 완전히 같은 이본은 없다. 하지만 이런 차이는 작품의 세계관이라든지 구조에 결정적인 변화를 초래하지는 않고 필사 과정에서의 단순 변이 정도이므로 같은 계열로 다루어도 무방할 듯하다. 따라서 위에 열거한 이본들이 이화여대 도서관본과 같은 계열이라고 할 수 있다. 하지만 그 선후관계를 파악하기는 힘들다. 국립중앙도서관 소장 58장본이 1906년 필사인 점, 이화여대 소장 68장본이 1914년 필사인 점, 김동욱 소장 65장본이 1915년 필사인 점, 김동욱 소장 56장본이 1923년 필사인 점 등만 추정할 뿐이다.

또 다른 계열은 활자본인 동아서관본과 김동욱 소장 105장본, 박순호 소장 62장본 등의 계열이다. 이들은 주인공의 전생(前生)이 천상의 '규목성'이라고 한 점, 주인공의 천정(天定) 배필을 세 명의 선녀라고 한 점, 그래서 후반부에 일지홍이 등장하는 점, 달마국 선봉장의 이름이 '굴통'인 점, 이부인의 시비 이름이 '초운'인 점, 주인공의 관직이 '제주도 어사'인 점, 주인공이 갇힌 곳이 천길 지함인 점, 두 부인의 자녀수에 대한 언급이 없는 점, 셋째 부인인 일지홍이 등장하는 점, 국중의 승천담이 없는 점 등이 유사하다. 이들 이본에서 서주를 제주도로 바꾼 점은 중국을 배경으로 하던 것을 우리나라를 배경으로 했다는 면에서, 일지홍이 등장하는 점은 여성 독자들의 흥미를 불러일으키기 위해 설정했을 거라는 면에서, 전체 글자 수가 39,200자에서 44,300자여서 앞의 계열 이본들보다 약 5,000자 정도 길다는 면 등에서 앞의 계열보다 후대의 계열일 가능성이 크다.

한편 이화여대 소장 68장본의 어휘에는 사투리가 많이 섞여 있다는 면에서 필사지 또는 독자를 추정할 수 있을 듯하다. '여학도사'를 '에악 도사'로, '어찌'를 '웃지'로, '천길'을 '천질'로, '벼락성'을 '베락성'으로, '기다려'를 '기둘너'로, '하직'을 '하즉'으로 표기하는 면에서 그러하다. 또 나라 이름인 '달마국'을 '달내국'으로, '대명 성화연간'을 '대명 숭화연간'으로, '절윤도'를 '철윤도'로 표기한 점 등은 원래의 한자어를 제대로 모르는 사람이 잘못 옮긴 것으로 볼 수 있다. 이러한 점에서 이화여대 소장 68장본은 지방의 낮은 계층 필사자(筆寫者)가 필사한 이본이라고 추정할 수 있다.

6. 가치

『장국중전』은 주인공인 장국중이 귀한 가문의 일원이었는데 어려서 가족과 분리되면서 고난을 겪다가 구원자인 도사를 만나 무술과 경서를 배우고 나서 가족과 다시 만나고 과거에 급제하며 전공(戰功)을 세운 뒤 행복을 누린다는 핵심적 구조를 보이는 영웅소설이다. 특히 이 작품은 '통속적 창작 영웅소설'이라고 할 수 있는데, 이는 외형적으로 영웅의 일생구조를 구현하는 한편 표면적으로는 국가에 대한 충의라는 공동체의 이념 실현을 표방하면서도 이를 매개로 하여 주인공 개인의 욕망 실현 과정을 그리는 작품들을 일컫는 말이다. 그러나 같은 통속적 창작 영웅소설이라고 할지라도『숙향전』,『설저전』등 형성기의 작품처럼 주인공이 소외를 겪지는 않으며,『유충렬전』,『조웅전』같은 전성기의 작품들처럼 정적(政敵)이 설정되어 있는 것은 아니다. 다만 달내국이라는 국외 침입국이 설정되어 그 나라의 장수나 도사들과 적대관계를 유지하는 것으로 되어 있다. 그러면서 그 고난의 극복을 에악산 도사라는 구원자나 그가 보낸 동자(童子), 거북 또는 하늘의 변화를 제대로 읽을 수 있는 아내들의 도움으로 이루어나간다.

특히 이 작품은 남성 주인공의 고난과 그것의 극복 과정을 중심으로 전개되면서도 남녀의 혼인 문제와 여성의 영웅적 능력이 혼합되어 나타나고 있기 때문에 특이하다. 그러나 여성영웅소설적인 화소를 삽입했다 뿐이지 여성영웅소설이라고는 할 수 없다. 소위 여성영웅소설이라고 불리는『홍계월전』,『정수정전』에서는 여성 주인공이 늑혼(勒婚) 위협을 피해 도피한 뒤 초월적 질서와 연관된 원조자를 만나 영웅적 능력을 배가시키며 남복(男服)을 하고 자신의 영웅성을 드러낸다. 이런 남복 여성 주인공의 영웅적 활동을 통해 여성 독자들은 억압되었던 자의식과 욕구를 환기시키게 되고 한편으로는 억압적인 현실을 초월하고 싶었던 환상적 욕망을 충족시키게 된다. 하지만『장국중전』에서는 여성들 즉 이부인과 유부인의 예지 능력이나 천문(天文)을 읽을 수 있는 능력이 단지 남주인공인 국중을 도울 때에만 발현된다. 그들이 국중을 돕는 부분은 두 대목인데 첫 번째 대목은 달내국에서 황산도사가 자객으로 와 국중을 죽이려 했을 때에 이를 알아챈 두 부인이 초인(草人)을 만들어 국중인 체 놔두어 이를 국중으로 오인하고 그를 죽인 줄로만 안 도사가 그냥 되돌아가게 만드는 부분이다. 그런데 여기서 특이한 점은 두 부인들이 이런 일들을 수행할 때에 이것은 자잘한 일이니 국중에게 알려 근심을 끼치지 말고 자신들이 알아서 해결해야겠다고 말한다는 점이다. 그래서 그 일 이후에 포상이나 칭찬을 받는 대목이 없다. 두 번째 대목은 국중이 전쟁터에서 병이 나 죽게 되었을 때에 이부인이 별의 움직임을 보고 이를 알아차리고는 남복을 입고 가서 국중을 살펴낸 뒤에 그와 함께 적들과 싸워 승리로 이끈다는 점이다. 그런데 여기서도 그녀는 자신의 존재를 드러내지 않고 국중의 사촌 남동생인 것으로 위장한다. 나중에 집에 와서 자신의 존재가 드러난 뒤에는 마땅히 할 일을 한 것으로 되고 아무 일도 없었다는 듯이 다시 아내의 역할을 수행하게 된다. 이런 점들에서 이 작품이 여성영웅소설적인 이념적 지향을 지니고 있지는 않다는 점을 발견할 수 있다. 즉 이 작품에서는 단순히 흥밋거리로 여성영웅적 화소를 삽입시킨 것으로 볼 수 있다. 그래서 이부인이 전쟁터로 갈 때나 그곳에서 싸울 때에도 자신의 용력(勇力)을 발휘하는 것이라기보다는 천상의 도움 즉 선녀가 길 인도를 해 주거나 불을 꺼 주거나 물을 뿜어서 상대 군사들을 죽이는 등의 조력에 힘입어 승리할 수 있게 되는 것이다.

통속적 영웅소설의 독자는 주로 하층민들이며, 이들 소설이 그들의 욕구에 발맞추어 줄거리를 바꾸어 가고 화소를 가감(加減)하여 상업적으로 출간됨으로써 그들에게 더욱 인기를 끌었다. 그럴 수 있는 원인으로 이 소설들이 독자들의 환상적인 소망을 보상해줄 수 있는 구조를 지니고 있었기 때문임을 들 수 있는데, 이들 소설의 주인공들이 과거나 전쟁에서의 입공(立功)을 통해 상층으로 편입하는 계층 상승과정을 형상화하고 있기 때문이다. 이런 통속적인 성향은 후대로 갈수록 더욱 짙어지게 되는데 이를 『장국중전』의 두 가지 이본 계열에 비추어 본다면 주인공의 관직을 우리나라 지명인 제주도 어사라고 한다거나 주인공이 왕으로 봉해지고 또 죽어서는 승천한다는 후일담(後日譚)이 붙어 있는 활자본 계열이 더 후대의 이본 계열이라고 할 수 있다. 따라서 본고에서 살핀 이화여대 소장 68장본이 속해 있는 계열은 이들보다는 이른 시기의 이본들이며 특히 이화여대 도서관본은 그 중에서도 이른 시기인 1914년 필사가 확실시되고 있어서 『장국진전』의 초기의 모습을 생생하게 알 수 있게 한다는 면에서 의의가 있다.

(정선희)

[색인어]
장국중전, 장국진전, 장국증전, 모란정기, 장국진, 장국중, 영웅소설, 군담소설, 여성영웅소설

[참고문헌]
김기성, 「『장국진전』 연구」, 한국교원대학교 석사학위논문, 1994.
박일용, 『영웅소설의 소설사적 변주』, 월인 출판사, 2003.
서대석, 『군담소설의 구조와 배경』, 이화여대 출판부, 1985.
조희웅, 『고전소설 이본 목록』, 집문당, 1999.

정로

訂老 / 洪奭周 著

筆寫本. ― [發行地不明] : [發行處不明], [發行年不明].
2冊 : 四周單邊 半郭 17.9×13.2cm, 有界,
10行20字 ; 25.5×16.3cm.
書名은 表題임.
卷首題 : 淵泉先生文集別編

訂老

1. 개요

『정로』는 18세기 후반 정조(正祖)의 치세기에 규장각에서 초계문신(抄啓文臣)으로서 학문의 수련 기간을 거친 경기학인(京畿學人) 홍석주(洪奭周 : 1774~1842)의 노자『도덕경』에 대한 주석이다. 『정로』는 1질 2책, 곧 '『정로』 건(乾)'과 '『정로』 곤(坤)'으로 나누어진 필사본이다.

2. 저자

저자 홍석주의 자는 성백(成伯)이고 호는 연천(淵泉)이다. 그는 조선 후기의 정치가이며 문인으로서 중앙 학계의 최고 지식인에 속하는 인물이다. 그는 중앙 정치의 일익을 담당했던 노론계 풍산(豐山) 홍씨의 후예로서 부친 홍인모(洪仁謨 : 1755~1812)와 모친 서영수합(徐永壽閣) 사이의 장남으로 1774년에 한양(漢陽) 남부(南部) 공동(公洞)에서 태어났다.

홍석주는 22세(정조 19)에 식년(式年) 문과(文科) 갑과(甲科)에 급제하여 사옹원(司饔院) 직장(直長)으로 처음 벼슬길에 나섰다. 그는 같은 해에 초계문신에 뽑혀 가까이서 정조(1752~1800)를 모시면서 깊은 신임을 받았다. 그는 23세에 예문관(藝文舘) 검열(檢閱), 29세에 사간원(司諫院) 정언(正言)·교리(敎理)에 이어 한학교수가 되었다. 30세에는 사헌부(司憲府) 장령(掌令)이 되었고, 또한 사은사(謝恩使) 서장관(書狀官)으로 청(淸)나라에도 다녀왔다. 32세에는 의정부(議政府) 검상(檢詳), 33세에는 동부승지(同副承旨)·좌승지(左承旨)·형조참의(刑曹參議)가 되었다. 36세에는 병조참판(兵曹參判)·사역원제조(司譯院提調), 37세에는 규장각(奎章閣) 직제학(直提學)이 되었다. 42세에는 충청도(忠淸道) 관찰사(觀察使), 44세에는 대사간(大司諫)이 되었다. 48세에는 도승지(都承旨)·부제학(副提學)·이조참판(吏曹參判), 57세에는 이조판서(吏曹判書)·병조판서(兵曹判書)가 되었다. 58세에는 사은사(謝恩使)의 정사(正使)로 청나라를 다녀왔고, 61세(순조 34)에 의정부(議政府) 좌의정(左議政)이 되었다.

이상의 기술처럼 오래도록 비교적 순탄하게 관직 생활을 하던 그가 1836년 63세(헌종 2)에 남응중(南膺中 : ?~1836)의 역모 사건에 연루되면서 면직·삭출되는 불운을 맞이했다. 66세에 대왕대비의 특지(特旨)로 풀려났고, 1842년(헌종 8)에 69세의 나이로 마장리(瑪莊里) 묘사(墓舍)에서 일생을 마감했다.

이와 같은 여정을 겪은 홍석주의 학문적 기반은 대략 다음 네 가지로 구분할 수 있다. 그 첫 번째가 가학(家學)이고, 두 번째가 정조의 영향이며, 세 번째가 초계문신 출신 학자들의 영향이고, 마지막이 김매순(金邁淳 : 1776~1840)과 서유구(徐有榘 : 1764~1845)의 영향이다.

홍석주 스스로 "학문이 18대나 계속 이어졌다[文學相傳十八世]."고 할 정도로 그의 집안은 학문적으로 대단했다. 그의 7대조 홍계원(洪桂元)은 선조(宣祖)의 사위로서 송시열(宋時烈)과 교유했고, 증조부인 홍상한(洪象漢)은 김창협(金昌協)-어유봉(魚有鳳)의 학통을 이어받으면서 어유봉의 사위가 되는 등, 홍석주는 조선 후기 노론(老論) 청류(淸流)로 벌족(閥族)이 된 사대부 가문 출신이었다. 홍석주는 특히 외조부인 어유봉의 학문을 전수받은 조부 홍낙성(洪樂性)과 부친 홍인모의 영향을 많이 받았다.

홍석주는 17세(1790년)에 『의례책(儀禮策)』으로 이미 정조에게 알려져 있었고, 1794년 시강(詩講)을 통해 회시(會試)에 직부(直赴)하라는 특전을 받았다. 그 이후에 홍석주는 문과 급제와 초계문신제를 통해 정조를 더욱 가까이서 대할 수 있었다. 그는 6년 동안 규장각의 초계문신으로 지내면서 정조의 집중적인 지도 아래 대학자로 성장하였으니, 경학과 경세학 등 다방면에 있어 정조의 영향이 컸다.

홍석주는 학문적으로 함께 선발되어 정조의 학문적 수련을 받던 초계문신 학자들의 영향도 어느 정도 받았다. 특히 김근순(金近淳)·김이재(金履載)·이존수(李存秀)·신현(申絢) 등은 동년배로서 영향을 미친 자들이다. 이들 초계문신 출신 학자들이 홍석주의 학문에 직접적으로 영향을 주었다고는 볼 수는 없다. 그렇지만 이들이 서로 자주 만나 격의 없는 학문적 토론을 통해 공감대를 형성함으로써 19세기 초기 정국에서는 동류의식을 가진 정치세력으로 어느 정도 역할을 하였다고 봐야 한다.

홍석주와 동년배 문장가로 이름이 높았던 김매순은 1795년에 문과를 거쳐 1800년에 초계문신에 피선되었고, 가학(家學)을 이어 『주자대전차의표보(朱子大全箚疑標補)』 24권(12책)이라는 방대한 저작을 남긴 대학자였다. 18세기 말을 고비로 소원해졌던 교유가 1830년대 후반에 재개되었고, 동생 홍길주와도 함께 서로 시문(詩文)을 교환하였으니, 홍석주의 학문에 다소의 영향을 미쳤을 것으로 본다.

서유구는 최치원을 조선 최고의 문장가로 평가하고 홍석주의 집안에 비전(秘傳)되던 『계원필경(桂苑筆耕)』 20권을 1832년 활자본으로 간행하여 전국에 보급하였다. 이들은 『춘추좌씨전(春秋左氏傳)』의 좌씨(左氏)에 대한 변증 문제로 서로 논쟁을 벌인 결과, 좌씨가 공자 때의 좌구명(左邱明)이 아니라는 데 의견의 일치를 보았다. 홍석주는 이러한 서유구의 학문에 대해 고증학의 분위기가 섞여 있음에도 불구하고 대체로 학문을 좋아하는 자라고 평가하였다. 이와 같은 관계로 볼 때, 서유구는 홍석주의 학문에 다소의 영향을 미친 것으로 보인다.

이상에서 언급한 사람들 외에 학문적 논쟁을 벌였던 정약용(丁若鏞 : 1762~1836)과 성해응(成海應 : 1760~1839) 등을 포함한다면, 홍석주는 그 자신의 능력과 가학의 기반 외에 18세기 후반의 정조와 초계문신 동료, 19세기 초 경학자들과의 폭넓은 교유와 토론을 통해 학문적 성취를 이루었다고 봐야 한다.

3. 편찬 경위

『정로』는 1817년 홍석주의 나이 44세(순조 17)에 지었으니, 1817~1826년까지 그가 관직에서 일시적으로 밀려나면서 바로 저술한 것이다. 이 당시의 심정에 대해 홍석주는 「정로제」 말미에서 "아! 내가 세상에 나가 떠돌아다닌 지 23년 만에 지쳐 돌아와서는 비로소 문밖으로 나가지 않고 교제를 끊으면서 이 책을 지으니, 모르는 자들은 노자에 의탁해서 세상을 피한 것이라고 할 것이다."라고 표현하고 있다.

그는 이때 저술 활동에 몰두하여 『정로』 외에 『속사략익전(續史略翼箋)』과 같은 대표적인 저술들을 내놓았다. 그리고 또 그는 이 시기를 전후하여 성해응과의 한학(漢學)·송학(宋學) 논쟁, 정약용과의 『상서(尙書)』 금·고문 논쟁과 같이 당대 최고 수준의 경학 논쟁을 벌였다. 그러니 홍석주에게는 『정로』를 저술한 때가 경학자이자 경세가로서의 활동이 가장 두드러졌던 시기라고 할 수 있다.

그가 『정로』를 저술한 목적은 사람들이 노자 『도덕경』을 함부로 주석하는 데 대한 비판이다. 이와 같은 그의 의도는 자신의 『도덕경』 주석서를 『정로(訂老)』라고 이름붙인 것에서 그대로 드러난다. 그는 「정로제」 시작에서 "정(訂)이라는 글자는 '바로잡다(正)'는 의미이고, 노(老)라는 글자는 노자가 지은 『도덕경』 5천 자를 말한다. '바로 잡는다' 함은 일반적으로 바르지 않음을 바로 잡는다는 것이다."라고 시작부터 힘주어 강조하고 있기 때문이다.

홍석주가 「정로제」에서 이렇게 말한 까닭은 그 이전의 조선조 유학자들의 『도덕경』 주석을 비판하기 위함이다. 그 이전의 『도덕경』 주석에는 율곡(栗谷) 이이(李珥 : 1536~1584)의 『순언(醇言)』(1580년이나 그 이전), 서계(西溪) 박세당(朴世堂 : 1629~1703)의 『신주도덕경(新註道德經)』(1681), 보만재(保晩齋) 서명응(徐命膺 : 1716~1787)의 『도덕지귀(道德指歸)』(1769~1777), 초원(椒園) 이충익(李忠翊 : 1744~1816)의 『초원담로(椒園談老)』(연대 미상), 그리고 서문만 전해지는 석천(石泉) 신작(申綽 : 1760~1828)의 『노자지략(老子旨略)』(1792~1793)이 있다. 이들 주석서 중에서 특히 홍석주가 염두에 두고 비판하고자 했던 것은 박세당의 『신주도덕경』이다.

박세당의 『신주도덕경』은 주자 성리학의 형이상학적인 폐단에 대한 강도 높은 비판이다. 주자 성리학이 퇴계와 율곡을 거쳐 전성기를 맞이하면서 조선조 학자들은 이를 발판으로 실질을 무시한 명분론에 빠져 논쟁을 시작하니, 그 폐단의 실례가 동서분당과 예송논쟁이다. 박세당은 이와 같은 당시의 병폐를 바로잡고자 질(質)을 강조하는 노자 『도덕경』을 주석하면서 주자 성리학을 혹독할 정도로 비판했다. 주자학 신봉자인 홍석주도 성리학의 모순과 폐단을 인정하고 주자 성리학에서 성리학만을 따로 제거해 버림으로써 주자학을 경세의 학으로 새롭게 정초시키고자 했다. 그 노력의 일환이 바로 『정로』의 저술이다. 홍석주는 원시 유학의 관점에서 『도덕경』을 평이하게 주석했으니, 이것은 한편으로 성리학적인 사유방법으로 『도덕경』을 주석함으로써 도리어 주자 성리학의 폐단을 비판하고자 했던 박세당을 공격하기 위함이고, 다른 한편으로 주자학이 실질적인 경세의 학문임을 보여주기 위함이다.

홍석주가 정통 주자학자로서 『도덕경』을 주석하면서 주자 성리학에서 형이상학적인 부분을 제거하고 경세론적인 측면을 부각시키려고 했던 데는 무엇보다 돌이킬 수 없는 당시의 성리학적인 폐단에 직접적인 원인이 있다. 부수적으로 물론 눈부신 서양문물의 전래와 청대 고증학의 영향도 그 원인으로 작용했다.

홍석주마저도 성리학을 부정한다는 점에서 율곡 이이의 『순언』에서 비롯된 조선시대 유학자들의 『도덕경』 주석은 동일선상에 있다. 『순언』은 주자 성리학의 형이상적인 논의를 바탕으로 조정이 동서로 분열되는 것에 대한 비판이고, 『신주도덕경』은 고원한 주자 성리학의 영향으로 당쟁이 발생한 것에 대한 꾸지람이며,1) 『도덕지귀』는 정통 성리학의 논의를 벗어난 상수학적인 관점에서 세계를 바라보고자 하는 탐색이고, 『초원담로』는 불교적인 세계관으로 이상향을 꿈꾸는 시도이기 때문이다.

정통 주자학자인 홍석주까지 이기론이나 성리학과 같은 고원(高遠)한 형이상학적인 부분을 주자에게서 제거하려고 했다는 점에서 당시 거의 대부분의 학자들이 주자 성리학의 폐단을 인식하고 있었다는 점을 알 수 있다. 홍석주의 『정로』에 나타나는 이런 점은 조선 후기 실학을 연구하는 데 곧 조선조 후기 학자들의 새로운 가치관 모색을 연구하는 데 대한 귀중한 자료가 될 것으로 본다.

지금까지 일반적으로 알려진 바에 따르면, 『정로』는 단행본 형태로 저술되었다. 그런데 『정로』가 연천의 문집에 포함된 것은 홍석주 사후 그의 외손 미산(眉山) 한장석(韓章錫 : 1832~1894)에 의해서다. 한장석은 홍석주의 유저(遺著)를 모아서 문집을 만들 때 『정로』를 『연천집(淵泉集)』에 포함시켰다. 한장석은 1864년에 홍석주의 유저를 모아 86권의 문집을 만들었다가, 1876년에 다시 정리하여 44권으로 만들었다.2) 현재 남아 있는 규장각본(奎12420)을 근거로 할 때, 40권과 41권이 『정로』이다.

그런데 이화여대 도서관본 『정로』는 규장각본 『연천집』에 있는 것과는 형식적인 면에서 차이가 있다. 이화여대 도서관본이 "연천선생문집별편권지이십사(淵泉先生文集別編卷之二十四)", "… 이십오(… 二十五)"이고, 규장각본이 "연천선생문집권지사십(淵泉先生文集卷之四十)", "… 사십일(… 四十一)"인 점을 근거로 할 때, 이화여대 도서관본은 『연천집』과는 별도로 편집된 24권과 25권이다. 자세한 연구가 필요하겠지만 한장석 외에 또 누군가가 『연천집』을 편찬했을 수 있다. 곧 누군가 『연천집』을 편찬하고, 그 속에 포함되지 않는 『정로』 등을

---

1) 한양대학교 한국학연구소, 『19세기 조선 지식인의 문화지형도』, 한양대학교 출판부, 2006, 407~428쪽.
2) 이와 관련된 자세한 사항은 김문식의 박사학위논문 『19세기 전반 경기학인(京畿學人)의 경세사상(經世思想)과 경세론(經世論)』(서울대, 1995)과 신승운의 「연천전서해제(淵泉全書解題)」(『연천집(淵泉集)』Ⅰ, 오성사, 1984)를 참고하기 바란다.

별도로 모아서 별권을 편찬했을 가능성이 높다. 이 때문에 이화여대 도서관본은 특별한 가치가 있다. 한장석이 『연천집』을 편찬하고 "이전에는 정본이 없었다."고 한 말과 달리 이화여대 도서관본이 혹 한장석 이전에 편찬된 것이라면, 그 자료의 가치는 서지학적으로는 물론 판본적으로도 더욱 높다.

현재 서울대학교 규장각에는 두 종류의 『연천집』이 있다. 표제가 『연천문집(淵泉文集)』(古3428-393)으로 되어 있는 것은 원래 40권 20책이었지만 6책(11~12권)과 8책(15~16권)이 결하여 18책(36권)으로 남아있고, 표제가 『연천선생문집(淵泉先生文集)』(奎12420)으로 되어 있는 것은 44권 20책이 모두 있다. 그런데 이외에도 저본으로 판단되는 『학해(學海)』가 남아 있는데, 여기 제 12책에 「정로제」가 있다. 『학해』까지 포함한다면 규장각에 있는 『연천집』의 판본은 모두 세 종류이다. 현재까지 연구된 바에 따르면, 『연천집』은 여러 종의 이본(異本)이 있고 또 이본 사이에도 그 내용에 다소 차이가 있는 것으로 알려져 있다.

연세대학교에도 『연천선생문집』 40권 20책이 있는데, 여기에는 『정로』가 없다. 참고로 덧붙인다면 연대본은 규장각본과 달리 시가 모두 생략되고 규장각본에 없는 『기리경(記里經)』, 『삼한명신찬(三漢名臣贊)』, 『휘사소찬(彙史小贊)』, 『홍씨독서록(洪氏讀書錄)』이 있다. 성균관대학교 존경각에도 『연천선생문집』 1~21권이 있는데 여기에도 『정로』가 없다. 현재 일반적으로 통용되는 것은 규장각본 『연천선생문집(淵泉先生文集)』 44권 20책에 단행본 자료들을 합쳐 '오성사(昨星社)'에서 영인한 것이다. 이 문집의 40권과 41권이 바로 『정로』이다. 그런데 이보다 앞서 한광수(韓光洙)가 홍석주의 외손으로서 『연천집』을 편찬했던 미산(眉山)의 글을 함께 실어 조선총독부인쇄국(朝鮮總督府印刷局)에서 명치(明治) 44년에 발행한 『연천집부미산집(淵泉集附眉山集)』이 국립중앙도서관에 있는데, 일반적으로 통용되는 것 같지는 않다. 여기에도 『정로』는 없다.

정리하자면 현재까지 밝혀진 바에 따르면 『정로』는 이화여대의 『연천선생문집별권』의 24~25권과 서울대 규장각의 『연천선생문집』 40권, 41권에 있다. 규장각의 『학해』 12책에는 「정로제」가 있을 뿐이다.

4. 구성과 내용

이화여대 도서관본 『정로』의 구성과 내용에는 규장각본과 별 차이가 없다. 「정로제」를 시작으로 차례대로 『도덕경』 원문을 먼저 싣고 자신의 주석을 붙였다. 장에 대해서는 별다른 표시를 하지 않았고, 다만 일반적으로 하는 것처럼 『도덕경』 원문은 여백 없이 세로 줄 처음부터, 자신의 주석은 한 글자 정도 여백을 두는 것으로써 내려서 기록했다. 「정로제」에 이어 1장부터 37장까지는 표제가 『정로(訂老)』 건(乾)으로 된 1권의 내용이고, 38장부터 81장까지는 표제가 『정로(訂老)』 곤(坤)으로 된 2권의 내용이다.

의미에 차이가 있는 것은 아니지만, 특이한 점은 『정로』 1권에서 표제를 "『정로(訂老)』 건(乾)"으로 해 놓고는 「정로제」에 이어 1장을 시작하는 첫째 줄에 "『정로(訂老)』 상(上)"이라는 표시가 있다는 것이다. 이런 점은 『정로』 2권에서도 동일하게 표제는 "『정로(訂老)』 곤(坤)"으로, 38장을 시작하는 둘째 줄에서는 "『정로(訂老)』 하(下)"로 되어있다. 그리고 또 65장 본문 첫 구절 곧 "고지선위도자(古之善爲道者)" 앞에 붓 뚜껑으로 찍은 것 같은 동그라미를 둠으로써 본문을 한 칸 아래로 내려서 시작했는데 별 의미는 없는 것으로 보인다.

홍석주가 『정로』를 주석하면서 사용한 판본은 오징(吳澄)의 『도덕진경주(道德眞經註)』로 보인다. 다른 판본에 비해 『도덕진경주』를 압도적으로 많이 인용한 것이 그 근거일 뿐이니, 홍석주가 오징의 노자관을 받아들였다는 의미는 아니다. 그런데 법인문화사에서 영인한 『정통도장(正統道藏)』 12권에 있는 『도덕진경주』를 『정로』와 대조해 볼 때, 『도덕경』 본문에 다음과 같은 차이가 있다.

『정로』의 6장이 『도덕진경주』에서는 앞장과 함께 5장으로 되어 있고, 『정로』의 18장과 19장이 앞장과 함께 모두 16장으로 되어 있으며, 『정로』의 23장과 24장 그리고 25장이 『도덕진경주』에서는 순서가 바뀌어져 24장, 25장, 23장 순으로 연결되어 20장으로 되어 있다. 이 때문에 『도덕진경주』는 상권이 모두 32장으로 끝난다. 『정로』의 58장이 『도덕진경주』에서는 앞장과 연결되어 49장으로 되어 있다. 『정로』의 63장과 64장이 『도덕진경주』에서는 함께 54장으로 되어 있으면서 본문의 순서가 다소 다르다. 『정로』의 67장과 68장 그리고 69장이 『도덕진경주』에서 하나로 연결되어 57장으로 되어 있다. 『정로』의 74장이 『도덕진경주』에서는 앞장과 연결되어 61장으로 되어 있다.

『정로』 21장의 "恍兮惚兮. 其中有物." 구절이 『도덕진경주』에는 "惚兮恍兮. 其中有象." 구절 뒤에 있고, 『정로』 22장의 "不自矜, 故長." 구절이 『도덕진경주』에는 "不自伐, 故有功." 구절 뒤에 있으며, 『정로』 28장의 "知其雄, 守其雌, 爲天下谿. 爲天下谿, 常德不離, 復歸於嬰兒." 구절과 "知其白, 守其黑, 爲天下式. 爲天下式, 常德不忒, 復歸於無極." 구절은 서로 이어져 있는데 『도덕진경주』에서는 서로 바뀌어져 있다. 『정노』에서 69장의 "是謂執無兵, 攘無臂, 行無行, 仍無敵." 구절이 『도덕진경주』에서는 "是謂行無行, 攘無臂, 執無兵, 仍無敵."으로 되어 있다.

5. 서지적 특성과 가치

이화여대 도서관본 『정로』의 특성과 가치는 서울대 규장각본에 비해 오자가 거의 없다는 점이다. 규장각본은 『도덕경』의 의미를 모르는 자가 단순히 글을 필사한 것으로 보이고, 이화여대 도서관본은 그 의미를 아는 자가 문맥을 보면서 필사한 것으로 보인다. 규장각본을 토대로 그 번역이 이미 나와 있고 대부분 교정도 되어 있었지만 확실하게 교정되지 않는 부분도 있었다.3) 이런 점에서 이화여대 도서관본『정로』의 서지적 가치는 높다.

「정로제」에서 규장각본의 "以求長者者"가 이화여대 도서관본에는 "以求長生者"로 되어 있는데 이화여대 도서관본이 옳다. 상권 규장각본 1장 주석의 "與孔子之思之所謂道"가 이화여대 도서관본에는 "與孔子子思之所謂道"로, 2장 주석의 "功成者者"가 "功成者"로, 7장 본문의 "非以其無邪邪"가 "非以其無私邪"로, 9장 주석의 "化爲異端兮"가 "化爲異物兮"로, 11장 주석의 "故曰無之之爲用固也"과 "故曰有之以總"이 "故曰無, 無之爲用固也."과 "故曰有之以爲利"로, 16장 주석의 "命者者"가 "命者"로, 17장 주석의 "莫如柰"이 "莫如桒"으로 되어 있는데 이화여대 도서관본이 모두 옳다. 22장 주석의 "欲遂求生"이 "欲遽求全"으로 되어 있는데, 앞의 '遂'자와 '遽'자는 의미가 같기 때문에 문제될 것이 없지만 뒤의 '生'자는 이화여대 도서관본에 따라 '全'자로 수정해야 한다. 28장 본문의 "常德不式"과 "爲天下各"이 "常德不忒"과 "爲天下谷"으로, 주석의 "然三君"이 "然三者"로, 32장 주석의 "亦猶州谷之歸江海也"가 "亦猶川谷之歸江海也"로 되어 있는데 이화여대 도서관본이 모두 옳다. 36장 본문의 "必固與之" 구절은 규장각본과 이화여대 도서관본 모두 같은데 대부분의『도덕경』경문을 참고할 때, "必固興之"로 해야 한다. 또 주석에 규장각본의 "亦末可知也."와 "而人不能無", "而遂謂之意誰敢受老氏之與者哉, 則固其言, 而幷 疑其心"이 이화여대 도서관본에는 "亦末可知也.", "而人不知", "而遂謂天下誰敢受老氏之與者哉, 則因其言, 而幷疑其心"으로 되어 있는데 이화여대 도서관본이 옳다.

하권 38장 주석에 규장본이나 이화여대 도서관본 모두 "攘, 郤也, 攘臂, 郤袂於臂也."로 되어 있는데 "攘, 郤也, 攘臂, 郤袂於臂也."로 수정해야 한다. 39장 주석에 규장본의 "子思白"이 이화여대 도서관본에는 "子思曰"로, 41장 주석의 "而其聲不章子外"가 "而其聲不章于外"로, 44장 주석의 "而憯於矛釦"이 "而憯於矛劒"으로, 50장 본문의 "天何故"가 "夫何故"로, 51장 본문의 "是以萬物其不存道而貴德"이 "是以萬物莫不存道而貴德"으로, 53장 주석의 "則必專以施爲喪"과 "釋非引此作竽"가 "則必專以施爲畏"와 "韓非引此作竽"로, 55장 주석의 "支以我逐物者"와 "則終日交而" 그리고 "皆聽命子心也."가 "夫以我逐物者"와 "則終日交物" 그리고 "皆聽命于心也"로, 56장 주석의 "幽深而不可見之課玄"이 "幽深而不可見之謂玄"으로, 59장 본문의 "治人爭天莫若嗇"이 "治人事天莫若嗇"으로, 61장 본문의 "小國不過欲人事人"이 "小國不過欲入事人"으로 되어 있는데, 이화여대 도서관본이 모두 옳다. 규장각본에는 61장 주석의 "而火之下小也, 其爲利將"이 이화여대 도서관본에는 "而大之下小也, 其爲利薄"으로 되어 있는데, "而大之下小也, 其爲利博"으로 해야 할 듯하다. 62장 본문의 "雖有拱璧以先駟馬"가 "雖有拱璧以先駟馬"로, 63장 주석의 "蓋馬之於無爲"가 "蓋爲之於無爲"로, 64장의 "而不敢以私知干馬"가 "而不

---

3) 홍석주 저, 김학목 옮김,『홍석주의 노자』, 예문서원, 2001.

敢以私知干焉"으로, 69장 본문의 "不敢進寸而退天"이 "不敢進寸而退尺"으로, 주석의 "積寸至十曰又"와 "素孚子民"이 "積寸至十曰尺"과 "素孚于民"으로, 73장의 "嫚天者罰"이 "嫚天者罰"로, 74장 주석의 "民兒其日益多也"와 "以其罕兒也"가 "民見其日益多也"와 "以其罕見也"로, 78장 주석의 "烈大不能灼"이 "烈火不能灼"으로, 79장 본문의 "知大怨"이 "和大怨"으로, 80장 본문의 "使有什百之器"가 "使有什佰之器"로, 주석의 "佰人爲佰"이 "百人爲佰"으로 되어 있는데, 이화여대 도서관본이 모두 옳다.

부가적으로 덧붙인다면 『정로』건과 『정로』곤의 글씨체가 다른 것으로 보이는데, 그 이유는 붓의 차이로 보인다. 곧 『정로』건은 몽당붓으로, 『정로』곤은 새 붓으로 필사한 것 같다. 45장 "大成若缺"장의 본문이 있는 쪽의 주석은 제외하고 다음 쪽 주석 셋째 줄부터 46장 "天下有道"장의 본문과 주석 세 줄의 글씨체는 다소 다른 것으로 보이기는 하지만 대부분 동일한 글씨체로 보인다.

(김학목)

[색인어]
정로, 도덕경, 홍석주, 연천전서, 학해, 연천선생문집, 연천문집

[참고문헌]
홍석주(洪奭周) 저, 『연천전집(淵泉全書)』, 오성사, 1984.

김문식, 『19세기 전반 경기학인(京畿學人)의 경세사상(經世思想)과 경세론(經世論)』, 서울대학교 박사학위논문, 1995.
한양대학교 한국학연구소, 『19세기 조선 지식인의 문화지형도』, 한양대학교 출판부, 2006.
홍석주 저, 김학목 옮김, 『홍석주의 노자』, 예문서원, 2001.

오징(吳澄) 저, 『도덕진경주(道德眞經註) : 정통도장(正統道藏)』 12권, 법인문화사.

정유각문집

貞蕤閣文集 / 朴齊家 著

筆寫本. ─ [發行地不明] : [發行處不明], [發行年不明].
4卷4冊 : 四周單邊 半郭 19.6×14.5cm, 有界, 10行21字,
上下向花紋魚尾 ; 25.5×20.5cm.
序[1] : 朴趾源撰
序[2] : 李調元書
序[3] : 陳鱣序

고서/고서811.085 박813ㅈ

貞蕤閣文集

1. 개요

『정유각문집』은 조선 후기의 학자이자 문인인 박제가(朴齊家 : 1750~1805)의 문집이다. 박제가가 지은 각종 산문을 모아 편집한 문집으로 저자 자신이 직접 편집한 것으로 추정된다.[1] 4권 4책으로 권수(卷首)에는 박지원(朴趾源), 이조원(李調元), 진전(陳鱣)의 서문이 차례로 실려 있다. 문집 전체 목차나 각권 목차는 따로 제시되어 있지 않다. 각권의 권제(卷題) 하단에는 '밀양 박제가수기보(密陽 朴齊家修其甫)'가 적혀 있다.

이 문집은 시집을 제외한 문장만을 모아 엮었다. 박제가의 시는 문집과 따로 분리되어 『정유각시집(貞蕤閣詩集)』이라는 이름으로 엮어져 유통되었다. 『정유각집(貞蕤閣集)』이라는 이름으로 유통되는 저작은 문집이기보다는 시집인 경우가 많다. 수적으로도 문집보다는 시집이 더 많이 필사되어 유통되고 있다.

각 권에 수록된 내용을 대강 살펴보면, 권1에는 부(賦), 논(論), 책(策), 조문(條問), 의(議)의 문체가, 권2에는 서문, 설(說), 기(記), 묘지명, 행장, 명(銘), 찬(贊)의 문체가, 권3에는 편지, 권4에는 응지소(應旨疏), 제문, 기우문(祈雨文), 상량문(上樑文), 잡저, 전(傳) 등이 실려 있다.

박제가의 문집은 중국에서 초본(抄本)이 간행된 것을 제외하고는 조선에서는 간행되지 않았다. 그가 정조 시대의 대표적인 사회 사상가이자 문인이었기 때문에 저작이 간행될 만한 가치를 충분히 지녔음에도 불구하고 간행이 성사되지 못했다. 간행은 되지 않았지만 그의 문집은 당시의 문학과 사상, 정치와 사회를 이해하는 데 매우 중요한 저술이다.

2. 편·저자

박제가는 본관이 밀양(密陽)이고, 우부승지(右副承旨)를 지낸 박평(朴玶 : 1700~1760)의 서자로 1750년 11월 5일에 태어나 1805년 4월 25일에 죽었다. 자는 재선(在先), 차수(次修), 수기(修其)이며, 호는 초정(楚亭), 정유(貞蕤), 위항도인(葦杭道人), 외옹(纇翁) 등을 사용하였다. 당파는 소북(小北)이다.

어려서부터 글씨를 잘 썼고, 시와 문장에 뛰어난 재능을 발휘하였다. 학문과 예술 분야에서 발군의 재능을 보인 서얼 출신 문인들인 이덕무, 유득공, 성대중, 이희경, 윤가기, 김용행 등과 활발하게 교유하며 동인활동을 벌였다. 그러한 활동은 그가 지은 여러 편의 글에서 확

---

[1] 다만 내제(內題) 오른쪽 하단에 '준완교자(準完較字)'라는 필사자가 쓴 것으로 보이는 기록이 각 권에 모두 쓰여 있는데 준완(準完)이라는 사람이 필사하고 교정을 본 것이라는 뜻으로 해석될 소지가 있다. 그럴 경우에는 성을 알 수 없는 준완이란 사람이 필사자로 추정된다.

인할 수 있다. 그의 교유범위는 서얼 신분에 한정되지 않았고, 박지원, 홍대용, 강세황, 체제공, 황윤석 등 진보적인 학자, 문인들과도 교유하였다. 청년 시기 그의 활동은 백탑시파(白塔詩派)의 동인 활동으로 규정지을 수 있다.

박제가는 18세기 후반 문단에서 대단한 명성을 누린 작가였다. 이덕무, 유득공, 이서구와 더불어 종래의 조선 한시와는 뚜렷하게 구별되는 참신한 시를 창작하여 일세를 풍미하였고, 19~20세기까지 큰 인기를 누린 최고의 시인으로 군림하였다. 유득공의 숙부이자 박제가와 친밀하게 지낸 유금(柳琴)이 편찬한 『한객건연집(韓客巾衍集)』이 중국 인사들에 의해 높이 평가를 받은 이후, 참신한 시 경향을 대표하는 시인으로, 또 18세기 한시사를 대표하는 시인으로 자리매김 되었다. 일반적으로 문학사에서는 박제가를 18세기를 대표하는 시인의 사람으로 평가하였을 뿐 뛰어난 문장가로 인정하지는 않았다. 그러나 실제로는 그는 당시를 대표하는 뛰어난 문장가로서 작품성이 뛰어난 산문을 다수 창작하였다. 그의 산문은 그 내용이나 작품성의 측면에서 새롭게 조명받을 가치가 있다.

박제가는 문인으로서만이 아니라 사회 사상가로서도 뛰어난 활동을 벌였다. 1776년 27세 때 쓴 자전(自傳)에서 "어려서 문장가의 글을 배웠는데 성장해서는 나라를 경영하고 백성을 제도할 학문을 좋아하였다(「小傳」)."라고 하여 경세제민(經世濟民)의 학문에 깊은 관심을 기울였음을 밝혔다. 서명응, 박지원, 이덕무, 이희경 등 진보적 학자들과 교유하면서 국가와 민족의 현실에 눈을 떠 이른바 경세학(經世學)을 깊이 연구하였다. 사회 현실에 눈을 떴을 때 그가 목도한 조선은 암담하기 그지없는 가난하고 폐쇄적인 나라였다. 그는 그 현실을 있는 그대로 인정하고 그것을 구제할 방도를 세웠는데, 그 유일한 대안은 혁명적이고 시급한 개혁 뿐이라는 결론에 도달하였다.

박제가가 조선의 현실에 대해 객관적 시각을 확인한 계기는 중국 여행에 의해 마련되었다. 그는 모두 네 차례의 연행(燕行)을 하였다. 첫 연행은 1778년에 이루어졌는데 이때 이덕무와 함께 중국을 갔다. 이때의 체험을 바탕으로 『북학의』를 저술하였다. 2차로 1790년 5월에 건륭제의 팔순절을 맞아 유득공과 함께 연경에 들어갔고, 그 해 9월에 정조의 특명으로 다시 연경에 들어갔다. 그리고 1801년 사은사(謝恩使) 일행과 함께 주자서(朱子書) 구매를 목적으로 연경에 간 것이 마지막이었다. 박제가의 연행은 중국 지식인과 폭넓은 교류를 가능하게 하였다. 그의 산문에도 중국 학자와의 교류, 중국 사정에 정통한 그의 의식을 반영한 작품이 적지 않다.

박제가는 관직에도 진출하였다. 1779년 정조는 규장각(奎章閣)을 설치하고 검서관(檢書官)이란 직책을 만들어 재야에 머문 서얼 신분의 학자들에게 문호를 개방하였는데 이때 이덕무, 유득공, 서이수와 함께 검서가 되었다. 이후 영평현령, 부여현감 등의 직책을 수행하였으나 대부분의 시간을 검서관으로써 왕명에 따라 서책을 간행하는 일에 종사하였다. 관료생활을 하는 중인 1786년에 「병오소회(丙午所懷)」를 정조에게 바쳐 그의 개혁 구상을 펼쳤고, 1798년 정조가 농업을 권장하여 농서(農書)를 구하는 윤음(綸音)을 반포하자 기존에 쓴 『북학의』

가운데 농업과 관련한 부분을 수정하여 바쳤다. 기회가 주어질 때마다 그는 적극적이고 강한 어조로 시급하게 개혁을 실천하라고 요구하였다.

1800년 정조가 급서하자 보호자가 사라진 박제가는 1801년 둘째딸의 시아버지인 윤가기의 옥사에 연루되어 의금부에 구속되었다. 모진 고문에다가 처형을 요구하는 자들이 많아 그는 사지에 내몰렸다. 다행히도 대왕대비의 구원으로 함경도 종성으로 유배를 갔고, 1804년에 석방이 되어 그 다음해 4월 25일에 죽어 경기도 광주 엄현(崦峴)에 묻혔다.

3. 편찬 경위

박제가는 자신의 시와 문장이 매우 귀중한 것이라는 점을 스스로 자부하여 하나하나의 작품을 자신의 필체로 써서 책을 엮어 놓았다고 전한다. 현재 전하는 시집은 대체로 작품의 연대순으로 엮어져 있는데 저자 자신이 직접 편집한 결과로 보인다. 시집과 마찬가지로 문장 역시 저자 스스로 편집을 한 것으로 추정된다. 박제가의 저술이 문집과 시집으로 명확하게 구분되어 편찬되고 또 유통되고 있는 것은 저자의 의도를 반영한 결과라고 할 수 있다. 박제가의 문집은 이른 시기부터 정리되었다. 여러 차례 정리된 뒤에 현재와 같은 모습을 갖추게 되었는데 그 과정은 대략 아래와 같다.

박지원(朴趾源)이 쓴, 유명한 문장인 「초정집서(楚亭集序)」를 통해서 박제가가 이미 젊은 시절에 그 이전에 쓴 시와 문장을 엮어 문집으로 만들었음을 짐작할 수 있다. 문집에 실린 이 서문에서는 "박씨의 아들 제가는 나이가 19세로 문장을 잘하고 호를 초정이라 한다. 나를 좇아 노닌다. 내가 밤에 그에게 위와 같은 말을 해주고 드디어 그 문집의 서문에 그 글을 써준다[朴氏子齊家, 年十九, 能文章, 號曰楚亭, 從予遊. 予夜與之言如此, 遂書其卷首]."라고 한 것으로 보아 이미 19세에 간략한 분량의 문집을 꾸민 사실을 추정할 수 있다. 그러나 같은 글이 약간 내용의 변화가 있는데『연암집(燕巖集)』권1 '연상각선본(煙湘閣選本)'에 실린 서문에서는 "박씨의 아들 제운(齊雲)은 나이가 23세인데 문장을 잘하고 호를 초정이라 한다. 나를 좇아 배운지 여러 해가 되었다. 그는 문장을 지을 때 선진(先秦), 양한(兩漢)의 작품을 사모하면서도 그것들에만 몰입되지는 않았다[朴氏子齊雲年二十三, 能文章, 號曰楚亭, 從余學有年矣. 其爲文慕先秦兩漢之作, 而不泥於跡]."라고 하여『초정집』을 엮은 시기가 23세임을 밝혔다. 두 편의 글이 상호 달라서 정확하게 언제 쓰인 것인지를 확정하기는 힘들다. 하지만 그가 한창 문장 수련을 하던 젊은 시절부터 이미 자신의 문장을 아껴『초정집』이라는 문집을 엮어두었음을 알 수 있다. 이『초정집』은 박지원이 전개한 논지로 보아 문장 중심으로 구성되었다고 판정할 수 있다.

그가 이른 시기에 벌써 자신의 문집을 엮었다는 사실은『명농초고(明農初稿)』라는 이름의 저작이 있었음을 통해서도 확인할 수 있다. 유금이 엮은 『한객건연집(韓客巾衍集)』의 작가 소개란에 박제가의 문집으로 이 책이 소개되어 있는 사실을 통해서 27세 때 이미 작은 규모의 문집을 만들었다고 말할 수 있다.

한편으로, 현존하는 문집 어디에도 수록되지 않은 젊은 시절의 유기(遊記)인 「묘향산소기(妙香山小記)」가 수록된 것으로 추정되는 『초비당외서(苕翡堂外書)』란 책이 있다. 남한에서는 목록조차도 확인되지 않는 책인데 이 책 역시 그의 젊은 시절의 박제가의 산문을 엮은 문집의 하나로 보인다. 1785년 5월에 쓴 「백화보서(百花譜序)」에서 박제가는 자신을 초비당주인(苕翡堂主人)이라 했으므로 그의 저작임이 틀림없다. 이 책은 북한에서 간행된 『기행문선집』에 「묘향산소기」를 번역 소개하는 가운데 유일하게 제시되어 있는데 초정의 초기 저작을 엮은 산문집일 가능성이 높다.

한편, 『정유고략(貞蕤藁略)』이란 이름으로 간행된 문집이 있다. 이 책은 1801년 박제가가 청나라 연경에 가서 사귄 학자인 오성란(吳省蘭)이 그가 편찬한 『예해주진(藝海珠塵)』(217종 375권)이란 총서(叢書)에 넣어서 연경에서 출판하였다. 서두에는 진전(陳鱣)이 1801년에 쓴 서문이 수록되어 있고, '문'과 '시'의 두 개 부분으로 나뉘어, 문에는 「육서책(六書策)」, 「아정집서(雅亭集序)」, 「비옥희음송병인(比屋希音頌幷引)」, 「망녀윤씨부묘지명(亡女尹氏婦墓志銘)」, 「상생리군행묵묘지명(庠生李君行默墓誌銘)」의 다섯 편이 수록되어 있고, 시에는 「성시전도응령(城市全圖應令)」을 비롯하여 수십 수의 시가 선정되어 수록되었다. 여기에 수록된 작품은 박제가 스스로 뽑은 것이다. 그 서문에 따르면, "이윽고 박검서가 책 한 권을 꺼내 보이는데 『정유고략』이었다. 모두 그가 예전에 지은 작품이었다. 첫머리에는 대책(對策)을 수록하였는데 옛 학문을 밝히고 육예(六藝)를 다룬 뭇 서책의 내용을 꿰뚫었다. 읽어보니 물결이 넘실대고 사방이 툭 트인 게 마치 높은 산에 오르고 드넓은 바닷가에 서있는 듯, 갑자기 보아서는 그 높이와 깊이를 헤아리기 어려웠다[有頃, 檢書手一編出示, 曰貞蕤藁略, 皆其舊作. 首列對策, 發明古學, 貫通六藝群書. 讀之, 洋洋灑灑, 如登高山臨滄海, 驟然莫測其崇深]."라고 하였다. 이를 통해 박제가가 그의 문집에서 일부 작품만을 뽑은 책자를 그들에게 제공하자 그 책을 오성란이 간행했음을 알 수 있다. 그렇다면 박제가는 이미 『정유고(貞蕤藁)』를 편집하여 가지고 있었음을 말해준다. '정유고략(貞蕤藁略)'이란 서명은 그러한 사실을 분명히 밝혀주는 제목이다. 앞서도 말한 바처럼, 그는 자신의 원고를 철저하게 관리하고 있었으므로 자신의 문집을 체계적으로 정리해두었을 것이 분명하다.

이렇게 여러 종의 문집이 엮어진 결과가 현재 전하는 문집과 시집일 것이다. 현재 전하는 문집의 첫머리에 실린 서문은 모두 3개로 이미 전에 쓰인 각각의 서문들을 함께 모은 것이지 완성본 『정유각문집』 전체를 대상으로 쓰인 것이 아님을 통해서도 그러한 사실을 확인할 수 있다. 이조원의 서문과 1801년에 쓰인 진전의 서문이 있는 것을 통해서 박제가가 만년에 정리한 문집임을 알 수 있지만 정확하게 언제 편찬이 완료되었고, 편찬에 관련한 여러 가지 사실을 밝히는 서문이 없어 자세한 사정은 알 수 없다.

　　본 문집은 대체로 박제가 만년의 작품을 모두 포함하고 있다. 그렇게 판단할 수 있는 근거는 다음과 같다. 박제가는 1801년 9월 사돈 윤가기(尹可基)의 옥사에 연루되어 고문당하고서 종성(鍾城)으로 유배되었다가 1804년 유배에서 풀려 돌아와 1805년 4월 25일 죽었다. 권3의 편지 가운데 종성에서 보낸 편지가 다수 보이며, 1802년 5월 6일에 쓴 둘째 딸의 제문 「제중녀문(祭仲女文)」과 1805년 3월 한식 다음날에 죽은 족형(族兄) 박도상(朴道翔)의 제문인 「제족종형참지공도상문(祭族從兄參知公道翔文)」이 실려 있다. 저자가 죽기 두 달 전인 1805년 3월에 쓴 글이 실려 있다는 정황을 통해서 이 문집이 그의 몰년작까지 모두 대상으로 한 본임을 추정할 수 있다.

4. 구성과 내용

　　이 문집은 모두 4권으로 구성되어 있다. 첫째 권 권수에는 박지원, 이조원, 진전의 서문이 차례로 실려 있다. 이후 각 권에 실린 작품의 목록을 구체적으로 표시하면 다음과 같다.

貞蕤閣文集 권1
海獵賦, 伯夷・太公不相悖論, 詩學論, 試士策(丁酉增廣), 六書策, 七七策, 八子百選策, 賀若弼・韓擒虎俱爲上勳, 丙午正月二十二日朝參時　典設署別提朴齊家所懷, 記里鼓, 題文士敏畫卷, 鑄字議

貞蕤閣文集 권2
西課藁序, 白塔淸緣集序, 送白永叔基麟峽序, 送李定載往公州序, 學山堂印譜抄釋文序, 送元玄川重擧序, 炯菴先生詩集序, 柳惠風詩集序, 北學議自序, 詩選序, 渤海考序, 送李懋官出宰積城縣序, 飮中八仙圖序, 雅亭集序, 百花譜序, 閱幼時所書孟子叙, 外從弟改名說, 嗇說贈趙君, 劍舞記, 養虛堂記, 古中菴記, 御射記並圖, 社稷壇記 代人, 厲壇記 代人, 題文衡山畫帖後跋, 四勿箴, 朝鮮嘉善大夫行龍驤衛副護軍兼五衛都總府副總管　李公墓前魂遊石銘 幷序, 張瓛墓誌銘, 亡女尹氏婦墓誌銘, 庠生李君行默墓誌銘, 嘉善大夫行龍驤衛副護軍兼五衛都摠府副摠管李公行狀, 沈香靈芝如意銘, 南極硏山銘, 家藏二硏銘, 茶罐銘, 茶鑪銘, 柳幾何靈芝端硏銘, 宋羊尊銘, 亥囊銘, 子囊銘, 比屋希音頌幷引序, 李進士爤小像贊, 李懋官像贊, 晉州李氏一門忠孝贊幷序, 陳簡莊尙友圖贊

貞蕤閣文集 권3
答崔輝祖, 答李夢直哀, 與柳惠甫, 復秋聲館丈人, 與洛書哀, 答孔雀舘, 寄炯菴, 與龍灣人, 與

鄭生員文祚, 與金石坡龍行, 與徐觀軒常修, 與郭淡園執桓, 與李羹堂調元, 與潘秋庫庭筠, 謝鄭吏議志儉求見李吉大書, 與徐內翰有榘, 寄南甥建中, 又, 又, 寄稔兒, 寄稔兒, 寄稔兒, 答燕生, 寄稔兒, 寄稔・廩・䭉等, 寄廩・䭉, 寄稔兒, 寄稔・廩・䭉等, 寄稔兒, 答仲・季兩兒, 寄稔兒, 寄稔兒, 答廩・䭉, 與任甥得常, 答尹甥兼鎭, 答金大雅正喜, 書答問, 答, 又, 附.

貞蕤閣文集 권4

應旨進北學議疏, 祭李夢直文, 代人祭外舅文, 祭李士敬文, 祭沈外姊文, 祭鄭戚器瑚文, 祭金司諫復休文, 祭仲女文, 祭族從兄參知公道翔文, 禾積淵祈雨文, 白雲山祈雨文, 寧邊雇馬別廳上樑文, 代利川楊根士人等呈文, 謾筆, 記書幅後, 書風樹亭記後, 題李士秋書幅後, 書文衡山澗亭春水圖畫題後, 書永豊君事, 星海・懋官・惠風夜集詠笠其法拈一韻以齒排字不相出沒三更而睡各有未就者余續至補焉, 院畫花卉褉題應令, 古松流水道人褉花題評, 小傳, 洪亮吉傳, 李廓・羅德憲傳

이상에서 정리한 문집의 제목을 일별하면 각종의 문체를 골고루 구비하고 있음을 알 수 있다. 그의 문장을 분류하여 이해할 때, 우선 그가 검서관으로 재직하면서 왕명에 의해 지은 작품들과 사적인 생각을 전개한 산문으로 대별할 수 있다. 권1에 실린 백이・태공불상패론(伯夷・太公不相悖論), 시사책(試士策), 육서책(六書策), 칠칠책(七七策), 팔자백선책(八子百選策), 하약필・한금호구위상훈(賀若弼・韓擒虎俱爲上勳), 병오정월이십이일조참시전설서별제박제가소회(丙午正月二十二日朝參時典設署別提朴齊家所懷), 기리고(記里鼓), 주자의(鑄字議)와 권2에 수록된 음중팔선도서(飮中八仙圖序), 비옥희음송병인(比屋希音頌幷引), 권4의 응지진북학의소(應旨進北學議疏), 원화화훼잡제응령(院畫花卉褉題應令) 등이 과거 시험이나 왕명에 의해 쓰인 응제문(應製文)이다. 책문(策問)이나 과거 응시를 위한 문자, 기타 왕지(王旨)에 의해 지어진 이러한 문장은 보통의 경우에는 독창성이 결여되거나 예상된 결론에 이르기 쉽다. 하지만 박제가의 경우 이러한 응제문자에서도 상투적이거나 의례적 내용을 지양하여 독창적 내용을 담고 있다. 그의 작품은 정조에 의해서 높은 평가를 받아 평가에서도 장원을 하기도 하였던 만큼 작품성도 높은 수준을 유지하고 있다. 그가 『정유고략』을 편찬하면서 이러한 응제문자 중심으로 선정한 것도 그가 이들 작품을 자신의 사상과 문학의 수준을 드러낼 수 있는 대표적 작품으로 간주했기 때문이었다. 그런 만큼 이들 작품에서는, 다른 일반 작품과 마찬가지로, 박제가의 치열한 의식세계와 개혁의 논리가 펼쳐지고 있다.

그 가운데 특히 책문인 시사책(試士策), 육서책(六書策), 칠칠책(七七策), 팔자백선책(八子百選策)을 비롯하여 기리고(記里鼓), 주자의(鑄字議)는 각각 선비를 선발하는 과거제도를 비판적으로 점검하고, 문자와 7월 칠석, 『어정팔자백선(御定八子百選)』에 대한 견해를 밝혔으며, 조선시대에 도로의 이정(里程)을 재기 위해 사용한 수레인 기리고차(記里鼓車)에 관한 견해와 정조 시절에 만든 활자에 관한 견해를 밝혔다. 국가의 제도와 천문, 문학 등에 관한 박제가의 사고와 시각을 잘 드러내는 글인 동시에 문학적으로도 뛰어난 글이다. 많은 글 가운데서 특히 「병오정월이십이일 조참시 전설서별제 박제가 소회(丙午正月二十二日朝參時典設署別提朴齊家所懷)」와 「응지진북학의소(應旨進北學議疏)」는 박제가의 사회사상가로서의 견해를 분명하게 밝히고 있는 작품이다. 전자는 1786년에 소회(所懷)를 정조에게 밝혀 그의 개혁 구상을 펼친 대표적인 경세문자(經世文字)이고, 후자는 1798년 정조가 농업을 권장하여 농서(農書)를 구하는 윤음(綸音)을 반포하자 『북학의』를 바치면서 농업 개혁의 구상을 펼친 글이다. 이 두 편의 글은 정조 시대 경세사상을 대변하는 대표적인 산문이다.

1793년 정월 3일에 소품문을 지은 죄를 반성하는 자송문(自訟文)을 바치라는 정조의 하명을 받고 쓴 「비옥희음송병인」은 한편으로는 정조의 시책에 동조하면서도 자신의 개성을 지키겠다는 항변을 담은 글이다. 기타 화원(畵院)이 그린 그림에 대해 평한 「원화화훼잡제응령(院畵花卉襍題應令)」은 정조 시대에 화원에 소속된 화가들이 어떠한 꽃을 소재로 그림을 그렸는지를 알 수 있는 자료로서 의미가 크다.

다음으로 살펴볼 것은 이러한 공용적 성격을 지닌 문장과는 다른 의미를 지닌 사적인 문장이다. 박제가의 문장 가운데 상대적으로 많은 작품수를 가진 문체가 서문이다. 서문은 시문집에 붙인 집서(集序)와 지인을 전송하며 써준 송서(送序)로 나뉘는데 모두가 빼어난 작품성을 지닌 명작이다. 특히, 「송백영숙기린협서(送白永叔基麟峽序)」, 「송이정재왕공주서(送李定載往公州序)」, 「송원현천중거서(送元玄川重擧序)」 세 편의 글은 그 시대의 뛰어난 지식인들이 권력의 외곽지대를 전전하며 겪는 고통을 잘 묘사한 명작이다. "옛 것을 옳게 여겨 현재의 풍습을 비난하는 자는 신뢰를 얻지 못하고, 도리를 지켜서 외로이 자기의 길을 가는 사람은 의심을 받습니다. 어리석은 자는 남아돌지만 지혜로운 자는 부족하기가 이 시대만한 때가 없습니다."라며 원중거(元重擧)를 전송하며 쓴 글에서 그의 울분에 찬 속마음을 드러내기도 하였다. 이러한 글들은 비장한 정서를 잘 표현하고 있다.

한편, 그가 지은 많은 서문들 가운데 문학을 다룬 글 역시 비평사적으로 중요한 의미를 지닌 명작이 많다. 「제이사경문(祭李士敬文)」에서는 "선입견에 안주하지 말고 속인의 동요에 흔들리지 말라! 늘 스스로 깨어있어 오묘함을 잃지 말라! …… 내 그대에게 말하노니 시란 마음에 달려 있는 것, 이 마음의 영험함은 고금에 따라 다르지 않는 것. 당(唐)과 송(宋)과 원명(元明)의 시는 옛날의 문서에 불과할 뿐이요, 산과 시내, 풀과 나무는 아직 글자가 안 된 시구로다."라고 하여 옛 작가를 모방하지 말고 현실과 자연에서 소재를 취해 독창적인 세계를 만들라고 요구하였다. 「형암선생시집서(炯菴先生詩集序)」에서 "하늘과 땅 사이에 가득 찬 모든 것이 다 시이다."라고 한 주장 역시 그러한 생각을 표명한 것이다. "다른 작가의 주둥이에서 나오는 말이나 우러러보고, 케케묵은 종이쪽지에서 근거 없는 찌꺼기나 줍는 글쟁이들이야말로 근본에서 너무도 많이 벗어난 것이다(위의 글)." 역시 자기 세계의 개척을 요구한 글이다. 그의 문학론은 18세기 비평사에서 중요하게 취급된다.

그밖에도 그는 자신을 포함하여 그의 주변에서 살아가는 인물의 전형을 잘 드러내는 작품을 다수 지었다. "완연히 그 사람이라서 천만 명의 사람과는 다르다는 것을 알게 한 다음에

야 천애(天涯)의 타지에서나 오랜 세월 흐른 뒤에 만나는 사람마다 분명히 그인줄 알도
록”(「자전(自傳)」) 지으려는 의도가 잘 살려진 글이라고 평가할 만하다.

그가 산문을 통해 묘사하려 한 인물은 흥미로운 인물들이 많다. 꽃에 미쳐 「백화보(百花
譜)」를 만든 화가 김덕형, 무인 백동수, 수레 기술자 이길대 등등 권력의 중심부에서 벗어나
서 고독하게 자신에게 주어진 길을 가는 사람들의 모습을 묘사한 글이 일품이다. 그 가운데
「백화보서(百花譜序)」의 일부는 다음과 같다.

> 김군은 화원으로 달려가 꽃을 주시한 채 하루 종일 눈 한번 꿈쩍하지 않는다. 꽃 아래에 자리를
> 마련하여 누운 채 꼼짝도 않고 손님이 와도 말 한 마디 건네지 않는다. 그런 김군을 보고 미친 놈
> 아니면 멍청이라고 생각하여 손가락질하고 비웃는 자 한둘이 아니다. 그러나 그를 비웃는 웃음소
> 리가 미처 끝나기도 전에 그 웃음소리는 공허한 메아리만 남기고 생기가 싹 가시게 되리라.

“고독하게 새로운 것을 개척하고, 전문적 기예를 익히는” 당시 마니아들의 세계를 묘사한
대목이다. 박제가는 주변의 인물을 다루되 그들의 독특한 삶의 방식에 적극적 의미를 부여하
고자 하였다. 그의 산문은 그 시대의 문제를 간과하지 않고 정면으로 비판하고 문제의 소재
를 폭로하였다.

다음으로 그의 산문 가운데 편지글이 주목된다. 권3에는 편지글이 집중적으로 수록되어
있다. 그의 편지글은 세 부류로 나뉜다. 유득공, 이서구, 김용행 등을 비롯한 벗들과 주고받
은 편지, 그리고 곽집환(郭執桓), 이조원(李調元), 반정균(潘庭筠)의 중국인사와 주고받은 편
지, 그리고 만년에 주로 쓴 자제들과 사위들에게 보낸 편지이다. 친우들과 주고받은 편지글
은 단순한 정보를 주고받은 것이 아니라 대단히 문예적인 편지글로서 감성적인 면이 돋보인
다. 세 명의 중국 학자에게 보낸 편지글은 북학자로서 박제가의 의지를 엿보게 하는 내용을
담고 있다. 만년에 그의 아들과 사위들에게 보낸 편지는 유배지에서 그가 겪은 생활과 내면
을 토로하는 내용을 담고 있다. 한편, 서유구나 김정희에게 보낸 편지는 철학적 내용을 담은
것으로 박제가 만년의 철학사상을 이해하는 데 중요한 기능을 한다.

그의 문장 가운데 일부는 『북학의』에도 전재되어 실려 있다. 「병오정월이십이일 조참시
전설서별제 박제가 소회」, 「응지진북학의소」, 「시학론(詩學論)」, 「시사책」, 「시선서(詩選序)」,
「만필(謾筆)」은 본래 문집에 실려 있던 글이나 그것이 『북학의』의 내용과 밀접한 관련을 맺
는 것이기에 일부 전재되기도 하였다.

박제가의 문집에 실린 문장은 지금까지 정통 산문으로는 크게 인정받지 못했다. 고문가(古
文家)의 입장에서 당시 학계의 논의선상에 오르던 문인과 문장을 위주로 연구해왔기 때문이
다. 최근에는 소품문(小品文)의 연구시각에서 박제가의 산문이 새롭게 조명을 받고 있다. 번
역서도 두 종류가 나와 있다. 송준호·안대회에 의해 정조, 유득공, 이가환의 문집과 함께 박
제가의 시와 문장이 일부 번역되었는데 이것이 학계에서는 처음으로 그의 문장이 번역된 사

례다. 이후 안대회에 의해 본격적으로 박제가의 산문이 번역되어 『궁핍한 날의 벗』이라는 이름으로 출간되었다. 현재 박제가의 시집과 문집 전체가 번역되는 작업이 학자들에 의해 진행되고 있어 몇 년 안에 그 결과가 공개될 것으로 예상된다.

5. 서지적 특성

『정유각문집』은 『정유각시집』에 비해 전해지는 사본의 수가 적다. 현재까지 알려진 필사본은 1) 서울대 중앙도서관 소장 4권 4책본, 2) 규장각 소장 4권 4책본, 3) 일본 정가당문고(靜嘉堂文庫) 소장 5권 5책본, 4) 단국대 연민장서에도 정유각문집 필사본 2권 1책이 소장되어 있다. 그리고 이화여대에 소장된 필사본이다. 그러나 새로운 사본이 나올 가능성은 매우 크다.

이상에서 보고된 필사본은 대체로 영인되어 학계에서 널리 이용되고 있다. 서울대 중앙도서관 소장본은 국사편찬위원회에서 조판 간행되었고, 또 여강출판사 영인본과 민족문화추진회 영인본에도 이 필사본을 대본으로 하였기 때문에 가장 널리 이용되었다.

현재까지 확인이 가능한 필사본은 크게 보아 두 가지 계통이다. 가장 널리 이용된 서울대 도서관에 소장된 사본은 4권 4책이다. 이 계통은 각권에 수록된 내용이 대체로 권1에 서, 기, 제, 설, 논, 명, 찬, 송, 문이 수록되어 있고, 권2에 부와 책문 등이 수록되었으며, 권3에는 제문, 묘지명, 전이, 권4에는 편지글이 수록되었다. 이에 반해 정가당문고 소장본은 5권 5책본으로 권1에는 부(賦), 논(論), 책(策), 조문(條問)의 문체가, 권2에는 서문, 설(說), 기(記), 발, 소회, 전의 문체가, 권3에는 묘지명, 행장, 명 송, 잠, 찬, 의의 문체가, 권4에는 편지, 권5에는 응지소(應旨疏), 제문, 기우문(祈雨文), 상량문(上樑文) 등이 실려 있다. 이렇게 볼 때 편차가 상당히 다르다는 점을 알 수 있다.

한편, 이화여대에 수록된 4권 4책본은 권수를 놓고 보면, 서울대 소장본과 유사하나 실상은 정가당본에 가깝다. 권1에는 부(賦), 논(論), 책(策), 조문(條問), 의(議)의 문체가, 권2에는 서문, 설(說), 기(記), 묘지명, 행장, 명(銘), 찬(贊)의 문체가, 권3에는 편지, 권4에는 응지소(應旨疏), 제문, 기우문(祈雨文), 상량문(上樑文), 잡저, 전(傳) 등이 실려 있다. 대체로 보아 정가당문고의 수록방법과 유사한데 다만 권3에 수록된 내용들이 각권에 분산되어 수록되었음을 확인할 수 있다.

구체적인 작품이 수록된 순서는 이본마다 상이하다. 그러나 내용이 큰 차이를 보이지 않는다. 이화여대 도서관본에는 서울대본에 수록된 것 가운데 「제외구이공문(祭外舅李公文)」과 「치주낙양남궁응령(寘酒洛陽南宮應令)」, 「제이공소문(祭李公熽文)」이 누락되어 있다. 필사 과정에서 실수로 누락된 것으로 보인다. 한편, 정가당본하고 비교할 때에는 위에 누락된 세 편에 더해서 「이동자묘지명(李童子墓誌銘)」, 「여인서(與人書)」가 누락되어 있다. 한편, 정가당본에도 다른 이본에 수록된 「기남생(寄南甥)」 세 통이 누락되어 있다. 이화여대 소장본은 한 사람이 일관되게 정사한 본이며, 오자가 적은 사본으로 선본에 속한다고 할 수 있다.

6. 가치

박제가의 저서는 『정유각시집』 5권, 『정유각문집』 4권, 『북학의』 2권, 『주역(周易)』이 전해진다. 이러한 저서 가운데 일반 사람들에게 가장 널리 알려지고 큰 영향을 끼치고 있는 것이 말할 나위 없이 『북학의』이다. 그의 시는 당대를 대표하는 것으로 인정받아 연구가 활발하였던 반면, 그의 산문은 학계의 관심에서 벗어나 있었다. 하지만 최근에는 그의 산문에 학계의 관심이 집중되고 있고, 그에 따라 그의 문집에도 관심을 보이고 있다. 그의 문집은 필사본으로 유통되었고, 그 이본도 많지 않다. 이화여대 소장본은 많지 않은 이본 가운데 하나로서 다른 이본에는 보이지 않는 작품이 수록되었거나, 수록된 내용이 현저하게 차이가 나지는 않는다. 하지만 선본의 하나로서 박제가의 문집을 재구하는 데 중요한 이본의 하나로 이용될 만한 가치를 지녔다.

(안대회)

[색인어]
박제가, 정유집, 초정전서, 북학의, 서울대본, 정가당문고본

[참고문헌]
박제가, 『정유집(貞蕤集)』, 한국사료총서 제12, 국사편찬위원회, 1961.
박제가, 『정유각전집(貞蕤閣全集)』, 전2권, 여강출판사, 1985.
박제가, 『초정전서(楚亭全書)』, 전3권, 아세아문화사, 1992.
박제가, 『정유각집(貞蕤閣集)』, 한국문집총간 261, 민족문화추진회, 2001.

박제가 저, 안대회 옮김, 『궁핍한 날의 벗』, 태학사, 2000.
박제가 저, 안대회 옮김, 『북학의』, 돌베개, 2003.
정조·유득공·이가환·박제가, 『홍재전서/영재집/금대집/정유집』(한국고전문학전집 28), 송준호·안대회 역주, 고려대학교 민족문화연구소, 1996.
한미경, 「『정유각집(貞蕤閣集)』 시집에 대한 연구」, 『서지학연구』 29, 서지학회, 2004.

지암집

止菴集 / 金亮行 著

筆寫本. ― [發行地不明] : [發行處不明], [發行年不明]
9卷4冊 : 無界, 10行20字 ; 25.8×16.5cm.
表紙에 冊別目次수록.

고서/고서811.1082 이313ㅈ

止菴集

1. 개요

『지암집』은 안동 김씨 김창업의 손자이며 18세기 노론 산림으로 추앙받았던 김량행(金亮行 : 1715~1779)의 시문집이다. 인쇄되지 않고 필사된 상태의 문집이며, 총 9권 4책으로 이루어져있다. 각 권에는 각기 시, 소차(疏箚), 계의(啓議), 연설(筵說), 서(書), 서(序), 기(記), 제발(題跋), 명(銘), 제문(祭文), 애사(哀辭), 잡저(雜著), 묘지명(墓誌銘), 비(碑), 묘표(墓表), 행장(行狀)이 들어있어 시와 문이 균형 있게 실려 있다.

2. 편·저자

김량행(1715~1779)은 조선 후기의 문신·학자로서, 본관은 안동이다. 자(字)는 자정(子靜), 호는 지암(止菴), 또는 여호(驪湖)이다. 서울 정동에서 출생했다. 청음 김상헌(淸陰 金尙憲)의 후손으로 증조부는 김수항(金壽恒), 조부는 김창업(金昌業), 아버지는 김신겸(金信謙)이다. 외조부는 이이명(李頤命)이다. 어릴 때 신임사화(辛壬士禍 : 신축년과 임인년에 훗날의 영조인 세제 연잉군을 옹호하던 노론을 소론들이 배척했던 사건)로 큰 할아버지인 김창집(金昌集)과 외조부 이이명이 사사당하는 것을 목도했기에, 일찍부터 벼슬을 포기하였다. 원래 서울 격동(格洞)에 거주하였으나 후에 여주(驪州)로 이사하였다.

14세 때부터 정암(貞庵) 민우수(閔遇洙)에게 배웠다. 성리학은 이간(李柬)의 인물성동론(人物性同論)의 영향을 받은 선조 김창협(金昌協)과 김창흡(金昌翕)의 학설을 고수하여 6촌인 미호(渼湖) 김원행(金元行)과 함께 낙론(洛論)을 지지하였다. 그러나 호론(湖論)의 영수인 한원진(韓元震)을 높이 평가하기도 하였다. 벼슬에 뜻을 두지 않고 오직 학문 연구에 전념하여 성리학을 비롯, 예학과 역학에도 조예가 깊었다. 영조대 후반에 가문이 복권되어 1754년(영조 30)에 세자익위사세마(世子翊衛司洗馬), 이듬해 부솔(副率)에 임명되었으나 부임하지 않았으며, 1758년에는 학행으로 천거되어 사간원정언에 임명되었으나 역시 부임하지 않았다. 그 뒤 시강원자의(侍講院諮議)·사옹원주부·사헌부지평·장령·집의·성균관사업(成均館司業)·호조참의·예조참의·경연관·공조참의에 임용되었으나, 상소하여 사직했다. 그 뒤 직제학을 거쳐 이조참의에 이르렀으며, 정조 때 형조참판을 지냈다.

영조 후반기에는 노론(老論)의 청류(淸流)를 대표하는 산림으로 영조의 사문양비론(斯文兩非論)을 비판하였다. 정조대에는 그의 처세가 크게 평가되어 정조는 그를 '근세 유자의 으뜸'이라 하며 여주에서 만났고, 다시 김양행이 입궐하여 정조를 만나기도 하였다.[1] 이직보(李直輔), 이우신(李友信), 민치복(閔致福), 박준원(朴準源) 등의 많은 학자들이 그 문하에서 배출

---

1) 『정조실록』 기해년(1779, 건륭 44) 11월 23일(계묘)조. 김량행 졸기.

되었다. 이조판서에 추증되었으며, 시호는 문간(文簡)이다. 저서로는 본 문집인 『지암집』 총 9권만이 남아있다.

3. 편찬 경위

본 문집은 발간된 것이 아니고 필사된 것으로서, 한 바닥에 10행으로 쓰였으며 한 행에 20자의 규모로 필사되었다. 그리고 면 수는 두 바닥마다 한 면으로 간주하여 매겨져 있다. 이 필사본에는 필사기가 붙어있지 않아 정확한 필사 연도를 추정할 수가 없다. 그러나 이 필사본의 필사자는 본문을 지은 김량행 자신이 아니라 타인에 의해서 쓰여졌을 가능성이 많은데, 그 근거는 크게 두 가지로 들 수 있다.

우선 본문 윗부분에 적힌 소주(小註)의 내용을 보고 추정할 수 있다. 예를 들어 『지암집』 책2, 제4권 서(書) 110쪽 상단에 있는 소주 중 "異中下恐脫有字"(異中 아래는 有자가 빠진 듯하다.) 등과 같이 책의 내용, 구절 등에 대하여 확신하지 않고 추정을 하고 있다는 데서 찾을 수 있다. 그 다음, 문집 내 인명(人名)이 정확히 나와 있지 않고 호만 나와 있는 경우, 그 본명을 반드시 부기(附記)해 놓는다는 점에서 저자의 친필본과는 거리가 있음을 알 수 있다. 그 예들은 책4에 있는 각종 행장과 책2의 서(書)에서 찾아볼 수가 있다. 저자가 본디 호만 적었을 것으로 추정되는데도 그 직책 혹은 호 옆에 대상의 이름을 작성하여 붙여 놓는다. 『지암집』 권6에 있는 「겸산집서(兼山集序)」에는 '겸산(兼山)' 옆에 종이로 그가 누구인지 지칭하는 '유숙기(兪肅基)'의 이름을 적어 붙여놓은 경우를 볼 수 있는 것이다.

전술했듯이 이 필사본의 필사 경위와 시점은 필사기의 부재로 정확하게 알 수는 없으나, 저자인 김량행의 저작 활동이 문집이라는 형태로 각 갈래별로 모아진 후에, 저자가 아닌 제3자에 의하여 필사되었음을 추정할 수 있다.

4. 구성과 내용

『지암집』은 총 4책 9권으로 이루어져 있다 그 중 제1책에는 권1과 권2가 있다. 권1은 「차모주족숙시걸하시운(次茅洲族叔時傑下示韻)」, 「구일여치공족형숙행형상유연산(九日與穉恭族兄肅行兄上悠然山)」, 「석련사차진경운(石蓮寺次進卿韻)」 등의 시가 100여 편 있고, 이들은 대개 제목 밑에 지은 연도가 쓰여 있어 저자가 지은 연도 순으로 편성하였음을 알 수 있다. 권2는 「사예조참의소(辭禮朝參議疏)」, 「사별유소명소(辭別諭召命疏)」, 「여주행궁주차(驪州行宮奏箚)」 등의 소차(疏箚), 계의(啓議), 연설(筵說)이 총 38편 있다. 책2에는 권3과 권4가 있는데, 3권에는 총 44편의 편지글[書], 4권에는 김백고(金伯高 : 백고는 金鐘厚의 자) 한 사람에게만 쓴 총 61편의 편지글[書]이다. 책3에는 권5와 권6, 권7이 있는데, 권5는 약 43편의 서(書)와 2편의 하첩이 있다. 권6은 서(序), 기(記), 제발(題跋)이다. 서(序)는 동지부사로 연경에 가는 황재에게 주는 글인 「송황류수재부연서(送黃留守梓赴燕序)」를 비롯, 「선원선생연보서(仙源先生年譜序)」등의 연보(年譜)서와 「정암집서(正庵集序)」, 「겸산집서(兼山集序)」 같은 문집서 등 고른 분야로 총 4편이 있다. 기(記)는 「직재기(直齋記)」, 「육신사중수기(六臣祠重修記)」, 「명발재기(明發齋記)」 총 3편이며 제발(題跋)은 「제송형백순삼가첩후(題宋兄伯順三加帖後)」, 「제도암이선생증김사수시후(題陶菴李先生贈金士修詩後)」, 「서고은당김공유사후(書高隱堂金公遺事後)」 총 3편, 명(銘)은 「이윤지윤영수정명(李胤之胤永水精銘)」 1편, 제문(祭文)은 「제현감이공현지문(祭縣監李公顯之文)」을 시작으로 외할머니의 제문, 스승 정암 민우수의 제문 등과 「제족숙금산공시발문(祭族叔錦山公時發文)」, 「제운곡권공문(祭雲谷權公文)」 총 10편이 있어, 시뿐 아니라 다양한 문(文) 창작의 세계를 보여준다. 권7은 잡저(雜著)로서 「거가의절(居家儀節)」이라는 생활 의례 지침서만으로 이루어져 있다. 책4에는 권8과 권9가 있으며, 묘지명(墓誌銘), 비(碑), 묘표(墓表), 행장(行狀)이 실려 있다. 그 중에서도 권8은 「령인능성구씨묘지명(令人綾城具氏墓誌銘)」, 「유인덕수이씨묘지명(孺人德水李氏墓誌銘)」, 「유인안동권씨묘지명(孺人安東權氏墓誌銘)」, 「권성경중성묘지명(權成卿中誠墓誌銘)」 등 자신과 친했던 사람들, 그리고 그들의 부인들과, 어려 잃어서 가슴에 묻었던 자신의 아들에 대한 글인 「유자려남광지(幼子驪男壙誌)」, 그리고 70이 넘어서까지 개가를 안하던 자신 유모에 대한 글인 「유모광지(乳母壙誌)」 등 총 12명의 묘지명이 있고, 「우암송선생적려유허비(尤庵宋先生謫廬遺墟碑)」, 「상현서원묘정비(象賢書院廟庭碑)」, 「이조참판김공신도비명(吏曹參判金公神道碑銘)」, 「병사조공상주신도비(兵使趙公相周神道碑)」 모두 4개의 비, 그리고 「직장안공중소묘표(直長安公重紹墓表)」 같은 묘표가 1편 있다. 제9권은 행장으로만 이루어져 있다. 「신명오성동행장(愼明五星東行狀)」, 「천하옹정공행장찬조(天下翁鄭公行狀纘祖)」, 「광흥창수권공정성행장(廣興倉守權公定性行狀)」, 「삼연선생행장김창흡(三淵先生行狀金昌翕)」, 「겸산유숙기선생행장(兼山兪肅基先生行狀)」, 「정암민우수선생행장(貞庵閔遇洙先生行狀)」 모두 6편으로만 이루어져 있으나, 그 분량이 이전 권8의 분량과 거의 같다.

위와 같은 김량행의 문집을 보면 그 목차와 내용 면에서 크게 두 가지를 알 수 있다. 첫째는, 그가 시(詩)보다는 다양한 문(文) 창작을 더 즐겨했다는 것이다. 총 4책 9권의 문집 속에서 권1만 시가 100여 편 있고, 권2부터 권9까지는 주차(奏箚) 등의 공적 글쓰기를 비롯하여 서(序), 기(記), 서(書), 잡저 등의 사적인 글쓰기까지 다양한 형태의 글쓰기를 보여주고 있다. 특히 그가 관심을 가진 부분은 다름 아닌 기질지성, 본연지성이라는 인간의 본성 부분으로서, 김종후 등 주위 사람들과 주고받은 편지글에서 매우 길고 자세하게 설명을 하고 있다.

또한 누구에게 보냈는지 정확히 확인할 수 없는 「여인(與人)」이라는 편지글에서 심성론에 대한 이야기를 본격적으로 전개하고, 그것을 문집의 '편지' 부분에 정식으로 실은 것으로 보아 그가 심성론에 대하여 강한 관심을 보였음을 알 수 있다. 이러한 김량행의 관심과, 또한 김창협의 양손자인 같은 대 일가 형제인 미호(渼湖) 김원행(金元行)이 남긴 산림학자로서의 거대한 족적을 생각해 볼 때, 이른바 육창(六昌)으로 일컬어지며 당대 문학과 사상에 큰 영향을 주었던 선대의 역량이 손자 세대(世代)에 이르면 낙론적(洛論)인 인간 심성론의 영역을 생각하고 정리하는 것으로 그 영향이 심화되었다는 것을 확인할 수 있다.

전술했듯이 '노론 산림'으로 일컬어졌다는 지암 김량행은 이와 같이 심성론에 관심이 있었을 뿐 아니라 그러한 인간이 어떻게 인간답게 살아야 하는가 하는 생활의 문제에 관심이 있어서 그를 '예론(禮論)'적으로 정리했던 것을 볼 수 있는데, 그것이 바로 권7을 모두 할애한 「거가의절(居家儀節)」이다. 이곳에서는 제목 그대로 일상생활 속에서 어떻게 비복을 거느리고, 관혼상제 등 일상의 중요한 순간에서 구체적으로 어떻게 예를 지켜야 하는가를 조목조목 소개하고 있어, 김량행의 관심 지향을 잘 볼 수 있다.

『지암집』을 통해서 볼 수 있는 두 번째 의미 있는 사실은, 바로 그의 사승관계와 교유관계를 구체적으로 알 수 있다는 것이다. 이것은 서신 교환 혹은 증서(贈序)의 기록을 통해 확인할 수 있으며, 내용적으로도 지암이 어떠한 사람과 인간 심성론에 대하여 이야기했는가를 알 수 있기 때문에 낙론의 계보가 어떻게 이어지는가를 보는 데 좋은 자료가 된다. 지암은 스승인 정암 민우수, 동학이며 가장 가까웠던 김종후, 아끼던 제자인 이직보(李直輔 : 1738~1811), 직암 신경(直庵 申暻 : 1696~1766), 김열택(金說澤), 한옥(韓玉), 조경원(趙景元), 이경사(李敬思), 유숙기(俞肅基 : 1696~1752), 민종현(閔鐘顯), 일가인 미호 김원행 등과 글을 주고받았는데, 이 중 주요 교유 대상으로 파악되는 사람은 바로 정암 민우수와 백고 김종후, 유숙기 등이다. 스승인 정암 민우수(1694~1756)는 권상하의 제자로서, 청요직을 두루 겸직한 관료이며 학자였다. 이러한 스승의 문집인 『정암집(貞庵集)』에 실려 있는 행장을 지을 정도로 비중 있던 제자였던 지암과 정암의 관계는 스승에게 올린 편지글 속에서 다시 한 번 그 깊이를 확인할 수 있다. 민종현(閔鐘顯 : 1735~1798)은 민우수의 손자이다. 또한 주된 서(書)의 대상이 되었던 김종후(金鍾厚 : ?~1780)는 스승인 민우수의 문하에서 함께 공부했던 친구이다. 그는 영조 신임사화 때 사도세자의 반대편에 서서 활동하다가 홍국영(洪國榮)의 세도가 끝나자 기만당하였다고 변명하는 등 보신에 급급한 행동들 때문에 후대의 평은 좋지 않다. 그러나 이 역시 예학과 성리학에 깊은 관심을 가진 사람으로 평가되며, 편서로 『가례집고(家禮集考)』를 남겼으며, 『지암집』에 실린 편지글에서 나눈 본연지성과 기질지성의 이야기들로서 그것을 확인할 수 있다. 유숙기(俞肅基 : 1696~1752) 역시 김창흡의 문하에서 수학하여 교하(交河)의 매음(梅陰)으로 옮겨 가 원근의 선비들을 가르치며 「태극도설차의(太極圖說箚疑)」・「중용차의(中庸箚疑)」・「서경차의(書經箚疑)」 등을 지은 성과가 있는 선비요 선배여서 지암 김량행의 관심, 행적과 상당한 일치점을 보이고 있다.

글을 썼던 대상이 되는 주요 인사들을 살펴봄으로써 김량행의 관심 분야를 볼 수 있었다면, 일부 글에서는 선대 큰할아버지인 농암 김창협의 저작과 겹치는 것이 있어 흥미롭다. 그 글은 바로 권6에 있는 「송황류수재부연서(送黃留守梓赴燕序)」인데. 그의 큰할아버지가 되는 농암 김창협의 문집 『농암집』 권21에는 황재(黃梓 : 1689~?)의 할아버지인 황흠(黃欽 : 1639~1730)이 연경에 가는 것을 보내주며 쓴 글(「贈黃敬之欽赴燕序」)이 있다. 그러나 이 글에서는 농암의 선례는 나오지 않고, 그의 아버지인 김신겸의 일화가 나온다. 송서를 부탁한 황재가 "갑인년에 서장관을 갈 때 그대의 아버님(김신겸)이 증서를 써주셨었네. 지금 갈 때는 그대가 마땅히 한 마디 하는 것이 이어서 써 주는 도리[繼述之道]가 아니겠는가[甲寅書狀之役 子之先大人 嘗作序贈我矣 今行 子宜有一言 是繼述之道也]."라고 하여 이 글을 저작하게 하는 동기를 밝히고 있는데, 이로써 그 집안의 전통에서 이어지는 글들이 있다는 것을 엿볼 수 있다. 연행(燕行)과 관련된 글들이 바로 그것인데, 전술한 농암 김창협의 「송부연서(送赴燕序)」와 김창집의 연행시, 저자의 조부인 노가재 김창업의 한문 산문 연행록 등 18세기 초반에 당대 문단을 사로잡았던 주제가 되었던 것이 바로 연행이었다. 이것은 안동 김문이 당대 사행(使行)이었던 연행을 갈 수 있던 청요직에 포진해 있었기에 가능한 일이기도 했었다. 그러나 임인 옥사 이후, 집안의 어른들을 모두 잃고 몇 년 동안 '귀양과 사사(賜死)'가 집안의 중심적인 일이 되어버려 연행의 경험이 없게 된 김량행 대에 와서도 주위 사람들의 잇단 요청으로 단절되지는 않았다는 것을 확인할 수 있다.

5. 서지적 특성

『지암집』은 이화여대 도서관뿐 아니라 규장각에도 있다.(古3428-72) 이화여대 도서관의 기존 목록에는 본 문집의 저자가 같은 호를 가지고 있는 이행진(李行進 : 1597-1665)의 것으로 나와 있었으나, 규장각본은 김량행의 것으로 바로 되어있다.

규장각본의 서지 목록에서는 『지암집』을 고본(稿本)으로 소개하고 있는데, 그 구체적인 모양은 이화여대 도서관본과 차이를 보인다.2) 또한 이화여대 도서관본이 총 4책의 권두에 '一二三四'의 숫자로 순서를 매긴 것에 비해 규장각본은 '禮', '義', '廉', '恥'로 매겨져 있는 점, 이화여대 도서관본은 각 책 앞에 어떠한 글들이 있는지만 밝힌 데 비하여 규장각본은 책 속 각 권 앞에 작품 목록이 실려 있는 것, 규장각본 권말에 '김량행근장(金亮行謹狀)'이란 글이 붙어있다는 점 또한 두 책의 주요한 외형상 차이라고 할 수 있다.

그러나, 규장각본과 이화여대 도서관본 모두 4책 9권으로 되어있고, 또한 각 권에 실려 있는 시문(詩文)도 모두 같다. 또한 다른 문집처럼 문집의 서와 발(序, 跋)을 통해 문집의 편찬

---

2) 규장각본의 서지 특성은 다음과 같다. 四周雙邊, 半葉匡郭 22.4×15.4cm, 有界, 10行 20字 版心 上 花紋魚尾.

경위를 알 수 있는 것이 아니라 그냥 지암의 작품만이 장르별로 묶여 있다는 점도 같아서, 문집의 편찬 경위를 구체적으로 추측하기가 힘들다. 규장각본에서도, 권두에 다른 인장 없이 경성제국대학도서장(京城帝國大學圖書章)만이 찍혀 있어, 역시 문집의 구체적인 편찬 경위는 실증이 힘들다. 다만, 외형으로 볼 때, 이화여대 도서관본이 문집을 만들기 위한 모습을 보여 주는 저본의 모습을 더 많이 보여주고 있고, 그러한 저본 상태를 거쳐 규장각본 같은 정돈된 문집의 모습을 띨 것으로 추정할 수 있다.

6. 가치

이화여자대학교 도서관 소장 고서인 『지암집』은 이전 해제에서는 같은 호를 가지고 있는 지암 이행진(李行進 : 1597~1665)의 문집으로 나와 있었으나, 그의 문집이 아니라 18세기 서인 노론계의 중심인 안동 김씨 김량행(金亮行 : 1715~1779)의 문집인 것이 확인되었다.

김량행의 문집 『지암집』의 가치는 다음 몇 가지로 생각해 볼 수 있다. 우선, 사상적으로 이른바 낙론계에 있었던 서인들의 사상이 어떻게 전개되었는가를 알 수 있는 자료로서 유효하다는 것이다. 우선 인물성동이론의 논쟁이 이루어져서 이른바 호론과 낙론으로 갈라져 낙론이 형성되었던 이간(李柬) 이후, 농암 김창협을 중심으로 정리되고 완성되던 낙론적 인간 이해의 향방이 어떠한 계보를 거쳐서 전개되었는지를 알 수 있다는 것이다. 정암 민우수를 거쳐 지암 김량행, 그리고 이직보(李直輔)·이우신(李友信)·민치복(閔致福)·박준원(朴準源) 등으로 이어지는 흐름을 볼 수 있는 것이다. 그와 같은 세대요, 일가 형제인 미호 김원행(金元行 : 1702~1772)이 또 하나의 '노론 산림'으로써 담헌 홍대용(洪大容 : 1731~1783)의 스승이 되어 학문적 의의가 올바로 평가되고 가치를 인정받는 것에 비해서, 지암은 상대적으로 잘 알려지지 못했던 측면이 있기에, 그의 문집을 통해 그의 학문적, 문예적인 위상을 확인할 수 있다는 의의가 있다.

미호 김원행과 지암 김량행 등의 사상과 문예를 확인하는 작업은, 두 세대 이전인 18세기 전반 문화와 문학을 장악했던, 이른바 '육창(六昌)'의 집안인 안동 김문의 문화적, 문예적 지향이 어떻게 전개되었는가를 알아본다는 측면에서 유의미하다. 사상적으로도 낙론(洛論)의 전개와 설파라는 배경을 가지고 정치의 중심(몽와 김창집), 문학 이론의 중심(농암 김창협), 당대 시단(詩壇)의 중심(삼연 김창흡), 연행 실기의 창작자(노가재 김창업)등을 두루 가지고 있었던 이들은 시 뿐 아니라 각종 산수유기(山水遊記) 등의 다양한 창작 활동을 통해 형제의 혈연을 넘어서 그 문예적 창작 동아리로서 존재했다. 그러나 그들의 집안이 모두 안온한 상태로 그 저작들을 냈던 것은 아니었다. 그 세대에 정치적으로 '임인옥사' 등의 여러 사건으로 인하여 귀양과 도주를 거듭했던 세월을 지낸 후, 두 세대가 지난 손자의 세대에는 육창의 문

화적 창작력이 문예로 발현된다기보다는 심성론과 예론 등의 학문으로 발현되어 '노론 산림'
으로 자리잡는 모습을 볼 수 있다. 또한 그가 주로 교유한 김종후, 유숙기 등의 학자를 살핌
으로서 그와 같은 생각을 가지고 있었던 사람들의 구체적인 면모를 볼 수 있다.

　마지막으로, 이화여대 도서관본『지암집』의 특기할 만한 점은 개인 문집의 인쇄본이 아니
라 필사본이라는 점에서 찾을 수 있다. 전술했듯이 이 문집이 언제, 누구에 의해서 필사되었
는지 하는 것은 필사기가 없기 때문에 정확히 알 수 없지만, 본 필사본을 통해 개인 문집의
필사되는 과정을 실제로 관찰할 수 있다는 데서 일정 의의를 부여할 수 있다.

(김현미)

　[색인어]
지암집, 김량행, 민우수, 안동김씨, 서인 노론계, 낙론, 김원행, 인물성동론

　[참고문헌]
『농암집』.
『정조실록』.
『정암집』.

김태준, 「귀양과 사사의 가족사」,『우리한문학과 일상문화』, 소명출판, 2007.

집주한객건연집

輯註韓客巾衍集 / 李德懋 外 著 ; 柳琴 抄 ; 朴齊永 註

筆寫本. — [發行地不明] : [發行處不明], [發行年不明]
4卷2冊 ; 四周單邊 24.5×16.5cm, 有界, 10行24字,
註雙行 ; 24.5×16.5cm.

輯註韓客巾衍集

1. 개요

　『집주한객건연집(輯註韓客巾衍集)』은 『한객건연집(韓客巾衍集)』에 주석을 가한 책이다. 『한객건연집』은 조선 후기 한시사가(漢詩四家)로 불리는 이덕무(李德懋)·유득공(柳得恭)·박제가(朴齊家)·이서구(李書九)의 시를 유득공의 숙부인 유금(柳琴)이 선집(選集)한 것이다. 유금의 초명은 연(璉)이며, 1776년(영조 52) 11월부터 이듬해 3월까지 연행 부사(副使)인 서호수(徐浩修)를 수행하여 연경에 다녀왔다. 그때 이 네 사람의 시를 선집한 『한객건연집(韓客巾衍集)』을 가지고 가서 청의 문인들인 이조원(李調元)과 반정균(潘庭筠)으로부터 평어(評語)는 물론 서문까지 받아 귀국하였다.

　이후 『한객건연집』은 조(朝)·청(淸) 문인 교유의 결정적인 모델로 자리잡게 된다. 이 네 사람이 죽은 후에도 『한객건연집』은 수많은 문인들의 애독서가 되었고, 사가(四家)의 고사(故事)는 조선 문인들의 꿈이 되었다. 이들의 고사를 모방하여 청조 문사들에게 자신들의 시에 대한 비평을 요구하기도 하고, 시선집(詩選集)을 만들어 비평을 부탁하기도 하였다. 고환당(古歡堂) 강위(姜瑋)가 선집(選集)한 『한사객시선(韓四客詩選)』은 그 대표적인 예라 할 것이다.

　하지만 『한객건연집』이 간행된 것은 1917년의 일이다. 한남서림(翰南書林)의 백두용(白斗鏞)이 『전주사가시(箋註四家詩)』라는 제목으로 간행한 것이다. 박제영(朴齊永)의 주석본을 백두용이 교정하여 간행했는데, 지금까지 박제영의 주석이 달린 원본은 그 존재가 확인된 적이 없다. 『집주한객건연집』은 바로 백두용이 간행한 『전주사가시(箋註四家詩)』의 저본이 되는 책으로 유일본이다.

2. 편·저자

　『한객건연집』의 편자인 유금(1741~1788)은 유득공의 숙부로 자는 탄소(彈素), 호는 기하주인(幾何主人)이다. 그는 거문고와 책을 아주 좋아했으며, 천문과 기하학에 정통했다. 『한객건연집』에는 모두 이덕무·유득공·박제가·이서구 네 명의 시가 실려 있다.

　이덕무(1741~1793)는 통덕랑(通德郞) 이성호(李聖浩)의 아들로 자는 무관(懋官), 호는 아정(雅亭)·형암(炯庵)·청장관(靑莊館) 등이며 본관은 전주다. 가난 속에서도 평생 학문을 좋아하여 많은 저서를 남겼다. 그의 사후 평소 그를 아꼈던 정조의 특명과 지인들의 도움으로 시문집 『아정유고』(8권 4책)가 간행되었고, 그 밖의 시문집 및 『이목구심서(耳目口心書)』, 『사소절(士小節)』, 『청비록(淸脾錄)』, 『뇌뢰낙락서(磊磊落落書)』 등의 저술이 아들 이광규(李光葵)에 의해 『청장관전서』로 정리되었다. 이 책은 필사본으로 전하고 있다.

유득공(1748~1807)은 자가 혜풍(惠風)·혜보(惠甫), 호는 영재(泠齋)·고운당(古芸堂)이며 본관은 문화(文化)이다. 부친 유춘(柳瑃)이 27세로 요절하여 편모 슬하에서 자랐다. 1773년 진사시에 합격했다. 시문에 능하여 청나라 이조원으로부터 '동국문봉(東國文鳳)'이라는 칭찬을 받았다. 유득공은 이를 자랑스럽게 여겨 '차진문봉(此眞文鳳)'이라 새긴 인장을 사용하기도 하였다. 문학 이외에 역사와 고증학에도 해박하여 저서로 『발해고(渤海考)』, 『경도잡지(京都雜志)』, 『영재집(泠齋集)』, 『고운당필기(古芸堂筆記)』, 『사군지(四郡志)』, 『이십일도회고시(二十一都懷古詩)』 등을 남겼다. 3차례에 걸친 연행을 통해 많은 청조 문사들과 교유하였다.

박제가(1750~1805)의 자는 재선(在先)·수기(修其)·차수(次修), 호는 초정(楚亭) 또는 위항도인(葦杭道人), 만년에는 정유(貞蕤)를 썼다. 본관은 밀양으로 승지 박평(朴坪)의 서자(庶子)이다. 1778년 5월 사은(謝恩) 정사 채제공(蔡濟恭)을 따라 처음 연경을 갔는데 명사들과 교유하는 한편 청의 문물제도와 각종 시설을 세밀히 관찰하고 돌아와 『북학의(北學議)』를 저술하였다. 시문집으로는 『정유집(貞蕤集)』 등이 있다. 총 4차례 연행을 했는데 1801년을 전후해서는 그의 『정유고략(貞蕤藁略)』이 중국에서 간행되기도 하였다.

이서구(1754~1825)의 자는 낙서(洛瑞), 호는 척재(惕齋)·강산(薑山)·석모산인(席帽山人), 시호는 문간(文簡)이다. 선조(宣祖)의 열두 번째 왕자인 인흥군(仁興君) 영(瑛)의 후손이자, 서예와 수장에 뛰어났던 낭선군(朗善君) 이우(李俁 : 1637~1693)의 후손이다. 1774년(영조 50) 문과에 급제하여 호조판서에 이르렀고, 1824년(순조 24)에는 우의정에 제수되었다. 저서로 『강산초집(薑山初集)』·『척재집(惕齋集)』·『강산필치(薑山筆豸)』·『청수당필기(淸修堂筆記)』 등이 있다.

『집주한객건연집』의 주석을 단 박제영(朴齊永 : 1836~?)은 자가 경언(景言), 호는 계은(桂隱)·위재(爲齋) 등이다. 본관은 반남(潘南)이며, 부친은 박상수(朴商壽)이다. 1858년(철종 9)에 진사(進士)에 합격하였고, 1882년(고종 19)에는 별시문과에 급제하였다. 그의 명성은 특별히 알려져 있지 않고 저술도 확인되고 있지 않지만, 『한객건연집』에 처음으로 주석을 달아 『집주한객건연집』을 편찬하였다.

3. 편찬 경위

『한객건연집』은 조선 후기 한시사가들의 젊은 시절 시를 뽑아 엮은 시선집이다. 청조 문화에 대한 이중적 태도를 취하고 있던 조선 문인들은 연행을 통해 청조 인사들과 접촉 빈도가 늘어나면서 조금씩 호의적인 태도로 변해갔다. 그 중에서도 담헌 홍대용(1731~1783)의 연행은 당시 문인들에게 큰 영향을 주었다. 홍대용은 연행에서 반정균·엄성(嚴誠)·육비(陸飛) 같은 문사와 교유를 하였고 귀국 후에도 그들과 계속해서 연락을 주고받았다. 그들의 우정을 조선의 문인들은 부러워하였고, 청조 문인들에 대한 인식을 새롭게 하는 데 결정적인 역할을 하였다. 유금이 연행길에 『한객건연집』을 휴대한 것 역시 당시의 그런 분위기를 이해할 수 있게 해주는 단적인 증거라 할 수 있다.

이조원이 1777년(건륭 42) 1월 16일에 쓴 서문에는 유금과 만나는 과정과 이 책에 대한 그의 생각이 잘 나타나 있다. "우연히 문을 두드리는 소리가 나서 열어보니 용모가 준수한 선비 한 사람이 있었다. 눈썹은 긴 소나무 같았고 눈에는 빛이 났으며 머리에는 전립을 쓰고 도포를 입었는데 중국인 같지가 않았다. 물어보니 눈만 동그랗게 뜨고는 한마디도 알아듣지 못했다. 그래서 필담을 하고 나서야 조선에서 사신으로 온 부사 서호수의 막관(幕官)으로 나의 시집을 구하러 온 것임을 알게 되었다. 성은 유씨이고 이름은 금(琴), 자는 탄소(彈素)이며 별호는 기하주인(幾何主人)이었다. 지난번에 서사(書肆)에서 나의 『황화집(皇華集)』을 보고는 흠모하는 마음이 생겨 저술이 이 뿐만이 아닐 것이라 여겨 찾아왔다고 이야기 하였다."

유금은 아마 유리창 서사에서 이조원의 『월동황화집(粵東皇華集)』을 보고 이 정도면 『한객건연집』의 비평을 부탁해도 좋을 것이라 여겼던 모양이었다. 무작정 이조원을 찾아가 한참 동안 필담을 나누다가 유금은 품속에서 책을 꺼내 비평을 요구하였다. 이조원은 자신의 저서인 『간운루집(看雲樓集)』을 유금에게 주었고, 아울러 네 사람의 시에 대해서는 일일이 비평을 해 주었다. 그리고 그 전말을 담은 서문까지 써서 유금에게 주었다. 또한 유금의 부탁을 받고 반정균에게도 평과 서문을 요청하였다. 반정균은 홍대용(洪大容)이 1765년 연행하여 사귄 인물로 역시 일일이 시를 평하여 주었고 서문을 써서 보내주었다. 당시 네 사람의 나이는 이덕무 36세, 유득공 29세, 박제가 27세, 이서구 23세였다. 따라서 수록 순서는 나이에 따른 것으로 보인다.

이조원(李調元 : 1735~1803)의 자는 갱당(羹堂)·찬암(贊庵)·학주(鶴洲), 호는 우촌(雨村)·묵장(墨莊)·동산(童山)이며 사천(四川) 나강인(羅江人)이다. 건륭 28년에 진사가 되었고, 39년에 광동향시부고관(廣東鄉試副考官)에 임명되었다. 또한 광동제학사(廣東提學使), 직예통영병비도(直隷通永兵備道)를 지냈다. 저서로 『간운루집(看雲樓集)』 22권, 『월동황화집(粵東皇華集)』 4권, 『동산시집(童山詩集)』 42권 등이 있으며, 대형 총서인 『함해(函海)』를 출판하였다. 반정균(潘庭筠 : 1742~?)은 청나라 절강(浙江) 전당인(錢塘人)으로 자는 난공(蘭公), 호는 덕원(德園)이다. 건륭 연간에 거인(擧人)으로 내각중서(內閣中書)에 제수되었고, 43년에 진사가 되어 한림(翰林)에 들었다가 섬서도감찰어사(陝西道監察御使)로 전직되었으나 양친(養親)을 이유로 돌아왔다. 저서로 『가서당집(稼書堂集)』이 있다.

이후 이 책은 사가들의 시명만큼이나 널리 유통되었고, 조선 후기를 대표하는 시선집으로 자리잡았다. 『집주한객건연집』은 바로 이 『한객건연집』에 주석을 붙인 것이다. 박제영은 서문에서 5~6년 동안 자료들을 널리 구하고, 몇몇 시의 경우에는 직접 자신의 생각을 더하여 주석을 완성했다고 밝혀놓았다. 박제영이 단 주석은 시구에 등장하는 생소한 시어(詩語)에 관한 것이 대부분이다. 한편 박제영은 이조원과 반정균의 평어를 삭제하고, 원시에 달려 있던 주석은 '원주(原註)'라는 용어로 구분하여 표기하였다. 이렇게 해서 『한객건연집』의 최초 주석본인 『집주한객건연집』이 탄생한 것이다.

4. 구성과 내용

　『집주한객건연집』은 4권 2책으로 구성되어 있다. 『한객건연집』이란 조선 사람의 시를 모은 조그만 시집이라는 의미이다. 본래 『한객건연집』에는 이조원과 반정균의 서문이 붙어 있는데, 『집주한객건연집』에서는 이를 모두 삭제해 버렸다. 대신에 자신이 쓴 「집주한객건연집서」가 첨부되어 있다. 이 서문은 『명문기상(明文奇賞)』에서 문구를 뽑아 지은 집구문(集句文) 형식으로 이루어져 있다. 따라서 집구한 문구의 아래쪽에는 두 줄에 걸쳐 작은 글자로 출전을 밝혀 놓았다. 『명문기상』은 명나라 진인석(陳仁錫 : ?~1634)이 편집한 책으로 40권이다. 이런 집구문 형식의 글 중에는 이언진(李彦瑱 : 1740~1766)의 『송목관집(松穆館集)』에 실린 이상적(李尙迪 : 1804~1865)의 「이우상선생전(李虞裳先生傳)」이 잘 알려져 있다.

　『집주한객건연집』의 수록된 시의 순서와 시수는 『한객건연집』과 차이가 없다. 그러나 『한객건연집』에 수록되어 있던 이조원과 반정균의 평어들은 모두 삭제하였고, 각 시인들의 약력 또한 모두 삭제하여 남겨두지 않았다. 대신에 각 권의 첫머리에는 시인들의 이름 아래 저자와 편자, 그리고 주석자를 따로 밝혀 놓았다. 권1에 수록된 이덕무의 예를 들어보면 다음과 같다.

靑莊館李德懋懋官 著
洌上 柳 琴彈素 抄
桂隱 朴齊永景言 註

　또한 유통되는 대부분의 사본에는 '이평청(李評靑), 반평주(潘評朱)'라는 주석이 달려 있다. 이조원의 평은 청색이고, 반정균의 평은 주색이라는 의미이다. 실제로 상당수의 사본에는 비점은 물론 평까지 두 가지 색으로 되어 있다. 하지만 이 책에는 그런 주석이 들어 있지 않다. 비점 역시 발견되지 않는다. 또 『한객건연집』 각 권 끝에는 각 시인에 대한 총평이 들어 있는데, 이 책에는 그마저 생략하였다. 본래 『한객건연집』은 청조 문사들의 비평을 거치면서 유명해졌는데, 『집주한객건연집』에서는 이들의 비평을 완전히 거부하고 있음을 볼 수 있다. 이조원과 반정균의 비평에 의지하지 않고, 오로지 주석만 가지고 사가들의 시를 음미하겠다는 박제영의 의지가 반영된 것으로 해석할 수 있는 점이다.

5. 서지적 특성

『집주한객건연집』은 4권 2책의 필사본이며 인쇄된 오사란(烏絲欄)의 중국 죽지(竹紙)에 필사되어 있다. 19세기 경화세족들의 기호를 잘 반영하고 있는 필사본이라 할 것이다. 특히 '재형장수(在馨長壽)'와 '문서루주인(聞犀樓主人)'이라는 장서인이 있어 이 책이 한때 서예가로 유명한 소전(素筌) 손재형(孫在馨 : 1903~1981)의 구장본이었음을 알 수 있다. 이 책이 박제영의 친필본이라는 확증은 없지만 원본에 가까운 유일본으로 보는 이유도 이 때문이다.

『한객건연집』의 판본은 필사본과 간행본, 두 종류로 나눠볼 수 있다. 필사본 역시 두 종류가 있다. 하나는 통행본 『한객건연집』이고, 다른 하나는 선집의 형태를 띠고 있는 『한객건연집선(韓客巾衍集選)』이다. 후자의 경우에는 이조원과 반정균의 평어가 함께 있는 시들을 중심으로 각각 30수씩을 뽑아 만든 선집인데 유득공의 편집이다. 간행본 역시 크게 두 가지로 나눌 수 있다. 『한객건연집』은 1917년에 『전주사가시(箋註四家詩)』라는 제목으로 처음 간행되었다. 이 책은 박제영(朴齊永)의 주석본을 백두용(白斗鏞)이 교정을 하고 윤희구(尹喜求)의 서문을 실어 한남서림(翰南書林)에서 출간한 것이다. 이후 1921년에는 이 책의 재판본이 간행되었는데, 편집상 약간의 변동이 있다. 또 다른 하나는 1935년에 석인본으로 간행된 『사가시초(四家詩抄)』이다. 이 책은 특이하게도 경북 안동에서 이준문(李準文)이란 분이 간행하였다. 『한객건연집』에서 일부만 초록하여 간행한 것이다. 이 중에서 『전주사가시(箋註四家詩)』는 시체별(詩體別)로 재편집한 것이지만 나머지는 대개 창작 연대순으로 배열되어 있다.

그런 면에서 볼 때 『집주한객건연집』은 기존의 어떤 사본과도 다른 형태를 유지하고 있다. 특히 이조원과 반정균의 서문은 물론, 그들의 비평까지도 모두 삭제하고 있는 점은 주목할 만하다. 앞서 살펴본 대로 그들의 비점까지도 삭제하였다. 이 책이 『한객건연집』의 최초 간행본인 『전주사가시(箋註四家詩)』의 저본이 되었다는 점은 아주 중요한 사실이다. 『집주한객건연집』의 유일한 전본이라는 점도 서지적 가치를 더해준다.

6. 가치

조선 후기 문화·학술사에서 가장 큰 의미를 지닌 사건을 든다면 『한객건연집』의 편찬과 이를 둘러싼 조(朝)·청(淸) 문사들의 교유를 꼽을 수 있다. 명나라가 멸망한 후 대명의리론을 내세우며 청조와의 교류에 이중적 태도를 취하고 있던 조선의 입장에서는 청조 문물의 수입이 쉽지 않은 문제였다. 하지만 해마다 연행(燕行) 사절단이 왕래하면서 연행(燕行)을 통한 청조(淸朝) 문사들과 교유는 하나의 풍조로 자리잡아갔다. 특히 홍대용이 연행에서 엄성(嚴誠), 반정균(潘庭筠), 육비(陸飛)와 교유한 일은 조선의 문사들에게 큰 영향을 끼치게 된다. 사후에까지 이어진 그들의 우정을 조선의 문인들은 부러워하였고, 청조 문인들에 대한 인식을 새롭게 하는 데 큰 역할을 하였기 때문이다. 유금(柳琴)이 연행에 『한객건연집(韓客巾衍集)』을 휴대한 사건은 당시의 그런 분위기를 잘 전해주고 있다. 이후 『한객건연집』은 수많은 필사본의 형태로 유통되었고, 1917년에서야 『전주사가시』란 이름으로 간행되기에 이른다. 이런 점에서 볼 때 『집주한객건연집』은 몇 가지 측면에서 그 가치를 평가할 수 있다.

첫째, 『집주한객건연집』은 『한객건연집』의 최초이자 유일한 주석본이다. 조선시대에 우리나라 사람들의 시에 주석을 다는 행위는 그렇게 흔한 일이 아니었다. 그런데도 박제영이 이 책에 주석을 단 것은 조선 후기 시사에서 『한객건연집』의 비중이 얼마나 큰 것이었는지를 방증하고 있다고 볼 수 있다.

둘째, 『집주한객건연집』은 『한객건연집』의 최초 간행본인 『전주사가시』의 저본이 되는 책이다. 백두용이 1917년에 처음 간행했는데, 『집주한객건연집』은 『전주사가시』의 저본으로 이용되었다. 더구나 『전주사가시』의 경우 『집주한객건연집』에 수록된 주석의 일부만을 채택했는데, 『집주한객건연집』의 출현으로 박제영 주석본의 본모습을 확인할 수 있게 되었다.

셋째, 박제영의 친필본이라는 확증은 없지만 원본에 가까운 유일본이라는 점에서 그 가치는 크다고 할 것이다. 더구나 한때 손재형의 소장본이었다는 점도 함께 기억해야 할 점이다.

넷째, 기존의 『한객건연집』이 이조원과 반정균의 비평을 중심으로 이해되었던 것에 비해, 『집주한객건연집』은 이들의 비평을 무시한 채 주석만 가지고 사가의 시를 이해하겠다는 박제영의 의지가 반영된 책이다.

(박철상)

[색인어]
한객건연집, 유금, 이덕무, 유득공, 박제가, 이서구, 박제영, 집주한객건연집, 한객건연집선

[참고문헌]
김윤조, 「사가시집 연구(1)」, 『민족문화』 15, 민족문화추진회, 1992.
박철상, 「정조와 경화세족의 장서인」, 『문헌과 해석』 23, 문헌과 해석사, 2003.
박철상, 「고환당 강위가 엮은 『한사객시선』」, 『문헌과 해석』 33, 문헌과 해석사, 2005.
박현규, 「조선 사가시 『한객건연집』과 청 이조원 『우촌시화』와의 원문 수록 관계」, 『서지학보』 21, 한국서지학회, 1998.

창선감의록

倡善感義錄 / 趙聖期 著

筆寫本. — [發行地不明] : [發行處不明], [1890(高宗 27)].
2卷1冊(79張) : 無界, 15行字數不定 ; 33.5×21.7cm.
印 : 南原梁氏家寶
筆寫記 : 歲在光緒十六年庚寅[1890]至月旣望絶筆

倡善感義錄

1. 개요

　『창선감의록』은 졸수재(拙修齋) 조성기(趙聖期 : 1638~1689)에 의해 17세기 후반에 창작된 것으로 추정되며, 총 14회로 이루어진 회장체 소설(回章體 小說)이다. 화씨 가문의 내적인 갈등과 정치적 갈등 속에서 주인공 화진이 시련을 극복하고 가문을 부흥시키는 내용으로, 다양한 사건과 갈등, 인간상이 흥미진진하게 얽혀 있다. 이화여대 도서관본 『창선감의록』은 상하 2권 1책으로 되어 있는 한문 필사본이다. 상권 서두에 남성과 여성 등장인물들이 총망라되어 소개되고 있으며, 본문 가운데 필사자의 논평이 삽입되어 있고, 하권 마지막에 필사기(筆寫記)와 함께 필사후기(筆寫後記)가 적혀 있다.

2. 편·저자

　『창선감의록』의 저자로는 조성기(趙聖期)와 김도수(金道洙)가 유력하게 거론되어 왔으나, 조재삼(趙在三 : 1801~1834)의 『송남잡지(松南雜識)』에 있는 "나의 선조 졸수공 행장에 이르기를, 대부인께서 고금의 사적과 전기에 대해 널리 듣고 익히 알지 못하는 것이 없으셨다. 만년에는 또한 누워서 소설 듣는 것을 좋아하셔서 그것으로써 잠을 쫓거나 우울한 기분을 달래시곤 하셨다. 이에 공께서 스스로 옛 이야기에 의거하여 몇 편의 책을 엮어 드렸다. 세상에 전하는 『창선감의록』과 『장승상전』 등의 책이 그것이다."1)라는 기록에 의거하여 조성기로 보는 것이 신빙성이 있으며, 영남대본에 소술자(所述者)로 기록되어 있는 김도수는 후대의 개작자(改作者)로 추정된다.

　조성기의 본관은 임천(林泉), 자는 성경(成卿), 호는 졸수재(拙修齋)이다. 아버지는 시형(時馨), 어머니는 심씨(沈氏)이다. 일찍부터 성리학의 이기론에 몰두하여 20세에 이황의 사단칠정설(四端七情說)과 이이의 인심도심설(人心道心說)에 대한 견해를 밝힌 「퇴율양선생사단칠정인도이기설후변(退栗兩先生四端七情人道理氣說後辨)」을 지었다. 부친의 뜻에 따라 과거에 응시하기도 했으나, 낙마(落馬)하여 척추를 다친 후로는 끝내 관직에 나가지 않고 30여 년을 칩거하며 학문에만 전념하였다. 이 시기에 주로 김창협(金昌協 : 1651~1708), 김창흡(金昌翕 : 1653~1698) 형제, 그리고 조카인 임영(林泳 : 1649~1696)과의 편지 교류를 통해 철학과 문학 등에 대해 논쟁을 벌였으며, 그 내용은 그의 문집인 『졸수재집(拙修齋集)』에 실려 있다.

　조성기의 조카인 조정위(趙正緯 : 1659~1703)가 쓴 「졸수재행장(拙修齋行狀)」에 의하면, 조성기는 어머니를 위하여 다른 집안에 보지 못한 소설책이 있다는 말을 들으면 힘을 다해

---

1) 我先祖拙修公行狀曰 太夫人於古今史籍傳奇 無不博聞慣之 晚又好臥聽小說 以爲止睡遣悶之資. 公自依演古說 搆出數冊以進 世傳 創善感義錄 張丞相傳 等冊是也.

구해 드리고, 또 자신이 스스로 옛 이야기에 의거하여 몇 편의 책을 만들어 드리기도 했다. 이와 같은 기록에서 나타나는 소설에 대한 평소의 관심과 작가적 역량 등이 조성기를 『창선감의록』의 작자로 추정하게 하는 단서가 되고 있다.

이화여대 도서관본 『창선감의록』의 필사자는 표지 안쪽에 따로 붙어 있는 후손의 글과 작품 말미의 필사후기에 비추어 볼 때, 양씨(梁氏) 가문의 남성 일원이라고 할 수 있다.

3. 필사 경위

이화여대 도서관본 『창선감의록』은 마지막 장에 "歲在光緒十六年 庚寅至月旣望絶筆"이라는 필사기가 있어, 고종 27년(1890)이 그 필사 연대임을 알 수 있다. 또한 표지 안쪽에 "차책(此冊)은 조부주(祖父主)께서 친필(親筆)로 전부(全部)를 쓰셨음으로 귀중품(貴重品)이니 자손(子孫)들은 가보(家寶)인 것을 알고 선위보관(善爲保管)할지여다 을유오월십일 백사당(乙酉五月十日 白沙堂)"이라는 글이 따로 붙어 있고, 다음 면에 '양씨가보 선위보관(梁氏家寶 善爲保管)'이라는 기록이 있다. 작품이 끝나는 마지막 장에 "한가로이 집 안에 앉아 있으니 그 뜻이 어떠한가. 수고로이 책을 옮겨 적고 보니 후생에 보일 만한 것은 아니구나. 그러나 그 글을 자세히 살펴보면 그 속의 말은 오로지 충과 효이니 그 뜻을 조금이라도 잃지 말고 후손에 경계가 되도록 하라[閑者坐堂 其意如許 書役腦苦 非示來生 明審精察 曰忠惟孝 勿失一毫 以戒後孫]."라는 필사후기가 있다. 이로써 필사자가 작품을 읽고 그 속에 담긴 충과 효의 뜻을 가문의 후손들에게 깨우치기 위해 손수 필사하고 이를 가보로 보관할 것을 당부하였으며, 후손들 또한 그 뜻을 받들어 가보로 보관해 왔음을 알 수 있다.

이화여대 도서관본 『창선감의록』은 표제와 권수제가 "倡善感義錄"으로 동일하다. 『창선감의록』은 이본에 따라 '彰善感義錄', '倡善感義錄', '唱善感義錄', '昌善感義錄' 등으로 그 제명이 다양한데, 그 뜻은 대체로 '선(善)함을 널리 드러내고 의(義)로움을 깨닫는 이야기'이라고 할 수 있다. 그러므로 '창선감의록'은 작품 고유의 제명이면서 동시에 당대 소설의 교훈성을 대표적으로 드러내는 제명이라고 볼 수 있다.

4. 구성과 내용

이화여대 도서관본 『창선감의록』은 상하 2권 1책으로 되어 있으며, 상권에 7회까지 수록되어 있고 하권에 14회까지 수록되어 있다. 표지에 "倡善感義錄 上下卷合部"라고 되어 있고, 속표지 상단에도 표지와 동일한 제명이 쓰여 있다. 하단에는 29인의 남성 등장인물명이 나열되어 있다. 다음 장 상단에는 상권에 해당하는 7회까지의 목차가 실려 있으며, 각 장의 목차는 "孝子贊歸計 雙玉定佳緣" 같은 오언이구(五言二句)로 되어 있는데, 그 내용은 해당 장의 줄거리를 요약한 것이다. 하단에는 앞 장에 이어 32인의 여성 등장인물명이 나열되어 있다. 여성 인물들의 경우, 심씨(沈氏) 밑에 '아들 화춘[子 花瑃]', 성부인(成夫人) 밑에 '아들 준, 상서의 외질[子儁 尚書外姪]', 남소저(南小姐) 밑에 '남표의 딸, 화진의 처[標女 花珍妻]', 계향(桂香) 밑에 '심씨 시녀[沈侍女]' 등 등장인물들과의 관계가 함께 적혀 있다. 하권 첫 장에는 8회부터 14회까지의 목차가 실려 있는데, 그 순서가 뒤섞여 있으나 본문은 원래 순서대로 제명이 달려 있고 그 내용 또한 제명에 부합된다.

본문의 상단에 내용과 관련된 필사자의 논평이 총 4회에 걸쳐 삽입되어 있다. 1회의 상춘정(賞春亭) 시화 사건 부분에 "일동일정 개학어제 수원지본 소화지원(一動一靜 皆學於弟 樹寃之本 召禍之源)", 9회의 범한이 조녀, 난수와 함께 달아나면서 화부의 재산 모두 털어가는 부분에 "화씨취재패인호 하기패출다호(花氏取財悖人乎 何其悖出多乎)", 11회의 남어사가 남소저를 찾으려 할 때 곽선공이 만류하는 부분에 "곽선공기부지남부인재처호 일불설천기 이유대한년 고불언야(郭仙公豈不知南夫人在處乎 一不泄天氣 二猶待限年 故不言也)", 12회의 천자가 개선한 진공을 맞아 연회를 여는 자리에서 진공을 한(漢), 당(唐)의 등공(滕公), 이백(李白)에 견주는 부분에 "의계포야(疑季布也)" 등이 각각 삽입되어 있다.

본문이 끝난 후에 필사기와 필사후기가 실려 있다.

『창선감의록』의 1회는 저작 경위와 관련된 서문과 화운(花雲) 고사로 시작되며, 화운 고사에 이어 본격적인 이야기가 전개된다. 대명(大明) 가정(嘉正) 연간에 병부상서인 화욱(花郁)은 심씨(沈氏), 요씨(姚氏), 정씨(鄭氏)라는 세 부인을 두었는데, 심씨는 맏아들 춘(瑃)을 낳고, 정씨는 둘째 아들 진(珍)을 낳았으며, 요씨는 딸 빙선(聘仙)을 낳았으나 일찍 세상을 떠난다. 화욱이 화진을 유독 사랑하자 심씨는 이를 시기하고 못마땅해 하면서도 남편과 그 누이인 성부인(成夫人)이 두려워 참고 지낸다.

화욱은 간신 엄숭(嚴嵩)이 조정을 농간(弄奸)하자 벼슬을 사양하고 세거지(世居地)인 소흥(紹興)으로 내려온다. 이 해에 맏아들 화춘이 임씨(林氏)와 혼인하고, 3년 후 화진은 윤소저(尹小姐), 남소저(南小姐)와 정혼하며, 화소저 또한 유생(柳生)과 정혼한다. 그러나 화진과 화소저의 혼인을 보지 못하고 정부인과 화욱은 차례로 세상을 떠난다.

화욱이 죽고 성부인이 집을 비운 사이, 심씨와 화춘은 본색을 드러내며 화진과 화소저를 무수히 학대한다. 성부인이 돌아와 화진을 혼인시키고 난 후, 화진과 유생, 성부인의 아들인 성생(成生) 등은 과거에 응시해 모두 벼슬길에 오르게 되고, 성부인은 다시 아들을 따라 임지로 떠나게 된다. 그러자 심씨와 화춘은 화진을 벼슬길에 오르지 못하게 하고 집에 머물게 하면서 화진은 물론 두 부인인 윤·남소저까지 함께 구박하고 학대한다. 이때 화춘은 흉악배인 범한(范漢)·장평(張平)과 몰려다니면서, 사통한 조녀(趙女)를 첩으로 들이고, 이후 조녀는 흉계를 꾸며 임씨를 내쫓고 정실(正室)의 자리에 오른다.

　조녀는 윤·남소저까지 시기하여 남소저에게 독죽을 먹이고, 집 밖에 버려진 남소저는 청원이라는 여승에 의해 구출되어 촉(蜀)땅으로 들어간다. 남소저를 쫓아낸 조녀는 범한과 간통하면서 화씨 집안을 몰락시킬 계략을 짜고, 가짜 편지로 혐의를 씌워 화진을 하옥시킨다. 화진이 경사(京師)로 압송(押送)된 후, 이번에는 장평이 화춘과 음모를 꾸며 윤소저를 엄숭의 아들에게 후처(後妻)로 보내려고 하지만, 이를 안 윤소저의 동생 윤공자의 기지로 위기를 벗어난다.

　화진은 성도(成都)로 유배를 가게 되고, 그곳에서 일찍이 악주(岳州) 유배길에 변을 당해 남소저와 헤어졌던 장인 남어사(南御使)를 만나게 된다. 또한 은진인(殷眞人)을 만나 병법(兵法)을 전수받고 부적(符籍)을 받는다. 이때 해적 서산해(徐山海)가 남방으로 쳐들어오자, 화진은 백의종군(白衣從軍)하여, 전수받은 병법과 지략으로 해적을 소탕하고 남방을 평정한다. 개선하는 길에 다시 촉중(蜀中) 채백관(蔡伯貫)의 모반(謀叛)을 토벌하라는 명을 받고 회군(回軍)하여 촉중으로 들어가 큰 공을 세운다.

　화진이 유배 간 사이 범한과 장평에 의해 화춘 또한 하옥되고, 범한과 조녀는 화씨 집안의 재산을 몽땅 털어 달아난다. 이후 재산을 탕진하고 이곳저곳을 떠돌아다니다, 결국 범한이 함께 몰려다니던 누급(婁級)에게 배신을 당해 죽고 조녀는 경사로 압송된다. 화진이 개선하여 돌아오자 진국공(晉國公)의 봉작이 내려지고, 개심(改心)한 심씨와 화춘은 화진을 극진히 대한다. 이후 임소저와 윤, 남소저가 모두 돌아오고 성부인 또한 소흥의 가묘(家廟)를 수습하여 경사로 돌아옴으로써 화부(花府)는 옛 모습을 되찾는다. 화진은 밖으로는 조정의 공신으로, 안으로는 한 가문의 가장으로 충과 효를 실천하다가, 80세에 이르러 벼슬을 버리고 두 부인과 함께 소흥으로 돌아간다.

　『창선감의록』은 처처·처첩 갈등, 장자(長子)와 차자(次子)간의 계후(繼後) 갈등 같은 가문 내적 갈등이 중심축을 이루고, 여기에 충신과 간신의 정적(政敵)간 갈등이 복합적으로 얽히면서 가문 내부의 문제가 가문 외부의 문제로 확산되는 것이 이 작품의 특징적인 갈등 양상이다. 또한 남편인 화욱이나 화춘에 대해 심씨와 정씨, 조녀와 임씨 간의 처처(첩) 갈등에 초점을 맞출 때, 이 작품은 가정소설의 성격을 띠면서도, 화욱이라는 가장의 죽음으로 빚어지는 화씨 가문의 혼란과 몰락 그리고 회복과 창달(暢達)이라는 문제에 초점을 맞출 때는 가문소설의 성격을 띤다. 그런가 하면 화진이라는 주인공에 초점을 맞출 때, 가문 내외적 시련을 극복하고 입공함으로써 가문을 부흥시키는 일련의 영웅담의 성격을 띠기도 하고, 제3의 주인공이라고 할 수 있는 윤여옥과 여성 인물의 결연 과정은 재자가인(才子佳人) 소설의 성격을 띤다. 이처럼 『창선감의록』은 다양한 성격의 이야기가 복합적으로 구성되어 있는 작품으로, 수많은 사건과 갈등이 빚어지고 다양한 인물이 등장하는 장편소설임에도 불구하고, 사건과 인물에 대한 치밀한 구도와 흥미로운 전개가 돋보이는 작품이다.

5. 서지적 특성

『창선감의록』은 한문본과 국문본이 모두 존재하며, 한문본은 다시 원본 계열과 조술본(祖述本) 계열로 나뉘는데, 후자는 비교적 후대의 이본들로 원본의 개작본으로 추정된다. 이화여대 도서관본『창선감의록』은 원본 계열의 이본에 속한다. 이 계열의 이본 중 국립도서관 소장의 의산고본과 고려대 소장의 만송본(晩松本)은 비교적 선본(善本)에 가까운 것으로 추정되고 있으며, 이 외에 고려대 소장의 2종과 연세대 소장의 3종 등에는 필사기가 있어 이화여대 도서관본과 비교해 볼 수 있다.

의산고본은 2권 2책으로, 각 7회씩 분권되어 있으며 각 권의 서두에 목차가 없이 바로 본문이 시작된다. 또한 1권의 제목과 2권의 제목이 각각 "倡善感義錄", "唱善感義錄"으로 일치하지 않는다. 필사자나 필사 연대를 알 수 있는 필사기, 서발 등은 없다. 만송본은 상하 2권 2책으로 각 7회씩 분권되어 있다. 표제가 "花氏忠孝錄"으로 되어 있으며, 상권 마지막에는 "壬辰至月日 冊主 尹手決"이라는 필사기가 있고, 뒷표지 안에는 만손이라는 인물의 전(傳) 일부가 국문으로 실려 있다.

고려대 소장의 1종은 겉표지 표제 옆에 "歲次昭陽大淵獻 肇秋"라고 써 있고, 하권 본문 끝에 "花珎大舜後一人 作此傳者 其花珎之後身歟"라는 내용이 붙어 있으며, 다음에 "丙寅八月日 書于蓮亭"이라는 필사기가 있다. 다른 1종은 하권 마지막 장에 "乙未六月初十日終"이라는 필사기가 있고, 본문에 '아, 료, 우, 소(牙, 了, 又, 召)' 등의 구결(口訣)이 붙어 있다. 고려대본 2종의 경우 모두 필사기는 남아 있지만 그 정확한 시기를 알 수 없으며, 서발이나 필사후기 등이 남아 있지 않아 필사 경위를 알 수 없다.

연세대본 중 1종은 4권 2책으로, 1권(1~4회) 2권(5~7회) 3권(8~11회) 4권(12~14회)로 분권되어 있으며, 서두에 4권의 전체 목차가 제시되어 있다. 4권 마지막에 "甲申年 二月 二十八日"이라는 필사기와 함께 한글로 된 시구가 삽입되어 있다. 다른 1종은 건곤 2권 2책으로, 서두에 목차 없이 바로 본문에 들어간다. 1권 뒷표지에 "甲午 坡平○氏 族譜 竹", 2권 뒷표지에 "坡州○氏 族譜 仁"라고 적혀 있다. 나머지 1종은 제명이 창선록(倡善錄)으로 되어 있는데, 4권 1책으로 마지막 장에 "乙巳二月三日 書于梅爲草廬主權"이라는 필사기가 있다. 연세대본 3종 또한 서발이나 필사후기가 남아 있지 않다.

이렇게 같은 원본 계열의 몇몇 다른 이본들과 비교해 볼 때, 이화여대 도서관본『창선감의록』은 선본과 유사한 체제를 갖추고 있으며, 비교적 후대에 필사된 것이지만 필사 연대와 필사 경위가 정확하다. 또한 이 계열의 이본에 거의 나타나지 않는 필사후기와 논평 등을 통해 필사자가 적극적으로 필사에 임했다는 것이 잘 드러나는 이본이라고 할 수 있다.

6. 가치

『창선감의록』은 고전소설 중에서 남아 있는 이본의 수가 많은 대표적인 작품이자, 한문본과 국문본이 공존하는 작품이다. 이는 그만큼 이 작품이 독자들의 호응을 받으며 폭넓게 읽혔다는 것을 말해 준다. 또한 남아 있는 이본 수를 살펴볼 때, 국문본이 한문본보다 월등히 많은 상황이다. 이는 이 작품이 남성보다는 주로 여성 독자들에 의해 읽혔을 것임을 추정하게 한다.

임형택은 『창선감의록』과 함께 같은 시기의 작품인 『구운몽』과 『사씨남정기』를 '규방 소설'로 규정한 바 있다. 규방(閨房)은 여성들이 거처하는 공간을 통칭하는 말로 여성들의 일상생활이 이루어지는 생활공간이면서 동시에 그 속에서 여성들만의 문화를 향유하는 문화 공간이기도 하다. 따라서 '규방 소설'이란 말에는 주로 여성들에 의해 향유된 소설이라는 의미가 담겨 있다고 볼 수 있는데, 실재『창선감의록』과『사씨남정기』는 당시 규방에서 권장된 소설들이기도 하다.

그런데 이들 소설들은 당시 소설에 부정적이던 지식인 남성들이 교훈성을 내세워 긍정적으로 평가한 작품들이기도 하다. 따라서 당시 규방 여성들의 소설 독서는, 그 대상 작품 선택에서 가장을 중심으로 하는 남성의 영향이 컸으며, 대체로 여성들에게 교훈적인 내용을 전하는 작품들이 권장되었다고 할 수 있다. 실제로『창선감의록』관련 기록들에서도 지식인 남성들이, 『창선감의록』의 내용이 여성들을 깨우치고 경계하는 데 도움이 되는 것으로 생각하고 있었음이 잘 드러난다. 이때 여성들에게 주로 읽힌 것은 한문본보다는 국문본이었을 것이며, 현재 남아 있는 많은 수의 국문본들은 이와 같은 경위로 필사되었을 것으로 추정해 볼 수 있다.

이화여대 도서관본『창선감의록』또한 양씨 가문의 남성 가장이 후손들을 깨우치고 경계하는 데 도움이 되도록 직접 필사한 이본이다. 그런데 여기에서 주목할 것은, 이런 경우에 대체로 가정 혹은 가문 내의 여성들에 대한 교훈과 경계를 목적으로 하는 데 비해, 이화여대 도서관본에서는 후손 일반을 대상으로 하고 있으며, 그 표기 또한 한문으로 이루어져 있다. 따라서 이화여대 도서관본의 경우 오히려 양씨 가문의 남성들을 위한 독서물로 필사되었다고 할 수 있다. 필사후기를 통해 드러난 것처럼 단순히 후손들을 경계하기 위해서만이 아니라, 양씨라는 필사자 스스로『창선감의록』을 한 편의 소설로서 흥미롭게 읽었으며, 후손들에게도 교훈과 동시에 재미있는 읽을거리를 전해주고자 필사했을 것으로 생각해 볼 수 있다.

이는 작품의 서두에 다른 이본들에서는 찾아보기 어려운 등장인물 소개가 들어있다는 데서 알 수 있다. 남성과 여성을 합해 61명에 달하는 등장인물을 소개하고, 여성 인물들의 경우, 등장인물들과의 관계까지 상세하게 기록했다는 것은 장편소설을 읽을 때 인물 관계를 잘 파악할 수 있도록 하는 세심한 배려로 볼 수 있다.

본문 중간 중간에 내용과 관련된 필사자의 논평이 총 4회에 걸쳐 삽입되어 있는데, 이는 필사자가 작품에 심취해 있었음을 드러내 준다고 할 수 있다. 이를 자세히 살펴보면, 상춘정 시화 사건 부분에서는 "행동거지 하나하나를 동생에게서 배우라고 하니, 이는 원한을 서게 하는 근본이요 화를 부르는 근원이라[一動一靜 皆學於弟 樹寃之本 召禍之源]."라고 하여, 화욱의 처사가 이후의 갈등을 유발하고 있음을 지적하고 있으며, 범한이 조녀와 함께 달아나면서 화부의 재산을 모두 털어가는 부분에서는 "화씨는 부정하게 재물을 취한 사람인가? 어찌 도로 부정하게 쓰이는 일이 이다지 많은가?[花氏取財悖人乎 何其悖出多乎]"라고 하여, 범한과 같은 악한들에 의해 화가의 가산이 탕진되는 것을 한탄스러워 하고 있다. 또한 남어사가 남소저를 찾으려 할 때 곽선공이 만류하는 부분에서는 "곽선공이 어찌 남부인이 있는 곳을 몰랐으리오. 하나는 천기를 누설하지 않으려 함이요, 다른 하나는 그 정해진 시간을 기다리고자 함이니 이 때문에 말하지 않은 것이다[郭仙公豈不知南夫人在處乎 一不泄天氣 二猶待限年 故不言也]."라고 하여, 곽선공과 같은 선인이 앞일을 모르는 것처럼 처리된 데 대해 나름의 해명을 하고 있다. 마지막으로 천자가 개선한 진공을 맞아 연회를 열면서 진공을 한(漢), 당(唐)의 등공(滕公), 이백(李白)에 견주는 부분에서는 "계포에 비길 만하다[疑季布也]."라고 하여 자신의 학식을 넌지시 드러내고 있다.

이와 함께 이본 전반에서 한문적 소양이 확인됨에도 불구하고, 특히 명나라의 지명이나 관직명 등에서 오자(誤字)가 다소 나타나는 점을 볼 때 필사자가 허구적인 사건에 중점을 두고 작품을 읽었던 것이 아닐까 추측해 볼 수 있다.

이화여대 도서관본은 비교적 후대에 필사된 것이지만 필사 연대와 필사 경위가 정확한 이본으로『창선감의록』의 한문본이 남성 독자들에 의해 19세기 말엽까지 필사되었다는 점을 확인시켜 준다. 원본 계열의 이본들 중에는 김동욱본(후기)과 규장각본(발문)에만 나타났던 필사 후기가 있어, 필사 경위나 그 의도를 확인할 수 있는 이본으로서의 가치를 지닌다. 이와 함께 서두의 인물 소개나 작품 중간에 삽입된 논평 등을 통해, 지식인 남성들의 소설에 대한 인식이 변화되었음을 감지할 수 있다. 이화여대 도서관본은 조희웅의『고전소설 이본목록』에 들어 있을 뿐 아직 연구된 바는 없다.

(탁원정)

[색인어]
창선감의록, 조성기, 화욱, 화진, 소흥, 촉, 가문소설, 한문본, 국문본, 규방소설

[참고문헌]
김경미, 「규방 공간의 형성과 여성문화」, 국제문화재단 편, 『한국의 규방문화』, 박이정, 2005.
이내종, 「『창선감의록』 이본고」, 『숭실어문』 10, 숭실대 숭실어문학회, 1993.

이종묵, 「조성기의 학문과 문학」, 『고전문학연구』 7, 한국고전문학연구회, 1992.
임형택, 「17세기 규방소설의 성립과 『창선감의록』」, 『동방학지』 57, 연세대 국학연구원,
    1988.
진경환, 「『창선감의록』의 작품구조와 소설사적 위상」, 고려대학교대학원 박사학위논문,
    1992.

청강소와

淸江笑囤 / 李濟臣 著

筆寫本. — [發行地不明] : [發行處不明], [發行年不明].

本文17張 + 白紙5張 : 四周雙邊 半郭 21.8×16.1cm, 有界,

12行24字, 內向花紋魚尾 ; 30.8×20.2cm.

序 : 過齋居士識

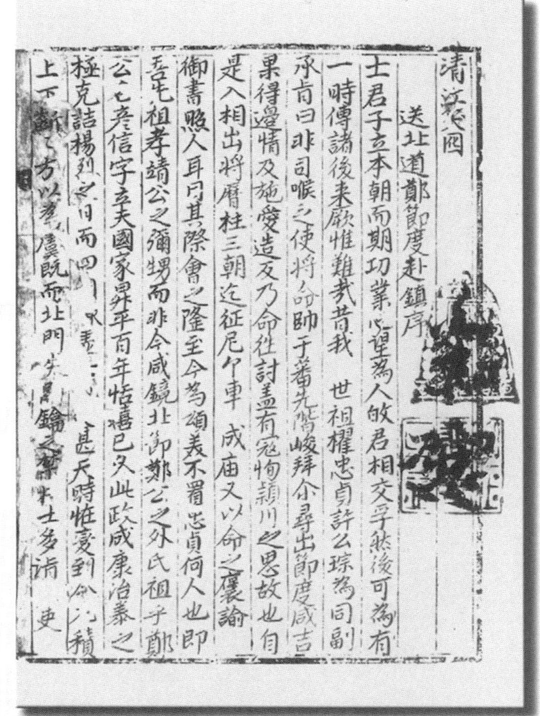

淸江笑囤

1. 개요

　조선 중기의 문신 이제신(李濟臣)의 시문을 엮은 책으로 33면 1책으로 된 필사본으로 종 모양과 장방형의 장서인이 찍혀 있으며, 서(序) 3편, 설(說) 2편, 기(記) 2편, 묘갈명(墓碣銘) 2편, 잡체시(雜體詩) 1편, 사(辭) 1편, 제문(祭文) 2편, 발(跋) 1편, 칠언율시[만시(挽詩)] 2편, 대(對) 1편, 모두 17편이 실려 있다.

2. 편·저자

　『청강소와(淸江笑㖉)』의 편자는 누구인지 밝혀져 있지 않아 현재로서는 알 수가 없다. 저자 이제신(李濟臣 : 1536~1583)은 서울 청파(靑坡)의 반석방(盤石坊)에서 전의(全義) 이씨인 경상도병마사 이문성(李文誠)의 아들로 태어났다. 어머니는 부령도호부사 우예손(禹禮孫)의 딸이다. 어머니 단양 우씨가 학이 품속으로 들어오는 태몽을 꾸었다 하여 자를 몽응(夢應)이라 했다. 어려서부터 영민해 5세 때부터 글을 읽었고, 7세 때 시를 지어 사람들을 놀라게 했다. 17세 때 용문산으로 조욱(趙昱)을 찾아가 학문을 배웠고, 그의 재능을 알아본 영의정 상진(尙震)의 눈에 들어 그의 손자사위가 되었다. 22세 되던 1557년(명종 12)에 「청강거사대(淸江居士對)」를 짓고 이때부터 청강(淸江)이라는 호를 썼다.

　1558년(명종 13) 생원시에 합격했으며, 25세 되던 1560년(명종 15)에는 남명(南冥) 조식(曺植)의 문하에서 수학했다. 1564년(명종 19) 식년 문과에 을과로 급제하여 승문원권지부정자로 벼슬을 시작하였다. 이후 1566년(명종 21)에는 예문관검열이 되었고, 『명종실록』의 편찬에 참여하였다. 1568년(선조 원년)에는 성균관전적과 형조·공조·호조의 좌랑을 거쳐 사헌부감찰, 예조정랑을 역임했고, 1569년(선조 2)에는 오상(吳祥)이 신망해 사은사의 종사관으로 선발, 명나라에 다녀왔는데, 이 시기에 많은 시 작품을 남겼다.

　1570년(선조 3) 울산군수로 나가 아전들의 탐학을 근절시키고, 백성들의 불편을 없애는 데 힘썼다. 1572년(선조 5) 12월에 청주목사로 나갔지만 부모상을 연이어 당해 벼슬에서 물러났다. 1578년(선조 11) 진주목사가 되어 토호의 폐단을 혁파하고 선정을 펴서 공이 많았는데, 토호들이 병부(兵符)를 훔치고 모함하여 벼슬을 사임, 향리에 은거하였다.

　1580년(선조 13) 강계부사로 다시 등용되고, 이어서 함경북도병마절도사가 되었다. 그러다가 1583년(선조 16) 여진족 이탕개(尼湯介)가 쳐들어와 경원부가 함락되자, 이제신(李濟臣)은 온성부사 신립(申砬), 부령부사 장의현(張義賢) 등과 이탕개를 물리치고 경원을 회복했다. 조정에서 경원부사 김수(金鐩)의 처단을 이제신에게 맡겼는데 그가 일을 즉시 처리하지 않았다 하여 그 죄를 물어 의주 인산진(麟山鎭)에 유배되었다가 그해 10월 유배지에서 48세의 나이로 죽었다. 사관은 이제신이 외직에 있으면서도 치적이 뚜렷하고 청렴결백했고, 환란을 당해서는 절도 있는 지휘로 큰 공을 세웠지만 당파에 가입하지 않고 홀로 절개를 지켰기 때문에 어려움을 당했을 때 도움을 받을 수 없었다고 평가했다.

이제신은 시문에 능하고 행서·초서·전서·예서 모두 뛰어났다. 1585년 경연관 이우직(李友直)의 특청으로 신원되어 병조판서에 추증되었고 청백리에 책록되었다. 양근의 미원서원(迷原書院), 청주의 송천서원(松泉書院)에 제향되었다. 저서로 『청강선생집』, 『청강소설(淸江小說)』, 『청강소와(淸江笑咡)』, 『진성잡기(鎭城雜記)』 등이 있다. 시호는 평간(平簡)이다.

3. 편찬 경위

이화여자대학교 소장 『청강소와(淸江笑咡)』는 조선 중기의 문신 청강 이제신의 시문을 모아 엮은 책으로, 전의(全義) 이씨 청강공파(淸江公派) 화수회에서 1979년 영인한 『청강소와(淸江笑咡)』와 제목이 동일하지만 권수, 필사의 형태, 내용의 구성 면에서는 차이를 보인다. 청강공파 화수회에서 간행한 『청강소와(淸江笑咡)』는 통문관(通文館)에서 소장하고 있던 필사본을 대본(臺本)으로 하고 있으며, 두 번이나 간행된 『청강선생집(淸江先生集)』에 비해 잘 알려지지 않은 유일본으로 간주되어 왔다. 『청강소와(淸江笑咡)』의 편찬 경위와 연대는 현재 알려져 있지 않다. 다만 통문관본 시문에 강계 부사 시절에 지은 오언 율시가 보이는바, 말년의 저작이 포함되어 있음을 알 수 있다.

이제신의 저작은 시문집인 『청강선생집(淸江先生集)』과 잡기집인 『청강소설(淸江小說)』 정도가 널리 알려져 있다. 시문집 『청강선생집(淸江先生集)』은 1610년(광해군 2) 아들 이명준(李命俊)이 전쟁을 겪으면서 흩어져 없어진 시문을 덕산(德山) 현감(縣監)으로 재직중이던 시절에 간행한 것이다. 사위 신흠(申欽), 신흠과 교우하던 이항복(李恒福), 그리고 당시 덕산 부근 홍주(洪州)의 목사(牧使)로 재직하고 있던 이수광(李睟光) 등 당대 최고 문사들의 손을 거쳐 산정(刪定)하여 목판으로 간행하였는데, 이후 목판이 낡게 되자 1922년 11대손 이정노(李正魯)가 속집(續集)을 붙여 다시 간행하였다. 현존본인 중간본은 10권 5책본으로, 장서각(4-6547), 성균관대학교 중앙도서관(D3B-1021a), 연세대학교 중앙도서관 등에 소장되어 있다. 『청강소설(淸江小說)』은 저자가 친지들과 주고받은 말과 서신들을 모은 것, 견문(見聞)한 것을 추려 명종 22년(1567)에 엮은 책이다. 권1은 『청강소설(淸江小說)』, 권2는 심광세(沈光世)의 『해동악부(海東樂府)』, 권3은 허균(許筠)의 『학산초담(鶴山樵談)』, 권4는 김안로(金安老)의 『용천담적기(龍泉談寂記)』를 수록하였다.

『청강소와(淸江笑咡)』는 형식이 비교적 자유롭고 내용면에서도 일상에서 배태된 꾸밈없는 인간성, 가치관 등을 살필 수 있는 시문집이다. 제목인 '청강소와(淸江笑咡)'에서도 알 수 있듯이 저자는 이 책에서 진지한 교훈성이나 작품성을 표방하고자 한 것이라기보다 '우스갯거리'로 삼을 수 있는 편안한 대상을 모아 엮은 것이라 하겠다.

4. 구성과 내용

이화여자대학교 소장 『청강소와(淸江笑咡)』는 필사본 1책으로, 모두 33면으로 구성되어 있다. 편자나 간행 시기가 명확하지 않으나, 이제신과 동시대 인물인 배삼익(裵三益 : 1534~1588)의 장서인이 찍힌 것으로 보아, 『청강소와(淸江笑咡)』 원본과 비슷한 시기에 짓거나 필사한 것으로 추정할 수 있다.

또한 이화여자대학교 소장 『청강소와(淸江笑咡)』에서는 통문관본에서 빠진 글자를 확인할 수 있고, 오자를 교정하여 위쪽에 표기해두기도 했으며, 이제신을 지칭할 때 '모(某)'라는 표현을 쓰고 있다. 통문관본에서 '제신(濟臣)'이라고 표기되어 있는 점과 비교해볼 때, 이화여대 도서관본은 당시 이제신의 집안에 있던 책이거나 이제신 집안에 있던 책을 필사한 것으로 추정할 수 있다. 이를 감안할 때 이 책은 비록 『청강소와(淸江笑咡)』 내용의 일부가 수록되어 있기는 하지만 원본이나 다름없는 아주 귀중한 이본이라 하겠다.

이 책은 1책 1권이며, 표지에 '청강소와(淸江笑咡)'라고 서명이 기록되어 있다. 서문이나 총목차가 따로 없고, 책의 서두에 제목을 쓰고, 바로 제목과 함께 작품을 순서대로 수록해 놓았다.

통문관 소장 『청강소와(淸江笑咡)』는 모두 6권으로 '예(禮)·악(樂)·사(射)·어(御)·서(書)·수(數)'의 차례로 분책(分冊)되어 있다. 제1권에는 사(辭), 부(賦), 오언절구(五言絶句), 잡체시(雜體詩), 칠언절구(七言絶句), 오언율시(五言律詩)가, 제2권에는 칠언율시(七言律詩), 오언율시(五言律詩)가, 제3권에는 잡저(雜著), 문(文), 변(辨), 대(對), 설(說), 서(序), 기(記), 발(跋), 서(書), 소(疏), 차(箚), 비(碑), 명(銘), 갈(碣) 등이, 제4권에는 명(銘), 묘표(墓表), 묘지(墓誌), 행장(行狀), 제문(祭文), 표(表), 전(箋), 명(銘), 송(頌), 찬(贊) 등이, 제5권에는 「후청쇄어(候鯖瑣語)」, 「사재록(思齊錄)」, 「시화(詩話)」, 「소총(笑叢)」, 「영모록(永慕錄)」이 수록되어 있다. 『청강소와(淸江笑咡)』에는 『청강선생집(淸江先生集)』에 실려 있지 않은 시문들이 수록되어 이제신의 문학적 면모를 살피는 데 중요한 자료가 되고 있다.

이에 비해 이화여자대학교 소장 『청강소와(淸江笑咡)』는 서(序) 3편, 설(說) 2편, 기(記) 2편, 묘갈명(墓碣銘) 2편, 잡체시(雜體詩) 1편, 사(辭) 1편, 제문(祭文) 2편, 발(跋) 1편, 칠언율시[만시(挽詩)] 2편, 대(對) 1편, 모두 17편이 실려 있다. 수록 순서는 다음과 같다.

　1) 送北道鄭節度赴鎭序

2) 送韓公則赴穩成府使序

3) 四說 幷序

4) 送奏請書狀高而順序

5) 江界李文元公廟記

6) 通政大夫戶曹參議柳公墓碣銘 幷敍

7) 滌襟軒八詠

8) 惜餘春辭 幷序

9) 行通訓大夫敦寧府正朴公墓碣銘 幷序

10) 祭曺南冥先生文

11) 祭白參贊文

12) 重刊陶靖先生集跋

13) 白知事挽

14) 白知事又挽

15) 淮陽府新安驛設倉記

16) 淸江居士對

17) 顧齋說

「송북도정절도부진서(送北道鄭節度赴鎭序)」는 함경도병마절도사로 나가는 정언신(鄭彦信)에게, 「송한공칙부온성부사서(送韓公則赴穩成府使序)」은 온성부사로 가는 한공칙(韓公則)에게, 그리고 「송주청서장고이순서(送奏請書狀高而順序)」는 서장관으로 명나라에 가는 고경명(高敬命)에게 주는 송서(送序)이다.

「사설(四說)」은 '왜척촉(倭躑躅)', '납목단(蠟牧丹)', '서향화(瑞香花)', '여춘화(麗春花)' 4편의 설(說)로 구성되어 있는데, 각기 사물을 자세히 관찰하여 의미 있는 깨달음을 제시하고 있다.

기(記)는 강계부사 시절 지은 「강계이문원공묘기(江界李文元公廟記)」와 「회양부신안역설창기(淮陽府新安驛設倉記)」가 수록되었다.

사(辭)로는 선조 즉위 12년을 맞아 선조를 권면하기 위해 지은 「석여춘사(惜餘春辭)」가 수록되어 있고, 시에는 맑은 날의 관악산, 비 오는 날의 청계산, 범선 띄우는 동작, 안개 낀 노량 등 서울의 모습을 읊은 잡체시 「척금헌팔영(滌襟軒八詠)」이 있고, 칠언 율시로는 백인걸(白仁傑)을 애도하는 만시(挽詩) 「백지사만(白知事挽)」과 「백지사우만(白知事又挽)」이 있다.

묘갈명으로는 박세영(朴世榮)을 애도하는 「행통훈대부돈녕부정박공묘갈명(行通訓大夫敦寧府正朴公墓碣銘)」이 수록되어 있다. 제문으로는 스승인 남명 조식에 대한 「제조남명선생문(祭曺南冥先生文)」과 백인걸에 대한 「제백참찬문(祭白參贊文)」이 수록되어 있다.

22세 되던 해에 지은 「청강거사대(淸江居士對)」에서는 이제신이 자신의 호를 '청강(淸江)'으로 짓게 된 연유에 대해 쓰고 있다. 이제신은 자신의 집이 맑은 강가에 있지는 않지만, 강물이 물줄기들을 받아들여 큰물이 되는 것처럼 마음이 이치들을 모아 주재하게 되면 큰 이치를 깨달을 수 있을 것이라 보고, 마음을 강처럼 가지려는 의미에서 호를 '청강'이라 한다고 했다.

발문으로는 「도정절집(陶靖節集)」을 중간하며 쓴 「중간도정선생집발(重刊陶靖先生集跋)」이 있다.

마지막으로 「고재설(顧齋說)」은 건물의 이름에 '고(顧)'를 쓴 이유를 밝히며 모든 이치의 근본이 스스로를 돌이켜 궁구하는 데 있다는 것을 강조하고 있다.

작품의 수록 순서는 대체로 형식상 분류를 염두에 둔 것 같지만 완전히 지켜지고 있는 것 같지는 않다.

5. 서지적 특성 및 가치

『청강소와(淸江笑囮)』는 통문관 소장본이 유일본으로 인식되어 왔으나 이화여대 도서관본이 새롭게 발견되었다. 통문관본은 6권 6책이며 이화여대 도서관본은 1권 1책이다. 이화여대 도서관본은 통문관본과 내용의 구성 면에서 차이를 보인다. 편자의 의도에 의해 선택된 작품만을 선별하여 싣고 있는 이화여대 도서관본 『청강소와(淸江笑囮)』는 필사의 형태에 있어서도 힘 있는 붓글씨체가 돋보인다.

이 책은 배삼익(裵三益)이 소장하고 있던 책이다. 배삼익은 아들인 배용길(裵龍吉 : 1556~1609)과 함께 영남의 대표적인 장서가(藏書家)로, 이 책의 첫 장에 찍혀 있는 종 모양과 장방향의 인장은 배삼익의 것으로 추정된다.

맨 위의 종형(鐘形) 인장은 판독이 어렵지만, 아래쪽 장방형 인장에 있는 글씨는 '곡강(曲江) / 배씨(裵氏) / 삼익(三益)'으로 판독된다. 곡강(曲江)은 흥해(興海)의 다른 이름으로, 배씨의 본관을 말한다. 그리고 맨 아래 쪽에는 희미하지만 장방형 주인(朱印)이 있다. 이 인장에는 '임연재장(臨淵齋章)'이라는 글자가 새겨져 있다.1) 따라서 이 책은 임연재 배삼익이 소장하고 있던 책으로 확인할 수 있다. 이제신과 동시대를 살았던 배삼익이 소장했던 이 책은 임란 이전에 필사된, 『청강소와(淸江笑囮)』 원본과 다름없는 희귀본이라 하겠다.

『청강소와(淸江笑囮)』는 이제신의 인간관계, 인생관과 가치관, 그리고 감성들을 느낄 수 있는 자료들을 선별한 자료로서 가치를 평가할 만하다. 또 통문관본 『청강소와(淸江笑囮)』의 오자나 탈자 등을 확인할 수 있는 자료로서도 의미가 크다. 이로써 『청강소와(淸江笑囮)』의 본래 모습을 추정할 수 있게 하는 중요한 이본이 발견되었다고 하겠다.

이제신의 학문과 문학 및 사상에 대한 연구는 동시대 문인에 비해 그다지 활발하지 못한

---

1) 해제집 앞머리의 실물 사진 도판 참조.

편이었다. 따라서 시문집인 『청강선생집(淸江先生集)』과 잡기집인 『청강소설(淸江小說)』에 비해 알려져 있지 않은 『청강소와(淸江笑囮)』에 대한 연구는 거의 없는 상황이다. 한시 비평에 관한 몇몇 연구를 제외하면 이제신에 관한 연구 역시 시작 단계에 있다고 하겠다. 『청강소와(淸江笑囮)』는 조선 중기 문학사 자료를 풍부하게 할 것이며, 이화여대 도서관본 『청강소와(淸江笑囮)』는 통문관본 『청강소와(淸江笑囮)』의 원래 모습을 추정하게 하는 중요한 자료일 뿐 아니라 잡록집의 새로운 형태와 의미를 시사해 주는 중요한 가치를 지닌다 하겠다.

(강성숙)

[색인어]
청강소와, 이제신, 이문성, 우예손, 조욱, 상진, 조식, 오상, 백인걸, 박세영

[참고문헌]
『간이집(簡易集)』.
『국조방목(國朝榜目)』.
『국조인물고(國朝人物考)』.
『상촌집(象村集)』.
『연려실기술(燃藜室記述)』.
『조선왕조실록(朝鮮王朝實錄)』.
『청강선생집(淸江先生集)』.
『청강소설(淸江小說)』.
『청강소와(淸江笑㘝)』, 전의이씨 청강공파 화수회 간행, 1979.

박수천, 「이제신의 『청강시화』와 시문학」, 『한국한시작가연구』 6, 한국한시학회, 2001.
이강로, 「『청강소와』 소고」, 『서지학보』 4, 한국서지학회, 1991.
조종업, 「『청강시화』 연구」, 『논문집』 6집, 충남대, 1967.

택당집

澤堂先生集 / 李植 著

木板本. – [平壤] : [發行處不明], [1747(英祖 23)]
元集 10卷5冊, 續集 6卷3冊, 別集 18卷9冊, 合34卷17冊,
四周雙邊, 半郭 22.1×16.2cm, 有界, 10行 20字, 註雙行,
上下向花紋魚尾 ; 32.2×20.7cm.
表題, 版心題 : 澤堂集
序 : 崇禎紀元之閼逢攝提格[甲寅, 1674]…宋時烈序
跋 : 崇禎紀元後再丁卯[1747]月正不肖曾孫崇政大夫行平安道
觀察使…[李]箕鎭謹識

고서/고서811.085 이692

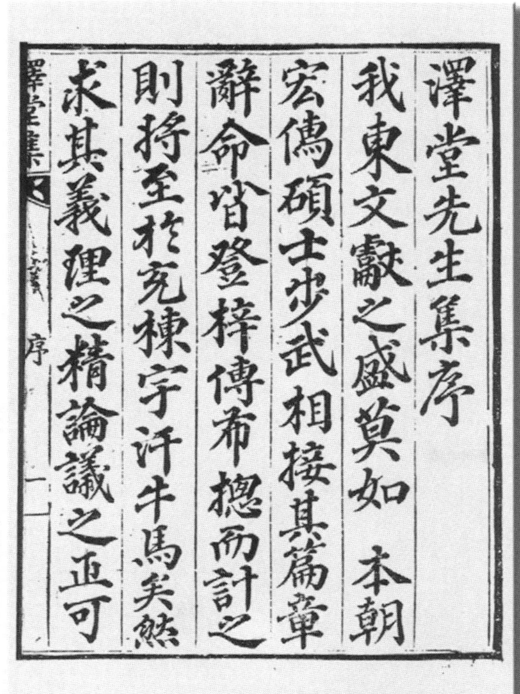

澤堂先生集

1. 개요

『택당집(澤堂集)』은 17세기 조선 중기의 문신·학자인 이식(李植 : 1584~1647)의 문집이며 총 34권 17책으로 원집(原集) 10권과 속집(續集) 6권 및 별집(別集) 18권으로 구성되어 있다. 원집 10권과 속집 제4권까지는 택당 자신이 생전에 직접 편집한 것이다. 속집 가운데 권 5·6은 김수항(金壽恒)이 선정하고 편찬하였으며, 별집은 송시열(宋時烈)이 원집과 속집에서 제외된 문장을 정리하여 편집하였다. 『택당집』은 여러 차례 간행된 것으로 확인되는데, 초간본은 1674년(현종 15) 전라감사 이동직(李東稷)과 남평군수(南平郡守) 송시걸(宋時杰)이 간행하였고[초간본, 남평본(南平本)], 중간본은 1747년(영조 23) 증손자인 평안감사 이기진(李箕鎭)이 유문(遺文) 2편을 붙여 간행하였다[중간본, 평양본(平壤本)]. 이후 증손 이익진(李翼鎭)이 초간본의 마모된 부분을 보각(補刻)·추각(追刻)하고 구성과 편차를 달리하여 간행하였다[추각본, 무주본(茂朱本)]. 본 해제에서 소개하는 이화여자대학 중앙도서관 소장본은 후손인 이기진(李箕鎭)에 의해 1747년(영조 23)에 평양(平壤)에서 개간된 평양본이다.

2. 저자

이식(李植 : 1584~1647)은 조선 중기의 문신이며 학자이다. 본관은 덕수(德水), 자는 여고(汝固), 호는 택당(澤堂)·남궁외사(南宮外史)·택곤거사(澤崑居士)이며 시호는 문정(文靖)이다. 좌의정 행(荇)의 현손으로 아버지는 좌찬성에 증직된 안성(安性)이며, 어머니는 무송윤씨(茂松尹氏)로 공조참판 옥(玉)의 따님이다. 1584년(선조 17) 10월 서울 남소문 본가에서 태어나 1647년(인조 25) 6월 경기도 지평(砥平) 백아곡(白鴉谷 : 현재 양평군 양동면 소재)에서 별세하니 향년 64세이다.

택당은 월사(月沙) 이정구(李廷龜 : 1564~1635)·상촌(象村) 신흠(申欽 : 1566~1628)·계곡(谿谷) 장유(張維 : 1587~1638)와 더불어 조선 중기 한문사대가(漢文四大家)로 꼽히며, 한말 유학자인 창강(滄江) 김택영(金澤榮 : 1850~1927)에 의하여 여한구대가(麗韓九大家)의 한 사람으로 뽑혀 『여한십가문초(麗韓十家文鈔)』에 사간원차자(司諫院箚子) 등 6편의 글이 수록되어 있다. 그는 시의 각 체에 모두 능숙하여 많은 작품을 남겼으며 대체로 정경의 묘사가 뛰어나고 직서적인 것이 많다는 평이다.

택당은 1610년(광해군 2)에 생원(生員)을 거쳐 다음해에 문과(文科)에 급제하고 1613년(광해군 5) 설서(說書)를 거쳐 1616년(광해군 8)에 북평사(北評事)가 되었다. 1617년(광해근 9)에 선전관(宣傳官)으로 임명되어 해서(海西) 지방의 말을 점열하는 일에 차출되었다. 1618년(광해군 10) 조정에서 인목대비(仁穆大妃) 폐모론(廢母論)이 일어나게 되자, 관직에서 물러나 경기도 지평(砥平)으로 낙향하여 남한강변에 택풍당(澤風堂)을 짓고 오직 학문에만 전념하였다. 그가 호를 택당이라 한 것은 바로 여기에서 연유한 것이다.

1621년(광해군 13)에 여러 차례 출사(出仕)의 명을 받았으나 이를 거부하여 왕명을 어겼다는 이유로 구속되기도 하였다. 1623년 인조반정(仁祖反正)으로 인조가 즉위하게 되면서 이조좌랑에 등용되었으며 이듬해에 부수찬(副修撰)으로 호당(湖堂) 사가(賜暇)를 받고 이어 교리(校理)에 승임(陞任)되었다. 1625년(인조 3)에 예조참의·동부승지·우참찬 등을 역임하였으며, 승지(承旨) 재임시 장문의 소(疏)를 바쳐 시폐(時弊)를 논하였으나 받아들여지지 않았다. 이듬해에 대사간·대사성·좌부승지 등을 지냈으며, 1632년(인조 10)까지 대사간(大司諫)을 세 차례 역임하였다.

1627년(인조 5) 정묘호란이 일어나게 되자 분조재신(分朝宰臣)으로 세자를 모시고 피난하였다. 정묘호란 직후 인조가 사친(私親) 원종(元宗)을 국왕으로 추숭(追崇)하려고 하자, 이는 예(禮)가 아님을 논하다가 인조의 노여움을 사 간성현감(杆城縣監)으로 좌천되기도 하였다. 1633년(인조 11)에 부제학(副提學)을 거쳐 1637년(인조 15)에는 대사성(大司成)이 되었다.

1636년(인조 14) 12월 병자호란(丙子胡亂)이 일어나자 인조를 모시고 남한산성(南漢山城)으로 들어갔으며 화의(和議)가 성립된 후에는, 척화론자(斥和論者)의 대표로 지목받아 김상헌(金尙憲)과 함께 심양(瀋陽)으로 압송되었다. 돌아올 때에 다시 의주에서 잡혀 갇혔으나 탈출하여 돌아왔다. 그 후 대사헌(大司憲)·형조판서(刑曹判書)·이조판서(吏曹判書)·대제학(大提學) 등을 역임하였다.

택당은 노론(老論) 출신으로 그의 학통은 율곡(栗谷) 이이(李珥), 사계(沙溪) 김장생(金長生), 우암(尤菴) 송시열(宋時烈)로 이어지는 기호학파(畿湖學派)에 속한다. 비록 우암이 그의 문하(門下)에 참여하지 않았다고 하더라도 존경하는 위치에 있었다. 그는 학문과 문장을 겸비한 당대의 대가(大家)로 문명(文名)이 높아서 중국 사신이 오면 그 응대에 차출되는 경우가 많았고, 국가 전례를 행하거나 실록의 편찬과 같은 국가적 편찬 사업에 여러 차례 참여하였다. 택당은 국사(國史)의 편찬에 지대한 관심을 가지고 있었으며, 사관제도와 운영에 대해서도 문제의식을 가지고 있었다. 춘추관(春秋館)이 겸직으로 되어 있어 실직(實職)이 없는 문제점과, 예문관(藝文館)은 봉교(奉敎)·대교(待敎) 이하의 검열(檢閱)이 사초(史草)를 담당하여 제대로 된 자료 수집을 하기가 곤란한 점을 지적하기도 하였다.

인조 즉위 후 조정에서는 『선조실록』을 개수(改修)하자는 논의가 이어졌는데, 여러 가지 사정으로 미루어오다가 1641년(인조 19) 2월에 올린 대제학 이식의 상소로 수정을 결의하고, 이식에게 수정을 전담시켰다. 이식이 수정을 시작한 것은 2년 뒤인 1643년(인조 21)부터이다. 『선조실록』 수정의 중임을 맡게 되자 택당은 예문관검열 심세정(沈世鼎)을 대동하고 적상산사고(赤裳山史庫)에 가서 『선조실록』 중 수정할 곳을 골라서 뽑아 왔다. 그 이듬해 창덕궁의 병조 건물에 수정실록청(修正實錄廳)을 설치하고 가장사초(家藏史草)와 비문·행장 및 야사(野史)·잡기류(雜記類) 등을 수집해 수정작업에 들어갔다. 그러나 수정이 한참 진행되고 있던 1646년(인조 24) 1월에 이식이 인사 문제로 파직을 당하게 되어 편찬 작업은 정지되었다. 그리고 그 이듬해 이식이 사망하게 되자 실록 수정 사업은 용주(龍洲) 조경(趙絅 : 1586~1669)에게 넘겨졌지만 이후 별 진척이 없었던 것으로 보인다. 조경은 실록 수정 작업을 맡으며 이식이 선조 27년까지의 수정작업을 마친 것으로 보고하고 있다. 『선조실록』은 효종 즉위 초년에 여러 차례 수정 작업을 펴려 했으나 실현에 옮기지 못하였다. 그러다가 1657년(효종 8) 3월에 이르러 수정실록청이 다시 설치되어 영돈녕부사(領敦寧府事) 김육(金堉)과 채유후(蔡裕後) 등으로 하여금 계속 사업을 펴게 해 그 해 9월에 완성을 보았다.

택당은 실록 수정작업에 많은 심혈을 기울였다. 당시 송시열(宋時烈)도 이식의 업적 가운데 『선조실록』을 수정한 것을 가장 큰 공적이라고 평하였고, 『인조실록』에 실린 택당의 졸기(卒記)에도 그가 『선조실록』의 수정을 마치지 못하고 죽은 것에 대해 사람들이 모두 애석하게 여기고 있음을 기록하고 있어 실록 수정에 얼마나 많은 노력을 기울였는지를 보여주고 있다. 택당이 실록 수정 작업을 하면서 사관의 일기를 보려고 했다가 식자(識者)들의 빈축을 샀던 일1)은 그의 과오로 지적될 수 있겠지만, 전에 편찬한 실록을 파기하지 않고 함께 보존하여 후대인들이 열람할 수 있게 한 역사의식은 높이 평가할 만하다. 문집으로 『택당집』이 남아있으며 『초학자훈증집(初學字訓增輯)』·『택풍당 두시비해(澤風堂 杜詩批解)』를 저술하였고, 『수성지(水城志)』·『야사초본(野史初本)』 등을 편찬하였다. 숙종 12년(1686) 영의정에 추증되었으며 여주의 기천서원(沂川書院)에 제향되었다.

3. 편찬 경위

택당은 당대의 문장가로 상당한 양의 저작을 남겼으며, 생전에 자신이 직접 저작을 정리·편집해 두었다. 『택당집』 원집(元集) 권6을 보면 "공이 정축년 난리 뒤에 직접 시고(詩稿)를 정리하였는데, 동악(東岳)2)의 만사(挽詞)를 정축년 여름에 지어 말미에 끼워 넣은 뒤로는, 다시 더 선별하는 일을 하지 않았다."고 기록하고 있어 1637년(인조 15)에 문집 초고를 직접 편집한 것을 알 수 있다. 그는 먼저 10권의 문집을 체제를 갖추어 편집하고 이에 포함되지 않은 시를 별도로 뽑아 속집(續集) 4권으로 만들어 두었던 것 같다. 택당 자신이 직접 글을 선별하여 초고를 만들었지만 그는 자신의 문고를 불만스럽게 여긴 나머지 후세에 남길 것이 못 된다고 생각하여 간행하지 말 것을 유교(遺敎)로 남겼다. 이런 이유로 인해 그가 편집한 초고는 즉시 간행되지 못하였다.

『택당집』의 간행은 우암 송시열이 택당의 셋째 아들 단하(端夏)에게 문집이 간행되지 못

---

1) 『인조실록』 권42, 인조 19년 4월 20일(을축).
2) 택당의 종숙부(從叔父)인 이안눌(李安訥 : 1571~1637)이다.

한 사연을 물은 뒤에 편집을 주도하면서 기획되었다. 1674년(현종 15) 송시열에 의해 목판본 『택당집』 총 34권 16책이 간행되는데, 원집 시문(詩文) 10권과 속집 시편(詩篇) 4권은 택당 자신이 생전에 선별해 놓은 것이었으며, 속집 시편 5, 6권은 인조 15년 이후의 저작으로 문곡(文谷) 김수항(金壽恒)이 선정한 것이다. 그리고 별집(別集) 18권은 원집과 속집에서 제외된 문장을 우암이 선정해 정리하여 편차(編次)한 것이었다. 『택당집』 초간본은 신독재(愼獨齋) 김집(金集)의 문인으로 당시 전라도 관찰사였던 이동직(李東稷)의 주간 하에 송시열의 동생인 남평현감(南平縣監) 송시걸(宋時杰)이 협력하여 완주(完州, 현 전주감영)에서 간행되었다.

　이후 시간이 흐르면서 판목이 마모되어 글자를 식별할 수 없게 되자 개각(改刻)의 필요성이 제기되었다. 1747년(영조 23) 택당의 증손(曾孫)인 이기진(李箕鎭)은 평안도 관찰사로 있으면서 판목 전체를 새롭게 만들었다. 그는 초간본을 저본으로 하되 초간본에서 누락된 습유(拾遺) 두 편을 추가하여 『택당집』을 중간하였다. 이기진이 작성한 발문(跋文)을 보면 "판목을 만든 지 74년이나 되어 자획이 문드러진 데가 많고, 더러는 읽기 힘들어 사림(士林)들이 모두 병통으로 여기었다. 마침 손자인 내가 평안도 감사가 되어 녹봉을 덜어내 목재를 모으고 필사(筆寫)를 잘하여 개간(改刊)하였으며, 습유 두 편을 첨부하였다. 그 중 하나는 교서(教書)로 간여고(刊餘稿)에 있었던 것이다. 선중부(先仲父)인 문경공(文敬公)[3]이 직접 기록한 주에 '이 교서는 명작이지만 가본(家本)에는 빠져 있다. 추후에 얻었으므로 간행에 넣지 못했는데 후일 혹 간행하게 되면 습유를 넣는 것이 좋겠다.'고 하였다. (중략) 나머지 하나는 예서(禮書)를 논한 것으로 미호(渼湖)의 재상 유척기(兪拓基)의 집안에서 얻은 것이다. 완성(完城) 최명길(崔鳴吉) 집안의 편지첩에서 나왔는데 동평위(東平尉) 정재륜(鄭載崙) 공이 기록한 것이다."라고 하여 개간의 이유와 추가한 저작물에 대해 밝히고 있다. 그리고 이어서 「교신풍군장유서(教新豐君張維書)」·「소현세자상시여최완성명길론예서(昭顯世子喪時與崔完城鳴吉論禮書)」 두 편의 글을 싣고 있다.

　1674년(현종 15) 남평에서 간행되어 전주부에 보관되어 있던 『택당집』 초간본은 1764년(영조 40) 무주 적상산성(赤裳山城)으로 옮겨지면서 택당의 증손 이익진(李翼鎭)에 의해 다시 개간된다. 이때 간행된 『택당집』 권수(卷首)에 기록되어 있는 「택당집적상산성장판기(澤堂集赤裳山城藏板記)」를 보면 초간 이후 『택당집』 판목의 보관 경위와 판목의 이동상황을 살펴볼 수 있다. 즉 『택당집』은 "남평에서 초간된 이후 중간에 김제로 옮겨졌다가 뒤에 전주로 옮겨졌으며, 그 뒤 무주부 산성에 옮겨 두었다. 또한 다른 본은 평양부에서 추각(追刻)하여 광주부 산성에 옮겨 보관한다."고 기록되어 있다. 이익진에 의해 영조 40년에 개간된 『택당집』은 초간본을 저본으로 하고 있으나 추가된 부분이 있다. 즉 권수에 「택당선생집총목」이 추가되어 수록된 글의 편수까지 기록하였고, 이어 「택당집적상산성장판기」와 「책판치부(冊板

───────────────

3) 이식의 손자인 수곡(睡谷) 이여(李畬 : 1645~1718)이다.

置簿)」를 두어 판의 구성 내용과 보각(補刻)에 참여한 사람들의 명단을 기록하였다. 원집 권 10 다음에는 「택당선생집부록」을 추가하여 「숙묘조병인특명치제문(肅廟朝丙寅特命致祭文)」, 「우암송선생배묘고문(尤庵宋先生拜墓告文)」, 「기천서원청향시장보소략(沂川書院請享時章甫疏略)」 등 세 편의 글을 수록하고 있다. 별집 권18 뒤에는 「여최완성론예서(與崔完城論禮書)」· 「여금양위론문서(與錦陽尉論文書)」가 추가되어 있다. 즉 영조 40년에 간행된 무주본은 현종 15년에 간행된 초간본을 저본으로 하여 추각한 것이다. 『택당집』은 초간본이 나온 이후 여러 차례 개간 과정을 거쳤으나 큰 체제의 변화는 없었던 것으로 보인다. 현재 이화여대 중앙도 서관에는 위 세 종류의 판본과는 상이한 판본이 1종 소장되어 있으나 영본(零本)으로 간행 경위를 파악하기 힘들다. 본 해제의 대상인 이화여대 도서관본 『택당집』은 1747년(영조 23) 에 개간된 평양본이다.

4. 구성과 내용

『택당집』은 총 34권 17책으로 원집 10권과 속집 6권, 그리고 별집 18권으로 구성되어 있다. 맨 앞에 송시열의 서(序)가 있고 이어 간략한 총목(總目)이 있으며, 별집 권18 뒤에 「택당선생집습유(澤堂先生集拾遺)」와 기진(箕鎭)의 발문이 있다. 발문 뒤에는 퇴계의 「경재잠도(敬齋箴圖)」·「숙흥야매잠도(夙興夜寐箴圖)」가 두 장 첨부되어 있다. 각 권의 체제와 내용에 대해 간략히 살펴보기로 하자.

원집은 총 10권인데 권1~6은 시(詩)로 저작 연대순으로 배열되어 있다. 원집과 속집 권4 까지는 저자가 편집해 놓은 것으로, 각 저작 아래에 연도를 표시해 놓아 저작 시기를 알 수 있다. 원집 권7은 표(表)·교서(敎書)·자문(咨文)·정문(呈文)·게첩(揭帖)이며, 권8은 소(疏)·차(箚), 권9는 서(序)·인(引)·발(跋)·기(記)를 실었다. 권10은 묘지(墓誌)·비명(碑銘)·묘갈(墓碣)·묘표(墓表) 등으로 구성되었다. 속집은 시로만 편집되어 있고, 별집은 모두 문(文)으로만 구성되었다. 원집 권1~6에 실려 있는 시는 임인년(1602)~정축년(1637) 사이에 지은 시로 950수이며, 속집 권1~6에 실린 시는 계묘년(1603)~정해년(1647) 간의 시로 921수이다. 이를 좀 더 상세히 살펴보면 다음과 같다.

원집 권1은 임인년(1602)~기미년(1619) 사이에 지은 시로 「제좌벽(題座壁)」 등 173수, 권2는 경신년(1620)~계해년(1623) 간의 시로 「자광주환도가 기백거족제(自光州還到家 寄伯擧族弟)」 등 173수, 권3은 갑자년(1624)~병인년(1626) 간의 시로 숙용진촌(宿龍津村) 등 139수, 권4는 정묘년(1627)~경오년(1630) 간의 시로 「병후 알악숙우해곡 양주사군최대용휴주지 대용취후출시 차운사지(兵後 謁岳叔于海谷 楊州使君崔大容携酒至 大容醉後出詩 次韻謝之)」 등 155수, 권5는 신미년(1631)~임신년(1632) 간의 시로 「원일(元日)」 등 135수, 권6은 계유년

(1633)~정축년(1637) 간의 시로 「원일서회(元日書懷)」 등 175수가 실려 있다. 작품 아래에는 『북정록(北征錄)』·『해서록(海西錄)』·『수사록(隨槎錄)』 등 출전을 밝히고 시를 지은 지역을 적어 놓았다.

권7~10은 문(文)으로, 문체별로 편차되어 있다. 권7은 「표해당인해송강칙사은표(漂海唐人解送降勅謝恩表)」 등 표(表) 8편, 「교정사공신혹인서(敎靖社功臣或人書)」 등 교서 7편, 「진도독전자문(陳都督前咨文)」·「평안감사정문(平安監司呈文)」 각각 1편, 그리고 「모도독문룡전회첩(毛都督文龍前回帖)」 등 계첩 22편이다. 표는 방물표(方物表)·진하표(陳賀表)·성절표(聖節表)·사은표(謝恩表) 등이며, 자문은 1637년(인조 15)에 쓴 것으로 병자호란과 정묘호란 때에 패한 사정을 적어 명나라 도독에게 보낸 것이다. 계첩은 모문룡(毛文龍)과 진도독(陳都督)에게 올린 것으로 호란 당시의 정황을 보여주고 있다. 권8은 소차(疏箚)로 「계유환조진폐소(癸酉還朝陳弊疏)」 등 소(疏) 9편, 「계유구월론시정옥당차(癸酉九月論時政玉堂箚)」 등 차(箚) 1편이며 연도순으로 배열되어 있다.

권9는 「송심덕용이거선산서(送沈德用移居善山序)」 등 서(序) 23편, 「촌은유희경시집소인(村隱劉希慶詩集小引)」 등 인(引) 2편, 「제은대추흥도(題銀臺秋興圖)」 등 발(跋) 11편, 「동관신구대청기(潼關新構大聽記)」 등 기(記) 5편이다. 「심생안세유고서(沈生安世遺稿序)」·「김경징동사시고후서(金景徵東槎詩稿後序)」·「이암집후서(頤庵集後序)」·「팔곡집발(八谷集跋)」·「지봉집발(芝峯集跋)」·「경헌시고발(鏡軒詩稿跋)」 등 문집에 대한 서와 발이 많다.

권10은 묘지(墓誌)·비명(碑銘)·묘갈(墓碣)·묘표(墓表)이다. 「이숙인광지명(李淑人壙誌銘)」 등 묘지 11편, 「식성군이공묘비명(息城君李公墓碑銘)」 등 비명 2편, 「흡곡현령이군묘갈명(歙谷縣令李君墓碣銘)」 등 묘갈 4편, 「선교랑윤군묘표(宣敎郞尹君墓表)」 등 묘표 2편이다.

속집 권1~6은 모두 시로 구성되어 있는데, 권1~4는 저자 자신이 생전에 편집한 것이고, 권5~6은 김수항(金壽恒)이 인조 15년(1637) 이후의 작품 중에서 뽑아 편집한 것이다. 권1~4에는 원집의 시와 시기가 중복되어 실려 있는데 한꺼번에 지은 시도 한두 편은 원집에 넣고 나머지는 속집에 수록한 경우가 보인다. 권1은 계묘년(1603)~병진년(1616) 간의 시로 「대우야좌(大雨夜座)」 등 시 158수, 권2는 정사년(1617)~임술년(1622) 간의 시로 「정월초오일자관북환여가정표숙일절(正月初五日自關北還驪家呈表叔一絶)」 등 시 144수, 권3은 계해년(1623)~기사년(1629) 간의 시로 「송도서감(松都書感)」 등 136수, 권4는 기사년(1629)~을해년(1635) 간의 시로 「동성야별덕용지원주임효루환성도중구점각기(東城夜別德用之原州任曉漏還省途中口占却寄)」 등 128수, 권5는 정축년(1637)~임오년(1642) 간의 시로 「윤감사조원만(尹監司調元挽)」 등 177수, 권6은 계미년(1643)~정해년(1647) 간의 시로 「이판서현영만삼수(李判書顯英挽三首)」 등 178수이다.

별집 18권은 모두 문(文)으로 송시열이 편차한 것이다. 권1은 주문·자문·계첩·책문·교서·불윤비답·전(箋)·계(啓)·격(檄)·국서(國書) 등이다. 「청쇄환요민주문(請刷還遼民奏文)」 1편, 「손군문전이자(孫軍門前移咨)」 등 자문 2편, 「장유격전회첩(張遊擊前回帖)」 등 계첩(揭

帖) 6편, 「소현세자시책문(昭顯世子謚冊文)」 등 책문(冊文) 2편, 「갑자평난후반사중외교서(甲子平難後頒赦中外敎書)」 등 교서(敎書) 13편, 「영의정오도정사불윤비답(領議政五度呈辭不允批答)」 등 비답(批答) 1편, 「책봉준청후하대비전전(冊封準請後賀大妃殿箋)」 등 전 10편, 「동지하방백계(冬至賀方伯啓)」 1편, 「유도중격문(諭島中檄文)」 1편, 「여김한서(與金汗書)」 등 국서(國書) 2편이다.

권2~3은 모두 소(疏)로 권2는 「계해동논변걸자효소(癸亥冬論邊乞自效疏)」 등 소(疏) 4편, 권3은 「정축춘재영춘대죄소(丁丑春在永春待罪疏)」 등 17편이다.

권4는 차자(箚子)와 계사(啓辭)로 연대순으로 실려 있다. 「기사구월사간원차자(己巳九月司諫院箚子)」 등 차(箚) 5편, 「정묘삼월분조파환후계사(丁卯三月分朝罷還後啓辭)」 등 계사(啓辭) 5편이다. 그 중 「신사춘청수사변무차(辛巳春請修史辨誣箚)」는 『선조실록』의 개수를 청하는 차자이다.

권5는 서(序)·인(引)·발(跋)·기(記)로 「유생침류대시권후서(劉生枕流臺詩卷後序)」 등 서(序) 9편, 「서증이직부안찰부영남소인(書贈李直夫按察赴嶺南小引)」 등 인(引) 1편, 「성리대전초발(性理大全抄跋)」 등 발(跋) 10편, 「수심정기(水心亭記)」 등 기(記) 6편이다.

권6은 「우찬성옥성부원군장공만묘지명(右贊成玉城府院君張公晚墓誌銘)」 등 묘지(墓誌) 11편이다. 권7은 「증예조참판습재권공벽묘비명(贈禮曹參判習齋權公擘墓碑銘)」 등 비명(碑銘) 5편, 「계림김모묘갈명(鷄林金某墓碣銘)」 등 묘갈(墓碣) 5편, 「이생산규묘표(李生山圭墓表)」 등 묘표(墓表) 3편이다.

권8~10은 모두 행장(行狀)으로 권8은 「정원대원군행장(定遠大院君行狀)」 등 6편, 권9는 「여성군송공인시장(礪城君宋公寅謚狀)」 등 5편이다. 권10은 「호조판서증우의정이공경직시상(戶曹判書贈右議政李公景稷謚狀)」 등 행장 4편과 「임소암언행록(任疎菴言行錄)」이 1편 실려 있다.

권11은 「계산지(啓山志)」와 「택풍당지(澤風堂志)」이다. 「계산지」에는 택당의 선친(先親)·선비(先妣)의 유해를 이장한 곳에 대한 지사(地師)의 산론(山論)과, 천장(遷葬) 과정을 기록한 천장잡록(遷葬雜錄)·축문(祝文), 그리고 풍수(風水)와 묘소·석물(石物)에 대해 자손들에게 당부하는 유계(遺戒) 등이 있다. 「택풍당지」는 택당이 경기도 지평으로 거처를 옮긴 뒤 지은 상량문(上樑文)과 잡록(雜錄)·당기(堂記) 등이다.

권12는 전(傳)·설(說)·잠(箴)·명(銘)·부(賦)·제문(祭文)·상량문(上樑文)·모연문(募緣文) 등이다. 「서구윤백상전(庶舅尹百祥傳)」 등 전 3편, 「왜송설(矮松說)」 등 설 3편, 「악영잠(惡盈箴)」 등 잠 5편, 「사지헌명(四知軒銘)」 등 명 2편, 「대풍부(大風賦)」·「증조생사구설가피지장성단사(贈趙甥士求挈家避地長城短辭)」 각각 1편, 「회맹제문(會盟祭文)」 등 제문(祭文) 18편, 「파산서원상량문(坡山書院上樑文)」 등 상량문(上樑文) 6편, 「진부원서령개로모연문(陳富院西嶺開路募緣文)」 등 모연문(募緣文) 1편이다. 「진부원서령개로모연문」은 진부원의 서쪽 고갯길을 닦기 위한 기금을 모집하는 내용의 글이다.

권13은 계해년(1623)부터 갑자년(1624)간의 경연일기(經筵日記)와, 상서(尙書) 등 책문(策問) 10편, 「성현행도전도(聖賢行道傳道)」 등 전책문(殿策問) 10편이다. 경연일기와 책문은 조정에서의 언론을 담은 것으로 당시 정치상황을 이해하는 데 도움이 된다.

권14~17은 모두 잡저로서 권14는 「병자유태학제생방(丙子諭太學諸生榜)」 등 잡저(雜著) 13편이다. 「시아손등(示兒孫等)」·「학시준적(學詩準的)」·「작문모범(作文模範)」 등은 자손들에게 학문하는 방법·시문 공부법·필독 서목(書目) 등에 대해 상세히 일러주며 면학을 당부하는 내용의 글이다.

권15는 「시아대필(示兒代筆)」·「추록(追錄)」·「산록(散錄)」이며 학술에 관한 저작으로서 유가 경전이나 당시 제가(諸家)의 의론(議論)·고사(故事) 등을 서술한 것이다. 산록에서는 허균(許筠)이 수호전(水滸傳)을 모방하여 홍길동전(洪吉童傳)을 지었다는 내용이 있다.

권16은 「제식(祭式)」·「제찬(祭饌)」·「제의(祭儀)」·「가계(家誡)」·「유계(遺戒)」·「유계수사(遺戒數事)」로 관혼상제(冠婚喪祭)에 대한 예제(禮制)와 택당가의 가훈에 대한 내용이다.

권17은 「택구거사자서(澤癯居士自敍)」, 「자지속(自誌續)」, 「서후잡록(敍後雜錄)」 등 모두 저자의 자서전적인 저작이다. 어려서부터 허약한 체질에 병이 많았음과 거처를 여기저기 옮겨 다녔던 상황, 그리고 과거에 응시했다가 실패하고 병을 앓았던 얘기 등 자신이 일생동안 겪은 크고 작은 일들에 대해 상세히 서술하고 있다.

권18은 모두 서(書)로 임숙평(林叔平) 등 대부분 지인(知人)들과 아우·아들에게 보낸 편지 46편이 실려 있다. 그 중 「여안우산(與安牛山)」은 안방준(安邦俊 : 1573~1654)에게 보낸 편지인데 선조실록 개수에 관한 내용으로 실록 수정 작업에 대한 택당의 강한 신념과 자부심을 엿볼 수 있다.

권18에 이어 책 말미에 「택당선생문집습유(澤堂先生文集拾遺)」가 첨부되어 있다. 습유에는 「교신풍군장유서(敎新豊君張維書)」, 「소현세자상시여최완성명길론예서(昭顯世子喪時與崔完城鳴吉論禮書)」 두 편의 글이 첨부되어 있으며, 증손 이기진(李箕鎭)의 후서(後書)가 있다. 「택당선생문집습유」 뒤에는 전후 설명 없이 「경재잠도(敬齋箴圖)」와 「숙흥야침잠도(夙興夜寢箴圖)」 두 개의 그림이 첨부되어 있다. 원래부터 『택당집』에 첨부되어 있던 것인지 후에 첨부된 것인지는 명확치 않다.

5. 서지적 특성

현재 이화여대에는 두 종류의 『택당집』이 소장되어 있는데, 하나는 1747년(영조 23)에 평양에서 개간된 판본이고, 다른 하나의 판본은 총34권 17책 중 15책 1책이 낙질(落帙)된 영본(零本)이다. 이 영본에는 송시열의 서가 실려 있고, 총목과 각권의 목차가 없다는 점에서는 현종 15년에 간행된 초간본과 유사하나 편차가 다르다. 즉 원집 10권과 속집 6권 및 별집 권 10까지의 편차와 내용은 초간본·중간본과 동일하나 별집 권11부터 편차가 달라진다. 초간·중간본의 경우 권11이 지(志)인데 비해, 이 판본은 권11이 전·설·잠·명·부·제문·상량문·모연문이며, 권12는 서(書), 그리고 권13이 지(志)이다. 즉 편차가 초간본이나 중간본과 다르다. 원집 권10 다음에 「택당선생집부록」이 없는 것으로 보아 1764년(영조 40)에 간행된 무주본과도 다르다. 초간·중간본과 판심(版心)도 다르며 화문(花紋)과 어미(魚尾)가 여러 종류 혼용되어 있다. 또한 15책(冊)이 낙질(落帙)된 영본(零本)으로서 연대 및 간행경위를 판단하기가 쉽지 않다.

　본 해제에서 소개한 이화여대 소장 판본은 1747년(영조 23) 택당의 증손인 이기진(李箕鎭)이 유문(遺文) 2편을 붙여 평양에서 간행한 완질본 중간본이다. 『택당집』 초간본과 중간본은 판형 형태와 총목(總目)의 유무로 식별이 가능하다. 판형 형태를 보면 초간본은 상하화문어미(上下花紋魚尾)이며, 중간본은 상이엽화문어미(上二葉花紋魚尾)로 서로 다르고, 초간본에는 총목과 습유가 없다. 초간본은 현재 규장각(奎6553, 7710, 7711)과 장서각(4-6597), 국립중앙도서관(한46-가63), 성균관대학교 도서관에 소장되어 있다.

　이화여대 소장 중간본은 별집 권18 뒤에 습유로 「교신풍군장유서(教新豊君張維書)」, 「소현세자상시여최완성논예서(昭顯世子喪時與崔完城論禮書)」 두 편의 글을 싣고 있고, 증손 이기진(李箕鎭)의 후서(後書)가 있어 1747년(영조 23) 간행된 중간본임을 알려주고 있다. 또한 중간본은 권1에 총목(總目)이 있고 각 권마다의 목차가 있으며, 시를 지은 연대를 표기하고 있어 이용에 편리하게 편집되어 있다. 중간본은 현재 연세대학교 중앙도서관·장서각·규장각·간송미술관 등에도 소장되어 있다. 1992년 『한국문집총간』으로 영인된 『택당집』은 규장각 소장 초간본을 저본으로 한 것이다.

6. 가치

　택당 이식은 조선 중기 문장가이자 대학자로 당시 문풍을 주도하며 많은 제자를 배출시켰다. 그는 이정구·신흠·장유와 더불어 한문 4대가(漢文四大家)로 꼽혔으며, 여한 9대가(麗韓九大家)로도 불린다. 택당은 학자로서보다는 문장가로 더 알려졌는데, 그의 문장은 우리나라의 정통적인 고문으로 높이 평가되고 있다. 17세기 조선의 대문장가이자 또 유학자로서의 택당 이식의 사상과 면모가 담겨 있는 것이 바로 『택당집』이다. 『택당집』에 수록된 시는 1,870여 수가 넘으며 산문이 총 368편이다. 시는 오언(五言)·칠언 절구(絶句)와 율시(律詩), 사율(四律)·장률(長律)·가행(歌行)·고체(古體) 등의 형태로 되어 있는데, 이 중에 오언(五言)의 율(律)·절(絶)이 가장 많이 실려 있다. 그는 도학자로서 도본문말(道本文末)의 문학관을 견지하면서도 현실인식을 바탕으로 삼아 작시(作詩)하였으므로 대단히 사실적이라고 평가받고 있다. 따라서 시의 내용을 면밀히 분석해 본다면 당시 정치·사회의 현실을 파악하는 주요 자료로 이용될 수 있을 것이다.

택당은 문장가이기도 했지만 주자학자로서도 일정한 위치를 점하고 있었다. 우암 송시열은 일찍이 택당을 두고 "공(公)이 일생 동안 주력한 바는 『주자대전(朱子大全)』과 『주자어류(朱子語類)』였으므로 그 의론이 순수하고 한결같이 바른 데서 나왔으니, 이 어찌 문인 사객(詞客)으로 논할 것인가."4)라고 평하였다. 주자학자로서의 면모를 보여주듯 택당의 글에는 이단 배척에 대한 내용이 많다. 육구연(陸九淵)과 왕양명(王陽明)의 육왕학(陸王學)과 이단(異端)을 배척하는 내용, 그리고 이기론(理氣論)에 대한 변론(辨論)도 찾아볼 수 있다. 즉 택당은 "배우는 사람은 경전(經傳)에 잠심(潛心)하여 정주학(程朱學)에만 뜻을 오로지 해야 한다. 그렇지 않으면 비록 평생 배우더라도 학문의 죄인이 되어 배우지 않은 것만 못하다."5)고 하고, "대저 문장은 별도의 한 가지 일로 해서는 안 되니 경서(經書)를 근본으로 삼아야 한다. 과문(科文)에 있어서도 혼아(渾雅)하고 잡되지 않은 작품을 익히면 또한 장원(壯元)에 오를 수 있고 그 쓰임이 클 것이다."6)라 하여 정통 주자학자로서의 면모를 보여주고 있었다.

그는 또 주자가례에도 상당한 관심을 가졌던 것으로 보인다. 별집 권16 잡저의 제식·제찬·제의·가계·유계·유계수사 등에서 유자(儒者)가 갖추어야할 관혼상제(冠婚喪祭)에 대한 예제(禮制)를 자세히 제시해 놓았다. 그 중 가계와 유계는 택당이 후손에게 남긴 가훈인데, 그는 "내가 여기에다 미리 정해둔 예법들은 백대 후에 성인이 나오시더라도 인정을 해주실 만한 것들이라고 하겠다. 그러므로 자손들이 그대로 따라 행하면서 길이 세법(世法)으로 삼는다 하더라도 그 누가 이를 막을 수 있겠는가."7)라고 하며 예법(禮法)을 중요시할 것을 당부하고 있었다.

택당의 가훈은 자손들이 바로 실생활에서 활용할 수 있도록 현실 생활과 밀접하게 관련된 내용으로 작성되었다. 예를 들면 시제(時祭)의 진설도(陳設圖)와 천신(薦新)하는 품목 등을 상세히 설명하여 자손들이 실용적으로 이용할 수 있게 하였고, 또 제수(祭需)로 유밀과(油蜜果)를 쓰지 말라고 하는 등 자세하게 이루어져 있다. 그의 가훈에서는 조선의 주자학자로서 주자가례를 그대로 준수하려는 모습과 또 조선의 시속(時俗)을 적절히 혼용하는 모습을 찾아볼 수 있다. 따라서 그가 남긴 가훈을 상세히 검토해 본다면 주자가례가 조선 17세기 사대부가의 실생활에서 어떤 식으로 시행되고 변용되고 있었는지를 파악할 수 있을 것이다. 또한 사후 장례에 관한 10조항의 간략한 계명을 남기고 있어 당시 사대부가의 상례의 실상을 살펴볼 수 있다. 이처럼 『택당집』은 17세기 조선의 가례(家禮)를 살피는 데 매우 유용한 자료

---

4) 『송자대전』 권203, 택당이공시장(澤堂李公諡狀).
5) 『택당집』 별집 권15, 추록(追錄).
6) 『택당집』 별집 권14, 시아손등(示兒孫等).
7) 『택당집』 별집 권16, 잡저, 유계.

이다.

한편 『택당집』은 당시의 정치상황과 대외 정세를 파악하는 데 매우 도움이 된다. 택당은 유년기에 임진왜란을 겪고, 관직 재직 시절에 정묘·병자호란을 겪었다. 그는 국가가 난국에 처했을 때 중책을 맡아 조정에 출사하여 많은 소차(疏箚)와 책문(策問)·계사(啓辭), 그리고 국내외의 각종 응제문(應製文)을 저술하였다. 병자호란이 일어나던 해에는 청(淸)의 침공에 대비해야 한다는 내용의 소를 올렸고, 전시 대비책을 강구하기도 하였다. 또한 국민개병제(國民皆兵制)로 병제(兵制)를 개혁할 것과 병제의 구체적 내용까지 제시하였고, 청의 조선 침략 전말을 명(明)에 알리는 글을 써 보내기도 하였다. 이처럼 『택당집』에는 정책 제시와 시무책·대외관계와 관련된 내용이 많기 때문에 이를 통해 17세기 조선의 정치사·대외관계사를 새롭게 조명할 수 있다.

뿐만 아니라 택당은 자녀 교육에도 많은 신경을 썼던 것으로 보인다. 문장을 공부하는 데 모범이 될 만한 것을 제시하고 있으며 자손들에게 학문하는 방법을 지시하는 글을 남기기도 하였다.8) 이러한 전통적인 학문 방법은 현재에도 우리에게 시사하는 바가 많다고 생각된다.

이처럼 『택당집』은 방대한 분량이고, 또 다양한 내용을 담고 있기 때문에 각 시문을 세밀히 검토해 본다면 그동안 본격적으로 구명(究明)되지 않았던 그의 문학과 성리학·정치사상·예학사상·교육관과 조선 중기 사대부 가례의 실제 등을 새롭게 조명할 수 있을 것이라 생각된다. 현재까지 택당에 대한 학계의 연구는 주로 한문학계와 국문학계에서 이루어져 고문(古文)과 시를 분석한 연구가 주를 이루고 있으며, 역사학 분야의 연구는 찾아보기 힘들다. 앞으로는 국문학이나 한문학계 뿐만 아니라 역사학 분야의 연구자들도 『택당집』에 관심을 가지고 적극적으로 이 자료를 활용해야 할 것이다.

(남미혜)

[색인어]
택당, 이식, 한문사대가, 송시열, 이단하, 이기진, 이익진, 가계(家誡), 유계(遺戒)

[참고문헌]
김성애, 「택당집 해제」,『택당집』, 한국문집총간 88.
김문식, 「이식의 문집 『택당집』」,『문헌과 해석』 20, 문헌과 해석사, 2002.
오항녕, 「역사가 이식」,『문헌과 해석』 20, 문헌과 해석사, 2002.

渡部學, 「李朝兩班儒學者の家訓書-澤堂·李植の『示兒代筆』」,『朝鮮學報』 48, 1968.

---

8)『택당집』별집 권14, 작문모범(作文模範) ; 별집 권15, 시아대필(示兒代筆).

통원고

通園稿 / 俞晩柱 著

筆寫本. ─ [發行地不明] : [發行處不明], [發行年不明].
9卷 6冊 : 四周單邊 17.2×12.3cm, 有界, 10行20字,
內向花紋魚尾 ; 24.0×16.0cm.
序[1] : 俞漢雋
序[2] : 豊墅老人序
序[3] : 止軒翁述
序[4] : 任魯序
附錄 : 默菴零稿

고서/고서811.085 유41

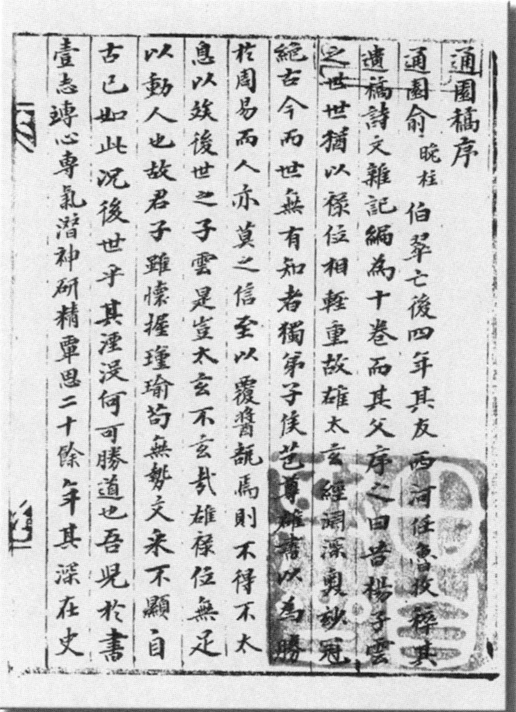

通園稿

1. 개요

『통원고』는 18세기의 문인 유만주(兪晚柱 : 1755~1788)가 13년간 빠짐없이 기록한 일기 『흠영(欽英)』에서 가려 뽑아 엮은 문집이다. 유만주가 죽고 나서 4년째 되던 해인 1791년 서하(西河) 임로(任魯 : 1755~1828)가 이를 편찬했는데, 그 부록으로 유만주보다 1년 앞서 죽은 아들 유구환(兪久煥)이 남긴 글을 모아 『묵암영고(默菴零稿)』라는 제목으로 함께 싣고 있다. 『통원고』는 모두 6책 10권으로 그 내용은 네 편의 서문과 시·전·서·기·설·서독·잡저로 구성되어 있으며, 부록으로 아들의 문집 『묵암영고』가 첨부되어 있다.

2. 편·저자

저자 유만주(1755~1788)는 18세기의 문인·학자이다. 본관은 기계(杞溪), 자는 백취(伯翠), 호는 통원(通園)이며, 흠고당(欽古堂)이나 흠영외사(欽英外史)라는 호를 쓰기도 했다. 아버지는 저암(著菴) 또는 창애(蒼涯) 유한준(兪漢雋 : 1732~1811), 어머니는 순흥 안씨이다. 유한준은 남유용(南有容 : 1698~1773)의 문하에서 공부하였으며, 당시 고문에 뛰어난 문장가로 평가받은 인물이다. 유만주는 유한준의 세 아들 중 장남으로 태어났으나 백부인 한름(漢㝆)에게 후사가 없어 백부의 양자로 출계되었다. 유만주는 1775년부터 시작하여 1787년까지 기록된 일기 『흠영(欽英)』을 남겼는데, 『흠영』은 근래에 학계에 소개되어 18세기의 학문적 동향, 정치적 경향, 서적의 유입과 독서 경향을 비롯한 당시의 문화 동향, 생활사를 이해하는 데 매우 중요한 자료로 인정받고 있다.

유만주는 어려서부터 아버지에게 고문을 배웠는데 성품이 고요하고 책 읽기를 좋아하여 30년을 하루같이 독서하였다고 한다. 『흠영』 역시 이러한 방대한 독서를 바탕으로 기록될 수 있었다. 유만주는 일찍이 과거에의 뜻을 접고 학문에 몰두하였는데 여기에는 당시의 학문 경향이나 과거에 대한 비판의식이 깔려 있었다. 이러한 비판의식으로 유만주는 당시 이름을 남기기에 급급한 속된 유학자들과 관리들에 대해 "오호라, 지금의 이른바 사(士)라는 자들은 사가 아니며, 또한 지금의 이른바 재상이라는 자들은 재상이 아니다. 세계에는 오직 이(利)라는 한 글자만이 있을 뿐"이라는 통렬한 비판을 가하고 있으며, 이러한 의식은 그의 글 곳곳에서 드러나고 있다.

당시의 학문 경향이나 과거에 대해 비판적이었던 그는 과거 보기를 포기하고 당시의 주류적인 학문 경향과는 다른 학문의 세계로 들어갔다. 유만주는 문장보다는 사학에 관심을 가졌으며, 지속적이고 방대한 독서를 통해 유교는 물론 불교, 도교까지 공부하여 유불도 삼교를 넘나드는 폭넓은 사상을 갖게 되었다. 그리고 당시 주변적인 위치에 있었던 소설에도 깊은 관심을 보였다. 이러한 면모로 인해 유만주는 18~19세기 문화사에서 독특한 위치를 점하는 것으로 보이나, 유만주의 학문세계에 대해서는 아직 본격적인 연구가 이루어지지 않았다.

편자인 서하(西河) 임로(任魯 : 1755~1828)는 자는 득여(得汝), 호는 영서거사(潁西居士)이며, 대사간 종주(宗周)의 아들이다. 아버지가 홍국영에게 몰려 단천에 유배되어 죽은 뒤로 벼슬을 단념하고 오직 학문에 전념하였다. 유만주와는 숙질간이나 나이가 같아 형제처럼 지냈다고 한다. 임로는 서문에서 유만주와 같은 것은 나이만이 아니라 책을 읽는 것도, 문장을 쓰는 것도, 취향도 같았으며, 세상 사람들과 교유하는 것을 끊고 당세에 뜻을 두지 않은 것도 같아서 하루도 떨어지지 않고 함께 했다고 하였다. 특히 유만주와 일기 쓰는 일의 중요성을 공감하고, 함께 읽고 쓰고 의론했다고 한다. 유한준이 임로에게 문집 편찬의 일을 시키고 서문을 쓰게 한 것도 이런 관계를 고려한 결과였던 것으로 보인다.

3. 편찬 경위

『통원고』는 유만주가 죽은 뒤 그 아버지인 유한준이 임로를 시켜 서가에 가득한 일기를 정리하게 하고 이를 다시 문집으로 엮게 하여 편찬된 책이다. 이 책의 편찬이 끝난 해는 1791년이다. 임로는 방대한 기록들 가운데 시문을 뽑아서 시, 전, 설, 기, 잡저 등으로 분류하여 싣고, 다시 『흠영』의 기록을 18부분으로 나누어 발췌하여 싣고 있다. 『흠영』에 전하는 것에 비하면 분량이 적고, 유만주가 읽은 방대한 독서 규모가 다 드러나지는 않는다는 점에서 아쉬운 감이 있으나 유만주의 기록을 한 눈에 볼 수 있도록 정리한 점에서 의미가 있다. 현재 전하는 이본으로는 규장각에 소장된 『통원고』가 있다. 이 두 본의 『통원고』는 모두 필사본으로 유만주의 문집은 출간될 기회를 얻지 못한 채 그대로 필사본으로 전하는 것으로 보인다.

4. 구성과 내용

『통원고』는 모두 6책 10권이며, 1책(권1~2), 2책(권3~5), 3책(권6~9 흠영 십팔기), 4책(흠영 십팔기), 5책(흠영 십팔기), 6책(흠영 십팔기, 묵암영고)으로 분책되어 있다. 표지에는 통원고라는 서명이 있고, 각 책은 예(禮), 악(樂), 사(射), 어(御), 서(書), 수(數)로 표시되어 있다.

서문 네 편은 각각 유한준(兪漢雋), 풍서노인(豊墅老人), 지헌옹(止軒翁), 임로(任魯)가 썼다. 유한준은 유만주의 아버지, 풍서노인은 이민보(李敏輔 : 1720~1799), 지헌옹은 유언호(兪

彦鎬 : 1730~1796)이다. 임로는 유만주와 숙질간이자 벗으로 유고 가운데 시문과 잡기를 뽑아서 10권으로 엮은 인물이다. 서문들의 구체적인 내용을 살펴보면 다음과 같다.

먼저 유한준이 쓴 서문에는 "내 아들이 책을 읽는 데 뜻을 한결같이 하고 마음을 오로지 하고, 기운을 다하고 정신을 집중하여 생각을 다듬은 것이 20여 년이다. 그 깊이는 사학에서 볼 수 있고, 그 박학함은 일기에서 볼 수 있으며, 그 맑음은 시에서 볼 수 있고, 그 높이는 문사에서 볼 수 있다. 그러나 그 사람됨이 감추기를 좋아하고 품은 것을 드러내지 않아서 34살에 벼슬을 하지 않고 죽었다. 죽은 뒤에는 또 뒤를 이을 후사가 하나도 없으니 아득한 미래에 내 아들을 알아줄 사람이 어디 있겠는가?"라고 하였다. 그는 아들이 어려서부터 뜻을 세운 것이 매우 높고 후세에 이름이 전해지지 않는 것을 부끄러워하였으나 세상 사람들이 옛날 사람들의 문장찌꺼기를 주워 모아서 문장이라고 하고 다투어 자랑하며 조금이라도 이름을 전하려고 하는 것을 싫어하여 늘 말하기를, 이름이 전해지는 것은 내외(內外)나 아속(雅俗)에 있는 것이 아니고 한 가지를 아주 잘하는 데 있다고 하였다고 하였다. 또 "우리나라의 한호는 글씨로 이름이 전해지고, 석양정은 그림으로 이름이 전해지고, 덕원령은 바둑으로 이름이 전해지고, 양예수는 의술로 이름이 전해지고, 홍계관은 점으로 이름이 전해지니 하필 문장만으로 이름이 전해지겠는가?"라고 하고 이에 문장 공부를 그만 두고 도선(道禪), 유가, 노자를 두루 공부하고 역사로 돌아갔다가 일기를 쓰는 것으로 들어갔다고 소개하고 있다.

이민보는 서문에서 죽은 뒤에 쓴 것을 모두 꺼내서 문류(問類)를 바르게 하고 순서를 잡아서 한 부를 깨끗이 베낀 뒤에 집에다 보관해 두고 또 나에게 서문을 부탁하였다고 하며 책이 나오게 된 경위를 전하고 있다.

임로는 서문에서 자신은 유만주와 숙질간으로 아저씨라고는 하지만 실은 형제와 같은 사이로 책을 읽은 것도 같고, 글을 쓴 것도 같고, 의논도 같고, 취향도 같았으며 하루도 떨어져 있은 적이 없었다고 하였다. 또 유만주는 성정이 고요하고 식견이 밝았으며 책을 좋아하는 것은 타고난 것이어서 하루 종일 손에 책을 들고 30년을 하루 같이 읽었으며, 경전과 사서에 흠뻑 젖고 제자백가를 두루 섭렵하였다고 하였다. 쌓인 것이 많고 가진 것이 풍부하였으며 그 연원이 깊어, 이런 것들이 드러나 문장이 되었는데 섬세함과 풍부함과 예리함은 스스로 터득한 것으로 일에 적용해도 어그러지지 않는 것이었다고 한다. 임로는 쓰임이 있는데 중도에 죽은 것을 애석해 하여 약간 권을 모았다고 하면서, 유만주의 아버지가 모은 글 중에서 잘 된 것을 가려내어 몇 편으로 나누고 서문을 쓰게 하였다고 전한다.

권1에는 산해경을 읽고 쓴 「독산해경(讀山海經)」 13수를 비롯하여 「별[星]」, 「원거(園居)」 5수, 「충간공 묘비를 세운 뒤에 쓴 시[敬次先忠簡公墓立碑韻]」, 눈이 내린 뒤 눈 온 뒤의 풍경을 그리고 쓴 시 「눈 온 뒤의 풍경을 그리다[畵雪]」, 「낙원(駱園)에서 한예(漢隷)를 읽고 쓴 시[駱園閱漢隷]」, 「항해조천도를 보고 쓴 시[觀航海朝天圖]」, 「밤에 은반(殷盤)을 읽고 쓴 시[夜讀殷盤]」, 「오유인묘(吳孺人墓)에 쓴 시[吳孺人墓]」, 「전기를 듣고 쓴 시[靑郊聞人傳奇]」,

「서하(임로)와 눈에 대한 시를 쓴 시[靑郊與西河共賦雪意]」, 「매화[梅]」 7수, 「태리에서 문형산의 시에 차운한 시[苔里和文衡山]」, 「꿈에 동해에 노닐며 즐기다 깨서 쓴 시[夢遊東海]」, 「태리에서 주인과 헤어지며 쓴 시[苔里別主人]」 3수, 「울릉도를 읊은 시[賦鬱陵島]」, "어찌 할까 어찌 할까 이 밤이 지나가는구나, 이 밤이 지나가면 어찌 할까?"로 시작하는 장시, 「내하를 모방하여 쓴 시[奈何放]」, "오호라 망망한 세상에 무엇을 따지겠는가, 아득한 저 하늘은 스스로 존재하거늘"로 시작하여 "만사를 생각하니 끝내는 운명으로 돌아가기에 깊은 밤 눈물이 그치지 않는다."로 끝나는 「오호(嗚呼)」, 「선승에게 주는 게송 4수[四偈贈禪僧]」 등 115편이 수록되어 있다.

권2에는 전(傳)이 수록되어 있는데, 여기에 수록된 「수청오소전(隨淸娛小傳)」은 명대 풍몽룡이 쓴 『정사(情史)』의 내용을 전재한 것이다. 그 내용은 다음과 같다. 수청오는 평원의 여자로 열일곱 살에 태사공의 시희(侍姬)가 되어 태사공이 사방의 명산대천을 주유할 때 따라다녔다. 화음땅에 이르러 무제(武帝)가 불러 태사공이 경사로 돌아가고 청오는 동주에 남았다가 돌아가지 못했다. 태사공이 화를 당해 사기를 짓고 얼마 지나지 않아 서울에서 병들어 죽었다. 청오가 이 말을 듣고 또한 비분하여 죽으니 동주 사람들이 아무 정자 아래 묻어주었다. 그 후 7백여 년이 지나 당나라 현경(顯慶) 연간에 저수량(楮遂良)이 동주자사가 되었는데 하루는 청오가 저수량의 꿈에 나타나 자신은 한나라 사마천의 시희였는데 상제가 일찍 죽은 것을 불쌍히 여겨 주신(州神)으로 명하였으나 아는 사람이 없다고 하면서 자신의 묘에 글을 써서 숨어있는 아름다움을 드러내 달라고 하며 자신의 일을 자세하게 이야기해 주었다. 저수량이 기록해 줄 것을 허락하고 꿈에서 깨어난 뒤 이 일을 이상하게 여겨 정자를 물어보니 정자 아래 과연 여자의 무덤이 있었다고 한다. 그래서 저수량이 명을 짓고 돌에 새겨 걸어두었다.

「설홍유최문창외전(薛弘儒崔文昌外傳)」는 설총과 최치원의 전을 함께 기록한 전이다. 설총의 전에는 설총이 나면서부터 총명하였으며, 자라서는 박학하고 문장을 잘 지었다고 하고, 「화왕계」의 내용을 소개하고 있다. 최치원의 전에는 최치원이 중국에서 공부한 뒤 나라가 어지러워 제대로 쓰이지 못하는 것을 상심하여 다시는 벼슬에 나갈 뜻을 두지 않고 산과 바다를 돌아다니며 누대를 짓고 소나무와 대나무를 심고는 스스로 즐겼는데, 그가 다닌 흔적이 곳곳에 남아 있다고 하였다. 유만주는 이 두 인물에 대해 평가하기를 설총이나 최치원은 순전한 유자가 아닌데 후대의 왕들이 공자의 묘에 함께 배향하게 한 것은 지나친 것이라고 하였다. 설총 등이 거친 풍속을 일으켜 문명을 진흥시킨 것은 우리나라 사람들이 존경할 만하기 때문에 성인의 묘에 배향하는 것이 마땅하지만 설총은 왕도를 드러낸 공이 없고, 최치원은 선가와 속계에 노닐었으므로 공자묘에 올리는 것은 가능하나 공자와 함께 배향하는 것은 불가하다고 하였다. 그리고 "고려 인종 때 사신인 김부식이 열전을 지었는데 그 문장이 번다해서 내가 잘라내어 다듬고 또 여러 책에 섞여 기록된 것을 써서 외전(外傳)을 짓는다."고 입전 의도를 밝히고 있다.

「상성안공전(尙成安公傳)」은 상진(尙震 : 1493~1564)의 전으로 어렸을 때 길에서 놀다가 당시 영의정이던 정광필의 눈에 띄어 나중에 영의정이 될 거라는 말을 들은 일화 등 야담에 많이 등장하는 일화들을 엮어서 지었다. 특히 상진의 검소한 면모, 훌륭한 신하로서의 면모 등을 부각시켜 명신(名臣)으로서의 면모를 잘 드러내고 있다.

권3은 서(序)로 이루어져 있다. 서는 모두 16편으로 유만주 자신이 엮은 책에 쓴 서문이 많다. 「흠고당서령서(欽古堂書領序)」는 우리나라가 산해의 바깥에 위치하고 기풍이 궁벽해서 천하의 책을 찾아볼 수 없는 것을 아쉽게 여겨 전기(傳記)에 나오는 사부(四部)의 항목과 비슷한 서화, 패관, 내전(內典)에 이르기까지 수록하여 13부, 3천여 항목으로 나눈 책에 쓴 서문이다. 「삼고계첩서(三古系諜序)」, 「동방설부서(東邦說部序)」는 두 군데 문장이 빠져 있다. 내용은 우리나라에 맑고 신령한 인물이나 신이한 일이 환인(桓因) 이래 많지만 전해지는 것이 적은데다가 남아 있는 것도 공사(公私)의 서적에 여기저기 흩어져 있어 그것을 하나로 모아내는 일이 필요하다고 하였다. 또 송 태종이 학사 이방(李昉) 등을 불러 소설을 모아 『태평광기』 5백 권을 엮었는데 이는 전기(傳奇)의 대가라고 하였다. 그리고 자신도 역사, 문집, 지지(地志), 야언(野言) 중에서 상하 3천여 년 사이에 기이한 일들을 뽑아서 28부로 나누어 『설부』라고 한다고 하였다. 「해내총서목록서(海內叢書目錄序)」는 해내의 책 384권의 목록을 만들고 쓴 서문이다. 「사전서(史典序)」, 「삼대유문서」, 「문장수송서」는 사전(史典), 삼대유문(三代遺文), 문장수송(文章輪誦) 등 역사, 문장 모음집에 쓴 서문이며, 「이고재수지서(二顧齋隨識序)」는 유만주의 벗으로 곤궁하게 살고 있는 이고(二顧)가 쓴 책에 쓴 서문이다. 「삼성일록서」는 임로가 엮은 『삼성일록(三省日錄)』에 쓴 서문으로 이 글에서는 날마다 기록하는 것이 가장 중요하다고 하여 일기의 중요성을 강조하고 있고, 문장보다는 학문을 강조하고 있다. 이 외 『산해대일통(山海大一統)』, 『임화제도(臨華制度)』에 쓴 「산해대일통서」, 「임화제도서」가 있다. 나머지는 해마다 『흠영』에 쓴 서문으로 영조 51년인 을미년(1775년)으로부터 13년간 매해 서문을 썼으나 8편은 없어지고 「흠영을미서(欽英乙未序)」, 「흠영병신서(欽英丙申序)」, 「흠영정유서(欽英丁酉序)」, 「흠영경자서(欽英庚子序)」, 「흠영정미서(欽英丁未序)」 등 5편만 남아 있다고 하였다.

일기를 쓰기 시작하던 해인 을미년에 쓴 서문에 보면 유만주는 기억한 것을 잊지 않기 위해 일기를 쓴다고 했다. 일기의 내용에 대해서는 "천시(天時)와 인사(人事)를 기록하고 견문을 적었으며, 책에 대해 논평하였다. 집안일로부터 미루어나가 조정 삼공의 임면(任免)과 관리들의 전형 및 진퇴에 대해서도 적었는데, 그 밖의 것을 다 적지는 않은 것은 집안일을 기록하는 것을 주로 했기 때문이다. 그날그날의 천재(天災)를 살펴 일식과 월식을 기록했으며, 가뭄과 홍수, 바람과 우뢰를 기록했는데 그 나머지에 대해서는 기록하지 않은 것은 인사에 치중했기 때문이다."라고 하여 일기를 쓴 원칙을 이야기하고 있다. 그리고 경자년에 쓴 서문에서는 "귀로 들은 것과 눈으로 본 것, 마음을 느낀 것을 그대로 적었다."고 하면서 "번쇄함을 거리끼지 않았으므로 가묘(家廟)에 무슨 고기와 과자를 올렸는지 하는 것과 병을 고치는

데 무슨 약을 썼는지 하는 것과 무슨 책을 편찬하려고 구상했는지 하는 것은 물론이고 심지어 언제 옷을 갈아입었는지 하는 것과 곡식 값의 고하(高下)에 대해서도 다 적었다."고 하여 일기의 성격을 말해주고 있다. 『흠영』은 유만주가 죽기 전 13년 동안 기록한 일기로 유만주 개인에게도 중요한 저작이지만 18세기 문학사 및 생활사에도 매우 중요한 의의를 갖는 기록이다. 이 서문들은 유만주가 어떤 태도로 일기를 썼는지, 어떤 내용을 쓰고자 했는지, 어떤 의의를 부여하고 있는지를 잘 보여준다는 점에서 중요한 의의를 갖는다.

　　권4는 기(記)로 이루어져 있다. 기는 13편으로 모두 기행문의 성격을 가지고 있다. 「유사군도의림지기(遊四郡到義林池記)」는 금강산, 사군(四郡), 영평의 금수정은 우리나라 경치 중에서 가장 좋은 곳으로 알려져 있지만 모두 가보지 못했는데 중종부(仲從父)가 제천에서 벼슬을 하게 되어 3월 하순 나산의 수령으로 계시던 아버지를 모시고 가서 단양, 의림지 등을 보고 온 유람기이다. 이때 유람한 곳에 대해서는 각각 「지영춘심남굴북벽기(至永春尋南窟北壁記)」, 「환숙사의루기(還宿四宜樓記)」, 「종향산천향도담기(從香山遷香島潭記)」, 「역운선동천지운암기(歷雲仙洞天至雲巖記)」, 「소백산관삼선암기(小白山觀三仙巖記)」, 「자봉서정입구담역옥순봉기(自鳳棲亭入龜潭歷玉筍峰記)」, 「과한벽루환제천기(過寒碧樓還堤川記)」라는 제목으로 기를 남기고 있다. 「지영춘심남굴북벽기」는 영춘에 가서 남굴과 북벽을 보고 온 기록으로 촛불을 켜고 굴속을 가다가 갑자기 햇빛이 보이면서 촌락이 나타나는 풍경이 잘 묘사되어 있으며, 「환숙사의루기」는 사의루에서 하루 묵으면서 사의루라는 이름이 붙게 된 연유를 설명하고 다음날 아침 일어났을 때 눈에 들어온 사면의 경치를 묘사한 짧은 글이다. 「종향산천향도담기」, 「역운선동천지운암기」, 「소백산관삼선암기」, 「자봉서정입구담역옥순봉기」 역시 도담, 운선동, 삼선암, 옥순봉 등을 돌아보고 쓴 기이며, 「과한벽루환제천기」는 제천으로 다시 돌아와서 쓴 기로 단양으로부터 옥순봉까지 모두 2백 98리를 다녔다고 자신들이 다닌 거리를 밝히는 것으로 글을 끝맺고 있다. 「관정릉기(觀正陵記)」는 송경(개성) 부근에 있는 황산(荒山)의 어지러운 나무 숲 속의 두 무덤에서 시작되는 큰 언덕인 정릉 위에 세워진 누대에 대한 기록이다. 「도화동기(桃花洞記)」는 갑진년에 6, 7인과 북동의 도화를 보고 와서 쓴 기록으로 도연명이 말한 무릉도원에 대해 사람들이 우언(寓言)이라고 하지만 북동에 와서 도화를 보니 도연명이 말한 무릉도원이 어떠했을지 짐작이 간다고 하였다. 「유신광사기(遊神光寺記)」, 「유서경기(遊西京記)」는 중종부가 서경(평양)의 군수가 되었을 때 몇 사람들과 함께 해양으로부터 석탄(石灘), 황주 등을 둘러보고 남긴 기록이다. 「유신광사기」는 임인년 가을에 사흘간 해양(海陽)을 보고 신광사를 둘러본 뒤 그 다음날 기록한 글로서, 절에 대한 묘사가 제법 자세하게 이루어져 있으며, 「유서경기」에는 서경을 둘러보게 된 경위를 기록하고 있다. 「인지동천기(仁智洞天記)」는 대동성에서부터 주변의 경치를 둘러본 내용을 자세하게 기록하고 있다. 이상 13편의 기는 유만주가 아버지나 중종부 등 집안의 어른들이 지방관으로 나가 있을 때 가서 유람한 것을 기록한 것으로 개인적인 감회를 적기보다는 경관의 묘사, 이름이 붙게 된 경위, 다닌 거리 등을 객관적으로 묘사하고 있는 것이 특징적이다.

권5는 설(說)로 이루어져 있다. 「작사설(作史說)」은 사학에 지대한 관심을 가지고 있었던 유만주가 역사를 기록하는 데 있어서 필요한 것을 쓴 것이다. 그는 "나는 철이 든 이후로 한 가지 일을 평생 원했으니 그것은 곧 사학이다. 지금의 선비들은 대개 사학에 대해 큰소리를 치고 있지만 사학이란 쉽게 말할 수 없는 것이다. 나는 일찍이 논한 바 있다. 공정한 마음과 공정한 눈이 있은 연후에야 그 사학이 참된 사학이 될 수 있으며, 마음과 눈이 공정하지 못하면서 훌륭한 사학자가 될 수는 없다. 옛날부터 공정한 마음과 눈을 가진 사관은 얼마 되지 않는다. 지금 세상에서 능히 옛 사관의 공정한 마음과 눈을 꿰뚫어 얻는다면 반드시 훌륭한 사학자가 될 것이다. 내가 스스로 헤아려 보니 옛 사람에 미치지 못하는 것이 다섯 가지가 있다. 그것은 사재(史才), 역량, 식해(識解), 박학, 안목이다. 이 다섯 가지가 없으면 비록 뜻이 있다고 해도 어떻게 사학을 하겠는가. 그렇지만 세상에서는 조그만 견문을 가진 학구(學究) 주제에 얕은 식견과 보잘 것 없는 재주로 함부로 사필(史筆)을 놀리면서 함부로 산정(刪定)하고 경솔하게 포폄을 가하니 이는 사학이 어떤 건지 모르는 소치인바 옛 사관이 부끄러워할 일이고, 나 역시 부끄러워하는 일이다."라고 하여 사학에 대해 아무나 하는 것이 아니며 기본적으로 갖추어야 할 것이 무엇인지를 짚고 있어 사학에 대한 철저한 의식을 보여주고 있다. 「법서설(法書說)」은 여름날 정원에 앉아 엄산(弇山)의 법서원(法書苑)을 보다가 서법 역시 유자들의 큰일이므로 이와 같이 다듬어 쓴다고 하였다. 그 내용은 창힐이 글자를 만든 이래 상형, 지사, 회의, 전주 등 글자가 만들어진 이치와 행서, 예서, 초서, 전서 등 글씨체가 만들어진 것에 대한 설명으로 이루어져 있다. 「한예설(漢隷說)」 역시 글씨체에 대한 글이다. 「석경설(石經說)」은 한예(漢隷)를 얻어 보고는 한 글자 한 쪽의 그림이지만 사랑하여 아낄 만하다고 하면서, 하물며 석경은 한예(漢隷)의 시초가 되니 어떻겠느냐고 하고 자신은 동국 사람이라 중국의 고서를 보지는 못했으나 석경이 귀한 것임은 알고 있었다고 하였다. 그리고 지금도 직접 보지는 못 했지만 전인들의 평을 모아서 원류를 바로잡는다고 하였다. 「서효설(書效說)」은 책의 효능에 대해 적은 글이다. 「통원공설(通園公說)」은 '통(通)'이라는 글자에 대해 풀이하고 도연명, 계강 등이 통한 내용에 대해 쓴 글이다. 「송엽설(松葉說)」은 한양 북쪽에 사는 이씨 노인이 솔잎을 먹는다는 말을 듣고 문답한 내용을 적은 글이다. 이씨 노인은 솔잎을 먹게 된 것은 집이 가난해서 곡식을 먹을 수 없어 솔잎을 먹어봤더니 오랫동안 배가 고프지 않기에 지금까지 먹고 있다고 하였다. 그래서 어떻게 먹느냐고 물었더니 매해 봄과 겨울 초에 산에 올라가서 솔잎을 모아서 그늘에 말린 뒤 잘게 부수어 기름 주머니에 넣어두었다가 배가 고프면 물에 타서 먹는다고 하였다. 효능을 묻자 겨울에 얇은 옷을 입고 있어도 춥지 않고 여름에 문을 닫고 있어도 덥지 않고 걷는 것이 가볍고 눈이 침침하지 않고 힘든 곳을 걸어도 힘들지 않다고 하였다. 그리고는 사람들이 아침저녁을 먹는 것을 큰일로 여겨서 공경, 귀족들은 기름진 음식을 먹어 그 폐와 장을 썩게 하고 가난한 사람들은 먹을 것을 구하느라 힘드니 슬프지 않느냐고 반문하였는데, 이 말을 듣고 기이하게 여겨 기록한다고 하였다. 「명당설(明堂說)」은 명당제도에 대해 주자가 월령(月令)을 참고하여 쓴 것을 소개하고 그 제도에 따라 그림을 그려본 뒤 중국 경상(卿相)들이 기거하는 집이 어떠한지를 짐작한 글이다.

권6은 편지글로 이루어져 있다. 편지는 진훈이라는 승려에게 보낸 편지 1편과 남간(南磵)에게 보낸 답장 5편이 전부이다. 「답진훈상인서(答晋訓上人書)」에는 능엄경을 읽은 뒤의 소감을 간단히 쓰고 있다. 「답남간서(答南磵書)」 5편에는 책을 읽은 소감을 나누거나, 책을 빌려달라는 내용이 주를 이루고 있으나 유만주가 부처에게 절을 한 것을 두고 남간이 꾸짖은 데 대해 나이든 사람에게 절을 하는 것이 당연하듯이 불교가 비록 이교이기는 하지만 수천년이나 되었으니 절을 하는 것이 어떠냐고 하는 내용도 들어 있어 불교에 대한 유만주의 평소 생각이나 태도를 엿볼 수 있게 한다.

권7은 잡저(雜著)로 비문 뒤에 쓴 글인 「서석본마애비후(書石本磨崖碑後)」, 경적(經籍), 사책(史冊), 제자(諸子), 문집, 유서(類書), 자운(字韻), 서법, 화본(畵本), 패설, 내전(內典), 동각(東刻), 해외문헌, 흠영신서 등에 대해 쓰고 총명(總銘)을 덧붙인 「서표십삼명(書表十三銘)」, 「매화송(梅花頌)」, 「백향산시변(白香山諡辨)」, 「우계(友戒)」, 「이주사(李注事)」, 「김연률사(金鍊律事)」 등 다양한 글들이 실려 있다. 「우계」는 우도(友道)에 대해서 논한 글이고, 「이주사」는 정유년에 과거시험을 앞두고 동문 밖의 절에서 공부를 하다가 만난 노인에 대한 이야기이다. 이 노인은 함흥 사람으로 매우 박식한 학문과 호걸의 재주를 가진 인물이나 그 재주를 숨기고 있는 사람으로 우연히 이야기를 하다가 동방에서 학문이 가장 뛰어난 사람이 누구냐고 묻자 공주의 김모(金某)라고 하였다는 이야기이다. 「김연률사」는 승평부원군 김류(金瑬)의 5대손으로 괴이하고 황당한 행동을 많이 한 인물이다. 그는 공신의 후예로 집안이 크고 부유하였는데 그 선조의 불의한 행동을 부끄럽게 여겨 재산을 모두 다 쓰고 가난하게 살며 괴이한 행동을 일삼았다. 이 인물에 대해 유만주는 일찍이 설부(說郛)나 우초(虞初) 등의 책에 쓰여진 신이한 일을 봤지만 모두 연률의 무리에 지나지 않았다고 하면서 이인(異人)이라 할 만하다고 평가하였다.

권8은 제문(祭文)편으로 내형인 김이중(金履中)에게 쓴 제문과 자신이 죽기 1년 전에 요절한 아들의 죽음을 슬퍼하는 제문 6편이 실려 있다.

권9 이하에는 『흠영』에서 발췌하여 잡기 1~18까지 나누어 정리하고 있다. 잡기1은 검신(檢身), 몽교(蒙敎), 사향(祀享), 잡기2는 심성오상(心性五常), 수(數), 역(易), 잡기3은 경(經), 독경(讀經), 잡기4는 사론(史論) 상, 잡기5는 사론 하, 잡기6은 문(文), 시(詩), 서(書), 화(畵), 잡기7은 서적, 잡기8은 개벽(開闢), 역년(歷年), 잡기9는 곤여(坤輿), 이적(夷狄), 잡기10은 성씨(姓氏), 잡기11은 절(節), 열(烈), 간(奸), 음(淫), 역(逆), 잡기12는 당론, 시(諡), 잡기13은 빈부, 잡기14는 동폐(東弊), 잡기15는 음악, 잡기용(雜器用), 잡기16은 한적(閑適), 잡기17은 이교(異敎), 패서(稗書), 잡기18은 경험방(經驗方), 총묘비(冢墓碑)로 나누어 싣고 있다. 현재 남아 전하는 『흠영』의 분량에 견주어 보면 여기에 수록된 양은 매우 미미하다. 사학에 큰 관심을 기울였던 유만주의 학문적 경향에 따라 사론을 상하로 나누어 싣고, 이교나 패설까지 따로 항목을 나누어 실은 것은 유만주의 특성을 잘 살린 것이라 할 수 있다.

잡기의 끝에 <잡기서>가 있다. 여기서 유한준이 "경술 1790년 겨울에 울면서 쓰다."라고 한 다음, "다음 해 신해 1791년 통원고 편집이 완성되었다."고 다시 기술하고 있어 『통원고』 편집이 1791년에 완성되었음을 확인하게 해 준다. 유한준은 이어 손자의 『묵암영고』 서문을 계축년 1793년에 쓰고 있다.

부록으로 유만주의 아들인 유구환(兪久煥)의 『묵암영고(默菴零稿)』가 수록되어 있다. 『묵암영고』는 시 8수와 잡저(雜著), 「전만추전(田萬秋傳)」, 「이호랑소전(李虎狼小傳)」등 전(傳) 2편, 「증몽소자서(贈夢蘇子序)」, 「송몽소자서(送夢蘇子序)」 등 서 2편, 「유송경기(遊松京記)」, 「비류담기(飛流潭記)」, 「심백련봉기(尋白蓮峰記)」, 「소지기(小池記)」 등 기 4편, 편지글인 「여몽소서(與夢蘇書)」, 그림에 쓴 「제춘종첩(題春種帖)」, 「제호상관어도(題濠上觀魚圖)」, 「제우인문권(題友人文券)」 등 제문(題文)이 4편, 사(詞)로 「방학사(訪鶴詞)」, 「조학사(弔鶴詞)」 2편, 부록으로 「묘지명」, 「유사(遺事)」, 「애유동자문(哀兪童子文)」 2편이 실려 있다. 15살에 죽었기 때문에 남긴 작품이 많지 않으나 이나마 흩어지지 않게 하기 위해 수습해 정리해 둔 것이다.

5. 서지적 특성

이화여대 도서관본 『통원고』는 서문으로부터 부록에 이르기까지 내용에 결락이 없이 완전한 형태로 필사된 완질본이며, 책도 손상되지 않은 채 깨끗이 보관되어 있다. 현재 전하는 『통원고』 이본으로는 규장각에 소장되어 있는 『통원고』가 있는데, 내용이나 구성이 크게 다르지 않다. 이화여대 도서관본 『통원고』는 조선 후기의 장서가로 추정되는 무자기재(毋自欺齋)로부터 유입된 것으로 각 책의 목록에는 '무자기재'라는 장서인이 찍혀 있다. 필사는 일정한 크기로 잘 정리되어 있으며, 중요한 곳마다 비점이 찍혀 있다.

6. 가치

지금까지 유만주는 『흠영』의 저자로 알려져 왔으며, 『흠영』은 18세기를 살았던 지식인의 내면과 그가 본 당대의 풍경이 여실하게 담겨 있는 자료로 그 의의를 인정받아 왔다. 이제 이 『통원고』는 『흠영』의 자료를 바탕으로 당시 문집을 엮는 형식으로 구성된 책으로, 유만주의 폭넓은 독서를 바탕으로 기록된 『흠영』의 방대한 내용을 모두 포괄하고 있지는 못하다. 실제 『흠영』 자료에 비하면 우선 양적인 면에서 그 방대함을 따르지 못하고 있다. 그러나 『통원고』는 당시 문집을 엮을 때 어떠한 기준으로 분류를 했는지, 당시인의 눈으로 볼 때

어떤 기록들이 가치가 있는 것이라고 여겨졌는지, 유만주를 가까이서 알던 사람들 입장에서
유만주의 평소 관심사가 어떠한 것이었는지를 간접적으로 보여준다는 점에서 의의를 가진다.

『통원고』의 편찬은 당시 문집 편찬이 일정하게 정형화된 기준하에 이루어졌음을 보여준다.
『통원고』는 16세기에 살았던 유희춘이 방대한 양의 『미암일기』를 남겼으나 실제 문집에는
많은 부분이 빠졌던 것과 비슷한 경우를 보여준다. 이러한 예는 당시 문집이 어떤 고정된 틀
속에서 편찬되었으며, 개인의 내면이나 사소한 일상의 기록보다는 형식적인 문장에 치중했음
을 짐작하게 한다. 그러나 문집 편찬에서 드러나는 이러한 태도는 당시의 문장에 대한 안목
을 보여준다는 점을 간과할 수 없다. 이는 또한 18세기 문화의 한 흐름을 일정하게 반영하고
있을 것이며, 이러한 점에서 『통원고』는 중요한 의미를 가진다. 예를 들어 당시의 문집 편찬
자들이 오늘날 연구자들의 관심을 끄는 패관이나 이교에 대한 관심보다는 전이나 설, 기 등
의 전통적인 문장에 더 관심을 보이고 있는 것 등이 그러하다. 따라서 『흠영』과 『통원고』를
비교하여 어떤 부분이 중점적으로 수록되었는지를 비교하여 18세기 문사들의 문장을 보는
관점을 추출해 내는 것도 앞으로의 과제라고 하겠다. 이런 면에서 『통원고』는 중요한 자료적
가치를 가지며 더욱이 이화여대 도서관본 『통원고』는 필사나 보관 상태가 매우 좋다는 점에
서 훌륭한 자료적 가치를 갖는다.

(김경미)

[색인어]
흠영, 유한준, 유만주, 유구환, 임로, 통원고, 18세기, 일기

[참고문헌]
『흠영』 1~5, 규장각자료총서 문학편, 서울대학교규장각, 1997.

강명관, 「한 지식인의 독서 체험과 조선 후기 문학」, 『대동한문학』 13, 대동한문학회, 2000.
김영진, 「유만주의 '한문단편'에 대한 일고찰」, 『대동한문학』 13, 대동한문학회, 2000.
박희병, 「『흠영』의 성격과 내용」, 『흠영』 1~5, 규장각자료총서 문학편, 서울대학교 규장각,
        1997.
배기표, 「통원 유만주의 문학론」, 성균관대학교 석사학위논문, 2002.
최자경, 「유만주의 소설관 연구」, 연세대학교 석사학위논문, 2001.

팔자백선

八子百選 / 正祖 御撰

金屬活字本(丁酉字). ─ [漢城] : [內閣], [1781(正祖 5)]
6卷3冊 : 四周雙邊 26.0×18.5cm, 有界, 10行18字,
上下向花紋魚尾 ; 38.6×24.5cm.
表紙에 冊別目次수록.
表題, 版心題, 書根題 : 八子百選
裏題 : 御定唐宋八子百選
印記 : 辛丑[1781]新編…內閣活字
印 : 奎章之寶

唐宋八子百選卷之一

表

論佛骨表

臣某言伏以佛者夷狄之一法耳自後漢時流
入中國上古未嘗有也昔者黃帝在位百年年
百一十歲少昊在位八十年年百歲顓頊在位
七十九年年九十八歲帝嚳在位七十年年百
五歲帝堯在位九十八年年百一十八歲帝舜
及禹年皆百歲此時天下太平百姓安樂壽考
然而中國未有佛也其後殷湯亦年百歲湯孫

八子百選

1. 개요

『팔자백선(八子百選)』은 1781년(정조 5) 정조(正祖 : 1752~1800)가 직접 당송 팔가(唐宋八家)의 문장 중에서 100편을 직접 정선하여 3책 6권으로 간행한 책이다. 이 책에는 한유(韓愈)의 글이 30편, 유종원(柳宗元)의 글이 15편, 구양수(歐陽修)의 글이 15편, 소순(蘇洵)의 글이 5편, 소식(蘇軾)의 글이 20편, 소철(蘇轍)의 글이 5편, 증공(曾鞏)의 글이 3편, 왕안석(王安石)의 글이 7편 수록되어 있다. 권1에는 표(表)·상서(上書)·차자(箚子), 권2에는 논(論)·책(策), 권3에는 서(書)·서(序), 권4에는 기(記), 권5에는 잡저(雜著), 권6에는 비(碑)·묘지(墓誌)·묘표(墓表)·전(傳)·제문(祭文)의 순으로 수록되어 있다.

2. 편·저자

당송 팔가는 당의 한유·유종원, 송의 구양수·왕안석·증공·소순·소식·소철을 이른다. 팔가(八家)라는 말은 송의 진덕수(眞德秀)의 「독서기(讀書記)」에 나타나 있어, 송대에 그들에 대한 평가가 이미 있었음을 알 수 있다. 한유가 「원도(原道)」에서, 한위·육조 이래 끊어진 맹자의 정신을 부활시키기 위해 문장을 쓴다고 하면서 고문(古文)을 창도하자 유종원이 이에 호응을 하였고, 이어서 한유, 유종원 스타일의 문장을 송의 구양수, 소순, 소식, 소철, 증공이 구사하였다. 이후 당송 팔가의 문장과 그것을 모범으로 삼아 이루어진 문체를 특히 당송고문(唐宋古文)이라고 하는데, 송대에 이르러 고문이 사대부들 사이에 정착되었다. 우리나라의 경우, 고려 중엽 이후에 당송팔가류의 고문 문체가 정착되었다.

『팔자백선』의 편자는 조선의 제22대 왕 정조이다. 정조의 이름은 산(祘), 자는 형운(亨運), 호는 홍재(弘齋)이며, 1752년(영조 28) 장헌세자(莊獻世子)와 혜경궁 홍씨(惠慶宮 洪氏)의 사이에서 태어났다. 정조는 1759년(영조 35) 세손에 책봉되고, 1762년 장헌세자가 비극적인 죽음을 당하자 어려서 죽은 영조의 맏아들 효장세자(孝章世子)의 후사가 되어 왕통을 이었다. 1775년부터 대리 청정을 하여 국가의 정사를 직접 관장하였으며, 다음해 영조가 죽자 25세로 왕위에 올라 25년 간 재위하다 1800년에 사망하였다. 정조가 세손 시절부터 사망할 때까지 남긴 시문을 수록한 개인 문집 『홍재전서(弘齋全書)』 184권 100책이 현재 전하고 있다.

학자형 군왕이었던 정조는 세손 시절부터 재위 기간 동안 지속적으로 학문과 문학, 예술을 넘나들며 조선 문화의 부흥을 추진해 나갔다. 독서와 연찬을 통해 수준 높은 비평적 감식안을 갖춘 정조가 직접 책의 성격을 규정하고 시문을 선발하면, 규장각 각신(閣臣)들이 취지를 받들어 주석, 교감을 수행하고 간행을 맡았다. 이렇게 나온 책들은 조야(朝野)의 문신, 유생들에게 반사되었다. 이렇게 해서 현재 남아 있는 책들이 바로 정조의 어정서(御定書)와 명찬서(命撰書)이다. 『팔자백선』은 바로 그러한 정조의 어정서 중 하나이다.

3. 편찬 경위

『팔자백선』의 편찬 경위는 『홍재전서』 제179권 「군서표기(群書標記)」에 기재되어 있는 「팔자백선육권(八子百選六卷) 간본(刊本)」에 다음과 같이 잘 나타나 있다.

> 세상의 큰소리로 문장을 논하는 이들은 걸핏하면 선진과 양한의 문장을 들먹이는데, 이는 홀로 천하의 보배는 본래 모방해서 될 수 있는 것이 아니라는 것을 모르는 것이다. 따라서 그들이 모방해서 지은 것은 다만 선진과 양한 문장의 찌꺼기들일뿐이다. 그러니 어찌 우리와 가까운 당송에서 배워서 원류라도 분명히 아는 것만 하겠는가?
> 당송의 문장은 팔가보다 더 훌륭한 것이 없으니, 한유의 독특하고 비범한 문장, 유종원의 예리한 문장, 구양수의 치렁치렁 뻗어 내리는 문장, 소식의 웅장하고 호방한 문장, 왕안석의 엄숙하고 전범을 이루는 문장, 증공의 근엄한 문장 중 어느 한 가지만 배워도 세상에 이름을 날리기에 충분하다. 문장을 힘 있게 펴나가는 것은 반드시 한유와 소식의 글을 바탕으로 삼고, 법도를 지키는 것은 반드시 구양수와 왕안석의 문장을 상고하고, 유종원의 문장을 참고하여 문장을 다지고, 증공의 문장으로 의론을 바로 세워야 하니, 그 가운데 하나만 빠져도 대가를 꼽는 데는 들지 못할 것이다. 따라서 나는 일가(一家)를 보태도 안 되고, 일가를 빼서도 안 된다고 생각한다. 귀유광(歸有光)이 줄여서 육가(六家)를 만든 것이나, 저흔(儲欣)이 늘려서 십가(十家)를 만든 것은 모두 통론이 아니다. 그러나 팔가의 전집(全集)은 너무도 많고, 모곤의 초선본(鈔選本)도 편질이 많아서 시골의 향선생 중에는 이 책의 전질을 본 자가 별로 없다. 팔가는 진실로 예원(藝苑)의 모범이지만 법을 운용하는 것은 정신이라고 하지 않았던가? 진실로 그들의 정신을 터득한다면 어찌 양이 많아야만 되겠는가? 내가 창려문 30편, 유주문 15편, 육일문 15편, 노천문 5편, 동파문 29편, 영빈문 5편, 임천문 7편, 남풍문 3편을 뽑아 100편을 채웠으니 모두 다 소위 정수만 모은 것이다. 정유자(丁酉字)로 인행(印行)하여 반포하고, 다시 내각(內閣)에 지시하여 번각하여 판목을 보관하도록 하였다.
> 이상은 신축년(1781, 정조 5)에 편찬한 것이다.

위 글을 통해서 정조가 직접 당송 팔가의 문장을 선발하여 『팔자백선』을 편찬하게 된 동기를 알 수 있다. 정조는 17세기 후반 이후 명의 전후칠자(前後七子)의 영향을 받아 의고문(擬古文)이 성행하는 사조를 막고 순정한 고문을 회복하기 위해 당송고문의 전범을 제시하고자 하였던 것이다. 조선 후기 문장가들 사이에서는 진한고문(秦漢古文)을 전범으로 하는 계열이 있는가 하면, 또 한편으로는 '한구(韓歐)의 정맥(正脈)'이라 하여 당송고문을 중시하는 계열이 있었다. 정조는 바로 후자의 계열을 이어 국가의 정책으로 당송고문을 활성화하고자 하였던 것이다.

한편, 『팔자백선』은 명의 모곤(茅坤)이 편찬한 『팔대가문초(八大家文抄)』를 참조하여 편찬되었다. 『팔대가문초』는 숙종 초에 조선에 유입되어 문장가들 사이에 널리 활용되었는데, 이식(李植), 김창협(金昌協) 등이 문장 비평과 작문의 모범으로 적극 활용하였다. 작품 선택이 적절하면서도 풍부한 점, 각 작가의 문초인(文抄引)과 본전(本傳) 및 각 작품에 대한 단평(短評)이 붙은 점에서 이 책은 팔가의 문장을 학습하기에 매우 좋은 책이었다. 하지만 이 책은 164권이나 되는 방대한 양이어서 널리 구해 보기 어려울 뿐만 아니라, 실제로 학습하기에도 곤란하였다. 이에 정조는 조선의 실정에 맞으면서도 실제 문장 학습에 요긴한 구실을 할 수 있도록 『팔자백선』을 구상하였던 것이다.

　이와 같은 『팔자백선』의 취지와 성격은, 교지(敎旨)에 응하여 정약용(丁若鏞)이 쓴 「팔자백선서(八子百選序)」(『다산시문집』 제13권)에도 그대로 나타나 있다. 정약용에 의하면, "하찮은 작가들의 문장은 모두 쓸어 없애고 팔가의 문장만 표방하여 문단의 지침으로 삼는다." 하였다. 또 당시 사람들이 방대한 분량으로 인해 『팔대가문초』를 지루하게 여기고 보지 않으므로, 정조가 직접 100편을 엄밀하게 가려 뽑아서 간행하여, 집집마다 이를 익히고 연구하여 몸소 실천하도록 한다 하였다.

　『팔자백선』 교감 및 간행의 실제 업무는 이덕무(李德懋), 성대중(成大中) 등이 맡았다. 이덕무의 『청장관전서(靑莊館全書)』 제61권 「앙엽기(盎葉記)」에 "나와 교리 성대중이 같이 『어정팔자백선(御定八子百選)』 활자본을 감독하였다."고 되어 있다.

　『팔자백선』은 정조 즉위 원년인 1777년에 세종조의 갑인자(甲寅字)를 바탕으로 삼아 15만 자를 주조한 정유자(丁酉字)로 인간되었다. 1781년 6월 13일 『팔자백선』이 완성되자 이를 안팎으로 반포하였다.(『정조실록』 정조 5년 6월 13일) 이후 이 책은 여러 차례 유생들에게 하사되었는데, 1787년 반제(泮製)에 뽑힌 정약용이 『국조보감(國朝寶鑑)』·『대전통편(大典通編)』·『병학통(兵學通)』과 함께 『팔자백선』을 받았다는 기록이 보이고, 1790년 팔도의 유생들에게 반제를 실시하였을 때 각 도에서 장원 및 이하(二下)를 맞은 사람들에게 상전(賞典)으로 『팔자백선』을 하사하였다는 기록도 보인다. 1797년(정조 21)에는 제주의 승보시(陞補試)에 으뜸을 한 세 사람에게 상으로 『주서백선(朱書百選)』·『사기영선(史記英選)』과 함께 『팔자백선』을 하사하였다는 기록도 보인다. 이렇듯 정조는 지속적으로 『팔자백선』을 유생과 문인들에게 널리 보급함으로써 당송고문을 문장의 모범으로 삼아 그를 실천하도록 하는 문체정책을 시행하였던 것이다.

4. 구성과 내용

　『팔자백선』은 한유의 문장 30편, 유종원의 문장 15편, 구양수의 문장 15편, 소순의 문장 5편, 소식의 문장 20편, 소철의 문장 5편, 증공의 문장 3편, 왕안석의 문장 7편, 총 100편이 수록되어 있다. 100편은 3책 6권으로 나뉘어서 문체별로 다음과 같이 수록되어 있다.

<권1>(1책)
表 : 한유「論佛骨表」
上書 : 소식「對張方平諫用兵書」,「代滕甫辯謗乞郡書」
箚子 : 왕안석「本朝百年無事箚子」

<권2>(1책)
論 : 한유「爭臣論」, 유종원「封建論」, 구양수「朋黨論」,「縱囚論」,「五代史伶官傳論」,
      소순「辨姦論」,「管仲論」,「高帝論」, 소식「四治論」,「范增論」, 소철「老子論」,
      왕안석「禮樂論」
策 : 소식「倡勇敢策」, 소철「君術策」

<권3>(2책)
書 : 한유「上張僕射書」,「後十九日復上宰相書」,「與孟簡尚書書」,「代張籍與李浙東書」,
      「答李翊書」, 유종원「寄許京兆孟容書」,「與崔饒州論石鍾乳書」,「與韓愈論史官書」,
      「答韋中立論師道書」, 구양수「上范司諫書」, 소순「上歐陽內翰書」, 소철「上樞密
      韓太尉書」, 증공「寄歐陽舍人書」
序 : 한유「送殷員外使回鶻序」,「送楊少尹序」,「送溫處士赴河陽軍序」,「送孟東野序」,「送
      董邵南序」,「送李愿歸盤谷序」,「送廖道士序」,「送浮屠文暢師序」, 유종원「序碁」,
      구양수「釋秘演詩集序」,「送徐無黨南歸序」, 소식「六一居士集序」,「錢塘勤上人詩
      集序」, 왕안석「靈谷詩序」

<권4>(2책)
記 : 한유「藍田縣丞廳壁記」,「畵記」, 유종원「始得西山宴遊記」,「鈷鉧潭記」,「鈷鉧潭西
      小丘記」, 구양수「相州畫錦堂記」,「有美堂記」,「峴山亭」,「豐樂亭記」,「醉翁亭記」,
      「王彦章畫像記」, 소순「張益州畫像記」, 소식「醉白堂記」,「墨君堂記」,「靈壁張氏
      園亭記」,「眉州遠景樓記」,「喜雨亭記」,「凌虛臺記」,「石鐘山記」,「四菩薩閣記」,
      소철「齊州閔子廟記」, 증공「宜黃縣學記」,「撫州顔魯公祠堂記」, 왕안석「慈溪縣
      學記」

<권5>(3책)
雜著 : 한유「原道」,「諱辯」,「進學解」,「雜說」, 유종원「桐葉封弟辯」,「說車贈楊誨之」,
        「愚溪封」,「段太尉逸事狀」, 구양수「秋聲賦」, 소식「赤壁賦」,「傳神」, 왕안석「原

過」,「讀孟嘗君傳」

<권6>(3책)

碑 ： 한유「南海神廟碑」,「衢州徐偃王廟碑」,「平淮西碑」,「柳州羅池廟碑」, 소식 「潮州韓
　　　文公廟碑」,「表忠觀碑」
墓誌 ： 한유「殿中少監馬君墓誌銘」
墓表 ： 구양수「石曼卿墓表」
傳 ： 한유「圬者王承福傳」,「毛穎傳」, 유종원「種樹郭橐駝傳」,「梓人傳」, 구양수「六一居
　　　士傳」, 소철「巢谷傳」
祭文 ： 한유「祭鱷魚文」,「祭十二郎文」, 소식「祭歐陽文忠公文」, 왕안석「祭歐陽文忠公文」

이상의 선발 목록을 통해 알 수 있는 몇 가지 특징은 다음과 같다.

첫째, 당송 팔가 가운데 한유의 문장이 30편으로 가장 많이 선발하였다. 이는 당송 팔가 가운데서 한유가 특히 조선 문장가들 사이에서 높이 추숭되어 온 사정을 반영한 것으로 보인다.

둘째, 문체별로는 24편으로 기문(記文)을 가장 많이 선발하였고, 그 외에 논(論) 12편, 서(書) 13편, 서(序) 14편, 잡저(雜著) 13편, 비지(碑誌)와 전(傳)이 14편으로 고루 선발하였다. 이는 표(表), 책(策), 차자(箚子) 등의 공식적인 용도의 문장보다 문인들의 일상적인 문필생활에서 요구되는 문체들을 중심으로 선발하였음을 의미한다.

셋째, 문체별로 문장을 선발함에 있어서 각 문체에 특장을 보인 작가를 중심으로 하여 선발하였다. 예컨대, 논(論)에서는 입의(立意)에 능하다고 평가되는 구양수와 소순을 중심으로, 서(書)에서는 한유와 유종원을 중심으로 하고, 서(序)에서는 압도적으로 한유를 중시하였다. 이는 서독문(書牘文)과 증서문(贈序文)의 경우, 한유가 팔가 가운데서 가장 우수하다고 평가되어 온 것을 잘 반영하고 있다. 기(記)에서는 유종원의 산수유기문(山水游記文)보다 입의(立意)가 뛰어난 구양수와 소식의 청당대정기(廳堂臺亭記)를 중심으로 선발하였다. 잡저(雜著)에서는 한유와 유종원을 중심으로 하였는데, 「원도(原道)」・「휘변(諱辯)」 등과 같이 논변류(論辯類)에 해당하는 글들을 주로 선발하였다. 또 구양수의 「추성부(秋聲賦)」와 소식의 「적벽부(赤壁賦)」와 같은 소체(騷體)를 잡저에 함께 수록하고 있다. 비지・전의 경우는 한유를 중심으로 선발하였는데, 특이한 것은 조선의 문인들이 가장 모범으로 삼아 심지어 모방까지 한 한유의 묘지명은 거의 선발하지 않았다는 점이다.

이상에서 살펴 본 『팔자백선』의 몇 가지 특징은 다음과 같은 언급들에서 드러난 정조의 생각과 연결 지어 보면 더욱 분명해진다.

　　　상이 이르기를 "『팔자백선』・『주서백선』・『사기영선』・『육주약선』 등 책을 모두 추려 뽑아서 엮는 데 공을 들인 것은, 실로 내용이 많다 보면 정밀하기가 어렵고, 귀한 바는 간략함으로 돌아가는 데 있기 때문이다. 부자(공자)께서 『시경』과 『서경』에 대해서 불필요한 부분을 추려 정리하고 백분의 일만 남겨 두었으니, 책의 내용을 추려서 엮는 것은 실로 여기에서 비롯된다.”(『홍재전서』 제165권, 「일득록」, 1797년 기록)

상이 이르기를 “『사기영선』·『육주약선』·『팔자백선』·『주서백선』에 실을 내용을 추릴 때에 비록 엇갈린 논의가 있었다만, 오로지 의리(義理)에 중점을 두고 하고 문장(文章)을 아울러 취하기도 하여 취사선택에 각각 권형(權衡)이 있었으니, 얕은 식견으로 함부로 논할 수 있는 바가 아니다.”(『홍재전서』 제165권, 「일득록」, 1797년 기록)

『팔자백선』에 대해서 사람들의 견해가 각각 달라서, 어떤 사람은 “「묵군당기(墨君堂記)」는 잘못 들어간 것이다.”라고 하고, 어떤 사람은 “「장중승전후서(張中丞傳後敍)」가 누락된 것은 잘못된 일이다.”라고 하였다. 이에 대해 하교하기를, “「묵군당기」는 고결하게 자처하는 뜻을 취한 것이고, 「장중승전후서」는 문장이 뛰어나지 않은 것은 아니지만 유종원의 「단태위일사장(段太尉逸事狀)」이 이미 들어갔으므로 이것까지 실을 필요는 없다.” 하였다. 또 전신(傳神)(곧 「화상기(畫像記)」를 이름)은 들어가지 말았어야 한다고 말하는 사람이 있었는데, 하교하기를 “소품(小品)과 비슷하기는 하여도 문장가에 대해서 제대로 이해하는 사람은 이것을 상등(上等)으로 여긴다.”라고 하였다. 또 왕안석의 「독맹상군전(讀孟嘗君傳)」은 준선(峻選)에 맞지 않다고 말하는 사람이 있자, 하교하기를, “맹상군의 문객은 모두 하찮은 무리들 중의 영웅에 불과하였는데, 왕안석의 글에서 그 잘못을 제대로 말하였으니 이는 바로 척안(隻眼)이다. 그러므로 취한 것이다.” 하였다.(『홍재전서』 제164권, 「일득록」, 1797년 기록)

한유의 비지, 유종원의 기, 구양수의 서, 소식의 논은 세상에서 평소 칭송하는 바이다. 전신(傳神)은 골계의 소품인데 선택하였고, 「추성부」와 「적벽부」는 소체(騷體)이기 때문에 입선하였다.(『홍재전서』 제164권, 「일득록」, 1797년 기록)

위 글들은 정조의 「일득록」에서 『팔자백선』과 관련한 정조의 언급을 모아 보인 것이다. 여기서 알 수 있는 사실은, 정조가 『팔자백선』을 비롯하여 『사기영선』·『육주약선』·『주서백선』 등 일련의 선집을 ‘약선(約選)’의 방식으로 지속적으로 편찬, 간행해 왔음을 알 수 있다. 또한, 선집의 선발 기준은 의리(義理)를 우선시하여 경(經)·사(史)·자부(子部)와 육지(陸贄)의 경우 의리를 밝히는 것을 중심으로 선발하였다. 그러나 당송 팔가의 경우는 의리를 밝히는 것과 더불어 문장 자체의 입장 또한 중시하여 선발하였다.

『팔자백선』은 팔가의 약전(略傳)이나 일체의 주석, 평설 없이 백문(白文)으로 작품 자체만을 수록하였다. 이와 같은 백문의 방식은 『팔자백선』 이후 정조가 각종 시문 선집을 편찬할 때 지속적으로 적용되었는데, 이는 오직 학습자로 하여금 작품 자체에만 집중하도록 하는 효과를 노린 것이라 할 수 있다.

5. 서지적 특성

　　이화여대 소장 『팔자백선』은 완질본의 형태로 두 종이 있는데, 모두 1781년 정유자(丁酉字)로 인간한 금속활자본이다. 하나는 표제(表題)와 판심제(版心題)가 '팔자백선(八子百選)'인데 내지의 표제(標題)가 '어제당송팔자백선(御製唐宋八子百選)'으로 된 책과, '팔자백선(八子百選)'의 표제와 판심제만 있는 것이 또 하나이다. 전자는 장정(裝幀)이 화문황색표지(花紋黃色表紙)에 홍사오철(紅絲五綴)로 되어 있고, 종이의 질이 매우 두껍고 깨끗하다. 내지에는 주문방의 '규장지보(奎章之寶)' 인장이 찍혀 있으며, 매 책의 첫 장과 마지막 장에는 '홍재(弘齋)' 인장이 찍혀 있다. 이는 서울대학교 규장각에 소장된 책과 동일하다. 후자는 장정이 만자문황색표지(卍字紋黃色表紙)에 홍사오철(紅絲五綴)로 된 책이다. 이 책에는 어떤 인장도 찍혀 있지 않으며, 책의 크기가 전자에 비해 약간 작고, 종이의 질 또한 전자에 비해 못하다. 그러나 두 종이 책판은 동일하다. 전자가 어람용으로 제작된 것이라면, 후자는 일반 보급용으로 제작된 것으로 보인다.

6. 가치

　　조선시대 문인들 사이에 널리 유포된 문장 선집으로는 『고문진보(古文眞寶)』·『문장궤범(文章軌範)』·『고문관건(古文關鍵)』 등이 있었다. 원의 황견(黃堅)이 찬한 『고문진보』와 남송의 사방득(謝方得)이 찬한 『문장궤범』은 당송 팔가를 중심으로 하되 한·위진의 문장까지 포괄하는 선집이고, 남송의 여조겸(呂祖謙)이 찬한 『고문관건』은 왕안석을 제외한 칠가의 선집으로 특히 작문의 모범이 되는 선집이었다. 이러한 문장 선집들을 통해 우리나라 문인들 사이에서 당송 팔가는 문장 학습의 지속적인 대상이 되어 왔다. 특히 조선 중기 이후로 고문이 더욱 활성화되면서 당송 팔가에 대한 비평적 관심도 더욱 높아졌는데, 바로 『팔자백선』은 그러한 배경 속에서 조선에서 독자적으로 편찬된 당송 팔가 선집이라는 점에서 가치가 있다. 또한 국가의 문체 정책의 일환으로 국왕 정조에 의해 문장의 모범을 제시하기 위해 편찬된 선집이라는 점에서 가치가 있다.

　　정조는 『팔자백선』을 편찬, 간행한 뒤에도 지속적으로 당송 팔가에 대한 관심을 보였다. 1793년 「일득록」 기록에 의하면 정조는 『팔자백선』에 현토(懸吐)를 하였으며, 또 1797년 기록에 의하면 "근래 여러 각신들과 더불어 『주서백선』·『팔자백선』·『사기영선』 등 책에 현토하는 작업을 하였다." 하였다. 또한, 정조는 1794년 초계문신(抄啓文臣)의 친시(親試) 및 문신의 응제(應製) 책문(策問)에서 『팔자백선』에 대해 자문하였다. 거기서 정조는 모곤의 『팔대가문초』에서 100편을 선발할 때 세 번씩이나 유의하면서 신중을 가하였다고 하였다. 또한 정

조는 『팔자백선』에 선정된 문장과 누락된 문장을 하나하나 열거하면서 그 이유를 자문하였
다. 그 이후로도 정조의 관심은 지속되어, 1798년 정조는 당송 팔가의 문장 속에서 가장 정
취 있고 아름다운 문구를 따서 모으는 수권(手圈) 방식으로 『팔가수권(八家手圈)』 8권을 간
행하였다. 이와 같은 정조의 일련의 문체정책을 이해하는 데 『팔자백선』은 중요한 자료이다.
(강혜선)

[색인어]
팔자백선, 당송 팔가(한유, 유종원, 구양수, 왕안석, 증공, 소순, 소식, 소철), 정조, 문풍, 문
체정책.

[참고문헌]
『국역 다산시문집』, 민족문화추진회, 1998.
『국역 정조실록』, 민족문화추진회, 1991.
『국역 청장관전서』, 민족문화추진회, 1998.
『국역 홍재전서』, 민족문화추진회, 1998.

강혜선, 『정조의 시문집 편찬』, 문헌과 해석사, 2000.
심경호, 『한문 산문의 미학』, 고려대학교 출판부, 1998.

학석집

鶴石集 / 翼宗 撰 ; 文祖[追尊] 御製

筆寫本. ─ [發行地不明] : [發行處不明], [發行年不明].
60張 : 四周雙邊 半郭 21.6×15.2cm, 有界, 10行21字, 上下
向花紋魚尾 下上向黑魚尾 ; 32.0×19.8cm.

고서/고서811.085 학63

鶴石集

1. 개요

　효명세자(후에 문조익황제로 추존, 1809~1830)의 대리청정 이전 초기 시집으로 관료들과 창수했던 것 중심으로 구성되어 있으며, 총 318여 수의 시로 이루어져 있다. 형식상으로는 5언, 7언 절구 중심의 단형시가 주류를 이루고, 제재상으로는 영물시와 팔경시 중심이다. 또한 창수했던 관료들로 미루어 보아 상호 주고받은 문학적 영향을 볼 수 있어 19세기 시풍 전개의 일단을 볼 수 있다.

2. 편·저자

　『학석집』의 저자는 후일 문조익황제로 추존된 효명세자(1809~1830)이다. 이름은 영(昊), 자는 덕인(德寅), 호는 경헌(敬軒)이다. 효명세자는 조선 제23대 왕인 순조(純祖) 9년 8월 9일 순조와 순원왕후 사이의 첫째 아들로 태어났다. 1812년(순조 12) 4세에 왕세자로 책봉되었으며 1819년 영돈령부사 조만영(趙萬永)의 딸과 가례(嘉禮)를 올려 1827년 헌종을 얻었다. 같은 해 부왕인 순조의 명령으로 대리청정(代理聽政)을 하면서 왕실과 인척관계를 맺지 않은 인물을 중심으로 현재(賢才)를 널리 등용하여 권력의 새로운 기반을 조성하고 왕권강화에 노력했다가, 대리청정을 시작한 지 4년째인 순조 30년 5월 6일 22세의 나이로 급서하였다. 이후 왕실의 두 외척인 김조순과 조만영 가문의 정권투쟁이 심화되어 왕실의 약화를 가져왔다. 헌종이 즉위한 뒤 익종으로 추존되었고, 1899년 고종에 의해 다시 문조익황제로 추존되었다. 묘호(廟號)는 문호(文祜)이며 능은 양주에 있는 수릉(綏陵)이다. 시호는 효명(孝明)이다.

　그는 당시 안동 김씨 세도 정치세력을 억제하고 왕권을 강화하고자 하는 순조의 염원과 기대를 한 몸에 지고 부왕의 명을 받들어 대리청정을 하였으며 대청 동안에 아버지 순조의 정치적 염원을 거의 가시화하는 탁월한 정치적 역량을 증명해보였다. 효명세자는 정조의 우문(右文) 정치와 위민(爲民) 정치를 계승코자 하였으며 정책적으로는 청의를 표방하고 엄정 의리론을 펼쳐 백성을 위한 정치를 하여 대리청정 말기에는 거의 민심을 수습하였다는 평가를 받아, 그의 대리청정 기간의 행적을 보면 정치적인 업적과 함께 특별한 문화적인 인식과 식견을 확인할 수 있다.

　대리청정 동안에, 그는 예악 정치의 일환으로 궁중 연향과 춤을 다루는 고도의 무용정치를 펼쳐 효율적으로 안동 김씨 세력을 무력화시키는 동시에 강력한 왕권을 확립하는 장치로 활용하였다. 당시는 경제적인 이유를 빌미로 악정(樂政)이 중단되어 정재의 창사조차 제대로 전해오지 않았었다. 그러나 그는 궁중 연향을 개최하면서 왕이 중심이 되는 정치 질서를 과시하고 왕실의 위엄과 존왕 의식을 표명하는 정치 의식으로 양식화하였다. 그리하여 짧은 통치 기간에도 불구하고 전례 없이 화려한 황제식 궁중 연향들을 벌였다. 연향은 지금 생각하는 것처럼 물질적인 공세로 벌이는 향락을 위한 것뿐만 아니고, 일종의 '종합예술'이라고 파악할 수 있다. 그렇기에 궁중 무용의 창사와 가사를 직접 짓고 연향에 쓰이는 치사와 전문을 직접 지어 올리고 이름만 남은 옛 정재들을 자신의 악장으로 되살려내고 연향의 규모를 확대하여 왕실의 위엄을 한껏 드러내는 화려한 정재와 연향의 양식을 확립하는 데서 효명세자의 예술적 관점과 감각을 볼 수 있는 것이다. 그가 정재 창작과 궁중 연향에 대해 보였던 각별한 관심과 참여는 그가 궁중 의식과 춤을 왕권 강화를 위한 고도의 정치적 수단으로 간주했기 때문이다. 그는 대리청정을 시작한지 삼일 만에 자신의 하례식의 절차가 잘못되었다는 이유로 안동 김문 계열의 전, 현직 예조판서들을 감봉 처리하는 것을 시작으로 자신의 대리청정 말기에 이르러서는 안동 김씨 세력을 정치적으로 거의 제거하고 자신의 통치기반을 확고히 할 정도로 정치적으로도 안정을 이루는 두 가지 효과를 거두었다.

대리 청정을 통해 정치개혁을 시도하고자 효명은 왕실의 위엄을 보이기 위한 가시적인 조처로 여러 차례의 큰 궁중 연희를 개최하면서 궁중 연향 행사를 총괄하는 진찬소의 당상에 김조순에 맞섰던 박종경의 아들을 임명하여 안동 김씨 세력을 견제하고 강력한 왕권 회복을 통한 왕실의 권위를 높이고자 하였다. 또한 예술적으로도 중국에서 유래한 당악 정재를 향악화하고 당악정재(唐樂呈才)와 향악정재(鄕樂呈才)간에 있었던 형식적·내용적인 차이를 불식시켰다.

그리고 조선조 초기의 정재들이 왕권 창업의 정당성을 옹호하는 도구로 쓰이던 정치적 색채를 퇴색시키고 효명의 문학작품 세계가 지녔던 자연 대상과 사물들을 본 뒤의 감흥을 춤으로 묘사하거나 자연의 풍경과 아름다움을 이야기 하는 춤, 그리고 이제까지 궁중 정재에서는 찾아 볼 수 없었던 독무 형태의 춤도 등장하며, 창사 없이 전문적인 기교를 선보이고 시각적인 흥겨움을 강조하는 스펙터클한 성격의 정재도 늘어나 궁중 무용의 주제와 소재가 다양해지고 표현 방식과 춤 형식 역시 다양해져서 그 예술적 수준이 크게 향상된 것으로 평가된다. 나아가 공연 구성에 있어서도 향악 정재의 비율을 당악 정재에 비하여 월등히 높이고 조선적인 주제를 들여오는 등, 내용과 형식 양면에서 춤의 전성기를 열었다고 말할 수 있다. 춤뿐 아니라 대리청정을 하던 1829년 가을, 연암 박지원의 문재를 높이 사서 연암 후손가에서 필사된 『연암집』을 가져다가 간행할 것을 명했다는 기록이 있을 정도로 문학에 대한 식견이 뛰어난 왕이었다. 이러한 사실로 미루어볼 때, 효명세자는 문화적인 힘으로 얼크러진 조선의 문제들을 해결하고자 했던 '문화 군주'의 길을 소망한 사람이었다고 할 수 있다. 할아버지 정조에 대한 추종의 마음을 표한 이름의 '기오헌(寄傲軒)'과 '의두각(倚斗閣)' 등을 창경궁 비원 후원에 지었던 것으로 미루어 볼 때도, 그는 정조 같은 문화적 힘으로 치세하려고 했던 지향을 확인할 수 있다.

3. 편찬 경위

후일 익종으로 추존된 효명세자의 문집은 그가 죽은 지 두 해 뒤인 1832년 윤 9월 3일에 시작하여 10월 3일 정서를 마쳐 순조에게 진상되었다. 『예제선사등록』을 보면 효명세자의 문집 간행에 대한 편찬경위가 드러나 있다. "세자의 초본(草本) 4책을 규장각에서 3건을 깨끗하게 정서하여 들이되, 1건은 분당지(粉唐紙 : 백회를 섞어 만든 중국 종이)에 쓰고 2건은 책장지(冊壯紙 : 닥나무로 만든 두꺼운 한지)에 쓰라고 명하셨다."가 바로 그것이다. 익종의 시문은 『경헌시초(敬軒詩抄)』, 『학석집(鶴石集)』, 『학석집』(언해본), 『담여헌시집(淡如軒詩集)』, 『경헌집(敬軒集)』 등의 시문집으로 갈무리되었고, 조선 역대 왕의 시문을 모은 『열성어제(列聖御製)』에도 실려 있다. 『학석집(鶴石集)』에 실린 시는 대체로 익종이 대리청정 이전에 지은 작품들인 것을 확인할 수 있다.

문집의 편찬은 저자가 죽은 후 그 제자들이나 후손에 의해 정서하여 편찬하거나 이를 토대로 목판이나 활자로 간행하는 것이 일반적이었다. 군주로서 왕의 저술은 통치이념과 경세관을 이해할 수 있는 공적인 자료이며, 학식과 교양을 가늠할 수 있는 중요한 잣대가 된다. 그러나 조선시대 왕들의 문집이 편찬된 것은 18세기 중엽 이후의 일이다. 그 이전 왕들의 저술은 다만 '열성어제'라는 책을 통해 그 편린을 읽을 수 있을 뿐이다. 예를 들어 영조는 1768년 『어제집경당편집(御製集慶堂編集)』을 간행하면서 1764~1767년 사이에 저술한 시문을 수록하였다. 이후로도 영조는 여러 차례 자신의 시문을 엮었고, 사후에도 그의 시문은 별도의 문집으로 편찬되었다. 영조가 문집을 편찬한 이래 순종의 『정헌집(正軒集)』에 이르기까지 왕들의 문집은 빠짐없이 편찬되었다. 일반 사대부들의 문집이 특정시기 일정한 체재(體裁)를 세워 편집되는 것과 달리 왕들의 문집은 일정 기간의 시문을 모아 엮은 여러 종의 문집 형태로 전하고 있다. 모든 시문을 정리하고 체재를 갖춰 간행한 것은 정조의 『홍재전서』가 유일하다고 할 수 있다.

익종의 『학석집』은 한문본과 그것을 언해한 한글본이 함께 전하고 있다는 점에서 특기할 만하다. 문집의 편찬은 사대부에게서나 가능했고, 따라서 그 표기수단도 한자가 주를 이룬다. 하물며 문집 전체가 한글로 이루어진 것은 그 예를 찾아보기가 어려워 이 『학석집』과 호연당 김씨 부인의 『호연당집』이 있을 뿐이다. 이화여대 도서관본에는 언해본 『학석집』이 없지만 한문본 『학석집』의 편찬 경위와 관련하여 언해본 『학석집』의 편찬 경위 또한 알아야 할 필요가 있기에, 다음에 간략히 소개한다.

『학석집』은 궁체는 아니지만 반듯하고 아름다운 한글 서체로 쓰였다. 책의 윗부분은 옛 장서각에 소장되어 있을 때 화재로 훼손되었다. 상단에 한시의 음을 한글로 적고, 작은 글씨로 토를 달았으며, 하단에 한글로 언해한 전문을 적었다. 주변의 관료들 외에 어울릴 수 있는 벗이 없던 익종에게 세 명의 누이는 가장 가까운 시우(詩友)였기 때문에, 익종은 누이들과 시를 지어 주고받으며, 한글 편지를 보내 자상하게 시를 고쳐주기도 하였다.

익종의 편지 중 "글시 보고 든든ᄒ며 잘 지엇기 두어 귀 곳쳐 보니니 보아라 져두요샹향 (低頭遙想兄·누이가 익종을 지칭하는 말)은 날 ●각하미년가 그윽기 감사ᄒ노라"라는 구절 에서 볼 수 있듯이 그는 누이들에 대한 정이 유독 애틋하여 사흘만 못 보아도 시를 지어 보 냈을 정도였다. 특히 명온공주는 성품이 명민하고 시에도 능통하여 익종은 '매란여사(梅蘭女 史)'라는 호를 주기도 하였다. 이 한글본 『학석집』도 익종이 누이를 위해 한글로 언해했던 것 으로 추정된다. 불행히도 익종은 1830년 22세의 젊은 나이로 세상을 떠났고, 또한 두 해 뒤 에는 누이인 명온공주와 복온공주 역시 세상을 떠났다. 한글본 『학석집』은 『학석집(鶴石集)』 의 서문부터 52면까지 언해하였다. 먼저 한시의 음을 한 구씩 한글로 쓰고 그 아래에 두 줄 로 된 작은 글씨로 토를 달았으며, 토에서 1자를 띄우고 언해를 적었다. 원문의 주석 또한 한자음과 토를 붙이고 언해를 하였다. 이와 같은 언해의 체재는 한문으로 된 시문을 한글로 옮긴 여러 언해본에서 볼 수 있다.

한문본의 편찬 경위는 자서에서 간략히 엿볼 수 있는바, 익종의 초기시를 모은 것으로, 대 리청정 이전 익종이 경서(經書)와 사서(史書)를 읽는 여가에 시학(詩學)에 관심을 가져 두세 궁료들과 수창한 것으로 판단된다. 그리고 『학석집(鶴石集)』의 내용은 영인 간행된 『익종문 집』I 에 수록된 익종의 또 다른 시문집인 『담여헌시집(淡如軒詩集)』과 비교해볼 때, 거의 반 정도가 완전히 일치한다. 이로 보아 『학석집(鶴石集)』은 『담여헌시집(淡如軒詩集)』 이전 시기 의 시들까지 합하여 만든 저서임을 알 수 있다.

4. 구성과 내용

『학석집』은 자서(自序)와 총 318여 수의 시로 이루어져 있다. 일단 자서에서 익종의 독특 한 시관을 엿볼 수 있어 소개한다. '사람이 시를 짓는 것은 하늘이 꽃을 피우는 것과 같다[余 嘗謂人之有詩 如天之有花].'는 말로 독특한 시관을 피력하기 시작한 저자는, 배움에 연원이 있는 것은 꽃의 뿌리와 같고 생각이 싹트려고 하는 것은 꽃이 피려고 하는 것이며, 시에 절 주가 있는 것은 꽃의 향이고 시를 보아서 좋아할 만한 것은 꽃의 색깔이라는 등의 비유로 '꽃 피는 것'과 '시 짓는 것'을 빗대 말하고 있다. 이러한 꽃과 시의 비유는 계속 이어져 역대 의 유명한 시인들, 굴원과 도연명과 임포의 시를 각각 난, 국화, 매화와 그 격조가 맞는다고 하면서 독특한 인상 비평을 편다. 이렇게 이름난 시도 있지만 각종 이름 모를 꽃들도 각기 가치가 있듯이, 이름나지 않은 시인의 시들도 각기 의미가 있고 천기를 발한 것이 귀하다고 하며, 자신의 시를 무슨 꽃에 비할지 알지는 못하지만 옛것에서 답습하지 않고 천기를 뿜어 냈다고 봐 주길 바란다면서 시와 꽃의 비유를 맺고 있어 익종 또한 18세기부터 이어져 온 당대 주류의 문학이론이었던 천기론, 성령론에 동조하고 있음을 알 수 있다.

자서 이후에 있는 시들은 총 318여 수로서, 형태상으로 볼 때는 5언, 7언의 절구가 주류를 이루어 단형시가 우세하다고 볼 수 있다. 그러나 단형시들만 있는 것은 아니고 「귀산려(歸山廬)」등의 사(詞), 「매균헌율부(梅筠軒律賦)」·「유산암(酉山庵)」·「상추부(賞秋賦)」 등의 장편도 있다. 또한 창작 형태로 볼 때는 혼자서 지은 것이 아니라 궁료들과 함께 구절을 번갈아 지은 연구(聯句)가 여러 수(「정사태고산방야회관료(靜舍太古山房夜會官僚)」, 「금원양화십팔운배율(禁苑兩花十八韻排律)」 등) 있다. 여기 등장하는 궁료들은 이인보(李寅溥), 김로(金鏴 : 1783~?), 김영순(金英淳 : 1798~?), 조용화(趙容和 : 1793~?), 안광직(安光直 : 1775~?), 서좌보(徐左輔 : 1786~1855) 등이 있어서 가까이 교유했던 신료들의 면면을 볼 수 있다. 특히 조용화 등은 시문도 잘 썼지만 각 경서에 전주를 잘 쓰는 것으로 유명하여 거유(巨儒)로 이름이 났다 한다.

제재면으로 보았을 때 특기할 만한 것은 영물시(詠物詩)이다. 영물시란 하나의 사물에 대하여 읊은 시라 할 수 있는데, 『학석집』에서는 「영물시(詠物詩) 사십구수(四十九首)」 연작이 두 번이나 나와 총 분량의 삼분지 일을 점한다. 구체적으로 읊었던 사물을 살펴보면 「학(鶴)」, 「앵무(鸚鵡)」 등의 진귀한 새, 신이화, 매화, 석류화, 해당화, 백일홍, 파초 등의 꽃, 월계, 송·죽·종려·오동 등의 나무 등 전통적인 자연물에서부터 벼루, 죽필통, 만수향, 전지, 차와 차를 끓이는 기구, 덮고 있던 담요, 수레, 수건, 청포, 직혜, 부채 등의 일상에서 접하는 주변의 물품까지 관심을 기울였음을 알 수 있다. 특히 시기적으로 특기할 만한 주변 물품으로서 가짜 복숭아, 가짜 난초 등의 조화(造花)류, 천리경(千里鏡)이라고 하는 망원경, 자명종(自鳴鐘) 등 거의 연경의 유리창에 유입되었을 서양 문물 등을 볼 수 있다. 제재로서 또한 특기할 것은 영물시에서도 보이지만 꽃과 나무이다. 영물시 말고도 「상매(賞梅)」·「영귤(詠橘)」·「귤유(橘柚)」 등의 시에서 꽃과 나무에 대한 관심을 특히 확인할 수 있다. 이러한 꽃과 나무에 대한 관심은 『학석집』 자서에서 볼 수 있었던 '꽃과 시'라는 독특한 인상 비평을 가져온 비유에서도 확인할 수 있는바, 효명세자 개인에게 꽃과 나무는 중심 제재임을 확실히 알 수 있다. 그러나 이것이 '매란국죽'과 같은 기존의 상징적인 식물의 범주로부터 전술했듯이 석류·해당·백일홍 등까지 그 범위가 넓어졌다는 것을 특기할 만하다. 이러한 개인적 특징이 19세기 문풍의 경향을 선도한 것인지, 아니면 그냥 개인적 특징으로 그치고 만 것인지는 확정지어서 말할 수 없으나, 문화적으로 영향력이 큰 효명세자가 이러한 특징을 가졌다는 것은 19세기 시작풍에 일정 영향을 주었으리라고 짐작할 수 있다.

영물시와 함께 특기할 만한 시 창작 방식은 바로 팔경시(八景詩)를 중심으로 한 연작들이다. 「태고정사팔경(太古精舍八景)」, 「전사팔경(田舍八景)」, 「운심처사경(雲深處四景)」, 「이화정십경(梨花亭十景)」 등의 시는 그 정자나 집에서 볼 수 있는 주변의 경관을 조용하고 아름답게 그리고 있어, 효명세자의 시세계가 조용하고 아름다운 정경을 서정적으로 그리는 데 뛰어나다는 것을 알 수 있다. 예를 들면 팔경이나 십경 중의 하나로서 「죽렴화음(竹簾花陰, 대나무 발 사이로 보는 꽃 그림자)」, 「산비청종(山扉聽鐘, 산 속 집의 울타리에서 종소리를 듣다)」, 「설창한등(雪窓寒燈, 눈 오는 창가에 꺼져가는 등)」 등 조용하고 어쩌면 고적하기까지 한 경관을 그리는 것이다.

또한 특기할 만한 공간으로서는 바로 기오헌(寄傲軒)과 의두각(倚斗閣)이 있다. 「오무이정사영」 등의 시에서 볼 수 있는 것이 바로 이 기오헌이다. 창덕궁 후원인 비원에 있는 17개 정자 가운데 기오헌과 의두각은 효명세자가 순조에게 청해 지은 건물이다. 기오헌과 의두각이란 이름은 효명세자가 정조를 기대고 의지한다는 의미에서 지은 것으로 그의 의중이 보인다. 화려한 궁궐 건축물 중에서 극히 소박해 보이는 이 두 채의 건물 중 왼편이 기오헌이며 오른편이 의두각이다. 기오헌은 온돌방 하나와 작은 대청과 누마루로 구성된 집이며, 의두각은 한 사람 몸을 누일 수도 없는 정면 2칸, 측면 1칸으로 구성된 극히 작은 집으로 단청이 없다.

효명세자가 독서와 사색을 하기 위해 자주 들렀던 이곳은 북향집이며 기오헌과 의두각 뒤에 규장각으로 오르는 계단이 있다. 왕세자답지 않게 지극히 소박한 이런 건물에 와서 독서를 즐긴 효명세자는 기오헌과 의두각에서 정조를 생각하면서 난국을 타개할 정책에 골몰하기도 했을 것으로 예상된다. 그러나 읊는 시에서는 조용한 경관만을 읊을 따름이어서 대리청정 이전에 있던 시기였기 때문인지, 실생활과 시적 지향이 다른 것인지 확인할 수는 없다.

5. 서지적 특성

『학석집』은 이화여대 도서관본이 유일본은 아니고, 한국학중앙연구원 장서각에 한문본 『학석집』과 국역본 『학석집』이 있어 비교할 만하다. (이하 장서각본으로 표기한다.)
장서각본의 서지사항은 다음과 같다.

鶴石集
文祖(朝鮮)[追尊] 御製 [寫年未詳]
형태사항　線裝 1冊(60張) : 四周雙邊, 半郭 21.3×14.3㎝, 烏絲欄, 半葉 10行 21字, 註雙行, 內向二葉花枚魚尾 : 31.8×20㎝ 紙質 : 楮紙 印 : 李王家圖書之章

이러한 서지사항의 장서각본에 비해 봤을 때, 이화여대 도서관본은 장서각본과 형태면에서 비슷하나, 자서문(自序文) 뒤에 맨 첫장인 「잠룡(潛龍)」, 「만명당독서(萬明堂讀書)」 총 3수의 시가 있는 장이 유실되고 「경차(敬次)」, 우춘(右春)부터 시작되고 있다. 이후는 판심이 동일하고 각 장의 구성이 같아, 장서각본과 같되 한 장이 유실된 것으로 보인다.

6. 가치

『학석집』의 가치는 기존 장서각 영인본에서 강조되던 한글본, 한문본의 양본 병기 사항에서도 찾을 수 있겠으나, 한문본 자체의 가치도 크다 할 수 있다.

우선 뛰어난 문화적 인물이었던 익종 자신의 문화적, 문학적 지향과 시세계를 알 수 있다는 점에서 그렇다. 일단 자서에서 드러나는바, 시 짓기를 조물주가 꽃을 피워내는 방식에 비유했던 독특한 문학관을 발견할 수 있고, 옛 것을 답습하기보다는 자신의 진정에서 드러나는 '천기'가 발현된 시를 좋은 것으로 인정했던 문학관 또한 확인할 수 있다. 시 작품에서 볼 수 있는 특징은 영물시와 팔경시를 중심으로 드러나는 그의 초기 시세계는, 자기 주변의 소소한 경물들을 단아하게 그리는 시풍이라고 볼 수 있다. 익종의 시세계를 미루어 보았을 때, 당대 문화에서 큰 영향을 주었던 익종의 개인적 입장을 감안하면 19세기 문풍의 주류상을 미루어 볼 수 있다는 점에서 또한 문학사적인 의의가 있다. 익종, 즉 효명세자가 죽자 그와 교유하던 서유영과 박규수 등 인재들은 과거를 포기하고 칩거에 들어갈 정도로 충격을 받았다는 설이 있다는 것을 미루어 보아, 당대에 미치던 효명세자의 문학적·문화적 힘의 범위를 확증하고, 또한 그것이 구체적으로 어떤 것이었는지 알아볼 수 있다는 점에서 의의가 있다는 것이다.

심화해서 생각해볼 수 있는 것은 당대 시풍에서 영물시와 팔경시의 양상이 어떠했는지를 알 수 있는 자료가 된다는 것이다. 영물시와 팔경시는 한문학 창작 역사가 시작되었던 때부터 시작했다고 해도 과언이 아닌 전통적인 시 창작 방식이다. 이러한 시 창작 방식을 역사적으로 고찰할 때, 한국 한문학의 거의 마지막 시기에 창작되었던 이 작품을 봄으로써 한국 한문학 사상 영물시의 역사와 풍모를 볼 수 있다.

(김현미)

[색인어]
효명세자, 문조익황제, 학석집, 영물시, 팔경시

[참고문헌]
장서각 영인본 『익종문집』 권2, 한국학중앙연구원.

박용만, 「언해본 학석집 해제」, 『익종문집(翼宗文集)』, 한국학자료총서 17, 한국정신문화연구원, 1998.
박종채 저, 김윤조 역주, 『역주 과정록』, 태학사, 1997.

한고

閑藁 / 姜栢年 著

筆寫本. ― [發行地不明] : [發行處不明], 發行年不明.
本集5冊(全11冊中), 續集1冊 合6冊 : 無界, 10行19字
註雙行 ; 24.8×17.9cm.
表紙에 冊別目次 수록
書名은 表題임.

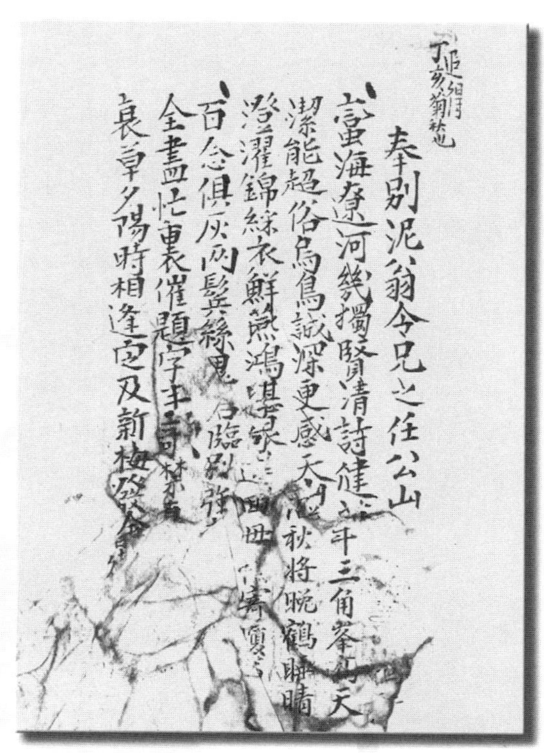

閑藁

1. 개요

『한고』는 조선 중기의 문신·학자인 설봉(雪峯) 강백년(姜栢年 : 1603~1681)의 문집이다. 원집(原集)은 서근(書根)에 “共十三”이라고 쓰여있는 것으로 보아 전체 13책이었음을 알 수 있다. 현재 제6책[七言四韻], 제8책[七言四韻], 제9책[五言絶句, 七言絶句], 제10책[疏], 제 11책 [疏, 箚, 啓辭, 避嫌]의 5책이 전하고 있다. 속집(續集) 1책이 함께 남아 있다. 필사본이며 서발(序跋)이 실려 있지 않다.

2. 편·저자

저자 강백년(姜栢年)은 호가 설봉(雪峯)으로 1603년(선조 36)에 태어나 1681년(숙종 7)에 세상을 떠나기까지 인조, 효종, 현종, 숙종의 4대에 걸쳐 벼슬을 한 조선 중기의 문신이다. 자는 숙구(叔久)이고, 시호는 문정(文貞)이다.

1627년(인조 5) 정시(庭試) 문과(文科)에 을과(乙科)로 급제하여 승문원(承文院)에 들어갔다. 이후 강원도사(江原都事), 함경도사(咸慶都事), 대동찰방(大同察訪) 등의 직책에 보임되었으나 부임하지 않았고, 1637년 예조좌랑겸춘추(禮曹佐郎兼春秋)가 되면서 본격적으로 벼슬길에 나아갔다. 1640년 정언(正言)이, 1641년 장령(掌令)이 되었다. 1642년 부교리(副校理)로 재직할 때 월과(月課)로 「심잠(心箴)」을 지어 올려 크게 상찬을 받았다. 1643년 부친의 봉양을 위해 강릉부사(江陵府使)가 되어 외직으로 나갔다. 1646년 강빈(姜嬪)의 옥사가 일어나자 그 억울함을 상소하였다가 삭직(削職)을 당하였다. 같은 해 문과(文科) 중시(重試)에 장원하여 동부승지(同副承旨)에 올랐다. 1648년 대사간(大司諫)이 되어 다시 강빈의 신원(伸寃)을 상소했다가 청풍군수(淸風郡守)로 좌천되었다. 1650년 부친의 상을 당하여 복을 입었다. 1653년 형조참의(刑曹參議), 좌승지(左承旨)를 거쳐 충청감사(忠淸監司)가 되었다. 1660년 동지부사(冬至副使)가 되어 청나라에 다녀왔다. 1673년 참찬(參贊)이 되었고 기로소(耆老所)에 들어갔다. 1674년 예조판서(禮曹判書)가 되었고, 현종이 죽자 그 시책문(諡冊文)을 지어 올렸다. 1680년 좌참찬(左參贊), 판중추부사(判中樞府事)가 되었고, 1681년 졸(卒)하였다. 1690년 청백리(淸白吏)로 녹선(錄選)되고 영의정(領議政)에 추증(追贈)되었다.

그는 모나지 않은 성품으로 평탄한 관직 생활을 지내며 청백한 삶으로 이름을 떨쳤을 뿐 아니라 당시 관각(館閣)의 문장으로도 이름이 높아 대제학(大提學)의 물망에 거듭 오르기도 하였다. 후일 자신뿐 아니라 아들 현(鋧), 손자 세황(世晃)이 모두 기로소에 들어 삼대가 기사(耆社)에 드는 보기 드문 영광을 누리기도 하였다.

3. 편찬 경위

　　현재 낙질로 남아 있는 『한고』는 서발(序跋)이 실리지 않은 필사본으로 자세한 편찬 경위
를 알 수 없다. 그러나 "晉山姜栢年叔久雪峯"이라는 인장으로 보아 강백년 본인이 정리한 원
고 정본이며 수택본으로 보인다. 강백년이 스스로 정식 문집을 내기 전에 자신의 원고를 모
아 놓은 책으로 보이며, 책 윗부분에 검은 점이 찍혀 있는 부분은 문집에 넣기 위해 뽑아놓
은 흔적인 듯하다. 필체가 여러 종류인 것은 원고를 만들면서 자질이나 제자를 동원하여 정
비한 것으로 보인다. 『한고속집』도 여러 사람의 필체로 기록이 되어 있다.

4. 구성과 내용

　　『한고』는 시와 문을 싣고 있는데, 시의 경우 목판으로 전하는 강백년의 문집 『설봉유고(雪
峯遺稿)』(30권 8책)와 달리 시체별(詩體別)로 묶여 있다. 『설봉유고』는 외직을 역임할 때마다
지은 시를 「한계록(閑溪錄)」, 「환성록(歡城錄)」, 「해서록(海西錄)」, 「관동록(關東錄)」, 「정관록
(靜觀錄)」, 「임영록(臨瀛錄)」 등의 제명 아래 1권씩 묶어 시기별로 편차하여 21권까지 수록하
고 있다. 『한고』는 낙질로 전해져 전체 편제를 알 수 없으나 현재 제6책[七言四韻], 제8책[七
言四韻], 제9책[五言絶句, 七言絶句]에 시체(詩體) 별로 시가 수록되어 있다. 제목 아래에 달
린 주석을 보면 그 내부의 순서가 일반적인 경우와는 달리 작시 순서에 의하여 수록되지 않
았음을 알 수가 있다. 오언절구의 경우 계미년(1643)에 지어진 「목가산(木假山)」 바로 다음에
을유년(1645)에 지어진 「조영금(照影禽)」이 나오고, 네 수 다음에 임오년(1642)에 지어진 「내
공죽(萊公竹)」과 을유년(1645)에 지어진 「군자화(君子花)」가 실린 것이 그 예증이다. 칠언절
구의 경우에도 임오년(1642)에 지어진 「조대부송(嘲大夫松)」 다음에 기묘년(1639)에 지어진
「차당시고적제야(次唐詩高適除夜)」가 실려 있음을 볼 수 있다. 이 작품이 확인되는 가장 이
른 시기의 작품으로 보인다. 『설봉유고』에서는 「동궁춘첩(東宮春帖)」, 「금상악양루(今上岳陽
樓)」 등 기사년(1629)년에 월과(月課)로 지어진 10수의 작품들과 그보다 이른 시기에 지어진
것으로 추정되는 작품들이 다수 실려 있는 것으로 보아 『한고』에는 초기작이 실리지 않은
것으로 판단된다. 그러나 『설봉유고』의 수록 작품과 비교해 볼 때 『한고』에만 실려 있는 작
품들이 다수 확인되어 그 가치를 보이고 있다. 또 작품의 성격이나 작시 연대를 확인할 수
있는 주석들이 달린 것이 상당수 발견된다. 제9책에 실려 있는 「차당시고적제야(次唐詩高適
除夜)」를 예로 들 수 있다. 이 작품은 강백년의 대표작으로 알려져 『기아(箕雅)』, 『대동시선
(大東詩選)』 등의 시선집에 두루 수록되어 있는 칠언절구(七言絶句)인데, 여기에 "기묘년 겨
울 월과에서 장원하다[己卯冬, 月課, 魁]."라는 주석이 있어 이 작품이 1639년(인조 17) 작자

가 36세 되던 해 겨울 월과로 지어 장원을 한 것임을 알려 준다. 제9책의 표제에는 오언절구와 칠언절구만을 소개하고 있지만, 실제로는 오언절구와 칠언절구 사이에 「즉사(卽事)」라는 제명의 육언절구(六言絶句) 1수가 실려 있기도 하다.

제10책에는 소(疏)를, 제11책에는 소(疏)와 피혐(避嫌)을 싣고 있다. 소의 경우 『설봉유고』에는 1642년에서 1680년 사이에 지어진 27수의 작품이 실려 있는데, 『한고』에는 제10책에 85수, 제11책에 58수가 각각 실려 있다. 『한고』에 실린 작품에서 5분의 1 정도만 『설봉유고』에 실려 있는 셈이다. 『설봉유고』에 실린 가장 제작시기가 빠른 작품이 1642년에 지어진 「부교리시, 재직려소(副校理時, 在直廬疏)」인데, 『한고』에는 이보다 앞선 작품으로 같은 해에 올린 「사장령소(辭掌令疏)」와 「사부수찬소(辭副修撰疏)」가 실린 다음에 이 작품이 실려 있다. 대체로 제작 시기에 따라 작품을 수록하고 있는데, 마지막으로 지어진 것으로 보이는 1680년의 「사판중추소(辭判中樞疏)」 다음에 다시 1657년에 지어진 「황주연위사출거시, 사병즈참의소(黃州延尉使出去時, 辭兵曹參議疏)」 등 21수가 추록의 형식으로 실려 있다. 피혐(避嫌) 11수는 『한고』에만 실려 있는데, 일반적으로 문집에서 잘 볼 수 없는 양식의 글이다. 제11책의 표지에는 소와 피혐 사이에 차(箚)와 계사(啓辭)가 실려 있는 것으로 되어 있으나 실제로는 실리지 않았다.

『한고속집』은 문[神道碑銘, 論, 說, 解, 序, 表箋, 露布, 箴, 銘, 贊]과 시(詩), 「옥하만록(玉河謾錄)」, 「한계만록(閑溪謾錄)」이 수록되어 있다. 이들 중 신도비명 1수를 제외한 나머지 산문 작품은 『설봉유고』에 실리지 않은 작품이다. 논은 「지귀론(至貴論)」 1수가, 설은 「이기설(理氣說)」, 「오상사단설(五常四端說)」, 「치심치병설(治心治病說)」, 「예악설(禮樂說)」, 「천인성명설(天人性命說)」, 「이일설(理一說)」, 「치심설(治心說)」의 7수가, 해는 「일물구태극혜(一物具太極解)」 1수가 실려 있는데, 『설봉유고』에 실린 작품들과 비교해 보면 그의 사상을 보다 직접적으로 진술하고 있는 자료로 보인다. 서는 「증별해주최덕회서(贈別海州崔德會序)」 1수가 실려 있다. 표전은 "하월과(夏月課)"라는 주석이 달린 「의한신동방삭청물기상림원표(擬漢臣東方朔請勿起上林苑表)」와 "추월과(秋月課)"라는 주석이 달린 「의진회계내사사현청물소대규이수기지표(擬晉會稽內史謝玄請勿召戴逵以邃其志表)」의 2수가, 노포는 "경진추, 월과(庚辰秋, 月課)"라는 주석이 달린 「의한서성교위진탕참질지노포(擬漢西城校尉陳湯斬郅支露布)」 1수가 실려 있는데, 이들도 여기에만 남아 있는 자료로 관각 문인으로서의 솜씨를 보여 주는 작품들이다. 『설봉유고』 권22에 실린 「의한간의대부하후승사유이무징전사표(擬漢諫議大夫夏候勝謝諭以無懲前事表)」 등 표전(表箋) 6편, 「의한고조사계포조(擬漢高祖敕季布詔)」 등 의제조(擬詔制) 3편과 함께 살펴 보아야 할 자료들이다. 잠은 「경천명잠(敬天命箴)」, 「이일잠(理一箴)」의 2수가 실려 있는데, 이들도 그의 사상을 알려주고 있다. 명은 「의마장군동주명병서(擬馬將軍銅柱銘並序)」 1수가 실려 있는데, 앞의 표전이나 노포와 같은 의작(擬作)으로 뛰어난 관각문인으로서의 작자의 모습을 잘 보여주는 글이다. 찬은 「보산역정찬(寶山驛亭贊)」 1수가 실려 있다. 시는 『한고』와는 달리 시체(詩體)를 따지지 않고 싣고 있는데, 작시 연대를 따라 수록한 듯하다.

「옥하만록」은 『주역(周易)』의 괘(卦)에 얽힌 일화를 소개하고 있는 잡록으로 『한고속집』에만 유일하게 남아 있는 것으로 보인다. 「한계만록」은 같은 제명(題名)을 가진 15권 4책의 목판본이 연세대학교 중앙도서관에 소장되어 있는데, 이는 고금(古今)의 가언선정(嘉言善政)을 모아 『대학(大學)』을 본떠 만든 것이다. 『한고속집』의 「한계만록」에는 작자가 외직에 있을 때 견문한 내용과 이지함(李之菡), 김우옹(金宇顒), 정경세(鄭經世) 등 명현(名賢)의 일화를 모은 수십여 조의 글이 수록되어 있을 뿐이어서 그 일부를 절록한 것으로 보인다. 전반부와 후반부의 필사자가 다른 것으로 보이는데, 전반부에는 저본을 필사하는 과정에서 잘못이 일어나 글자를 끼워 넣거나 앞뒤의 순서를 바꾸어 교정을 본 부분이 눈에 뜨인다. "차망론시인비(且妄論是人非)"라 필사하고 "시(是)"와 "인(人)"의 순서를 바꾸어 놓은 것과 "동홍래주일(東洪萊柱一)"이라 필사하고 "동(東)"과 "홍(洪)"의 순서를 바꾸어 놓은 것이 한 장 안에 함께 보이는데, 이는 필사자의 필사 태도가 엄격하지 않았던 것으로 보인다.

5. 서지적 특성

강백년의 문집으로는 그동안 서울대학교 규장각 한국학연구원에 소장된 『설봉유고』와 연세대학교 중앙도서관에 소장된 「한계만록」이 알려져 있었는데, 여기에 실리지 않은 많은 시와 산문 작품들이 『한고』와 『한고속집』에 보이고 있다. 강백년의 작품 세계를 보다 넓게 알려줄 수 있는 유일본으로서의 가치를 가지고 있다.

6. 가치

강백년은 조선 중기 관각의 뛰어난 문인으로 문형(文衡)의 물망에도 오를 만큼 문명(文名)을 떨쳤으며, 한국 한시사에서 반드시 이름이 거명될 정도로 주요한 인물이다. 그러나 개별 작가에 대한 연구는 아직 미진한 편이다. 『한고』에는 작품 자체의 성격을 이해하는 데 도움을 주는 주석들과 그동안 다루지 못하였던 새로운 글이 많이 수록되어 있어 그의 문학과 사상을 다시 조명하는 데 도움을 줄 수 있을 것이다.

(강석중)

［색인어］
한고, 한고속집, 강백년, 설봉유고, 한계만록

［참고문헌］
강석중, 「설봉 강백년의 삶과 시세계」, 『한국한시작가연구』 10, 태학사, 2006.
민병수, 『한국한시사』, 태학사, 1996.

한위총서

漢魏叢書 / 何允中 編

木版本(中國). ─ [發行地不明] : [發行處不明], [發行年不明].
9冊(全58冊中) : 上下單邊 左右雙邊 半郭 19.2×14.2cm,
有界, 9行20字 註雙行, 上下向白魚尾 ; 23.5×15.6cm.
書名은 表題임.

고서/고서812.08 한77A

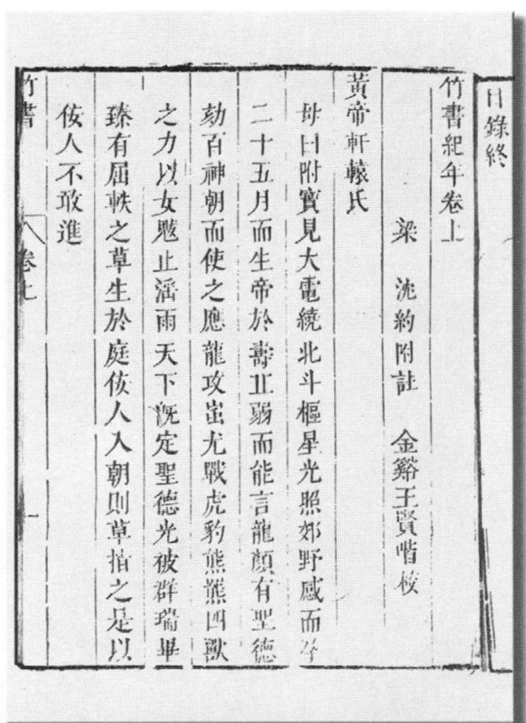

漢魏叢書

1. 개요

『한위총서(漢魏叢書)』는 명(明)나라 정영(程榮)이 만력(萬曆) 20년인 1592년에 중국 한(漢)·위(魏)·육조(六朝) 시대 저작 중 38종을 모아 편찬한 총서(叢書)이다. 이화여대 도서관본은 명(明)나라 하윤중(何允中)이 정영의 『한위총서』를 증보해서 76종(혹은 80종) 본(本)으로 편찬한 『광한위총서(廣漢魏叢書)』에 해당된다. 『광한위총서』는 경익(經翼) 17종, 별사(別史) 14종, 자여(子餘) 18종, 재적(載籍) 27종으로 구성되어 있으며 본 소장본은 현재 9책으로 엮어져 58책이 남아 있다.

2. 편·저자

『광한위총서』의 편자인 하윤중(何允中 : 생몰 연대 미상)은 명대의 인물로 알려져 있으며 무림(武林 : 지금의 浙江省 杭州) 사람으로 생졸 연대와 활동 내용은 상세하게 알려진 바가 없다. 한편 『한위총서』의 저자인 정영(생몰 연대 미상)은 명나라 만력(萬曆 : 1573～1620) 시기에 활동했던 신안(新安 : 지금의 절강성 淳安縣) 사람으로 자(字)는 백인(伯仁), 또는 중인(仲仁)이다. 또 안휘(安徽) 흡현(歙縣) 사람이라고도 한다. 그는 자기 지역의 권문세족(權門勢族)으로 행세하였고 책을 간행한 것으로 이름이 알려졌다고 한다. 위의 총서 이외에도 『산거청상(山居淸賞)』, 『혜중산집(嵇中散集)』, 『예원치언(藝苑巵言)』 등을 간행하였다.

3. 편찬 경위

『한위총서』의 편찬은 처음에 명나라 가정(嘉靖 : 1522～1566) 연간에 하당(何鏜)[1]이 한위의 저작 중 100종을 모아 이를 경사자집(經史子集)의 4종으로 분류하였던 것에서 비롯되었다. 이후 도륭(屠隆)[2]이 다시 전아(典雅), 기고(奇古), 굉사(閎肆), 조염(藻艶)의 4종류로 분류하여 60권으로 만들었다. 다음에 정영이 만력 20년(1592)에 하당이 작성해 놓은 100종의 한·위·육조의 저작 중에서 38종을 선별하여 편찬하고, 『한위총서』라 하였다. 그 후 하윤중이 정영의 38종에 기초하여 늘려서 76종본을 만들었고, 『광한위총서』라 칭하였다. 이후 『광한위총서』는 번각(翻刻)을 거쳐 다시 증보하여 80종에 이르렀다. 그런데 이 『광한위총서』에는 위작이 많고 오탈도 비교적 많아 청대에 이르면 건륭(乾隆) 56년인 1791년에 왕모(王謨)가 배

---

1) 자는 진경(振卿), 호는 빈암(賓巖), 처주(處州 : 지금의 절강성 麗水) 사람.
2) 자는 장경(長卿). 은현(鄞縣 : 지금의 절강성 奉化縣) 사람. 만력 5년인 1577년에 진사가 되어 예부주사(禮部主事) 역임.

열 순서를 조정하고 10종을 늘려 86종으로 증보하여 편찬한 『증정(增訂) 한위총서』가 출간되었다. 1911년에 간행된 상해 대통서국(大通書局) 석인본(石印本) 『증정한위총서』에는 이보다 더 증보된 96종이 수록되어 있다.

정영이 편찬한 『한위총서』는 만력 시기에 간행된 신안정씨간본(新安程氏刊本)과 민국(民國) 14년, 즉 1925년에 상해(上海) 함분루(涵芬樓)에서 만력본(萬曆本)을 저본으로 영인한 판본이 있다. 또 『광한위총서』는 현재 전해지는 판본으로 명 만력 20년(1592년)에 간행된 하씨 간본(何氏刊本)과 청대 간행된 가경중간본(嘉慶中刊本)이 있다.

이 책을 편찬한 목적은 서언(序言)에 있는 도륭의 해설에 의하면 한(漢)이 진(秦)을 이어서 한에 진의 유풍이 있다는 것을 명백히 하고, 또 위(魏) 이후에는 육조(六朝)가 이어져 위가 육조의 기원이 되는 점을 분명히 하기 위한 것이라고 한다.

정영의 『한위총서』 이후에도 『광한위총서』나 『증정(增訂)한위총서』가 편찬되었던 이유는 정영의 『한위총서』가 한·위·육조 시대의 정사(正史) 등에서는 보이지 않는 많은 사료를 수록하였지만 그 시대를 이해하는 데에 38종만으로는 부족하였으며 특히 청대 『사고전서(四庫全書)』의 편찬과 같은 대규모 편찬 사업의 영향이나 그 경향으로 그 시대 관련 자료를 최대한 많이 수집하여 기록하던 영향을 받았을 것으로 추정된다.

4. 구성과 내용

『한위총서』에 수록된 글들은 대부분 한·위·육조 시기의 고경(古經), 일사(逸史), 패관야사(稗官野史), 지괴소설(至怪小說) 등이 주된 내용이며 경(經), 사(史), 자(子)의 순서로 배열되어 있다. 본 소장본인 『광한위총서』의 목차 구성은 경익, 별사, 자여, 재적의 순서로 기술되어 다음과 같이 배열되어 있다.

경익(經翼) 17종으로는 한(漢) 경방(京房)의 『역전(易傳)』 3권, 한 초감(焦贛)의 『초씨역림(焦氏易林)』 4권, 진(晋) 왕필(王弼)의 『주역약례(周易略例)』 1권, 진 완함(阮咸) 주(注)의 『고삼분(古三墳)』 1권, 『시전공씨전(詩傳孔氏傳)』 1권, 한 신배(申培)의 『시설(詩說)』 1권, 한 한영(韓嬰)의 『한시외전(韓詩外傳)』 10권, 한 대덕(戴德)의 『대대예기(大戴禮記)』 13권, 한 동중서(董仲舒)의 『춘추번로(春秋繁露)』 17권, 한 반고(班固)의 『백호통덕론(白虎通德論)』 4권, 한 채옹(蔡邕)의 『독단(獨斷)』 1권, 한 마융(馬融)의 『충경(忠經)』 1권, 진 도잠(陶潛)의 『효전(孝傳)』 1권, 한 양웅(揚雄)의 『방언(方言)』 13권, 한 유희(劉熙)의 『석명(釋名)』 4권, 한 양웅(楊雄)의 『박아(博雅)』 10권, 한 공부(孔鮒)의 『소이아(小爾雅)』 1권 등으로 구성되어 있다.

별사(別史) 14종으로는 한 조엽(趙曄)의 『오월춘추(吳越春秋)』 6권, 한 원강(袁康)의 『월절서(越絶書)』 15권, 후위(後魏) 최홍(崔鴻)의 『십육국춘추(十六國春秋)』 16권, 수(隋) 왕통(王

通)의 『원경설씨전(元經薛氏傳)』 10권, 진 공조(孔晁) 주(注)의 『급총주서(汲冢周書)』 10권,
양(梁) 심약(沈約) 주(注)의 『죽서기년(竹書紀年)』 2권, 진 곽박(郭璞) 주(注)의 『목천자전(穆
天子傳)』 6권, 한 반고(班固)의 『한무제내전(漢武帝內傳)』 1권, 한 영현(伶玄)의 『비연외전
(飛燕外傳)』 1권, 한 망명씨(亡名氏)의 『잡사비신(雜事秘辛)』 1권, 진 도잠(陶潛)의 『군보록
(群輔錄)』 1권, 진 갈홍(葛洪)의 『신선전(神僊傳)』 10권, 진 황보밀(皇甫謐)의 『고사전(高士
傳)』 3권, 한 왕찬(王粲)의 『영웅기초(英雄記鈔)』 1권으로 구성되어 있다.
　자여(子餘) 18종 부분에는 한 위백양(魏伯陽))의 『삼동계(參同契)』 1권, 한 장량(張良) 등
(等) 주(注)의 『음부경(陰符經)』 1권, 한 황석공(黃石公)의 『소서(素書)』 1권, 촉(蜀) 제갈량
(諸葛亮)의 『심서(心書)』 1권, 한 육가(陸賈)의 『신어(新語)』 2권, 한 가의(賈誼)의 『신서(新
書)』 10권, 한 유향(劉向)의 『신서(新序)』 10권, 양(梁) 유협(劉勰)의 『신론(新論)』 10권, 한
유안(劉安)의 『회남홍열해(淮南鴻烈解)』 21권, 한 공부(孔鮒)의 『공총(孔叢)』 3권, 한 양웅(揚
雄)의 『법언(法言)』 10권, 한 순열(荀悅)의 『신감(申鑒)』 5권, 한 서간(徐幹)의 『중론(中論)』 2
권, 수(隋) 왕통(王通)의 『중설(中說)』 2권, 한 왕부(王符)의 『잠부론(潛夫論)』 10권, 한 황헌
(黃憲)의 『천록각외사(天祿閣外史)』 8권, 한 유향(劉向)의 『설원(說苑)』 20권, 한 왕충(王充)의
『논형(論衡)』 30권으로 되어 있다.
　재적(載籍) 27종 부분에는 진 간보(干寶)의 『수신기(搜神記)』 8권, 한 동박삭(東方朔)의 『신
이경(神異經)』 1권, 한 동박삭의 『해내십주기(海內十洲記)』 1권, 양 임방(任昉)의 『술이기(述
異記)』 2권, 양 오균(吳均)의 『속제해기(續齊諧記)』 1권, 한 곽헌(郭憲)의 『별국동명기(別國洞
冥記)』 4권, 진 갈홍(葛洪) 집(集)의 『서경잡기(西京雜記)』 6권, 전진(前秦) 왕가(王嘉)의 『습
유기(拾遺記)』 10권, 진 장화(張華)의 『박물지(博物志)』 10권, 진 최표(崔豹)의 『고금주(古今
注)』 3권, 한 응소(應劭)의 『풍속통의(風俗通義)』 10권, 위(魏) 유소(劉邵)의 『인물지(人物志)』
3권, 양(梁) 유협(劉勰)의 『문심조룡(文心雕龍)』 10권, 양 종영(鍾嶸)의 『시품(詩品)』 3권, 양
유견오(庾肩吾)의 『서품(書品)』 1권, 북제(北齊) 안지추(顏之推)의 『안씨가훈(顏氏家訓)』 2권,
한 환관(桓寬)의 『염철론(鹽鐵論)』 12권, 한 궐명(闕名)의 『삼보황도(三輔黃圖)』 6권, 진 상거
(常璩)의 『화양국지(華陽國志)』 14권, 후위(後魏) 양현지(楊衒之)의 『가람기(伽藍記)』 5권, 한
상흠(桑欽)의 『수경(水經)』 2권, 『성경(星經)』 2권, 양 종름(宗懍)의 『형초세시기(荊楚歲時記)』
1권, 진 혜함(嵇含)의 『남방초목상(南方草木狀)』 3권, 진 대개지(戴凱之)의 『죽보(竹譜)』 1권,
양 도홍경(陶弘景)의 『고금도검록(古今刀劍錄)』 1권, 양 우려(虞荔)의 『정록(鼎錄)』 1권 등이
있다.
　80종본에는 별사 부분에 진 육홰(陸翽)의 『업중기(鄴中記)』와 자여 부분에 위 무제(武帝)
주(注)의 『손자(孫子)』, 진 갈홍의 『침중기(枕中書)』, 진 갈홍의 『포박자(抱朴子)』가 포함되었
다.
　증보되기 이전 정영이 찬한 38종의 『한위총서』 목차 구성은 다음과 같다.
　경적(經籍) 부분은 『경씨역전』, 『주역약례』, 『고삼분』, 『시설』, 『한시외전』, 『대대예기』, 『춘

추번로』, 『백호통덕론』, 『독단』, 『충경』, 『방언』 등 11종이다. 사적(史籍)에는 『원경설씨전』, 『급총주서』, 『목천자전』, 『서경잡기』 등 4종으로 구성되어 있다. 자적(子籍) 부분은 『소서』, 『신어』, 『공총자』, 『신서(新序)』, 『설원』, 『신서(新書)』, 『법언』, 『잠부론』, 『신감』, 『중론』, 『안씨가훈』, 진(秦) 공손앙(公孫鞅)의 『상자(商子)』, 『인물지』, 『풍속통의』, 양 유협(劉勰)의 『유자신론(劉子新論)』, 『신이경』, 『동명기』, 『술이기』, 『왕자년습유기(王子年拾遺記)』, 한(漢) 석신(石申), 감공(甘公)의 『감석성경(甘石星經)』, 『비연외전』, 『고금도검록』, 『논형』 등 23종이 있다.

이상 두 종류의 『한위총서』를 볼 때 다음과 같은 차이점이 보인다. 『광한위총서』는 정영의 『한위총서』를 대부분 포괄하고 있지만 『상자』와 『유자신론』은 빠져 있음을 알 수 있다. 『왕자년습유기』, 『동명기』, 『감석성경』 등은 각각 『습유기』, 『별국동명기』, 『성경』과 같이 책의 명칭이 약간 다르다. 배열 순서상으로 볼 때 『비연외전』은 『광한위총서』에는 별사 부분에, 『한위총서』에는 자적 부분에 포함되어 있다. 또 『광한위총서』에 경, 사, 자 부분 이외에 별도로 재적 부분이 있어 정영의 『한위총서』의 자(子) 부분을 상당수 포괄하고 있는 차이점이 나타난다.

이상 절대 다수는 한위(漢魏) 시기의 저작이지만 전국(戰國) 및 진(晉), 남북조 시기의 저작도 조금 있다. 총서류인 이 책은 경·사·자 부분의 대표 저작을 편집하여 편찬한 것으로 여기에 수록된 내용은 모두 중요한 내용을 전하고 있다. 이들 중 몇몇 대표 저작의 내용이나 의의를 다음과 같이 살펴볼 수 있다.

상고사를 이해하는 대표 저작중 하나인 『목천자전』은 『일주서』, 『죽서기년』 등과 함께 진(晉)대에 전국시대 위왕(魏王) 묘에서 출토된 것으로 모두 6권으로 구성되어 있다. 그 내용은 주(周)나라 목왕(穆王 : 기원전 1001~947년)의 천하 일주를 기록한 것으로 흔치 않은 서주 사료로 볼 때 당대 사회를 이해하는 중요 자료이다. 『죽서기년』은 2권으로 구성되어 있고 황제(黃帝) 이래 상말의 주왕(紂王)까지의 역사를 연대순으로 기록한 것이며, 청대 이래 많은 연구가 되어 있다.

지역사를 이해하는 대표 저작으로는 『화양국지』를 들 수 있다. 『화양국지』는 삼국(三國) 및 진(晉)대의 사천(四川), 운남(雲南) 방면의 역사와 지리를 기록한 것으로 「파지(巴志)」, 「한중지(漢中志)」, 「촉지(蜀志)」, 「남중지(南中志)」 등으로 분류하여 그 소속인 33군(郡)의 연혁, 지리, 풍속 등을 기록하고 있다. 또 각 현(縣)의 대성(大姓), 호족(豪族)의 성을 들고 있으며 「공손술유목이지(公孫述劉牧二志)」(公孫述, 公孫遊 시대), 「유선주지(劉先主志)」(劉備 시대), 「유후주지(劉後主志)」(劉禪 시대), 「대동지(大同志)」(晉 통일 시대), 「이특웅기수세지(李特雄期壽勢志)」(李特, 李雄 시대)로 나누어서 사적을 기술하였다. 이외 양한시대 지역의 선현사녀 등에 대한 기록도 보인다. 이 『화양국지』는 『삼국지(三國志)』, 『진서(晉書)』의 기록을 보충하고 중국 서쪽과 서남 지역의 고대 지역 연구에 매우 귀중한 자료를 제공하고 있다. 이외에 춘추시대 말기 월(越)의 흥망을 수록한 『월절서』와 『오월춘추』는 춘추 말 오월(吳越) 항쟁의 전말을 기록한 것이다. 내용은 『좌전(佐傳)』, 『국어(國語)』, 『사기(史記)』 등과 다른 점이 수록되어 있어 사료로서의 가치는 낮다고 평가되기도 한다.

한대 도성에 관련된 내용은 『서경잡기』를 들 수 있다. 유흠의 원본은 일찍이 사라졌는데 갈홍이 여러 책에서 인용했던 일문을 모아서 2권으로 편집한 것이 송(宋)대 이후 6권으로 되었다. 내용은 한의 서경인 장안(長安)의 궁실, 원원(苑園), 여복(輿服), 전장(典章), 기발(奇拔), 위재(偉才) 등을 기록한 것으로 장안의 구제(舊制), 잡사(雜事) 등을 알 수 있으며 당시 여러 방면을 살펴보는 데에 편리함을 제공해준다. 미앙(未央), 곤명(崑明), 상림(桑林)의 기사는 다른 곳에서도 상세하게 되어 있어 『한서(漢書)』의 부족을 보충한다.

사상을 다룬 책 중 대표 저작인 『논형』은 30권으로 구성되어 있다. 모두 100편이라고 하는데 금본(今本)은 85편이며 편명만 남겨져 있다. 왕충은 퇴직 후 당시의 학설, 습속에 대해 독자적 비판을 저록한 것으로 한대 사상사(思想史)에서 특이한 존재로 주목되어 한대 사상 연구에 귀중한 자료를 제공하고 있다.

또 당대 지리를 반영하는 『수경』이 수록되었는데 137개 하천의 발원지·경과지점·합류점·하구(河口)를 기록하여 당대 지리 상황을 반영하고 있다.

한편, 당대 귀족의 실체를 밝혀보는 자료로는 『안씨가훈』을 들 수 있다. 『안씨가훈』은 북제에서 벼슬을 한 저자가 난세유리(亂世遊離)의 상황에서 어떻게 가문을 지켜나가야 하는가의 체험을 서술하여 자손을 경계시키기 위한 것이다. 정치, 가족생활, 학술, 사상, 풍속에서 저자의 견해가 기록되어 있을 뿐 아니라 당시 귀족의 처세 방침 등에서는 당대의 정치, 사회, 학술, 사상 등에 대하여 남북 양조의 경향을 엿볼 수 있다.

이외 중국 역사소설의 대표격인 『비연외전』은 한의 성제(成帝) 때, 조비연(趙飛燕), 조합덕(趙合德)이라는 아름다운 쌍둥이 자매가 궁중에 들어가 언니는 황제의 후비가 되고 동생은 소의(昭儀)가 되어 서로 총애를 다툰다는 것이다. 그 문체로 볼 때 육조에서 당초(唐初) 사람의 의작(擬作)으로 한 무제(武帝) 시기를 다룬 소설인 『한무고사』와 『한무내전』과 거의 동일한 관계가 있는 작품이다. 또 황제의 전기에 관한 내용으로는 『한무제내전』을 들 수 있다. 『한무제내전』은 한 무제(기원전 141~88년)의 전기이다. 『한무내전(漢武內傳)』이라고도 한다. 무제의 일생을 수많은 신선과의 관계에서 서술하여 그것에 선계의 여왕 서왕모(西王母)와 연회를 하게 되어 불로장생의 문답을 가져 선서(仙書)를 받았다고 하는 데에 대부분을 할애하고 있다.

이상과 같이 이 책은 한·위·육조 시대의 다방면의 실상을 조명하는 각 내용으로 다양하게 구성되어 있다.

5. 서지적 특성

이화여대 도서관본 『한위총서』는 하윤중의 『광한위총서』에 해당된다. 『광한위총서』 총 목
록은 앞서 살펴보았듯이 모두 76종(혹은 80종)인데 소장본은 모두 9책(58편)으로 되어 있다.
따라서 빠진 부분이 상당수 존재하기 때문에 『광한위총서』의 일부분만 소장된 것으로 파악
된다. 또한 간행자, 간행지, 간행 시기가 알려지지 않아 어느 판본인지 확인하기 어렵다. 다
만 규장각 소장본 중 하씨간본은 표지에 『광한위총서』라 쓰여 있고, 본 소장본의 서명이 '광
한위총서'라 쓰여 있지 않는 것으로 미루어 하씨간본은 아닌 듯하다.

본 소장본은 갑을병정(甲乙丙丁) 등의 십간(十干)을 사용하여 순서를 매기고 있는데 그 중
병(丙), 경(庚), 신(辛)에 해당하는 일부 편만 존재한다. 이화여대 도서관본 목록은 다음과 같
다.

	서목 순서	구성 내용	비고
1책	병일(丙一)	『죽서기년』 상,하/『목천자전』 1~6권	
2책-1	병이(丙二)	『오월춘추』 1~3권	병이(丙二)
2책-2	병이(丙二)	『오월춘추』 4~6권	분책됨
3책	병삼(丙三)	『월절서』 1~15권	
4책	병사(丙四)	「남중지」/「공순술유목이지」/「유선주지」/「유후주지」/「대동지」	
5책-1	병오(丙五)	『서경잡기』 1~6권/『한무제내전』	병오(丙五)
5책-2	병오(丙五)	『비연외전』/『잡사비신』/「화양국지인(引)」/「파지」/「한중지」/「촉지」	분책됨
6책	병육(丙六)	「이지(李志)」/「한중사녀지(漢中士女志)」[앞부분 일부 결락]/「재동사녀지(梓潼士女志)」/「서주후현지(西州後賢志)」/「서지(序志)」/「서지후어(序志後語)」/「강원상씨사녀지(江原常氏士女志)」	
7책	경오(庚五)	『논형』 25~30권	
8책-1	신삼(辛三)	『중론』 상,하	신삼(辛三)
8책-2	신삼(辛三)	『중설』 상,하	분책됨
9책	신육(辛六)	『안씨가훈』 상,하	

이화여대 소장 『한위총서』는 이상과 같이 구성되어 있다. 이와 같은 구성에서 볼 때 본
소장본의 특징은 다음과 같다. 첫째, 결락(缺落) 부분이 상당히 많다는 점이다. 책 표지에 매
긴 십간(十干) 순서 중 갑(甲), 을(乙)을 비롯하여 여러 부분이 빠진 것을 확인할 수 있는데
경이나 신의 경우에도 일부만 소장되어 있음을 확인할 수 있다. 내용상으로 볼 때에도 소장

본은 『광한위총서』의 76종(혹은 80종) 중 『죽서기년』, 『목천자전』, 『오월춘추』, 『월절서』, 『서경잡기』, 『한무제내전』, 『화양국지』, 『비연외전』, 『잡사비신』, 『논형』, 『중론』, 『중설』, 『안씨가훈』 등 13종만이 수록되어 있다. 이 13종에서도 모두 다 수록되지 않은 채 일부분만 수록된 경우도 있다. 7책(경오)에 수록된 『논형』은 원래 30권인데 이중 25~30권까지만 수록된 채 소장되어 있다. 또 4책, 5책-2와 6책에서 보이는 『화양국지』의 내용도 일부 내용이 빠진 채 수록되어 있다.

둘째, 일부는 순서상의 혼란함을 주고 있다. 4책, 5책-2와 6책에서 보이는 책명은 모두 『화양국지』의 각 편명으로 『화양국지』의 내용이 각 편으로 나누어져 수록되어 있다.3) 이중에서도 「한중사녀지」와 「재동사녀지」는 실제로는 『화양국지』의 권 10에 해당하는 「선현사녀총찬(先賢士女總讚)」에 속하는 항목이다.4) 또 수록 순서 역시 그 사이에 다른 저작인 『서경잡기』나 『한무제내전』 등의 여러 저작이 수록되어 있어 『화양국지』의 각 편이 『화양국지』의 일부인데도 각각 독립된 저작으로 오해할 소지를 주고 있다.

셋째, 영인상의 문제점도 보인다. 「한중사녀지」의 앞부분이 빠진 채 영인되어 서(序) 부분이 탈락되어 있다. 또 그 책에 부록된 「강원상씨사녀지」를 편집한 사람의 이름이 일부 판독이 불가능한 채 영인되어 있다.

현재 하윤중의 『광한위총서』는 이화여대 이외에 서울대 규장각 한국학 연구원에 수록되어 있다. 규장각 소장 『광한위총서』는 모두 51책으로 만력 하씨간본이며, 표지에 '광한위총서'라고 쓰여 있다.

6. 가치

『한위총서』에는 중요한 책들이 많이 수록되어 있다. 그 중에는 진귀한 사료를 대량으로 보존하고 있어서 정사의 부족 부분을 보충하거나 사료에 대해 감별하거나 사실을 확인하는 데 쓰이는 글도 있다. 또 세상에서는 이미 없어져 버린 책이었는데 이 총서로 인하여 전해지게 된 것도 있다. 특히 역사뿐 아니라 『서경잡기』, 『비연외전』과 같은 당대 생활 면모의 실체를 다양하게 보여주는 자료나 『논형』과 같은 당대 지식 세계와 학풍을 살펴볼 수 있는 주요 자료가 수록되어 있어 이 책은 중국 제일의 총서라는 평가를 받는다.

일반적으로 『한위총서』 중 정영이 찬한 것을 가장 최고의 것으로 치고 사료 가치도 가장 높다고 인정하고 있다. 그러나 하윤중이 찬한 『광한위총서』가 비록 위작이나 오탈이 있긴 하

---

3) 화양국지의 목차는 다음과 같다. 「파지」, 「한중지」, 「촉지」, 「남중지」, 「공손술유이목지」, 「유선주지」, 「유후주지」, 「대동지」, 「이특웅기수세지」, 「선현사녀총찬」, 「후현지」, 「서지」.

4) 이 「선현사녀총찬」의 모든 항목이 수록되어 있는 것이 아니라 「서(序)」, 「촉군사녀(蜀郡士女)」, 「파군사녀(巴郡士女)」, 「광한사녀(廣漢士女)」, 「건위사녀(犍爲士女)」의 항목이 빠졌다.

나 정영이 포괄해내지 못했던 대량의 한위 고적을 보존하여 여러 분야를 보완하고 있다는 점에서 충분한 가치가 있다. 예를 들어 이 책은 『죽서기년』과 같은 서주 시기의 중요 자료나 『오월춘추』나 『월절서』와 같이 중원 이외 지역의 역사 자료를 포괄하고 있다. 그중에서도 한·위·육조시대 파촉(巴蜀) 지역의 가장 중요한 자료인 『화양국지』를 수록하였다는 점과 중국 고대 지리 관련서 중 최고의 가치를 갖는 『수경주』 편찬의 계기가 된 『수경』의 수록은 남다른 의미가 있다. 남북조 시대에는 중원 이외의 새로운 지역이 개척됨에 따라 새로운 지리 관념이 눈을 뜨고 있는 시대로 이 두 저작은 당대인의 지리 관념을 대변해줄 뿐 아니라 현재 고대 지리를 연구하는 데 매우 중요한 자료라는 점에서 상당히 의의가 있다고 볼 수 있다.

특히 최근의 중국 역사 연구의 경향이 중원 지역 역사에서 확대되어 각 지역의 역사와 문화 연구가 대세를 이루는 시점에서 이러한 자료의 참조는 반드시 전제되어야 하기 때문에 하윤중이 편찬한 『광한위총서』는 이런 점에서도 상당한 가치를 간직한 셈이다. 한편 최근 고고 발굴의 지속적인 출토로 새로운 자료와 해석이 이루어지고 있는 중국 고대사 연구에서도 『광한위총서』에 수록된 『죽서기년』은 그것을 검증할 수 있는 매우 중요한 근거자료로 활용된다는 점에서 볼 때에도 그의 안목을 높이 살 수 있다.

이런 점에서 본다면 정영이 찬한 『한위총서』 역시 각 부분 연구에 중요한 가치를 주지만 하윤중의 『광한위총서』는 이를 더욱 보완하고 현재 역사 연구의 경향과 맞물려 현대적 가치가 충분히 발휘되어 총서로서의 가치가 높다고 할 수 있다.

(배진영)

[색인어]
광한위총서, 하윤중, 한위총서, 정영, 총서, 경, 사, 자

[참고문헌]
『경도대학인문과학연구소한적목록(京都大學人文科學硏究所漢籍目錄)』.
『동양사료집성(東洋史料集成)』.
『문헌학대사전(文獻學大辭典)』.
『사고대사전(四庫大辭典)』.
『중국서사전(中國書辭典)』.
『중국역사요적개소급선독(中國歷史要籍介紹及選讀)』.

호구전

호구젼

筆寫本. ― [發行地不明] : [發行處不明], [發行年不明].
4冊 : 無界, 12行27字 ; 29.4×18.0cm.
表題 : 호구전
중국소설『好逑傳』의 한글 번역본임.

고서/고서811.31 호17

1. 개요

『호구전』은 4권 4책의 한글 필사본으로 중국소설 『호구전(好逑傳)』의 한글 번역본이다. 총 18회의 장회소설(章回小說)로 청나라 초기에 창작된 것으로 추정되며 작자는 미상이다. 한문본에는 편차인(編次人)으로 명교중인(名敎中人)이 기록되어 있다. 재자가인소설(才子佳人小說)의 하나로 옥소(玉所) 권섭(權燮 : 1671~1759)의 기록에 의거할 때 늦어도 18세기 초 이전에는 조선에서 한글로 번역, 향유되었음을 알 수 있다. '의협호구전(義俠好逑傳)', '협의풍월전(俠義風月傳)', '제이재자서(第二才子書)' 등의 이칭이 있다.

2. 편 · 저자

저자는 미상이다. 한문본에는 '명교중인'이 편차한 것으로 기록되어 있으나 이 역시 구체적인 인적 사항은 아직 밝혀지지 않았다.

3. 조선 수용 경위

이화여대 도서관본 『호구전』은 표제가 '호구전', 권수제가 '호구전'으로, 이는 재자(才子)와 가인(佳人)의 아름다운 인연, 즉 호구(好逑)를 그리고 있는 작품의 중심 내용을 제목으로 삼은 것이다. 17, 18세기 무렵 영국·포르투갈·프랑스·독일 등 서구에서 번역되어 호평을 얻기도 한 『호구전』은 조선에서는 옥소(玉所) 권섭(權燮)의 문집 『옥소고(玉所稿)』 잡저(雜著)를 통해 그 수용과 향유를 확인할 수 있다. 권섭은 79세 되던 1749년(영조 25)에 어머니 용인 이씨(龍仁 李氏 : 1652~1712)가 필사한 소설들을 자손에게 분배하는 것을 기록한 「선비수사책자분배기(先妣手寫冊子分排記)」를 썼는데, 이 가운데 '의협호구전(義俠好逑傳)'이 거론된다. 이후 완산 이씨가 1762년에 만든 『중국소설회모본』 소서(小敍)에 기록된 중국소설 목록과 낙서(駱西) 윤덕희(尹德熙 : 1685~1776)의 「소설경람자(小說經覽者)」 가운데 실린 소설 목록에서도 역시 『호구전』이 확인된다. 이로써 이 작품은 조선의 궁중과 민간 사대부가 남녀 사이에서 두루 인기를 끌며 향유되었음을 알 수 있다. 다만 『호구전』이 한글로 번역된 시기나 번역자는 아직까지 명확하게 밝혀지지 않았다.

4. 구성과 내용

이화여대 도서관본 『호구전』은 4권 총 18회의 장회소설로 권1, 2가 각 4회씩, 권3, 4가 각 5회씩 싣고 있다. 각 회목(回目)은 단구(單句)이지만 다음 장회와 양구(兩句)가 대구(對句)로 되어 있다. 때문에 각 권마다 대구를 이루는 짝수개의 회목이 실리는 것이 자연스럽다고 할 수 있다. 이런 점에서 볼 때 이화여대 도서관본은 그 분권 양상이 썩 자연스럽지 못하다. 그러나 이런 점은 서울대 규장각에 소장된 한문본 역시 권1, 2에 각 5회씩, 권3, 4에 각 4회씩 싣고 있어 한글 번역본만의 특징은 아니라고 할 수 있다.

작품은 기본적으로 남녀 주인공 철중옥(鐵中玉)과 수빙심(水氷心)이 혼사장애를 극복하고 결연하는 과정을 그린 것이다. 의협남아 철중옥이 집을 떠나 겪는 모험담이 삽화적 구조로 전개되는 가운데 수빙심과의 인연이 자연스럽게 결구되어 있다. 철중옥의 모험담 자체는 각각 독립된 사건이지만 이들이 모두 수빙심과의 결연과 긴밀하게 연결됨으로써 모험담 자체의 삽화적 구조를 극복하고 소설의 메인 플롯을 형성하는 것이다.

철중옥은 대쾌후(大快侯) 사리(沙利)가 강제로 한원의 딸을 첩으로 삼고자 만행을 저지르는 것을 처단하여 같은 일에 연루되어 투옥된 부친도 구출하며 자신은 의협의 칭호를 얻는다. 그러나 이 일을 계기로 화를 입을까 두려워 한 철중옥은 산동으로 유학을 떠나게 되고, 그 결과 산동에 있던 수빙심과의 인연이 시작된다.

수빙심은 삼촌 수운(水運)이 수빙심의 부친 수거일(水居一)의 재산을 탐하여 과기조(過其祖)와의 혼인을 강요하자 수운의 딸을 대신 시집보내는 등의 기지를 발휘하지만 결국 함정에 빠지고 만다. 이때 철중옥이 수빙심을 무사히 구조해 주지만, 이를 계기로 과기조의 모해에 빠진 철중옥이 도리어 목숨이 위태로운 지경에 처하게 된다. 이에 수빙심은 '고녀과남거일실(孤女寡男居一室)'이라는 혐의를 무릅쓰고 철중옥을 자신의 집으로 데려와 간병한다. 두 사람은 예의와 법도를 준수하며 서로에게 존경과 신의를 품게 되었으나, 부모가 없는 집안에 외간 남자를 들여 간병한 것이 큰 혐의라 여겨 두 사람은 그들의 결합이 끝내 불가능한 것으로 여긴다.

다시 길을 나선 철중옥은 남의 첩을 유혹하여 함께 달아나던 남자를 발견하고는 여자를 돌려보내는 등의 의협심을 발휘하기도 하면서 또 다시 과기조로 인해 위험에 처한 수빙심을 구하고자 산동으로 가기도 한다. 이후 수빙심의 부친 수거일이 천거하였으나 끝내 사형에 처해진 장수 후용(侯勇)을 철중옥이 구조해 주고, 후용이 전장에서 큰 공을 세움으로써 그를 천거한 수거일 역시 조정에서의 직위가 상승한다. 이를 계기로 수거일과 철중옥의 부친 철영(鐵英)은 수빙심과 철중옥의 혼인을 약속하고, 예전 간병의 일을 혐의로 여기는 수빙심과 철중옥은 끝내 부모의 명을 거역할 수 없어 혼인은 하였으나 동침은 하지 않으며 지낸다.

이에 다시 과기조는 과거에 남녀가 한 방에 있었던 것을 이제 부모가 정식으로 혼인시켜 그 혐의를 은폐하려 한다고 참소한다. 이에 황제는 황후를 통해 수빙심이 여전히 처녀인 것을 확인한 후 무고한 자들을 벌하고, 수빙심과 철중옥은 명교를 지킨 본보기로 칭송받게 된다.

이상의 줄거리를 통해 드러나듯 본 작품이 철중옥과 수빙심의 결연을 그리는 과정에서 설정한 혼사장애의 원인은 세력을 등에 업고 늑혼(勒婚)하려는 과기조의 권세와 주인공 남녀의 철저한 도덕관으로 나누어 볼 수 있다. 여기서 보다 근원적인 혼사장애의 핵심은 철저히 예교를 준수하고자 하는 남녀 두 주인공의 성격이라 할 수 있다. 비록 과기조가 작품 전반에 걸쳐 수빙심을 탈취하고자 하는 동기를 지속적으로 드러내지만 이는 철중옥의 의협심과 수빙심의 기지에 의해 충분히 제어된다. 그에 비해 철중옥과 수빙심의 결연이 성사될 만한 순간이면 어김없이 부모 없는 집에 동처했던 자신들의 행위가 부도덕하다는 이유로 스스로의 결연을 수긍하지 못하는 두 사람의 주장이 부각되는 것이다. 이처럼 재자와 가인의 결연에 있어서 명교(名敎)가 중시되는 점은 이 작품의 중요한 특징이자 청초 인정소설(人情小說)이 보여주는 특징 가운데 하나이다.

인정세태를 그리는 인정소설은 가정생활이나 애정, 혼인문제를 제재로 하여 현실 사회를 반영하는 중장편소설로서, 명·청 양대에 걸쳐 성행하였다. 명나라 말기 『금병매(金瓶梅)』로부터 시작된 이 유파는 청대로 접어들어 『금병매』를 필두로 하는 명대 인정소설의 전통을 계승하여 발전하였으나, 급격한 사회적 변화를 거치면서 내용과 형식면에서 명대 인정소설과는 확연히 구별되는 특징적인 면모를 보인다. 이러한 새로운 면모는 청조의 정치 사회적 변화 및 사상적 흐름과 궤를 같이하는 것으로 시대적 흐름에 따라 다양한 양상으로 나타난다. 일반적으로 청조의 인정소설은 청초의 가화(佳話)로 불리는 재자가인소설로부터 인정소설의 최고봉으로 평가되는 청조 중기의 『홍루몽(紅樓夢)』을 거쳐 청말의 『청루몽(靑樓夢)』까지를 들 수 있다.

『호구전』은 이러한 인정소설의 전개에 있어 청초 인정소설의 발전기에 해당하는 작품이다. 이 시기 인정소설은 내용면에서 크게 두 가지 특색을 보이는데, 하나는 사회의 암흑상을 폭로하는 것이고 다른 하나는 이상의 모색에 치중하는 것이다. 전자의 경우는 주로 전쟁으로 인한 폐해나 윤리 도덕의 파괴, 과거제도나 관료정치의 타락 등을 그리면서 『금병매』의 사실적(寫實的) 전통을 계승한다. 후자는 대부분 남녀의 애정과 혼인 문제를 묘사하면서 사회를 반영하고 있는데, 그 당시에는 사람들로부터 가화(佳話)라고 불리었으며 흔히 재자가인소설이라고도 한다. 이 시기 재자가인소설은 남녀 사이 애정과 그들의 결연을 형상화하면서 어지러운 사회상을 반영하기도 하고, 애정의 갈등을 묘사함으로써 새로운 혼인관을 제시하기도 한다. 이 가운데 특히 남녀 사이 애정에 대한 태도를 집중적으로 묘사하면서 작자가 이상적이라 여기는 가치관이나 혼인관을 형상화하는 작품의 대표적인 사례가 바로 『호구전』이라 할 수 있다.

이런 재자가인소설의 작가들은 대체로 자신이 꿈꾸고 있는 이상을 현실과 유리시켜 기쁨의 대단원(大團圓)으로 결말짓고 있는데, 이는 이들 재자가인소설의 보편적 공식이자 공통의 폐단이라 할 수 있다. 작가들은 소설을 통해 사회를 보는 자신의 관점을 피력하고 사회를 비판함과 동시에 이상도 그려 보인다. 그러나 자신의 관점을 확실하게 전달하기 위하여 관념을 도식화하거나 이상을 추구하는 나머지 이를 현실과 유리시켜 대단원으로 결말짓는 작품 경향은 현실감을 크게 저하시키는 한계를 드러내기도 한다.

한편, 『호구전』이 창작된 지 얼마 지나지 않은 시기에 조선에 유입되어 양반 사대부가는 물론 궁중에서도 널리 향유될 수 있었던 원인 또한 이처럼 명교를 강조하는 작품의 특징에서 찾을 수 있을 것이다. 도덕률과 애정의 교묘한 대치 상황 속에서 명교에 집착하는 남녀 주인공을 통해 봉건 도덕률을 설파하는 『호구전』은 17세기 조선에서 예학(禮學)이 발달하며 인간의 모든 생활을 규정하는 절대 규범으로서 예(禮)가 자리 잡은 현실과 잘 어울리는 작품이라 할 수 있다. 때문에 사회 전반적인 소설 배격의 분위기 속에서도 『호구전』이 수용되고 한글로 번역되어 규방의 여성들에게까지 향유될 수 있었던 것이다.

이처럼 조선의 사회적 여건과의 조화 속에서 수용, 향유된 『호구전』은 조선의 장편소설 발전에도 일정한 영향을 미친 것으로 보인다. 17세기 중·후반에 발흥한 조선의 장편가문소설 가운데 초기 작품으로 논의되는 「소현성록」은 옥소 권섭의 모친 용인 이씨가 필사한 소설로서 『호구전』과 함께 거론될 뿐만 아니라, 『호구전』에서 철중옥이 보여준 모험담에 상응하는 남성 주인공들의 모험담을 형상화하고 있다. 다만 『호구전』의 철중옥 모험담이 그 자체로는 삽화적 성격을 띠지만 수빙심과의 결연으로 모두 연결되어 작품의 메인 플롯을 형성하는 것과는 달리, 「소현성록」의 모험담은 삽화적 성격을 벗어나지 못한 차이가 있다. 또한 『호구전』의 수빙심이 늑혼의 위협에 시달리면서도 지혜와 기지로 이를 모면하는가 하면 혼인 후에도 처녀성을 간직하여 끝내 비례(非禮)의 혐의에서 벗어나는 사건 모티프와 인물 성격상의 특징 역시 「소현성록」의 여성 등장인물에게서 동일하게 찾아볼 수 있다.

5. 서지적 특성

현재 학계에 보고된 『호구전』은 서울대학교 규장각 소장 한문본 2종과 이화여대 소장 한글 필사본 『호구젼』이 전부이다. 서울대학교 규장각에 두 종 소장된 한문본 『호구전』은 한문 필사본(＜규 6590＞)과 청조 말기 환문당(煥文堂)에서 간행한 목판본(＜규중 6119＞)이 그것이다. 이 두 가지 이본은 약간의 자구(字句)상의 차이가 있을 뿐 거의 동일하다.

이화여대 소장 한글 필사본 『호구전』은 초록색 표지를 갖추었고, 책의 펼쳤을 때 왼쪽 면 상단에 해당 본문의 회차(回次)와 장수(張數)를 횡서(橫書)로 기록하고 있다. 예를 들면 "一回 一"과 같은 방식인데, 장수는 각 회를 따로 계산하지 않고 책의 처음부터 계속 이어간다.

이처럼 책 상단에 횡서로 장수를 표기하는 것은 일반적으로 세책본 소설에서 흔히 보이는 특징이다.

또한 원래는 6침으로 장정되었던 것을 5침으로 새롭게 장정한 것으로 볼 수 있고, 속에 배접지를 따로 덧댄 장이 있는가 하면 그렇지 않은 장이 있어 처음 만들어진 책이 후에 보수된 것으로 보인다. 그런가 하면 장회 제목은 번역되지 않고 한글 음으로만 씌어져 있고 각 제목 아래에는 해당 장회 제목의 한자 원문을 부기하고 있다. 그런데 2회와 16회, 17회에 부기된 한문 회명(回名)에 궐자(闕字)가 있고, 그런가 하면 1회 회명에는 원래 없는 글자가 한문 회명에는 첨가되어 있다. 따라서 한문 회명은 애초 번역, 필사되던 때부터 부기된 것이 아님을 알 수 있다. 한글 음으로만 씌어진 장회 제목이 그 의미를 온전히 전달하기에는 한계를 지닌 탓에 이를 보완하고자 누군가가 한문 회명을 부기하였으나 그 역시 한문본을 직접 보고 쓴 것은 아닌 탓에 이러한 양상이 나타난 것으로 보인다. 이상의 특징들은 이화여대 도서관본『호구전』이 여러 가지 경로를 통해 유전되면서 초음의 필사 양상에서 여러 가지 특징들이 첨가되어 온 것임을 의미하는 것으로 보인다.

한편, 이화여대 도서관본『호구전』에는 곳곳에 붉은 방점이 찍힌 구절들이 적지 않다. 권3 13회 50장 왼쪽 면에 보이는 "군즈(君子)의 일은 셰리(勢利)에 잇지 아니코 명도(名道)에 잇나니라"나 권4 14회 7장 오른쪽 면에 있는 "사히(四海)의 봉황을 구ᄒ미 탁문군(卓文君)이 슉녀(淑女) 아니믈 항상 더러이 녀기는지라 어늬 곳이 사마상여(司馬相如)의 짝을 차즈리잇고" 같은 것을 통해 볼 때 붉은 방점은 역사적 교훈이나 경구가 될 만한 구절들을 표시해 둔 것으로 보인다.

중국소설을 한글로 번역한 이화여대 도서관본의 번역 양상은 크게 다섯 가지로 정리된다. 첫째, 한문본에 빈번하게 보이는 시사(詩詞)가 대부분 탈락되었다는 점이다. 한문본은 매회 장회명 아래 시나 사가 있고 본문 중에도 칠언시(七言詩)나 오언시(五言詩)를 삽입하고 있다. 한 회에 적어도 두세 편, 많게는 다섯 편씩 시사가 보이기도 하는데, 한글 번역본에서는 이러한 시사가 완전히 탈락되어 있다. 이런 양상은 조선시대 중국고전소설의 한글 번역본 대다수에서 확인되는 것으로, 시사를 통해 작중 상황을 드러내고 비평하는 것이 드문 조선 한글소설의 특징을 반영한 것이라 할 수 있다.

둘째는 문장의 축약이다. 반복되어 나오는 줄거리를 줄인 경우가 있는가 하면 대화 중 뒷사람이 앞사람의 말을 받아 되묻는 구절은 대부분 생략하였다. 셋째는 내용 전개에 그리 필수적이지 않은 중국 병문투(駢文套)의 장식적 묘사를 대부분 생략했다는 점이다. 이는 내용 전개에 무리가 없는 한 최대한 간결한 번역을 의도한 때문으로 보인다. 넷째는 관능적인 묘사를 생략하고 있는 점이다. 『호구전』이 명교를 강조하는 작품 내용상의 특징으로 보임에도 불구하고 한글 번역자는 원작자보다 좀 더 교훈적인 면에 치중했던 것으로 보인다. 다섯째는 한문본에 없는 구절을 덧붙여 좀 더 명확한 내용 전달을 꾀하고 있는 점인데, 이는 앞서 든 네 가지 축약의 경우에 비해 매우 적은 편이다. 이상과 같은 번역상의 특징이 보이지만 전체적으로 한글 번역본은 한문본의 충실한 완역으로서 줄거리나 인물 이미지의 변화는 보이지 않는다.

6. 가치

조선조 소설의 발달과 전개 과정을 이야기할 때 중국소설의 영향을 배제할 수 없다. 때문에 그간 『태평광기(太平廣記)』, 『삼국지연의(三國志演義)』, 『서유기(西遊記)』, 『수호지(水湖志)』, 『전등신화(剪燈新話)』 등의 수용과 영향관계에 대한 연구가 한국의 고전소설 연구 초기부터 지속되어 왔다. 그 결과 이들이 조선의 영웅 군담소설(軍談小說)이나 전기소설(傳奇小說)에 미친 영향에 관해서는 상당한 연구 결과가 축적되었다.

그런데 조선의 소설을 이야기함에 있어 군담소설이나 전기소설과 더불어 빼놓을 수 없는 또 하나의 소설 유형이 있으니 바로 장편가문소설이다. 이는 흔히 '대장편소설'로 거론되는 것에서 알 수 있듯이 작품의 분량이 호한하고, 또한 작품들이 전·후편으로 이어지거나 파생작 등을 이루어 적게는 두 작품, 많게는 서너 작품이 일군의 연작으로 존재한다. 때문에 작품에 접근하는 것 자체가 용이하지·않은 탓에 그동안 학계는 이들의 정체를 해명하는 데 많은 연구 역량을 집중해 왔다고 해도 과언이 아니다.

조선의 장편가문소설은 지금까지 17세기 중후반 향유된 것으로 알려진 「소현성록」이 가장 앞서 시기의 작품으로 논의된다. 그런데 「소현성록」은 한 장르가 형성되는 초기 작품으로 보기에는 그 유형의 양식적 특성이 상당히 완성된 양상을 보인다. 이런 점은 현재 조선의 장편가문소설 연구가 안고 있는 당면 과제라고 할 수 있다.

즉 조선의 장편가문소설은 대부분 연작의 양상을 보이면서, 작품 내적으로는 가문을 중심으로 한 가문사(家門事)를 주된 형상화 대상으로 삼는다. 한 가문을 중심으로 가문 구성원 간에 일어날 수 있는 모든 인간관계가 주된 형상화 대상이 되는 것이다. 여기에는 등장인물의 혼사가 가장 빈번하게 설정되는데, 이러한 혼인은 인간관계를 동시대 인물간의 횡적 확장을 가져온다. 그런가 하면 가문 내적으로는 아버지와 아들, 손자대로 이어지는 수직적 확장을 보이면서 작품이 그릴 수 있는 인간관계는 거의 무한 확장된다. 이에 따라 작품의 분량도 조선 소설사상 그 유례가 없을 정도로 늘어나게 된다.

또한 대부분의 작품이 한글로 소통되면서 이들의 주된 향유층은 왕실을 포함한 상층 사대부가 여성들이었다. 상층이라 해도 조선시대 여성은 기본적으로 통치와 교화의 대상이었다. 따라서 그들이 주로 향유했던 문학 장르들은 당대 사회 지배이념을 준수하는 경향성을 보인다. 이에 더하여 당대 소설이라는 장르는 그 허구적 개연성이라는 장르적 속성을 인정받지 못했다. 그저 허무맹랑하게 지어낸 '거짓'으로 인식되면서 소설은 기본적으로 조선시대를 통틀어 배격의 대상이었다. 이런 점에서 조선의 장편가문소설이 그리는 작품 세계가 충효열을 강조하면서 당대 사회 지배이념의 구현에서 벗어나지 않는 특징을 보이는 것이 해명될 수 있다.

이상 조선의 장편가문소설 일반이 보여주는 양식상의 특징은 장편가문소설로서 현재까지 가장 앞선 시기 작품으로 알려진 「소현성록」에서도 모두 확인된다. 따라서 어느 날 갑자기 양식적으로 완성된 장편가문소설이 등장했다고 볼 수 없는 한, 장편가문소설의 형성에 관한 보다 다양한 논의가 진행되어야 하는 것이다.

이와 같은 상황 속에서 『호구전』이 조선의 장편가문소설 형성기 즈음에 조선으로 유입되었다는 점과 「소현성록」을 비롯한 장편가문소설 작품들과 함께 상층 사대부가 여성들에게 향유되면서 한글로 번역되기에 이르렀다는 점, 뿐만 아니라 작품의 내용상 명교를 중시하며 지배 이념의 구현에 이바지하고 있는 공통의 특징 등은 많은 시사점을 준다. 『호구전』과 「소현성록」의 영향관계에 주목한 논의가 진행된 바 있고, 최근 조선의 장편소설 형성을 논의하는 과정에서 『호구전』을 주목한 연구가 등장한 것은 따라서 고무적인 현상이라 할 것이다.

다만 『호구전』 연구가 여전히 활성화되었다고 하기에는 미흡한 실정이다. 국문학계에서 진행된 그간의 연구는 주로 『호구전』의 작품 내적 특질에 초점을 맞추어 진행되어 왔다고 할 수 있다. 따라서 작품의 수용과 향유 양상 등을 규명하는 문학 사회학적 연구가 더불어 진행된다면 앞서 서술한 문제점들을 해명하는 데 크게 기여할 수 있을 것이다. 이러한 관점에서 이화여대 도서관본 『호구전』은 유일한 한글 번역본이라는 점에서 이상의 문제점들을 해결하는데 있어 가장 중심에 놓여야 할 자료라 할 수 있다.

(서정민)

[색인어]
호구전, 인정소설, 재자가인소설, 명교, 권섭, 용인이씨, 장편가문소설, 철중옥, 수빙심

[참고문헌]

노 신, 조관희 역, 『중국소설사략』, 살림, 1998.
박영희, 「17세기 재자가인소설의 수용과 영향-『호구전(好逑傳)』을 중심으로」, 『한국고전연구』 4, 한국고전연구학회, 1998.
박재연, 「조선시대 중국통속소설 번역본의 연구-낙선재본을 중심으로」, 한국외국어대 박사학위논문, 1993.
박재연, 「윤덕희(尹德熙)의 소설경람자(小說經覽者)」, 『문헌과 해석』 19, 2002.
이혜순, 「『호구전(好逑傳)』 연구」, 『이화논총』 30, 이화여대 한국문화연구원, 1977.
정길수, 『한국 장편고전소설의 형성과정』, 돌베개, 2005.
조희웅, 『고전소설 이본목록』, 집문당, 1999.

조희웅, 『고전소설 문헌정보』, 집문당, 2000.
조희웅, 『고전소설 연구보정』, 집문당, 2006.
조희웅, 『고전소설 줄거리집성』, 집문당, 2002.

九〇〇 역사

계고집성
고금녀범
국조명신록
뇌락서
동사
만국정표
어록
여지도
일기 / 일록
전국책
죽천조천록
팔로지장
해동명환록

계고집성

稽古集成 / 李載命 編

筆寫本. — [發行地不明] : [發行處不明], [發行年不明].
12卷12冊 : 無界, 15行40字內外 ; 30.5×20.2cm.
自序 : 聖上卽位之三年癸亥季夏
跋 : 李景德跋

고서/고서 952 이812

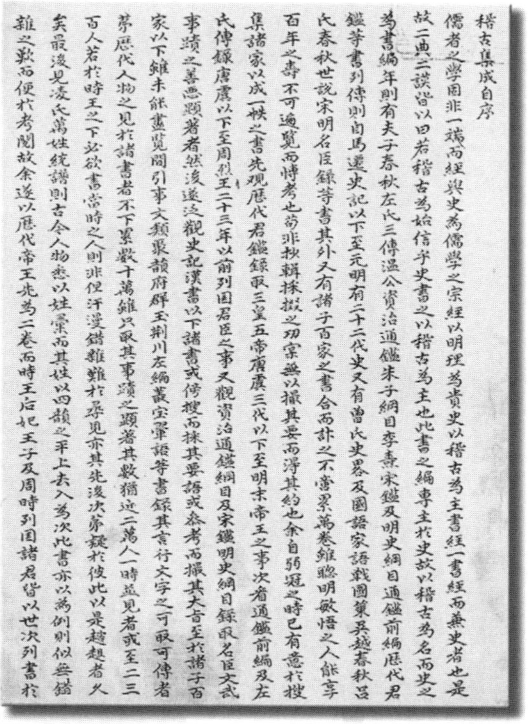
稽古集成自序
儒者之學固非一端而經與史為儒學之宗經以明理為貴史以稽古為主書經一書經而兼史者也是
故二典三謨皆以曰若稽古為始信乎史書之以稽古為主也此書之編專主於史故以稽古為名而史之
為書編年則有夫子春秋左氏三傳温公資治通鑑朱子綱目李燾宋鑑及明史綱目通鑑前編歷代君
鑑等書列傳則自馬遷史記以下至元明有二十二代史又有曾氏史畧及國語家語戰國策吳越春秋呂
氏春秋世說宋明名臣錄等書其外又有諸子百家之書合而計之不啻累萬卷雖聰明敏悟之人能享
百年之壽不可遍覽而悉考也苟非抄輯採摭之功宲無以撮其要而得其約也余自弱冠之時已有意於摭
集諸家以成一帙之書先觀歷代君鑑錄取三皇五帝唐虞三代以下至明末帝王之事次看通鑑前編及左
氏傳錄唐虞以下至周赧王二十三年以前列国君臣之事又觀資治通鑑綱目及宋鑑明史綱目錄取名臣文武
事蹟之善悪顯著者然後遂泛觀史記漢書以下諸書或傍搜而採其要語或參考而撮其大旨至於諸子百
家以下雖未能盡覽閒引事文類聚韻府群玉荊川左編叢定羣語等書錄其言行文字之可取可傳者
夢歷代人物之見於諸書者不下累數十萬雖只取其事蹟之顯著其數猶近二萬人一時並見者或至二三
百人若於時王之下必欲書當時之人則非但汗漫錯雜難於尋見亦其先後次第疑於彼此以是趑趄者久
矣最後見凌氏萬姓統譜則古今人物悉以姓彙而其姓以四韻之平上去入為次此書亦以為例則似無錯
雜之歎而便於考閱故余遂以歷代帝王先為二卷而時王后妃王子及周時列国諸君皆以世次列書於

稽古集成

1. 서술 시기와 의도

『계고집성(稽古集成)』은 이재명(李載明)이라는 조선 말기의 학자가 중국 고대 전설상의 시대부터 청대(1644~1911) 가경 연간(嘉慶 年間, 재위 1796~1820)의 초기까지를 간략하게 서술하고, 또 명대까지의 주요 인물들을 설명한 총 12권으로 구성된 필사본의 전기류 역사서이다. 이 책은 이재명이 자서에서 "聖上 卽位 三年 癸亥" 편집이라고 밝히고 있는데, 책의 서술 대상인 중국의 역사가 가경 연간(嘉慶 年間)까지 서술된 것으로 보아 1803년 계해년에 해당하는 순조 3년에 편집된 것으로 보인다.

저자에 대해서는 상세한 역사 기록이 남겨져 있지 않다. 『계고집성』 서두의 자서(自序) 내용을 통해 책의 서술 동기를 살펴보면 다음과 같다. 이재명은 유자의 학문은 경학만을 다루어서는 안되며 사서(史書)가 유자의 종(宗), 즉 근원이라고 강조하고 있다. 경학이 이치를 밝혀주는 데 도움을 준다면 사서(史書)는 계고(稽古), 즉 옛것을 주로 생각하는 것이다. 『계고집성』에서는 바로 사서(史書)를 위주로 편집하게 되었으니, "稽古"라 서명을 정하였다고 하고 있다. 이러한 그의 설명에서 유학자가 경학만이 아니라 옛것을 상고함으로써 유자의 기본을 갖추고자 했던 조선 후기의 시대적 분위기도 읽을 수 있다.

이재명은 『계고집성』 편집에 주로 다음과 같은 사서를 참고로 역사를 서술하고 인물들을 정리하고 있다. 첫째, 『춘추공양전(春秋公羊傳)』, 『춘추곡량전(春秋穀梁傳)』, 『춘추좌씨전(春秋左氏傳)』의 삼전(三傳)과 사마광(司馬光)의 『자치통감(資治通鑑)』, 주자(朱子)의 『자치통감강목(資治通鑑綱目)』, 이도(李燾)의 『속송편년자치통감(續宋編年資治通鑑)』 등 역사학의 기본으로 널리 읽히는 서적이다. 둘째, 사마천의 『사기(史記)』 이후 원(元)과 명대(明代)까지의 정사(正史)와 사서류(史書類)이다. 셋째는 증선지(曾先之)의 『고금역대십팔사략(古今歷代十八史略)』과 주(周)·노(魯)·제(齊)·진(晉)·정(鄭)·초(楚)·오(吳)·월(越) 등 8국의 사서(史書)인 『국어(國語)』와 공자의 언행과 문인과의 논의(論議)를 적은 『가어(家語)』, 유향의 『전국책(戰國策)』, 『여씨춘추(呂氏春秋)』, 『송명신언행록(宋名臣言行錄)』 등과 제자백가의 저서 등이 그것이다. 그는 이렇게 방대한 서적을 통해 중국 역사를 보다 쉽게 파악하고, 또 그 속에 존재하였던 인물들을 손쉽게 찾아보기 위하여 각 역사서를 요약하고 인물을 정리하는 데 많은 시간을 쏟으며 책을 편집하였다.

편집은 위에서 언급한 중국 역사서를 정리하며 중국 왕실의 계보를 밝히고 또 정치, 사회, 문화 등 각 방면에서 중요한 인물에 관심을 가지고 정리하는 방법을 취하였다. 이에 『계고집성』은 사마천의 『사기(史記)』와 같은 중국 정사(正史)의 기전체 사서류(史書類)에서 볼 수 있는 「본기(本紀)」와 「열전(列傳)」이 중심이 되는 형식이다. 기전체에서 「본기」가 황제를 중심으로 서술하고 있는 것처럼 모두 12권으로 구성된 『계고집성』에서 앞의 2권은 중국 전설시대부터 명말까지 시간 순서에 따라 황제를 중심으로 한 정치와 황실의 계보를 정리하고 있다. 제3권부터 제12권까지 모두 10권은 「열전」의 형식과 마찬가지의 방식으로 각 시대의 인물들을 정리하고 있다. 다만 많은 인물들을 서술하고 있기 때문에 정사(正史)의 「열전」보다는 그 내용이 간략하다.

편집자 이재명은 과거 기록으로서의 역사가 그 흐름이 길고 장구해짐에 따라 당연히 많은 인물들에 관한 기록이 남겨지게 되었는데, 그 기록들을 손쉽게 찾아보자는 의도에서 인물 사전류의 역사서를 편집하게 되었다고 밝히고 있다. 더불어 역대 이래로 많은 책들이 있어 단 한시도 사서(史書)가 없던 시기가 없었지만 시간이 흐름에 따라 사서(史書)들은 더욱 많아졌고, 따라서 한 사람이 그것을 모두 섭렵하여 볼 수 없게 되는 상황을 안타깝게 생각하여 편집을 결심하였다고 한다. 이재명은 두우(杜佑)의 『통전(通典)』을 비롯한 마단임(馬端臨)의 『문헌통고(文獻通考)』 등의 역사서가 과거 역사에 대한 요점을 비교적 잘 정리하고 있는 것처럼, 당시까지 역사 속에 존재하였던 인물들에 대해서도 간략한 정리가 필요하다고 느껴 20세부터 편집을 시작하였다. 편집 당시의 그의 나이는 알려져 있지는 않지만 이러한 방대한 작업은 적어도 10년 이상의 시간을 요하였을 것이다. 게다가 12권의 필사 자체에도 상당한 시간을 요했을 것으로 생각된다. 옛 사서를 위주로 모은 것이라 『계고집성』이라 명명된 이 책은 이전의 사서류들을 총망라하여 인물들을 손쉽게 찾아보자는 의도에서 만들어진 인물사전이라고 할 수 있다.

2. 편집 대상과 과정

자서에는 책의 편집 과정과 범례도 간략하게 소개하여 독서의 편리도 제공하고 있다. 그는 편집 작업을 위해 역사와 관련된 제가(諸家)들의 서적을 모았다. 먼저 시작한 작업은 군감록(君鑑錄) 중에서 황제 및 그 외 인물들의 관련 자료를 정리하는 것이었다. 이에 따라 삼황오제(三皇五帝)와 요순(堯舜)부터 명대 황제들까지의 업적과 계보를 제1~2권에 썼다. 제3권부터는 『자치통감』, 『자치통감강목』, 『속송편년자치통감』 등에서 명신들의 업적 정리와 더불어 『사기』, 『한서』 이하의 정사류(正史類) 등에서 인물 관련 내용을 발췌하였다. 이재명은 기왕의 모든 책들을 다 인용한 것은 아니지만 앞선 저서들의 대의를 취하면서 요점을 정리하였음을 스스로 강조하고 있다. 이렇게 정리된 인물은 무려 수십 만 건에 달했지만 사적(史蹟)이 뚜렷한 사람을 추려도 2만을 넘는다. 제1~2권에서는 한 제왕 아래 많은 경우 200명에서 300명의 인물이 등장하는 경우도 있다. 사실 그러한 인물들을 일일이 찾아보는 것이 쉽지 않았기 때문에 그 사람들을 성씨(姓氏)에 따라 구분하고, 그 성을 사성(四聲) 즉 평(平), 상(上), 거(去), 입(入)의 순으로 정리하여 찾아보기 쉽게 하였다. 역대 제왕의 계보와 치적은 앞의 제1~2권에 수록되었다. 당시의 왕후와 왕비 및 왕자 또 주대(周代) 열국 제군(諸君)에 대해서는 황제보다 한 칸 아래에 정리하고 있다.

이렇게 정리, 기록된 인물들은 제3권부터 제12권까지 시대 순서에 따라 음운별로 다시 각각 정리하고 인물에 대한 설명을 가하였다. 같은 성씨의 사람이 많은 경우는 다시 상거성(上去聲)으로 순서로 정리하였고, 복성(復姓)의 경우에도 앞 자의 음운에 따라 정리하여 제12권에 소개하고 있다.

제1~2권에는 왕 이외의 장상(將相) 이하 종실(宗室)과 척실(戚室)의 제신(諸臣) 및 선도(仙道), 은일(隱逸), 효자(孝子) 및 시(詩)와 문서(文書)에 뛰어난 사람들 뿐 아니라 의사, 점술가 등의 기술자 등의 성명이 왕 아래에 음운별로 기록되었다. 그 인물들에 관한 내용을 제3권부터 다시 음운 순서로 정리하였다. 각 인물의 성명 위에는 그 사람의 행적을 표시하였다. 이때 장군의 경우에는 이름 아래에 장(將), 재상의 경우 상(相), 은자의 경우 은(隱)이라는 글자를 작은 글씨로 달아두었다. 따라서 제3권부터 정리된 각 인물은 이름 위에 그 사람이 속한 제왕 혹은 나라를 표시하였고 성인(聖人), 유현(儒賢), 명신(名臣), 문장(文章), 절의(絶義), 효우(孝友), 정직(正直) 등의 분류로 정리하였다. 부모나 형제 자손 등의 유명한 인물도 함께 적어 두었고, 간신이나 거부들의 뭇 악행도 상세하게 기록하였다.

3. 구성

총 12권의 『계고집성』은 자(子), 축(丑), 인(寅), 묘(卯), 진(辰), 사(巳), 오(午), 미(未), 신(辛), 유(酉), 술(戌), 해(亥)의 12지지(地支)로 각 권을 표시하고 있는데 제1~2권과 제3권 이하가 서로 다른 구성으로 되어 있다.

제1권과 2권은 전설로 시작되는 중국 역사와 황제 및 왕들의 계보를 설명하면서 각 인물들에 대한 소개로 이루어졌다. 제3권부터는 각 시대별 인물들을 한자 음운에 따라 성씨별로 정리하고 있다. 각 권의 내용을 살펴보자. 제1~2권은 태고시대부터의 중국 역사와 역대 통치자의 계보를 밝히고 있다. 그런데 그 계보에는 단지 통치자만이 아니라 통치자의 형제 관계 및 모계 계보와 통치자들의 부인까지 기록하고 있다. 맨 위 단락에는 황제가, 황제보다 한 단락 아래에는 그와 관련 인물들을 서술하고 있다. 대상 시기는 반고씨(盤古氏)와 천황씨(天皇氏), 지황씨(地皇氏), 인황씨(人皇氏)로 이어지는 전설상의 태고시대부터 주대(周代)의 각 왕 및 열국의 제후를 비롯하여 통일왕조 진(秦), 한(漢)부터 명청시대(明淸時代)까지이다.

『계고집성자(稽古集成子)』, 즉 제1권에서는 태고(太古), 상고(上古), 하(夏), 은(殷), 주(周), 진(秦), 한(漢), 촉한(蜀漢), 오(吳), 위(魏)까지의 역사를 대상으로 삼고 있다. 제1권은 태고(太古)부터 시대에 관한 구체적 설명 없이 바로 인물 소개로 이어져 있다. 태고에서는 반고씨(盤古氏), 천황씨(天皇氏), 지황씨(地皇氏), 인황씨(人皇氏), 구령씨(矩靈氏), 헌원씨(軒轅氏) 등 27명에 대한 설명에 이어 상고에서는 태호복희씨(太昊伏犧氏)에 관한 긴 설명과 그 외 복비(虙妃), 공공씨(共工氏), 여와씨(女媧氏), 염제신농씨(炎帝神農氏), 황제헌원씨(黃帝軒轅氏), 제곡고신씨(帝嚳高辛氏), 제요도당씨(帝堯陶唐氏), 요순 여교(堯舜 女僑 : 禹妃 塗山氏의 딸로 啓를 낳음) 등으로 이어진다. 하왕조시대는 후계(后啓), 태강(太康), 중강(仲康 : 太康의 동생), 후상(后相 : 중강의 아들), 후상의 부인 후민(后緡), 소강(少康 : 후상의 아들) 등에 관한 설명이 있다. 상은 수덕왕(水德王)으로 수도는 박(亳)이었고, 17대 반경(盤庚) 때부터 은(殷)이라고 칭했다고 간략히 언급한 뒤, 탕(湯 : 부인은 한 칸 아래 소개), 태갑(太甲), 옥정(沃丁 : 태갑 아들), 태경(太庚 : 옥정의 동생), 소갑(小甲 : 태갑의 아들), 옹사(雍巳 : 소갑의 동생), 고공단보 공리(古公亶父 公利), 제신(帝辛, 紂王) 등 당시의 재상들을 주요 신하들과 함께 기록해 두고 있다.

상나라를 토벌한 미자(微子)로 시작되는 주(周)나라에 대해서는 기자(箕子), 문왕(文王), 무왕(武王), 주공(周公), 성왕(成王), 소왕(昭王), 목왕(穆王), 선왕(宣王), 유왕(幽王 : 춘추전국시대), 평왕(平王), 환왕(桓王), 경왕(景王), 현왕(賢王) 등으로 이어진 역사를 서술하고 있다. 주나라의 기초를 다진 성왕(成王) 때부터는 각 제후국도 소개하고 있다. 제후들에 대해서는 성씨, 제후국의 위치와 역사 등을 기록하고 있는데 노(魯), 진(晉), 위(衛), 조(曹), 정(鄭), 연(燕), 송(宋), 조선(朝鮮) 등이 소개되었다. 즉, 주나라 왕들의 업적, 성명, 재위 기간이 소개되면서 같은 시기의 열국의 제후와 공(公)을 함께 기록하였다. 경왕(景王) 무렵부터 열국의 공(公)들이 초영왕(楚靈王), 초위왕(楚威王), 월왕(越王) 등처럼 왕을 칭하면서 주나라를 억압하는 모습을 적나라하게 보여 주고 있다.

서한은 유씨성(劉氏姓)의 왕조로 수도가 장안이며 화덕(火德) 왕조임을 언급한 후, 고조 유방(高祖 劉邦)에서 부인 여씨(呂氏) 등의 황비(皇妃) 등을 자세하게 소개하며 혜제(惠帝), 문제(文帝), 경제(景帝), 무제(武帝) 등에 관해 서술해 가고 있다. 주변 민족에 대한 경영이 활발하였던 한왕조(漢王朝) 시기는 관련된 주변 민족들에 대한 소개도 함께하고 있다. 남월(南越 : 베트남)왕 조타(趙佗) 등은 대표적이다. 제1~2권에서는 각 황제 혹은 왕과 제후들을 소개하면서 각 황제 별로 신하들도 성명만 소개하고 있다. 서한(西漢)과 동한(東漢)을 구분하는 역사적 인물인 왕망(王莽)을 비롯하여 동한(東漢)의 광무제(光武帝)와 그 후예들 및 동한(東漢) 붕괴 후의 오(吳), 위(魏), 촉한(蜀漢)에 관한 역사 서술로 이어졌다.

제2권은 사마염(司馬炎)의 진(晉)으로 시작한다. 진(晉)은 5호(胡) 16국(國)의 점령으로 서진과 남쪽으로 이주한 동진을 따로 구별하지 않았다. 사마씨가 낙양(洛陽)에 천도하여 시작된 금덕왕조(金德王朝)인 진(晉)부터의 역사도 제1권과 마찬가지로 각 통치자의 계보 설명으로 이어졌다. 진(晉)을 화북(華北)에서 몰아낸 5호 16국에 대해서는 흉노(匈奴), 선비(鮮卑), 강(羌) 등의 민족에 따른 분류가 아니라 2조(趙)와 4연(燕), 3진(秦), 5량(涼) 등으로 구분하여 각국의 지배자 이름만 소개하였다. 그리고 남조(南朝)의 송(宋), 제(齊), 양(梁), 진(陳)과 북조

(北朝)의 서위(西魏) 이후 분열로 이어지는 각국의 지배자들을 소개하고 있다. 계속하여 수
(隋 : 581~618), 당(唐 : 618~907), 송(宋 : 960~1279), 금(金 : 1115~1234), 원(元 : 1271~
1368), 명(明 : 1368-1644)과 남명(南明 : 1644~62)으로 이어지는 황실 계보를 간략하게 설명
하고 있다. 남명의 황제는 화중(華中)·화남(華南)을 중심으로 한 남경(南京)의 홍광제(弘光
帝), 그리고 복주(福州)의 융무제(隆武帝) 및 광동(廣東)의 영력제(永曆帝)까지를 다루고 있
다. 청대 역사에 대해서는 다른 어떤 시기보다 간략하게 서술하고 있다. 누르하치가 세운 후
금의 역사가 시작되는 천명 연간(天命 年間 : 1616~1626)부터 가경 연간(嘉慶 年間)까지 황
제 이름만 기록하고 있고 황제의 계보나 신하들에 관한 언급은 없다.

제3권부터는 인물 전기이다. 각 표지에는 한자 동음운(同音韻)을 표시하고 그 음운과 같은
동운(同韻)의 한자성을 차례로 정리하고 있다. 각 권의 동음운(同音韻)의 표지에 나와 있는
음운은 다음과 같다.

제3권 東 冬 江 虞上 支 魚 微
제4권 虞 齊 佳 灰 眞 文 元
제5권 寒 剛 先 蕭 肴 豪 歌
제6권 麻 陽上
제7권 陽下 庚 靑 蒸
제8권 尤 侵 覃 鹽 咸 董 送 腫 宋 講 絳
제9권 紙 寘 尾 未 語 御 薺 利
제10권 遇 薺 霽 蟹 泰 賄 卦 隊 軫 震 吻 問 阮 願 旱 翰 潛 諫 銑 霰 巧 效 皓 号 哿
　　　馬 禡
제11권 養 漾 敬 逈 徑 有 宥 寢 必 闕 感 勘 琰 簾 陷 闕 屋 沃 覺 質 物 物 月 曷 點
제12권 藥 陌 錫 職 緝 合 葉 洽 復姓

제3권부터는 각 음운 하에 동운(同韻)의 한자를 성별로 나열하여 각 성씨의 인물을 소개
하고 있다. 제3권 이하 각 권에 소개되어 있는 주요 성씨를 표로 나타내면 다음과 같다.

권수	표지 : 대표음운	同韻姓氏
제3권	東	馮 洪 熊 童 種 豊 蒙 東 宮 風 終 公 弓 衷 崇 酆 充 蟲 戎 同
	冬	龔 鍾 宗 封 雍 容 共 龍 庸 儂 從
	江	龐
	支	施 師 郅 危 伊 祈 麋 時 夷 皮 支 岐
	微	隋 儀 綦 箕 丕 醫 黎 兒 池 韋 歸 肥
	魚	徐 余 舒 儲 如
	虞上	吳 朱 胡 盧 蘇 俞 廬
제4권	虞	干 符 屠 吾 浦 狐 都 島 黎 陽 宮 音 母 無 徒 巫 吾 須 扶
	齊	齊 稽 佳 柴
	灰	灰 崔 來 哀
	眞	陳 眞 申 秦 辛
	文	殷 文 雲 聞 君 云 勤
	元	孫 表 樊 溫 源 垣 轅 渾 門 言 藩 論 軒
	佳	
제5권	寒	寒 韓 潘 桓 安 檀 觀
	剛	顔 關 班 山 田 錢
	先	先 邊 權 連 燕 然 弦 堅 玄 泉 年
	蕭	蕭 姚 刁 焦 饒 苗 譙 昭 橋 朝 要
	肴	肴 包 矛 巢 膠
	豪	豪 高 曺 毛 陶 敖 勞
	歌	何 羅 和 柯
제6권	麻	家 麻 車 查
	陽上	王 張
제7권	陽下	楊 黃 方 王 唐 梁 章 羊 常 莊 湯 藏 房 康 陽 郞 商 桑 皇 强 匡 倉 揚 良 芒 疆 長 狼 棠 萇 香 昌 卬 光 凉 將 杭
	庚	程 彭 成 明 榮 平 京 丁 邢 靈 靑 伶
	蒸	曾 滕 應
	靑	
제8권	尤	劉 周 侯 丘 鄒 游 牛 婁 留 仇 牟 歐 彪
	侵	林 任 金 陰 芩 琴 禽
	覃	甘 譚 藍 南
	鹽	嚴 詹 閻 廉 瞻 咸
	董	董 孔 貢 衆 贛
	宋	宋
	講	項
	咸	
	送	
	絳	
	腫	

제9권	紙	李 史 士 里 梓
	寘	費 李 智 馶 冀 利
	尾	義
	利	魏 尉
	語	許 呂 楮 杜 庾 魯 武 伍 祖 古 扈 輔
	未	
	御	
	麌	
제10권	遇…	傳 顧 路 喩 步 米 衛 桂 芮 蔡 祭 戴 尹 阮 萬 菅 實 卜 趙 邵 寥 左 馬 賈 夏 謝 華
제11권	養…	蔣 尙 耿 冷 丙 井 鄭 孟 敬 慶 鄧 柳 鬪 沈 范 隆 陸 祝 穆 伏 曲 谷 樂 卓 吉 葛 薛
제12권	藥…	郭 霍 莫 索 石 瞿 白 佰 席 國 葉 公子 公孫 司馬 諸葛 皇甫 歐陽 慕容

4. 『계고집성』의 특징

위에서도 설명하였듯이 이 책은 역대 사서에서 중요 인물들을 뽑아 기록한 인물 사전 형식이다. 중국 사서(史書)의 형식 중에서 굳이 따져 말한다면 기전체 열전 형식이라고 할 수 있다. 사마천의 『사기』 열전은 열전에 수록된 인물의 취사 선택과 평 자체에 저자 사마천의 사관이 투영되고 있다는 점에서 중요한 의미를 갖는다. 기전체의 열전 형식과 유사한 『계고집성』에서 저자 이재명은 인물들의 설명이 자신이 사사로이 논평을 가한 것이 아니라, 기존 사서(史書)에 나온 평을 정리하였다는 것에 큰 의미가 있다며 스스로가 논평을 삼갔음을 강조하고 있다. 그러나 많은 역사 인물의 취사 선택 자체에 이미 인물에 대한 평가가 내려져 있다고 볼 수 있다. 따라서 명대까지의 중국 역사에서 설정된 인물들의 선정 기준은 무엇인지를 분석하여 본다면 이 책의 특징을 좀 더 명확하게 밝힐 수 있을 것이다.

책에 소개된 인물을 모두 분석하는 것은 불가능하지만 각 시대별로 인물들을 분석해 본다면, 『계고집성』이 정사의 열전을 중요시하였는지 혹은 기타의 사서를 중시하였는지 알 수 있을 것이다. 이렇게 『계고집성』에서 어떤 사서를 주요 전거로 삼았는지 밝히는 작업이야말로 이 책의 특징을 보다 명확히 드러내 줄 것으로 생각한다.

『계고집성』은 수록된 인물들에 대해 출신지 및 인물의 계보 관계를 비교적 자세하게 추적하고 있다. 인물을 서술하는 데 있어서 개인의 역사 관계를 밝히는 것이 무엇보다도 중요하다고 생각한 이재명의 사상이 인물 서술에도 그대로 반영되고 있음을 볼 수 있다. 이러한 계보 관계에 대한 서술은 조선시대 후기 족보 편찬과의 상관관계가 있다. 당시 족보를 편찬하는 과정에서 조상들의 계보 관계를 추적하는 과정이 일반화되면서 이러한 인물 정리 작업이 시행되었을 것으로 본다.

중국에서도 역대 많은 서적들이 간행되었지만 인물 위주의 방대한 서적 정리는 알려진 것이 거의 없다. 최근에 들어 중국에서도 역사학의 발전에 따라 각 시대별 인물지 등이 쏟아져 나오고 있다. 『계고집성』은 제3권부터가 중국 고대에서 명대까지의 인물에 관한 소개인데 당시 조선의 한자 음운의 순서에 따라 정리되어 있기 때문에 현대 연구자들이나 혹은 외국인들이 총 12권에서 각 시대의 인물을 찾아보기는 결코 쉽지 않다. 조선 후기 지식인들의 중국 이해라는 측면에서 무엇보다 가치 있는 이 책이 보다 많이 활용되기 위해서는 색인 작업 등의 모색이 필요하다.

(정혜중)

[색인어]
계고집성, 이재명, 전기류 역사서, 인물사전

[참고문헌]

고국항(高國抗) 저, 오상훈 외 공역, 『중국사학사』(상)(하), 풀빛, 1998.
고의생(顧義生), 양역오(楊亦鳴) 공저, 한종호 역, 『한어음운학입문(漢語音韻學入門) : 한어
　　　　　　　　　　　음운학(漢語音韻學)의 기본지식』, 학고방, 1999.
김육불 등저, 『중국사학사(中國史學史)』, 학술정보센타, 1994.
신승하, 『중국사학사』, 고려대학교 출판부, 2000.
유절(劉節) 저, 신태갑(辛太甲) 역, 『중국사학사 강의』, 신서원, 2000.
이성규, 『사기 : 중국 고대사회의 형성』, 서울대학교출판부, 2007.
전인초 등, 『중국신화의 이해』, 아카넷, 2002.
중국사학사편집조, 김동애 역, 『중국사학사 1, 선진·한·당』, 자작아카데미, 1998.
탁용국, 『중국사학사대요(中國史學史大要)』, 탐구당, 1986.

고금녀범

古今女範

筆寫本. — [發行地不明] : [發行處不明], [發行年不明].
35張 : 無界, 9行字數不定 ; 25.2×18.1cm.
書名은 目錄題임.
表題 : 古今女範

古今女範

1. 개요

　『고금녀범』은 조선시대 여성 교훈서로서, 작자와 제작 연대를 알 수 없다. 한글 필사본으로 2권만 있다. 2권에는 중국 역사에서 모범이 될 만한 여성들을 「효녀」, 「현녀」, 「변녀」로 나누어 그 일화를 싣고 있다.

2. 편·저자

　이 책의 편·저자는 알려져 있지 않다. 그러나 이화여대 도서관본『고금녀범(古今女範)』의 내용은 일본 동경대학 도서관 「남규문고(南葵文庫)」에 수장되어 있는 『여범(女範)』 4권 가운데의 제2권에 해당되는 부분으로 보여진다.

　『여범』은 조선조 영조의 빈(嬪) 선희궁(宣禧宮) 영빈 이씨(映嬪 李氏)가 저술한 것으로, 제1권의 첫 장에 "此四冊 諺書卽莊憲世子私親 宣禧宮 映嬪李氏手蹟也"라고 기록되어 있다. 저자인 영빈 이씨는 장헌세자(사도세자)의 생모이며, 『한중록(閑中錄)』의 저자인 혜경궁 홍씨(惠慶宮 洪氏)의 시어머니이기도 하다. 『여범』 전 4권의 원본 체제는 길이 25.5cm, 폭 17.5cm로 한 면에 10행, 1행에 24자 내외로 전 4권을 모두 합치면 268면이 된다. 전권이 온전히 저자의 친필로 된 주옥같은 궁체(宮體)의 전본으로, 품위 유려한 순국문의 결책한장본(結冊韓裝本)으로 장정되어 있다.

　『여범』 4권의 목차는 제1권 성후(聖后) 6명, 모의(母儀) 13명, 계모(繼母) 3명, 제2권 효녀(孝女) 9명, 현녀(賢女) 10명, 변녀(辯女) 8명, 제3권 문녀(文女) 7명, 무녀(武女) 2명, 정녀(貞女) 24명, 제4권 열녀(烈女) 41명으로 되어 있으며, 이 123명의 여성상은 그 행적과 덕목별로 정연히 엮어졌는데, 그 저술의 내용도 그간의 언해서와 달리 타서(他書)를 언해한 것이 아니라, 순수한 저자 자신의 창작적 태도에서 씌어진 것이다.

　또한 소혜왕후의 『내훈』 등 대개의 궁중서가 그 원본을 전하지 못하고 있으나, 영빈 이씨의 『여범』은 필자의 친필이 그대로 전해지고 있어 국보급 가치까지도 지닌 값진 여성교육의 지침서가 된다. 이화여대 도서관본 『고금녀범』은 그 필체만 다를 뿐, 내용과 체제에 있어서는 영빈 이씨의 『여범』 내용과 거의 동일한 것으로 보인다. 동경대학 수장 영빈 이씨의 『여범』 4권은 1988년 10월 대제각(大提閣)에서 <원본 국어국문학총림>의 한 권으로, 편의상 『원본(原本) 여범(女範)·계녀서(戒女書)·내훈(內訓)·여사서(女四書)』 가운데의 1책으로 소개하고 있다.

3. 구성과 내용

『고금녀범』은 표지에 "古今女範 二"라고 쓰여 있고, 다음 장에 다시 "고금녀범 이"라고
한글 제목이 나온다. 그 다음에 목차가 나오는데, 우선 「효녀」라 쓰고, 「댱시부」, 「강시부」,
「뎡의종처」, 「당부인」, 「딘시뎌앙」, 「한태초쳐」, 「유신쳐」, 「고덕겸쳐」, 「댱이랑」이라 이야기
제목이 달려 있다. 그리고 각 일화의 내용이 나온다. 「댱이랑」 이야기까지 끝나면 바로 이어
「현녀」라는 제목 하에 「초장번희」, 「진빅종쳐」, 「진각결쳐」, 「졔상어쳐」, 「졔슉뉴녀」, 「도답ᄌ
쳐」, 「한냥홍쳐」, 「한표션쳐」, 「기양공쥬」, 「표쳐녀종」이라고 목차가 달린다. 그 다음 역시 내
용이 나오고, 끝으로 「변녀」라는 항목으로 「진궁공쳐」, 「졔상괴녀」, 「됴진녀연」, 「졔위우희」,
「졔태창녀」, 「쥬시뎌부」, 「니시묘연」, 「니시옥영」의 소목차가 보인다. 이처럼 『고금녀범』은 「
효녀」, 「현녀」, 「변녀」의 세 부분으로 구성된 책이라 할 수 있다. 각각의 내용을 간략히 정리
하면 아래와 같다.

우선 「효녀」에는 「댱시부」, 「강시부」, 「뎡의종쳐」, 「당부인」, 「딘시뎌앙」, 「한태초쳐」, 「유
신쳐」, 「고덕겸쳐」, 「댱이랑」의 9명이 수록되어 있다. 「댱시부[張氏婦]」는 한나라 사람으로
시어머니를 모시고 수절했는데, 어느 날 시어머니가 며느리의 재가 길을 열어주기 위해 자살
했다. 장씨는 살인범으로 몰려 처형되었다. 이후 고을에 3년간 가뭄이 계속되었다. 후임 태수
가 며느리의 억울함을 알아 묘소에 제사 지내자 비가 내렸다. 「강시부(姜詩婦)」는 한나라 강
시(姜詩)의 처 방(龐)씨의 이야기이다. 시어머니가 강물을 즐겨 마시고 또 고기를 좋아했다.
봉양에 어려움을 겪던 그녀는 어느 날 집 곁에서 샘이 솟아나고, 매일 잉어가 눈에 띄어 시
어머니께 드리게 되었다. 「뎡의종쳐[鄭義宗妻]」는 집에 강도 무리가 들이닥치자 집안사람들
이 모두 피했지만 오직 그녀만 시어머니 곁에 남아서 칼날을 몸으로 막아 시어머니를 보호
했다. 「당부인(唐婦人)」은 당나라 최산남(崔山南)의 증조모 장손(張孫) 부인이 나이가 많아
이가 없자 조모 당부인이 젖을 먹여 봉양한 일화이다.

「딘시뎌앙」은 송나라 사람 진(陳)씨의 이야기로 그녀가 혼인하자마자 남편이 수자리 가서
죽었다. 그녀는 수절하며 시어머니를 수십 년간 모셔, 국가에서 상을 주고 효부라 했다. 「한
태초쳐[韓太初妻]」는 명나라 한태초의 처 유(劉)씨의 효도 사례이다. 그녀는 시어머니가 넘어
져 허리를 다치자 자신의 어깨를 찔러 피를 내어 약에 섞어 드시게 했다. 뒤에 시어머니가
등창에 걸려 구더기가 생기자 자신의 이[齒]로 물어 죽이고, 또 손가락을 잘라 피를 내어 약
에 타 드려 병을 고쳤다. 「유신쳐[兪新妻]」는 명나라 사람으로 청상과부로 수절했다. 시어머
니가 실명하자 양치질을 하고 그 눈을 핥아 시력을 되찾게 했으며, 시어머니가 죽자 직접 흙
을 져 날라 무덤을 만들었다. 「고덕겸(顧德兼)쳐」는 송나라 사람으로 벼락에 죽으리라는 꿈
을 꾸고 그렇게 믿었다. 이튿날 우뢰가 치자 시어머니가 놀랄까 봐 집밖 뽕나무 아래에 엎드
려 죽기를 기다렸다. 그녀의 효성에 감동해 곧 천둥이 그치고 그녀는 죽지 않았다. 「댱이랑

[張二娘]의 시어머니가 병이 들어 사람 간을 먹어야 낫는다고 하자 자신의 간을 내어 먹여 낫게 했다.

「현녀」에는 「초장번희」, 「진빅종쳐」, 「진각결쳐」, 「제상어쳐」, 「졔슉뉴녀」, 「도답즈쳐」, 「한냥홍쳐」, 「한표션쳐」, 「기양공쥬」, 「표쳐녀종」의 10명이 등장한다. 「초장번희(楚莊樊姬)」는 초나라 장왕(莊王)의 부인 번희의 이야기이다. 왕이 사냥을 즐기니 번희는 그만둘 것을 간하고, 짐승 고기를 먹지 않아 왕의 잘못을 바로잡았다. 또 재상 우구자(虞丘子)의 문제점을 지적해 우구자가 스스로 물러나게 했다. 우구자는 물러나며 손숙오(孫叔敖)를 추천, 그가 장왕을 도와 3년 만에 패왕으로 만들었다. 「진빅종쳐[晋伯宗妻]」는 진나라 대부 백종의 처이다. 백종이 비록 바른 말을 하나 사람을 업신여기는 경우가 많아 처가 늘 경계했다. 처는 남편에게 위험이 닥칠 것을 알고, 남편에게 이야기해 현명한 사람에게 아들을 부탁하도록 했다. 뒤에 백종은 모함을 당해 죽었으나 아들은 죽음을 면할 수 있었다.

「제상어쳐[齊相御妻]」는 제나라 정승 안자(晏子)의 마부 처 일화이다. 그녀는 남편이 재상의 마부 노릇을 하며 기세가 등등한 것을 보고 남편에게 충고했다. 남편은 그녀의 충고를 받아들여 도를 배우고 겸손하게 행동했다. 안자는 그가 처의 충고를 받아들여 허물을 고친 것을 칭찬해 그를 대부로 추천하고 그 처를 명부(命婦)가 되게 했다. 「졔슉뉴녀[齊宿瘤女]」는 제나라 동쪽마을에서 뽕을 따던 여자로 목 뒤에 혹이 있었다. 민왕(閔王)이 그곳에 행차해 모든 사람이 구경을 했으나 그녀만은 뽕따기를 계속했다. 왕이 이유를 묻자 그녀는 부모로부터 뽕 따라는 분부만 들었을 뿐 대왕을 보라는 분부를 들은 적이 없다 했다. 왕은 그녀를 황후로 맞이했다. 그녀는 매우 현명한 여자였고, 왕은 그녀의 뜻대로 사치와 유흥을 줄여나갔다. 이에 이웃의 여러 제후들이 조회를 오고, 왕은 제후의 우두머리가 될 수 있었다. 「도답즈쳐[陶荅子妻]」는 조(曹)나라 도(陶) 땅의 대부 답자의 처이다. 답자가 3년을 다스린 뒤 이름은 높아지지 않았으나 집은 배나 부유해졌다. 처가 간했으나 듣지 않았다. 그녀는 재앙을 입을까 염려하며 시어머니에게 아이를 데리고 몸을 피할 수 있게 해달라고 하였다. 시어머니가 화를 내며 그녀를 내쫓았다. 이듬해 답자는 벌을 받았고 시어머니만 연로하여 죄를 면하였다. 답자의 처는 자식을 데리고 들어와 시어머니를 모셨다.

「한냥홍쳐[漢梁鴻妻]」는 한나라 양홍(梁鴻)의 처 이야기이다. 그녀는 맹씨의 딸로 몸이 살찌고 검고 힘이 셌다. 남의 집 양식을 빻는 일로 밥벌이를 하면서도 그녀는 예를 잊지 않고 남편에게 밥상을 줄 때 눈썹 높이로 들어 올려 지극히 공경했다 한다. 「한표션쳐[漢鮑宣妻]」는 한나라 포선(鮑宣)의 아내 환씨(桓)로 선은 아버지의 제자였다. 아버지가 선의 청렴함을 기특하게 여겨 사위로 삼았다. 그러나 혼수와 재물이 풍성한 것을 보고, 선이 기뻐하지 않자 환씨는 종과 의복, 장신구 등을 모두 돌려보내고 짧은 무명옷 차림으로 남편과 함께 시집으로 와 며느리의 도리를 다하였다.

「변녀」에는 「진궁공쳐」, 「제샹괴녀」, 「됴진녀연」, 「제위우희」, 「제태창녀」, 「쥬시디부」, 「니시묘연」, 「니시옥영」의 8명이 실렸다. 「진궁공쳐[晋弓工妻]」는 진나라 활 만드는 사람의 아내이다. 활을 만들어 3년 만에 완성했는데, 왕이 활을 쏘았지만 하나도 과녁을 맞히지 못했다. 왕은 화가 나서 장인을 죽이려 하였다. 그의 처는 어진 임금에 대한 고사들을 언급하며 남편이 활을 만드는 데 얼마나 심혈을 기울였는지를 말하였다. 또 활 쏘는 자세에 대해서도 지적하였다. 자세를 고쳐 과녁을 맞힌 왕은 그녀의 남편을 풀어주고 상을 내렸다. 「제샹괴녀[齊傷槐女]」는 제나라 경공 때 괴목(회화나무)를 훼손한 사람의 딸 이야기이다. 경공이 이 나무를 사랑해 그것을 훼손하는 자는 사형에 처한다는 명을 내렸다. 어느 날 연(衍)이라는 사람이 술에 취해 나무를 훼손하여 붙잡혔다. 그 딸이 재상 안자(晏子)에게 '훌륭한 군주는 재물을 훼손했다고 사람에게 형벌을 가하지 않는다.'고 호소했다. 안자는 경공에게 간하였고, 경공은 이를 받아들여 죄수를 풀어주고, 회화나무에 대한 법도 폐지했다.

「됴진녀연[趙津女娟]」은 조나라 뱃사공의 딸 연의 일화이다. 간자(簡子)가 초나라를 공격할 때 사공과 강을 건널 약속을 했다. 그러나 사공이 술에 취해 강을 건널 수 없었다. 이에 사공을 죽이려 하자 그 딸 연이 아비가 주군이 강을 무사히 건널 수 있게 신에게 제사지내고 음복한 뒤 술을 이기지 못해 그렇게 되었음을 고했다. 그리고는 자신이 노를 저어 강을 건널 수 있게 했다. 간자는 뒤에 예를 갖춰 그녀를 부인으로 맞았다. 「졔위우희[齊威虞姬]」는 제나라 위왕(威王)의 후궁이다. 왕이 즉위해 9년이 지나도록 정사를 대신들에게 맡기고 자신이 직접 행하지 않았다. 이에 간신 주파호(周破胡)가 전횡하였다. 우희가 그를 내치도록 간하자 파호는 그녀가 다른 남자와 내통했다고 무고하였다. 왕은 그녀를 심문하는 과정에서 자신의 잘못을 깨닫고, 주파호를 비롯한 간신들을 죽였다. 이후 제나라는 잘 다스려졌다. 「제태창녀[齊太倉女]」는 제나라 태창령(太倉令)의 딸이다. 아비가 죄를 지어 형을 받게 되자 그녀는 상서하여 자신이 관비(官婢)가 될 테니 아버지의 체형(體刑)을 면해 달라 했다. 왕이 가상히 여겨 아비의 살을 베는 형벌을 면해주었다.

이처럼 『고금녀범』은 인물들의 사례를 싣고 있는데, 유향(劉向)의 『열녀전(列女傳)』과 『한서(漢書)』, 『당서(唐書)』, 『송사(宋史)』 등 여러 정사의 열녀전에서 사례를 가져오고, 소혜왕후의 『내훈』도 참고한 것으로 보인다. 예컨대 「초장번희」, 「졔슉뉴녀」, 「한표션쳐」는 소혜왕후(昭惠王后)의 『내훈(內訓)』 「부부장(夫婦章)」에도 나오며, 유향의 『열녀전』에 등장하는 인물은 훨씬 많다. 「초장번희」, 「졔샹어쳐」, 「도답ᄌ쳐」는 『열녀전』의 「현명전(賢明傳)」에, 「졔슉뉴녀」, 「진궁공쳐」, 「졔샹괴녀」, 「됴진녀연」, 「졔위우희」, 「졔태창녀」가 『열녀전』 변통전(辯通傳)의 인물이다.

4. 서지적 특성

『고금녀범』은 현재 이화여대 도서관본과 규장각본의 두 종류가 보인다. 이화여대 도서관본 『고금녀범』의 내용은 일본 동경대학 도서관 「남규문고」에 수장되어 있는 『여범』 4권 가운데의 제2권에 해당되는 부분으로 보여진다.

규장각본은 책 크기 26×19.5cm, 45장, 반엽광곽(半葉匡郭) 22.7×16cm, 11행 15~16자이며, 역시 언해 필사본이다. 『고금녀범』이라고 제목이 달려 있으며, 이 책도 서문과 발문 및 목차가 없다. 내용은 크게 두 부분으로 나뉜다. 앞부분은 현명하고 지혜로운 어머니나 아내, 열녀 등 인물 사례가 실려 있다. 「밍모[맹자의 어머니]」, 「노계경강[노나라 사람 季敬姜]」, 「검누쳐[노나라 黔婁의 처]」, 「노리즈쳐[초나라 老萊子의 처]」, 「반쳡여[한나라 班倢伃]」, 「녈녀왕시뎐[烈女 王氏]」, 「한양부인[한나라 승상 양창의 처]」, 「초조말모[초나라 장군 曹沫의 어머니]」, 「송당태부인[송나라 張浚의 어머니]」의 9명이다. 뒷부분은 『내훈』의 「효친장(孝親章)」과 「돈목장(敦睦章)」, 그리고 「사마온공거가잡의(司馬溫公居家雜儀)」의 내용으로 부모에게 효도하고, 친족과 우애 있게 지내며, 일상생활에서 필요한 예의범절, 여성교육 내용이 수록되어 있다. 역시 소혜왕후의 『내훈』과 유향 『열녀전』의 인물이 여럿 보인다. 「밍모」는 『내훈』 「모의장」 및 『열녀전』 「모의장」에 보이고, 「노계경강」은 『열녀전』 「모의장」에, 「검누쳐」, 「노리즈쳐」는 『열녀전』 「현명전」에 보인다.

이렇게 볼 때 이화여대 도서관본과 규장각본은 둘 다 제목은 『고금녀범』이나 내용이 다르다. 그러나 우리나라 여성들이 아닌 중국 여성들의 사례를 싣고 있다는 점, 그리고 소혜왕후의 『내훈』 및 유향의 『열녀전』을 기본 서적으로 많이 활용하고 있다는 점은 공통적이라 하겠다.

5. 가치

『고금녀범』는 현재 국내에 이화여대 도서관본밖에는 남아있지 않은 것으로 보여 이 소장본이 가지는 가치는 상당하다 하겠다. 또 귀감이 될 만한 여성들의 유형이 열녀(烈女)에 한정되지 않고, 오히려 현명한 어머니나 아내, 딸 등 지혜로운 여성에 집중되고 있는 점도 특징이다. 이는 과연 조선시대에 여성들에게 기대했던 가장 큰 덕목이 무엇이었는가를 재고하게 만드는 부분이기도 하다. 이 책에 인용된 사례들이 모두 중국의 것인데, 이는 그간 국가에서 편찬한 여성 관련 사례집들이 열녀전에 한정되어 다른 유형의 사례에 대해서는 참조하기 어려웠던 사정을 말해주는 것이 아닐까 여겨진다. 즉, 실생활에서는 현명한 어머니나 아내가 중요하지만, 국가에서 공식적으로 포상하는 것은 효녀와 열녀뿐이기 때문이다. 『고금녀범』은 조선시대 여성사, 교육사, 생활사 측면에서 매우 귀중한 자료이니만큼, 연구가 심화될 필요가 있을 것이다.

(권순형)

[색인어]
효녀, 현녀, 변녀, 수절, 열녀

[참고문헌]
『어제내훈』, 이화여대 도서관 및 규장각 소장 고서본.
유향, 『열녀전』, 이숙인 옮김, 예문서원, 1996.
이숙인 역주, 『여사서』, 여이연, 2003.

손직수, 『조선시대 여성교육 연구』, 성균관대학교출판부, 1982.

국조명신록

國朝名臣錄

筆寫本. ― [發行地不明] : [發行處不明], [發行年不明].
2卷2冊 : 無界, 行字數不定 ; 28.2×18.7cm.

고서/고서923.08 국815ㅁ

國朝名臣錄

1. 개요

『국조명신록』은 조선시대 주요 인물 384명의 생애와 활동에 대해 기존의 여러 문헌에 흩어져 있는 관련 내용을 발췌·편집해 구성한 인물지(人物誌)이다. 편·저자나 편찬 경위는 미상(未詳)이며, 권수의 구분 없이 상·하 2책으로 되어 있다. 대체로 판독할 수 있지만 간혹 알아보기 어려운 부분도 있다. 필사본으로, 서문이나 발문은 없다.

2. 구성과 내용

『국조명신록』은 조선시대 주요 인물 384명의 간략한 전기(傳記)를 모은 인물지로서[1] 권수의 구분 없이 2책(각 160쪽 안팎)으로 이루어져 있다. 표지에는 제목과 책수[上·下]만 밝혀져 있고 그 바로 뒤에 나오는 목록(目錄)에서 그 책에 수록된 인물의 명단과 자호(字號)를 소개해 놓았다. 서문이나 발문 없이 본문으로만 이루어져 있으며, 필사본의 특성상 약간의 가감은 있지만 본문은 대체로 1면당 가로 31행, 세로 22행으로 구성되어 있다.

상(上)은 「전집(前集 : 趙浚 외 130명)」과 「후집(後集 : 白弘傑 외 82명)」, 하(下)는 「별집(別集 : 金宗瑞 외 103명)」과 「외집(外集 : 金宏弼 외 52명)」·「속집(續集 : 崔德之 외 12명)」으로 되어 있다.

여기에 나뉘어 수록된 개별 인물의 전기는 그 형식이 거의 비슷하다. 우선 해당 인물의 이름을 큰 글씨로 적고 그 아래에 자호와 생년, 입사 경로(문과·무과·음서 등)와 입사 연도, 주요 관력, 공신 책봉 사항, 주목할 만한 인척 및 사승(師承) 관계, 졸년 등을 차례대로 서술한 뒤 해당 인물의 삶에서 특기할만한 내용을 여러 서적들에서 발췌해 싣고 있다.

처음부터 끝까지 개별 인물의 전기가 나열되어 있는 이 책의 특성상 일반적인 형태의 해제는 어려우며, 수록 인물을 전체적으로 파악할 수 있는 도표를 만들어 그것을 토대로 논의를 진행하는 것이 적당하겠다고 판단되었다. 그래서 수록 인물들의 명단과 생몰년, 급제 및 공신 책봉 상황, 최고 관직, 그리고 각 전기에 인용된 서적 등을 조사해 도표를 만들어 첨부했다(뒤의 <부표 1> 참조).[2]

---

1) 이 책 외에 조선 후기에 편찬된 주요 인물지로는 김육(金堉), 『국조명신록(國朝名臣錄)』(17책, 효종대), 김배(金培), 『해동명신록(海東名臣錄)』(9책, 숙종 22년 1696), 이존중(李存中), 『국조명신록(國朝名臣錄)』(30책, 숙종대), 『해동군신록(東國群臣錄)』(1책), 『동국명현록(東國名賢錄)』(1책), 『국조공신록(國朝功臣錄)』(1책, 영조대), 『국조상신록(國朝相臣錄)』(1책), 『국조영선(國朝榮選)』(2책) 등을 들 수 있다(이성무, 「國朝人物考 해제」, 『국조인물고』(上), 서울대 출판부, 1978, 5쪽).

2) 인용된 서적은 본문의 해당 내용이 끝나는 부분마다 작은 글씨로 적혀 있다. 앞서 말한 대로 이 책이 정제된 서체의 필사본은 아니기 때문에 어떤 특정한 표시나 행갈이, 여백 배치 등이 전혀 없이 본문보다 오히려 더욱 작은 글씨로 씌어진 서명(書名)은, 매우 노력했지만 찾다가 누락했을

전체적으로 보면, 그 제목에서도 짐작할 수 있듯이, 「전집」과 「후집」은 이 책의 본편(本篇)에 해당하고 「별집」과 「외집」·「속집」은 그 보편(補篇)이나 부록으로 판단된다. 먼저 상책부터 살펴보면, 「전집」과 「후집」에는 고려 후기부터 조선 현종대(顯宗代)까지의 인물 215명이 수록되어 있는데(전집 131명, 후집 84명),3) 대체로 조정에서 고관(高官)을 역임한 인물들이 선정된 것으로 보인다. 수록 인물 거의 대부분이 문과에 급제한 뒤(185명, 86.0%)4) 현직(顯職)에 올랐고5) 다수가 공신(82명, 38.1%)에도 책봉된, 경력상 당시 최고의 엘리트였다는 사실에서 그렇게 판단할 수 있으며, 따라서 「전집」과 「후집」은 '국조명신록'이라는 이 책의 표제와 가장 잘 부합하는 본령적 부분이라고 할 수 있을 것이다. 그밖에 인원수는 「전집」이 좀 더 많지만 분량은 오히려 「후집」이 더 많아서6) 편찬자가 연산군 이후에 활약한 인물들에 좀 더 많은 비중을 두었다는 점 또한 덧붙일 만하다.

하책에 배치된 「별집」과 「외집」·「속집」은, 역시 그 제목에서 짐작할 수 있는 것처럼, 수록 인물의 성격이 상책과는 사뭇 달라졌다. 먼저 「별집」에 수록된 104명은 조선 전기 인물이 51명, 후기 인물이 53명이어서 시기별 안배는 거의 비슷하다. 그들의 경력을 분석해보면 대다수가 문과 출신(74명, 71.2%)이라는 점은 앞과 비슷하지만,7) 고위 관원이나 공신의 비율은 크게 떨어졌다는 차이점이 나타난다.8)

「별집」에 선정된 인물들은 크게 두 부류로 나눌 수 있는데, 하나는 계유정난(癸酉靖難) 이후 무오·갑자·기묘·을사사화 등 일련의 정치적 숙청 사건에 연루된 피화인들(별집 1~67)이며9) 다른 하나는 임진왜란과 병자호란 및 기타 대외관계에서 공로를 세우거나 절의를 지킨 인물들(별집 68~104)이다. 즉 「별집」은 본편인 「전집」이나 「후집」과는 달리 현실적 출세는 다소 떨어지지만 충의나 절개 같은 도덕적 기준에서 출중한 업적을 남긴 인물을 선정한 항목이라고 볼 수 있을 것이다.

다음으로 「외집」에는 53명이 실려 있는데, 조선 전기가 14명, 후기가 39명이어서 후기의 비중이 상당히 커졌다는 변화가 우선 눈에 띈다. 가장 중요한 변화는 그들의 객관적 경력이 앞서와 비교해 상당히 떨어진다는 사실이 될 것이다. 절반도 못되는 사람만이 문과를 통과했으며, 고관이나 공신 또한 거의 없기 때문이다.10) 그러나 여기에 선정된 인물들이야말로 조

가능성도 있으며 판독하지 못한 경우도 4~5개 정도 있다. 혜량을 부탁드린다.
3) '전집'과 '후집'이라는 명칭을 감안하면서 거기에 수록된 인물들의 생년을 살펴보면, 이 책의 편찬자는 대체로 조선 성종대까지를 전기(前期)로 설정한 것 같다. 이 해제에서도 그 기준을 따랐다.
4) 그밖에 무과 12명(5.6%), 음서 4명(1.9%), 기타 14명(6.5%)이다.
5) 최고직인 의정에도 86명(40.0%)이 올랐다.
6) 분량은 「전집」이 1~57쪽(37.5%)이고 「후집」이 57~152쪽(62.5%)이다.
7) 그밖에 무과 9명(8.7%), 음서 0명, 기타 21명(20.2%)으로 조사되었다.
8) 의정은 6명(5.8%), 공신은 7명(6.7%)밖에 되지 않았다.
9) 이것은 <부표 1>에서 「별집」의 1번부터 67번을 말한다(이하 같음).
10) 입사경로를 살펴보면 문과 20명(37.7%), 무과 1명(1.9%), 음서 0명, 미상 32명(60.4%)으로 조사되었으며, 의정은 없었고 공신도 2명(3.8%)밖에 되지 않았다.

선시대의 가장 뛰어난 학자들이라고 할 수 있다. 개별 인물들의 면모를 살펴보아도 알 수 있지만, 가장 단적으로 문묘(文廟)에 배향된 동방 18현 중 조선시대 학자는 14명인데 그 중 10명이 이 「외집」에 들어있기 때문이다.11) 그러므로 앞서 「전집」과 「후집」이 현실적 출세와 공훈을, 「별집」이 충의와 절개를 기준으로 삼았다면 「외집」은 학문적 성취에 초점을 맞추어 인물을 선정했다고 정리할 수 있을 것이다.

끝으로 13명밖에 안 되는 「속집」은 은일(隱逸)이나 기사(奇士)를 선정한 것으로 생각된다. 당연히 현실적 출세나 학문적 성취는 앞서보다 더욱 떨어지지만, 방외인적(方外人的) 행동과 자유로운 사고를 펼친 독특한 인물들이었다는 점에 주목한 것 같다.

5. 특징과 가치

전체적으로 이 책의 가장 중요한 특징은 각 인물의 전기가 편찬자에 의해 저술된 것이 아니라 기존의 문헌에서 발췌·편집되어 구성된 자료집의 성격을 갖고 있는 것이라고 판단된다. 동아시아의 전통적 수사(修史) 방법의 기본 정신인 '술이부작(述而不作)'과도 상통하는 이러한 형식은, 현재 가장 방대한 인물지로 평가되는 『국조인물고(國朝人物考)』가 그 인물에 관련된 여러 자료 중 가장 대표적인 한 가지를 선택해 전재(全載)한 방식과도 다른 것인데,12) 가장 핵심적인 차이점은 각 인물에 대한 중요도를 판단하는데 편찬자의 주관이 개재할 가능성이 상당히 있다는 것이라고 지적할 수 있다. 즉 편찬자가 중요하다고 생각한 인물에 대해서는 좀 더 다양한 자료를 동원해 길게 서술할 수 있지만, 그렇지 않은 경우는 간단히만 언급하고 지나칠 수 있다는 것이다. 이른바 춘추필법(春秋筆法)의 포폄(褒貶) 방식과도 연결되는 이런 서술적 특성을 유념하는 것은 이 책과 편찬자의 전체적인 성향과 특징을 이해하는데 유용하다고 생각된다.

먼저 이용한 자료부터 살펴보면, 이 책에는 모두 317종의 방대한 '서적과 자료가 동원되었다.13) 『문헌비고(文獻備考)』나 『동국여지승람(東國輿地勝覽)』 같은 주요한 관찬 자료부터 개인 문집, 『패관잡기(稗官雜記)』, 『석담일기(石潭日記)』, 『지봉유설(芝峰類說)』 같은 유명한 사찬(私撰) 저서와 비갈(碑碣), 묘지(墓誌), 행장(行狀), 시장(謚狀) 같은 묘도문자(墓道文字)는 물론 가록(家錄), 가승(家乘), 가장(家狀), 가전(家傳), 가첩(家牒) 등 개인의 가문에 전승되어 오던 기록물에 이르는 방대하고 다양한 인용 자료의 목록은 이 『국조명신록』의 신빙성과 사

---

11) 김굉필(외집 1), 정여창(외집 2), 조광조(외집 7), 이언적(외집 11), 이황(외집 16), 김장생(외집 26), 김인후(외집 40), 이이(외집 42), 성혼(외집 43), 조헌(외집 44) 등이다.
12) 『국조인물고』에 대한 해제는 이성무, 「국조인물고 해제」 ; 민현구, 「『국조인물고(國朝人物考)』 해제」, 『한국중세사 산책』, 일지사, 2005 참조.
13) 그 목록은 인용횟수를 병기해서 <부록 1>에 가나다 순으로 실어놓았다.

료적 가치를 높여준다고 할 수 있다. 특히 '노인에게 들은 말 고로소전(故老所傳)'까지 수록한 것은 자료의 수집에 편찬자가 얼마나 노력을 기울였는가를 가장 단적으로 보여주는 사례라고 생각된다.14)

다음으로는, 앞서도 이 책의 중요한 특징으로 지적했지만, 각 인물의 전기에 할애된 분량을 검토해 볼 필요가 있다고 판단되었다. 필사본의 특성상 정확한 분량을 파악하기는 어려웠지만, 대부분의 인물들은 0.5~1쪽 정도의 지면에서 다루어지고 있다. 따라서 2쪽 이상 분량의 인물들을 초점을 맞추어 가려보았는데, 모두 35명으로 집계된 그 인물들 중에서 가장 많은 지면을 차지한 인물은 이이(李珥, 외집 42)로서 무려 10.5쪽이나 되었다. 그 다음으로는 조헌(외집 44, 6쪽), 최명길(후집 71), 성혼(외집 43, 이상 5쪽)이었으며 유성룡(후집 3), 이순신(후집 31), 이원익(후집 32), 김안국(외집 6), 조광조(외집 7), 이황(외집 16), 김인후(외집 40, 이상 3쪽) 등도 상당한 비중을 차지했다.15) 여기서 가장 두드러진 특징은 조선 후기의 인물들이 거의 대부분을 차지하고 있다는 사실이다. 그중에서도 후집(18명, 51.4%)과 외집(12명, 34.3%)에 수록된 인물이 가장 많다는 측면을 볼 때, 이 책의 편찬자는 조선 후기의 주요한 정치가와 학자를 가장 대표적인 '명신'으로 생각했다고 추정할 수 있을 것이다.

요컨대 『국조명신록』은 항목별로 선정 기준을 달리하면서 조선시대의 주요 인물들을 종합적으로 선정한 인물지라고 할 수 있다. 본편에 해당하는 「전집」과 「후집」은 가장 객관적이라고 할 수 있는 현실적 출세와 공훈을 기준으로 삼았으며, 보편(補篇)으로 볼 수 있는 「별집」은 충의나 절개에, 「외집」은 학문적 성취에, 그리고 「속집」은 방외인적 행동과 사고에 초점을 맞추어 다양한 인물을 선정해 수록함으로써 어느 한 쪽에 치우치지 않은 종합적인 자료가 되었다고 생각된다. 또한 300여 종이 넘는 관찬 자료와 사찬 저서, 묘도문자, 가문 기록, 구전 자료 등을 풍부하게 이용함으로써 그 객관성을 증대시킨 것도 주목할 만하다.

한문 자료의 연구와 이용에 관련된 최근의 추세이기도 하지만, 이 자료 또한 좀 더 쉽고 널리 이용될 수 있기 위해서는 정확한 교감을 거쳐 전산화하는 것이 매우 중요하다고 생각된다. 그런 작업을 거침으로써, 여러 자료가 집성된 인물지라는 독특한 성격을 가진 이 자료가 조선시대 인물 연구에 기여할 수 있기를 기대한다.

(김범)

---

14) 참고로 자료의 이용 빈도가 높은 순서대로 10개를 추려보면 행장(73회), 『잠곡집』(59회), 비(48회), 『동각잡기』(37회), 『석담일기』(28회), 『지봉유설』(24), 『일월록』(23), 시장(21회), 『선묘보감』(16회), 『택당집』(15)의 순서이다. 대체로 관찬 자료보다는 사찬 저서와 묘도문자가 좀 더 많이 참고 되었음을 알 수 있다.

15) 그밖에 2쪽 안팎의 지면을 차지한 사람은 정철(후집 19), 김성일(후집 29), 권율(후집 30), 이덕형(후집 39), 이항복(후집 40), 정경세(후집 50), 신흠(후집 51), 황신(후집 52), 이정구(후집 55), 김상헌(후집 67), 정온(후집 68), 이경여(후집 76), 이목(후집 77), 김육(후집 84), 김시습(별집 10), 김종직(별집 13), 김정(별집 37), 고경명(별집 68), 임경업(별집 97), 성수침(외집 17), 조식(외집 24), 김장생(외집 26), 정구(외집 45), 이지함(속집 7) 등이었다.

[색인어]
 인물지, 전집, 후집, 별집, 외집, 속집, 인용 자료의 다양성

[참고문헌]
『연려실기술(燃藜室記述)』, 민족문화추진회, 1966.

고병익, 「『사통(史通)』과 역사비평의 이론」, 『동아시아 문화사론고』, 서울대 출판부, 1997.
민현구, 「『국조인물고(國朝人物考)』 해제」, 『한국중세사 산책』, 일지사, 2005.
이성무, 「『국조인물고(國朝人物考)』 해제」, 『국조인물고』(上), 서울대 출판부, 1978.
한우근 외, 『역주 경국대전(經國大典)(주석편·원문편)』, 한국정신문화연구원, 1986.

<부표 1> 『국조명신록』 수록 인물 일람표

「전집(前集)」

번호	이름	생몰년	급제연도	최고관직	공신	전거
1	趙 浚	1346(충목2)~1405(태종5)	1374년(우왕즉)	領議政	開國1,定社1	雜記(2)
2	南 在	1351(충정3)~1419(세종1)	-	영의정	개국1	金石一斑(3),行狀,家傳(92),秋江冷話
3	沈德符	1328(충숙15)~1401(태종1)	1328(충숙15)蔭	左議政	-	行狀,家乘
4	成石璘	1338(충숙복7)~1423(세종5)	-	영의정	佐命3	筆苑雜記,家乘,國朝寶鑑,東國輿地勝覽,
5	閔 霽	1339(충숙복8)~1408(태종8)	1357(공민6)			潛谷集(2),紀年通考(2)
6	趙仁沃	1347(충목3)~1396(태조5)	1373(공민22)蔭	吏判	개국1	潛谷集
7	河 崙	1347(충목3)~1416(태종16)	1365(공민14)	영의정	정사1,좌명1	墓誌(2),潛谷集,東國通鑑(?),國朝寶鑑
8	權 近	1352(공민1)~1409(태종9)	1369(공민18)	左贊成	좌명4	潛谷集,國朝寶鑑,慵齋叢話,鄭文峯筆錄,日月錄
9	趙英茂	?~1414(태종14)	-	右政丞	개국1,정사1,좌명1	國朝寶鑑
10	柳廷顯	1355(공민4)~1426(세종8)	蔭	영의정	-	文獻通考
11	韓尙敬	1360(공민9)~1423(세종5)	1382(우왕8)	영의정	개국1	陽村集,遺事
12	朴 訔	1370(공민19)~1422(세종4)	1388(우왕14)	좌의정	좌명3	記聞
13	李 原	1368(공민17)~1430(세종12)	1385(우왕11)	좌의정	좌명4	碑,陽村集
14	柳 寬	1346(충목2)~1433(세종15)	1371(공민20)	右議政	-	國朝寶鑑,東閣雜記,筆苑雜記
15	李 稷	1362(공민11)~1431(세종13)	1377(우왕3)	영의정	개국2,좌명4	日月錄
16	李 來	1362(공민11)~1416(태종16)	1383(우왕9)	知議政	-	紀年通考
17	咸傳霖	1360(공민9)~1410(태종10)	1385(우왕11)	刑判	개국3	-
18	黃 喜	1363(공민12)~1452(문종2)	1389(공양1)	영의정	-	松窩雜記,申叔舟墓誌,東閣雜記
19	孟思誠	1360(공민9)~1438(세종20)	1386(우왕12)	좌의정	-	三綱行實,慵齋叢話,潛谷集
20	趙 涓	1374(공민23)~1429(세종11)	-	우의정	개국2	潛谷舊錄
21	卞季良	1369(공민18)~1430(세종12)	1385(우왕11)	贊成	-	行狀,國朝寶鑑,興覽,紀年通考
22	許 稠	1369(공민18)~1439(세종21)	1390(공양2)	좌의정	-	興覽,紀年通考(2),靑坡劇談,靜菴集,日月錄
23	趙末生	1370(공민19)~1447(세종29)	1401(태종1)	領中樞	-	國朝寶鑑
24	李孟畇	1371(공민20)~1440(세종22)	1385(우왕11)	우찬성	-	筆苑雜記,慵齋叢話
25	李從茂	1360(공민9)~1425(세종7)	-	찬성	좌명4	-
26	崔潤德	1376(우왕2)~1445(세종27)	1410(태종10)武	영중추	-	
27	盧 閈	1376(우왕2)~1443(세종25)	-	우의정	-	潛谷舊錄
28	申 槩	1374(공민23)~1446(세종28)	1393(태조2)	좌의정	-	行狀
29	河 演	1374(공민23)~1446(세종28)	1396(태조5)	영의정	-	潛谷舊錄
30	權 弘	1360(공민9)~1446(세종28)	1382(우왕8)	領敦寧	-	筆苑雜記
31	尹 祥	1373(공민22)~1455(단종3)	1396(태조5)	藝文提學	-	大東韻府群玉,潛谷舊錄,金文直文集序
32	朴安信	1369(공민18)~1447(세종29)	1399(정종1)	예문제학	-	潛谷舊錄
33	尹 淮	1380(우왕6)~1436(세종18)	1401(태종1)	文衡	-	行狀(2),東閣雜記
34	南 智	?~?	蔭	우의정	-	肅寶,謏聞瑣 錄
35	許 誠	1382(우왕8)~1441(세종23)	1402(태종2)	이판	-	國朝寶鑑,筆苑雜記,靑坡劇談
36	朴 墺	1378(우왕4)~1458(세조4)	-	知中秋	-	國朝寶鑑,筆苑雜記
37	魚變甲	1381(우왕7)~1435(세종17)	1408(태종8)	直提學	-	東閣雜記,行狀
38	鄭 陟	1390(공양2)~1475(성종6)	1414(태종14)	大提學	-	潛谷集(2),興覽
39	安 止	1377(우왕3)~1464(세조10)	1414(태종14)	대제학	-	-
40	金 鉤	1383(우왕9)~1462(세조8)	1416(태종16)	判中樞	-	彝尊錄
41	金 泮	?~?	1399(정종1)	大司成	-	潛谷集
42	金 末	1379(우왕5)~1464(세조10)	1417(태종17)	판중추	-	彝尊錄,筆苑雜記
43	鄭甲孫	?~1451(문종1)	1417(태종17)	좌참찬	-	潛谷集,靑坡劇談
44	鄭麟趾	1396(태조5)~1478(성종9)	1404(태종4)	영의정	정난1,좌익2,익대3,좌리2	潛谷集,大東韻府群玉
45	韓 確	1403(태종3)~1456(세조2)	-	좌의정	정난1,좌익1	行狀
46	李 邊	1391(공양3)~1473(성종4)	1419(세종1)	대제학	-	潛谷集,秋江冷話
47	奇 虔	?~1460(세조6)	-	판중추	-	月沙碑,慵齋叢話,碑
48	姜碩德	1395(태조4)~1459(세조5)	-	吏參	-	潛谷集,芝峰類說
49	辛碩祖	1407(태종7)~1459(세조5)	1426(세종8)	提學	-	潛谷舊錄

번호	이름	생몰년	급제연도	최고관직	공신	전거
50	柳義孫	1398(태조7)~1450(세종32)	1426(세종8)	吏參	–	行蹟
51	權採	1399(정종1)~1438(세종20)	1417(태종17)	右承旨	–	遺事
52	南秀文	1408(태종8)~1442(세종24)	1426(세종8)	學士	–	–
53	鄭昌孫	1402(태종2)~1487(성종18)	1426(세종8)	영의정	좌익3,익대3,좌리2	徐四佳碑
54	李季甸	1404(태종4)~1459(세조5)	1427(세종9)	영중추	정난1,좌익2	筆苑雜記
55	魚孝瞻	1405(태종5)~1475(성종6)	1429(세종11)	판중추	–	行狀(2),東閣雜記(2)
56	具致寬	1406(태종6)~1470(성종1)	1424(세종16)	영의정	좌익3	筆苑雜記,潛谷集
57	黃守身	1407(태종7)~1467(세조13)	–	영의정	좌익3	潛谷集
58	崔恒	1409(태종9)~1474(성종5)	1424(세종16)	영의정	정난1,좌익2,좌리1	徐四佳碑
59	朴元炯	1411(태종11)~1469(예종1)	1424(세종16)	영의정	좌익3,익대2	思齋撫言
60	申叔舟	1417(태종17)~1475(성종6)	1439(세종21)	영의정	정난2,좌익1,익대1,좌리1	行狀,東閣雜記,寄齋雜記,龍泉談寂記
61	權擥	1416(태종16)~1465(세조11)	1450(세종32)	좌의정	정난1,좌익1	叔舟碑
62	韓明澮	1415(태종15)~1487(성종18)	–	영의정	정난1,좌익1,익대1,좌리1	東閣雜記,碑,秋江冷話
63	尹子雲	1416(태종16)~1478(성종9)	1444(세종26)	우의정	좌익1,좌리1	碑(2),筆苑雜記
64	李石亨	1415(태종15)~1477(성종8)	1441(세종23)	판중추	좌리4	行狀,筆苑雜記
65	金守溫	1410(태종10)~1481(성종12)	1441(세종23)	영중추	좌리4	紀年通考,潛谷集
66	梁誠之	1415(태종15)~1482(성종13)	1441(세종23)	이판	좌리3	金安國撰碑
67	姜希顔	1417(태종17)~1464(세조10)	1441(세종23)	제학	–	潛谷集(2)
68	洪逸童	?　~1464(세조10)	1442(세종24)	참판	–	筆苑雜記
69	徐居正	1420(세종2)~1488(성종19)	1442(세종24)	좌찬성	좌리3	稗官雜記,潛谷集,東閣雜記
70	姜希孟	1424(세종6)~1483(성종14)	1447(세종29)	찬성	좌리3	東閣雜記,筆苑雜記,晴窓軟談
71	成任	1421(세종3)~1484(성종15)	1447(세종29)	이판	–	潛谷集
72	李克培	1422(세종4)~1495(연산1)	1447(세종29)	영의정	좌익3,좌리3	行狀(洪貴達撰)
73	韓繼禧	1423(세종5)~1482(성종13)	1447(세종29)	좌찬성	익대3,좌리2	四佳碑
74	洪應	1428(세종10)~1492(성종23)	1451(문종1)	좌의정	익대3,좌리3	興覽
75	盧思愼	1427(세종9)~1498(연산4)	1453(단종1)	영의정	익대3,좌리3	潛谷集(2),紀年通考
76	李約東	1416(태종16)~1493(성종24)	1451(문종1)	지중추	–	興覽,本集
77	李坡	1434(세종16)~1486(성종17)	1451(문종1)	찬성	–	潛谷集
78	成侃	1427(세종9)~1456(세조2)	1453(단종1)	修撰	–	潛谷集,靑坡劇談,筆苑雜記
79	孫舜孝	1427(세종9)~1497(연산3)	1453(단종1)	우찬성	–	寄齋雜記,潛谷集,慵齋叢話
80	尹孝孫	1431(세종13)~1503(연산9)	1453(단종1)	좌참찬	–	芝峰類說,潛谷集,洪貴達同誌
81	魚有沼	1434(세종16)~1489(성종20)	1456(세조2)武	좌찬성	적개1,좌리4	紀年通考,東閣雜記
82	許琮	1434(세종16)~1494(성종25)	1457(세조3)	우의정	적개1,좌리4	稗官雜記,諛聞瑣錄,識小錄
83	魚世謙	1430(세종12)~1500(연산6)	1456(세조2)	우의정	익대3	東閣雜記,稗官雜記
84	魚世恭	1432(세종14)~1486(성종17)	1456(세조2)	戶判	적개2	–
85	鄭蘭宗	1433(세종15)~1489(성종20)	1456(세조2)	이판	좌리4	碑
86	成俔	1439(세종21)~1504(연산10)	1462(세조8)	대제학	–	行狀,晴窓軟談
87	柳洵	1441(세종23)~1517(중종12)	1462(세조8)	영의정	정국2	潛谷集,陰崖雜記
88	李陸	1438(세종20)~1498(연산4)	1464(세조10)	대사헌	–	成俔碑
89	許琛	1444(세종26)~1505(연산11)	1475(성종6)	우의정	–	金慕齋行狀
90	盧公弼	1445(세종27)~1516(중종11)	1466(세조12)	영중추	–	潛谷集
91	蔡壽	1449(세종31)~1515(중종10)	1469(예종1)	大司憲	정국4	野史
92	李蓀	1439(세종21)~1520(중종15)	1470(성종1)	좌찬성	정국3	容齋碑
93	金訢	1448(세종30)~1492(성종28)	1471(성종2)	工曹參議	–	容齋碑,本集
94	兪好仁	1445(세종27)~1494(성종25)	1474(성종5)	掌令	–	潛谷集,芝峰類說,東閣雜記
95	金壽童	1457(세조3)~1512(중종7)	1477(성종8)	영의정	정국2	海東野言,海東樂府,碑
96	宋軼	1454(단종2)~1520(중종15)	1477(성종8)	영의정	정국3	東閣雜記
97	李詣	1438(세종20)~1509(중종4)	1479(성종10)	우찬성	–	潛谷集
98	朴元宗	1467(세조13)~1510(중종5)	1486(성종17)武	영의정	정국1	陰崖雜記,識小錄
99	柳順汀	1459(세조5)~1512(중종7)	1487(성종18)	영의정	정국1	碑

번호	이름	생몰년	급제연도	최고관직	공신	전거
100	成希顏	1461(세조7)~1513(중종8)	1485(성종16)	영의정	정국1	涪溪記聞,陰崖雜記
101	鄭光弼	1462(세조8)~1538(중종33)	1492(성종23)	영의정	–	東閣雜記,史官實錄,潛谷集,識小錄,栗谷別集
102	申用漑	1463(세조9)~1519(중종14)	1487(성종18)	좌의정	–	寄齋雜記(2),松窩雜記,申象村西像記
103	成夢井	1471(성종2)~1517(중종12)	1496(연산2)	吏參	정국4	思齋摭言,淸江瑣 語
104	李思鈞	1471(성종2)~1536(중종31)	1498(연산4)	이판	–	東閣雜記
105	李賢輔	1467(세조13)~1555(명종10)	1498(연산4)	지중추	–	退溪行狀,松窩雜記
106	朴祥	1474(성종5)~1530(중종25)	1501(연산7)	羅州牧使	–	識小錄,丙辰丁巳錄,淸江瑣 語
107	李耔	1480(성종11)~1533(중종28)	1504(연산10)	刑判	–	蘇齋行狀
108	洪彦弼	1476(성종7)~1549(명종4)	1504(연산10)	영의정	–	潛谷集,蘇齋日記,芝峰類說
109	權橃	1478(성종9)~1548(명종3)	1507(중종2)	우찬성	–	退溪行狀,石潭日記
110	成世昌	1481(성종12)~1548(명종3)	1507(중종2)	우의정	–	景賢續錄,潛谷舊錄
111	申光漢	1484(성종15)~1555(명종10)	1510(중종5)	찬성	–	芝峰類說,寄齋雜記,淸江瑣 語
112	蘇世讓	1486(성종17)~1562(명종17)	1509(중종4)	찬성	–	潛谷集(2),紀年通考,淸江瑣 語,芝峰類說
113	沈連源	1491(성종22)~1558(명종13)	1522(중종17)	영의정	–	石潭日記,寄齋雜記(2)
114	尙震	1493(성종24)~1564(명종19)	1519(중종14)	영의정	–	行狀(3),淸江瑣 語(2)
115	安玹	1501(연산7)~1560(명종15)	1521(중종16)	우의정	–	紀年通考
116	張彦良	1491(성종22)~1560(명종15)	1514(중종9)武	漢城府尹	–	潛谷集
117	沈光彦	1490(성종21)~1568(선조1)	1525(중종20)	형판	–	碑
118	吳謙	1496(연산2)~1582(선조15)	1532(중종27)	찬성	–	碑,石潭日記
119	李潤慶	1498(연산4)~1562(명종17)	1534(중종29)	병판	–	潛谷集
120	李浚慶	1499(연산5)~1572(선조5)	1531(중종26)	영의정	–	蘇齋碑,石潭日記,梧陰雜說,涪溪記聞,碑
121	洪暹	1504(연산10)~1585(선조18)	1531(중종26)	영의정	–	潛谷集
122	權轍	1503(연산9)~1578(선조11)	1534(중종29)	영의정	–	行狀(2),石潭日記
123	任虎臣	1506(중종1)~1556(명종11)	1531(중종26)	戶判	–	潛谷集
124	趙彦秀	1497(연산3)~1574(선조7)	1535(중종30)	형판	–	碑
125	趙士秀	1502(연산8)~1558(명종13)	1531(중종26)	이판	–	月汀漫錄(2),涪溪記聞
126	閔箕	1504(연산10)~1568(선조1)	1519(중종14)	우의정	–	涪溪記聞,石潭日記(2)
127	李鐸	1509(중종4)~1576(선조9)	1535(중종30)	영의정	–	行狀(2),石潭日記
128	沈逢源	1497(연산3)~1574(선조7)	1537(중종32)	참판	–	栗谷碑
129	李澤	1509(중종4)~1573(선조6)	1538(중종33)	禮參	진무3	栗谷碑
130	南致勤	?~1570(선조3)	1528(중종23)武	判尹	–	碣銘(2),遺事
131	張弼武	1510(중종5)~1574(선조7)	1543(중종38)武	北兵使	–	潛谷集

「후집(後集)」

번호	이름	생몰년	급제연도	최고관직	공신	전거
1	白弘傑	1497(연산3)~1579(선조12)	1537(중종32)	우참찬	–	石潭日記
2	鄭惟吉	1515(중종10)~1588(선조21)	1538(중종33)	영의정	–	芝峰類說
3	盧守愼	1515(중종10)~1590(선조23)	1543(중종38)	영의정	–	石潭日記,芝峰類說,松窩雜記,涪溪記聞,澤堂集,龍洲撰行狀
4	鄭宗榮	1513(중종8)~1589(선조22)	1543(중종38)	우찬성	–	公私見聞
5	李浚民	1524(중종19)~1590(선조23)	1549(명종4)	우참찬	–	藥泉碑,行狀(2),碑
6	朴 淳	1523(중종18)~1589(선조22)	1553(명종8)	영의정	–	宣廟寶鑑(2),淸江瑣 語,芝峰類說
7	金繼輝	1526(중종21)~1582(선조15)	1549(명종4)	대사헌	–	沙溪行狀
8	朴應男	1527(중종22)~1572(선조5)	1553(명종8)	대사헌	–	栗谷外集(2),行狀
9	李後白	1520(중종15)~1578(선조11)	1553(명종8)	이판	광국2	芝峰類說,石潭日記,涪溪記聞
10	鄭 琢	1526(중종21)~1605(선조38)	1558(명종13)	좌의정	호성3	儒先錄,涪溪記聞
11	鄭芝衍	1527(중종22)~1583(선조16)	1569(선조2)	우의정	–	行狀,海庚文獻,涪溪記聞
12	黃廷彧	1532(중종27)~1607(선조40)	1558(명종13)	판중추	광국1	尤庵墓誌(3),碑
13	具思孟	1531(중종26)~1604(선조37)	1558(명종13)	찬성	–	澤堂碑
14	尹斗壽	1533(중종28)~1601(선조34)	1558(명종13)	영의정	광국2,호성2	碑(2),寄齋雜記
15	尹根壽	1537(중종32)~1616(광해8)	1558(명종13)	찬성	광국1,호성2	淸陰諡狀
16	辛應時	1532(중종27)~1585(선조18)	1559(명종14)	부제학	–	尤庵行狀
17	具鳳齡	1526(중종21)~1586(선조19)	1560(명종15)	대사헌	–	蒼石碑碣,石潭日記
18	李山海	1539(중종34)~1609(광해1)	1561(명종16)	영의정	광국3,평난2	漢陰全誌,涪溪記聞
19	鄭 澈	1536(중종31)~1593(선조26)	1562(명종17)	좌의정	광국3,평난2	尤庵神道,石潭日記(2),買還問答,國朝寶鑑,白沙記事,己丑記事,語錄
20	洪聖民	1536(중종31)~1594(선조27)	1564(명종19)	이판	광국2,평난2	象村全誌
21	李海壽	1536(중종31)~1599(선조32)	1563(명종18)	대사성	–	遺事,潛谷集
22	裵三益	1534(중종29)~1588(선조21)	1564(명종19)	대사성	–	月沙碑,西厓碑
23	金命元	1534(중종29)~1602(선조35)	1561(명종16)	영의정	평난3	休窩雜纂(1),宣廟寶鑑,遺事(2)
24	李濟臣	1536(중종31)~1583(선조16)	1564(명종19)	北兵使	–	象村墓誌,東閣雜記(2)
25	邊 協	1528(중종23)~1590(선조23)	1548(명종3)武	공판	–	月沙碑
26	柳成龍	1542(중종37)~1607(선조40)	1566(명종21)	영의정	광국3,호성2	蒼石李埈狀,遺事(2),行狀,休窩雜纂(4),涪溪記聞
27	李山甫	1539(중종34)~1594(선조27)	1568(선조1)	이판	호성2	谿谷行狀
28	李廷馣	1541(중종36)~1600(선조33)	1561(명종16)	兵參	선무2	尤庵撰碑,寄齋雜記,公私見聞
29	金誠一	1538(중종33)~1593(선조26)	1568(선조1)	관찰사	–	碑,國朝寶鑑,宣廟寶鑑(2),永嘉志,行狀
30	權 慄	1537(중종32)~1599(선조32)	1592(선조15)	호판	선무1	遺事,白沙集
31	李舜臣	1545(인종1)~1598(선조31)	1576(선조9)武	統制使	선무1	澤堂諡狀,遺事(3),宣廟寶鑑,國朝寶鑑,懲毖錄,行狀
32	李元翼	1547(명종2)~1634(인조12)	1569(선조2)	영의정	호성2	龍洲諡狀(6),遺事(3),行狀(3),蒼石李埈碑,公私見聞,寄齋雜記
33	鄭崑壽	1538(중종33)~1602(선조35)	1576(선조9)	판돈녕	호성1	寒岡行狀,宣廟寶鑑,行狀
34	沈喜壽	1548(명종3)~1622(광해14)	1572(선조5)	좌의정	–	行狀
35	柳 根	1549(명종4)~1627(인조5)	1572(선조5)	좌찬성	호성2	諡狀,朝野聞記
36	尹 祁	1535(중종30)~1606(선조39)	1576(선조9)	지중추	–	淸陰墓碣
37	韓應寅	1554(명종9)~1614(광해6)	1577(선조10)	우의정	광국2,평난1	北諸碑(?),碑
38	洪履祥	1549(명종4)~1615(광해7)	1578(선조11)	대사헌	–	白沙碑
39	李德馨	1561(명종16)~1613(광해5)	1580(선조13)	영의정	–	白沙同誌,休窩雜纂,行狀,墓誌,眉叟跋
40	李恒福	1556(명종11)~1618(광해10)	1580(선조13)	영의정	평난3,호성1	宣廟寶鑑(2),行狀(3),晴窓軟談,蒼石異聞,北遷錄,南溪集
41	張雲翼	1561(명종16)~1599(선조32)	1582(선조15)	형판	–	淸陰碑
42	吳億齡	1552(명종7)~1618(광해10)	1582(선조15)	우참찬	–	鷄谷墓誌
43	李好閔	1553(명종8)~1634(인조12)	1583(선조16)	대제학	호성2	蒼石墓誌,東洲諡狀,墓誌,諡狀(2),潛谷集
44	羅 級	1552(명종7)~1602(선조35)	1585(선조18)	대사헌	–	月沙碑
45	韓浚謙	1557(명종12)~1627(인조5)	1586(선조19)	영돈녕	–	愚伏行狀,行狀(2),碑
46	具 宬	1558(명종13)~1618(광해10)	1586(선조19)	戶參	호성2	澤堂行狀
47	徐 渚	1558(명종13)~1631(인조9)	1586(선조19)	병판	–	淸陰行狀,行狀,涪溪記聞
48	李睟光	1563(명종18)~1628(인조6)	1585(선조18)	이판	–	潛谷集,鷄谷行狀
49	鄭 曄	1563(명종18)~1625(인조3)	1583(선조16)	우참찬	–	月沙碑,梧里行狀
50	鄭經世	1563(명종18)~1633(인조11)	1586(선조19)	대제학	–	龍洲碑,蒼石行狀,同春行狀,行狀,碑

번호	이름	생몰년	급제연도	최고관직	공신	전거
51	申 欽	1566(명종21)~1628(인조6)	1586(선조19)	영의정	-	淸陰行狀,碑,潛谷諡狀,諡狀(2),行狀(2),墓誌,休窩雜纂
52	黃 愼	1560(명종15)~1617(광해9)	1588(선조21)	호판	-	明齋行狀,象村碑,碑(3),年譜,芝峰類說,外孫沈揔所記,行狀,金搢所記,西浦所聞
53	具允謙	?~?	1597(선조30)	영의정	-	藥泉墓誌(2),家錄,墓碣(2)
54	金尙容	1561(명종16)~1637(인조15)	1580(선조13)	우의정	-	淸陰行狀
55	李廷龜	1564(명종19)~1635(인조13)	1590(선조23)	좌의정	-	碑(2),鷄谷行狀(3),諡狀
56	朴東亮	1569(선조2)~1635(인조13)	1590(선조23)	대사헌	호성2	碑(2),家錄(2)
57	金 墭	1571(선조4)~1648(인조26)	1596(선조29)	영의정	정사1,영국1	碑,南溪集,丙子錄
58	李 貴	1557(명종12)~1633(인조11)	1603(선조36)	좌찬성	정사1	休窩雜纂,行狀
59	洪瑞鳳	1572(선조5)~1645(인조23)	1594(선조27)	영의정	정사3,영사2	行狀
60	申景禛	1575(선조8)~1643(인조21)	1600(선조33)武	영의정	-	玄石行狀,行狀,白軒行狀
61	李 曙	1580(선조13)~1637(인조15)	1603(선조36)武	병판	정사1	白軒行狀
62	具仁垕	1578(선조11)~1658(효종9)	1603(선조36)武	좌의정	정사2,영국1	行狀
63	張 晩	1566(명종21)~1629(인조7)	1591(선조24)	찬성	진무1	行狀,諡狀
64	李時發	1569(선조2)~1626(인조4)	1589(선조22)	형판	-	尤庵碑,潛谷集,碑
65	柳 珩	1566(명종21)~1615(광해7)	1594(선조27)武	통제사	-	月沙碑
66	鄭忠信	1576(선조9)~1636(인조14)	-	부원수	진무1	李龜川記,家錄(2),日月錄
67	金尙憲	1570(선조3)~1652(효종3)	1596(선조29)	좌의정	-	年譜,墓誌(4)
68	鄭 蘊	1569(선조2)~1641(인조19)	1610(광해2)	대사헌	-	龍洲諡狀,眉叟行狀,日月錄,碑,丙子錄(2),諡狀(2)
69	尹 煌	1571(선조4)~1639(인조17)	1597(선조30)	대사간	-	尤庵行狀,行狀(2)
70	李安訥	1571(선조4)~1637(인조15)	1599(선조32)	禮判	-	淸陰碑,白軒諡狀,尤庵同志(3),澤堂行狀,行狀
71	崔鳴吉	1586(선조19)~1647(인조25)	1605(선조38)	영의정	정사1	諡狀(11),碑(3),家狀,遺事(5)
72	張 維	1587(선조20)~1638(인조16)	1609(광해1)	우의정	정사2	尤庵碑,諡狀(3),南溪集(?)
73	趙 翼	1579(선조12)~1655(효종6)	1602(선조32)	좌의정	-	尤庵碑,同春諡狀
74	金時讓	1581(선조14)~1643(인조21)	1605(선조38)	병판	-	公私見聞
75	李景稷	1577(선조10)~1640(인조18)	1605(선조38)	호판	-	諡狀(2)
76	李敬輿	1585(선조18)~1657(효종8)	1609(광해1)	영의정	-	思庵諡狀
77	李 楘	1572(선조5)~1646(인조24)	1612(광해4)	대사헌	-	明齋狀,藥泉碑,碑,行狀
78	任叔英	1576(선조9)~1623(인조1)	1611(광해3)	지평	-	澤堂行錄,澤堂墓誌,休窩雜纂,行錄(3),墓誌
79	閔應亨	1578(선조11)~1662(현종3)	1612(광해4)	예판	-	-
80	兪伯曾	1587(선조20)~1646(인조24)	1612(광해4)	영의정	정사3	藥泉碑,明谷諡狀,諡狀
81	姜碩期	1580(선조13)~1643(인조21)	1616(광해8)	우의정	-	碑
82	申翊聖	1588(선조21)~1644(인조22)	-	副摠管	-	淸陰碑
83	李明漢	1595(선조28)~1645(인조23)	1616(광해8)	이판	-	白軒行狀,行狀
84	金 堉	1580(선조13)~1658(효종9)	1624(인조2)	영의정	-	龍洲墓誌,東洲行狀,墓誌(4),行狀(2),東洲集,湖西宣廟碑

「별집」

번호	이름	생몰년	급제연도	최고관직	공신	전거
1	金宗瑞	1383(우왕9)~1453(단종1)	1405(태종5)	좌의정	–	日月錄(2),文獻備考,東閣雜記,道東編
2	朴 淳	?~1402(태종2)	–	判中樞	–	事蹟
3	鄭 苯	?~1454(단종2)	1416(태종16)	우의정	–	日月錄
4	成三問	1418(태종18)~1456(세조2)	1438(세종20)	우승지	정난3,좌익3	東閣雜記(3),慵齋叢話(2),潛谷集,秋江記事,龍泉談寂記,日月錄(2),休窩雜纂,芝峰類說
5	朴彭年	1417(태종17)~1456(세조2)	1424(세종16)	형판	–	潛谷集,東閣雜記,六臣傳,長貧胡撰,耻齋日記,慵齋叢話
6	河緯地	1412(태종12)~1456(세조2)	1438(세종20)	禮參	–	日月錄(2),西厓集,休窩雜纂,戊寅記聞,芝峰類說
7	李 塏	1417(태종17)~1456(세조2)	1436(세종18)	–	–	日月錄
8	柳誠源	?~1456(세조2)	1444(세종26)	–	–	東閣雜記
9	兪應孚	?~1456(세조2)	武	–	–	六臣傳
10	金時習	1435(세종17)~1493(성종24)	–	–	–	栗谷集,龍泉談寂記(2),稗官雜記,芝峰類說,思齋集,月汀漫錄,退溪集
11	權 節	1422(세종4)~1494(성종25)	1447(세종29)		–	芝峰類說,於于野談
12	趙 旅	1420(세종2)~1489(성종20)	–		–	墓碣,成文濬傳
13	金宗直	1431(세종13)~1492(성종23)	1459(세조5)	형판	–	洪貴達傳,秋江冷話,文熙黨籍(?),東閣雜記,休窩雜纂,李世英記,柳文郎日記,諛聞瑣 錄,陽川蕢,道東編
14	曺 偉	1454(단종2)~1503(연산9)	1474(성종5)	대사성	–	諡狀,思齋摭言,行狀,退溪集
15	崔 溥	1454(단종2)~1504(연산10)	1482(성종13)	사간	–	柳希春日記(2),日月錄
16	金馹孫	1464(세조10)~1498(연산4)	1486(성종17)	吏曹銓郎	–	休窩雜纂,野史,師友言行錄
17	李宗準	?~1498(연산4)	1485(성종16)	舍人	–	–
18	李 摠	?~1504(연산10)	–	茂豊副正	–	諛聞瑣 錄,野言
19	朴漢柱	1459(세조5)~1504(연산10)	1485(성종16)	헌납	–	行狀(?)
20	李繼孟	1458(세조4)~1523(중종18)	1489(성종20)	좌찬성	–	己卯錄,淸陰碑,碑,日月錄
21	李 穆	1572(선조5)~1646(인조24)	1495(연산1)	平安評事	–	溪谷全志(2),文獻通考(2),戊午黨籍,補遺
22	任熙載	1472(성종3)~1504(연산10)	1498(연산4)	–	–	休窩雜纂
23	許 磐	?~1498(연산4)	1498(연산4)	副正字	–	師友言行錄,慕齋集
24	尹弼商	1427(세종9)~1504(연산10)	1450(세종32)	영의정	적개1,좌리4	思齋摭言
25	成 俊	1436(세종18)~1504(연산10)	1459(세조5)	영의정	–	–
26	洪貴達	1438(세종20)~1504(연산10)	1461(세조7)	이판	–	南袞碑,潛谷舊錄,東閣雜記
27	表沿沫	1449(세종31)~1498(연산4)	1472(성종3)	제학	–	思齋摭言,秋江冷話
28	趙之瑞	1454(단종2)~1504(연산10)	1474(성종5)	응교	–	潛谷集,思齋摭言,陰崖雜記
29	鄭誠謹	?~1504(연산10)	1474(성종5)	승지	–	諛聞瑣錄
30	李深源	1454(단종2)~1504(연산10)	–	朱溪副正	–	師友名行錄,三綱行實圖,諛聞瑣 錄
31	鄭希良	1469(예종1)~?	1495(연산1)	–	–	記言,行狀,諛聞瑣 錄,思齋摭言,許筠詩話
32	金千齡	1469(예종1)~1503(연산9)	1496(연산2)	제학	–	淸江詩話,名行記,小錄(?)
33	朴 誾	1479(성종10)~1504(연산10)	1496(연산2)	수찬	좌명3	容齋全志
34	權達手	1469(예종1)~1504(연산10)	1492(성종23)	이조전랑	–	南袞墓碣,龍泉談寂記
35	李 黿	?~1504(연산10)	1489(성종20)	禮郎	–	戊午士禍錄
36	安 瑭	1461(세조7)~1521(중종16)	1481(성종12)	영의정	–	栗谷碑,碑,潛谷集,松窩雜記
37	金 淨	1486(성종17)~1521(중종16)	1507(중종2)	형판	–	月沙碑,行狀,黨籍,言行,碑(3),稗官雜記(2),東閣雜記,思齋摭言,牛溪集
38	金 湜	1482(성종13)~1520(중종15)	1519(중종14)	대사성	–	諸賢傳(2),東閣雜記,龍洲碑,黨籍補,休窩雜纂,畸菴雜錄
39	韓 忠	1486(성종17)~1521(중종16)	1513(중종8)	직제학	–	休窩雜纂,月沙碑
40	奇 遵	1492(성종23)~1521(중종16)	1514(중종9)	응교	–	群豹一班,己卯諸賢,思齋摭言,思庵集
41	李長坤	1474(성종5)~1519(중종14)	1502(연산8)	교리	–	己卯諸賢,日月錄
42	柳 雲	1485(성종16)~1528(중종23)	1504(연산10)	대사헌	–	思齋摭言,東閣雜記
43	金 絿	1488(성종19)~1534(중종29)	1513(중종8)	부제학	–	文獻備考,碑
44	朴世憙	1491(성종22)~?	1514(중종9)	좌부승지	–	寄齋雜記
45	朴 薰	1484(성종15)~1540(중종35)	–	동부승지	–	黃兎記事(?),墓碣,己卯補
46	李延慶	1484(성종15)~1548(명종3)	–	교리	–	休窩雜纂,碣,己卯錄
47	鄭 浣	1473(성종4)~1521(중종16)	–	吏曹正郎	–	高峰行狀,己卯錄
48	金大有	1479(성종10)~1551(명종6)	1507(중종2)	정언	–	潛谷集,南冥集,師友錄,道東編
49	慶世仁	1491(성종22)~?	–	著作	–	壻李湛狀,己卯補遺

번호	이름	생몰년	급제연도	최고관직	공신	
50	柳灌	1484(성종15)~1545(명종즉)	1507(중종2)	좌의정	–	乙巳錄(2),文獻備考
51	柳仁淑	1485(성종16)~1545(인종1)	1510(중종5)	우찬성	–	桂林,行狀
52	宋麟壽	1499(연산5)~1547(명종2)	1521(중종16)	대사헌	–	尤庵狀,狀,東閣雜記,紀年通考(2),稗官雜記,石潭日記,清江瑣 語
53	朴光佑	1495(연산1)~1545(명종즉)	1525(중종20)	사간	–	潛谷集,家狀,東閣雜記,海東野言
54	鄭希登	1506(중종1)~1545(명종즉)	1534(중종29)	장령	–	潛谷集,休窩雜纂(2),碣,乙巳錄
55	宋希奎	1494(성종25)~1558(명종13)	1519(중종14)	–	–	–
56	李霖	?~1546(명종1)	1543(중종38)	대사간	–	–
57	羅湜	1498(연산4)~1546(명종1)	–	宣陵參奉	–	家牒,芝峰類說
58	李若冰	1489(성종20)~1547(명종2)	1514(중종9)	이조전랑	–	乙巳錄
59	李瀣	1496(연산2)~1550(명종5)	1528(중종23)	대사헌	–	退溪碣,日月錄
60	林亨秀	1504(연산10)~1547(명종2)	1535(중종30)	湖堂	–	日月錄,文谷碣,東閣雜記,碣
61	林億齡	1496(연산2)~1568(선조1)	1525(중종20)	관찰사	–	潛谷集
62	丁熿	1512(중종7)~1560(명종15)	1536(중종31)	舍人	–	尤庵碣,碣,野亭別集(?)
63	李湛	1510(중종5)~1574(선조7)	1538(중종33)	湖堂	–	潛谷集,乙巳錄
64	閔起文	1511(중종6)~1574(선조7)	1540(중종35)	지평	–	清陰碣
65	金鸞祥	1507(중종2)~1570(선조3)	1537(중종32)	정언	–	東閣雜記
66	金澍	1512(중종7)~1547(명종2)	1539(중종34)	지평	–	乙巳錄
67	尹潔	1517(중종12)~1548(명종3)	–	수찬	–	休窩雜纂,日月錄(2)
68	高敬命	1533(중종28)~1592(선조25)	1558(명종13)	工參	–	月汀碑,正氣錄,寄齋雜記,碑,涪溪記聞
69	宋象賢	1551(명종6)~1592(선조25)	1576(선조9)	東萊府使	–	尤庵諡狀(2),壬子史蹟,尤庵碑
70	金千鎰	1537(중종32)~1593(선조26)	–	府使	–	碑(2),石潭日記,鷄谷碑,宣廟寶鑑
71	李廷鸞	1529(중종24)~1600(선조33)	1568(선조1)	公州牧使	–	月沙碑
72	趙宗道	1537(중종32)~1597(선조30)	–	咸陽郡守	–	眉叟碣
73	金汝岉	1548(명종3)~1592(선조25)	1577(선조10)	義州牧使	–	重峯集,宣廟寶鑑,清陰碑
74	黃進	1542(중종37)~1606(선조39)	武	忠清兵使	–	尤庵諡狀,諡狀,碑
75	元豪	1533(중종28)~1592(선조25)	1567(명종22)	驪州牧使	–	潛谷集
76	朴晋	?~1597(선조30)	–	兵參	–	諡狀(2),家狀,壬子錄,宣廟寶鑑,白沙雜記
77	郭再祐	1552(명종7)~1617(광해9)	1585(선조18)	–	–	碑,山西雜錄,日月錄
78	金德齡	1567(선조즉)~1596(선조29)	–	–	–	潛谷集(2),牛山簡牘,荷潭野乘(2),日月錄,三冤記事,山西雜錄,紀年通考
79	鄭文孚	1565(명종20)~1624(인조2)	1588(선조21)	全州府尹	–	宣廟寶鑑(2),事蹟
80	金時敏	1554(명종9)~1592(선조25)	武	晉州判官	선무2	抗義新編,宣廟寶鑑
81	鄭湛	?~1592(선조25)	–	–	–	日月錄,宣廟寶鑑
82	李代源	1566(명종21)~1587(선조20)	1523(중종18)	–	–	藥泉碑
83	金德誠	1562(명종17)~1636(인조14)	1589(선조22)	대사헌	–	浦諸行狀(?),白軒諡狀,行狀,諡狀
84	鄭弘翼	1571(선조4)~1626(인조4)	1597(선조30)	부제학	–	碣
85	李晬	1569(선조2)~1645(인조23)	–	龜川君	–	魯西墓誌,諡狀
86	李誠胤	1570(선조3)~1620(광해12)	–	錦山君	–	–
87	鄭澤雷	1585(선조18)~1619(광해11)	–	–	–	谿谷全碣
88	趙溭	1592(선조25)~1645(인조23)	–	高陽郡守	–	明齋狀
89	金應河	1580(선조13)~1619(광해11)	1605(선조38)武	虞侯	–	尤庵廟碑(5),紀年通考,潛谷集,廟錄
90	南以興	1576(선조9)~1627(인조5)	1602(선조35)武	平安兵使	–	碑,藥泉忠愍祠碑(3),諡狀,碑
91	李重老	1577(선조10)~1624(인조2)	1605(선조38)武	伊川府使	정사2	龍洲碑,西溪朴世堂忠烈祠碑
92	金浚	1582(선조15)~1627(인조5)	武	贈左찬성	–	日錄,藥泉忠愍祠碑
93	金良彦	1583(선조16)~1627(인조5)	–	贈判중추	진무3	潛谷集
94	李希建	?~1627(인조5)	武	龍川府使	진무2	潛谷集(2),溪谷城碑,紀年通考
95	洪命耉	1596(선조29)~1637(인조15)	1619(광해11)	부제학	–	碑(4),行狀(2)
96	崔震立	1568(선조1)~1636(인조14)	武	工參	–	潛谷集(2),紀年通考,龍洲碑
97	林慶業	1594(선조27)~1646(인조24)	1618(광해10)	平安兵使	–	行狀(3),尤庵集傳
98	李尙吉	1556(명종11)~1637(인조15)	1525(선조20)	공판	–	潛谷集
99	沈誢	1568(선조1)~1637(인조15)	–	敦寧正	–	–
100	李時稷	1572(선조5)~1637(인조15)	1624(인조2)	장령	–	尤庵行狀
101	尹棨	1583(선조16)~1636(인조14)	1627(인조5)	응교	–	清陰碣,尤庵南陽碑
102	洪翼漢	1586(선조19)~1637(인조15)	1624(인조2)	學士	공신	行狀(2)
103	尹集	1606(선조39)~1637(인조15)	1631(인조9)	헌납	–	尤庵碣,美村行狀
104	吳達濟	1609(광해1)~1637(인조15)	1634(인조12)	校理	–	藥泉遺事(3),傳(2)

「외집」

번호	이름	생몰년	급제연도	최고관직	공신	전거
1	金宏弼	1454(단종2)~1504(연산10)	–	刑曹佐郎	–	行狀,師友錄(2)
2	鄭汝昌	1450(세종32)~1504(연산10)	1490(성종21)	說書	–	行狀,丙丁錄(3),萬疏,儒先(2),年譜,秋江冷話,濯纓所錄,芝峰類說,南冥年譜
3	鄭鵬	1467(세조13)~1512(중종7)	1492(성종23)	교리	–	一善志,丙丁錄(2),思齋摭言
4	朴英	1471(성종2)~1540(중종35)	1491(성종22)武	兵參	–	一善誌(2),淸江瑣語
5	柳藕	1473(성종4)~1537(중종32)	–	–	–	成東墓表,寄齋雜記
6	金安國	1478(성종9)~1543(중종38)	1503(연산9)	우찬성	–	丙丁錄(2),行錄,松窩雜記,稗官雜記,識小錄,南溪雜著,芝峰類說(2),東閣雜記,月汀漫錄,道東編
7	趙光祖	1482(성종13)~1519(중종14)	1515(중종10)	대사헌	–	退溪行狀,思齋摭言,行狀(2),東閣雜記,石潭日記(2),德陽日記,宣廟寶鑑
8	金正國	1485(성종16)~1541(중종36)	1509(중종4)	예참	–	誌(2),丙丁錄,淸江瑣語
9	趙晟	1492(성종23)~1555(명종10)	–	義盈庫令	–	沈聽天守慶碣,淸江瑣語
10	趙昱	1498(연산4)~1557(명종12)	–	長水縣監	–	潛谷集(2),松窩雜記
11	李彦迪	1491(성종22)~1553(명종8)	1514(중종9)	우찬성		東閣雜記(2),高峰碑,芝峰類說,南冥年譜,石潭日記,寄齋雜記,退溪行狀
12	蔡世英	1490(성종21)~1568(선조1)	1517(중종12)	호판	–	–
13	朴紹	1493(성종24)~1534(중종29)	1519(중종14)			日月錄,碑(2),梧陰雜記,汾西集(2)
14	成運	1497(연산3)~1579(선조12)	–	–	–	尤庵碣,一善誌(2),晴窓軟談
15	洪仁祐	1515(중종10)~1554(명종9)		府院君		洪可臣碑,碑,日月錄
16	李滉	1501(연산7)~1570(선조3)	1534(중종29)	좌찬성		年譜(2),涪溪記聞,澤堂集(3),石潭日記(2),宣廟寶鑑,東閣雜記,言行總錄(2),牛溪集
17	成守琛	1493(성종24)~1564(명종19)	–	厚陵參奉		碣,大谷所記,碣銘,東閣雜記,行狀(2),德川師友
18	徐敬德	1489(성종20)~1546(명종1)	–			稗官雜記,前言往行(2),稗官雜記,澤堂集
19	柳希春	1513(중종8)~1577(선조10)	1538(중종33)	대사성		五峰行狀(2),石潭日記,東閣雜記,行狀,日記,小錄(2),涪溪記聞
20	李恒	1499(연산5)~1576(선조9)	–	司畜	정사3	碣,論思錄,蘇齋碣
21	成悌元		–	縣監		宋麒壽銘,澤堂集
22	李仲虎	1512(중종7)~1554(명종9)	–			退溪集,芝峰類說
23	奇大升	1527(중종22)~1572(선조5)	1549(명종4)	대사간	광국3	石潭日記,諡狀,梧陰雜記,退溪集,柳文忠集
24	曹植	1501(연산7)~1572(선조5)	–	–		松澗集,經筵日記,退溪集,澤堂集,論思錄,大谷志,東岡行狀,行狀,行錄
25	張顯光	1554(명종9)~1637(인조15)	–	우참찬	–	–
26	金長生	1548(명종3)~1631(인조9)	–	형판		淸陰誌,尤庵行狀,鷄谷碑,諡狀(2),南溪集記
27	宋寅	1517(중종12)~1584(선조17)	–	礪城尉		行狀
28	徐起	1523(중종18)~1591(선조24)	–	–	–	守庵碣,許穆遺事
29	李至男	1529(중종24)~1577(선조10)	–	–	–	行狀(2),碣
30	金謹恭		–	–	–	頤庵墓表,西浦師友,栗谷集
31	鄭之雲	1509(중종4)~1561(명종16)	–	–	–	墓誌,重峯集
32	閔純	1519(중종14)~1591(선조24)	–	지평		碑,石潭日記,澤堂集
33	韓脩		–	지평		經筵日記,栗谷集,重峯集
34	朴民獻	1516(중종11)~1586(선조19)	1546(명종1)	관찰사		行狀
35	南彦經	1529(중종23)~1596(선조29)	–	전주부윤		澤堂集
36	朴枝華	1513(중종8)~1592(선조25)	–	吏文學官		眉叟遺事,弔亡錄,澤堂集,牛溪集
37	金宇顒	1540(중종35)~1603(선조36)	1567(명종22)	吏參		石潭日記,蒼石集
38	吳健	1521(중종16)~1574(선조7)	1558(명종13)	吏曹正郎		門人所記,家錄(2),同覓齋記(2),門人記,石潭日記
39	崔永慶	1529(중종24)~1590(선조23)	–	–		南賢年譜,石潭日記,紀年通考,牛溪年譜,德川師友,白沙錄
40	金麟厚	1510(중종5)~1560(명종15)	1540(중종35)	副修撰		行狀,尤庵碑,松窩雜記,吳希吉錄(5),梁子徵錄(5),奇孝諫錄,盧適錄,成惱錄(?),退溪集,沙溪集,陽川覆瓿記,綺庵漫述,牛山雜錄,象村跋,公私見聞
41	曺好益	1545(인종1)~1609(광해1)	–	成川府使		潛谷行狀,桐溪碑,行狀(3),懲毖錄,碑,散亡碑
42	李珥	1536(중종31)~1584(선조17)	1564(명종19)	우찬성		月沙諡狀,沙溪行狀,石潭日記(10),年譜(9),諡狀(11),白沙碑,行狀(4),宣廟寶鑑,休窩雜纂,家錄(2),碑,沙溪語錄,芝峰類說
43	成渾	1535(중종30)~1598(선조31)	–	좌참찬		月沙諡狀,諡狀(4),休窩雜纂(6),碑,鷄谷碑,年譜(3),宣廟寶鑑,淸陰碑,買還問答,家狀,魯西雜著(?),睦庵雜錄(?),西浦師友,澤堂集

번호	이름	생몰년	급제연도	최고관직	공신	전거
44	趙 憲	1544(중종39)~1592(선조25)	1567(명종22)	奉上斂正	–	尤庵行狀,諡狀(3),淸陰碑,紀年通考,休窩雜纂,行狀(3),寄齋雜記,日月錄,南溪集,芝峰類說
45	鄭 逑	1543(중종38)~1620(광해12)	–	대사헌	–	旅軒行狀,年譜,經筵日記(2),象村碑,碑(2),行狀(2),眉叟集序(2),德川師友,牛溪日記
46	趙 穆	1524(중종19)~1606(선조39)	–	工參	–	碑(2),年譜,涪溪記聞
47	李 槙	1541(중종36)~1622(광해14)	1536(중종31)	부제학	–	眉叟碣
48	南致利	1543(중종38)~1580(선조13)	–	–	–	西厓表,權宇行狀,永嘉志,行狀
49	權好文	1532(중종27)~1587(선조20)	–	–	–	行狀(2),永嘉志
50	權春蘭	1539(중종34)~1617(광해9)	1573(선조6)	永川郡守	–	淸陰墓誌
51	朴 泂	?~1671(현종12)	–	–	–	澤堂集
52	宋翼弼	1534(중종29)~1599(선조32)	–	–	–	尤庵碣,墓誌,澤堂別集(2),晴窓軟談,碣
53	黃俊良	1517(중종12)~1563(명종18)	1539(중종34)	지평	–	–

「속집」

번호	이름	생몰년	급제연도	최고관직	공신	전거
1	崔德之	1384(우왕 10)~1455(세조1)	1405(태종5)	–	–	潛谷集,李芮詩序
2	南孝溫	1454(단종2)~1492(성종23)	–	–	–	寒岡師友(?),東閣雜記,丙丁錄,師友言行,潛谷集,月汀漫錄,謏聞瑣錄,晴窓軟談,道東編
3	崔壽峸	1487(성종18)~1521(중종16)	–	–	–	行狀(2),稗官雜記,輿覽(2),紀年通考,故老所傳,東方宗師錄
4	鄭 礦	1505(연산11)~1549(명종4)	–	抱川縣監	–	記言(2),文獻備考(2),潛谷舊錄,乙巳錄,芝峰類說,東閣雜記,龍洲集
5	李夢奎		–	–	–	潛谷舊錄
6	楊士彦	1517(중종12)~1584(선조17)	1546(명종1)	宗簿寺正	–	龍洲碣,芝峰類說
7	李之菡	1517(중종12)~1578(선조11)	–	牙山縣監	–	山海墓碣,澤堂集(2),石潭日記(2),滄浪寓言,德川師友,休窩雜纂
8	李義健	1533(중종28)~1621(광해13)	–	–	–	象村墓碣,淸陰全志,碣
9	成允諧	?~?	–	–	–	潛谷集
10	成 輅	1550(명종5)~1615(광해7)	–	–	–	白軒行狀
11	文 緯	1554(명종9)~1631(인조9)	–	監察	–	龍洲全志,墓誌,行狀
12	崔命龍	1567(명종22)~1621(광해13)	–	–	–	沙溪碣,潛谷集,碣
13	安邦俊	1573(선조6)~1654(효종5)	–	工議	–	市南行狀,行狀

<부록 1>『국조명신록』인용 서목(괄호 안은 인용 횟수)

<ㄱ>

家錄(5), 家乘(2), 家狀(4), 家傳(1), 家牒(1), 碣(12), 碣銘(2), 經筵日記(4), 景賢續錄(1), 鷄谷全碣(1), 鷄谷全志(1), 鷄谷墓誌(1), 鷄谷碑(3), 鷄谷行狀(3), 溪谷城碑(1), 桂林(1), 故老所傳(1), 高峯碑(1), 高峯行狀(1), 公私見聞(5), 國朝寶鑑(12), 群豹一班(1), 權宇行狀(1), 金石一班(1), 紀年通考(12), 己卯錄(3), 己卯補(2), 己卯諸賢(2), 記聞(1), 畸庵漫錄(1), 綺庵漫述(1), 記言(2), 寄齋雜記(13), 己丑記事(1), 奇孝鍊錄(1), 金瑄所記(1), 金安國撰碑(1), 金安國行狀(1), 金宗直文集序(1).

<ㄴ>

南溪集(4), 南溪雜著(1), 南溪集記(1), 南袞墓碣(1), 南袞碑(1), 南冥年譜(2), 南冥集(1), 南賢年譜(2), 魯西墓誌(1), 魯西雜錄(1), 盧適錄(1), 論思錄(2).

<ㄷ>

黨籍(1), 黨籍補(1), 大谷所記(1), 大谷志(1), 大東韻府群玉(2), 德陽日記(1), 德川師友(4), 道東編(4), 東閣雜記(37), 東岡行狀(1), 桐溪碑(1), 東國輿地勝覽(7), 東國通鑑(2), 同覓齋記(2), 東方宗師錄(1), 東洲諡狀(2), 東洲集(1), 東洲行狀(1), 同春行狀(1).

<ㅁ>

萬疏(1), 買還問答(2), 明谷諡狀(1), 明齋行狀(3), 名行記(1), 慕齋集(1), 墓碣(3), 廟錄(1), 墓誌(11), 戊午黨籍(1), 戊午士禍錄(1), 戊寅記聞(1), 文谷碣(1), 門人所記(4), 文獻備考(4), 文獻通考(2), 文熙黨籍(1), 眉叟碣(2), 眉叟跋(1), 眉叟遺事(2), 眉叟集序(1), 眉叟行狀(1), 美村行狀(1).

<ㅂ>

白沙全志(1), 白沙錄(1), 白沙碑(1), 白沙雜記(1), 白沙集(1), 白沙記事(1), 白軒諡狀(2), 白軒行狀(4), 補遺(1), 本集(2), 丙午錄(1), 丙子錄(2), 丙丁錄(4), 涪溪記聞(15), 北諸碑(?, 1), 北遷錄(1), 碑(48).

<ㅅ>

沙溪碣(1), 沙溪語錄(1), 沙溪集(1), 沙溪行狀(1), 史官實錄(1), 思庵諡狀(1), 思庵集(1), 師友錄(1), 師友名行錄(1), 師友言行錄(4), 思齋集(1), 思齋摭言(12), 事蹟(2), 散亡碑(1), 山西雜錄(2), 山海墓碣(1), 三綱行實(2), 三兎記事(1), 象村跋(1), 象村碑(2), 象村集(1), 象村全志(2), 象村墓誌(1), 西溪朴世堂忠烈祠碑(1), 徐四佳碑(2), 徐四佳集(1), 西厓碑(1), 西厓集(1), 西厓表(1), 西浦師友(3), 西浦所聞(1), 石潭日記(28), 宣廟寶鑑(16), 成東墓表(1), 成文濬傳(1), 成惺錄(1), 成倪碑(1), 小錄(2), 諛聞瑣錄(8), 蘇齋碣(1), 蘇齋碑(1), 蘇齋日記(1), 蘇齋行狀(1), 松澗集(1), 宋麒壽銘(1), 松窩雜記(8), 守庵碣(2), 肅寶(1), 市南行狀(1), 諡狀(21), 識小錄(5), 申象村西廂記

(1), 申叔舟墓誌(1), 申叔舟碑(1), 沈聽天守慶碣(1).

<ㅇ>

野史(1), 野言(1), 野亭別集(1), 藥泉墓誌(1), 藥泉遺事(1), 藥泉忠愍祠碑(2), 梁子徵錄(1), 陽川藁(1), 陽川覆瓿集(1), 陽村集(2), 語錄(1), 於于野談(1), 言行(1), 言行總錄(1), 旅軒行狀(1), 年譜(8), 永嘉志(3), 五峰行狀(1), 吳希吉錄(1), 外孫沈摠所記(1), 容齋全志(1), 容齋碑(2), 慵齋叢話(7), 龍洲碣(1), 龍洲全志(1), 龍洲墓誌(1), 龍洲碑(4), 龍洲諡狀(2), 龍洲集(1), 龍泉談寂記(4), 野史(1), 藥泉碑(4), 梧里行狀(1), 梧陰雜記(1), 梧陰雜說(2), 龍洲撰行狀(1), 牛溪年譜(1), 牛溪日記(1), 牛溪集(4), 愚伏行狀(1), 牛山雜錄(1), 牛山簡牘(1), 尤庵碣(4), 尤庵南陽碑(1), 尤庵全志(1), 尤庵墓碑(1), 尤庵墓誌(1), 尤庵諡狀(2), 尤庵新道(1), 尤庵集傳(1), 尤庵撰碑(6), 尤庵行狀(6), 月沙碑(8), 月沙諡狀(2), 月沙集(1), 月汀漫錄(4), 月汀碑(1), 柳文郎日記(1), 柳文忠集(1), 遺事(11), 儒先錄(2), 柳希春日記(1), 六臣傳(2), 栗谷別集(1), 栗谷碑(3), 栗谷外集(1), 栗谷集(5), 乙巳錄(6), 陰崖雜記(4), 李龜川記(1), 李世英記(1), 頤庵墓表(2), 李芮詩序(1), 彝尊錄(2), 日記(1), 一善誌(3), 日月錄(23), 壬子錄(1), 壬子事蹟(1).

<ㅈ>

長貧胡撰(1), 潛谷舊錄(10), 潛谷諡狀(1), 潛谷集(59), 潛谷行狀(1), 雜記(1), 傳(1), 前言往行(1), 正氣錄(1), 鄭文峯筆錄(1), 靜菴集(1), 諸賢傳(1), 弔亡錄(2), 朝野聞記(1), 重峯集(4), 志(1), 芝峰類說(24), 懲毖錄(2).

<ㅊ>

滄浪寓言(1), 蒼石墓誌(1), 蒼石碑碣(1), 蒼石異聞(1), 蒼石李埈碑(1), 蒼石李埈狀(1), 蒼石集(2), 蒼石行狀(1), 淸江瑣 語(6), 淸江詩話(1), 淸陰墓誌(1), 淸陰碑(4), 淸陰碑碣(6), 淸陰諡狀(1), 淸陰誌(1), 淸陰行狀(3), 晴窓軟談(2), 靑坡劇談(4), 秋江記事(1), 秋江冷話(3), 耻齋日記(1).

<ㅌ>

濯纓所錄(1), 澤堂墓誌(1), 澤堂別集(1), 澤堂碑(1), 澤堂諡狀(1), 澤堂集(15), 澤堂行錄(1), 澤堂行狀(2), 退溪碣(1), 退溪集(5), 退溪行狀(5).

<ㅍ>

稗官雜記(10), 浦諸行狀(1), 筆苑雜記(14).

<ㅎ>

荷潭野乘(1), 寒岡師友(1), 寒岡行狀(1), 漢陰全志(1), 抗義新編(1), 海庚文獻(1), 海東樂府(1), 海東野言(2), 行錄(3), 行狀(73), 行蹟(1), 許筠詩話(1), 許穆遺事(2), 玄石行狀(1), 湖西宣廟碑(1), 洪可臣碑(1), 洪貴達全志(1), 洪貴達傳(1), 黃兎記事(1), 休窩雜纂(20).

뇌락서

磊落書 / 李德懋 編

筆寫本. ― [發行地不明] : [發行處不明], [發行年不明].
4卷2册(全12卷6册中) : 四周單邊 半郭 19.2×14.5cm, 有界,
10行20字, 上下向花紋魚尾 ; 25.6×17.0cm.
書名은 表題임.

고서/고서920 뇌21

磊落書

1. 개요

　『뇌락서』는 이덕무(李德懋 : 1741~1793)가 편찬한 명나라 유민들의 열전이다. 명말(明末)·청초(淸初) 교체기(交替期)의 중국인물지(中國人物志)라고 할 수 있다. 명나라 의종(毅宗)이 순국하고 여러 충신이 절사한 1644년 이후의 유민들을 대상으로 했다. 이덕무는 대명의리론(大明義理論)에 입각하여 명(明)에 대한 충절을 지켜 청조(淸朝)를 거부했던 740여 명의 인물을 정리하였다. 여기에는 조선에 귀화한 명(明) 나라 남자·여자들의 이야기도 포함되어 있다. 중국의 일사(逸事)와 유문(遺聞) 형태의 각종 문헌을 발췌하여 편찬한 책으로 인물에 관한 약전(略傳)을 적은 말미에는 저자가 참고한 인용서목이 일일이 기재되어 그 출처를 밝혀 주고 있다.

2. 편·저자

　이덕무는 종실(宗室) 무림군(茂林君 : 定宗의 아들)의 후예인 성호(聖浩)의 아들로, 자(字)는 무관(懋官), 호(號)는 아정(雅亭)이다. 형암(炯庵)·청장관(靑莊館)·동방일사(東方一士)라고도 자호(自號)하였다. 종실의 후손이나, 서얼(庶孼)이라는 신분적 제약 때문에 평생을 빈곤에 시달렸다. 1779년 정조가 규장각(奎章閣)을 설치하고 인재를 뽑아 쓸 때, 유득공(柳得恭)·박제가(朴齊家)·서이수(徐理修)와 함께 최초로 검서관(檢書官)에 임명되었다. 이덕무는 이로부터 궐내에 소장된 기문진서(奇文珍書)를 마음대로 열람할 기회를 얻어 식견(識見)을 더욱 넓혔다. 경사(經史)에서 기문이서(奇文異書)까지 수많은 서적을 섭렵하여 박학다재와 개성이 뚜렷한 문장으로 이름을 떨쳤다. 경(經)·사(史)·문예(文藝)로부터 경제(經濟)·제도(制度)·풍속(風俗)·금석(金石)·도서(圖書), 기타 조수(鳥獸)·초목(草木)에 이르기까지 널리 탐구하고, 고증(考證)에 뛰어난 면모를 보였다. 홍대용, 박지원, 박제가 등의 북학파(北學派) 지식인들과 교류하였다. 고염무의 『일지록』에 영향을 받아 고증과 박학의 학풍을 실천하였다. 중국 명대 공안파의 문학에 경도되어 당, 송, 원, 명 등 이전 시대의 글을 답습하는 당대의 전형적인 글쓰기 경향을 비판하고 창조적인 글쓰기를 주장하였다. 뛰어난 재식(才識)으로 정조의 특별한 지우(知遇)를 받아 왕이 주도하는 편찬사업에 참여하여 『국조보감(國朝寶鑑)』·『갱장록(羹墻錄)』·『문원보불(文苑黼黻)』·『대전통편(大典通編)』·『송사전(宋史筌)』·『규장전운(奎章全韻)』 등을 저술하였다. 저서로는 『영처고(嬰處稿)』·『청장관고(靑莊館稿)』·『이목구심서(耳目口心書)』·『사소절(士小節)』·『청비록(淸脾錄)』·『기년아람(紀年兒覽)』·『청령국지(蜻蛉國志)』·『앙엽기(盎葉記)』·『한죽당섭필(寒竹堂涉筆)』·『선귤당농소(蟬橘堂濃笑)』·『예기억(禮記臆)』·『송사보전(宋史補傳)』 등이 전한다.

3. 구성과 내용

이화여자대학교 중앙도서관 소장본 『뇌락서』는 1~2책(권1~권4)만 남아있고, 3~6책(권5~권12)은 낙질된 상태이다. 서근(書根)에 "共六"이라고 써있는 것으로 보아 원래 예악사어서수(禮樂射御書數)의 총 6책이었던 것으로 보인다. 인쇄된 용지에 정성들여 쓴 글씨로 정서하였으며 19세기 초에 필사된 것으로 보인다. 서울대학교의 규장각에 소장되어 있는 『청장관전서』에는 총 12권의 「뇌락서」가 포함되어 있다. 이덕무의 『아정유고』에 수록된 「여성사집대중서(與成士執大中書)」를 보면 『뇌락서』 초고를 쓸 당시에는 『황명유민전(皇明遺民傳)』이란 제목으로 불린 듯하다. 이덕무는 성대중에게 아직 『황명유민전』의 난초(亂草)가 정리가 되지 않아 보여줄 수 없고 편집이 끝나면 서를 부탁한다는 말을 전하고 있다. 초고를 지은 시기는 성대중에게 주는 편지에 의거할 때, 박지원의 『열하일기』가 나온 1780년 즈음이었으리라 추측된다. 아마도 이후에 발간하면서 『황명유민전』이 아닌 『뇌락서』란 제목을 붙인 듯하다. 흥미로운 점은 성대중의 아들인 성해응(成海應 : 1760~1839)이 「황명유민전(皇明遺民傳)」이란 제목의 명나라 유민 열전을 편찬했다는 점이다. 성해응의 문집 『연경재전집(研經齋全集)』에 수록된 「황명유민전」은 체재와 인용서목, 그리고 수록 인물들이 『뇌락서』와 아주 유사하다. 성해응이 『뇌락서』를 토대로 재정리한 것으로 보인다.

『뇌락서』의 인용서목은 총 96책으로 모두 17세기와 18세기에 저술되었으며, 역사서·지리지·학술사·개인문집·패설기담 등 다양한 종류의 책들을 망라하고 있다. 인용서목은 다음과 같다.

『명사(明史)』, 『계정야승(啓禎野乘)』, 『대청일통지(大淸一統志)』, 『성경통지(盛京通志)』, 『기보통지(畿輔通知)』, 『강남통지(江南通志)』, 『가흥부지(嘉興府志)』, 『양주부지(揚州府志)』, 『동림전(東林傳)』, 진정(陳鼎)의 『유계외전(留溪外傳)』, 황종희(黃宗義)의 『명유학안(明儒學安)』, 전겸익(錢謙益)의 『유학집(有學集)』과 『열조시집(列朝詩輯)』, 진유숭(陳維崧)의 『협건집(儷衍集)』과 『검토집(檢討集)』, 왕완(汪浣)의 『설령(說鈴)』과 『요봉집(堯峯集)』, 왕탁(王晫)의 『문원이칭(文苑異稱)』·『금세설(今世說)』, 주이존(朱彝尊)의 『명시종(明詩綜)』·『명시종시화』·『정지거시화(靜志居詩話)』·『폭서정집(曝書亭集)』, 왕사정(王士禎)의 『지북우담(池北偶談)』·『거이록(居易錄)』·『고유록(古諭錄)』·『황화기문(皇華紀聞)』·『대경당집(帶經堂集)』·『어양전집(漁洋前集)』·『어양시화(漁洋詩話)』·『감구집(感舊集)』, 고염무(顧炎武)의 『금석문자기(金石文字記)』, 심덕잠(沈德潛)의 『명시별재집(明詩別裁集)』·『국조시별재집(國朝詩別裁集)』·『귀우집(歸愚集)』, 모기령(毛奇齡)의 『서하집(西河集)』·『시화(詩話)』, 주량공(周亮工)의 『장거집(藏弆集)』·『인수옥서영(因樹屋書影)』, 노견증(盧見曾)의 『감구집보전(感舊集補傳)』, 여유량(呂留良)의 『질망집(質亡集)』, 요전(姚佺)의 『시원(詩源)』, 탁이감(卓爾堪)의 『유민시(遺民詩)』, 일수(釰琇)의 『고승(觚賸)』, 굴대균(屈大均)의 『옹산시외(翁山詩外)』, 조사철(趙士喆)의 『동산시

외(東山詩外)』, 전회(全懷)의 『미외헌집(味外軒集)』, 여회(余懷)의 『판교잡기(板橋雜記)』, 항사준(杭士駿)의 『용성시화(榕城詩話)』, 고대신(顧大申)의 『학소시선(鶴巢詩選)』, 오몽양(吳夢暘)의 『사당시초(射堂詩鈔)』, 서야(徐夜)의 『동치시선(東癡詩選)』, 모선서(毛先舒)의 『동원시초(東苑詩鈔)』・『어소(語小)』, 오역(吳易)의 『동호창화집(東湖唱和集)』, 심계우(沈季友)의 『휴이시계(攜李詩繫)』, 한흡(韓洽)의 『기암시존(寄菴詩存)』, 유문소(劉文炤)의 『남혜당우존(攬蕙堂偶存)』, 방이지(方以智)의 『부산집(浮山集)』, 방중이(方中履)의 『한청각집(汗青閣集)』・『고금석의(古今釋疑)』・『수상거집(遂上居集)』, 후방역(侯方域)의 『장회당집(壯悔堂集)』・『사억당집(四憶堂集)』, 위상(魏祥)의 『백자집(伯子集)』, 위희(魏禧)의 『숙자집(叔子集)』, 위례(魏禮)의 『이자집(李子集)』, 위세걸(魏世傑)의 『재실고(梓室藁)』, 위세방(魏世放)의 『소사집(昭士集)』, 위세엄(魏世儼)의 『경사집(敬士集)』, 이패(李沛)의 『평암시집(平菴詩集)』, 이기(李沂)의 『난소당집(鸞嘯堂集)』, 오증(吳韜)의 『승항당집(升恒堂集)』, 오린(吳翔)의 『적수유시(荻水遺詩)』, 두준(杜濬)의 『다촌집(茶村集)』・『변아당집(變雅堂集)』, 왕즙(汪楫)의 『회재집(悔齋集)』, 왕차중(王次中)의 『대헌유집(待軒遺集)』, 섭소원(葉紹袁)의 『천료집(遷聊集)』, 오본태(吳本泰)의 『해속당집(海粟堂集)』, 장목(張穆)의 『철고산인고(鐵稿山人藁)』, 정암(正嵓)의 『동범집(同凡集)』, 오위업(吳偉業)의 『매촌집(梅村集)』, 탕연생(湯燕生)의 『상가집(商歌集)』, 이천식(李天植)의 『신원집(蜃園集)』, 만태(萬泰)의 『한송재집(寒松齋集)』, 방문(方文)의 『도산집(嵞山集)』, 시윤장(施閏章)의 『우산집(愚山集)』, 공현(龔賢)의 『초향당집(艸香堂集)』, 우동(尤侗)의 『서당집(西堂集)』, 반뢰(潘耒)의 『수초당집(遂初堂集)』, 장방(張昉)의 『호객유시(瓠客遺詩)』, 주학령(朱鶴齡)의 『우암집(愚菴集)』, 후홍(侯泓)의 『장정집(掌亭集)』, 유서(劉曙)의 『절필거고(節必居藁)』, 노세관(盧世潅)의 『존수원집(尊水園集)』, 임자(林茝)의 『치재집(恥齋集)』, 송완(宋琬)의 『안아당집(安雅堂集)』, 오기(吳騏)의 『함함집(顑頷集)』, 황순요(黃淳耀)의 『도암집(陶菴集)』, 진자룡(陳子龍)의 『상진각집(湘眞閣集)』, 하완순(夏完淳)의 『남관초(南冠艸)』, 왕사록(王士祿)의 『서초집(西樵集)』, 이광지(李光地)의 『용촌집(榕村集)』, 오경(吳璟)의 『서재집(西齋集)』, 전사형(錢士馨)의 『갱가집(賡笳集)』, 축순문(祝洵文)의 『영산루집(影山樓集)』, 담윤겸(談允謙)의 『수훤초당집(樹諼草堂集)』, 서개임(徐開任)의 『우곡시고(愚谷詩藁)』 등을 참고로 하였다.

『뇌락서』에 기술된 인물들을 목차순으로 살펴보면 대략 다음과 같다.

　1책의 권지일(卷之一) : 주의방(朱議雱)・주유침(朱由榐)・주무휘(朱茂暉)・주무서(朱茂曙)・석도화상(石濤和尙)・팔대산인(八大山人)・여공(麗公)・사암화상(槎菴和尙)・이오기(李傲機)・성휴(性休)・방이지(方以智)・방중덕(方中德)・방중이(方中履)・웅개원(熊開元) 등 33인.

　1책의 권지이(卷之二) : 오유애(吳有涯)・섭소원(葉紹袁)・정용채(鄭龍采)・오본태(吳本泰)・소사위(蕭士瑋)・주지여(周之璵)・화윤성(華允誠)・고승연(高承埏)・장가사(張可仕)・장록징(張鹿徵)・여잠(呂潛)・장유예(張有譽)・주국재(朱國梓)・노세각(盧世潅) 등 49인.

　2책의 권지삼(卷之三) : 양이장(梁以樟)・진홍서(陳弘緖)・만왈길(萬曰吉)・왕대(王岱)・호

주재(胡周鼎)·심중주(沈中柱)·고몽기(顧夢麒)·구상의(邱上儀)·유약의(劉若宜)·진소(陳素)·교가빙(喬可聘)·채원신(蔡元宸)·심수악(沈壽嶽)·심수민(沈壽民) 등 34인.
　2책의 권지사(卷之四) : 모양(冒襄)·전병등(錢秉鐙)·심사주(沈士柱)·황징지(黃澂之)·조사철(趙士喆)·송계징(宋繼澄)·동초(董樵)·이환장(李煥章)·이봉조(李鳳祚)·사조두(史兆斗)·임고도(林古度)·서파(徐波)·위윤남(魏允枏)·위윤찰(魏允札)·좌국재(左國材)·이손지(李孫之)·주무란(周茂蘭)·황종희(黃宗義) 등 54인.

　이화여대 도서관본 『뇌락서』의 3책부터 6책까지는 낙질이지만, 1책에 쓰인 목차로 수록 인물의 대략을 살펴보면 다음과 같다.
　권지오(卷之五) : 만태(萬泰)·손기봉(孫奇逢)·범로(范路)·오호(吳濩)·주학령(朱鶴齡)·육계광(陸啓浤)·유여언(兪汝言)·포첩(包捷)·오기(吳騏)·제구정(諸九鼎)·대립(戴笠)·굴대균(屈大均) 등 65인.
　권지육(卷之六) : 육기(陸圻)·서개(徐介)·시소병(柴紹炳)·손치(孫治)·장강손(張綱孫)·모선서(毛先舒)·심겸(沈謙)·도징(陶澂)·서연수(徐延壽)·호승낙(胡承諾)·전숙윤(錢肅潤)·증전찬(曾傳燦) 등 35인.
　권지칠(卷之七) : 구유병(邱維屛)·이관계(李灌谿)·이괴춘(李魁春)·문점(文點)·담종(譚宗)·오삼(吳參)·주영년(周永年)·여회(余懷)·육연(陸璉)·풍연년(馮延年)·조대복(曹大復)·오운(吳雲)·유지(喩指) 등 53인.
　권지팔(卷之八) : 송조(宋曹)·이백(李柏)·장약희(張若羲)·호개(胡介)·주명호(朱明鎬)·오종한(吳宗漢)·주사치(朱士稚)·고조우(顧祖禹)·이세웅(李世熊)·황축(黃逐)·음의등(陰宜登) 등 64인.
　권지구(卷之九) : 종원예(宗元豫)·오창문(吳昌文)·왕개(汪价)·주국한(朱國漢)·안하(安夏)·반육(潘陸)·서사준(徐士俊)·유남사(兪南史)·팽손이(彭孫貽)·섭대의(葉大疑)·호장경(胡長庚)·진용정(陳龍正) 등 75인.
　권지십(卷之十) : 진결(陳潔)·장가령(張嘉玲)·관해금(管諧琴)·해명(海明)·이아구(李牙垢)·애철도인(愛鐵道人)·유세두(劉世斗)·건원도인(乾元道人)·대방상인(大方上人)·이절부(李節婦)·팽부인(彭夫人)·니함광(尼涵光) 등 69인.
　권지십일　보편(卷之十一補編) : 왕태보(王台輔)·증사종(曾嗣宗)·항우규(項禹揆)·마삼형(麻三衡)·대중(戴重)·은연(殷淵)·임자(林㙉)·허염(許琰)·염초수(髯樵叟)·금릉걸아(金陵乞兒)·서안개자(西安丐者)·서열모(徐烈母) 등 84인.
　권지십이　보편(卷之十二補編) : 주세손(周世孫)·주지유(朱之瑜)·황경방(黃景昉)·방사량(方士亮)·모사룡(毛士龍)·곽지기(郭之奇)·추지린(鄒之麟)·왕기(王璣)·강세작(康世爵)·전호겸(田好謙)·황공(黃功)·최회저(崔回姐) 등 108인.

『뇌락서』의 목차에 제시된 인물의 면면만 보더라도 뛰어난 예술가, 자연철학자, 사상가, 문인 및 열부(烈婦)에 이르기까지, 그리고 청조에 출사하지 않고 은둔했던 인물부터 청나라를 떠나 조선에 귀화한 인물까지 다양하다. 수록 인물의 숫자와 다양한 면면을 보면, 일평생을 유민 의식을 가지고 살아간 사람들을 총망라하려 했던 이덕무의 집필 의도를 짐작할 수 있다.

『뇌락서』 1책~2책에서 문인, 사상가, 예술가로 유명했던 인물들을 중심으로 그 행적을 살펴보면 다음과 같다.

석도화상(1641~1720) : 이름은 알 수 없으며 종실의 후예로 명나라가 망하자 승려가 되었다. 이름은 원제(元濟), 자는 석도, 호는 고과(苦瓜), 자호는 할존(瞎尊)이다. 산수화에 뛰어났으며, 시문은 호방했다.

팔대산인(1624~1703) : 명나라 종실의 후예로 명이 망하자 집을 버리고 봉신산에 은거하여 승려가 되었다. 미친 짓을 하거나 크게 웃다가 우는 등 기괴한 행동을 하였다. 파초, 괴석, 꽃, 대나무, 기러기 등 대상의 특징을 잡아내 간략하게 그려내는 데 뛰어났다. 술은 두 되를 마시지 못하지만 술을 좋아해 취하면 그림을 그려 거저 사람들에게 나눠주었다. 그러나 권세가에게는 그림을 주지 않았다.

방이지(1611~1671) : 자는 밀지(密之), 동성(桐城) 사람이다. 명이 망하자 승려가 되니, 승명은 홍지(弘智), 자는 무가(無可), 별호는 약지화상(藥地和尙)이다. 아버지를 이어 주역(周易)을 연구하였다. 역리(易理)와 불교와 노장에 통달했을 뿐만 아니라 물리, 지리, 역사, 천문, 문학 등 여러 방면의 학문에도 정통했다. 『주역도(周易圖)』, 『팽설록(烹雪錄)』, 『부산전집(浮山全集)』 등 수십 종의 책을 저술하였다.

섭소원(1589~1648) : 자는 중소(仲韶), 오강(吳江) 사람이다. 만주족의 변란으로 인한 망국의 한을 시로 남겼다.

고염무(1613~1682) : 자는 영인(寧人), 장주(長洲) 사람이다. 어려서부터 박학하여 변론하는 학문을 좋아하였다. 십삼경, 제사(諸史), 패설, 야담, 역대 명인들의 저술, 미문(微文)에 이르기까지 고구하지 않은 바가 없었다. 음운학에 정통하여 글자의 소리와 형태와 뜻을 변증하였다. 명나라가 망한 후 만주족의 침략에 저항하는 의용군에 참가하였으나 패하였으며, 청의 지배하에 들어가서도 죽을 때까지 이민족(異民族)의 군주를 섬기지 않았다. 『정림집(亭林集)』, 『일지록(日知錄)』 등이 전한다.

황종희(1610~1695) : 자는 태충(太沖), 호는 이주(梨洲), 절강(浙江) 여요(餘姚) 사람이다. 아버지 황존소(黃尊素)는 강직하여 동림당 탄압 때 환관의 무리들인 역당(逆璫)에게 죽임을 당했다. 황종희는 아버지의 원수를 갚기 위해 경사에 달려와 이름까지 바꾸고 기회를 기다렸다. 그런데 숭정 연간 위충현이 자결하고 역당이 흩어지자 직접 아버지의 원수를 갚지 못한 일을 한탄하였다. 명나라가 멸망하자 은거하여 벼슬하지 않고, 고향에 돌아가 강학하면서 저술에 몰두하였다. 그의 저작은 강개했으며, 시는 비가(悲歌)가 많았다.『남뢰집(南雷集)』,『명유학안(明儒學案)』,『송원학안(宋元學案)』등 아주 뛰어난 저작들을 남겼다.

이옹(1627~1705) : 호는 이곡(二曲), 자는 중부(中孚)로 주질(盩厔) 사람이다. 아버지 이가종(李可從)은 명나라 말에 전사하였다. 이옹은 어려서 배우기를 좋아하여 송나라 유자들의 학술을 따라 명체달용(明體達用)을 중시하였다. 명나라가 망하고 청조가 일어나자 조정의 초빙을 받았으나 병을 핑계하여 사양하였다. 저서로는『사서반신록(四書反身錄)』,『이곡집(二曲集)』등이 있다.

이처럼『뇌락서』에는 명조가 멸망하자 농사를 지으며 은거하거나(주의방), 청나라 군사와의 전투에서 여러 차례 패배해도 굴하지 않고 싸워 죽음을 맞이하거나(주유침), 경사(經史)를 버리고 천문, 의학, 복서에 몰두하며 술과 바둑에 빠져 일생을 보내거나(주무서), 걸식하는 승려가 되어 애상적인 시와 술로 망국의 한을 달래며 일생을 보내거나(사암화상), 도사가 되어 은거하며 백세가 넘게 살아 사람들에게 신선으로 칭해지거나(이오기), 변란 후 떠돌면서 나라를 잃은 심경을 의탁한 시를 짓는(여잠) 등 유민들의 다양한 삶의 궤적을 보여준다.

『뇌락서』에는 농사를 짓거나, 은거하거나, 승려가 되는 식으로 청조에 저항하는 경우가 대부분이지만, 이 외에도 중국 땅을 떠나 조선으로 망명함으로써 명나라의 정통성을 지킨 인물도 다수 수록하고 있다. 요동지방에서 명군의 일원으로 후금과 항전하다 패하여 조선으로 탈출했던 강세작(康世爵)과 전호겸(田好謙), 임진왜란 때 출병했던 명나라 원군의 후손으로 명이 망하자 조선으로 망명한 이응인(李應仁), 나라가 망하자 해안을 따라 표류하여 조선으로 들어온 마순상(麻舜裳)·문가상(文可尙)·호극기(胡克己), 복명운동(復明運動)을 전개하여 심양에 포로로 억류되었다가 청나라에 인질로 잡혀간 소현세자와 봉림대군이 조선으로 귀국할 때 이들을 따라 왔던 황공(黃功)·풍삼사(馮三仕)·정선갑(鄭先甲)·배삼생(裵三生) 등의 행적이 기록되어 있다.

4. 가치 및 평가

이덕무는 각 인물들의 행적을 기록하면서 한 문헌만을 참고로 한 것이 아니라, 여러 문헌을 참고로 하여 한 인물의 삶의 면면을 객관적으로 재구하고 있다. 가령 주무서라는 인물을 기록할 때, 주이존의『명시종』과『정지거시화』·왕완의『요봉집』에서 관련된 부분을 각각 발췌·인용하는 식이다. 이는 이덕무의 박학광기(博學廣記)하며 객관적이고 고증학적인 학문 태도에서 비롯된 것이라 할 수 있다.

이덕무의 저서 중『송사전(宋史筌)』의 열전을 보완하여 저술한『송사유민보전(宋史遺民補傳)』은『뇌락서』의 편찬의식과 깊은 관련을 지닌 저술이다.『뇌락서』는 이『송사유민보전』보다 먼저 편찬되었는데, 『송사유민보전』은 1791년에 완성되었다. 명나라 유민에 관한 열전인 『뇌락서』를 지었던 경험이 『송사유민보전』으로 이어진 것이라 할 수 있다. 1784년 정조의 명을 받아 이덕무는 『송사전』 개찬에 참여하면서 송사에 대한 수정과 보완 작업을 했는데, 이 중 유민전은 이덕무가 가장 심혈을 기울여 편찬한 부분이다. 송렴(宋濂)의 『원사(元史)』・여유량(呂留良)의 『송시소전(宋詩小傳)』・조정동(曹廷棟)의 『송시존(宋詩存)』・고사립(顧嗣立)의 『원시선(元詩選)』・육구성(陸九成)의 『철경록(輟耕錄)』・주밀(周密)의 『계신잡지(癸辛雜識)』・왕기(王圻)의 『절의고(節義考)』・조맹부(趙孟頫)의 『송설집(宋雪集)』 등에 흩어져 있는 송 유민의 기록을 수집하여 총 119명의 행적을 기록하였다. 원조(元朝)의 부름에 응하지 않거나, 송 황실의 회복을 도모하거나, 원의 연호를 쓰지 않거나, 송의 복장을 고집하거나, 은둔하여 제자를 기르거나, 산이나 강호에 숨어 승려・도사가 되는 등 송에 대해 다양한 방식으로 절의를 지켰던 인물들을 대상으로 삼았다. 이덕무는 『송사』나 『명사』에는 유민들의 행적을 기록하는 부분이 없기 때문에 송나라와 명나라 유민들을 기리기 위한 열전을 별도로 마련한 것이다. 이덕무가 춘추의리에 입각해 이민족인 원나라와 청나라에 대해 가졌던 부정적인 의식이 이런 역사서를 통해 표출되었다고 할 수 있다. 자신이 만든 유민전을 읽고 탄식하며 눈물을 흘리지 않는 사람은 충신지사가 아니라고 하여 의리론에 입각한 역사관을 피력하고 있다.

『뇌락서』는 각종 문헌에 흩어진 명나라 유민들의 행적을 수집하여 일목요연하게 정리한 책이기 때문에 비록 저자의 문예적이고 미학적인 측면을 보기는 어렵지만, 18세기의 역사의식이나 조선 지식인들의 중국관을 살펴보는 데 매우 유용한 자료라고 할 수 있다. 또한 이덕무가 참고로 한 엄청난 문헌들을 통해 18세기 조선 지식인들의 독서 경향과 학문적 흐름을 파악할 수 있다는 점에서 매우 주요한 자료로 판단된다.

(길진숙)

[색인어]
뇌락서, 명말청초, 중국인물지, 약전

[참고문헌]
『국역청장관전서』, 민족문화추진회 편, 1979.

김문식, 「『송사전』에 나타난 이덕무의 역사인식」, 『18세기 조선 지식인의 문화 의식』, 한양대학교 출판부, 2001.

동사

東史

筆寫本. ― [發行地不明] : [發行處不明], [發行年不明].
88張 : 無界, 10行20字 註雙行 ; 22.5×16.4cm.

고서/고서951.02 동61

東史

東史

1. 개요

　『동사(東史)』는 단군(檀君)에서 시작하여 기자(箕子), 위만(衛滿), 부여(夫餘), 삼국(三國), 고려(高麗), 발해(渤海)를 포함한 우리나라 역사(歷史)와 지리(地理), 영역(領域)을 간추려 서술한 편년체(編年體) 형식의 역사서이다. 1권 88장으로 구성되어 있다.

　첫 장에 "柳琯之印", "東國孺生", "楊柳當年"과 같은 3개의 낙관이 찍혀있으나 그것만으로 이 책의 편저자를 파악할 수 없었다.1) 유관은 단순히 소장자나 필사자일 가능성도 배제할 수 없다. 다만 책 내용으로 추측컨대 이 책은 조선 후기 18세기 후반 경에 편찬된 것으로 추정된다.

　책 후반부에는 미수(眉叟) 허목(許穆 : 1595~1682)이 지은 「아국팔도지승[許眉叟撰 我國八道地乘]」이 첨부되어 있고, 『조야집요』(朝野輯要 : 1784년, 정조 8)에 이장연(李長演)이 편찬한 것으로 추정되는 기사본말체(紀事本末體)에 실린 「부연로정(附燕路程)」과 저자(著者)를 알 수 없는 「일본고(日本考)」가 첨부되어 있다.

2. 편·저자

　『동사(東史)』의 편저자는 미상이다. 그런데 역사적 사실을 서술한 후 '거사왈(居士曰)'과 '안왈(按曰)'의 형식으로 편저자로 추측되는 사람의 사론이 첨부되어 있어, 이 책을 지은이의 역사의식을 파악하는 데 도움이 된다.

　이 책의 내용 중에 조선의 건국을 '아조(我朝)'라고 지칭한 부분이 발견되고, 『동사강목(東史綱目)』을 참조했고, 조선 정조(正祖)대 이후 만들어진 것으로 추정되는 『조야집요(朝野輯要)』가 첨부된 것으로 보아 이 책의 편저자는 조선 후기의 영·정조 시기, 즉 18세기 이후에 활동했던 인물로 추정된다.

　미수 허목도 『동사(東事)』라는 유사한 이름의 역사서를 저술하였고, 이 책 『동사(東史)』에

---

1) 유관(柳琯)이란 이름의 인물은 발견할 수 없었다. 다만 CD-ROM 《사마방목(司馬榜目)》(韓國精神文化硏究院)의 인명검색에서 유관(柳輨 : 1757~?)이란 인물의 간단한 인적사항을 확인할 수 있었다. 자는 중운(仲雲), 문화 유씨(文化 柳氏) 집안으로 전주진관병마절제도위(全州鎭管兵馬節制都尉), 통훈대부(通訓大夫)를 지냈고 형은 유집(柳輯)이다. 27세 정조(正祖) 7년 (1783) 계묘(癸卯)에 증광시(增廣試) 진사(進士) 2등(二等) 3위에 합격하였다. 유관(柳輨)이 전자의 유관(柳琯)과 동일인인지, 『동사(東史)』의 편·저자인지는 확인할 수 없었다. 단지 『동사(東史)』가 편찬된 시기와 유관((柳輨)이 생존한 시기가 비슷하다. 또 동사의 내용 중 발해에 관한 부분이 있어 『발해고(渤海考)』 저술로 유명한 유득공(柳得恭 : 1749~?) 가문의 인물이 아닌가하여 유득공의 가계를 검토했으나 유관(柳琯)과 관련된 사항은 발견되지 않았다. 또 유관의 당파나 학맥도 찾기가 어려웠다.

허목의 글이 첨부되었기 때문에 이 책의 편저자가 혹 허목이 아닐까 하는 추측을 해 보았으나 이 책 본문 중에 '미수 허목이 동부여(東夫餘)의 왕 부루(夫婁)를 단군의 아들로 기록한 것은 오류이다.'라고 하면서 자신의 견해를 밝힌 것으로 보아 이 책의 저자는 허목이 아니다.

그러나 책의 내용 중 단군, 기자 위만, 부여국, 고구려, 예맥, 동옥저, 비류(沸流), 발해, 숙신(肅愼), 말갈 등 북방 역사에 대한 내용과 역사지리(歷史地理), 수도(首都)의 연혁(沿革), 강역과 경계(境界)에 대해 서술한 것은 허목의 『동사(東事)』에서 영향을 받았을 가능성도 있다.2)

특히 이 책 『동사(東史)』의 내용은 조선 후기 실학자들의 역사 서술 태도 및 그 내용과 상통한다. 그런 점에서 『동사(東史)』의 저자나 편자는 허목의 학통을 계승하고, 조선 후기 실학의 학풍을 계승한 학자로 추정된다. 이 책의 편·저자가 주로 참조한 우리나라 역사책은 순암(順庵) 안정복(安鼎福 : 1712~1791)의 『동사강목(東史綱目)』이다. 이 책의 저자는 허목-이익(李翼)-정약용(丁若鏞)으로 이어지는 기호 남인계(畿湖 南人系)의 학풍을 계승한 인물로 추정된다. 더구나 마지막에 편집된 「일본고」는 성호(星湖) 이익(李翼 : 1681~1763)이나 다산(茶山) 정약용(丁若鏞 : 1762~1836)과 마찬가지로 일본을 오랑캐로 배척할 것이 아니라 연구해야 할 대상으로 인식했다는 점에서 더욱 그러한 추측을 가능케 해 준다.

그런데 이 책 뒤에 첨부된 「부연로정」의 내용은 북학파(北學派) 실학자 박지원(朴趾源)의 『열하일기(熱河日記)』를 연상시켜주며 또 이 책의 발해와 그 강역에 대한 고찰은 유득공(柳得恭 : 1749~?)의 『발해고(渤海考)』의 영향을 받았을 가능성이 크다. 그러므로 이 책의 저자는 북학파 계통의 실학자의 영향을 받았을 가능성도 배제할 수 없다.

이 책과 같은 이름의 책으로 수산(修山) 이종휘(李種徽 : 1731~1786)의 『동사(東史)』가 있다. 이종휘의 『동사』는 우리 역사를 단군조선부터 시작하여 발해, 부여, 예맥, 고구려 등 북방의 역사를 중시하고 있으며 고조선의 영역과 강토를 요동으로 비정하였다. 또 이종휘의 『동사』는 한사군(漢四郡)의 4군(四郡)을 한반도 밖으로 비정하고 있으며, 기자조선의 왕계(王系)를 기씨 족보(箕氏族譜)를 참고하여 기록하고 있는 점에서 이화여대 도서관본 『동사(東史)』와는 다르다. 이화여대 도서관본 『동사』에는 '거사왈(居士曰)'이라는 안설(按說)을 달아 기자조선의 왕실의 계보를 밝히는데 기씨 족보를 사용하는 것을 비판하였다. 따라서 이 책은 이종휘보다는 만주고토회복(滿洲故土回復)이나 고구려사 강조에 비판적이었던 이익, 안정복, 정약용 등의 기호 남인계 학자들의 영향을 받은 것으로 추정된다.

---

2) 이 책 『동사(東史)』의 「일본고(日本考)」의 내용은 허목의 『동사(東事)』의 「일본고(日本考)」의 내용과 거의 유사하다.

3. 편찬 경위

이 책의 편찬이나 간행 경위는 알 수 없으나, 『동사(東史)』라는 서명을 통해 알 수 있듯이 중국사에 대해 우리나라의 역사를 자주적이고 주체적으로 이해하려는 의도에서 편찬한 책으로 추정된다. 이러한 역사 서술 태도는 조선 후기 실학자들의 보편적인 경향이었다. 즉 중국 중심의 세계관에서 벗어나 우리의 고대사와 북방역사, 강토와 영역에 대한 관심이 그것이다. 그런데 이 책은 단군신화(檀君神話)의 내용이 불교적, 무속적으로 윤색(潤色)된 점을 비판했으며, 한사군(漢四郡)의 위치도 한반도 영역 내로 비정(批正)했고, 기자 조선의 왕실 세계를 기씨 족보를 보고 기록한 것을 비판하면서, '안설(按說)'을 통해서 역사적 사실에 대한 실증적 고증을 실천했다. 그런 점에서 이 책은 민족 주체성을 강조하고는 있으나 사실에 대한 실증과 고증에는 소홀했던 불교적, 도가적 역사서를 비판하기 위해 쓰였을 가능성이 있다.

4. 구성과 내용

이 책은 다음과 같은 순서로 표제가 달려있다.

檀君-箕子-衛滿-夫餘-高句麗-百濟-味鄒忽-新羅-高麗-渤海-駕洛伽倻-濊貊-東沃沮-沸流-樂浪-辰韓-弁韓-甘文-于山-肅愼氏-靺鞨-耽羅-伊西國-于尸山國-居漆山國-葭山國-音汁伐國-保羅國-古自國-史勿國-押督國-此只國-多伐國-草八國-召文國-骨伐國-沙伐國-骨浦國-漆浦國-古浦國-伽羅國-任那國-昌寧國-駒令國-召羅國-帶方國-悉直國-于山國-沸流國-荇人國-挹婁國-黃龍國-鮮卑國-梁貊國-海頭國-橡那國-盖馬國-句荼國-廉斯國-曷思國-藻羅國-朱羅國-定安國-渤海國-休忍國-州胡國-三韓災異考(신라-고구려-백제-고려의 순서로 서술했음)-地理考-三國都考-新羅都-高句麗都-高麗都-附東國歷代地界-我 國 八道地乘, 許眉叟撰(평안도, 충청도, 전라도, 경상도, 강원도, 함경도, 황해도)-附燕路程, 朝野輯要-日本考.

그 내용을 중심으로 분류하면 세 부분으로 나뉜다. 첫째, '단군'에서 '주호국'까지는 우리나라 고대국가의 정치사를 간추려 편년체 형식으로 서술하였다. '삼한재이고'는 삼국에서 고려까지의 각국의 정치적 사건과 관련된 중대한 천변재이를 서술했다. 여기까지가 『동사』 전체 내용 중 분량이 가장 많아 62장이다. 두 번째 내용은 '지리고'에서 '아국팔도지승'까지 역대국가의 수도와 지리적 연혁과 특징 등을 기록했다. 모두 18장이다. 세 번째로 '부연로정'과 '일본고'는 청과 일본의 지리와 풍물을 소개했다 4장으로 구성되었다.
　중요한 내용을 간추리면 다음과 같다. 단군에서 탐라까지는 각 국가별로 국가의 성립과 시조의 탄생설화 및 각 왕대마다의 중요한 사건, 외세의 침략과 저항, 쇠망에 이르기까지의 각국의 정치사를 서술했다. 또 '이서국'에서부터 '우산국'까지는 이 소국들이 신라에 병합되는 과정을 서술하였고 '비류국'에서부터 '발해국'까지는 이 소국들이 고구려에 병합되는 과정을 서술했고, '휴인국'과 '주호국'이 백제에 병합되는 역사적 과정을 간략히 서술하고 있다.

'단군'에는 『삼국유사(三國遺事)』와 같은 단군신화의 내용을 싣고 있으나, 단군조선이 개국한 해를 『삼국유사』에서는 요임금 즉위 50년 경인년으로 기록한데 반해 이 책에서는 요임금이 즉위한 첫해인 무진년(戊辰年)으로 기록했다.

'기자'에는 기자[太祖文成王]에서 42세손 기준(箕準)에 이르는 왕위 계승 과정과 왕명, 시호, 재위년을 밝혔다. 그러나 '안설(按說)'에서 왕명(王名)과 시호(諡號)는 기씨(箕氏), 한씨(韓氏)의 족보에서 나왔기 때문에 그 신뢰성에 의문을 제기하였다. '위만'에서는 '위만동래설(衛滿東來說)'을 언급하고 역년(歷年) 87년 만에 한무제(漢武帝)에게 망해 조선 땅에 4군이 설치되었음을 언급하였다. 또 위만이 기자조선의 준왕(準王)의 왕위를 찬탈한 것에 대해 비판하고 있다.

'부여'는 단군의 후손이고, 조선에 신속(臣屬)했다. 그리고 북부여와 동부여의 관계, 해부루(解夫婁)와 금와(金蛙), 금와와 주몽(朱蒙), 해모수(解慕漱)와 유화(柳花), 주몽간의 관계, 주몽의 고구려 건국 과정에 대한 여러 가지 이설(異說)을 전해주고 있다. 부여의 풍속과 대외전쟁, 고구려에 항복하기까지의 역사를 서술하였다.

고구려, 백제, 신라의 역사는 시조왕(始祖王)의 탄생설화에서 시작하여 마지막 왕까지 각 왕대별로 편년체로 제도, 정치적 사건, 대외전쟁 등 국가의 중대사를 선별하여 서술했다. 그 내용은 대체로 『삼국사기(三國史記)』의 기록과 일치되고 있고, 특히 칭원법(稱元法)을 유교적 명분에 따라 중국식으로 '유년칭원법(踰年稱元法)'으로 쓰지 않고 실제 우리나라의 역사적 사실과 일치하는 '즉위년 칭원법(卽位年 稱元法)'을 사용한 점도 『삼국사기』의 서술방식을 본받고 있다.

고구려의 역사는 시조 동명왕(東明王)의 탄생설화에서 시작하여 수(隋)·당(唐)과의 전쟁을 비롯한 대외전쟁에 대해서도 자세하게 기록했다. 백제사 뒤에 미추홀(味鄒忽)의 역사를 따로 서술한 점은 다른 역사서에서는 보기 어려운 특이한 체계이다. 백제왕 온조(溫祚)의 형인 비류(沸流)가 미추홀(味鄒忽)에 도읍을 정했으나 거주지로서 적당치 않아 인민과 신하가 모두 죽고, 천위를 계승하지 못해 애석하다는 '거사(居士)'의 평론도 실었다.

신라 역사는 박혁거세(朴赫居世)부터 경순왕(敬順王)대까지 역사를 요약하여 서술했다. 박, 석, 김의 왕위 계승 설화와 왕호의 변천과 유래 및 화랑의 유래, 불교와 이차돈(異次頓), 성골과 진골의 구분, 효자 향덕(向德)의 이야기 등 각 왕대의 중요한 국가적 사건을 기록하였다. '거사왈(居士曰)'의 평론에서는 그 제도와 문물에 대해서는 찬양하였으나 왕실의 근친혼(近親婚)에 대해서는 비판적이다. 신라 역사를 서술한 후 그 말미에 궁예(弓裔)의 역사와 견훤(甄萱)의 탄생설화, 국가의 패망의 원인과 그 과정에 대해 서술하였다.

고려의 역사는 왕건(王建)의 탄생과 도선(道宣)과의 만남, 왕건이 궁예의 휘하에서 성장하여 왕이 되는 과정과 국가체제의 정비에서부터 시작된다. 그리고 혜종(惠宗), 정종(定宗), 광종(光宗), 경종(景宗), 성종(成宗), 경종(景宗), 목종(穆宗), 현종(顯宗)등 각 왕대의 제도 정비, 즉 관제, 교육기관, 토지, 과거, 지방제도를 비롯한 국가의 중대사를 서술했다. 중기 이후는 이자겸(李資謙), 이의민(李義旼), 척준경(拓俊京), 묘청(妙淸), 최충헌(崔忠獻), 신돈(辛旽)에 이르기까지 권신(權臣)의 발호(跋扈)에 대해 경계하는 글을 실었고, 외적의 침략을 극복한 사실, 거란의 전투, 구성(九城)을 축조, 원과의 관계는 심양왕(瀋陽王) 사건, 만권당(萬卷堂) 학자들, 그리고 공민왕대는 명(明)나라의 문물을 적극 수용하려 한 사실들을 기록하고 있다. '거사왈(居士曰)'에서 고려가 권신(權臣)의 발호를 막지 못했음을 비판하고 있다.

'안설(按說)'에서는 고려 문화의 전반적 특징에 대해 평가하고 있다. 고려 문화는 화(華)와 이(夷), 즉 중국 문화와 토속적인 문화가 섞여있어 유교 문화가 사회 전반에 철저하게 시행되지 못했음을 비판하였다. 최충(崔冲), 안향(安珦), 정몽주(鄭夢周)를 제외하고는 볼 만한 유학자가 없다는 것과 상례(喪禮)와 제례(祭禮), 복제(服制) 등이 유교식(儒敎式)으로 시행되지 못한 점을 지적했고, 권신(權臣)의 발호(跋扈)로 왕권이 극히 미약했던 점도 비판했다. 특히 김부식은 명신(名臣)이지만 정권을 마음대로 휘둘러 정지상(鄭知常)을 죽였는데도 간관(諫官)들과 왕이 그 죄를 묻지 않을 정도였다고 비판한 점은 편저자의 역사의식을 파악할 수 있는 좋은 예이다.

'발해'에 대해서는 진국왕(震國王) 대조영(大祚榮)은 속말말갈(粟末靺鞨)인데 고구려의 별종이다. 그 아버지 걸걸중상(乞乞仲象)이 고구려 말 무리를 이끌고 동모산(東牟山)에 거주했는데 당군의 공격을 받게 되고 중상의 아들 조영이 고구려의 남은 무리들과 말갈병[乞四比羽의 무리]과 힘을 합쳐 싸워 당군을 물리쳐 함께 진(震)을 세우고 부여, 옥저, 변한, 조선 땅에 있는 10만 호를 다스렸다. 고왕(高王)-무왕(武王)-문왕(文王)-성왕(成王)-강왕(康王)-정왕(定王)-희왕(僖王)-간왕(簡王)-선왕(宣王)으로 왕위가 계승되다가 당나라 명종대에 거란에게 공격을 당해 214년 만에 망하고 대광현(大光顯)과 그 군신(君臣)이 모두 고려에 들어갔다. 발해 5경 중 목조대왕이 세운 땅이 동경(東京) 근처이고, 중경(中京)이 단군, 동명의 발상지라고 했다.

'가락가야'는 진한(김해)땅에 김수로왕(金首露王)이 세웠고 금관가야(金官伽倻)라고도 했다. 태후 허황후 설화(太后 許皇后 說話)와 그 후에 성립된 오가야(五伽倻), 즉 대가야(大伽倻)·소가야·벽진가야(碧珍伽耶)·아라가야(阿羅伽耶)·고령가야(高靈伽耶) 시조의 탄생 설화 및 신라의 군현으로 합병된 사실을 기록하였다.

'예맥', '부여', '동옥저', '비류'의 군장이 모두 단군의 후예였음을 강조했다. 낙랑은 한(漢)의 군현인데 지금의 평양이고, 고구려에 의해 망했다. 진한은 진(秦)의 망명인이 세운 것이고, 진한(秦韓)이라고도 부른다. 스스로 자립할 수 없어 마한에 붙었다. 12국을 거느렸고 역사가 138년이었으나 신라 시조에게 병합되었다. 변한은 낙랑의 후예이고 진한에 붙어있었다. 13국을 거느리고 156년간 유지하다가 신라 시조에게 항복했다. 감문은 매우 작은 나라인데 현이 4개뿐이고, 신라 조분왕(助賁王)이 토벌하여 신라의 군(郡)이 되었다. 우산은 지금의 울릉도이다, 토지가 비옥하고 오곡이 잘 익는다. 신라 지증왕(智證王)때 조공(朝貢)을 바쳤고 이사부(異斯夫)에게 항복했다.

'숙신씨'는 일명 읍루로, 문자가 없는 나라이다. 야인(野人)이라고 칭한 후에 다시 국호를 금(金)이라 했고 후금(後金)으로 부르다가 심양(瀋陽)을 얻어 개국하여 청(淸)으로 고쳤다.

'탐라국'에 대해서는 성주 고후(城主 高厚) 조상의 탄생설화, 고씨(高氏), 부씨(夫氏), 양씨(梁氏)의 왕위 계승 사실을 쓰고, 신라에 입조하여 '황주왕자(皇主王子)' 작위와 '탐라'라는 국호를 받았다고 했다. 한때 백제를 섬기고, 고려에 귀복하여 군목(郡牧)이 설치되었고, 충렬왕(忠烈王) 당시 원의 지배하에 있었으나, 조선 세종 27년 다시 행정구역이 개편되었다는 연혁과 풍속, 그리고 산물(産物)을 소개했다.

'이서국'에서 '발해국'까지는 신라, 고구려, 백제가 건국 초기에 병합해 간 주변 소국들의 이름을 나열하고 그 위치와 각각 삼국에 병합되는 과정을 서술했다. 예를 들면 이서국은 청도(淸道)에 있었고 유리왕(儒理王) 17년에 신라에 항복했다가 유례왕(儒禮王) 17년 다시 반기를 들었다가 패주했다. '거사왈'에서 그 외에 고구려, 신라에 병합된 다른 소국들은 전적(典籍)이 유실되어 그 역사를 알 수 없음을 애석해하고 있다.

'삼한재이고'에서는 신라 지마왕(祇摩王) 12년에서부터 시작하여 각 왕대마다 천이재변(天異災變)의 역사적 사실을 골라 기록하였다. 실성왕(實聖王)때는 토함산이 붕괴되었고, 진흥왕대에는 황룡사(黃龍寺) 장륙존상(丈六尊像)이 눈물을 흘려서 그 다리까지 닿았다는 것이다. 고구려에서는 유리왕 29년 모천(矛川)에 흑개구리와 적개구리가 서로 싸워서 흑색 개구리가 죽었다. 마지막 보장왕(寶藏王) 5년에는 동명왕 상에서 피가 삼 일간 흘러내렸고 보장왕 13년에는 사람들이 마령산 위에서 신인(神人)을 보았는데 '너의 군신의 사치가 무도하여 금방 패망할 것'이라고 말하는 것 같았다고도 했다. 백제도 시조 온조에서 시작하여 천이재변의 있었던 왕의 사건을 기록했다. 특히 의자왕(義子王) 19년 초진(草津)에 여자 시체가 떠 왔다는 내용이 있다.

고려는 목종(穆宗)10년부터 현종(顯宗), 의종(毅宗), 원종(元宗), 고종(高宗), 공민왕(恭愍王)대에 재이의 징조가 있었고, 숙종 6년 정월 밤 북에서 서쪽으로 하늘에 적기가 가득 찼다. 점치는 사람이 말하기를 "요(遼), 송(宋)의 군사의 충돌의 조짐이 있을 것"이라고 했다. 고려 후기에는 자연재해가 끊이지 않았는데 특히 공양왕(恭讓王) 3년에는 벌레가 송악산 소나무 잎을 먹었고 반대로 선주(宣州)에서는 큰 나무가 수년간 고사(枯死)했다가 다시 번영했다고 하여 사람들이 조선이 개국할 징조로 여겼다는 내용도 있다.

두 번째 내용 '지리고'는 『대명일통지(大明一統志)』, 『여지승람(輿地勝覽)』을 참조하여 고구려, 신라, 백제의 중요한 행정구역의 위치를 비정하고 있다. 고구려의 환도성(丸都城)과 안시성은 같은 곳인데, 그 위치는 평양이 아니고, '동명왕묘(東明王墓)'가 있는 요동이라는 것이다. 신라의 9주(州)의 위치를 고증하였는데, 신라의 영토는 삼한 지역으로 한정되고 평양은 제외된다. 삼한의 위치를 고증한 결과 진한이 경상도, 변한이 전라도, 마한이 전라도, 경기도, 충청도라고 했고 낙랑은 평양, 임둔은 강릉, 현토는 함흥, 진번은 함경북도 변방이라고 했다.

'삼국도고'는 삼국과 고려의 수도의 연혁과 위치 그리고 경계를 밝히고 있다. 신라는 금성(金城)-월성(月城)-만월성(滿月城)-남산성(南山城)으로, 고구려는 졸본성(卒本城)-국내성-환도성-평양성-환도성-장안성(長安城)-평양성으로 옮겼고, 백제는 위례성(慰禮城, 稷山)-남한산(광주)-북한산(남평양, 한양)-웅진(공주)-사비(부여)로 옮겼고, 고려 개성부의 내성과 강화도의 넓이와 높이도 밝히고 있다.

'동국역대지계'에서는 단군, 기자, 위만의 강역을 『팔도지지(八道地誌)』를 참고하여 밝혔다. 또 4군의 강역 즉 낙랑, 임둔, 진번, 현토의 강역에 대한 서술은 안정복의 『동사강목』, 『후한서』를 참고하여 밝히고 있다. 삼한의 영역은 『후한서』, 안정복의 『동사강목』, 『문헌통고』를 참고해서 서술했고 '최치원설(崔致遠說)', '한백겸설(韓百謙說)'을 인용하였다. 예국지계(濊國地界), 맥국지계(貊國地界), 부여지계(夫餘地界)는 『후한서』, 『북사(北史)』, 『문헌비고(文獻備考)』를 인용하고 있다. 동옥저, 북옥저, 남옥저는 『후한서』를 참조하였고 발해국의 지계는 『청통지(淸統志)』를 참조하여 5경 15부 62주를 밝혀 놓았다. 신라 지계는 『신당서(新唐書)』, 안정복의 『동사강목』, 『문헌통고』, 『성경지(盛京志)』, 『삼국사』를 참조했고, 백제 지계는 『두우통전(杜佑通典)』을 참조했다

'아국팔도지승'에서는 우리나라의 강역을 소개했다. 지형은 3면이 바다이고, 1면이 육지와 연결되었고, 남북으로 3,098리, 동서로 1,102리이다. 경기도부터 평안도, 평안도, 충청도, 전라도, 경상도, 강원도, 황해도에 이르기까지 고조선부터 삼국시대, 조선 당대까지 각 지역의 역사적 연혁을 살피고, 행정구역의 개편 과정, 풍속과 자연환경, 특산물, 지역 주민의 인성(人性)까지를 밝혀 놓았다.

세 번째 부분은 '부연로정'과 '일본고'이다. '부연로정'은 서울에서 의주까지, 의주(義州)에서 연경(燕京)까지 가는 중간에 통과하는 안시성(安市城), 산해관(山海關) 등 명소와 풍물을 차례로 소개하고 있다. '일본고'에서는 왜왕(倭王)의 계승과, 풍속, 성씨, 귀족 등에 대해 설명하고 일본의 자연 환경과 토산물 등도 소개하고 있다. 특이한 것은 본 해제자가 허목의 『동사(東事)』의 내용을 검토한 결과 「동사외기(東事外紀)」, 「흑치열전(黑齒列傳)」의 내용과 이 책의 '일본고'의 내용이 거의 같았다는 것이다. 허목의 『동사(東事)』의 내용을 참조한 것으로 추정된다.

5. 서지적 특성

이 책의 표지는 가로 16.5cm, 세로 22.5cm이다. 5매듭으로 된 노란 표지이다. 첫 장 오른쪽 위에 낙관이 한 개, 오른쪽 아래에 두 개의 낙관이 있어 총 세 개의 낙관이 찍혀 있다. 안에 내용은 가로 15cm, 세로는 22cm 정도의 공간에 쓰여 있다. 글자가 비교적 선명하다 한 장에 좌우면에 나누어 글을 쓴 후 반을 접어 중간을 묶었다. 마지막 장에는 "漫塘居士"라는 인장이 있다.

보존 상태는 비교적 양호하고 글자도 매우 선명하여 누구나 평이하게 내용을 알아 볼 수 있을 정도이다. 그 내용 중 글자를 먹으로 검게 지우고 다시 작은 글씨로 옆에 수정한 부분이 간혹 발견된다. 그런데 한 글자씩 베어 나간 부분이 있고, 종이가 갈라진 부분도 발견되고 있어 앞으로는 보존을 위한 보완책을 마련해야 할 것이다.

6. 가치

이화여대 도서관본 『동사(東史)』는 서울대도서관, 규장각(奎章閣), 국립중앙도서관, 한국학중앙연구원 장서각(藏書閣)에는 소장되어 있지 않았다. 같은 이름의 책 '동사(東史)'는 발견할 수 있었으나 그 내용이 달랐다. 이화여대 도서관본 『동사(東史)』의 특징은 한국 상고사를 자세히 서술하고 있다는 점이다. 특히 우리나라 고대사를 삼국시대사로 한정하지 않고, 단군에서 시작하여 부여, 예맥, 옥저, 발해, 삼한, 읍루뿐만 아니라 삼국시대가 열리기 전 이 땅에 있었던 모든 고대의 소국(小國) 형태의 정치단위(政治單位)를 총망라하여 기록하고 있다.

또한 한국 고대국가들의 다양한 신화와 설화들을 싣고 있고, 그들의 역사적 연혁, 위치, 강역, 풍속 등을 가능한 한 자세히 소개하고 있다. 또 자료가 부족한 상고사(上古史)를 연구하기 위해 우리측 자료만이 아니라 다양한 중국측 자료를 참조하여 한국 고대사 연구의 객관성을 높이고 있다. 이 책을 이용하면 고구려를 비롯한 북방사(北方史) 연구는 물론 한국 상고사(韓國上古史) 연구에 도움을 얻을 수 있다. 또한 '거사왈(居士曰)' 형식으로 붙여진 사론을 통해 조선시대 지식인의 역사의식의 일면을 살펴볼 수 있다는 점에서 한국사학사(韓國史學史) 연구에도 도움을 줄 수 있는 자료이다.

(유경아)

[색인어]

해부루, 재이, 미추홀, 숙신씨, 말갈, 탐라, 비류, 온조, 안시성, 산해관, 야인, 후금, 위례성, 환도성, 대광현, 속말말갈, 걸걸중상, 허미수, 동사, 안정복, 동사강목, 조야집요, 한백겸, 문헌비고, 문헌통고, 흑치열전, 정지상, 김부식, 가락가야, 유년칭원법, 즉위년칭원법, 이종휘, 동사

[참고문헌]
허목,『국역 미수기언』I, 고전국역총서, 민족문화추진회 편, 1978.
이종휘,『동사(東史)』, 김영심·정재훈 [공]역주, 소명, 2004.

조동걸·한영우·박찬승,『한국의 역사가와 역사학』상·하, 창작과 비평사, 1994.
한영우,『조선 후기 사학사 연구』, 일지사, 1989.

만국정표

萬國政表 / 博文局 編撰

新鉛活字本. ― [發行地不明] : [發行處不明], [1886(高宗 23)]序.
4卷4冊 : 插圖, 四周雙邊 半郭 17.8×13.6cm, 有界,
10行23字 註雙行, 上下向變形魚尾 ; 26.4×16.8cm.
序[1] : 朝鮮開國四百九十五年[1886]…金允植
序[2] : 鄭憲時序

고서/고서910 만17ㅈ

萬國政表序
有國則有政有政則必有史然秉筆者或任情與奪是非顚
倒傳曰文勝質則史史其可信乎古之人有以禮樂觀其世
故曰見其禮而知其政問其樂而知其德三代以降禮壞樂
崩禮樂其足徵乎嗚呼此萬國政表所以作也夫今之萬國
非古之萬國書不同文車不同軌然惟降衷之恒性則同國
家興替係於政治得失則同見戶口衆多則知愛民而生息
有法矣見財貨豐衍則知節用而擴充有道矣見戎備盛強
則知其國不沉燕安而民有餘力矣此必君臣上下明目張
膽克已秉公勤修不怠積力而收其效自有難掩之實非一

萬國政表

1. 개요

『만국정표(萬國政表)』는 고종 24(1886)년에 김윤식(金允植), 정헌시(鄭憲時) 등의 주도하에 박문국(博文局)에서 간행한 세계 각국의 정치, 종교, 교육, 군사, 통상 등 여러 가지 사정을 담은 개설서이다. 이 책은 영국의 『정치연감(政治年鑑)』 중 열국정표(列國政表)를 이노우에 가쿠고로[井上角五郎]가 번역한 것과 조선과 중국의 전장(典章)을 합하여 만들어진 것이다. 4권 4책으로 1책 아세아주(권1), 제2~3책 구라파주(권2~3), 제4책 아프리카주, 북아메리카주, 남아메리카주, 대양주(권4) 이며, 신연활자본(新鉛活字本)이다. 책의 체제는 김윤식과 정헌시의 서(序), 범례, 총론, 약설, 지구전도, 목록, 본문 순이다.

2. 편·저자

『만국정표(萬國政表)』는 한 개인의 저서가 아니라 세계 사정과 관련된 당시 외국의 서적들을 발췌하여 구한말 조선정부가 편찬한 책이다. 이 책은 통리교섭통상아문(統理交涉通商衙門) 부속의 박문국에서 출판되었고, 이 책의 편찬 책임자는 당시 박문국의 총 책임자인 김윤식(金允植)이다.

김윤식(金允植 : 1835~1922)은 자(字)가 순경(洵卿), 호(號)가 운양(雲養)이고, 청풍 김씨 익태와 전주 이씨 사이의 1남 3녀 중 독자로 1835년 경기도 광주에서 태어났다. 16세 때부터 노론의 대표적 학자였던 유신환과 박규수의 문하에서 민태호, 민규호 등과 동문수학하였다. 이때 박규수의 가르침에 힘입은 북학적 소양은 동문수학했던 인맥과 더불어 이후 김윤식의 정치활동에 중요한 바탕이 되었다. 그가 관직에 나아간 것은 40세가 되는 1874년, 대과 합격 이후였다. 이후 그는 온건 개화파의 대표적인 사상가로서 민씨 정권이 수행한 개화정책의 핵심적 위치를 차지하였다. 김윤식의 개화론은 이른바 '동도서기론'으로 표현할 수 있다. 그는 개화는 곧 시무(時務)라고 단정하고 나라마다 그때그때 해야 할 특정한 일, 즉 시무가 있다고 말한다. 세계 사정에 대한 정보를 주는 『만국정표』의 간행은 당시 시무인 개화정책 추진과 관련된 것임을 알 수 있다. 민씨 정권의 총애를 받았던 김윤식은 1880~1890년대 중요 요직을 거치면서 출세가도를 달렸다. 그러나 소위 한일합병 이후에는 총독부 중추원 부의장에 임명되었고 후에 경학원 대제학에 임명되는 등 친일 경로를 걸었다. 그의 대표적 저서로는 『속음청사(續陰晴史)』가 있으며, 1922년 1월 22일 88세의 나이로 죽었다.

박문국(博文局)은 구한말 신문·잡지 등의 편찬과 인쇄를 맡아보던 조선 정부 산하의 출판기관이다. 박문국은 신문 간행사업 추진이라는 목적을 가지고 1883년(고종 20) 8월 통리교섭통상아문의 예하 기관으로 설치되어, 1888년 통리아문에 부속될 때까지 5년여 간 존속하였다.

  박문국의 탄생은 당시 정부가 새롭게 시작한 개화 정책과 관련된 것으로, 개화파 김옥균(金玉均)·서광범(徐光範)·박영효(朴泳孝) 등이 큰 역할을 하였다. 초창기 박문국 책임자는 동문학장교 김만식(金晩植), 편집주임 격으로 주사 김연식, 실무진으로 사사 장박, 오용묵, 김기준, 일본인 이노우에 가쿠고로[井上角五郎]가 임명되었다.

  박문국의 주 업적은 주지하다시피, 한국 근대 최초의 신문인 『한성순보(漢城旬報)』를 발간한 것이었다. 『한성순보』는 1883년 10월에 발간되었다가, 그 후 갑신정변(甲申政變)의 실패로 폐지되었다. 동시에 갑신정변으로 박문국도 파괴되어 그 업무를 잠시 중단되었다. 그러나 정변 뒤 통리아문 독판으로 임명된 김윤식은 박문국을 다시 설치하고 출판 업무를 재개하였다. 박문국은 교동에 중건되었고 편집 진용은 전번과는 달리 대폭 증가되었다. 장박, 오용묵, 김기준 외에 이명륜, 진상목, 이혁의, 정만교 등 총 13명이 모두 주사로 임명되었고, 거기에다가 이노우에 가쿠고로[井上角五郎]까지 합쳐 14명이 편집 실무에 전념하였다. 김윤식은 이노우에 가쿠고로를 일본에 보내어 활자와 기계를 구입토록 했다. 이번에는 한글 활자까지 들여왔다. 이에 『한성주보(漢城週報)』를 간행하였고, 뒤이어 『만국정표』도 출판되었던 것이다. 그러나 박문국은 경영 적자에 시달리게 되었고 결국 재정상의 이유로 1888년 통리교섭통상아문에 부속되면서 그 문을 닫게 되었다.

3. 편찬경위

  『만국정표(萬國政表)』는 1886년(고종 24)에 통리아문독판이자 박문국 총재였던 김윤식(金允植)의 주도하에 박문국에서 간행된 책이다. 『만국정표』의 편찬은 당시 조선 정부의 개화 정책과 관련시켜 이해할 수 있을 것이다. 조선은 지난 수백 년간 지켜오던 통상 수교 거부 정책을 포기하고, 1876년 일본과 강화도 조약을 체결함으로써 문호개방의 길을 걷게 되었다. 이후 조선정부는 "개화(開化)"를 시무(時務)로 설정하고 1880년대 초반부터 본격적인 개화 정책을 추진하였다. 근대식 문물 도입을 위한 목적으로 '조사시찰단', '영선사(領選使)', '보빙사(報聘使)' 등의 해외 시찰단을 일본, 중국, 미국에 파견하였다. 또한 외국인 고문관과 기술자가 대거 정부에 고용되었다. 당시 조선 정부의 개화 정책 전담 기구는 통리교섭통상사무아문(이하 통리아문이라 지칭)이었다. 정부는 통리아문을 새롭게 설치하고 외교 업무와 문물 도입의 기능을 맡게 하였다. 그 산하 기관으로 육영공원(育英公阮), 전환국(典圜局), 광무국(鑛務局), 기기창(機器廠) 등이 생겨났고, 인쇄를 담당한 박문국(博文局)도 만들어진 것이다.

  박문국에서는 한국 최초의 근대 신문인 한성순보를 발행하였을 뿐 아니라, 세계 사정을 소개한 『만국정표』란 근대 서적도 발간하기에 이르렀다. 『만국정표』가 간행된 1886년 당시 조선의 사정을 보면, 조선 정부는 1876년 개항 이래 통상 수교 거부 정책을 포기하고, 외국과 교류를 시작하였다. 즉 이전과 달리, 나라의 상황은 크게 바뀌었다. 일본과 강화도 조약을 체결한 이후, 1882년에는 서양 국가로서는 최초로 미국과, 그 이후에 영국, 프랑스, 러시아 등과 공식적인 외교관계를 맺게 되었다. 이러한 시점에서 서양은 이제 배척의 대상이 아니었다. 따라서 외국과 교류를 위해서 당연히 세계의 정확한 사정을 알아야 했고 이것이 박문국에서 『만국정표』를 편찬한 이유였다.

정헌시의 서문을 보면 『만국정표』를 선택하여 간행한 의도가 잘 설명되어 있다. 즉 "성상(聖上)이 본국(本局)에 명령을 내려 모든 나라의 연혁, 정치, 학교, 재정, 호구, 군적을 조사하여 한 나라의 신민(臣民)의 이목(耳目)이 넓혀지도록 하셨다. (생략) 이에 51개국을 모아. 이름 붙이기를 정표(政表)라 하였다." 즉, 당시 시무(時務)는 외국과의 교류였고, 이를 위해 각 나라의 사정에 대한 지식은 필수적이었다. 나아가 세계 사정을 제대로 파악하는 것이 "보민정국(保民正國)"의 길이라는 판단에서 국가 차원에서 세계사 서적인 『만국정표』를 간행한 것이었다.

4. 구성과 내용

『만국정표』는 모두 4권 4책이며, 제1책(권1), 제2책(권2), 제3책(권3), 제4책(권4)으로 분책되어 있다. 본문에 앞서, 책머리에 김윤식과 정헌시의 서(序)가 있고, 범례·총론·각국정교약설이 쓰여져 있고, 세계지도인 지구전도가 두 개 실려 있다.

책의 제일 앞에 있는 박문국 총재 김윤식의 서문과 그 뒤를 이은 부총재 정헌시의 서문을 보면, 만국의 정세를 살펴 조선의 정교(政敎)에 보탬을 얻고자 한다는 취지를 담고 있다.

「범례」에는 이 책이 조선과 중국의 양 전헌(典獻)에 의거하고, 영국에서 간행된 『정치연감(政治年監)』이라는 책을 번역하여 만들어졌음을 밝혔다.

「총론」에서는 세계를 육대주(六大洲) 즉, 아시아, 구라파, 아프리카, 북아메리카, 남아메리카, 대양주(오세아니아주)로 구분하고, 각 주(洲)에 속한 총 51개 나라들의 국명(國名)과 그 속국(屬國)도 기재하였다. 각 나라의 정치체제를 소개하고, 전제정치·입헌정치·공화정치를 채택하고 있는 나라와 식민지의 수도 종합해 밝혔다. 예를 들어 구라파주 같은 경우는 전제정치(專制政治)가 두 나라, 입헌제치(立憲帝治)가 두 나라, 입헌왕치(立憲王治)가 13개국이라고 알렸다. 반면 북아메리카주는 공화정치가 9개국, 속국이 21개 곳이었다.

「각국정교약설」에서는 정체(政體)를 크게 군주전제(君主專制), 군민동치(君民同治), 공화정치(共和政治)로 구분하고 각각의 정치체제에서 입법, 사법, 행정권이 어떻게 다르게 행사되고 있는지 상세히 설명하였다. 군주전제(君主專制)는 군주가 입법, 사법, 행정의 삼대 권한을 다

총괄하고 서민(庶民)의 정치 참여는 인정하지 않는 정체이며, 군민동치(君民同治)는 군주와 서민이 함께 정사를 의논하는 것이고, 공화정치(共和政治)는 군주가 없고, 대통령이 서민 중에 선출되어 임기 동안 서민과 함께 정치를 의논한 것이라 하였다. 특히 군민동치와 공화정치에 있는 '국회'와 '선거제도'에 대해서 상세히 설명하면서, 서민이 정치에 참여하는 과정을 소개하였다. 그리고 전제정치와 군민동치, 공화제에서의 사법 시스템을 비교하였다. 전제정치에서는 지방관이 사법권을 행사하여 불공평한 일이 많지만, 군민공화제에서는 지방관의 간섭을 막고 재판관이 법 집행을 담당하여 공정하다는 점을 강조하였다. 또한 미국의 배심원 제도에 대해서도 소개하고 있다.

이외에도 종교, 군대, 교육, 통화, 역법 등과 관련한 세계 사정들에 대해서도 일목요연하게 소개하였다. 세계 각국이 믿는 종교는 다양함을 밝히면서 동양에서는 오로지 유교 또는 불교를 신봉하는 반면, 서양에는 기독교, 서아시아 지역에서는 이슬람교, 그리고 아프리카 각지에는 이외의 종교가 있음을 소개하였다. 조세는 직접세와 간접세로 구분하며 수세 과정에서 중앙 정부가 감독하여 지방관이 전횡하지 못한다는 점을 밝혔다. 군대에서는 징병제도에 대해서 소개하였고, 교육에서는 관립학교, 사립학교, 공립학교의 특징을 설명하였다. 통화제도에서는 은본위제와 금본위제가 사용되고 있음을 알렸고, 서양은 우리나라와 다른 역법을 사용하고 있음을 소개했다. 즉, 우리나라와 중국이 태음력을 사용하는 반면 나머지 나라들은 태양력을 사용하고 있다고 했다.

이어서 세계지도인 「지구전도」가 실려 있다. 하나는 동반구(東半球) 지도이고, 또 하나는 서반구(西半球)지도이다. 동반구에는 아시아, 유럽, 아프리카, 대양주(오세아니아주)의 4대주가 포함되어 있고, 서반구지도에는 북아메리카주와 남아메리카주 2대주가 그려져 있다.

그 다음, 본문의 「목록」이 실려 있고, 본격적으로 세계 각국의 사정을 담은 본문이 시작된다. 「본문」은 모두 4권으로 나누어져 있다. 권1에서는 아세아주 5개국, 권2에서는 구라파주 6개국, 권3에서는 구라파주 13개국, 권4에서는 아프리카주, 북아메리카주, 남아메리카주, 대양주의 총 27개국에 대해 소개하였다. 각국의 사정은 역사(왕실), 정치, 종교, 학교, 재정, 병제(兵制), 토지와 인구, 통상, 공업, 화폐, 역법 등의 세부적 항목으로 나누어 기술하였다.

권1은 한국, 중국, 일본, 타이(샴 Siam), 페르시아 등 아시아 5개국의 사정을 수록하였다. 여기에서 한국, 중국, 일본은 입법권, 행정권, 사법권이 모두 군주에 속해 있기 때문에 모두 전제정치로 규정하였다. 종교는 조선과 중국에서는 유교가 대세인 반면, 일본에서는 전 국민이 모두 불교를 받들고 있다고 설명하였다. 권1에서 가장 많은 지면을 할애한 것은 중국 편으로 총 37면이다. 그 다음으로 일본은 17면, 조선은 15면이고, 타이와 페르시아는 간략히 서술되었다.

권2에서는 구라파주의 러시아, 오스트리아, 독일, 덴마크, 영국 등 6개국을 서술하였다. 이 권에서는 영국에 대한 부분이 가장 많다. 영국은 여왕이 다스리는 나라이며, 입법, 행정, 사법의 모든 권한을 국왕이 총재한다고 했다. 입법권은 국회가, 행정권은 행정 대신이, 사법권은 상원이 관장하지만 여왕이 의회의 연한을 늘릴 수도 있고 정지 또는 해산할 수 있는 권한이 있기 때문에 여왕이 실제 국회의 수장이라고 설명했다. 또한 영국의 국교가 개신교의 한 일파인 성공회(The Episcopal Church)이며, 실제 국교의 수장 역시 여왕이라고 소개하였다. 러시아는 군주 전제국가로 황제가 모든 권한을 가지고 있다고 하였다. 러시아의 국교는 러시아 정교회로 이는 기독교 구교에서 분파되어 나온 것이며, 그 특징은 황제가 중앙 사원의 수장이 되어 교회를 감독하고 승려들을 관리한다는 것이었다.

권3에서는 구라파주의 네덜란드, 스위스, 프랑스, 스페인, 포르투칼, 이탈리아, 그리스, 터키 등 13개국을 서술하였다. 이 권에서는 프랑스에 대해 가장 많이 기술하고 있다. 프랑스가 왕정에서 공화정으로 바뀌는 혁명 과정에 대해서 설명하고, 대통령 중심의 프랑스 정부 형태를 소개하고 있다.

권4는 이집트, 남아프리카공화국, 모로코 등 아프리카 7개국과 멕시코, 과테말라 등의 북아메리카 9개국 및 남아메리카 10개국, 즉 아르헨티나·칠레·브라질·페루 등과, 대양주의 하와이 1개국을 수록하였다. 아프리카와 아메리카 지역에 대해서는 아시아와 구라파 지역에 비해 비교적 간략하게 서술되어 있다. 이 권에서 가장 큰 비중을 둔 나라는 북아메리카주의 최대의 나라인 미국이었다. 미국이 영국으로부터 독립을 하게 된 역사를 서술하고, 정부를 수반하는 대통령과 부통령에 대해 설명했다. 특히 간접선거 방식인 미국의 대통령 선출 방법에 대해 자세한 설명을 덧붙였다. 또한 미국에서는 유럽과 달리 국교가 없고, 헌법상 종교의 자유가 허락되고 있음을 알렸다.

5. 서지적 특성

이화여대 도서관본 『만국정표』는 이화여대 중앙도서관 3층 고서실 고서 서가에 보관되어 있다. 이화여대 도서관본은 모든 도판을 가장 완전한 형태로 수록하고 있는 완질본이다. 규장각에도 총 9개의 『만국정표』 소장본 (청구기호 규 7606-7627)이 있다. 이 가운데 <규 7625>본(本)은 제2, 4책이, <규 7626, 7627>본은 제1책이 각각 빠져있다. 『만국정표』는 1886년 박문국에서 편찬한 책이지만, 규장각과 이화여대에서 소장하고 있는 책들은 어느 곳에서 인쇄되었는지는 미상(未詳)이다. 다만 『만국정표』는 신연활자본으로, 당시 박문국에서는 한성순보와 한성주보 등 신문 간행을 위해 일본에서 신식 인쇄기계를 도입한 바 있으므로, 이 수입 인쇄기계에 의해 『만국정표』도 인쇄된 것으로 보인다. 책 권수는 총 4권 4책이며 지도가 두 개 수록되어있다. 책의 한 면은 10행 23자로 구성되어 있고, 책의 크기는 세로 26.4cm, 가로 16.8cm이다. 책의 사주(四周)는 두 개의 검은 선으로 돌려져 있고, 사주의 크기는 세로 17.8cm, 가로 13.5cm이다.

6. 가치

　『만국정표』는 구한말 조선 정부가 최초로 세계 사정을 담아 출판한 책이다. 『만국정표』가 발표된 1886년 시점은 개방 정책이 추진된 지 얼마 지나지 않았으므로, 당시 조선 사회에서는 세계 사정에 대한 올바른 지식과 정보가 부족하고 이에 대한 필요가 대두하고 있는 상황이었다. 이때 세계의 역사와 제도에 관한 책인 『만국정표』가 정부 차원에서 출판된 것은 그 의의가 크다고 하겠다.

　세계의 상황을 객관적으로 쓴 구한말의 대표적인 저서로는 유길준의 『서유견문(西遊見聞)』이 가장 유명하다. 『서유견문』은 유길준이 유럽과 미국을 둘러보고 쓴 우리나라 최초의 서양 견문록으로, 1895년 동경 교순사(交詢社)에서 처음 간행되었다. 이는 『만국정표』보다 9년 늦게 출간된 것이었다. 유길준은 1881년 신사유람단으로 일본을 처음 방문하였고 1883년 9월 보빙사의 수행원으로 선발되어 이듬해 11월까지 미국에 체류하면서 얻은 갖가지 견문과, 귀국할 때 유럽을 경유하면서 넓힌 견문과 지식을 바탕으로 엮은 책으로 한국 최초의 본격적인 국한문혼용체이며 모두 20편으로 구성되었다.

　『만국정표』와 『서유견문』은 정치, 종교, 교육, 군대, 통상 등의 항목으로 각국의 사정을 소개했다는 점에서는 비슷하나, 여러 가지 면에서 차이점이 있다. 첫째, 『서유견문』은 대부분 유길준의 견문을 바탕으로 저술되었기 때문에, 유길준의 개화사상 등 개인적인 의견과 주장이 곳곳에 보인다. 반면 『만국정표』는 영국과 중국의 저서들을 토대로 엮어진 책이기 때문에 객관적이며 개설적인 서술이 특징이다. 둘째, 『서유견문』은 총 20편으로 구성되어 있는데 이 중 앞부분의 10편은 각 나라의 정치·사회·교육 제도 등을 서술하고 있어 『만국정표』의 내용과 유사하지만, 뒷부분 10편은 서양의 문물과 문화에 대한 소개와 자신의 개화에 대한 사상을 피력하는데 중점을 두고 있다. 반면, 『만국정표』는 세계의 문화보다는 세계 51개국의 정치체제와 그 운영 실태, 그리고 종교, 교육, 군사, 통상 등의 제도에 대한 객관적인 서술이 주를 이루고 있다는 점에서 구별된다.

　1880년대 당시의 시무(時務)는 더 이상 '쇄국(鎖國)'이 아니라 외국과 교류를 통한 '개화(開化)'였다. 그러나 조선은 오랜 시간 외국과 단절되어 있었기 때문에, 세계에 대한 객관적인 정보가 부족했다. 이때 『만국정표』는 막 서양 세계와 교류를 시작한 조선인들에게, 세계 각국에 대한 객관적인 상황 특히 이들의 정치, 경제, 교육 등의 체제들을 소개하여 이를 통해 필요한 지식과 정보를 얻게 하였다. 무엇보다 『만국정표』는 이후 계속된 정부의 근대화 정책 추진에 중요한 기초 자료로 기능했다는 점에서 의미가 있다고 하겠다.

(손정숙)

[색인어]
만국정표, 박문국, 통리기무아문, 김윤식, 정헌시, 이노우에 가쿠고로, 개화정책

[참고문헌]
신복룡, 『한국정치사』, 박영사, 2003.
왕현종, 『한국근대국가의 형성과 갑오개혁』, 역사비평사, 2003.
이광린, 「『한성순보(漢城旬報)』와 『한성주보(漢城週報)』에 대한 일고찰」, 『한국개화사연구』,
　　　　일조각, 1969.
이노우에 가쿠고로[井上角五郞] 지음, 한상일 역·해설, 『서울에 남겨둔 꿈[漢城之殘夢]』,
　　　　건국대 출판부, 1993.
이명철, 「1880년대 초기의 개화정책에 관한 연구」, 한국정신문화연구원 대학원, 석사학위논
　　　　문, 1986.
전미란, 「통리교섭통상사무아문외아문(統理交涉通商事務衙門外衙門)에 관한 연구」, 이화여
　　　　대 석사학위논문, 1988.
정옥자, 「운양(雲壤) 김윤식(金允植) 연구」, 『역사와 인간의 대응-고병익선생 회갑기념사학
　　　　논총』, 고병익선생 회갑기념 사학논총간행위원회, 1984.
최운식, 「김윤식의 자강론(自强論) 연구」, 『대구사학』 25, 대구사학회, 1984.

어록

語錄 / 黃鍾林 著

筆寫本. ― [發行地不明] : [發行處不明], [發行年不明].
41張 : 四周雙邊 17.8×13.7cm, 有界, 11行20字,
內向花紋魚尾 ; 24.3×17.4cm.

先夫人語錄
外王考嘗語人曰吾有三子而未有兩嬌安得一女
兒掛裳屏架娛悅晚境則志願足矣及先妣生而
聰明仁孝迥異凡兒由是鍾愛甚摯跬步不離左
右雖於外王母本篤未能數~至~亦未嘗經宿
如或值其晚暮未還則輒彷徨不自安曰恐貽吾
大人臨門之勞
外王考每有教訓輒銘心不忘不至有再三提教前
言徃行一聞不忘有真知實踐之見如忠臣義士
騷人韵客詞賦詩章過目輒誦是泝明白外王考
嘗語人曰吾女聰明實有舉一及三之才

語錄

1. 개요

『어록』은 영조의 다섯째 딸인 화유옹주(和柔翁主 : 1740~1777)의 손자 황종림(黃鍾林 : 1796~1875)이 그의 어머니 여산 송씨(礪山 宋氏 : 1759~1821)와 아버지 황기옥(黃基玉 : 1761~1794)의 일을 한문으로 기록한 것이다. 기록된 연대를 정확하게 알 수 없으나 어머니 여산 송씨 사후 즉 1821년 이후에 기록된 것으로 보인다. 내용은 크게 여산 송씨의 말과 행실을 담은 「선부인어록(先夫人語錄)」과 「선부인유사(先夫人遺事)」, 그리고 아버지 황기옥의 일을 기록한 「선부군유사(先府君遺事)」로 이루어져 있다. 모두 1책 41장인 『어록』은 「선부인어록」이 27장, 「선부인유사」가 7장, 「선부군유사」가 7장으로 어머니에 관한 기록이 5배에 가깝게 기록되어 있다. 이는 『어록』을 기록한 황종림이 아버지 황기옥이 죽은 뒤 양자로 들어와서 아버지를 직접 보지 못하고 다른 사람이 쓴 글을 참고하여 쓴 것과 관련이 있는 것으로 생각된다. 이 책에 실려 있는 내용은 황종림에 의해 한글로도 번역되어 창원 황씨 집안에 대대로 내려오는 책인 『영세보장(永世寶藏)』에 실려 있다.

2. 저자

저자 황종림은 19세기의 문인이다. 본관은 창원(昌原), 자는 천오(千五), 호는 노석(老石)이다. 아버지는 황기옥, 어머니는 여산 송씨이다. 황기옥의 아버지는 창성위(昌城尉) 황인점(黃仁點 : 1740~1802)으로 1753년 영조의 다섯째 딸인 화유옹주와 결혼해서 1남 1녀를 낳았다. 황인점은 정조 때 동지사 겸 사은사로 일곱 차례 청나라에 다녀왔으며, 대사헌을 지낸 인물로 글씨를 잘 썼는데 특히 송설체에 뛰어났다. 화유옹주는 영조와 귀인 풍양 조씨(豊壤 趙氏 : 1707~1780) 사이에 태어난 딸로 14살에 황인정의 집안으로 하가한 뒤 23년을 살다 죽었다. 그 묘가 부천 작동(鵲洞)에 있었는데 옥으로 만든 비녀, 도자기 등 유물이 출토되어 궁중유물전시관에 소장되어 있다. 황기옥은 서울에서 태어나 상의원 주부, 양천 현령 등을 지내고 재령군수로 있던 중에 죽었다. 여산 송씨는 여성위(礪城尉) 송인(宋寅 : 1517~1584)의 후예로 아버지는 송영중(宋瑩中 : 1721~1786)이다. 1759년에 태어나 16살인 1774년 황기옥과 결혼했고, 23살인 1781년에 첫아들을 낳았다. 1794년 남편이 죽고, 1796년 아들이 죽었다. 아들이 죽은 뒤 황종림을 양자로 들여 집안을 잇게 하고 1821년 73살의 나이로 죽었다.

황종림은 명릉참봉을 거쳐 고을살이를 하다가 통정에 오르고 공조참의를 역임했으며, 벼슬은 동지돈녕부사겸부총관에 그쳤다. 그는 본래 황기찬(黃基瓚)의 아들이었으나 황기옥이 아들이 없이 일찍 죽어 그 양자로 들어갔다. 황종림은 양부모의 언행과 유사를 엮어 『어록』을 쓴 뒤, 1864년 창원 황씨 전섬공파(典籤公波) 선조들의 언행과 유사, 묘지명 등을 한글로 번역해서 책으로 엮고 제목을 『영세보장』이라고 하였다. 이 책은 왕가와 혼인한 집안으로 학덕이 있는 집안의 후손으로서 조상의 일을 알고 이를 본받아 그 전통을 이어가게 할 목적으로 번역되었다. 이 책에는 「귀인풍양조씨묘표」, 「정종대왕치제문」, 「정종대왕어제치제문」, 「도위공행장」, 「화유옹주유사」, 「선부군유사」, 「숙부인여산송씨유사」, 「선부인어록」, 「오세언행록」, 「오세지장록(五世誌狀錄)」, 「태상감응편」 등이 수록되어 있는데, 이 중 황종림이 직접 쓴 것은 「선부군유사」, 「숙부인여산송씨유사」, 「선부인어록」, 「오세언행록」이다. 황종림은 양부모 및 양부모 집안의 일을 직접 쓰고 번역, 정리했을 뿐만 아니라 생가(生家)의 일도 정리하였다. 「오세지장록」이 그것이다.

황종림의 유고가 집안에 전하는 것으로 보이나 확인하지 못하였다.

3. 편찬 경위

『어록』은 황종림의 양어머니 여산 송씨가 죽은 뒤 그 언행과 일생을 먼저 기록하고, 뒤에 양아버지 황기옥의 언행과 일을 기록한 것이다. 어머니 여산 송씨에 대해서는 양자로 온 이후 오랫동안 모시고 살았기 때문에 그 언행과 일을 자세하게 기록하였다. 반면 아버지 황기옥은 본 적이 없어 망형(亡兄)인 황종원(黃鍾遠)이 쓴 연보를 보고 약간 더하거나 고쳐서 썼기 때문에 분량도 적고 내용도 간략하다. 이에 대해 황종림은 "빠진 것이 있으나, 감히 지나치게 칭찬하는 말씀으로 스스로 부모를 욕되게 하여 불효한 죄에 돌아가지 않겠노라."고 하여, 있는 사실로만 서술하고 부모라고 해서 미화하지 않았음을 밝히고 있다.

이 기록이 언제 이루어졌는지는 정확하지 않으나, 1821년 여산 송씨가 죽은 뒤에 그 남긴 말과 유사를 기록하면서 황기옥의 유사도 덧붙인 것으로 보인다. 이 기록들이 따로 기록되지 않고 함께 기록된 것으로 볼 수 있는 증거는 이 책 마지막에 창원 황씨의 가계와 여산 송씨의 가계가 함께 나오고 있다는 점이다.

부모나 친지가 죽은 뒤 그 행적을 글로 써서 남긴 관습으로 인해 어록이나 유사와 같은 기록들은 흔히 많이 남아 있다. 이런 종류의 글들은 문집이 편찬될 경우 문집 속에 포함되는 것이 보통이다. 행장이나 묘지명이 따로 책으로 엮어지는 경우도 있지만, 그것은 주로 한글로 번역되어 집안의 부녀들에게 읽히는 경우였다. 『어록』은 따로 황종림의 문집이 편찬되지 않은 까닭에 한 책으로 남아 있는 것으로 짐작된다.

『어록』은 이후 한글로 번역되어 다른 글들과 함께 『영세보장』에 수록되었다. 『영세보장』에는 「선부군유사」, 「숙부인여산송씨유사」, 「선부인어록」의 순으로 번역, 수록되어 있는데, 전문을 직역에 가깝게 번역하였다.

4. 구성과 내용

목차는 따로 없으며, 내용은 「선부인어록」, 「선부인유사」, 「선부군유사」의 순서로 기록되어 있다.

「선부인어록」은 송씨 부인에 대한 일화나 송씨 부인이 남긴 말을 모두 86조항으로 나누어 기록하고 있다. 구성은 일대기적으로 되어 있으며, 내용은 『어록』이라는 제목에 맞게 주로 여산 송씨가 직접 한 말이나 외할아버지(송영중), 친지 등이 직접 한 말들을 인용한 것으로 이루어져 있다. 그 내용은 크게 출생부터 황기옥에게 시집가기 전 친정에서의 가르침, 뛰어난 재주, 소실이나 여종들에 대한 태도, 친정 부모에 대한 효성에 대한 일과 1774년 옹주 집안으로 시집간 뒤 궁궐에 들어가 영조를 뵌 일, 옹주가 시집올 때 궁중에서 따라온 궁인(宮人)을 대한 일, 옹주를 극진히 모신 일, 친정 부모에 대한 지극한 정성, 살림을 맡아 잘 다스린 일, 친정 부모의 죽음에 애통해 한 일, 남편인 황기옥이 재령군수로 있다가 죽었을 때 상례를 빠짐없이 갖추어 치른 일, 따라 죽으려다가 시아버지의 만류로 살아남아 극진히 상을 마친 일, 시아버지의 소실들과 소실들의 자녀들을 대한 일, 친지를 대한 일, 딸을 잃고 의연한 태도로 슬픔을 이겨낸 일, 1821년 세상을 떠난 일과 평소의 가르침 등이 기록되어 있다.

어록이나 유사, 혹은 행록은 주로 아들이나 손자 등 가까운 집안사람이 직접 보고 들은 내용을 기록한 것으로 대상 인물들의 공적인 행적은 물론 일상적인 면모가 구체적으로 드러나 있다. 『어록』에 실린 「선부인어록」은 길이가 길고 내용이 풍부하여 18, 19세기 서울의 양반 가문의 여성 생활 및 왕가와 혼인한 집안의 생활을 생생하고 구체적으로 보여준다. 어록이나 유사는 그 자체로 문집에 실리기도 하지만 보통 묘지명이나 행장을 쓰는 자료로 활용되기도 했다. 따라서 서술 태도도 묘지명이나 행장을 쓸 때와 크게 다르지 않아서 유교적인 가치관이 깔려 있다. 여기에 기록된 내용들도 남성 문인에 의해 기록된 양반 여성들에 대한 기록들인 어록, 행록, 묘지명, 행장 등에서 기리고 있는 부덕(婦德)의 범위를 벗어나지 않는다.

이 글 가운데 주목되는 내용은 소실이나 서녀에 대한 내용, 여종들에 대한 내용, 옹주가 하가하면서 데리고 온 궁인들의 태도와 여성들의 글쓰기에 대한 송씨 부인의 언급을 통해 드러나는 당시 여성들의 글쓰기에 대한 것, 난이 일어났을 때 보인 태도 등이다. 그 내용을 간단히 소개하면 다음과 같다.

아버지의 소실이 처음 높은 가문에 들어와서 불편하고 어려움이 많아 원망이 많았으나 송씨 부인이 지극한 정성으로 이끌어 주니 그 소실이 늘 송씨 부인을 따랐다고 한다. 그 예로 송씨 부인이 7살 되던 해 집안 부인들이 모인 자리에 소실이 함께 있다가 방귀를 뀌어 옆에 있던 사람이 이상하게 여겨 꾸짖자 송씨 부인이 자신이 우연히 그랬다고 하고는 소실을 따로 불러 꾸짖은 일을 들고 있다. 어머니가 시집올 때 데리고 온 여종에게 살림을 맡겨 모든 일을 주관하게 하였는데, 이 여종은 어머니에게 젖을 먹인 공도 있었다. 여종이 그 공을 믿고 함부로 행동을 했는데 하루는 어머니가 없는 틈을 타서 술에 취해 주정을 부렸다. 송씨 부인이 이를 보고 조용히 타일렀으나 듣지 않자 아버지에게 아뢰어 그 죄를 다스려 이후로는 함부로 하지 못하게 했다. 시집간 뒤에는 옹주를 따라온 궁인 중에 이가(李哥)라는 사람은 화유옹주의 보모로 교활하고 교화하기 어려운 사람이었다. 나중에 잘못해서 쫓겨나게 되어 원망하는 말이 많았는데 송씨 부인에게는 한 마디도 원망하는 말이 미치지 않은 것은 한결같은 태도로 대했기 때문이다. 이처럼 송씨 부인은 비복이나 소실 등 아랫사람을 교화시키는 능력이 있어 "부인은 능히 사람을 만드셨다."고 평가하고 한다. 이상의 내용들은 송씨 부인이 아랫사람을 후덕하면서도 엄정하게 대한 덕을 보이기 위해 씌어진 것이다. 그러나 이러한 일화들을 통해 당시 친정에서부터 따라온 여종들이 집안에서 어떻게 행세했는지를 볼 수도 있다.

어머니가 눈병이 있어서 여러 해 동안 잘 보지 못하고, 오빠들이 일찍 세상을 떠나 침식을 폐할 지경이었을 때 송씨 부인이 정성껏 모시자 그 정성에 감동해서 억지로 먹을 정도로 효성스러웠다. 또 송씨 부인은 글을 잘 읽어서 열 줄을 한 번에 내리 외우고 하루에 수십 권을 보았는데 책을 덮으면 외울 정도였다. 그러나 둘째 오빠가 이는 여자가 할 일이 아니라고 그만두라고 한 뒤로 다시는 책을 보지 않았다. 말년에 간혹 빌려드리면 뒤적여 보다가 둘째 오빠의 말을 언급하며 젊은 여자가 이것을 일삼으면 집안일을 황폐하게 한다고 경계하였다. 당시의 부녀들이 유식한 사람들이 비웃는 줄도 모르고 반은 알고 반은 모르는 채 문자를 지어 여러 사람 가운데 돌리기도 하는데 이는 아름다운 일이 아니라고 경계하였다. 여자들의 독서와 글쓰기에 대해 남성 유학자와 똑같은 생각을 보여주고 있기는 하지만 이러한 내용은 18세기 양반 여성들의 독서 실태와 글쓰기까지 보여준다는 점에서 주목을 요한다.

1811년 홍경래의 난이 일어났을 때 사람들이 다 피해서 달아났지만 송씨 부인은 대대로 나라로부터 두터운 은혜를 받았으니 나라와 근심을 함께 하는 것이 옳다고 하고 생사와 영욕을 맡길 따름이라고 하면서 국가가 수백 년 쌓은 덕이 오늘날에 그치지는 않을 것이라는 믿음을 보였다. 그리고 다음해 봄에는 동산에 꽃을 심고, 버들을 문에 심어 난이 평정되기를 바라는 뜻을 보였는데 난리가 평정되자 사람들이 감복했다고 한다.

이외 동서나 시고모와의 관계, 검약한 생활 태도, 남편이 죽었을 때 제상 앞에 엎드려 하도 울어서 돗자리가 썩을 정도였던 일, 옹주가 쓰던 물건을 사랑하고 중하게 여기며 보관한 일 등도 자세하게 기록되어 있다. 마지막 부분에는 태교나 무속, 의복 입는 법에 대해 한 말들도 기록되어 있어 일화를 통해 드러내지 못한 송씨 부인의 생각을 구체적으로 보여주고 있다.

제목을 붙이지 않은 채 「선부인어록」 뒤에 이어 기록된 내용은 『영세보장』에 수록되어 있는 「숙부인여산송씨유사」이다. 「선부인어록」에 보이는 일화들이 많이 생략되어 있거나 요약되어 있으며, 더러 새로운 내용이 들어가 있기도 하다. 유사는 크게 친정에 있을 때의 일과 시집가서의 일로 구성되어 있고, 내용은 아버지의 소실이나 집안의 여종에 대한 태도, 친지들에 대한 태도, 시집가서 옹주를 모신 일, 옹주를 따라 온 궁인들을 대한 일, 남편의 상을 지극한 정성으로 치른 일, 시아버지를 섬긴 일 등으로 이루어져 있는데 어록에 거의 포함되어 있는 내용이다.

새롭게 들어간 내용은 남편 황기옥이 마음을 둔 여자들에 대해 부인이 보여준 태도다. 남편이 아무 기생에게 음식을 갖추어 보내라고 하자 밤늦도록 음식을 만들어 보내고, 집안에도 마음을 둔 사람이 있었으나 모르는 척했다는 내용이다. 유사는 어록과 달리 마지막에 "부인은 재상가의 한 따님이요, 옹주 집안의 총부이시니 번화한 집안에서 자라 맞추어 살아가는 어려움이 없으실 듯하나 성품이 스스로 검박하시어"로 시작하는 말로 부인의 평생에 대해 평가하고, 부인의 덕행을 한마디로 하면 "진실(眞實)"할 따름이라고 하였다.

어록은 황종림의 시점에서 기록되어 호칭도 '돌아가신 어머니[선비(先妣)], 외할아버지, 외할머니, 할머니, 할아버지'로 되어 있고, '불초(不肖)'라고 하여 자신이 직접 드러나 있다. 그러나 유사에서는 부인을 중심으로 서술하되, 할아버지, 아버지라는 호칭 대신 '도위공, 군수공' 등의 호칭을 쓰고 있다. 이런 차이가 어록과 유사라는 글의 종류가 다른 데서 온 것인지, 글쓴이가 달라진데서 온 것인지는 분명하지 않다. 그러나 보통 자신의 부모를 대상으로 쓰는 경우 선비(先妣), 또는 선고(先考)라는 호칭을 쓰기 때문에 유사는 다른 사람이 쓴 것을 가져왔을 가능성이 더 높을 것으로 보인다. 족보에는 사위 유홍근(柳弘根) 찬으로 되어 있는 것으로 미루어 사위 유홍근이 기록한 것을 어록 뒤에 실었을 가능성이 높은 것으로 생각된다.

「선부군유사」는 양아버지인 황기옥의 유사로 황종림은 황기옥이 죽은 뒤에 양자로 왔기 때문에 망형이 쓴 연보를 토대로 기록한 것이다. 「선부군유사」는 창원 황씨의 가계와 황기옥이 역임한 관직을 먼저 쓴 다음 연대순으로 선부군이 남긴 일화를 기록하고 있다. 그 내용은 8세에 『소학』을 읽고 그 도리에 따르되 특히 부모를 지극히 섬긴 일, 옹주가 대궐에 들어갈 때 간혹 데리고 들어갔을 때 장헌세자가 아들을 잘 두었다고 하교한 일, 부모가 병환이 있었을 때 극진하게 간호한 일, 옹주의 상이 났을 때 애통해 한 일, 벼슬살이하면서 청렴하게 다스린 것, 고을의 토산물을 반드시 아버지에게 보낸 일, 누님을 잘 모신 일 등으로 이루어져 있다. 유사는 황기옥의 온화하고 편안한 성품과 아버지도 일이 있으면 의논할 정도로 뚜렷했던 황기옥의 식견에 대해 기록하고 있는데 특히 효성을 부각시켜 기록하였다. 그 예로 임종할 즈음 말도 할 수 없을 정도로 위독했을 때에도 '아버지'란 글자를 희미하게 쓰고 나머지는 알아볼 수도 없는 글자로 아버지에게 편지를 쓰려고 했으며, 얼마 뒤 서울에서 온 아버지 편지를 손에 쥔 채 죽을 때까지 손에서 놓지 않았던 일을 기록하고 있다. 이 일에 이어 죽은 뒤에 임금이 특별히 전교하여 관인을 보내 문상한 것과 상을 치른 일을 기록하고 마지막에 부인 송씨의 가계를 간략하게 기록하였다.

마지막에는 "선부군의 아름다운 덕과 지극한 행실이 후세에 전할 것이 여기에 그치지 않지만 불초의 태어남이 아버님 생전에 미치지 못하여 직접 뵙고 듣지 못했으니 어찌 그 만에 하나라도 형용했겠는가? 다만 망형이 찬한 연보에 따라 대략 더하고 고쳐 위와 같이 차례로 썼으니 실로 빠진 것이 있으나 감히 지나치게 칭찬하는 말씀으로 스스로 부모를 욕되게 하여 불효한 죄에 돌아가지 않겠노라."는 말로 끝맺어 이 글이 망형의 연보에 의거한 것임을 밝히고 있다.

이상의 내용을 통해 알 수 있듯이 이 책은 18세기 서울 양반가에서 생장한 사람들의 일상을 구체적으로 보여주고 있다. 특히 「선부인어록」과 유사는 당시 다른 여성들을 대상으로 한 기록들에 비해 길이가 길고 내용이 풍부해서 18세기 양반 여성의 삶을 구체적이고 상세하게 보여주고 있다.

5. 서지적 특성

이화여대 도서관본 『어록』은 표지로부터 세 편의 글이 끝까지 내용의 결락 없이 완전하게 필사된 형태이며, 책도 손상되지 않은 채 깨끗이 보관되어 있다. 중간에 한 장은 필사를 잘못해서 반 줄 정도를 비워두었으며, 뒷장에 다시 같은 내용을 필사하였다. 이것으로 미루어 이 책은 원본을 다시 필사한 것으로 추정된다. 일화나 남긴 말들을 수습하여 기록하고 있는 『어록』은 한 일화나 말이 시작할 때는 첫 칸부터 쓰고 이어지는 내용은 한 칸을 내려서 쓰고 있으며, 같은 글씨체로 정연하게 쓰여 있다.

6. 가치

어록이나 유사는 보통 부모나 친지가 죽었을 때 그 사람에 대해서 가장 잘 아는 사람이 기록해서 행장이나 묘지명을 쓰는 자료로 활용된 글이다. 조선시대의 문집에는 어록이나 유사가 그대로 수록된 경우도 있지만 주로 행장이나 묘지명의 형태로 다듬어져서 수록되어 있다. 이를 알 수 있는 것은 행장이나 묘지명 가운데 저자들이 대상 인물을 자세히 알지 못할 경우, 아들이나 딸이 쓴 글을 토대로 썼다는 것을 밝히고 있기 때문이다. 이때 아들이나 딸이 쓴 글이라는 것이 아마 이 책에서 보이는 어록이나 유사 같은 것일 것으로 짐작된다. 행장이나 묘지명으로 다듬어지기 전의 기록인 어록이나 유사는 행장이나 묘지명 등에 비해 내용이 풍부하고 생생하지만 한문 장르 체계에 들어 있는 글의 형태가 아니기 때문에 그 자체로 남아 있는 경우는 드물다. 이화여대 도서관본 『어록』은 이처럼 드물게 남아 있는 기록을 전해준다는 점에서 그 자료적 가치가 크다.

또한 여기에 수록되어 있는 풍부하고 생생한 기록은 18세기 양반 여성의 생활을 보여준다는 점, 특히 옹주가 하가한 집안의 생활을 보여준다는 점에서 조선 후기 생활사의 일면을 알려주는 귀한 자료이다. 또한 『어록』에 수록된 글들은 이 책의 저자인 황종림이 한글로 번역하고 다른 글들과 함께 묶은 『영세보장』에 그대로 수록되어 있다. 황종림은 후손들에게 옛 풍속을 알게 하고 조상들의 덕과 행실을 알게 하기 위해 『영세보장』을 엮었다고 하였다. 이는 18세기 이후 가문마다 자신들의 전통과 가문의 자부심을 유지하기 위해 기울인 노력을 보여주며, 이는 조선 후기 사회를 이해하는 데도 도움이 될 것으로 생각된다.

이런 면에서 『어록』은 생활사, 사회사 연구에 중요한 자료적 가치를 가지며 더욱이 이화여대 도서관본 『어록』은 필사나 보관 상태가 매우 좋다는 점, 기왕에 밝혀진 한글본에 더하여 한문본의 존재를 확인하게 해 주었다는 점에서 훌륭한 자료적 가치를 갖는다.

(김경미)

[색인어]
어록, 유사, 선부인어록, 선부군유사, 영세보장, 황종림, 화유옹주, 황인점, 황기옥

[참고문헌]
황종림, 『어록』.
황종림 언해, 『영세보장(永世寶藏)』, 정양완 역주, 태학사, 1998.

김경미, 「18세기 양반여성들의 글쓰기의 층위와 그 의미」, 『한국고전여성문학연구』 11,
        2005.

여지도

輿地圖

筆寫本. ― [發行地不明] : [發行處不明], [1866(高宗 3)].

14張 : 彩色圖, 無界, 行字數不定 ; 32.7×23.8cm.

表題 : 丙寅[1866]孟夏下澣月圃模

書名은 表題임.

裝幀 : 折帖式包背裝

고서/고귀912 여819

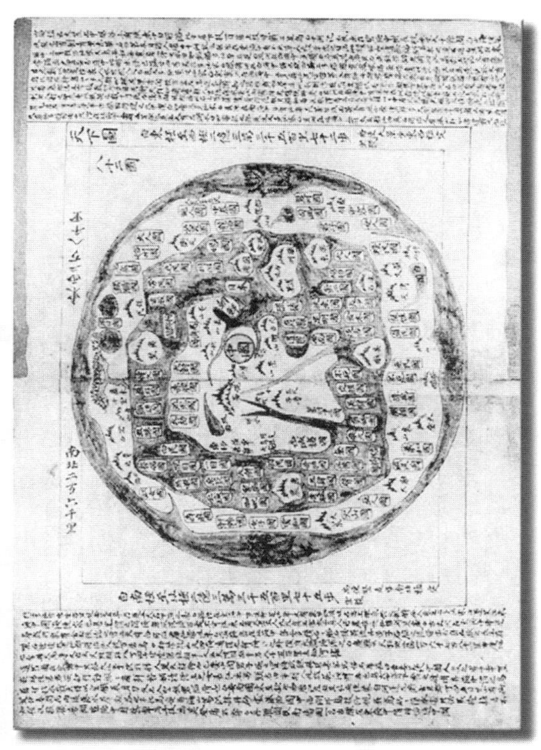

輿地圖

1. 개요

『여지도(輿地圖)』는 『동국여지승람』의 동람도(東覽圖)가 민간으로 흘러들어가 제작된 소형 목판본 지도책을 채색 필사한 것이다. 지도책의 순서는 천하도(天下圖)-중국도-동국팔도대총도-경기도-충청도-경상도-전라도-강원도-황해도-평안도-함경도-유구국(琉球國)-일본국(日本國)-성경도(盛京圖)이며, 일반적인 동람도 계통의 소형 목판본 지도책에 비해 성경도가 더 삽입되어 있는 특징을 가지고 있다. 이런 계통의 지도는 상대적으로 많이 남아 있어 문화재로서의 가치는 적은 편이다. 하지만 목판본에서 수용하기 어려운 개별 수요자의 정보 수요에 부응하는 주기가 풍부하게 담겨 있어 당시의 지도 이용이란 측면을 살펴보는데 좋은 자료가 될 수 있다.

2. 제작 연대

『여지도(輿地圖)』의 제작 연대는 표지에 기록된 다음 문구를 통해 이해할 수 있다. 그것은 '병인년 사월 하순에 월포(月圃)가 모사했다[丙寅孟夏下澣月圃摸].'란 구절로 본 지도책의 모사 연도가 병인년이며, 제작자가 '월포'라는 호를 갖고 있는 인물이었음을 알 수 있다. 그러나 이 문구만으로는 병인년이 정확하게 어느 연도를 가리키고 있는지 확실하게 알 수 없기 때문에 지도책 안에 있는 연대기적 내용과 비교하여 이해할 필요가 있다.

경기도와 충청도의 지도 부분에는 각각 1795년과 1800년부터 사용되기 시작한 시흥(始興)과 노성(魯城)이라는 지명이 기록되어 있어 최소한 1800년 이후에 제작된 것이다. 그리고 경기도 지도에는 1823년에 혁파되는 개성 남쪽의 풍덕(豊德)이 표시되어 있지 않으며, 조선전도인 『동국팔도대총도(東國八道大總圖)』의 경기(京畿)에는 풍덕이 제외된 37관(官)이 기록되어 있다. 또한 경기도 지도의 하단에는 1823년(순조 갑신년)에 풍덕부를 혁파하여 개성에 합했다는 내용이 기록되어 있다. 이와 같은 지명의 변화를 통해 볼 때 본 지도책의 지도 부분은 1823년 이후에 제작된 것이며, 모사 연도인 표지의 병인년은 1866년이라고 판단된다.

그러나 본 지도책의 지도 부분이 모든 지명의 변화 양상을 정확하게 반영하고 있는 것은 아니다. 1700년대 후반의 지명 변화는 대체적으로 잘 반영되어 있지만 1800년 이후의 지명 변화는 반영되지 않은 경우도 나타난다. 함경도의 이성(利城)이 1800년에 이원(利原)으로 바뀌는데, 본 지도에는 이성(利城)으로 표기되어 있다. 또한 1822년에 신설되는 함경도의 후주(厚州)가 표시되어 있지 않으며, 『동국팔도대총도』의 함경도 부분에도 후주가 설치되기 이전의 22관(官)으로 기록되어 있다. 1684년(숙종 10)에 신설되는 함경도의 무산(茂山) 위치도 잘못 표시되어 있다. 본 지도책의 무산 위치는 부(府)로 승격되기 이전의 무산진(茂山鎭)이 있던 곳으로 무산부로 승격되면서 회령의 서쪽으로 옮겨갔다.

지도책 안에는 상당히 많은 분량의 주기가 기록되어 있는데, 지도의 모사 연도를 추정할 수 있는 연대기적 내용도 나온다. 충청도 지도의 아래쪽 주기에는 '당저(當宁) 을축(乙丑)년에 만동묘를 혁파하여 대보단에 합하였다[當宁乙丑破萬東廟合于大報壇].'는 구절이 적혀 있다. 만동묘는 임진왜란 때 도와준 명나라의 신종(神宗)을 제사하기 위해 1717년(숙종 43)에 청주의 화양동에 세워진 사당이다. 홍선대원군은 만동묘의 폐해가 심해지자 1865년(고종 2)에 완전히 혁파하였고, 지방(紙榜)과 편액(扁額) 및 기타 물건은 모두 서울의 대보단(大報壇) 경봉각(敬奉閣)에 갖다 두도록 하였다. 앞의 구절은 이러한 역사적 사실을 기록하고 있는 것으로 본 지도책이 1865년(고종 2) 이후에 모사되었음을 알 수 있게 해준다.

그러나 주기에는 연대기적 측면에서 일관성이 결여된 문구도 발견되고 있다. 경기도 지도의 주기 부분에 "수원은 본래 부사(府使)가 파견된 고을이었으며, 경기도의 좌영(左營)이 있었다. 당저(當宁) 을유(乙酉)년에 현륭원(顯隆園)을 천봉(薦奉)하고, 유수판관을 두어"라는 문구가 나온다. 원래 정조의 아버지인 사도세자의 무덤은 양주의 배봉산에 있었는데, 1789년(정조 13, 乙酉)에 수원 읍치가 있던 화산(花山)으로 옮기면서 현륭원이라 불리게 되었다. 앞의 문구는 이러한 역사적 사실을 기록하고 있는 것인데, 가장 앞쪽에 쓰인 '당저(當宁)'는 재임 중인 임금의 연도를 쓸 때 사용하는 용어이다. 본 지도책의 모사 연도인 1866년(고종 3)을 기준으로 할 때 정조 때의 역사적 사실 기록에 '당저(當宁)'라는 용어를 사용할 수는 없다. 이를 통해 볼 때 본 지도책의 모사자는 시기적 변화 양상에 대해 꼼꼼한 검토를 행하지 않고 지도를 모사했다고 판단된다.

3. 계보적 특징

『여지도』에서 '여지(輿地)'는 '땅을 수레에 담는다.'는 뜻으로 현대적인 용어로 바꾸면 지리(地理)라는 의미이다. 그리고 '여지도'는 고유명사라기보다는 현대의 지도에 해당되는 보통명사로서 조선시대의 지도책에 가장 많이 사용되는 명칭 중의 하나이다. 이화여자대학교에 소장되어 있는 『여지도』는 천하도(天下圖)-중국도-동국팔도대총도-경기도-충청도-경상도-전라도-강원도-황해도-평안도-함경도-유구국(琉球國)-일본국(日本國)-성경도(盛京圖)로 구성되어 있으며, 각 지도는 2면으로 이루어져 있다. 이 중 조선전도인 동국팔도대총도와 도별도의 기본 형태는 1531년(중종 26)에 목판으로 간행되어 전국 군현에 배포된 『신증동국여지승람』의 동람도(東覽圖) 계통에 속한다. 『신증동국여지승람』이 목판으로 만들어져 전국에 배포된 이후 그 안에 부도로서 삽입되어 있던 동람도가 민간으로 흘러나와 하나의 목판본 지도책으로 제책되어 19세기까지 유행하였다.

양보경의 연구에 의하면 동람도식 지도로 현재 남아 있는 것 중 가장 오래된 것은 서울대학교 규장각에 소장된 『동국지도(東國地圖)』로서 1544년(중종 39) 이전에 제작된 것으로 추정되고 있다. 이후 동람도식 지도책은 형태와 내용 및 책 이름을 약간씩 달리하면서 여러 목판본으로 제작 유통되었으며, 이러한 목판본을 필사하여 이용했던 지도책도 현재 상당히 많이 남아 있다. 『동국지도』에는 도별도만 수록되어 있지만 이후 동람도 계통의 지도책에는 보통 천하도-중국도-전도-도별도-일본도-유구국도 등으로 이루어져 있다. 본 『여지도』는 일반적인 형태에 성경도가 추가되어 있는 약간의 차이를 보이고 있다. 이러한 차이는 본 지도책이 필사본이기 때문에 필사자의 의도에 따라 약간의 변화를 준 것으로 판단된다.

전도와 도별도의 동람도식 지도 형태는 1463년(세조 9)에 제작된 정척(1390~1475)과 양성지(1415~1482)의 『동국지도(東國地圖)』를 바탕으로 축소되어 제작된 것으로 연구되고 있다. 그러나 전체적인 윤곽에서 동람도식 지도는 『동국지도』와 상당히 다른 형태를 보여주고 있는데, 『신증동국여지승람』이라는 책의 크기에 맞추기 위해 일부 변형이 가해진 것으로 판단되고 있다. 그리고 지리지의 부도이기 때문에 정확성보다는 대략적인 위치를 표현해주는 것을 목적으로 삼아 전체적인 윤곽과 하천의 흐름이 상당히 간략하게 처리되었다. 또한 사각형의 종이에 맞추는 과정에서 도별 경계선이 실제와 달리 직선의 형태로 나타났으며, 이러한 단점은 경계선에서 서로 접하고 있는 도와 군현의 명칭을 삽입하여 보완하였다.

본 『여지도』의 가장 앞머리에 수록되어 있는 천하도는 일반적으로 '원형천하도'라고 불리며, 17세기 이후 조선에서 독자적으로 출현한 것으로 연구되고 있다. 17세기 이래로 중국을 통해 수입된 서양의 지리 지식을 전통적인 양식으로 표현하였으며, 인간의 경험을 초월한 다양한 세계까지 묘사하고 있던 『산해경』을 기초 자료로 삼아 내대륙-내해-외대륙-외해의 구조를 만들고 지명을 각각의 위치에 배치하였다. 그 다음에 있는 중국도의 모습은 1402년(태종 2)에 제작된 「혼일강리역대국도지도(混一疆理歷代國都之圖)」와 그 사본 계통, 그리고 앞의 지도에서 아프리카와 유럽 및 서·남부 아시아가 생략된 세계지도 계통을 간략화하여 제작된 것으로 판단된다.

유구도는 일본인 승(僧) 도안(道安)이 단종 1년(1453)에 전달한 것을 바탕으로 제작된 신숙주(1417~1475)의 『해동제국기(海東諸國記)』의 「유구국도(琉球國圖)」를 모사하여 제작하였다. 일본국(도)는 신숙주의 『해동제국기』의 일본 지도와 상당히 다르기 때문에 다른 계통으로 연구되고 있으며, 1656년(효종 7)에 간행된 『간양록(看羊錄)』의 「왜국팔도육십육주도(倭國八道六十六州圖)」와 거의 동일하다고 한다. 유구도와 일본국(도)는 북쪽이 아니라 남쪽을 위로 향해 그렸는데, 조선에서 바라보이는 형태를 중요하게 여겼기 때문으로 판단된다.

본 지도책의 가장 마지막 부분에 수록되어 있는 성경도(盛京圖)는 조선의 북부와 만리장성 동쪽의 만주 지방을 합해 그린 지도이다. 성경은 현재의 심양으로서 1644년(인조 22년)에 청나라가 북경으로 옮길 때까지 수도였던 곳이다. 성경도의 기본 형태는 17세기 후반 이후 제작된 관방지도 계통을 그대로 따르고 있다. 병자호란(1636) 이후 북방에서의 재침을 우려

하여 청나라로부터 들여온 만주 지도와 조선의 북방 지역을 하나로 합해 만든 지도가 지속적으로 제작 이용되었다. 이런 부류의 지도들은 기본적으로 군사적 성격을 띠고 있지만 북경으로의 사행로(使行路)를 이해하기 위해서도 많이 이용된 것으로 판단된다.

4. 내용적 특징

『신증동국여지승람』의 동람도식 지도는 기본적으로 지리지의 부도로서 제작된 것이기 때문에 지리지에 기록된 악해독단(嶽海瀆壇, 中祀)과 명산대천단(名山大川壇, 小祀), 도와 군현, 병영과 수영 등의 위치 정도가 수록되어 있다. 그러나 민간으로 흘러나와 다시 제작된 소형 목판본 지도책에는 제사 관련 지명이 대폭 축소되고 다른 내용들이 첨가된다. 또한 시기가 내려갈수록 지도 위의 지명뿐만 아니라 지도 주변의 주기가 상당히 많이 첨가되는 경향이 나타나며, 간략한 지리지가 따로 수록되어 있는 경우도 꽤 나타나고 있다. 특히 본 『여지도』처럼 필사본인 경우 필사자의 필요에 따라 다양한 주기적 내용이 첨가되는 형태를 띠는 경우가 많이 나타나고 있다. 이러한 변화는 기본적으로 지리지를 함께 소장하지 않은 민간인들의 상황이 고려된 것이며, 아울러 지도를 이용했던 민간인들이 가장 필요로 했던 정보의 종류 때문에 발생한 것이다.

가장 앞쪽에 수록되어 있는 중국도에 기록되어 있는 내용은 다른 소형 목판본 지도책의 것과 거의 동일하다. 가장 대표적인 지명으로는 본 지도가 제작되어 사용된 청나라 때의 지명이 아니라 우공(禹公)의 구주(九州), 전국시대의 11국, 명나라 시대의 13성이 표시되어 있다. 또한 각 성의 중심지가 원 안에 표시되어 있으며, 역사적으로 알려진 산과 누각이 기록되어 있다. 이와 같은 지명 내용들은 중국도가 지도 제작 당대의 상황을 인식하기 위한 것이라기보다는 역사 학습을 위해 필요한 지도였음을 알려준다. 조선시대에 수많은 중국 서적들이 필독서로서 인식되던 상황을 중국도의 내용을 통해 쉽게 짐작할 수 있다. 주기 부분에서 가장 눈에 띄는 것은 지도 오른쪽의 중국 연혁에 관한 것과 아래쪽의 중국 역대 왕조의 연대기이다. 이 역시 지도의 내용과 일맥상통하는 것으로서 역사 학습을 위해 가장 기초가 되는 내용이다. 역대 왕조의 연대기에도 청나라는 포함되어 있지 않아 조선 후기 조선인들이 청나라의 실체를 부정하고 싶어 했던 모습의 단면을 엿볼 수 있다. 그 밖의 주기로는 13성과 남경, 동경, 등주 등의 북경으로부터의 거리가 특별히 삽입되어 있으며, 지도 왼쪽에는 중국의 지형과 중요한 산천 및 산해경 등의 내용이 소개되어 있다.

중국도 다음에 나오는 조선전도인 「동국팔도대총대」에는 기본적으로 도의 군현 수, 경(京)으로부터의 거리가 가장 중요한 정보로 나타나고 있다. 또한 조선의 지형과 한양을 중심으로 한 동서남북의 거리, 한양의 주요 문과 궁궐에 대한 기본적인 정보가 표시되어 있다. 지도의 가장 오른쪽과 왼쪽에는 각 창고에 보관되어 있는 곡식의 양과 군현의 종류 및 호수, 아래쪽에는 군현에 파견된 지방관의 등급과 인원, 병영과 수영 및 진보에 파견된 관리 수, 역을 관리하기 위해 파견된 종6품의 찰방 수 등이 기록되어 있다. 이와 같은 정보들은 국가의 통치를 위한 기본적인 정치·행정적인 정보로서 현직 관리뿐만 아니라 관리가 되고자 하는 예비 관리들을 위한 것임을 한눈에 알 수 있다. 또한 지도의 오른쪽과 왼쪽에는 조선 이전의 간략한 역사가 기록되어 있으며, 아래쪽에는 역사 속에 등장하는 중요한 도읍지가 수록되어 있다. 이러한 도읍지는 지도에도 표시되어 있어 역사 지명이 상당히 강조되고 있음을 인식할 수 있다. 이러한 역사 지명의 강조는 역사를 통한 정통성이 가장 중요한 요소 중의 하나였던 조선 사회의 단면을 잘 보여준다.

경기도를 비롯한 도별도에는 기본적으로 군현, 군사기지, 속역을 거느리던 찰방역, 중요한 산과 하천 등이 수록되어 있다. 또한 지도의 왼쪽과 오른쪽 및 위쪽의 주기에는 호구수와 조세 및 군사적 통계, 경기도 관할 군현에 파견된 지방관의 등급과 인원 등이 간략하게 적혀 있다. 지도 안에는 각 군현마다 파견된 관리의 등급, 한양으로부터의 시간적 거리, 좌우도, 또는 남북도의 소속 관계, 군사기지에 파견된 관리의 등급 등이 기록되어 있다. 이와 같은 정보는 『신증동국여지승람』의 동람도에는 없던 것으로 민간 수요를 고려하여 삽입된 것이다. 전도와 마찬가지로 본 지도책이 관리와 관리가 되고자 하는 관리 예비군을 위한 기본적인 정보 제공을 목적으로 하였음을 잘 알 수 있게 해준다. 지도의 오른쪽에는 각 도의 간략한 연혁이 적혀 있으며, 아래쪽이나 그 밖의 부분에는 정치·문화적으로 중요하게 여겨지던 지점에 대한 소개가 기록되어 있다.

5. 지도학사적 가치

본 『여지도』는 기본적으로 『신증동국여지승람』의 동람도식 지도가 민간으로 흘러나와 유행했던 소형 목판본 지도 계통의 필사본이다. 이런 계통의 지도는 현재 상당히 많이 남아 있어 문화재로서의 가치는 상대적으로 약한 편이다. 그러나 본 지도책은 목판본이 아니라 필사본이라는데 중요한 지도학사적 가치를 가지고 있다. 목판본은 대량 보급과 보편적 정보 수요를 잘 보여주고 있다는 장점을 가지고 있지만 다양한 정보 수요에 대한 수요자의 요구를 모두 수용하기 어려운 단점도 가지고 있다. 이에 따라 목판본 지도는 수요자가 이용하는 과정에서 몇몇 정보가 새롭게 추가되어 이용되는 경향이 있다. 본 지도책은 지도와 정보의 기본 형태라는 측면에서는 조선 후기에 유행한 소형 목판본 지도책을 거의 그대로 따르고 있지만 상당히 많은 정보가 주기에 추가되어 있다. 이러한 주기 내용들은 조선 후기의 보편적 정보 수요뿐만 아니라 서로 다른 이용자들 사이에 나타나는 차별적인 정보 수요가 무엇이었는가를 이해하는 데 중요한 자료가 될 수 있다.

(이기봉)

[색인어]
천하도, 동국팔도대총도, 중국도, 유구국, 일본국, 성경도, 신증동국여지승람, 동람도, 동국지도, 천하도, 해동제국기, 간양록

[참고문헌]

양보경, 「목판본『동국지도(東國地圖)』의 편찬 시기와 의의」, 『규장각』 14, 서울대학교도서관, 1991.
오상학, 「조선시대의 세계지도와 세계 인식」, 서울대학교 박사학위논문, 2001.
이기봉, 「『규장각 소장 조선전도』 해설」, 서울대학교 규장각, 2004.
이상태, 『한국의 고지도 발달사』, 혜안, 1999.
이 찬, 『한국의 고지도』, 범우사, 1991.

일기 · 일록

日記 / 申龜朝 著

筆寫本. — [發行地不明] : [發行處不明], [18世紀末頃].
2册 : 無界, 12行20字內外 註雙行 ; 23.0×22.0cm.
表紙(册1) : 自庚戌[1790] 至丙辰[1796]
表紙(册2) : 丙辰[1796] 丁巳[1797]
册1은 庚戌부터 丙辰의 기록이 맞는데,
册2의 경우 표지의 기술과는 달리 丙辰(1790)에서 癸亥(1803)까지의 기록임.
고서/고귀921 신17 ○

日錄 / 申龜朝 著

筆寫本. — [發行地不明] : [發行處不明], [1803(純祖 3)].
25張 : 無界, 9行22-24字 註雙行 ; 29.1×19.1cm.
表紙 : 癸亥[1803]
書名은 表題임.
고서/고귀921 신17

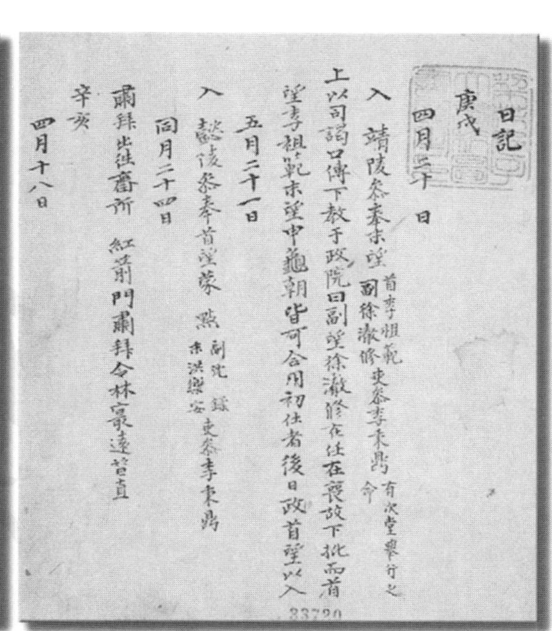

日記 · 日錄

1. 개요

『일기』와 『일록』은 조선 정조, 순조 대 문신 신귀조(申龜朝 : 1748~1813)의 환관(宦官) 일록이다. 『일기』라 표제가 된 2책과 『일록』으로 표제된 1책, 총 3책의 필사본이다. 1790년(정조 14) 음관(蔭官)으로 참봉(參奉)에 임명된 이후 1803년(순조 3) 응교(應敎)가 되기까지 14년간 그가 수행한 일상적인 공무는 물론 관직 임명 과정, 언관으로서 올린 상소를 비롯하여 자신이 공, 사적으로 지은 시, 서, 제문과 여행기, 병력(病歷) 후기 등 다양한 글이 담겨 있다.

2. 편·저자

원저자 신귀조는 조선 정조, 순조대의 문신, 학자이다. 본관은 평산(平山), 자는 계행(季行), 호는 종옹(鍾翁)이다. 아버지는 사현(師顯), 어머니는 남양 홍씨 계인(啓仁)의 딸이다. 그 자신은 서울에, 부친 등 친족이 양주에 거주하였고, 조상의 묘소가 사부촌(莎阜寸) 검사곡(黔沙谷)에 있는 것으로 보아 경기, 서울 지역에 세거(世居)한 집안 출신으로 여겨진다.

신귀조는 1780년(정조 4) 식년 진사시에 부(賦)로 3등 22위 합격하였다. 이때의 시권(試券)이 국립중앙도서관에 보존되어 있다. 1785년(정조 9)에는 성균관 거제유생(居齊儒生)에게 보인 제술(製述)에서 표(表)로 차상(次上)을 하였다. 1790년(정조 14) 5월 의릉(懿陵 : 경종릉) 참봉으로 관직에 나섰다. 그는 경종과 같은 날인 무진년(戊辰年) 10월 28일에 태어난 자신이 의릉 참봉에 임용된 것은 하늘이 내린 인연이라 여겨 소임에 최선을 다하였다. 1791년(정조 15) 12월 응제(應製)에 표(表)로 장원[三上 二人]을 하여 문과급제를 받았다. 이때 낸 시권은 『경림문희록(瓊林聞喜錄)』에 실려 있다.[1] 이듬해 식년시에 직부전시(直赴殿試)하여 부(賦)로 병과 27위에 올랐다. 이때 작성한 시권 역시 국립중앙도서관에 남아 있다.

1792년(정조 16) 3월 가주서를 시작으로 1793년(정조 17)까지 정원(政院)에서 주서로 근무하였다. 1793년(정조 17) 5월 성현(省峴) 찰방으로 나가 근무하던 중 집안의 신의를 고려한 특교로 6월 정언(正言)에 임명되어 6품 참상관으로 출륙(出六)하였고 그의 부친은 가의대부(嘉義大夫)로 추승되었다. 1794년(정조 18) 병조좌랑(兵曹佐郞), 지평(持平)을 거쳐 정언에 임명된 후 구언소(求言疏)를 올리고 파직되었다. 이듬해엔 병조정랑(兵曹正郞)을 거쳐 6월 지평에 임명되었다가 사직소를 올리고 체직되었다. 1796년(정조 20) 3월 정언, 7월 지평에 임명되

---

1) 신해년 응제의 답지(試券) 중 초시(初試)의 삼중(三中) 이상과 갱시(更試)의 삼하(三下) 이상으로 뽑힌 시권을 모아 본인 동의하에 약간의 수정을 가한 후 운각활자(芸閣活字)로 영인한 것으로 규장각에 보존되어 있다.

었으나 사직소를 올리고 체차되었다. 1797년(정조 21)은 병조정랑의 파직, 조흘강(照訖講) 관리 문제로 인한 문책을 비롯하여 숙부상, 부친상 등 좋지 않은 일이 많이 일어났다. 신귀조는 이해 12월 29일 돌아간 부친을 기리며 2년간 시묘살이를 하였는데 이때 얻은 습질로 고생을 많이 하였다. 시묘를 마치고 1800년(정조 24) 윤4월 지평에 임명되어 '양사(兩司)가 합동으로 올린 계(啓) 중 사계(四啓)의 전지(傳旨)를 내리지 않은 문제, 탐관오리로 지목된 숙천부사(肅川府使), 영저리(營邸吏) 매매와 연관된 공조판서, 해서(海西)의 칙수미(勅需米)를 방채한 감사, 사학(邪學)의 단속을 소홀히 한 양근(陽根) 군수, 금군별장(禁軍別將)의 부정 등에 대한 조사와 탄핵'을 요청하는 상소를 올리고 사직하였다.

순조 즉위년 8월 옥구(沃溝) 현감으로 나가 이듬해 7월까지 목민관으로 활약하였다. 벽파가 정권을 잡은 순조 즉위년 12월 홍문록, 도당록에 입록되었다. 1801년(순조 1) 7월 수찬으로 선발되었으나 패부진하여 파직되고 실록낭청으로 뽑혀 실록이 완성될 때까지 작업에 참여하였다. 8월 동남문 괘서 사건을 계기로 시작된 사학 관련자 추국(推鞫)에 문사낭청(問事郎廳)으로 선발되었다. 10월 이후 헌납(獻納), 부수찬(副修撰), 수찬(修撰)으로 옮겨가며 '정약용(丁若鏞) 등 사학죄인 추국, 찬배 중지' 등을 요청하는 상소를 단독 혹은 연명으로 올렸다. 이 무렵 그의 활동은 '노론 벽파 심환지(沈煥之)의 신임을 받던 핵심 관료'라는 정치적 개연성을 결부시켜 여러 가지 각도에서 조명할 수 있다.

1802년(순조 2) 2월 부교리(副校理)가 되었으나 실록낭청으로 일하기 위해 체직되었고 4월 호서암행어사로 나가 두 달간 활동하였다. 그러나 어사 임무 수행 중 재발된 피부병으로 인해 이후 임명된 장령(掌令), 서장관(書狀官), 장악원(掌樂院) 정(正), 수찬 등에는 나가지 못하고 실록낭청으로만 활동하였다. 1803년(순조 3)에도 교리에 제수된 후 '이조판서 정대용(鄭大容)의 인사[都目政] 독단 문제, 문간공(文簡公) 김정(金淨)의 처 송씨(宋氏)의 정려(旌閭), 집의(執義) 한유(韓鍮)의 선조에 대한 이증(貤贈) 촉구' 등의 상소를 올리고 사직하였다. 서장관, 우통례(右通禮), 부수찬, 응교(應敎) 등에 임명되었으나 모두 나가지 않아 교체되었다. 8월 충청도 경시관(京試官)의 직무를 수행한 후 실록 찬수 작업에만 참여하였다.

1804년(순조 4)에는 오랫동안 실무자로 참석했던 실록 작업도 '더 이상 강요할 수 없다.'고 할 정도로 병이 깊어져 실질적인 직무 수행은 불가능했던 것으로 보인다. 관찬 사료에 나타나는 그의 공식적인 활동은 1803년(순조 3) 12월 14일 부응교(副應敎)로서 희정당(熙政堂)에서 강론을 한 것이 마지막이었다. 그는 부사과(副司果) 직함을 두고 투병 생활을 하던 중 1806년(순조 6) 병인경화(丙寅更化)로 벽파가 침몰할 때 정치적 운명을 함께 하였다.

신귀조는 문장이 출중한 집안의 자손답게 입사 후에도 문신제술(文臣製述)에서 수석을 하는 등 능력을 발휘하며 언관으로 활동하였다. 거의 매년 각 전(殿)에 오언율시, 칠언율시 첩자를 지어 올렸으며 여러 추국에 문사낭청으로 차출되었다. 문묘배향(文廟配享) 신료의 문집 교정유사로 차출되었고, 실록낭청으로 선발되어 정조실록(正祖實錄) 편찬에 참가하였다. 여러 곳의 상량문을 지어준 것은 물론 지인의 제문도 많이 지어주었다. 1813년(순조 13) 1월 18일

세상을 떠나 사부촌에 묻혔다. 사후 손자 기영(耆永)이 고위직에 올라 부제학(副提學)에 추증되었다.

3. 편찬 경위

『일기』와 『일록』은 신귀조가 관직 생활을 하는 동안 기록한 매일의 일기를 추후 필사, 편집한 것으로 보인다. 『일기』는 1790년(정조 14)부터 1803년(순조 3) 1월까지의 내용을 2책에 나누어 싣고 있다. 『일록』은 1803년(순조 3) 1월 말부터 동년 12월까지의 일기를 담았다. 『일기』와 『일록』으로 표제가 구분되어 있으나 두 서책의 내용, 체제 구성에 차이가 없는 것을 보면 분산하여 필사한 후 각기 따로 묶는 과정에서 제목을 달리 붙인 것이라 여겨진다. 또 3책의 분량이 『일록』 25장, 『일기』 1책이 57장, 『일기』 2책이 81장으로 제각각인 것은 처음부터 일관된 체제하에서 작업을 한 것이 아님을 말해준다.

일기의 3책 모두 다양한 필체로 기록되어 있다. 이는 여러 명이 필사 작업에 참여하였음을 말한다. 이 작업이 신귀조 본인의 지휘 하에 이루어진 것인지, 그의 사후 후손들에 의해 진행된 것인지 알 수는 없다. 그러나 본 책에서 찾아낸 다음 몇 가지 사실은 후손에 의해 편찬된 것이 아닌가 여겨지게 한다.

우선 일기 원고를 일자에 따라 필사해 가다가 해당 일자에 일어난 사실을 빠뜨렸을 경우 다른 날 기사 뒤에 추기하면서 '어떤 내용이 해당 일자에 들어있어야 하는데 누락되어 뒷부분에 적어둔다.'라고 하였다. 또 기술한 내용이 해당 일자에 맞지 않는 경우 '(본) 일은 어느 날짜에 들어있어야 맞는다.'라고 주기하였다. 이것은 낱장으로 기록된 일기 원고의 날짜별 정리가 제대로 되지 않은 채 필사 작업이 이루어지면서 생긴 오류라 생각된다. 원고를 작성한 본인이 검토했다면 이러한 착오가 생길 리 없다고 여겨진다.

또 신귀조의 성명이 기록되어야 하는 부분에 성씨만 적고 이름을 비워둔 것도 후손 필사와 연결지을 수 있다. 그런데 이러한 기재 방식이 일기 전체에 똑같이 적용되지는 않았다. 『일기』 1책의 경우 신귀조의 성명을 적어야 할 곳에 성과 이름 모두 기록하였다. 그러나 『일기』 2책 17장부터 신OO라 적어 이름을 휘(諱)하고 있다. 2책에서 두세 건, 『일록』에서 몇 건을 제하면 모두 신OO라고 적고 있다. 이는 『일기』 1책과 『일기』 2책 및 『일록』의 필사 주체 또는 시기가 달라서일지도 모른다. 어쨌든 신귀조의 이름을 적어야 할 부분을 비워둔다는 것은 필사 주체가 후손이라는 사실과 관계되는 것으로 생각된다.

뿐만 아니라 필사 작업 과정에 드러난 부분적 미진함도 후손에 의한 필사를 생각게 한다. 『일록』에는 신귀조가 충청도 경시관으로 나가 시소(試所)를 이동하면서 단양팔경, 화양계곡, 속리산을 돌아보고 적은 감상문이 날짜가 뒤섞이고 중복되게 적혀 있다. 이것 역시 원고의 날짜와 내용을 정확하게 정리하지 못한 채 옮겨 적는 과정에서 일어난 착종이라 할 수 있다. 본인이 책의 필사 과정을 살펴본다면 일어날 수 없는 일이다.

한편 심환지의 제문으로 여겨지는 내용의 일부가 『일기』 2책의 중간에 접힌 채 끼워져 있다. 물론 본 책의 제본에는 아무런 문제가 없으니 본문에서 빠져 나온 것으로 볼 수 없다. 왜 1802년(순조 2)에 심환지의 죽음을 애도하며 적은 제문의 일부분이 해당 일자의 본문에 기록되지 않고 일기책에 따로 끼워져 있을까? 이는 일기를 편집하는 과정에서 의도적으로 제외한 것으로 봐야 할 것 같다. 1806년(순조 6) 병인경화로 벽파의 일망타진이 이루어진 후 관련 사실을 조심스러워하던 분위기를 보여주는 것이 아닌가 싶다.

『일기』 2책의 마지막 여백에 '신씨 족보 편찬에 관계된 정사, 무오년의 사실'을 간략히 적어둔 메모가 있다. 정사, 무오년이 언제인가? 이것이 '1803년(순조 3) 이후에 만들어진 일기의 뒷장에 기록된 메모'라는 사실을 생각하면 1857년(철종 8), 1858년(철종 9) 또는 1917년, 1918년을 떠올릴 수 있다. 그런데 『평산신씨대동보』가 1863년(고종 10)에 간행되었으므로 이 메모에 적힌 내용은 철종 8, 9년의 일이라고 봐야할 것이다. 그렇다면 본 책은 신귀조 사후(1813년) 1857년(철종 8) 이전에 필사된 것이라 할 수 있겠다.

4. 구성과 내용

신귀조 일기는 『일기』로 표제가 된 2책과 『일록』으로 표제가 된 1책으로 구성되어 있다. 『일기』의 1책은 1790년(정조 14, 경술) 4월 20일부터 1796년(정조 20, 병진) 9월 13일까지, 2책은 1796년(정조 20, 병진) 11월 1일부터 1797년(정조 21, 정사) 12월 23일까지, 다시 1800년(정조 24, 경신) 3월 3일부터 1803년(순조 3, 계해) 1월 23일까지 신귀조의 공무 행적이 날짜 순으로 기술되어 있다. 표지에는 '병진부터 정사까지'로 적혀있지만 실제로는 1800년부터 1803년 1월까지의 내용이 들어있다. 1798년(정조 22), 1799년(정조 23) 두 해의 행적은 1797년(정조 21) 12월 29일 졸한 아버지 사현의 시묘살이로 인해 빠져있다. 『일록』은 1803년(순조 3) 1월 28일부터 같은 해 12월 6일까지 일어난 일을 기록하고 있다.

서술 체제는 『일기』 1책의 경우 년도, 월, 일을 행을 달리하여 뚜렷하게 구분짓고 해당 일자 아래에 그날의 일을 기록하였다. 그러나 『일기』 1책의 마지막 부분부터 『일기』 2책, 『일록』에서는 월별로 행을 구분할 뿐 날짜는 행을 나누지 않고 O표 아래에 일자를 적고 그대로 연이어 기록하였다. 이는 일정 기간의 기록을 묶어 한꺼번에 필사한 것임을 말해주는 것이라 생각된다.

내용은 1790년(정조 14) 음직으로 참봉을 받아 벼슬살이를 시작하여 1803년(순조 3) 12월 응교로 낙점(落點)되기까지 14년간 걸어온 관력을 철저하게 저자 중심으로 기술하고 있다.

전체적으로 기술 주제와 대상이 유사하기 때문에 『일기』와 『일록』의 내용에서 특별한 차이점은 보이지 않는다.

일기에 담긴 내용은 대개 자신과 관계된 당일의 중요 행사, 공식, 비공식적인 자신의 행적 및 본인이 올린 공무와 관련된 시문이나 상소, 제문은 물론 자신의 발의에 대한 비답(批答) 및 그와 관련된 공식적인 조처 등을 진행 과정에 따라 비교적 상세히 적었다. 중요한 일이 없거나 자신과 관련된 사항이 없으면 기록하지 않아 몇 달씩 건너뛰기도 하였다. 대체로 『일기』 1책의 행적 기록이 다른 두 책에 비해 자세하다.

특히 자신의 관직 제수와 관련한 기술은 매우 상세하다. 자신이 후보로 오른 관직은 대부분 본인이 낙점 받지 않았어도, 삼망(三望) 후보자 성명은 물론 낙점 상황을 기술하고 인사권자의 직함과 성명을 주기로 적어두었다. 본인이 낙점 받은 후 서경(署經)의 지체, 승패(承牌), 패부진(牌不進), 숙배(肅拜) 등 관직에 나오는 과정을 기록하였고, 홍문록(弘文錄), 도당록(都堂錄)의 평점과 관리 명단도 나열하였다. 뿐만 아니라 자신과 친족이 응시한 시험의 진행 상황, 시제, 결과 등을 상세히 기록하였다.

직무를 수행할 때의 일상적인 동정, 즉 차대(次對), 입직(入直), 출직(出直), 입시(入侍), 출래(出來) 사실은 물론 군관으로 근무할 때의 복장, 시위 및 직무수행 과정에서 발생한 문제에 대해서도 빠짐없이 기록하였다. 시관(試官)으로서의 근무 상황은 상당히 자세하게 기술하고 있다. 능행, 행차 등의 시종과 궁실에서 벌어지는 행사도 간략히 적었다. 또한 찰방(察訪), 현감(縣監)으로 외직에 나가는 과정, 수행한 직무, 경시관으로 지방에 내려가 치른 과거 절차 등에 대해서도 기록하였다.

특히 종묘 친제(親祭)를 비롯한 각 능, 사직의 제례, 기우제 등에 대축(大祝), 봉조관(捧俎官) 등 제관으로 차출되어 수행한 업무는 모든 과정을 빠짐없이 날짜, 시간 순으로 기록하고 동참한 제관의 성명도 적었다. 그는 몸이 불편했던 1803년(순조 3)을 제외하면 매년 많으면 십여 차례 제관으로 차출되었다.

공적인 행적뿐만 아니라 본인이 공, 사적으로 지은 각종 글도 싣고 있다. 과거 답안은 물론 자신이 올린 사직소나 시무소 등은 대부분 전문을 기록하고 왕의 비답(批答)도 적어두었다. 그가 올린 상소문은 대부분 규장각에 소장된 공거문(公車文)에 전문이 그대로 실려 있고 일부분만 『일성록』, 『정조·순조실록』에 축약된 내용이 기재되어 있다. 본 일기에만 실려 있는 것은 1796년(정조 20) 7월 지평으로 올린 상소이다. 각 전(殿)에 올리고자 지은 단오첩, 입춘첩의 칠언, 오언율시의 전문도 대부분 실려 있다. 이 밖에 개인적으로 지어준 각종 상량문, 제문, 축문과 병마와 싸우면서 고통을 달래고자 지은 여러 편의 시도 들어있어 신귀조의 문학적 재능을 볼 수 있게 한다.

많지는 않으나 매우 개인적인 일에 관한 기록도 보인다. 자신과 친족이 응시한 시험의 결과는 물론 급제 후 축하례, 집안의 성묘, 상(喪) 등에 관해서도 간략히 적어두었다. 질환 치료와 처방에 관한 기록도 있다. 풍질을 앓던 숙부와 부친의 치료 약재로 인삼, 청심환을 사용하였으며 고가의 청심환 구입이 어려워 집에서 제조한 사실(『일기』 1책), 자신의 고질병이 된 피부병의 투병 과정을 자세히 적어 당시 질병과 민간 치료의 내용을 파악하는 데 도움을 준다.

이하 각 책의 구체적인 내용을 살펴본다.

1790년(정조 14)~1796년(정조 20)까지의 관력은 담은 『일기』 1책은 초반부에 음관으로 정릉참봉 후보에 든 것을 시작으로 관직생활에 첫 발을 내딛게 된 의릉참봉의 임용과 역할, 1791년(정조 15) 응제에 표로 장원하여 시권이 『경림문희록』에 실리게 된 과정, 1792년(정조 16) 임자 식년시에 참가하여 부를 올린 것, 축하연 내용 등이 상세히 기록되어 있다. 3월 가주서를 시작으로 언관에 나아가 1793년(정조 17)에는 성현찰방으로 나갔으며, 정언에 제수되어 출륙(出六)하고 부친이 가의대부(嘉義大夫)로 추숭되었는데 이는 집안의 신의와 자신의 나이를 고려한 국왕의 특별교지에 의한 것임을 밝히고 있다.

1794년(정조 18) 4월 이인(李䄄)의 입성 문제를 둘러싼 대소신료와 정조의 강경 대처 상황을 현장에 참여한 당사자로서 생생하게 기술하였다. 같은 해 7월 정언으로 임명되어 올린 구언소(求言疏), 부수찬 이석하(李錫夏)의 상소에 대한 반박 및 이석하의 사직 상소의 전문을 실어 당파간 논쟁으로 인한 정국 경색의 단면을 잘 보여주고 있다.

1795년(정조 19) 형 신봉조(申鳳朝)가 전시(殿試)에 부로 장원급제하자 60년 전 그의 조부가 차지한 을묘년 부 장원의 영광을 재현한 경사라고 정조가 삼종형제를 불러 축하해 주었으며 신봉조가 지평에 낙점되고 초계문신(抄啓文臣)으로 뽑히었고, 예조에서 주관한 조부의 치제(致祭)에 내려준 국왕의 친제(親祭)를 대축한 사실 등 가문의 영광에 대해 자세히 기록하였다. 그는 1795년(정조 19) 어가(御駕) 거동 시 금훤(禁喧)을 잘못하여 벌을 받고 한 달여 뒤 탕척(蕩滌)되어 군직에 회부되었던 자신의 실책에 관해서도 그대로 기록하였다. 같은 해 7월 지평에 임명되어 성상(聖上)의 무함(誣陷)을 해명하는 내용의 상소를 올렸다가 정조의 진노를 사 체직되었던 상소의 전문도 실었다.

1795년(정조 19) 11월 이안묵(李安默)이 서유린(徐有隣), 유방(有防) 형제를 규탄한 상소로 시작된 갈등의 와중에 이조판서 심환지가 보여준 이안묵, 이원팔(李元八)이 쓴 신귀조 음해의 글과 이것을 심환지에게 전한 이기수(李基壽) 앞으로 보낸 확인 편지, 이에 대한 이기수의 답서 등이 실려 있다. 노론 벽파의 정치적 진출이 강화되기 시작하던 정조 19년, 계파 내 갈등을 포함한 정치적 움직임은 물론 신귀조가 심환지 계보의 충실한 사람으로서 그의 신임을 한 몸에 받던 인물임을 알 수 있게 해 주는 대목이다.

1796년(정조 20) 3월 정언이 되어 올린 상소와, 7월 금령(禁令)을 해지하여 국사를 해결할 것을 청한 상소의 전문이 실려 있다. 정언으로 올린 상소는 실록에 간략한 내용이 기술되어 있지만 7월 지평 상소는 『일성록』과 공거문 등 다른 자료에는 전혀 보이지 않는다. 같은 해 8월 평산 신씨 문중이 받드는 삼태사사(三太師祠)에 사액(賜額)을 내리고 치제토록 한 명을 받들어 실행하고 온 경과를 상세히 설명하고 정조의 치제 축문도 실었다. 또 자신이 지은 삼태사사의 강당 중건 상량문도 적었다. 정조의 축문과 신귀조의 상량문은 『평산신씨대동보(平山申氏大同譜)』에 실려 있다.

『일기』 2책은 1796년(정조 20) 11월부터 1797년(정조 21) 12월까지, 1800년(정조 24) 3월부터 1803년(순조 3) 1월 23일까지의 활동 내역을 담고 있다. 정조 20년 숙부 우헌공(愚軒公) 신응현(申應顯), 종대부(從大父) 하암공(何庵公), 자신의 부인상을 당하였고, 이때 지은 종대부의 발인 제문, 숙부의 영결문을 적어두었다. 그러나 이 해 말 당한 부친상에 대해서는 아무 언급 없이 이후 2년간 기록이 없다. 뒤에 피부병이 발병하였을 때 부친의 시묘살이로 얻은 병이라 한 기록과 족보에 실린 부친의 졸년을 통해 일기의 공백 이유를 알 수 있다. 1797년(정조 21) 7월 3소 조흘강 시관에 임명되었으나 잡인이 조흘강소에 들어온 문제로 문책되는 과정을 상세히 설명하고 있다.

1800년(정조 24) 윤 4월 지평에 임명된 후 올린 상소는 언관으로서 두드러진 활동이라 할 수 있다. '삼사 합계 중 사계에 대해 전지를 내리지 않은 일, 탐관오리인 숙천부사(肅川府使) 임장원(任長源)과 영저리 매매 의혹을 받고 있는 공조판서 홍억(洪檍)의 탄핵' 상소를 비롯하여 '해서(海西) 칙수미(勅需米)를 방채한 전 감사 박기정(朴基正)의 조사 요청', '살옥의 심리와 사학(邪學) 단속을 소홀히 한 양근(陽根) 군수 정동간(鄭東幹)과 금군별장(禁軍別將) 최동악(崔東岳)의 침학 폐단에 대한 조사 요청' 등을 골자로 한 상소의 전문을 실었다. 그리고 이 문제에 대한 정부의 조사 진행과정과 당사자 공초, 해당 부처의 초기 및 처리 결과 등을 날짜 순으로 상세히 기록하였다. 상당히 많은 분량의 상소 내용과 별다른 문제 없음으로 결말 짓는 사건의 처리 과정을 통해 당시 사회경제적 상황과 당파간 갈등의 분위기를 읽을 수 있다.

같은 해 6월 정조의 승하 사실은 간략히 기록하고 있는 것도 눈에 띈다. 이해 8월 옥구(沃溝) 현감으로 임명되어 임지로 내려가는 노정과 임지에서 영문에 출입하는 경로, 지방관으로서의 활동내역, 1801년(순조 1) 신유사옥(辛酉邪獄)에 연루된 죄인에 대한 영문(營門)의 조사 경과 등에 대해서도 기술하였다.

1801년(순조 1) 8월 윤행임(尹行恁)을 주도자로 사사한 동남문 괘서 사건과 10월 황사영(黃嗣永) 백서(帛書) 사건의 추국에 문사낭청으로 차임되었고, 헌납에 임명된 후 사학 색출을 목적으로 한 '정약용(丁若鏞), 정약전(丁若銓), 신여권(申與權), 이학규(李學逵), 이치훈(李致薰) 5인의 추국을 요청하는 차자'를 집의 홍희운(洪羲運)과 연명하여 올려 추국을 개시케 하고 문사낭청으로 참가하여 듣고 본 일의 진행 상황을 자세히 기록하고 있다. 그는 이후 5인의 처벌 결과에 대해 철회를 요구하는 연명차자를 올리었다. 이 해 10월, 11월 두 달간 헌납에서 부수찬, 수찬으로 옮겨가며 관련자 강경 처단을 촉구하고 사학을 배척하며 기강을 확립할 것 등을 요구한 상소, 차자의 전문을 모두 일기에 적었다. 1801년 7월 실록낭청으로 임명되어 수년간 때론 겸직으로 때론 언관직을 떠나 실록 작업에 참여한 사실, 실록 작업의 진행과정 등을 빠짐없이 기록하였다. 1803년(순조 3) 병으로 직임을 거부할 때에도 사국에는 거의 매일 출근하였음을 적고 있다.

1802년(순조 2) 4월 호서암행어사로 복명(復命)을 받고 떠난 경위와 교지의 내용을 적어두었다. 그런데 6월 활동을 마치고 돌아와 서계별단(書啓別單)을 올린 사실만 기재하였을 뿐 두 달간 충청도에서의 구체적인 활동에 대한 기술은 전혀 없다. 같은 해 6월 장령으로 승급하여 패부진하며 '사헌부 삼계 중 죄인 권유(權裕)를 변방에 귀양 보낼 것을 요청하며' 올린 계의 내용과 비답이 실려 있다. 또한 충청도 암행 중 고질병이 발병한 후 병세에 차도가 없어 서장관, 장낙원 정, 수찬 등의 직임을 맡지 못하였으며, 10월 '대왕대비의 수렴청정 거둔다는 하교의 중지를 요청'하는 장낙원 정원의 복합 상소에 동참치 못해 별도로 올린 상소의 전문 등을 기록하였다. 1803년(순조 3) 1월 교리에 임명되어 올린 '이조판서 정대용의 도목정 독단의 문제'에 관한 상소의 전문도 실었다.

『일기』 2책에서 눈에 띄는 것 중의 하나가 관료들의 사적인 관계를 살필 수 있는 내용이다. 1801년(순조 1) 경모궁 대축에 뽑혔을 때 헌관 이익모(李翊模)가 그의 형 신봉조와 불편한 관계여서 힘들었던 심경을 토로하며 '당일 구들이 내려앉아 상면하게 되어 다행이다. 앞으로 잘 지내보자.'고 하였다는 것이다. 이익모는 이듬해 경모궁 정조 대축으로 다시 만났을 때 '신봉조의 정계를 지우고 구들이 내려앉아 상면하게 되었다.'는 이야기를 했고 이를 지켜본 심환지가 '다행이라.' 했다. 순조 즉위 이후 집권 벽파의 거두 심환지 측근의 한 사람으로서 신귀조의 위치와 당시 정계 분위기를 읽을 수 있는 부분이다.

2책에는 신귀조가 쓴 심환지 추도 제문이 앞부분이 빠진 채로 끼워져 있다. 1802년(순조 2)의 해당 날짜 본문에 넣지 않고 일부분을 따로 넣어둔 사연은 알 수 없다. 제문의 내용을 보면 심환지는 신귀조가 등과한 이후부터 특별한 관심과 배려를 보였으며 그의 정치적 성장에 후견인 역할을 하여 신귀조가 믿고 따른 사람이었음을 알 수 있다. 조선시대 관리의 정치적 성장과 활동 및 신귀조의 언관으로서의 직무 수행을 벽파의 정치적 움직임과 연결지어 생각해 볼 수 있게 하는 자료라 할 수 있다.

『일록』은 1803년(순조 3) 1월 28일부터 같은 해 12월 5일까지 행적이 기록되어 있다. 기술 대상 기간이 짧고 투병생활로 인한 공무 집행 결여 등의 이유로 인해 앞의 두 책에 비해 내용이 소략하다.

1803년(순조 3) 1월 교리로 임명된 후 '도목정을 독심한 이조판서 정대용의 처벌, 문간공 김정의 처 송씨 정려, 집의 한유의 선조 3대 추증'을 요청한 장문의 상소 전문이 실려 있다. 그가 건의한 정려, 이증 건은 후에 그대로 실행되었다(『순조실록』 순조 3년 2월 10일). 같은 해 3월 국가 경사로 대 사면령이 발표되었을 때 올린 옥당(玉堂)의 연명차자 전문도 적었다. 이 해에는 임명된 교리, 서장관, 사복정, 우통례 등의 직임을 사양할 수밖에 없을 만큼 병이 깊어갔다. 병마와 싸우면서 고통받는 복잡한 심정을 달래고자 석류, 감나무 화분 등을 노래한 6월의 여러 편의 시는 신귀조의 문학성을 느낄 수 있게 한다. 또 4월 9일의 일기에 투병 중인 피부병의 경과와 구체적인 처방, 약재 등에 대해서 상술하고 있다. 부친의 시묘살이로

도진 습질이 호서 암행어사로 나가면서 심각해져 오한과 불면, 구토 등에 시달린 사실과 의원의 처방 및 고양이살, 뱀술, 까마귀술 등 자신이 사용한 온갖 민간요법도 중간에 적고 있다. 그는 투병 전말을 잊지 않기 위해 자세히 기술한다고 했다.

이 해 8월 충청도 경시관으로 떠나면서 느낀 감회, 심경을 시로 지었다. 서울을 출발하여 단양 시소(試所)에 들어가기까지, 경시관으로서 임무를 완수한 후 충청도 명소를 관광하고 다시 청산(靑山) 시소에서 일을 마치고 상경하는 과정을 개략적으로 기술하였다. 특히 단양 팔경, 화양동, 속리산 등 명승을 유람하며 느낀 감상을 적은 글은 문인의 풍류를 느끼기 한다. 그런데 이 부분은 약간 혼재되어 기술되고 있다.

충청도에서 돌아온 후 사국에 나간 것 외에 다른 행적에 관한 기술 없이 12월 5일 응교에 몽점 받았으나 패부진한 것으로 3책은 마감된다.

5. 서지적 특징

일기는 신귀조의 유일본 유록(遺錄)이다. 그런데 『일기』와 『일록』은 형태상 약간 다른 모습을 하고 있다. 『일기』는 가로 세로의 길이가 비슷한 정사각형으로 크기는 38.7×37.5cm이고 『일록』은 세로가 긴 직사각형 모양으로 크기가 48×30.8cm이다. 두께도 각기 달라 『일기』 1책은 57장, 2책은 81장, 『일록』은 25장이다. 『일기』의 책1 표제는 "自庚戌 至丙辰"이라고 되어 있고, 책2 표제는 "丙辰 丁巳"라고 되어 있으나 실제로는 병진(丙辰, 1790)에서 계해(癸亥, 1803)까지의 내용이 들어있다. 이렇게 『일기』와 『일록』의 모양새와 제목이 다르다보니 둘은 서로 무관한 서적으로 분류된 듯하다.

『일록』에는 기사를 쓴 이후 종이를 덧붙여 지운 부분이 몇 군데 보인다. 부분적 여백으로 보이는 이것은 일단 필사한 후 잘못 기록했거나 내용을 감추기 위해 필사를 마친 후 종이를 붙인 것으로 생각된다.

6. 가치

본 일기는 신귀조의 유일본 유록으로서 고유한 가치와 함께 역사 자료, 문학 작품으로서도 중요한 의미를 지니고 있다.

신귀조는 당상관을 역임한 고위 관료 출신도, 중요한 사건의 중심 인물도 아니었다. 마흔을 넘긴 나이에 관직에 나와 특별교지로 출륙을 하였고 당하 언관직에서 주로 일을 하였다. 이런 신귀조의 환력을 자세히 담은 본 기록은 음관을 시작으로 관직에 나간 문신 급제자의 관직 생활의 면모와 언관의 위상과 역할, 인사이동 관행 등을 살필 수 있는 좋은 자료이다. 또 신귀조는 당파 간 갈등과 대립이 심각해지던 시기에 노론 벽파 심환지의 측근으로 관직 생활을 하다가 병인경화로 정치적 철퇴를 맞았다. 그의 일기에 기록된 정치적 사안과 관련된 공적인 문서, 당파 내부의 기류와 친소 관계를 보여주는 사적인 글 등은 공식적인 자료로는 알 수 없는 정치적 분위기와 벽파의 움직임, 당내 이상기류, 당파 내 계보 관계 등을 파악하는데 도움을 주는 귀한 것들이다.

한편 본인이 잊지 않기 위해 적어두었다는 투병 전말의 기록은 당시의 고질병이던 피부병의 원인인 시묘살이, 경과, 다양한 치료방법 등에 대한 구체적인 내용을 담고 있어 조선 후기 질병사 연구에 유용한 자료가 될 것이다.

조선 후기 정치사 연구는 활발하게 이루어지고 있다. 그러나 상당수가 제도사 중심의 연구이다. 관료, 과거(科擧) 연구도 통계수치를 활용한 경향 분석이 많고 구체적인 관료의 생활을 고찰한 연구는 거의 없다. 신귀조와 관련된 연구도 학원유(鶴園裕)의 「19세기 초 암행어사가 본 지방사회」가 유일하나 암행어사 보고서를 바탕으로 19세기 지방 사회를 조명하는데 초점이 맞추어져 있다. 신귀조에 관한 정보 또한『국조방목』과 족보에 실린 간략한 내용이 전부이다. 이것은 대다수 연구가 의존하였던 관찬 사료의 자료적 한계에서 오는 문제다. 이 한계는 일상적이고 구체적인 사실을 담은 기록의 발굴과 적극적인 이용을 통해 극복해갈 수 있다. 실무 관료의 생생한 삶의 현장을 통해 정조 말 순조 초 격변기의 모습을 그리는 일, 이것은 박제된 과거를 인간 중심의 살아있는 역사로 전환시키는 일이다. 이 중요한 작업에 본『일기』는 한 몫 하게 될 것이다.

(정형지)

[색인어]
신귀조, 심환지, 환관일록, 언관, 신유사옥, 실록낭청, 응제장원, 벽파

[참고문헌]
『公車文』奎 12863, 古 5120-29-v.2-110.
『公車文叢] 奎 12864.
『國朝榜目』.
『純祖實錄』.
『日省錄』.
『正祖實錄』.
『平山申氏大同譜』.

남지대, 「조선 후기의 당쟁과 청요직」, 『조선 후기 당쟁의 종합적 검토』, 한국정신문화연구원, 1992.

유봉학, 「정조시대 정치론의 추이」, 『정조시대의 사상과 문화』, 돌베개, 1999.

정석종, 「정약용과 순조, 정조 연간의 정국」, 『역사와 인간의 대응』, 고병익선생 회갑기념 사학논총간행위원회, 한울, 1984.

학원유(鶴園裕), 「19세기 초 암행어사가 본 지방 사회」, 『벽사이우성교수정년기념논총-민족사의 전개와 그 문화상』, 벽사이우성교수정년기념논총간행위원회, 1990.

한국역사연구회, 『조선정치사』, 청년사, 1990.

전국책

戰國策 / 張維 精選

木板本. ─ 錦城 : [發行處不明], [1629(仁祖 7)].
83張 : 四周單邊 半郭 20.6×16.6cm, 有界, 10行22字 註雙行,
內向花紋魚尾 ; 28.7×19.7cm.
刊記 : 崇禎後再度乙巳[1629]錦城新刻

戰國策

1. 개요

본 책은 조선 중기 한문사대가(漢文四大家) 중 한 사람인 계곡(谿谷) 장유(張維 : 1587~
1638)가 편찬하여 1629년에 목판으로 간행한 『전국책(戰國策)』 정선본(精選本)이다. 그 내용
은 유향(劉向)의 『전국책』을 기준으로 뽑았으며, 전체의 편목은 총 84개의 제목에 469편의
이야기가 들어있다. 본 책은 한국적인 상황을 감안하여 원전『전국책』의 내용 중 취사선택을
하였고, 편집상의 변화도 보인다. 본 책은 조선시대 지식인의 독서 경향 중『전국책』에 대한
관심과 적극적 유포를 보여주는 증거이다. 이 목판본을 필사한 책들도 남아 있어, 본 책이
당대와 후대에 상당한 영향력을 가졌던 것으로 보인다.

2. 편 · 저자

장유(張維 : 1587~1638)는 조선 중기의 문신으로 본관은 덕수(德水), 자는 지국(持國), 호
는 계곡(谿谷) · 묵소(默所)이다. 아버지는 판서 운익(雲翼)이며, 어머니는 판윤 박숭원(朴崇
元)의 딸이다. 우의정 김상용(金尙容)의 사위로 효종비 인선왕후(仁宣王后)의 아버지이다. 김
장생(金長生)의 문인이다. 1605년(선조 38) 사마시를 거쳐 1609년(광해군1) 증광문과에 을과
로 급제, 호당(湖堂)에 들어갔고 이듬해 겸설서를 거쳐 검열 · 주서 등을 지냈다. 1612년 길직
재(金直哉)의 무옥(誣獄)에 연루되어 파직, 1623년 인조반정에 가담하여 정사공신(靖社功臣)
2등에 녹훈되고 봉교를 거쳐 전적과 예조 · 이조의 낭관을 지내고, 그 뒤 대사간 · 대사성 · 대
사헌 등을 역임하였다. 1624년(인조 2) 이괄(李适)의 난 때 공주로 왕을 호종한 공으로 이듬
해 신풍군(新豊君)에 수봉, 이조참판 · 부제학 · 대사헌 등을 지내고 1627년 정묘호란이 일어
나자 강화로 왕을 호종하였다. 그 뒤 대제학으로 동지경연사(同知經筵事)를 겸임하였고, 1629
년 나만갑(羅萬甲)을 신구(伸救)하다가 나주목사로 좌천되었다. 다음해 대사헌 · 좌부빈객(左
副賓客) · 예조판서 · 이조판서 등을 역임하였으며, 1631년 원종추숭론(元宗追崇論)이 대두되
자 불가함을 주장하고 전례문답(典禮問答) 8조를 지어 왕에게 바쳤다. 1636년 병자호란 때
공조판서로 최명길(崔鳴吉)과 더불어 강화론을 주장하였다. 이듬해 예조판서를 거쳐 우의정
에 임명되었으나 어머니의 부음(訃音)으로 18차례나 사직소를 올려 끝내 사퇴하였고 장례 후
과로로 병사하였다.

일찍이 양명학(陽明學)에 접한 그는 당시 주자학(朱子學)의 편협한 학문풍토에 대하여, 학
문에 실심(實心)이 없이 명분에만 빠지게 되면 허학(虛學)이 되고 만다고 비판하였다. 또한,
지행합일(知行合一)을 주장, 마음을 바로 알고 행동을 통하여 진실을 인식하려고 하였던 양
명학적 사고방식을 가지고 있었다. 천문 · 지리 · 의술 · 병서 등 각종 학문에 능통하였고, 서

화와 특히 문장에 뛰어나 이정구(李廷龜)·신흠(申欽)·이식 등과 더불어 조선 한문학의 사대가(四大家)라는 칭호를 받았다. 많은 저서가 있었다고 하나 대부분 없어지고 현재『계곡집(谿谷集)』,『계곡만필(谿谷漫筆)』,『음부경주해(陰符經注解)』가 전한다. 신풍부원군(新豊府院君)에 진봉되었으며 영의정에 추증되었다. 시호는 문충(文忠)이다.

3. 편찬 경위

본 이화여대 도서관본『전국책』에는 서발문(序跋文)이 없다. 또한 장유는 자신의 문집에『전국책』간행에 대해 언급하지 않아, 이 책의 편찬 경위를 자세히 알 수 없는 형편이다. 다만 이 책의 간행 시기와 장소를 고려해볼 때, 1629년 간행 당시 장유는 42세의 나이로 나만갑(羅萬甲)을 신구(伸救)하다가 나주목사로 좌천된 상태였다. 당시 그는 현실에 대한 좌절을 겪었기에 처세술에 대해 고민하였을 것이고, 세 치의 혀로 세상을 움직였던 전국시대 유세가(遊說家)들의 이야기인『전국책』에 큰 관심을 가졌을 것으로 추측된다.

또한 장유가『전국책』을 간행할 수 있었던 것에는 학문과 사상에 대한 개방성이라는 그의 개성적 특성이 바탕으로 깔려있었기 때문으로 보인다. 그는 다음과 같이 조선의 학계를 비판한 바 있다.

> 중국은 학술에 여러 갈래가 있는 까닭에 정학(正學), 선학(禪學), 단학(丹學) 등의 학술이 있고, 또는 정자(程子), 주자(朱子) 등을 배우는 자도 있으며 육씨(陸氏)의 학문을 배우는 자도 있다. 그렇기 때문에 중국에서는 그 학문의 길이 하나로만 되어있지 않다. 그러나 우리나라에서는 유식하고 무식한 사람을 막론하고 하나같이 정자와 주자만 배우고 외울 뿐, 다른 학문이 있다는 말은 듣지 못했으니 이것은 어찌 우리나라가 학문을 배우고 익히는 것이 과연 중국보다 나아서 그렇단 말인가? (중략) 이것은 비유해 말하건대, 토지를 개간하고 씨를 뿌리며 모종이 무성하게 자라 그 열매가 열린 뒤에야 오곡과 돌벼를 구별할 수 있는 것과 같다. 아득한 적지 위에서는 무엇이 오곡인지 무엇이 돌벼인지 가릴 여지가 있겠는가?[1]

그는 중국의 지식인들처럼 다방면의 학문을 해보아야 무엇이 가장 훌륭한지 알 수 있을 것인데, 우리 조선의 선비들은 오로지 정자와 주자의 학문에만 경도되어 구속되고 경직되어 있다고 비판했다. 그런 맥락에서 장유는 '종횡가(縱橫家)의 학술'을 담고 있다고 할『전국책』역시 학문의 한 대상이 될 수 있다고 생각했던 것이다. 장유는 난세 속에서의 임금과 신하의

---

1) 中國學術多, 有正學, 有禪學焉, 有丹學焉, 有學程朱者, 學陸氏者. 門徑不一. 而我國則無論有識無識, 挾筴讀書者, 皆稱誦程朱, 未聞有他學焉, 豈我國士習果賢於中國耶. (중략) 譬猶墾土播種, 有秀有實而後五穀與稊稗可別也. 茫然赤地之上, 孰爲五穀, 孰爲稊稗者哉. 張維, 『谿谷集』「谿谷漫筆」제1권. '我國學風硬直'.

올바른 정치 방법과 현명한 처세 방법에 대하여 『전국책』을 통해 그 역사적 교훈을 얻을 수 있다고 느꼈던 듯 하고, 이러한 내용은 기존 지식인들이 숭상하는 정자, 주자의 성리학에서는 절대 얻을 수 없는 것이라 판단했다. 그리하여 『전국책』을 자기 자신의 독서 대상만으로 한정짓지 않고, 동시대 지식인들이 읽게끔 하려는 적극적인 의도를 가지고 정선본을 편찬하였던 것으로 보인다.

4. 구성과 내용

원래 유향의 『전국책』이 전국시대의 나라[東周策, 西周策, 秦策, 齊策, 楚策, 趙策, 魏策, 韓策, 燕策, 宋衛策, 中山策] 별로 제목이 나누어 있는 것인데 비하여, 장유의 『전국책』은 사건의 주인공이 되는 제후들을 의식하여 내용을 분류해놓았다. 장유는 『전국책』의 내용 중 으리 조선 문인들에게 도움이 될 만한 것을 엄선하여 새롭게 제목을 달고 편집했는데, 그가 취한 방식은 국명을 중심으로 한 것과, 국명 아래 임금명을 제목으로 잡아 배열한 것, 이 두 가지 방식을 함께 쓰고 있다. 이러한 과정에서 유향의 『전국책』에서는 동주(東周)와 서주(西周)로 나뉘어 있던 내용이 장유에게 와서는 함께 묶였고, 서주(西周), 진(秦) 등 나라별로 국명이 나오면서 그 아래에 임금의 이름이 소양왕(昭襄王), 효문왕(孝文王), 시황제(始皇帝), 민왕(閔王), 선왕(宣王), 회왕(懷王), 경양왕(頃襄王), 숙후(肅侯) 등과 같이 표기되었다. 이로 인해 원래의 『전국책』의 나라별 구성과는 다르게 원문의 소속 위치가 달라지게 된다. 예를 들어 본다면 '경양왕(頃襄王)'이라는 제목의 내용들은 원전의 초책(楚策)과 제책(齊策), 한책(韓策) 세 나라 속에 나뉘어 수록되었던 이야기들이다. 그런데 장유는 이 한 임금의 이름 아래에 세 가지 이야기를 나란히 넣은 것이다.

이제 장유의 『전국책』 원문 내용을 그가 편찬한 순서에 따라 소개한다. <>표시는 장우가 제목으로 달아놓은 제목이고, ( )표시 속은 유향의 『전국책』에서의 소속 책명(策名)이다.

[西周]
* 蘇厲謂周君 (西周策) / * 秦興師臨周而求九鼎 (東周策) / * 杜赫欲重景翠於周 (東周策)
[秦]
* 田莘之爲陳軫說秦惠王 (秦策1)/ * 張儀又惡陳軫於秦王 (秦策2)/ <昭襄王> : * 甘茂亡秦 (秦策2)/ * 三國攻秦 (秦策4) / * 應侯謂昭王 (秦策3) / * 秦昭王謂左右 (秦策4)/ * 應侯曰 (秦策3) / * 秦攻邯鄲 (秦策3)/ <孝文王> : * 濮陽人呂不韋 (秦策5)/ <始皇帝> : * 文信侯欲攻趙 (秦策5) / * 鄒忌脩八尺有餘 (秦策5) / * 淳于髡一日而見七人於宣王 (齊策3)/ * 齊欲伐魏 (齊策3) / * 齊宣王見顔斶 (齊策4) / * 宣王王斗造門 (齊策4)/ * 齊人見田騈 (齊策5)/ *

管燕得罪齊王 (齊策6)/ <閔王> : * 昭陽爲楚伐魏 (齊策2) / * 靖郭君將城薛 (齊策1) / * 靖郭君善齊貌辯 (齊策1)/ * 孟嘗君將入秦 (齊策3)/ * 孟嘗君在薛 (齊策3)/ * 孟嘗君有舍人而弗悅 (齊策3)/ * 孟嘗君出行國 (齊策3)/ * 燕攻齊 (齊策6)/ * 貂勃常惡田單 (齊策6)/ * 孟嘗君爲從 (齊策4)/ * 齊王使使者問趙威后 (齊策4)/ <宣王> : * 荊宣王問群臣 (楚策1)/ * 江乙惡昭奚恤 (楚策1)/ * 江乙說於安陵君 (楚策1)/ * 蘇秦之楚 (楚策3)/ * 威王問於莫敖子華 (楚策1)/ <懷王> : * 張儀之楚貧 (楚策3)/ * 秦伐宜陽 (楚策3)/ <頃襄王> : * 楚襄王爲太子之時 (楚策2)/ * 齊以淖齒之亂 (齊策6)/ * 莊辛謂楚襄王 (楚策4)/ * 春申君曰君有將乎(楚策4) / * 汗明見春申君(楚策4)/ * 史疾爲韓使楚(韓策2)/

<襄子>/ <烈侯> / <肅侯> : * 蘇秦爲趙王使於秦(趙策1)/ <惠文王> : * 腹擊爲室而鉅 趙策1)/ * 鄭同北見趙王 (趙策3) / * 趙惠文王三十年 (趙策3)/ <孝成王> : * 趙太后新用事 (趙策4)/ * 秦王謂公子他 (趙策1)/ * 秦攻魏 (趙策4)/ * 說張相國曰君安能少趙人而令趙人多君 / * 建信君貴於趙 (趙策3)/ * 或謂建信 (趙策3)/ * 魏魀謂建信君 (趙策3)/ * 客見趙王 (趙策4)/ <悼襄王> 124쪽 / <幽王> / <桓子> / <文侯> 124쪽 / * 西門豹爲鄴令 (魏策1)/ * 魏文侯與田子方飮酒 (魏策1)/ <武侯>/ <惠王>/ * 魏公叔痤爲魏將 (魏策1)/ * 梁主魏嬰觴諸侯於范臺 (魏策2)/ <襄王> : * 魏惠王死 (魏策2)/ <哀王> : * 公孫衍爲魏將 (魏策1)/ * 田需貴於魏王惠子曰子必善左右 / * 田需死 (魏策2)/ <昭王>/ <安釐王> : * 秦敗魏於華 (魏策3)/ * 華軍之戰 (魏策3)/ * 虞卿謂趙王 (趙策4)/ * 魏王問張旄 (魏策4)/ * 魏王欲攻邯鄲 (魏策4)/ <景閔王> : * 秦王使人謂安陵君 (魏策4)/ <康子>/ <宣惠王>/ <襄王> : * 謂公叔曰乘舟 (韓策2)/ <釐王>/ <文公>/ <易王>/ <王噲> : * 或獻書燕王 (燕策2)/ <燕昭王>/<昭王> : * 燕王謂蘇代 (燕策1)/ <惠王>/ <王喜>

[宋] 152쪽

<景公> : * 公輸般爲楚設機 (宋衛策)/ * 梁王伐邯鄲 (宋衛策)/ <剔成>/ <君偃>

[衛] 157쪽

<靈公> : 衛靈公近癰疽彌子瑕 (趙策3) / <悼公>/ <嗣君> : * 衛人迎新婦 (宋衛策)

[中山]

* 中山君饗都士大夫 (中山策)/ * 中山與燕趙爲王 (中山策)/ * 段干越人(謂)新城君 (韓策3)/ * 天下之士合從相聚於趙 / * 有獻不死之藥於荊王者 / * 平原君謂平陽君曰公子牟 / * 趙且伐燕 (燕策2)

본 책의 체제는 기본적으로 '나라 이름'을 분류의 상위 기준으로 놓되, 그 아래에 제후국의 '임금명'을 목차로 뽑았다. 때로는 임금의 이름만 기재해놓고, 해당 시기의 내용은 생략한 경우도 있는데, 이는 전국시대 제후국의 역사와 연대를 차례로 서술 정리하려는 의식이 있었던 것으로 보인다. 앞서 나열된 장유의 『전국책』 내용과 유향의 『전국책』 원전 내용을 비교해보면, 장유가 특별히 주안점을 두고 뽑은 내용들의 특성을 몇 가지로 정리할 수 있다. 그가 주로 관심을 갖고 뽑은 원문들은 다음과 같은 내용을 가지고 있다.

첫째, 인재 등용의 과감성을 강조함. (<애왕(哀王)> '공손연위위장(公孫衍爲魏將)'조, '전수사(田需死)'조 등)

둘째, 위기를 당했을 때 적재적소의 인재 사용의 중요성 강조함. (<서주(西周)> '소려위주군(蘇厲謂周君)'조 등)

셋째, 주로 비유를 통한 풍간, 우언의 방식을 쓴 세객의 이야기를 다수 수록함. (<소양왕(昭襄王)> '감무망진(甘茂亡秦)'조의 '강상의 처녀', '응후위소왕(應侯謂昭王)'조의 '나무의 신' 등)

넷째, 유향의 『전국책』에 나오는 지나친 권모술수의 내용은 누락함.

다섯째, 유향의 『전국책』에 수록된 임금이나 신하에 대한 잔인한 시해, 폐위, 상해의 내용을 누락함.

그런데 흥미로운 것은 그가 뽑은 『전국책』의 내용이 바로 당시 조선이 겪고 있던 문제에 대한 지적과 다르지 않다는 것이다. 그러므로 바로 외교 문제로 고난을 겪던 당시 조선의 문제를 해결할 방법의 한 모델로 『전국책』이 쓰일 수 있는 것으로 보인다.

초나라 양왕(頃襄王)이 태자였을 때 제나라에 인질로 가 있었다. 회왕(懷王)이 죽자 태자는 제민왕(閔王)에게 이별을 고하고 귀국하려는데 제왕이 막았다.
"나에게 초나라의 동쪽 땅 500리를 주면 그대를 돌려보내 주려니와, 그대가 나에게 이를 주지 않으면 돌려보낼 수 없다." 태자가 말하길 "저의 사부가 계시니 물러나 사부에게 여쭈어보겠습니다." (중략) 왕은 세 대부의 계책을 스승인 신자(愼子)에게 고하였다. "자량은 과인에게 '주지 않을 수 없다. 준 다음 다시 공격하여 되찾자.'라 하고, 소상은 '주어서는 안 된다. 자신이 지켜내겠다.'라고 하고, 경리는 '줄 수 없다. 비록 그렇기는 하나 우리 단독으로 지켜낼 수 없으니 자신이 진(秦)나라의 도움을 찾아보겠다.'고 하니 과인은 이 세 사람의 계책 중에서 누구의 말을 들어야 옳습니까?" 신자가 대답했다. "왕께서는 세 사람의 말을 모두 쓰십시오." (하략)[2]

진퇴양난의 위기 상황 속에서 초나라 임금은 스승이자 유세객인 인물의 도움으로 세 신하의 계책을 합친 새로운 방법을 써서 약속을 지킨다는 명분을 지키고, 또 동시에 국토를 빼앗기지 않았으며, 군사를 희생시키지 않았다. 이러한 『전국책』의 내용은 일촉즉발의 상황 속에

---

2) "楚襄王爲太子之時, 質于齊. 懷王薨, 太子辭于齊王而歸, 齊王隘之. "予我東地五百里, 乃歸子, 子不予我, 不得歸." 太子曰 "臣有傅, 請追而問傅."(중략) 王以三大夫計告愼子曰 "子良見寡人曰 '不可不與也, 與而復攻之'. 常見寡人曰 '不可與也, 常請守之'. 鯉見寡人曰 "不可與也, 雖然, 楚不能獨守也, 臣請索救于秦.' 寡人誰用于三子之計?" 愼子對曰 "王皆用之." 『戰國策』 策15楚二.

서도 머리를 써서 최소한의 희생을 택하여 살아남는 생존방식을 가르쳐 주는 것으로 이는 때로 조선의 문제를 푸는 데 도움을 줄 수 있는 것이다. 그러므로 장유는 다른 문인들처럼 진한고문(秦漢古文) 문장의 규범으로서만 『전국책』에 관심을 가졌다기보다는 당대의 문제해결에 충분히 선용될 수 있으리라는 믿음에서 과감하게 권모술수(權謀術數)의 책이라 비판되던 『전국책』을 편집했으리라 생각된다.

　『전국책』의 내용에는 한 나라가 다른 나라와 외교적 갈등을 겪거나 첨예한 정치적 갈등을 맞는 경우에는 아무리 이치나 인의(仁義)라는 도덕률을 가지고 잘 설명한다고 해도, 절대로 해결할 수 없다는 엄연한 현실논리들이 펼쳐지고 있다. 이는 인조반정(仁祖反正), 정묘호란(丁卯胡亂) 등 당시 국내외의 복잡한 현실의 문제를 해결하기 위해서 장유가 치열한 생존경쟁의 현장을 보여주는 『전국책』의 내용이 실제적인 도움을 줄 것이라 여겼음을 짐작할 수 있다. 그래서 장유는 스스로 『전국책』을 읽고, 자기만 읽는 것에 그치지 않고, 다른 독자를 위해서 정선하고 주를 다는 작업을 기꺼이 한 것으로 보인다.

5. 서지적 특성

　장유의 『전국책』은 목판본 책의 옆에 '전책초(戰策抄)'라고 인쇄되어 있어, 이 책 제목부터 본 책이 『전국책』의 내용을 뽑아서 만든 책임을 분명히 밝히고 있다. 그런데 이 책을 정선한 것에 대한 서발문(序跋文)이 전혀 없어, 어떠한 경위로 『전국책』을 정선하게 되었는지를 구체적으로 알 수는 없다.

　다만 책의 마지막 부분에 '장계곡정선(張谿谷精選)'이라고 되어 있고, 이 책이 간행된 때와 장소가 기록되어 있다. 즉 '숭정후재도을사금성간각(崇禎後再度乙巳錦城刊刻)'이라고 되어 있는 것이다. 여기에 명기된 '숭정후재도을사년'은 1629년에 해당된다. 이때는 인조 7년 때로서 바로 장유가 42세의 나이에 나주목사 벼슬을 하고 있었기에 금성(錦城), 즉 지금의 나주에서 간행이 이루어진 것으로 보인다.

　장유는 『전국책』을 편찬하면서 중국의 기존 주석서를 상당히 많이 보고, 비교했던 것으로 보인다. 그리하여 어떤 문장의 경우에는 주석을 달면서 중국의 주석서에는 이렇게 해석하나, 본인 장유는 다르게 생각한다고 하며 자신의 의견을 밝혀놓았다.

　또한 본문 내용을 분류한 기준이라고 할 '임금의 이름' 밑에는 해당 인물이 누구의 아들인지, 그 임금의 원년(元年)이 천자국의 어느 왕 때인지를 설명을 붙였다. 또한 자신이 직접 역사 기록을 비교해서 단순히 옮겨 쓰지 않고 정오표를 만들어 표시하기도 하였다. 그 예로 '민왕(閔王)'조의 경우 그 임금명 아래에 "宣王子 元年顯王四十六年戊戌（正曰）此據史通鑑 閔王元年 當赧王二年 視史下移十年大事記同"라고 되어 있다.

본문 속에서도 내용에 대한 주석과 더불어서 다른 주석본과의 비교사항을 적어놓기도 하였다. 때로는 '보왈'(補曰)이라고 붙여서 썼고, 때로는 '정왈'(正曰)이라고 하여 자신이 고쳐 썼다. '애왕(哀王)'조의 내용 중 "田需貴於魏王惠子曰 (중략) 今夫楊橫樹之則生 倒樹之則生"의 주석 부분이 그 예로 다음과 같다. "(補曰) 姚云倒 劉作側 愚謂倒字勝"라고 되어 있는데, 이는 장유가 한(漢)나라 유향(劉向) 선집본과 남송(南宋)시대 요굉(姚宏) 주석본의 원문을 비교해서 어느 것이 더 나은지를 나름대로 판단해서 써 놓은 것이다. 이러한 모습을 통해서 장유가 『전국책』의 여러 주석본을 비교, 검토했음을 확인할 수 있다. 그리고 또한 '회왕(懷王)'조의 "莊辛謂楚襄王 (楚策4)"의 경우 앞에 붙어있던 본문 문장 "天下合從"을 생략하여 수록한 점이 보여서, 장유가 문장을 뽑아 수록하면서, 때로는 원문 문장의 앞뒤를 조금씩 생략한 경우도 있음을 알 수 있다.

이제 이화여대 도서관본 『전국책』과 다른 국내 소장본인 고려대본과 국립도서관본 『전국책』을 비교해 살펴보도록 하겠다.

고려대 소장 『전국책(戰國策)』(만송본)은 책의 크기가 작고 직접 필사를 한 책이다. 이 책 역시 간기가 남아있지 않다. 다만 이 책의 특징은 붉은 방점이 많이 찍혀있고, 본문 위 여백에 본문 속 특정 글자에 대해 문집의 내용과 비교해 적어 넣은 것이 발견된다. 또한 본문 문장 중간에는 한자에 대한 주석이 나와 있다. 예를 들어 "不若歸之大國(謂齊)"라든가 "訑與秦(訑猶謀)"과 같은 것이 그것이다. 맨 마지막 페이지에는 "張谿谷精選"이라고만 하여서 다른 책과 마찬가지로 간행 경위 등에 대한 자세한 글은 없다. 다만 이 문집의 경우 '계유사월일서(癸酉四月日書)'라고 하여 필사한 날짜를 기록해 두었다.

필사본인 고려대 만송본에 비교해 본다면 본 책인 이화여대 도서관본은 훨씬 더 자세한 주석이 붙어있는 셈이다. 예를 들어서 『전국책』 맨 앞부분인 '서주(西周)'라는 내용 부분 맨 앞에는 "蘇厲(亦秦之弟)謂周君曰 敗韓魏殺犀武攻趙 取藺離石祁者(藺及離石屬西河祁屬太原)(補曰) 此注大事記取"라고 되어 있다. 목판본인 이화여대 도서관본은 문장 해석을 위한 주석이 이렇게 상세할 뿐만 아니라, 또한 본문 내용에 대한 교정 작업으로서의 주석도 달아놓았던 것이다.

마지막으로 국립도서관 『전국책』을 보면, 앞서 두 본의 『전국책』에 주석이 달려 있는 것에 비해, 이 국립도서관본에는 주석이 거의 생략되고, 본문만 필사하고 그 위에 간간히 방점만 있을 뿐이다. 이 책의 표지에는 "張谿谷精選戰國策"이라고 되어 있고, 이 책의 필사자로 보이는 '崔成基(최성기)'라는 이름이 쓰여 있어 주목된다.

6. 가치

    우리나라에 『전국책』이 언제 유입되었는가는 확실한 기록이 남아있지 않다. 조선시대에 이르러서 『전국책』에 대한 기록이 산견되는데, 조선조 지식인들은 전반적으로 이 책을 문장 수련을 위해 참고하는 것 이외에는 권모술수를 포함한 내용으로 인해 긍정적으로 평가하지 않았다. 이러한 속에서 『전국책』을 적극적으로 편찬하고 목판으로까지 간행한 사람은 장유가 유일한 것으로 보인다. 또한 장유 정선본 『전국책』은 장유가 당대 문단을 이끌었던 것으로 인해 상당한 파급력을 지녔던 것으로 보인다. 장유 정선본 목판본 『전국책』은 조선 중기 문인의 『전국책』에 대한 적극적인 관심을 표명하는 것으로, 시대상의 변화에 따른 지식인들의 독서취향의 변화를 알려준다.

(남은경)

[색인어]
전국책, 유향, 장유, 전국시대, 독서

[참고문헌]
張維, 『谿谷先生集(影印標點本)』, 민족문화추진회, 1988.
張維 選, 『戰國策』, 국립중앙박물관 도서관본.
張維 選, 『戰國策』, 이화여대 도서관본.
張維 選, 『戰國策』, 고려대 도서관본.
劉向, 『戰國策』, 上海古籍出版社, 1998.
何建章, 『戰國策注釋(上,中,下)』, 中華書局出版, 1992.

김종성, 「선진사전산문(先秦史傳散文)의 문학체제 연구-『전국책』을 중심으로」, 『중국어문논총』 9, 중국어문연구회, 1989.
김종성, 「『전국책』에 나타난 중사(重士) 사상」, 『중국어문논역총간』 6, 중국어문논역학회, 2000.
남은경, 「조선 중기 독서경향과 『전국책』」, 『대동한문학』 26, 대동한문학회, 2007.
정연봉, 「장유 시문학 연구」, 고려대 박사학위논문, 1989.

죽천조천록

竹泉朝天錄 / 李德泂 著

筆寫本. ― [發行地不明] : [發行處不明], [發行年不明]
13張 : 無界, 19行32字 ; 22.5×13.5cm.
表題 : 航海錄
筆寫記 : 戊午 蔡濟恭謹書

竹泉朝天錄

1. 개요

이화여대 소장 『죽천조천록』은 인조(仁祖) 2년(1624) 주청사(奏請使)로 명(明)나라에 다녀온 이덕형(李德泂 : 1566~1645)의 행차를 기록한 사행록(使行錄)이다. 작자를 이덕형(李德馨)으로 기록하고 있으나 이덕형(李德泂)의 오기이며, 실제 기록자 혹은 작자는 미상이다. 단책(單冊) 13장(張)으로, 각 장 20행 각 행 32자의 필사본이며 필체는 단정하고 균일하다. 맨 앞에는 5행의 서문 겸 사행 소개문이, 뒤에는 채제공(蔡濟恭)의 「부조천도첩발(附朝天圖帖跋)」이 각각 붙어있다.

2. 편·저자 및 편찬경위

이화여대 소장 『죽천조천록』에는 '이덕형(李德馨)' 이외에 기록자를 추정할 만한 단서는 전혀 없다. 지금까지의 연구에 의하면, 이덕형이 『죽천조천록』의 주인공이긴 하나 기록자일 수는 없다. 더구나 '이덕형(李德馨)'은 '이덕형(李德泂)'의 오기(誤記)다. 이덕형(李德泂)의 자는 원백(遠伯), 호는 죽천(竹泉)이다. 1590년(선조 23)에 진사가 되고, 1596년 정시문과에 급제, 예문관 검열이 되었다. 이후 다양한 요직을 두루 역임하고 인조 때 이괄(李适)의 난을 진압한 공로가 있어 숭정(崇政)으로 승차했으며, 주청사(奏請使)로 명나라에 다녀왔다. 1627년 병자호란 때는 남한산성에서 왕을 호종했고, 환도 후 금부사(禁府事)·지돈녕부사(知敦寧府事)·우찬성(右贊成) 등을 지냈으며, 영의정에 추증되었다. 저서에 『죽창한화(竹窓閑話)』, 『송도기이(松都記異)』 등이 있다.

이화여대 소장 『죽천조천록』과 같은 내용의 한글 기록 『죽천행록』에 따르면 "죽천은 평생 자신의 공을 말하지 않고 덕을 자랑하지 않는 까닭에 사행의 전말을 한 자도 기록하지 않았으며, 죽천의 사행에 수행했던 군관 하나가 사사로이 죽천의 일을 기록해왔다."고 했다. 그리고 그 군관은 『죽천행록』에 등장하는 "임하 허싱과 족분이 있는 자"라고 했다. 그렇다면 허싱이 군관으로부터 메모 수준의 기록을 받아 『죽천행록』을 기술했을 것이고, 그 '허싱'은 당시 죽천의 집안과 교분이 있던 미수(眉叟) 허목(許穆 : 1595~1682)일 가능성이 있다. 그러나 이것 역시 결정적인 증거가 나타나지 않는 한 현재로서는 추정에 지나지 않는다. 이화여대 소장 『죽천조천록』의 이본(異本)에 신준용 소장의 「조천록일운항해일기(朝天錄一云航海日記)」가 있다. 이제한(李濟翰)이 쓴 「조천록 발문」에 따르면 "원래의 기록이 병자호란에 사라졌으므로 죽천의 외손인 민상사(閔上舍)가 사행 당시 부사 오숙(吳翿)의 집에서 얻은 『조천언록(朝天諺錄)』을 그 음과 뜻에 기대어 한자로 번역하고, 그 뒤 기암공(幾庵公)이 홍익한(洪翼漢)의 『항해록』과 제가(諸家)에 전해지는 구문(舊聞) 등을 참조·고증하고 사행 기간 중 창화(唱和)한 시 작품들을 찾아 덧붙여 한 통의 글을 이루게 되었다.”고 했다. 따라서 『조천언록』 즉 국문의 『죽천행록』을 한문으로 번역한 것이 현재 전해지고 있는 신준용 소장 『조천록일운항해일기』 혹은 이화여대 소장 『죽천조천록』의 원본일 것이다. 따라서 비망록 수준의 기록으로부터 『죽천행록』이, 『죽천행록』으로부터 신준용 소장의 『조천록일운항해일기』나 이화여대 소장 『죽천조천록』이 나온 것으로 정리될 수 있다.

3. 구성과 내용

전체 내용은 5행의 서문 겸 사행 소개문, 1624년 6월 20일 임금에 대한 하직인사로부터 시작하여 이듬해 10월 5일 비망기[죽천과 수행원들의 죄를 더 이상 묻지 말 것이며, 그들의 노고를 보답하기 위해 전답과 노비 등을 하사함]까지의 기록, 「조천도첩 발」 등 세 부분으로 구성되어 있다. 이 가운데 사행의 활동상을 직접적으로 묘사한 내용은 둘째 부분이다.

이화여대 소장 『죽천조천록』은 단책이며, 표제는 “航海錄”으로 되어있으나 내용이 시작되는 면의 앞부분에 ‘죽천조천록’이란 내제(內題)가 달려있다. ‘항해록’이란 제목은 죽천 일행이 육로 아닌 해로를 이용한 데서 나왔으며, 서장관, 홍익한(洪翼漢)의 『화포선생조천항해록(花浦先生朝天航海錄)』이나 신준용 소장의 『조천록일운항해록』같은 데서도 볼 수 있는 명칭이다. 내제에 붙인 ‘죽천조천록’은 이 기록의 주인공이자 정사(正使)인 죽천 이덕형의 존재를 부각시키려는 의도에서 나온 것으로 보인다.

죽천 일행이 임금에게 하직인사를 고한 다음 사행에 오르는 1624년 6월 20일자 기사부터 내용은 본격적으로 시작된다. 그 뒤로는 7월(4일, 24일, 25일)/8월(1일, 4일~16일, 19일~25일, 27일, 29일)/9월(1일, 4일, 9일, 12일, 13일, 14일, 15일~30일)/10월(1일~17일, 19일~22일, 28일, 29일)/11월(2일, 6일, 7일, 11일, 12일, 14일, 22일, 24일, 27일, 28일)/12월(2일, 3일, 6일, 14일, 15일, 16일, 18일, 22일, 24일, 25일, 26일, 28일, 29일)//1625년 1월(1일, 4일, 5일~7일, 9일, 10일, 15일, 26~29일)/2월(13일, 20일, 25일~29일)/3월(1일~14일, 16일, 17일, 19일~27일)/4월(1일, 2일, 20일)/5월(18일, 25일)/6월(3일)/10월(5일)의 기록들이 이어진다.

6월 20일 임금에게 하직하고 길을 나서 7월 24일 배가 출발하는 선사포(宣沙浦)에 도착했으며, 이후 갖가지 준비를 마치고 출항한 것이 8월 5일이었다. 출항 이후 온갖 시련을 겪다가 같은 달 23일 등주(登州)에 도착하여 비로소 육지에 내릴 수 있었다. 9월 12일 등주를 떠나 10월 13일 북경에 도착, 회동관(會同館)에 숙소를 정함으로써 본격적인 죽천 일행의 외교활동은 시작되었다. 선사포부터 등주에 이르기까지는 3,700리, 등주에서 북경까지는 1,900리의 장도였다. 북경 도착 이후 두 달 가까이 한량없이 뇌물만 탐하는 중국 관리들의 방해를 무릅쓰고 노심초사하며 애쓴 끝에 죽천 일행은 12월 22일 드디어 중국 황제로부터 책봉의 조서를 받아냄으로써 사명을 완수하게 된다. 12월 22일 중국 조정에 하직을 고한 다음 귀환에 나서 2월 14일 등주에 도착했고, 20일 해로로 등주를 출발하여 4월 2일 선사포에 도착했다. 같은 달 20일부터 사행 중의 원역(員役)이 뒤쳐졌다는 일로 양사(兩司)가 트집을 잡기 시작하여 탄핵의 위기에 몰리게 되었다. 몇 달 간 갖은 우여곡절을 겪었으나, 10월 5일 사행의 공을 참작, 특별히 서용(敍用)하고 전답 20결과 노비 5명을 하사한다는 비망기를 임금이 내림으로써 죽천의 사행에 관련된 일은 모두 마무리된다.

이 기록은 내용상 크게 네 부분으로 나뉜다. 사명을 받고 서울을 출발하여 북경에 도착하기까지의 고통스런 노정(선사포에 이르기까지의 육로, 선사포에서 등주까지의 해로, 등주에서 북경까지의 육로), 북경에서 천신만고 끝에 천자로부터 고명과 면복을 받아낸 부분, 고통스러운 귀로(북경에서 등주까지의 육로, 등주에서 선사포까지의 해로, 선사포에서 서울까지의 육로), 귀국한 이후 정적(政敵)들의 모함으로 고난을 받다가 어려움 끝에 형벌을 면한 부분 등이 그것들이다.

네 가지 내용들에 공통적으로 들어있는 '고통스러움'은 이 기록의 서사적 갈등을 빚어내는 각종 시련들을 의미하고, 이 기록의 서사성을 보여주는 핵심 요소이기도 하다. 주인공인 죽천은 목적의 달성을 위해 애를 쓰지만, 요소마다 포진한 방해자들은 주인공과 대결하며 사사건건 물고 늘어진다. 주인공과 방해자들 사이에서 조성되는 것은 갈등과 긴장이다. 사신들을 괴롭히는 것은 사회적·물리적 환경으로부터 생겨나는 외적 갈등이 대부분이다. 그런 갈등과 긴장이 사건의 진행 단계에서 고조되다가 극적인 반전을 거쳐 결국 목적을 달성하게 되는데, 좌절하지 않고 위력적인 세계와의 대결을 통해 승리를 얻는 주인공의 훌륭한 면모를 강조하려는 기록자의 의도를 요소요소에서 엿볼 수 있다. 고난과 갈등을 부각시킴으로써 주인공의 훌륭함이 더욱 뚜렷이 드러날 수 있다고 본 것은 기록자의 관점이었다. 이 점이 바로 여타 사행록들에 비해 이화여대 소장 『죽천조천록』을 훨씬 서사적이게 만든 조건이라고 할 수 있다. 죽천 사행의 주목적은 중국의 황제로부터 새로 즉위한 인조의 면복과 고명을 받아내는 것이었고, 기록자의 시선 또한 이 문제에 고정되어 있었다. 특히 같은 대상을 기록했으되, 공식적인 보고의 목적을 띤 것으로 생각되는 『화포선생조천항해록(花浦先生朝天航海錄)』과 달리 문제의 해결을 중심으로 벌어지는 갈등과 긴장을 서사적 수법으로 그려내고자 한 점이 두드러진다.

이 기록에 내포된 사건들은 크게 세 부류로 나뉜다. 북경에서 천신만고 끝에 천자로부터 고명과 면복을 받아낸 사건들, 왕복 노정 가운데 해로(海路) 구간에서 당한 사건들, 귀국 후 정적들로부터 모함을 당한 사건들이 그것들이다. 부패한 명나라 조정의 관리들과 벌이는 갈등은 크게 8가지로 나눌 수 있다. 천자의 책봉 조서를 조선의 요동 출정과 연계시키려는 명나라 조정의 방침으로부터 생겨난 갈등, 잠재적 방해자 좌시랑 주호경의 출현과 그의 방해 책동으로부터 생겨난 갈등, 또 다른 방해자 위대중의 등장과 방해 책동으로부터 생겨난 갈등, 잠재적 방해자 주호경이 본격적인 방해자로 격상됨으로써 생겨난 갈등, 강력한 방해자 임요유의 등장과 방해 책동으로부터 생겨난 갈등, 가장 위력적인 방해자 육각로의 등장과 방해 책동으로부터 생겨난 갈등, 임요유의 재등장으로부터 생겨난 갈등 등이 그것들이다. 그러나 고비마다 지혜를 짜내거나 조력자의 도움을 받아 그 갈등을 해소해 나감으로써 결국 천자로부터 고명과 면복을 받아내게 된다는 것이 이 부분의 골자다.

왕복 노정 가운데 해로 구간에서 당한 사건들은 사행의 목숨을 직접적으로 위협한 자연과의 갈등 혹은 긴장으로부터 생겨난 것들이었다. 바닷길이 목숨을 건 노정이었던 것은 잦은 풍랑과 기후의 변화 때문이었다. 죽천을 포함한 사신 일행은 그런 풍랑이나 기후의 변화를 단순히 기상학적·물리적 현상으로 보려고 하지 않았다. 그들은 분명 유학에 근본을 둔 합리주의자들이었으나, 자신들이 뚫고 가야할 해로와 그 해로 상의 안전을 위협하는 각종 자연현상들 속에는 인격이나 신격이 내재해 있다고 믿었던 것이다. 안전하게 돌아가야 한다는 것은 국가적 차원에서 사신들에게 지워진 임무였고, 안전 항해를 방해하는 '어떤 힘'은 극복하거나 달래야 할 또 다른 갈등 요인들이었다. 북경에서 사신들의 임무 수행을 방해한 인물들이 극복하거나 달래야 했던 갈등의 상대방이었던 것처럼, 바다에서의 풍랑이나 기상 이변 등도 현실적으로 긴장을 크게 유발시킨 요인들이었다. 현실적·합리적 유학자들인 그들이 각종 제사를 자진하여 올릴 수밖에 없었던 이유도 여기서 찾아볼 수 있다.

결국 고명과 면복을 받음으로써 사행의 표면적인 임무는 완수했으나, 그들에게 닥쳐오는 질시와 무고·모략 등은 그들이 극복해야 할 새로운 갈등 요인들이었다. 북경에서의 온갖 시련과 장애, 해로에서의 위험 등은 '고명과 면복을 받아 임금을 빛나게 한다.'는 대의명분 하나로 극복해 나갈 수 있었다. 그러나 임무 완수 뒤에 맞이한 새로운 상황은 그런 대의명분이 사라진 상태에서 사신들 자신의 문제로 받아들여야 하는 사태였다.

결말 부분에서 정적들로부터 박해를 받다가 결국 임금으로부터 공을 인정받아 높은 벼슬을 받고 부귀영화를 누리게 되었음이 암시되고 있는데, 그간 제시되었던 모든 시련이나 갈등이 이런 결말을 위한 예비 장치들이었음이 비로소 밝혀진다. 기록자는 사실성이 희박한 탄핵의 내용과 사신들에 대한 조야의 찬양, 국가 대임 수행의 모습 등을 하나의 서사물로 적절히 배합, 제시함으로써 죽천을 비롯한 사신들의 뛰어남을 두드러지게 강조하는 효과를 거둘 수 있었다. 사신들이 귀국하여 복명을 하자마자 탄핵을 받게 된 것은 사행의 결과에 관한 임금과 조야의 객관적 평가를 가늠하게 한다는 점에서 중요한 의미를 갖는다. 말하자면 이 기록이 사행록이긴 하지만, 공식적인 보고 문학으로 생각되는 여타의 사행록들과 다른 측면이 바로 기록자가 심층적인 측면에 관심을 기울였다는 사실이다. 사실의 기록이나 보고이면서도 그것을 뛰어넘어 고도의 문학적 구성력과 표현력을 갖춘 점도 이 기록의 뛰어난 측면들 가운데 하나다.

4. 서지적 특성

　죽천의 주청 사행을 기록한 이화여대 소장 『죽천조천록』은 단정한 필체의 한문 모필본으로 전체 27장 분량이다. 각 장 20행, 각 행 32자로 균일하며 필사자나 필사 시기를 알 만한 단서는 전혀 나와 있지 않다. 전체 92장, 각 장 10행, 각 행 20자인 신준용 소장본 『조천록일운항해일기』(대략 18,400자 분량)와 비슷한 분량(17,280자)으로서 약간의 출입은 있으나 내용의 대부분은 일치한다. 죽천의 유고를 모아놓은 『죽천유고(竹泉遺稿)』에 실려 있는 점으로 미루어 신준용 소장본 역시 이화여대 소장의 『죽천조천록』과 같이 필사자는 원 기록자를 '이덕형(李德泂)'으로 추정하고 있는 셈이다.

　현재 학계에 보고된 이본군은 국문본과 한문본 등 두 계열로 나뉜다. 전자에는 『죽천행록』, 『슈로됴텬녹』, 『됴쳔녹』, 『황명계해수로조천록』등이 있고, 후자에는 신준용 소장 『조천록일운항해일기』와 이화여대 소장 『죽천조천록』이 있다. 최강현 교수가 『슈로됴텬녹』과 『됴쳔녹』을 『갑자수로조천록』으로, 『황명계해수로조천록』을 『계해수로조천록』으로 학계에 소개함으로써 그 존재는 본격적으로 알려졌다. 또한 이현조 소장의 『죽천행록』을 조규익 교수가 발굴하여 학계에 보고함으로써 죽천 사행록의 이본 계열은 비로소 밝혀지게 되었다.

　『죽천행록』, 『됴쳔녹』, 『황명계해수로조천록』등은 모두 동종의 이본들이다. 그러나 『수로됴텬녹』은 내용 가운데 생략된 부분이 많아 원본으로부터 거리가 있고, 『됴쳔녹』은 상태가 좋고 내용 또한 『슈로됴텬녹』에 비해 풍부하나, 사행 기록의 완결성이라는 측면에서 『죽천행록』보다 못하다. 『죽천행록』의 경우 사신들이 중국에서 돌아와 임금에게 복명을 하는 데서 끝나지 않고, 사행을 둘러싼 논란이 매듭지어지는 10월 5일에서야 끝난다. 그러나 중국에서 일어난 큰 사건들이 상세하지 못하고 회정(回程) 또한 소략하다는 점에서 『죽천행록』이 『됴쳔녹』보다 앞선다고 할 수 있다. 『죽천행록』을 제외한 나머지 국문본들은 원래의 기록보다 훨씬 후에 필사된 것들일 가능성이 크다. '『조천언록(朝天諺錄)』을 그 음과 뜻에 기대어 한자로 번역했다.'는 「조천록발」(이제한)의 언급을 전제로 텍스트들을 대비해 볼 때, 신준용 소장 『조천록일운항해일기』는 『죽천행록』을 한문으로 번역한 것이고 이화여대 소장 『죽천조천록』은 직접 신준용 소장 『조천록』을 필사했거나 그로부터 몇 단계 떨어진 전사본임을 알 수 있다.

5. 가치

　이화여대 소장 『죽천조천록』의 필사 시기를 확정하기는 쉽지 않다. 그러나 책의 형쾌나 지질 등으로 미루어 볼 때 19세기에 필사된 것으로 추정할 수 있으며, "雲樣", "翠園"이라 쓰여 있는 인장 두 개가 찍혀 있다. 책의 윗부분에는 지명·표제어 등 중요한 용어들을 붉은 글씨로 표시해 두었다. 이 기록은 서울에서 북경까지 왕복하는 노정 가운데 해로 구간에서 당한 고초, 북경에서 천자의 고명과 면복을 받아내는 과정에서 당하는 고초, 귀국 후 정적들의 모함으로 당하게 되는 고초 등 시종일관 주인공이 당하는 시련과 그 극복에 초점을 맞추고 있다. 말하자면 그런 고초들을 극복해가는 과정에서 주인공 죽천의 사람됨이나 충성심을 부각시키고자 하는 것이 이 기록의 초점이라고 할 수 있다.

이화여대 소장의 『죽천조천록』은 비교적 이른 시기에 이루어진 사행록이다. 기록의 대상이 분명하고 기록의 사실성과 함께 문학성 또한 두드러지는 특징을 보여준다. 애당초 임금으로부터 받은 사명이 쉽지 않은 일이었으므로 그 해결 과정 또한 순탄치 않았음은 당연하지만, 그 해결 과정을 평면적 서술이 아니라 박진감 넘치는 서사물로 그려냈다는 점에서 여타 연행록들과는 차원을 달리 한다. 말하자면 당대 조·명간의 외교적 현안을 둘러싼 정치·외교적 실상을 보여준 점 뿐 아니라 제시된 문제를 둘러싸고 프로타고니스트인 죽천 일행과 안타고니스트인 명나라 부패 관리들 간의 갈등과 긴장을 그려냄으로써 흥미로운 읽을거리로서의 가치와 특징까지 지니게 된 것이다.

(조규익)

[색인어]
이덕형, 죽천, 죽천조천록, 죽천행록, 고명, 면복, 홍익한, 항해록, 채제공, 이제한

[참고문헌]
조규익·소재영, 「담헌연행록 연구」, 『동방학지』 97, 연세대학교 국학연구원, 1997.
조규익, 『17세기 국문 사행록 죽천행록』, 박이정, 2002.
조규익, 『국문사행록의 미학』, 역락, 2004.
조규익 외, 『연행록 연구총서』(1권~10권), 학고방, 2006.
최강현, 『갑자수로조천록』, 신성출판사, 2000.
최강현, 『계해수로조천록』, 신성출판사, 2000.
황희영, 「홍익한의 「슈로됴쳔녹」에 대하여」, 『인문학연구』, 중앙대학교 인문과학연구소, 1976.

팔로지장

八路指掌

筆寫本. ― [發行地不明] : [發行處不明], [1776-1787 頃].
摺鋪9鋪 ; 96.0×57.0cm.

고서/고서912.51 팔325

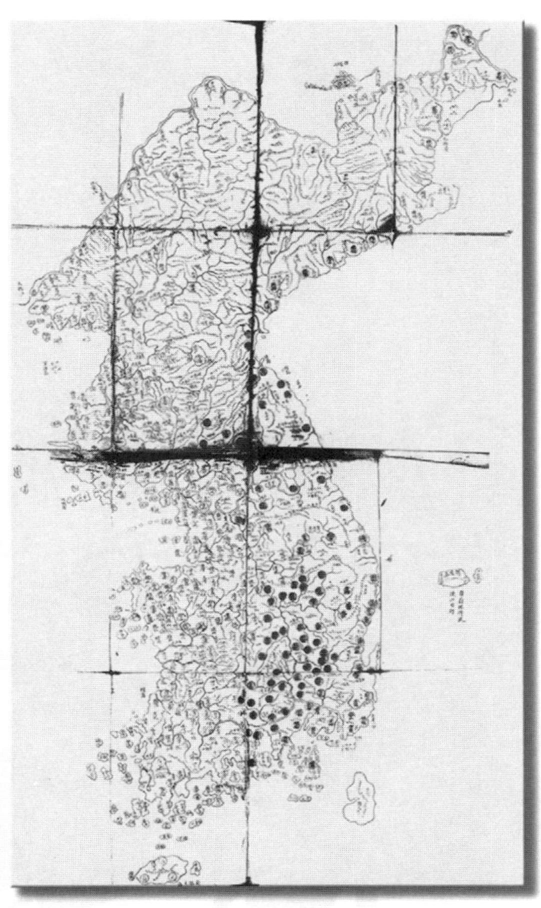

八路指掌

1. 개요

『팔로지장』은 조선 후기의 지도 변천사에서 획기적인 업적을 남긴 정상기(鄭尙驥, 1678~1752)의 『동국지도(東國地圖)』[1] 원도 계통의 채색 필사본 지도책이다. 지도의 필사자는 기록되어 있지 않으며, 필사 시기는 수록된 지명의 측면에서 볼 때 1776년에서 1787년 사이로 추정된다. 지도의 순서는 팔도총도-경기·충청 양도-경상도-전라도-강원도-황해도-평안도-함경남도-함경북도로 이루어져 있다. 정상기의 『동국대지도』 원본처럼 경기도와 충청도를 하나의 도폭에 담았고, 함경도를 남도와 북도로 나누었다. 정상기의 발문은 함경북도의 동해안 부분에 수록되어 있으며, 백리척은 경기·충청 양도의 동남 모서리에 표시되어 있다.

2. 제작 연대

『팔로지장』은 정상기(鄭尙驥 : 1678~1752)가 제작한 『동국대지도(東國大地圖)』의 전도와 도별도를 합쳐 필사한 지도책이다. 그러나 필사 시기가 지도에는 기록되어 있지 않아 수록된 지명의 변화를 통해 제작연대를 추정해 보면 다음과 같다.

첫째, 충청도에 1776년(영조 52)부터 1800년(정조 24)까지 사용되던 니성(尼城)이란 지명이 수록되어 있다. 둘째, 평안도에 1776년(영조 52)부터 이산(理山)이 변경되어 사용된 초산(楚山)이 기록되어 있다. 따라서 본 지도 또는 본 지도가 참고한 지도 원본은 최소한 1776년(영조 52) 이후에 제작된 것임을 알 수 있다. 경상도에는 1767년(영조 43)에 산음(山陰)과 안음(安陰)이 바뀐 산청(山淸)과 안의(安義)가 기록되어 있다. 이뿐만 아니라 1600년대 중후반에 신설된 경상도의 칠곡(漆谷)·자인(慈仁)·순흥(順興)·영양(英陽), 함경도의 무산(茂山) 등이 모두 수록되어 있어 1776년(영조 52) 이전의 지명 변화는 대체적으로 정확하게 반영되어 있다. 이와 같은 지명들을 통해 볼 때 본 지도책 또는 그 원본의 필사자는 지명의 변화를 정확하게 반영하고자 꼼꼼하게 검토했음을 짐작할 수 있다. 다음으로 1776년(영조 52) 이후의 지명 변화에 대해 살펴보기로 한다.

첫째, 함경도에는 1787년에 처음으로 신설되는 장진(長津)이 표시되어 있지 않다. 둘째, 1793년(정조 17)부터 사용되기 시작한 화성(華城, 수원)이 기록되어 있지 않으며, 또한 1795년(정조 19)부터 사용되기 시작한 시흥(始興)이 그 이전의 금천(衿川)으로 기록되어 있다. 기타 1800년(정조 24)에 이원(利原)으로 개명되는 함경도의 이성(利城)이 기록되어 있으며, 1822년(순조 22)에 신설되는 후주(厚州)가 표시되어 있지 않다. 또한 1823년(순조 23)에 혁파되어 개성에 합해지는 경기도의 풍덕(豊德)이 표시되어 있다. 이와 같은 지명의 변화 양상을

---

1) 『동국지도』는 『동국대지도』라고도 한다.

통해 볼 때 1787년(정조 11) 이후에 변화된 지명은 전혀 반영되어 있지 않아 본 지도책 또는 그 원본이 1787년(정조 11) 이전에 필사되었을 가능성이 높다.

3. 계보적 특징

『팔로지장』이란 지도책 명칭에서 '지장(指掌)'이란 '손바닥을 가리킴'과 같다는 뜻으로 '알기 쉬움'을 비유하여 이르는 말이다. 그리고 '팔로(八路)'는 조선의 '팔도(八道)'를 가리키는 명칭이다. 따라서 『팔로지장』이란 지도책의 명칭은 조선의 팔로, 또는 팔도(八道)를 손바닥 보듯이 한눈에 알아볼 수 있을 정도로 좋은 지도책이라는 의미에서 붙인 것으로 볼 수 있다. 이를 통해 볼 때 본 지도책의 필사자는 최초 원본에 해당되는 정상기의 『동국대지도』 계통의 지도가 전국을 한눈에 파악할 수 있을 정도로 훌륭했다고 판단했음을 짐작할 수 있다. 실제로도 정상기의 『동국대지도』 계통은 18세기와 19세기에 가장 많이 필사되어 이용되었으며, 19세기 초중반에는 4개의 판본 형태가 남아 있는 『해좌전도』를 비롯하여 몇몇 목판본 지도로 간행된다.

조선시대의 지도학사적 측면에서 하나의 획을 그은 정상기의 『동국대지도』는 그의 아들인 항령(恒齡 : 1710~1770), 손자인 원림(元霖 : 1731~1800), 증손자인 수영(遂榮 : 1743~1831)에 의해 지속적으로 수정 · 보완되었다. 또한 영조의 명을 받은 신경준(申景濬 : 1712~1781)의 주도에 의해 1770년(영조 46)에 훨씬 자세해진 전도와 도별도 및 군현도로 수정 · 보완되었으며, 정후조(鄭厚祚 : 1758~1791)를 비롯한 해주 정씨 가문 등에서 지속적인 수정 · 보완 작업이 이루어졌다. 그러나 민간에서 가장 많이 필사되어 유통된 것은 정상기의 『동국대지도』 원본 계통이며, 본 지도 역시 원본 계통이다. 원본 계통임을 쉽게 확인할 수 있는 부분이 여러 곳에 있지만 가장 쉬운 방법 중의 하나는 첫째, 본 지도처럼 압록강과 두만강 이북 지역에 지명이 거의 기록되어 있지 않은 점, 둘째, 현재의 중강진 부분의 압록강 유로가 본 지도처럼 굴곡이 거의 없는 점 등이다.

본 지도책은 전도-경기 · 충청도-경상도-전라도-강원도-황해도-평안도-함경남도-함경북도의 순으로 배열되어 있다. 수정 · 보완된 지도 계열 중에는 경기도와 충청도를 분리하고, 함경도를 하나로 합쳐 그린 것이 있지만 원본 계통은 모두 본 지도책처럼 배열되어 있다. 정상기가 직접 작성한 『동국대지도』의 발문이 함경북도의 동해안 부분에 수록되어 있으며, 지도 이용자를 위해 정상기가 개발한 백리척(百里尺)은 경기 · 충청도 지도의 동남 모서리 부분에 표시되어 있다. 백리척은 지도 이용자들에게 지도 위의 거리를 쉽게 이해할 수 있도록 그려 놓은 축척으로서 정상기가 최초로 개발한 것으로 연구되고 있다. 일부 정상기의 『동국대지도』에 관한 소개서에서 백리척에 의해 지도를 제작했다는 연구자도 있지만 백리척은 지도를 이용하는 사람을 고려하기 위해 개발한 것으로 판단된다. 발문에는 평지의 경우 백리척이 100

리를 가리키며, 산과 하천이 많은 지역은 120리나 130리로 판단하면 된다는 내용이 적혀 있다.

정상기의 『동국대지도』는 조선 전기에 제작된 이회의 『팔도지도』, 정척과 양성지의 『동국지도』에 비해 압록강과 두만강 유역 등 북쪽 지방의 모습이 현재의 지도에 아주 가깝게 그려져 있다. 조선 전기의 지도, 특히 정척과 양성지의 『동국지도』 계통은 압록강과 두만강 유역 등 북쪽 지방의 모습이 현재와 상당히 다르게 그려져 있지만 평안남도 이남은 거의 비슷하게 그려져 있다. 따라서 정척과 양성지의 『동국지도』가 북쪽 지방을 잘못 그린 것은 지도 제작 기술의 문제가 아니라 정확한 지도의 제작을 위해 필수적인 위치 정보가 새로 개척된 북쪽 지역에서 풍부하게 확보되지 못했기 때문이다. 마찬가지로 정상기의 『동국대지도』가 조선 전기 지도의 북쪽 지방에 대한 불완전함을 극복할 수 있었던 가장 큰 배경은 북쪽 지역에 대한 위치 정보가 확보되었기 때문이다. 기타 정상기의 『동국대지도』는 조선 전기 지도에 비해 평안남도 이남 지역에서도 전체적인 틀은 비슷하더라도 내용적으로 훨씬 자세해지고 있는데, 이 역시 풍부한 위치 정보가 확보되었기 때문이다.

이러한 위치 정보의 확보는 첫째, 조선 전기에 이루어진 지리지, 특히 위치 정보가 풍부하게 담겨 있는 『신증동국여지승람』(1531년, 중종 26)이 목판으로 간행되어 전국의 군현에 배포되었기 때문이다. 오상학(1994)의 연구에서는 정상기의 『동국지도』가 기본적으로 『신증동국여지승람』의 위치 정보를 이용하여 제작하였을 것으로 추정하였다. 두 번째, 임진왜란(1592)과 병자호란(1636) 등 큰 전쟁을 겪고 나서 외침에 대한 국방 체제의 정비가 이루어지게 되었고, 이 과정에서 해안과 북방에 대한 많은 위치 정보가 확보되었다. 17세기 후반에는 이러한 위치 정보를 바탕으로 만들어지는 북방과 해안의 관방지도가 활발하게 제작되었다. 정상기의 『동국대지도』는 이렇게 풍부해진 위치 정보를 바탕으로 거리 정보의 편차를 극복할 수 있는 새로운 기술을 개발하여 제작된 것으로 판단된다. 정상기는 스스로 백 리밖에 나가지 않고 지도를 그렸음을 기록으로 남겼는데, 가보지 않고도 훌륭한 지도를 남길 수 있었던 것은 앞과 같은 역사적, 기술적 배경이 있었기 때문이다.

4. 내용적 특징

지도의 내용이란 측면에서 본 지도는 전도와 도별도로 구별하여 설명할 필요가 있다. 전도에 수록된 정보로는 다음과 같은 것이 있다.

첫 번째로 눈에 띄는 정보는 군현의 명칭과 위치이다. 큰 원 안에 군현 명칭을 기록하여 넣었으며, 도별로 색을 달리하여 쉽게 구분할 수 있도록 하였다. 그러나 군현에 관한 다른 정보는 전혀 수록되어 있지 않다. 예를 들어 목판본 지도 계통의 경우 군현에 파견된 관리의 등급, 서울로부터의 거리, 좌우도 또는 남북도의 소속 여부 등의 정보가 수록되는 것과 비교

되는 점이다. 정상기의 『동국대지도』는 목판본 지도처럼 지도 제작의 목적이 많은 사람의 이용이 아니라 위치와 방향의 정확성이었기 때문에 군현에 대한 정보가 상대적으로 간략한 편이다.

두 번째로 눈에 띄는 것은 군사 정보이다. 압록강과 두만강변, 남해안과 서해안에 기록되어 있는 상당수의 지명이 군사기지인 진보(鎭堡)이다. 그러나 아쉽게도 진보가 아닌 다른 지명과 구분할 수 있는 기호 표시가 전혀 없고, 모든 진보가 다 기록되어 있는 것이 아니기 때문에 지리지와 같은 자료가 없다면 실제 이용에 문제점을 노출할 수밖에 없다. 군사기지 중에 사각형의 표시가 있는 것이 눈에 띄는데, 통영과 수영을 의미한다. 다만 경상도 좌수영에 사각형의 표시가 없는 점, 전라도 남해안에 수영이 아닌 발포진(鉢浦鎭)에 사각형이 표시되어 있는 문제점을 보이고 있다. 육군의 최고 거점인 병영(兵營)은 특별한 기호 표시를 하지 않고 명칭만 적어 넣었지만 겨울에 함경도의 북병영이 옮겨가는 행영(行營)만 특별히 이중의 사각형으로 표시하였다.

세 번째로 많은 지명이 종6품의 찰방이 파견되어 많은 속역을 거느리던 찰방역이다. 작은 원의 기호로 표시되어 있는데, 일부 찰방역에는 이런 표시가 생략된 경우도 있다. 이와 같은 오류들은 후대의 필사자가 범한 것으로 판단된다. 이밖에 사회문화적 정보로는 창고와 진도(津渡) 등이 표시되어 있지만 전국적인 일률성은 떨어진다. 자연 정보로는 중요한 산과 하천 및 섬이 표시되어 있다. 다만 제주도, 울릉도, 흑산도, 홍의도(현재의 홍도), 가가도(可佳島)와 같이 육지로부터 멀리 떨어져 있는 경우 실제의 위치보다 해안가에 더 가깝게 그렸다고 정상기의 발문에 기록되어 있다. 북쪽에 백두산과 현재의 천지(天池)가 특별히 강조되어 표현되어 있어 조종산으로서 백두산이 신성하게 여겨지고 있음을 쉽게 이해할 수 있다. 산은 봉우리가 아니라 산줄기의 형식으로 그려져 있는데, 한국의 고지도에서만 나타나는 중요한 특징 중의 하나이다.

도별도의 경우 전도와 대체적으로 비슷한 정보가 수록되어 있다. 다만 내용적으로 약간 자세해지고 있으며, 일부 정보가 추가되어 있다. 추가된 정보로 대표적인 것이 왕과 왕비의 능(陵)이다. 경기도와 함경도 지도의 경우 많은 능이 표시되어 있는데, 국가의 정통성과 밀접한 관련이 있기 때문에 지도의 제작에서 반드시 수록되어야만 하는 정보로 인식되었던 것이다. 전도에는 없던 봉수에 대한 정보도 도별도에는 첨가되어 있다. 봉수는 변경에서 위급한 일이 발생했을 때 가장 빨리 중앙까지 소식을 전하기 위해 설치된 것으로 군사적 정보로서 가장 중요한 것 중의 하나였다. 임진왜란과 병자호란 이후 대대적으로 수축되거나 신축된 산성이 자세하게 표시되어 있다. 그밖에 다른 군현의 경계를 넘어 존재하던 땅인 월경지(越境地)의 정보도 일부 포함되어 있으며, 전도에는 없던 도로가 첨가되어 있다. 월경지의 경우 해당 군현의 명칭 중 첫 글자를 적어 넣어 구별할 수 있도록 하였다.

기호 표시에서도 약간 더 자세해지고 있다. 진보의 경우 전도와 달리 작은 원으로 표시하였다. 그러나 일부 진보는 이러한 표시가 없어 일관성이 떨어지고 있다. 전도에서는 수영에만 그려 넣었던 사각형을 도별도에서는 병영에도 적용하여 그려 넣었다. 종6품의 찰방이 파견된 찰방역과 군사기지인 진보에는 색이 다른 작은 원의 기호를 사용하고 있는데, 이런 기호 표시가 없는 경우도 여러 곳에서 나타나고 있다. 이러한 문제점들은 정상기가 잘못한 것이 아니라 후대의 필사자가 꼼꼼하게 검토하지 않았기 때문에 나타난 것으로 판단된다. 산성은 산성의 모양을 그려 넣어 쉽게 구별할 수 있도록 하였다.

5. 지도학사적 가치

정상기의 『동국대지도』는 위치의 정확성을 추구한 지도의 발달사에서 조선 전기의 정척과 양성지의 『동국지도』를 뛰어넘는 조선 후기의 기념비적인 작품이다. 그 정확성의 탁월함으로 인해 이후 더 정확하고 자세한 지도의 제작에 대한 도화선 역할을 하였으며, 궁극적으로는 훨씬 크고 자세한 김정호의 『대동여지도』로 연결되는 출발점이었다. 비록 정상기의 『동국대지도』가 그대로 김정호의 『대동여지도』에까지 연결되지는 않지만 전자가 없었으면 후자는 나올 수 없다고 할 수 있을 정도로 지도학사적인 가치가 높다. 이화여자대학교에 소장된 『팔로지장』은 일부 필사 과정에서의 오류가 나타나고 있지만 정상기의 『동국대지도』 원본을 가장 충실히 따른 필사본 계통이다. 발문과 백리척 등도 원본과 거의 동일하게 필사된 것으로 판단되어 정상기의 『동국대지도』를 연구·이해하는 데 중요한 자료적 가치를 가지고 있다. 또한 일부의 훼손이 있지만, 색감이 뛰어나 문화재적 가치가 있는 것으로 판단된다.

(이기봉)

[색인어]

정상기, 동국대지도, 해좌전도, 정항령, 정원림, 정수영, 신경준, 정후조, 백리척, 신증동국여지승람, 관방지도, 김정호, 대동여지도

[참고문헌]

양보경, 「군현지도(郡縣地圖)의 발달과 『해동지도(海東地圖)』」, 『해동지도(海東地圖) : 해설·색인(解說·索引)』, 서울대학교 규장각, 1995.
양윤정, 「목판본 조선전도 『해좌전도』의 유형 연구」, 성신여자대학교 석사학위논문, 1995.
오상학, 「정상기의 『동국대지도』에 관한 연구 – 제작과정과 사본들의 계보를 중심으로」, 서울대학교 석사학위논문, 1994.
이기봉, 「『규장각 소장 조선전도』 해설」, 서울대학교 규장각, 2004.
이상태, 『한국의 고지도 발달사』, 혜안, 1999.
이 찬, 『한국의 고지도』, 범우사, 1991.

해동명환록

海東名宦錄

筆寫本. ─ [發行地不明] : [發行處不明], [發行年不明].
4卷4冊 : 四周單邊 30.0×23.6cm, 有界,
10行24字 ; 41.4×28.6cm.
表紙에 冊別目次수록.

고서/고서920 해35

海東名宦錄

1. 개요

『해동명환록』은 조선시대 주요 관서에서 고위직을 역임한 인물들의 명단과 간략한 인적 사항(급제 연도, 본관, 자호, 공신 책봉, 조상의 관력 등)을 기재한 자료집이다. 모두 4책(각 150쪽 안팎)의 상당한 분량에 약 18,737명에 이르는 방대한 명단을 왕대별로 수록함으로써[1] 조선시대 전체에 걸친 고위 관원의 현황을 한눈에 파악할 수 있게 해주는 유용한 자료로 생각된다. 단정한 해서체(楷書體)의 필사본으로 대부분 도표 형식으로 이루어져 있으며, 서문이나 발문은 없다.

2. 편·저자

미상(未詳).

3. 편찬 경위

미상(未詳).

4. 구성과 내용

『해동명환록』은 권수의 구분 없이 4책으로 이루어져 있으며, 표지에 제목과 해당 책수, 그리고 그 책에 수록된 주요 목차가 제시되어 있다. 서문이나 발문 없이 본문이 바로 시작되는데, 본문의 형태는 크게 두 부분으로 구성되어 있다. 먼저 제1책의 첫 부분(1~29쪽)에간 약간 나오는 일반적인 서술 형태의 본문은 세로 10행에 1행 당 24개 안팎의 글자가 사용되고 있다. 그 나머지는 거의 대부분 인명과 참고 사항만을 간단히 기록한 도표 형식으로 되어 있는데, 역시 세로는 10행이며 가로는 인명이 기재되는 넓은 칸 5행과 참고 사항을 적어 넣은 좁은 칸 5행이 그 사이 마다 배치되어 있어 1쪽 당 최대 50명의 사람이 기록될 수 있다.

　각 책의 목차는 다음과 같다.

---

1) 대략 제1책에 15,164명, 제2책에 5,725명, 제3책에 3,775명, 제4책에 4,073명이 수록되어 있는 것으로 집계되었다.

제1책 政府, 貳相, 大冢宰, 銓郎, 大司馬, 大司農, 掌賦, 文衡, 衡圈, 兩館提學, 副學, 舍檢,
      籌堂, 籌副
제2책 湖堂, 玉堂, 翰林, 奎閣, 南床, 注書, 知申
제3책 畿伯, 錦伯, 海伯, 東伯, 嶺伯, 完伯, 箕伯, 北伯, 松留, 沁留, 廣留, 華留, 使价
제4책 泮長, 祭酒, 司業, 贊善, 進善, 諭善, 諮議, 經筵官, 輔養官, 師傅, 謚號, 廟享, 文重俱
      魁, 文科回榜, 文蓮俱魁, 早科, 兄弟文科回榜, 兄弟文科, 筆苑, 畵家, 訓將, 御將, 禁
      將, 摠使, 摠衛使, 將通, 帥府, 錄勳, 武名宦

　제1책은 대체로 조선의 관직 체계에서 가장 핵심적인 위치에 있는 주요 정무기관(政務機
關)을 다루고 있다. 그에 따라 조정(朝廷)의 최고 관직인 의정(議政)에 관련된 부분으로 시작
되고 있는데, 먼저 「정당고사(政堂故事)」와 「관제연혁(官制沿革)」에서 의정부의 기능과 관제
의 변화 과정, 품계와 인원 등의 내용을 간략히 소개하고 있다. 그런 다음 역대 의정과 관련
된 특기할 만한 사항과 거기에 해당하는 인물을 제시하고 있는데, 모두 33개의 항목에 약
774명의 인물이 기재된 이 부분은 그 제목들에서 알 수 있듯이 조선시대 의정에 관련된 매
우 흥미로운 자료라고 할 수 있다(뒤의 <부록 1> 참조). 특히 직계(直系)나 친족 관계에 있
는 인물들에 관련된 8~13번의 항목은 조선시대 주요 가문의 지속적인 출세(出世)를 압축적
이며 실증적으로 보여주는 주목할 만한 내용으로 생각된다.

　다음에는 태조부터 고종까지 왕대별로 의정의 명단(약 351명)과 해당 인물의 관련 사항이
나열되어 있다.2) 세로 1행에 한 사람씩 그 이름뿐 아니라 여러 관련 사항들도 첨부되어 있
는 이런 형식은, 세로 1행 당 3~5명의 이름만 간략히 적은 이후의 기재 방식과는 다른 것이
어서 중앙 조정의 최고 관직인 의정의 비중을 반영하고 있다고 여겨진다.

　그 뒤에는 이상(貳相, 143명), 이판(吏判, 589명), 전랑(銓郎, 648명), 병판(兵判, 503명), 호
판(戶判, 272명), 혜당(168명),3) 문형안(文衡案, 129명), 문형피권(文衡被圈, 59명), 양관제학(兩
館提學, 244명), 부학(副學, 430명), 사인(舍人, 638명), 주유(籌有, 308명), 주부(籌副, 76명) 등
의 명단이 실려 있다.4)

　제2책은 주로 학술이나 간쟁 등의 업무를 맡는 문한기관(文翰機關)에 소속된 관료들을 수
록하고 있다. 호당(독서당, 90명)으로 시작되는 제2책에서 우선 눈에 띄는 변화는 제1책에서
세로 1행 당 5명씩 이름만 기재하던 도표 형식이 세로 1행 당 2명으로 줄어들면서 이름 아

---

2) 관련 사항에는 대체로 자호, 입사경로(문과·무과·음서) 및 연도, 삼정승 중 역임한 관직과 연
　도, 사조(四祖)의 이름과 관직, 본관과 시호 등이 본문보다 작은 글씨로 부기되어 있다.
3) '선혜당상(宣惠堂上)'의 준말.
4) 비변사는 '주당(籌堂)'이라고도 불리는데 '주유'는 주당의 유사당상(有司堂上), '주부'는 그 부관을
　말한다. 아울러 표지에 이판은 '대총재', 병판은 '대사마', 호판은 '대사농', 혜당은 '장부(掌賦)', 주
　유는 '주당'이라고 다르게 표기되어 있다. 그밖에도 이상, 혜당, 사인, 주유, 주부는 왕대나 시대의
　구분 없이 이름만 나열되어 있는 것도 덧붙일 만하다.

래 간략한 관련 사항이 추가되고 있다는 것이다.

그 뒤에는 옥당(747명)이 이어지는데 본문의 편집 체재가 다시 제1책과 같아지고 있다. 특히 이 명단은 인조대부터는 『홍문록』이 편찬된 시기별(예컨대 庚午錄 등)로 좀 더 자세하게 나와 있는 것이 색다르다. 계속해서 한림(1429명), 규각(119명), 남상(87명),5) 주서(127명), 지신(737명)의 순서대로 명단이 제시되면서 제2책은 종결된다.

제3책은 1~2책이 중앙 관서만을 다룬데서 벗어나 각도 관찰사와 유수(留守), 사신(使臣) 등 외방 및 대외 업무를 맡은 관리들을 소개하고 있다. 우선 가장 높은 지방관인 각도 관찰사가 경기[畿伯, 391명], 호서[錦伯, 355명], 해서[海伯, 486명], 관동[東伯, 378명], 영남[嶺伯, 448명], 호남[完伯, 498명], 관서[箕伯, 315명], 관북[北伯, 257명]의 순서로 기록되어 있다. 다음으로 개성[松留, 329명], 강화[沁留, 202명], 광주[廣留, 58명], 수원[華留, 58명] 등 4곳에 두었던 유수의 명단이 나와 있다.

다음으로 사개록은 1637년(인조 15)부터 1864년(고종 1)까지 228년 동안 중국에 파견되었던 사신들의 명단으로, 사은(謝恩), 성절(聖節), 진주(進奏), 동지(冬至) 등 사행의 목적과 사신 이름, 관직 등이 밝혀져 있다. 이것은 사대 업무와 관련된 부분이므로 중국 황제가 바뀔 때마다 표시해 놓은 점이 눈에 띈다. 이 부분은 조선 후기 중국 관계의 추이와 변화를 파악하는데 유용하게 사용할 수 있을 것으로 여겨지는데, 이 책에 기재된 사행 횟수를 왕대별로 제시하면 다음과 같다.

<표 1> 조선 후기 왕대별 중국 사행 횟수

왕대	인조	효종	현종	숙종	경종	영조	정조	순조	헌종	철종	고종	합계
횟수	45 (3.5)	25 (2.5)	32 (2.1)	38 (1.8)	8 (2.0)	39 (1.6)	42 (1.8)	61 (1.8)	24 (1.6)	29 (2.1)	1 (1.0)	344 (1.5)

* 괄호 안 수치는 연평균 횟수.

제4책은 앞의 세 책과 비교해 내용이 한결 다채롭다. 우선 그동안 거의 문신 위주였던 선정 대상이 무반은 물론 중인까지 확대된 것이다. 물론 여기서도 문신이 중시되고 있지만, 그 관서들은 조선 전기부터 있었던 정규직이 아니라 조선 후기 이후 신설된 특수직이 많다는 점 또한 눈여겨 볼만하다. 그밖에도 제4책에는 '문과와 중시 모두 장원급제한 사람'이나 '형제가 급제한 사례' 등과 같은 흥미로운 과거 급제 사례와 명신(名臣)들의 시호(諡號)도 수록함으로써 이 책이 종합적인 '명환록'의 면모를 갖추는 데 중요한 기여를 하고 있다.

우선 명예직이거나 조선 후기에 신설된 문반직인 반장(897명), 좨주(22명), 사업(14명), 찬선(26명), 진선(30명), 유선(12명), 자의(31명), 경연관(24명), 보양관(14명) 등의 명단이 제시되

---

5) 홍문관 정자(正字).

고 있다.6) 다음으로는 1,042명에 이르는 방대한 인원의 시호가 세로 1행에 3명씩 소개되어 있고, 태조~헌종대 묘정(廟廷)에 배향된 신하(59명)들의 명단이 나와 있다. 그 다음은 상당히 독특한 부분인데, 과거(科擧)에서 나타난 특수한 사례들을 소개하고 있다. 모두 6개의 사례에7) 약 255명이 나뉘어 실린 이 부분은 앞서 제1책 의정 부분에서 직계나 친족인 인물들을 소개한 부분과 비슷한, 매우 흥미로운 자료로 생각된다.

다음은 앞서 제4책의 특징이라고 지적한 대로, 문신의 범주를 벗어나 무반과 중인으로 영역을 확대시킨 부분이다. 먼저 예술 분야로서 필원(筆苑, 74명)과 안견(安堅)을 비롯한 화가 27명을 선정했는데, 특히 '화가'에는 그 사람이 잘 그리는 분야와 종실 여부, 관직 등 여러 특기 사항들을 작은 글씨로 부기했다.

그 다음부터 끝까지는 무반에 관련된 내용인데, 먼저 조선 후기에 신설된 무반직인 훈련대장(訓練大將, 70명), 어영대장(御營大將, 98명), 금위대장(禁衛大將, 48명), 총사(摠使, 103명), 총위사(摠衛使, 3명), 총융사(摠戎使, 13명), 수어사(守禦使, 89명)의 명단이 제시되어 있고, 무장에 천거되었으나 임명되지는 못한 사람들([將望未拜], 李枝馨 외 49명)을 수록했다. 다음 항목인 '수부(帥府)'는 조선시대의 간략한 전사(戰史)라고도 할 수 있는 부분으로, 조선시대 전체에 걸쳐서 수행된 국내외의 중요한 전역(戰役) 28개를 추려 그 지휘자의 명단과 그 전역의 핵심적 내용, 출전 병력 및 함대 숫자, 출정 지역, 전과와 손실 등을 기록했다(<부록 2> 참조).

다음은 태조부터 영조까지 책봉된 공신(총 22회)들의 명단인 녹훈안(錄勳案)으로 각 공신마다 그것이 책봉된 이유와 의의 등에 대한 간략한 설명과 책봉 시기 등을 적은 뒤 등급별로 이름과 관직, 종친 여부, 본관 등의 사항을 첨부했다.

이 책의 마지막 부분에는 고위직을 역임한 무신들의 명단이 배치되어 있다. 의정, 찬성,

---

6) 각 관직에 대해 간단한 설명을 첨부하면 다음과 같다.
· 좨주 : 나이가 많고 덕망이 높은 사람을 임명한 성균관(成均館)의 종3품 관직.
· 사업 : 인조반정(1623) 이후 설치한 성균관의 정4품 관직. 정원 1명의 겸직으로, 특히 학식이 많고 덕망이 높은 사람 중에서 임명되어 유생들에게 경서를 가르치며 지도하는 임무를 맡았다.
· 찬선(정3품)과 진선(정4품) : 조선 인조 24년(1646) 설치된 세자시강원 소속의 관직으로 좨주, 사업 등과 함께 재야유현(在野儒賢)들을 많이 등용했다.
· 유선 : 조선 1797년(정조 21) 신설된 세손강서원(世孫講書院)의 관직.
· 자의 : 조선 1646년(인조 24) 노성한 산림을 등용해 세자의 교육을 맡기자는 좌의정 김상헌(金尙憲)의 건의로 세자시강원에 설치한 관직.
· 보양관 : 조선시대 세자나 세손(世孫)의 교육을 담당한 보양청(輔養廳)의 관직. 대개 3인으로 2품 이상의 고관이 임명되었다.
7) ① 문과와 중시(重試)를 모두 장원한 사람(9명) ② 등과한 뒤 60년이 지난 사람(12명) ③ 문과와 소과(사마시)를 모두 장원한 사람(22명) ④ 젊은 나이에 급제한 사람(50명) ⑤ 같은 해에 급제한 형제(63형제, 126명) ⑥ 같은 해는 아니지만 형제가 모두 급제한 사례(36형제) 등이다. 이름 아래에 급제 시기, 성적, 최종 관직, 본관, 자호, 봉군, 부조(父祖) 등의 사항이 작은 글씨로 부기하는 형식으로 되어 있다.

영중추부사, 판돈녕부사, 병조·이조·예조판서, 대사헌, 도원수, 부원수, 승지를 지낸 무반들의 명단을 제시했는데,8) 전체적으로 문반에 치우쳤던 한계를 극복하려는 편찬자의 노력으로 생각된다. 그러나 그 인원이 그다지 많지 않다는 점에서 조선시대의 문반 편중을 역설적으로 더욱 또렷하게 보여주기도 한다.

5. 특징과 가치

『해동명환록』은 조선 태조부터 고종대까지 문·무반 주요 관서에 재임한 고위 관원을 중심으로, 묘정에 배향된 신하와 역대 공신들의 명단 및 주요 인물들의 시호 등을 방대하게 수록한 자료집이다. 이러한 명단 외에도 의정부와 문과, 주요 전역(戰役) 등과 관련해 특기할만한 사례들을 첨부함으로써 조선시대에 활약한 '명환(名宦)'들의 면모를 다양하고 종합적으로 파악할 수 있게 해주는 중요한 사료라고 생각된다.

대체로 방목(榜目)을 근거로 작성되었다고 판단되는9) 이 책의 가장 큰 특징은 주요 관서에 근무한 고관들의 명단이 자세하게 기록되어 있다는 사실이라고 지적할 수 있을 것이다. 그러므로 이 자료를 이용한다면, 조선시대 현직(顯職)의 인사 이동 상황은 물론 주요 인물들의 관력(官歷)을, 해당 관서의 관안(官案)이나 개별 인물에 대한 기록을 일일이 찾아보지 않고서도 쉽게 파악할 수 있다. 주요 관직의 재임 기간과 재임용 횟수 등 인사 이동 상황은 해당 관서의 고유한 임무와 정치적 성격 뿐 아니라 어떤 왕대나 시기의 정치적 상황 변화나 정국운영 방식과도 밀접한 연관을 갖고 있다고 평가되는데10) 이 『해동명환록』은, 각 관직의 재임 기간이나 재임용 등 구체적인 상황이 누락되어 있다는 한계는 있지만, 그런 연구의 기초적 자료로 중요하게 사용될 수 있을 것으로 판단된다.

이처럼 의미 있는 가치를 가진 이 『해동명환록』이 좀더 충분하게 활용되기 위해서는 몇 가지 후속 조처가 이루어져야 할 것으로 판단된다. 우선, 방대한 인명록이라는 이 자료의 성격상, 색인(索引)의 작성이 필수적이다. 앞서 이 자료를 이용해 어떤 개인의 관력을 쉽게 알아볼 수 있다고 했는데, 그것은 색인의 작성이 선행되어야만 가능할 것이다. 나아가 이 자료를 전산화한다면 좀더 정확하고 편리하게 이용할 수 있는 최상의 방안이 될 것이다. 가끔씩

---

8) 각각 최윤덕(崔潤德) 외 5명, 하경복(河敬復) 외 2명, 이순몽(李順蒙) 외 1명, 박중선(朴仲善) 외 6명, 김사우(金師禹) 외 25명, 어유소(魚有沼) 외 1명, 이숙기(李淑琦) 외 3명, 이덕량(李德良) 외 1명, 최윤덕 외 19명, 김교(金嶠) 외 18명, 황형(黃衡) 외 88명.

9) "태종부터 광해군까지는 『홍문관록(弘文館錄)』이 없기 때문에 인조대 이후의 연대는 문과 방목을 따랐다[自太宗朝至光海時, 不知館錄, 年條只從科榜]."는 설명에서 알 수 있다(제2책 9쪽 「玉堂」).

10) 김범, 「조선 성종~중종대 의정부·육조·삼사 주요관직의 인사이동 상황과 그 의미」, 『동방학지』 126, 2004, 113~115쪽.

체재가 흐트러지거나11) 인명의 오기(誤記)12) 등이 발견되기도 하지만, 전체적인 교감 작업을 거쳐 이런 문제점들을 수정하면서 앞서 제안한 색인 작성이나 전산화 작업을 진행해 정본 (定本)을 새로이 만든다면, 이 책은 조선시대 제도사나 정치사 연구에 가치 있는 자료로 이 용될 것으로 기대된다.

(김범)

[색인어]
해동명환록, 조선시대 주요관서의 인명록, 문반 위주의 편성, 색인 및 전산화

[참고문헌]
『연려실기술(燃藜室記述)』, 민족문화추진회, 1966.

김　범, 「조선 성종~중종대 의정부·육조·삼사 주요관직의 인사이동 상황과 그 의미」, 『동방학지』 126, 2004.
남지대, 「조선 후기의 '당쟁'과 청요직(淸要職)」, 이성무 외, 『조선 후기 당쟁의 종합적 검 토』, 한국정신문화연구원, 1992.
이홍두, 「『승정원일기(承政院日記)』의 문헌학적 특징과 정보화 방안」, 『한국사론』 37, 국사 편찬위원회, 2003.
최승희, 「홍문록고(弘文錄考)」, 『조선 초기 언론사연구(言論史研究)』, 지식산업사, 2004.
최진옥, 「조선시대 방목연구의 현황과 과제」, 『한국사학』 16, 한국정신문화연구원, 1996.
한우근 외, 『역주 경국대전(주석편·원문편)』, 한국정신문화연구원, 1986.

---

11) 예컨대 제1책 철종대 부학(副學) 항목에서 행갈이가 잘못 되어 있거나(143쪽) 제2책 규각(奎閣, 117쪽)과 제3책 송류(松留, 95쪽) 항목에서 누락된 사람을 난 외에 첨부한 사례 등은 필사본의 흔적을 나타내는 오류로 지적할 수 있다.
12) 예컨대 '인조(仁祖)'를 '인종(仁宗)'으로(제3책 49쪽), '최명길(崔鳴吉)'을 '최명길(崔命吉)'로(제1책 137쪽 및 제2책 29쪽), '박처륜(朴處倫)'을 '박처륜(朴處綸)'(제2책 82쪽)으로 오기하거나 성씨만 표기한 경우(제1책 87쪽 및 제2책 22쪽)를 들 수 있다.

<부록 1> 조선시대 의정(議政) 관련 특기 사항

1) 정승에 낙점되었으나 임명이 철회되었다가 상당한 시간이 흐른 뒤에 제수된 인물들 [削卜還拜] : 정창연(鄭昌衍), 김상헌(金尙憲), 조태채(趙泰采).

2) 왕실의 내외손 [璿派內外孫] : 성희안(成希顔) 외 13명.

3) 급제한 지 20년이 안되어 입각한 인물들 [登科未二十年入閣] : 권람(權擥) 외 27명.

4) 노년(70세 이상)에 입각한 인물들 [耆年入閣] : 권중화(權仲和) 외 37명.

5) 젊은 나이(50세 미만)에 입각한 인물들 [少年入閣] : 구성군(龜城君) 이준(李浚) 외 38명.

6) 80세 이상 장수한 인물들 [享年八十以上] : 이귀령(李貴齡) 외 32명.

7) 50세 미만 단명한 인물들 [年短未五十] : 구성군 이준 외 3명.

8) 부자(父子) 또는 삼대가 연속해서 재상이 된 인물들 [父子連相] : 황희(黃喜)와 그의 아들 황수신(黃守身) 외 44명.

9) 조부와 손자가 연속해서 재상이 된 인물들 [祖孫連相] : 남재(南在)와 그의 손자 남지(南智) 외 38명.

10) 외조부와 외손이 재상이 된 인물들 [外出] : 심온(沈溫)의 외손 노사신(盧思愼) 외 33명.

11) 장인과 사위가 재상이 된 인물들 [翁壻] : 민제(閔霽)와 그의 사위 노한(盧閈) 외 31명.

12) 형제가 재상이 된 인물들 [兄弟] : 윤사분(尹士昐)과 그의 동생 윤사흔(尹士昕) 외 34명.

13) 한 가문에서 여러 대에 걸쳐 재상이 된 인물들 [一門累代] : 심덕부(沈德符), 정광필(鄭光弼), 김상용(金尙容), 이경여(李敬輿) 가문.

14) 재상에 임명되었으나 출사하지 않은 인물들 [卜相而未行] : 한계성(韓繼誠) 외 44명.

15) 탄핵을 받아 임명이 철회된 인물들 [被劾而收還] : 정문형(鄭文炯) 외 6명.

16) 급제하지 않았거나 무과 출신, 종실, 국구(國舅)로서 재상이 된 인물들 [未登第而拜, 武科拜相, 宗班拜相, 國舅拜相] : 각각 배극렴(裵克廉) 외 33명, 최윤덕 외 5명, 구성군 이준, 민제(閔霽) 외 5명.

17) 장원(壯元) 급제자로서 재상이 된 인물들 [由大魁而致台位] : 유량(柳亮) 외 28명.

18) 문형을 맡다가 재상에 임명된 인물들 [典文衡而拜相] : 정인지(鄭麟趾) 외 53명.

19) 의정부에 오래 재직한 인물들 [居政府最久] : 10년 이상이 기준인 것 같다. : 황희(24년) 외 25명.

20) 의정부에 짧게 재직한 인물들 [居政府不久] : 아예 출사하지 않은 사람부터 1년 미만인 사람들 : 민제 외 50명.

21) 원래 관직보다 하위직에 임명된 인물들 [相臣從座降下] : 홍언필(洪彦弼) 외 36명.

22) 부모의 삼년상을 마치고 다시 재상에 임명된 인물들 [相臣起復] : 황희 외 4명.

23) 스무 살 이전에 급제해 입각한 인물들 [二十前登科入閣] : 16세(李稷, 金宗瑞)부터
    18세(徐龍輔)까지 걸쳐있다 : 이직(李稷) 외 16명.

24) 궤장을 받은 재상들 [相臣賜几杖] : 성석린(成石璘) 외 22명.

25) 재상으로 치사한 인물들 [相臣致仕] : 이서(李舒) 외 21명.

26) 치사한 뒤 다시 재상에 임명된 인물들 [致仕後重卜] : 이서 외 4명.

27) 관찰사로 나갔다가 재상에 임명된 인물들[以藩任拜相] : 정광필 외 7명.

28) 문형을 겸임한 재상들 [以相臣兼文衡] : 신숙주 외 11명.

29) 판서를 겸임한 재상들 [以相臣兼判書] : 신숙주 외 5명.

30) 도체찰사로 나간 재상들 [以相臣徑都體察使] : 유정현(柳廷顯) 외 6명.

31) 청백리로 선정된 재상들 [相臣被選淸白吏] : 이원(李原) 외 16명.

32) 집을 하사받은 재상들 [相臣賜宅] : 황희 외 2명.

33) 회혼(回婚)을 맞은 재상들 [相臣回쯸] : 허조(許稠) 외 7명.

<부록 2> 조선시대 주요 전역(戰役)

해당 인물과 전역 내용만 소개하면 다음과 같다.

1) 유정현(柳廷顯) 외 13명 : 세종 9년(1427) 대마도(對馬島) 정벌.

2) 최윤덕(崔潤德) 외 6명 : 세종 15년(1433) 파저강(婆豬江) 야인 정벌.

3) 이천(李蕆) 외 2명 : 세종 19년(1437) 오미부(吾彌府) 야인 정벌.

4) 김종서 : 세종대 여연(閭延) 등 4군 건설.

5) 수양대군 : 단종 9년(연도 오류인 듯 싶으며, 어떤 사례인지 밝혀져 있지 않다).

6) 신숙주 외 1명 : 세조 5년(1459) 육진(六鎭) 야인 정벌.

7) 구성군(龜城君) 이준(李浚) 외 5명 : 세조 13년(1467) 이시애(李施愛) 난 평정.

8) 윤필상(尹弼相) 외 1명 : 성종 10년(1479) 건주여진(建州女眞) 정벌.

9) 허종(許琮) : 성종 23년(1492) 영안도(永安道) 야인 정벌.

10) 유순정(柳順汀) 외 3명 : 성종 5년(중종 5년의 오기) 삼포왜란(三浦倭亂) 진압.

11) 이준경(李浚慶) 외 1명 : 명종 10년(1555) 왜적의 전라도 침입 격퇴.

12) 남치근(南致勤) 외 1명 : 명종 17년(1562) 해서(海西)의 도적 임걱정(林巨正) 토벌.

13) 정언신(鄭彦信) 외 1명 : 선조 16년(1583) 니탕개(尼蕩介)의 침입 격퇴.

14) 이일(李鎰) 외 3명 : 선조 25년(1592) 임진왜란의 전공.

15) 유성룡(柳成龍) 외 22명 : 임진왜란의 각종 공로.

16) 강홍립(姜弘立) 외 1명 : 광해군 10년(1618) 심하(深河) 공격.

17) 장만(張晩) 외 5명 : 광해군대 심하 공격에서 관서 방어.

18) 장만 외 1명 : 인조 원년(1623) 관서('西關'으로 표기되어 있다) 방어.

19) 이수일(李守一) 외 2명 : 인조 2년(1624) 이괄(李适)의 난 평정.

20) 심기원(沈器遠) 외 1명 : '인조조(仁祖朝)'라고만 표기되어 있다.

21) 장만 외 6명 : 인조 5년(1627) 청의 안주(安州) 침입 격퇴.

22) 신경인(申景禋) 외 2명 : 인조 5년 횡성(橫城) 출신 이인거(李仁居)의 반란 진압.

23) 이서(李曙) 외 2명 : 인조 8년(1630) 가도(椵島) 유흥치(劉興治)의 반란 진압.

24) 김시양(金時讓) 외 8명 : 병자호란 이전(以前)의 방어에 공로.

25) 유림(劉琳) 외 1명 : 청의 가도 공격 때 파견되어 공로 세움.

26) 허적(許積) : '숙종(肅宗)'이라고만 표기되어 있다.

27) 오명항(吳命恒) 외 7명 : 영조 4년(1728) 이인좌(李麟佐 : 원서에는 '李仁佐'라고 표기되어 있음)·정희량(鄭希良)의 난 평정.

28) 이요헌(李堯憲) 외 1명 : 순조 11년(1811) 관서에서 홍경래(洪景來)의 난 평정. 그밖에 보유(補遺)로 이극균(李克均) 외 11명이 추가되어 있다.

【ㅇ】

해제위원 명단 (가나다 순)

강상순	강석중	강성숙
강혜선	구만옥	구본관
권순형	권오영	길진숙
김경미	김경숙	김기림
김남이	김동준	김문식
김문희	김 범	김영봉
김영진	김채식	김학목
김현미	남미혜	남은경
남정희	노영구	문준영
박수밀	박영희	박철상
배진영	서정민	손정숙
송진영	신동원	신병주
안대회	유경아	유광수
이경하	이기봉	이숙인
이승신	이완우	이은영
이지운	이현숙	이현일
이호권	임유경	장시광
정선희	정우봉	정형지
정혜중	정환국	조규익
조상우	조혜란	진재교
탁원정	한길연	홍선표
홍학희		

(이상 64명)

교열위원 명단 (가나다 순)

김남기	김남일
김상홍	김영봉
도면회	문정희
박무영	박성규
박성래	박창원
박철상	서대원
성기옥	송준호
신하윤	심경호
심승구	안대회
우응순	유권종
육완정	이규성
이명화	이상용
이상태	이영춘
이철희	임유경
전경목	정학성
정하영	조성을
진재교	차미희
홍석표	황수연

(이상 36명)

**이화여자대학교 중앙도서관 소장
고서해제 2**

이화여자대학교 한국문화연구원 편

2008년 4월 25일 초판 ·1쇄 인쇄
2008년 4월 30일 초판 1쇄 발행

펴낸이/ 이정옥
펴낸곳/ 평민사

주소/ 서울시 서대문구 남가좌2동 370-40
전화/ 02)375-8571(영업) · 02)375-8572(편집)
fax/ 02)375-8573
e-mail/ pyung1976@naver.com
http://blog.naver.com/pyung1976

등록번호/ 제10-328호

값/ 50,000원

ISBN 978-89-7115-512-7 94020
ISBN 978-89-7115-510-3 (set)

* 잘못 만들어진 책은 바꾸어 드립니다.